编委会

主编

丁　菁

副主编

付有亮

编者

（按姓氏笔画排序）

于　洋　王子扬　王福雪　孙风建　孙居国
芮　强　张　玮　张　颖　陈兴江　周　杰
赵娴静　唐文戬　童正卿　潘　鹏

给教师的101条
新建议丛书

从三维目标到核心素养

给高中数学教师的101条新建议

丁　菁　主　编
付有亮　副主编

南京师范大学出版社

图书在版编目(CIP)数据

从三维目标到核心素养：给高中数学教师的 101 条新建议/丁菁主编. —南京：南京师范大学出版社，2021.12
(给教师的 101 条新建议丛书)
ISBN 978-7-5651-4890-3

Ⅰ. ①从… Ⅱ. ①丁… Ⅲ. ①中学数学课—教学研究 Ⅳ. ①G633.602

中国版本图书馆 CIP 数据核字(2021)第 113660 号

书　　名　从三维目标到核心素养:给高中数学教师的 101 条新建议
丛 书 名　给教师的 101 条新建议丛书
主　　编　丁　菁
副 主 编　付有亮
责任编辑　王　瑾
出版发行　南京师范大学出版社
地　　址　江苏省南京市玄武区后宰门西村 9 号(邮编:210016)
电　　话　(025)83598919(总编办)　83598412(营销部)　83373872(邮购部)
网　　址　http://press.njnu.edu.cn
电子信箱　nspzbb@njnu.edu.cn
照　　排　南京开卷文化传媒有限公司
印　　刷　盐城市华光印刷厂
开　　本　787 毫米×1000 毫米　1/16
印　　张　35
字　　数　573 千
版　　次　2021 年 12 月第 1 版　2021 年 12 月第 1 次印刷
书　　号　ISBN 978-7-5651-4890-3
定　　价　108.00 元

出 版 人　张志刚

前　言

2018年1月,教育部颁发了《普通高中数学课程标准(2017年版)》(以下简称《标准》).《标准》凝练了数学学科核心素养:数学抽象、逻辑推理、数学建模、直观想象、数学运算和数学分析,指出"高中数学教学以发展学生数学学科核心素养为导向,创设合适的教学情境,启发学生思考,引导学生把握数学内容的本质……注重信息技术与数学课程的深度融合,提高教学的实效性.不断引导学生感悟数学的科学价值、应用价值、文化价值和审美价值".同时,《标准》还围绕核心素养的落实,精选、重组课程内容,明确内容要求,指导教学设计,提出考试评价等.

在《标准》的指引下,当前高中数学教学正围绕新课程、新高考积极展开,正是在这样的背景下,我校数学组的部分老师开始着手撰写这本书.在对课程标准研读、学习和理解的基础上,结合一线教学实践与反思,分别从对核心素养的认识、课堂教学、活动课程、评价研究四个部分,汇总了我们的研究与思考,期望这101条建议能给同行带来启发和帮助,也恳请同行批评雅正.

《从三维目标到核心素养:给高中数学教师的101条新建议》一书共分四篇.第一篇是"核心素养篇",首先从总体上阐述了对数学学科核心素养的认识,进而就每个核心素养进行了具体的论述,提出了相关建议.由于参与撰写本书的老师均来自教学一线,教学经验相对丰富,因此在第二篇"课堂教学篇"中,编写者结合教学实践,针对问题的提出、学生主体的落实、不同课型的教学设计、教材的理解、技术的运用等不同方面提出了我们的观点与建议.同时,我校的校本课程也有一定的特色,对此编写者在本书的第三篇"活动课程篇”中做了较为详细的介绍,希望对读者开展有关课程与活动起到借鉴作用.最后,在第四篇“评价研究篇”中,编写者首先针对新高考,对“命题研究”和“试题研究”做了阐述,其次,针对“教学评价”开展了相关研究,与同行交流分享.

本书的编写者均来自教学一线,平时工作量较大,因此从开始构思到基本完成本书的撰写工作,几乎用了两年的时间.尽管研究的时间不算短,但是由于编写者的理论水平有限,因此思考与研究不免有不完善或者纰漏之处.但我们相信,此书的问世会受到广大同行的重视和欢迎.

本书的最终完成,离不开全体编写者齐心协力的努力,离不开南师大出版社王瑾老师的关心和辛劳,在此表示对各位贤达的由衷谢意.

丁　菁

2021年10月24日

于南京师范大学附属中学

目　录

第三篇 活动课程篇

第四篇　评价研究篇

第一篇

核心素养篇

1

把握核心素养的核心逻辑

潘 鹏

《普通高中数学课程标准(2017 年版)》(以下简称《标准》)中首次正式提出了学科核心素养.学科核心素养明确了学生学习该学科课程后应达成的正确价值观、必备品格和关键能力,对原有三维目标(知识与技能、过程与方法和情感态度价值观)进行了整合.数学学科核心素养包括:数学抽象、逻辑推理、数学建模、直观想象、数学运算和数据分析.

一、数学核心素养指导教学的价值

本轮课程改革正在经历从能力立意到素养立意的转变,数学课程发展也是如此.能力是显性的,例如解题能力的习得可能是通过记忆,也可能是通过模仿,但是数学学习和应用更需要学生真正理解数学本质,提升数学素养,这样才能进一步提升思维品质.这不仅是数学学科自身的要求,也是数学学科对立德树人根本任务的应有贡献.时代不仅需要具有数学能力的人才,更需要能从数学学习中汲取养分触类旁通并解决日新月异的新问题的人才.数学学科核心素养正是在这样的一个大背景下提出的,它们不仅给出了学习数学的方向,更多地强调了数学学科应该教给学生的隐性的"素养",这些素养应当牢刻在学生心底,成为他们面对新问题时的有力武器.所以,数学教师应当积极培养学生的数学核心素养,形成以数学核心素养为导向的数学教学观,以期最终能够影响学生终身学习和发展的方方面面.

二、数学核心素养的核心逻辑阐释

如何认识这六大核心素养并把握它们之间的关系呢?我们知道,数学是思维的科学,研究的数量关系和空间形式都基于对客观事物的抽象.数学抽象反映了从数学外部抽取有价值的研究对象,舍弃其非本质属性得到本质属性并纳入数学内部的过程,由外向内,是学习数学的第一步,堪称最重要的核心素养.这一步是数学的逻辑起点,贯穿数学学习的始终,是数学学习的灵魂.长期的数学学习能够让学生养成在日常生活和实践中一般性思考问题的习惯,把握事物的本质,以简驭繁.逻辑推理则是在数学内部依据一定的规则选取一些事实和命题,通过合情推理和演绎推理两种主要推理形式,得到有意义的数学结论,构建逻辑自洽的数学体系.这一步实现了数学内部的推演,是由内向内寻找的过程,它反映了人们试图有逻辑地把握数学对象之间的联系并抓住其本质的探索.学生在数学学习中,应发展逻辑推理的核心素养,学会有逻辑地思考问题,把握事物之间的联系,形成有理有据的表达习惯,做自己思想的主人.数学建模的过程主要是用数学的眼光发掘现实问题,分析问题,建立模型,计算并检验模型,最终解决实际问题.这一步实现了数学的应用,是数学由内向外的有益尝试,沟通了数学与外部世界的桥梁,体现出数学的应用价值,推动了数学进一步丰富和发展.通过数学建模的实践,我们希望学生能够有意识地用数学的眼光观察世界并能提出和解决一些简单的实际问题,积累数学实践的经验,认识到数学的价值,进一步激发学生学习数学的动力.

以上三大核心素养是数学核心素养中的第一部分,反映了数学化和数学应用的基本过程,是数学核心素养的基石,而后三个核心素养分别提供了数学研究中的手段和工具,为抽象、逻辑和建模过程服务.其中,直观想象是前一版课标中空间想象能力的拓展,实际上除了空间想象能力,还应该有别的辅助理解的想象载体,比如平面图形和一些别的直观模型.通过直观想象,我们可更方便地进行数学推理,构建并理解抽象结构,解释数学模型.学生需要提升数形结合的能力,发展几何直观和空间想象能力,通过具体的情境深刻感悟数学本质.数学运算和数据分析可以分别看作为特殊的逻辑推理和数学建模,反过来它们也为逻辑推理和数学建模服务,帮助构建结构完整的逻辑体系、完善数学模型.我们通过培养这两个核心素养,试图让学生进一步发展数学运算和数据处理能力，促进学生数学思维的发展，形成规范化思考问题的品质.另外，数据分析的提出有其时代背景，在当下这个大数据时代，我们非常有必要重视学生收集数据、分析数据，并找到问题本质的能力.这也是时代对数学教育的呼唤.

我们可以将数学学科核心素养的核心逻辑用下图展示.

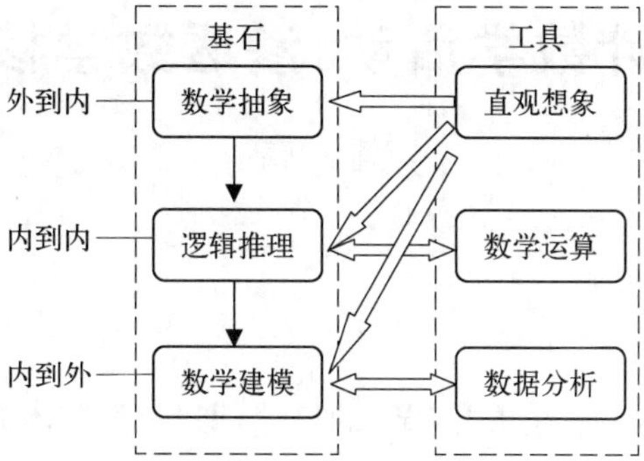

图 1

三、结语

数学学科核心素养是动态的，我们不能孤立地理解任何一个核心素养，它们既相对独立，又相互关联，是不可分割的一个整体.几乎每一个具体的课程单元都可以体现若干个数学学科核心素养.作为数学教师，我们必须明白数学学科核心素养给我们指引的方向，并在平时的教学中对学生有意识地加以培养.

2

精心设计数学活动,渗透数学核心素养

潘　鹏

我国数学教育历来注重“双基”的培养,即“数学基本知识与技能”,这既是我国数学教育的一大特色,或也是我们数学教育的一个偏颇之处.我们知道,“双基”主要关注事实性知识,侧重点更多地放在学生理解后的训练上,要求学生“熟能生巧”.从学生的角度来看,知识的生成过程缺乏直接参与,更多地依赖教师灌输的间接经验,长期的实践告诉我们,这样的教学方法也许可以让学生获得解题能力,取得不错的成绩,却不利于学生对数学本质的理解,也不足以落实学生数学核心素养的培养.一段时间以来,数学教育界逐渐认识到了“双基”的局限性并实践改革,在原本“双基”基础上,加上了“数学基本思想和基本活动经验”,提出了“四基”.“四基”教学强调学生学习“活”的数学知识,引导学生充分理解概念和知识背后蕴藏的数学思想,尝试从数学思想的角度统领知识,重新组织知识结构.它还要求加强学生对数学的直接体验,通过“做数学”让学生从不同的数学活动中汲取直接经验,期望学生能够一改以往对教师“硬灌”的知识的相对生涩和浅层的理解,转成由实践产生的对知识的相对清晰和深层的认识.

科学研究需要一代代科学家的实践,数学作为科学的重要组成部分,也是如此.学生只有多次亲身经历提炼、理解和应用知识的过程,才能加深对数学本质的理解,提升数学素养水平,逐步悟到数学学习的真谛.本文旨在探讨设计数学教学活动的不同类型和开展方式,以期提升学生的核心素养.

一、充分体验概念建构过程,提升数学抽象核心素养

数学本质上是概念的集合,理解数学某种程度上就是理解概念.数学概念教学一般包括概念的建构、内涵外延的明确、概念的应用.教学过程中应让学生自主探究,通过动手实践、智力参与、主体体验、合作交流等活动,“再创造”数学概念的意义,积累数学活动经验,最终完成概念的建构.

比如在“弧度制”的教学中,为了让学生充分体验角的度量从角度制到弧度制的必要性,我们首先带着学生回顾角度制的来由:一年大约有 360 天,将圆等分 360 份,每一份就是 1°,接着引导学生反思 360 份是可以改变的,这时可以让学生动手实践,用不同的平分圆周的方式定义一种新的单位角,学生可能会将圆二等分、四等分、六等分或十二等分等,在这些活动中充分让学生体验到一旦单位角确定了,角的大小就可以用单位角的倍数来表示.这类定义方式实质上关注了指定角与单位角弧长之间的关系,根据弧长之比定义角.接着,我们可以再让学生进行合作探讨,思考并发现角与弧长成正比,与半径成反比,通过这个环节我们可以认识到,只要弧长与半径之比确定,角就能够确定了.接下来再选择弧长与半径之比等于 1 的情况作为单位角的定义就显得非常自然了.再结合第一个讨论结果,我们可以迅速找到 2 弧度等特殊情况,最终过渡到一般情形.

高中阶段,引入弧度制的必要性总是困扰着教师和学生.虽说我们可以说弧度制对高等数学有用,但是毕竟学生缺乏直接体验.为了让学生理解其必要性,我们可以从已有的角度制的学习经验出发,通过充分理解角度制作为单位制的本质(弧长之比),过渡到弧度制的本质(弧长与半径之比),合理设计学生活动,让学生更好地进行数学抽象,体会引入这个度量制的必要性.

二、充分感受理性思维特点,提升逻辑推理核心素养

通过数学抽象建立起来的一个个概念,犹如数学世界中的一个个驿站,需要通过理性思维的逐渐介入,有逻辑地组织成一个完备的数学系统.教学过程中,数学活动可以让学生充分感受到感性思维的局限性,逐步理解理性思维的必要性.在这样的过程中,也可让学生学会如何准确地表达推理过程,培养学生的逻辑严密性.

比如“直线与平面平行的判定”一节,承上启下,在这之前主要是通过几大公理让学生直观感知了立体几何中的主要位置关系,在这之后则尝试着进行演绎推理,具体地研究了线面与面面关系的判定和性质,可以说这一课是立体几何感性思维向理性思维过渡的第一课,具有十分重要的地位.所以在这节课上,我们不仅仅要教会学生具体知识,还应当尝试教会学生研究方法,让他们感受到研究位置关系问题的一般角度和方法,为之后的课程提纲挈领.

具体地,首先,我们可以让学生用文字语言、图形语言和符号语言来描述直线与平面的位置关系,引导学生研究其中较特殊的两种情形(平行和相交中的垂直),再聚焦其中平行的情形,让学生准备好一些小道具(比如他们手边的直尺和笔),分组研究并讨论:一条直线满足什么条件时,能判定这条直线与该平面垂直?可能的结果会有这么几个:① 学生回到定义,要求直线与平面没有公共点;② 学生发现直线只需和平面内某条直线平行,就可使得线面平行……教师在学生讨论交流的过程中,只起到引导作用,点出某些关键点,最终学生就会明白:定义要求验证平面中所有点,难度大,不太好操作;不仅要求该直线平行于平面内某一条直线,还要求该直线在平面外.紧接着,教师要求学生用三种语言表述这个事实,感受符号语言的简洁、图形语言的直观、文字语言的严谨.当然,基础较好的学生还可以进一步对定理进行证明.

在上面的教学活动中,我们为之后的另外七条定理的研究方式拟定了一个模式,即通过数学活动先直观感知,再运用理性思维进行恰当的逻辑表达.最后,将这些定理运用到一些具体问题之中,让学生认真表达,感受数学的严谨.这样的活动设计,牢牢把握住了这部分知识的结构特点,并让学生充分参与逻辑推理的过程,再加以运用,将逻辑推理核心素养的培养活动化,有助于学生走向深度学习.

三、充分引领学生加强理解,提升数学建模核心素养

新课标将数学建模升到了一个新的高度,给予了充分的重视,既认为它是最重要的核心素养之一,也要求学校以课题研究的形式专门开设数学建模活动课程.我们知道,数学建模实际上也是一种数学抽象,或者说它要求对实际问题进行数学抽象,建立模型帮助解决实际问题.既然如此,数学建模的难度主要就在于两点:① 在实际背景中,用“数学的眼光”看问题,抽取出其中的

数学本质；② 在数学的框架下，解决数学问题并回到实际背景中加以诠释.那么，我们可以看到，数学建模教学一定要让学生充分理解问题，抽取数学本质并解决.

比如，度量旗杆的高度问题，这是一个经典问题，有很多方法可以解决.具体在实践教学过程中，可以让学生调用所学知识，思考测量高度的方案.以下是学生自己思考并实践的三种方案.

方案一，利用相似三角形，也就是高度与影长成比例的原理来计算.学生分别测量了同一时刻的人影与旗杆影长，并且测量了人的身高，再利用公式得出.

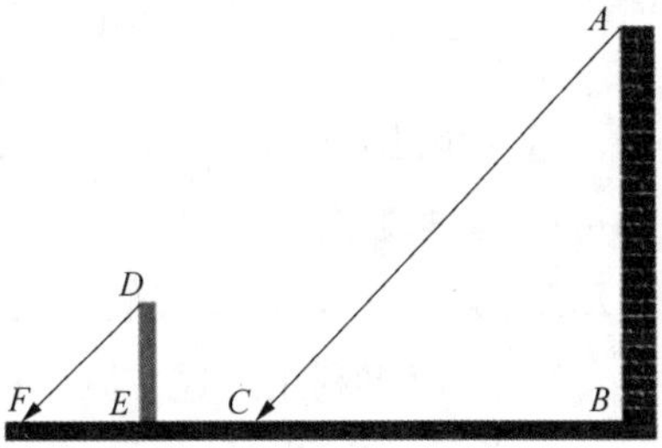

图 1

方案二，利用三角函数的方法.在测出旗杆影长后，借助软件测出地面看向旗杆顶部的仰角，从而得出旗杆高度.

方案三，将一个人与旗杆合影在一张照片中，在已知人的身高的条件下，测量照片中人的长度，得出比例尺，再测量出照片中旗杆的高度，放大一定比例后得出结果.

学生在实践三种方案的过程中，碰到了很多具体困难，如由于光照强度的影响，影子末端不清晰；随着时间的推移，影子长度不固定；人身高有误差；等等.

图 2

实际上，这三种方案只用到了简单的初中知识，关键是通过这样的数学建模活动，让学生感受到数学模型的用处.当然，我们还可以考虑其他的方案，比如，我们可以在旗杆与人之间的某个位置上放一面镜子，确保我们可以通过镜子恰好看到旗杆顶端再测量 CE，BC，DE 长，然后利用相似形计算旗杆高度 AB.

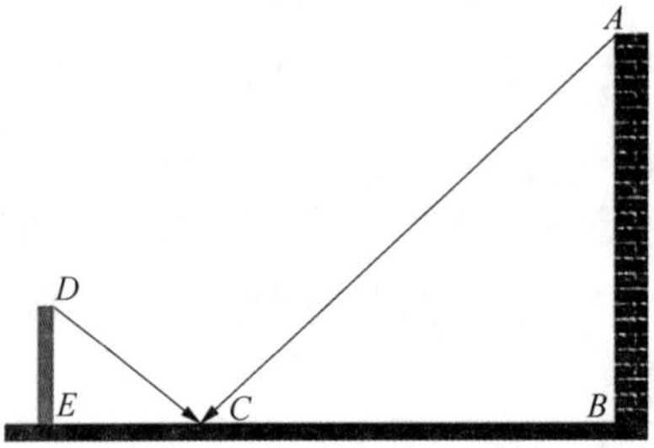

图3

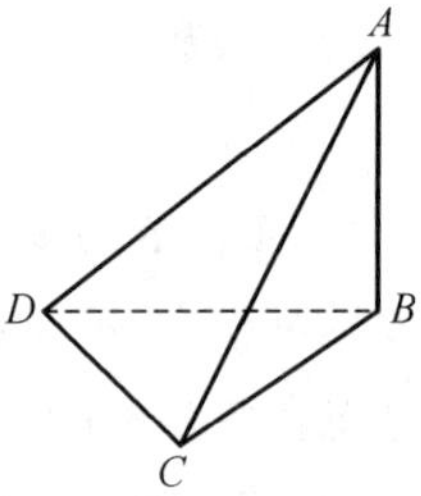

图4

进一步地,我们可以引导学生尝试用高中解三角形的知识解决.比如,我们可以选择地面两个点 C,D,并度量 CD 的长度,利用相关工具度量出 $\angle BCD$,$\angle BDC$,这样,我们就可以通过解三角形的方法求出 BD 和 BC 长度,接着可以再利用上述方案二的思路解决.

最后,我们可以让学生查阅数据,了解旗杆真实高度,比较各种方案的误差大小,最终确定最优方案.

我们可以看到,数学建模活动的教学,应当在讨论并明确活动方案后,交由学生充分实践、探索与解决.通过引导学生自主建模、计算求解、检验结果和改进模型,带领学生解决实际问题.这样的学习过程可以充分发挥学生的主观能动性,提升学生的数学建模核心素养.

四、小结

纸上得来终觉浅,绝知此事要躬行.直接经验给学生带来的是基于活动的记忆,这样的学习记忆深刻,理解透彻.而教师讲授间接经验看起来高效,知识密度高,但是学生是否能够吸收,吸收到什么水平,很多时候是未知之数.教师在教学中,应利用自己的聪明才智,设计一些需要学生亲身实践的教学活动,让学生真正地参与到知识的形成中来,切实提高数学素养水平.

3

课时教学设计应明确最重要的一到两个核心素养

潘　鹏

教学设计是教师根据课程目标和课程内容的要求，合理确定教学目标，精心创设教学情境，组织教学活动的行为，它是教师创造性的主要体现，也是教师备课最重要的环节之一.新课标倡导核心素养以来，我们应该避免两种教学设计倾向，一是将核心素养束之高阁，不为所动，故步自封；二是言必称核心素养，希望在一节课中体现所有核心素养.实际上这两种倾向都是不可取的.知识与技能的传授固然是课堂教学中的明线，没有知识与技能的传授，数学课堂将成为无源之水，核心素养的培养则应当成为课堂教学的暗线，教师不必直接向学生点明，但是应贯穿教学活动始终，作为每节课的“魂”.

教学设计按照覆盖范围的大小，可以分成单元教学设计和课时教学设计.单元教学设计具有整体性，体现多个核心素养；课时教学设计具体到每节课的设计方案，是最基础的设计单元，也是教师备课的直接对象，其设计具有一定的独立性，需要明确一到两个最重要的核心素养.核心素养的培养既要从大处着眼，更要从小处着手，在每节课上有的放矢.

一、课时教学目标要明确突出数学核心素养

课时教学目标是实现课程目标和单元教学目标的最基础、最具体的目标，是教师教学活动和学生学习活动的指南，也是课堂教学活动的出发点与

落脚点,对整个教学过程起着重要的导向作用.设计数学课堂目标,需要具体明确,难易适度,贴合学生的认知结构,并且应明确突出数学核心素养.

1. 根据知识特点,明确最主要的核心素养

课堂的具体载体是知识,知识的特点决定了一节课应当以什么作为最主要的核心素养.比如函数的单调性,这一教学单元在必修内容——函数的基本性质和选修内容——导数的简单运用中都有,这是函数最重要的性质之一(甚至没有之一),在教学中值得浓墨重彩,精心设计.在起始课中,我们应当在初中学习的基础上,结合实际情境,凸显函数图象的变化趋势,并借助图形建立用符号语言严格表述的函数单调性概念,再结合具体函数,理解证明单调性的基本方法.这一课时最主要的教学目标是借助实际情境,结合具体函数的图象深入理解一般函数的单调性定义的内涵,所以我们应确定将数学抽象作为本节课最主要的一个核心素养.这节课无论如何设计,一定要把重点放在对于单调性概念的符号表达及其理解上,具体说,就是要引导学生通过特殊的不等关系过渡到一般的局部不等关系,并充分理解定义中的“任取”一词的必要性.至于具体函数单调性的证明,可以作为本节课的次重点,通过对某些简单函数的研究,让学生能用不等关系论证其单调性.在具体函数单调性的证明过程中,可以讲一些简单的变形技巧,让学生初步感知数学运算核心素养,学会理解运算对象.

2. 根据阶段特征,明确核心素养的达成水平

数学教学内容有着明显的连续性和阶段性,教师在教学设计时,应站得高,看得远,对于数学核心素养的培养,也应当具有连续型和阶段性.在单元设计时,教师应先了解相应知识体系中核心素养的分布情况,在不同的教学阶段,运用不同的方法,以期达到理想的教学效果.比如,在选择性必修部分中,单调性再次在导数的简单运用中出现,首先我们应当明白,这里是对于函数单调性的再次深入研究;其次,导数值代表着函数在某点处切线的斜率,它不仅通过值的正负反映该点附近变化的趋势,也可以通过值的大小反映该点附近变化的快慢.换句话说,与必修部分定性研究不同,利用导数研究函数的单调性更多的是一种定量的研究,它能够更细致地刻画函数在某区间上的变化程度.本节课也应当确立数学抽象的核心地位,可以选择从生活情境中抽象出函数单调性与导数符号的关系,也可以从具体函数(通常选择简单二次函数

入手)归纳抽象出这样的关系.紧接着,我们引导学生回顾函数导数与单调性的概念,对比二者结构的异同,激发学生比较思考,进一步地理解导数符号与单调性定义的联系.这部分,我们可以以逻辑推理为主.

二、情境创设和问题设计要紧紧围绕数学核心素养

情境创设和问题设计是一节课结构的主要组成部分,是实现教学目标的主要手段,我们在确立核心素养培养目标后,要精心选择合理的情境,设计适当的问题,给学生搭建“脚手架”,让学生能够更好地理解并掌握相应的核心素养.

1. 情境创设应紧扣知识,为培养数学核心素养服务

数学源自生产和生活实际.好的情境能够让学生理解概念的背景,自主构建概念的内涵,理解概念的外延.单调性有一个比较经典的情境:某地一天的温度变化曲线图.它截取了某地一天中从 8 点至 22 点温度随着时间变化的曲线,这个情境既能代表实际生活中变化规律,也能涵盖单调性的所有情形,是比较好的情境.围绕着这样的情境,我们可以引导学生取一些 x 值,比较相应的 y 值,进而理解单调性的定义.在导数研究单调性的部分,我们可以给出数学的情境,比如给出二次函数,计算其导数值,利用相关工具(如几何画板)变化 x 的取值,观察导数值与二次函数单调性之间的关系,很容易就归纳出导数值的正负与单调增减之间的对应关系,再变动函数的系数、次数等,进一步确认它们之间的关系.在分析情境的时候,我们可以引导学生不断地进行抽象,让学生亲身经历数学抽象的具体过程,引领学生体验、感悟,提升学生的数学抽象的思维水平.

2. 问题设计应逐步深入,满足不同水平的学生需要

高中数学课程应面向全体学生,让人人都能获得良好的数学教育,不同的人在数学上得到不同的发展.教师在设计问题时,应该逐步深入,在为培养核心素养这一中心目标服务的同时,照顾到不同学生的不同需求.比较好的方式是设计一些开放性的问题,让学生都有话可说.比如,在学生初步理解导数与函数单调性之后,我们可以让学生研究具体函数的单调性,比如,从函数 $y=e^x-x$ 过渡到 $y=e^x-ax$,从 $y=\ln x-x$ 过渡到 $y=\ln x-ax$,通过引入一个参数,让学生初步感受分类讨论的数学思想,渗透数学运算的核心素养.

三、小结

核心素养的培养需要“慢工出细活”,教师应该充分认识到学生发展具有阶段性,随着时间的推移会不断地螺旋式上升.教师作为教学活动的主导者,应明确每节课需要主要渗透的一到两个核心素养,围绕着该核心素养的精神,设计教学活动,不断思考该核心素养在教学中的孕育点、生长点,提高学生核心素养的水平.

◆◆ 4 ◆◆

紧扣数学核心素养，落实数学单元教学

潘　鹏

数学单元教学是介于数学课程目标与数学课堂教学之间的一种形态，向上能为实现课程目标服务，向下能串联数学课堂教学结构，值得教师重视和揣摩.而数学单元教学设计则是从提升学生数学核心素养的角度出发，对相关教材内容进行统筹、重组和优化，再将优化后的教学内容视为一个相对独立的教学单元，并在此基础上对教学单元整体进行循环改进的动态教学设计.[1]经过数学单元教学设计，教师可以更好地梳理数学内在的逻辑关联，掌握数学研究的基本思路，明确数学知识在系统中的地位.[2]

数学单元教学设计可以有不同的维度，按照内容主要可以分成知识维度、思想与方法维度.在单元教学实施的过程中，我们可以通过恰当地整合数学知识、思想和方法，达到培养学生核心素养的目的.

一、把握数学知识的本质，发展学生数学核心素养

数学知识的教学归根结底是概念教学.在概念教学中，教师应充分理解相关概念，不仅要吃透概念的内涵和外延，还应思考概念在知识结构中的地位，并且，还要将概念放在整个数学的内容中，思考有没有不同的组织形式.

比如三角函数，高中阶段与三角有关的知识主要分成三个部分：三角恒等变换，三角函数的图象和性质，解三角形.新授课根据知识发生顺序，教材编排时会将三角恒等变换中的三角函数定义、三角函数的诱导公式、同角三角

函数关系与两角和与差的正余弦公式、倍角公式等分割开来,在讲完同角三角函数关系后跟上三角函数图象和性质,成为一个知识单元,并且在讲和差角和倍角公式之前先介绍向量的数量积,以便为这两个公式的推导提供工具.这样的编排顺序有其合理性:它的第一部分以三角函数的图象和性质为重点,强调以高中函数的观点重新认识三角函数;第二部分再跟进介绍三角函数的恒等变形,诠释了三角函数代数的一面.教学时,我们不仅应按照教材的组织方式展开教学,还应重新组织顺序,让学生更好地建构三角函数的两大单元:图象性质和恒等变形,这样,学生可以脱离教材的束缚,深入理解知识的不同结构.

通过知识整合,我们可以明白,第一部分无须在具体的代数变形过分纠缠,重要的是要让学生研究最本源的正余弦曲线的图象和性质,并能够通过图象的变换进一步深入研究 $y=A\sin(\omega x+\varphi)$ 的图象和性质.在具体展开这一课时的教学时,我们需引导学生认识到正余弦曲线是所有三角函数图象的"根",从这个"根"出发,逐步引入参数 A,ω,φ,直至变到 $y=A\sin(\omega x+\varphi)$,在这个过程中,采取控制变量法,运用了一般化的数学思想,并渗透了数学抽象、直观想象等数学核心素养.而第二部分的重点就在于三角函数的恒等变形,教学时应打破原有知识结构,将同类型的恒等变形问题整合在一起.这部分教学中,代数处理手法是重中之重,应当以培养学生的数学运算核心素养为要.教师应向学生充分展示不同的问题情境,适时地进行变式教学,以期让学生获得相应的数学基本技能,在面对不同的恒等变形问题时做到心中有数.

教材需要遵循知识发生的过程进行结构组织,而这样的顺序安排往往无法体现多个角度,教师在处理教材时,应熟悉不同角度的组织形式,明确各知识板块的本质,将核心素养落实到每一个知识单元的教学中去.

二、提炼数学思想和方法,重新整合教学

什么是数学思想?数学教育界其实看法并不统一.史宁中教授提出抽象、推理和模型这三种[3],这可能是核心素养提出的一个源头.高中数学教师比较认同的数学思想更加偏重实践层面,常见的说法有四大数学思想:数形结合、分类讨论、转化与化归以及函数与方程思想,也有加上如极限思想、从特殊到一般思想、或然与必然思想等的不同表达.至于数学方法,则更偏重操作层面,

数量种类繁多，不胜枚举.教学时，我们完全可以就一种或几种数学思想或方法将数学知识进行串联，重新整合，凸显核心素养.

例如，我们可以向量方法为线索，重新整合高中数学教学.向量是联系数和形的天然纽带，利用向量不仅可以解决向量自身的问题，更重要的是它可以帮助学生从另外一个角度认识几何图形，从另外一个角度梳理数学知识内部逻辑，建立多维度的数学知识网.比如教材中，我们通过向量法构建两角和与差的三角函数公式，证明正余弦定理等.我们也会用平面的法向量解决空间中的距离问题，得到点到平面的距离公式：$d=\dfrac{|\overrightarrow{AP}\cdot \boldsymbol{n}|}{|\boldsymbol{n}|}$，其实质是$\overrightarrow{AP}$在平面法向量$\boldsymbol{n}$上投影的绝对值.实际上，解析几何中也可以运用直线的法向量来解决平面上的距离问题.如图，可以论证，直线$Ax+By+C=0$的法向量就是$(A,\ B)$，而点P到直线的距离依然是向量$\overrightarrow{AP}$在平面法向量$\boldsymbol{n}$上的投影的绝对值，即$d=\dfrac{|\overrightarrow{AP}\cdot \boldsymbol{n}|}{|\boldsymbol{n}|}$，将点代入直线方程中略做化简，即可获得点到直线的距离公式.

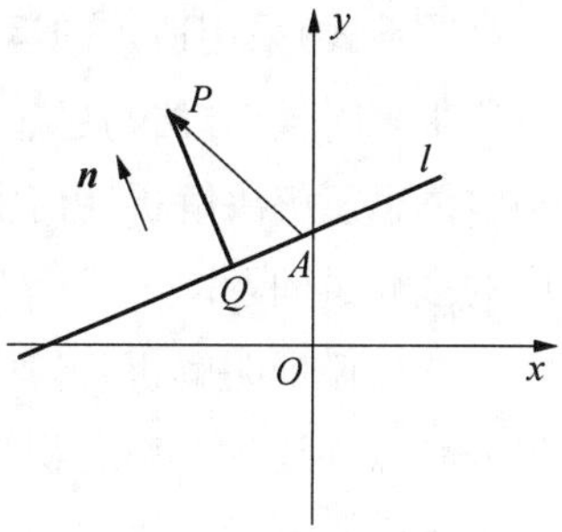

图 1

在上述向量法单元教学中，我们主要培养了学生数学抽象和逻辑推理的核心素养，学生可以认识到某一种方法能够渗透在不同的知识板块之中，进而提高他们对知识的元认知水平，理解知识的不同组织形式.

再如，我们也可以方程思想为主线，整合诸如数列、解三角形、解析几何部分的一些问题.比如数列中研究等差和等比数列的通项和前n项和，一般来说就是建立首项、末项、公差(比)、项数、前n项和之间的关系，已知三个条件，求两个量.而解三角形问题本身就是一个已知三角形中三个量(或三个条件)求另外三个量的问题，解决问题时，一定要明确对应的模型，选择正弦或余弦定理解决.解析几何中求离心率一直是难点问题，事实上离心率反映了椭圆的形状，也就是a、b、c之间的关系，只需根据条件建立这三个量之间关系即可解决问题.这些问题都比较典型地渗透了方程思想，可以打破知识的藩篱，设计成一个教学单元.

在上述方程思想单元教学中,我们主要培养了学生数学建模和数学运算的核心素养,学生首先要根据问题建立适当的数学模型,再对相应的方程(或者是关系式)采用适当的运算方法解决.

很多时候,方法与思想是一脉相承的.比如,我们可以运用“设而不求”法与整体思想解决解析几何中的多变量运算问题,也可以用来解决函数(导数)中的多变量问题.

比如说证明解析几何中的一个重要性质:椭圆上关于原点对称的两点与另外一点连线的斜率之积为定值.这个问题比较好的求解办法就是设出两点,表示其中一点关于原点的对称点,再代入消元求解.虽然在解的过程中,出现了四个未知量,但由于两两满足椭圆方程,所以不必求出具体值,即可得到这个结果.而函数导数中的零点不可求问题,我们可能会面临一个关于零点的超越式,在不能代数求解,也不能猜根的情况下,我们只能利用整体思想,设而不求地将零点满足的式子直接代入目标中,以期解决问题.

在上述处理解析几何与函数导数的例子中里,我们也可以培养学生数学建模和数学运算的核心素养,学生先识别模型,再运算求解.

三、小结

数学单元教学是符合数学学习特点的教学组织形式,通过单元教学,可以从多个角度帮助学生形成有序多级的知识结构,提升学习的有效程度.在开展单元教学的过程中,我们应牢牢以数学核心素养为抓手,不断提升学生的数学水平.

参考文献

[1] 吕世虎,杨婷,吴振英.数学单元教学设计的内涵、特征以及基本操作步骤[J].当代教育与文化,2016,8(4).

[2] 任念兵.高中数学中观教学设计:现状、问题与对策[J].教育研究与评论,2018(9).

[3] 史宁中.数学基本思想 18 讲[M].北京:北京师范大学出版社,2016.

5

让学生学会数学抽象，训练以简驭繁的眼光

潘　鹏

我们知道，数学之所以具有强大的生命力，正是因为它具有高度的抽象性.《普通高中数学课程标准(2017 年版)》(以下简称《标准》)强调“用数学的眼光观察世界”，其中数学的眼光，主要是数学抽象.我们在日常的教学活动中，应充分认识到这一点，尝试着教授学生从数量关系和图形关系抽象出数学概念，并帮助他们形成自己对数学体系的理解.

一、数学抽象的源与流

数学学习是螺旋式上升的，数学抽象也经历了螺旋式上升的过程.高中生的学习经验中，已经有了初步的数学抽象的种子.就拿最简单的运算来说，从最初的实物的加减法，再到简单的算术，经历了一次抽象，后来学习了用字母表示数，我们一下子就可以表达所有数的加减法，进而使得运算律的表达成为现实，后续还学习了多项式的运算.到了高中阶段，学生也会学习新的运算，比如指、对数的运算，复数的四则运算，导数的运算法则，向量的运算等，教师有必要带领学生从运算律的角度梳理以前的学习经验，讲明不同运算中的算理，引导学生整理归纳与已有学习经验的异同.坚持这样做，能够让他们在实际解决运算问题的时候，充分认识运算对象，集成自己的运算思维，能够从更高的角度认识运算.作为教师也要了解，到了大学，学生对于运算的理解应当提升到更高的层面，比如运算律和群的表达，算子与赋范空间，n 维变量的极

大线性无关组等,这些实际上都是更高程度的抽象.

再比如说,对于几何对象的认识,高中的点、线、面概念教学要建立在学生已有的认知经验上.学生从小学就开始认识林林总总的几何对象,从平面图形到立体图形,但是在高中需要进一步去除不必要的属性,进一步抽象出几何对象的本质属性.只有认识了点、线、面的本质特征,才能很好地理解四个公设的必要性和合理性,并在这四个公设的基础上,有逻辑地展开整个立体几何的体系.另外,教师应该了解,如果改变公设,只要基于完美的逻辑,也能够得到新的非欧几何体系,这样我们就可以更好地理解这部分逻辑表达的重要性,在教学中有的放矢地培养学生准确表达的好习惯.同时,我们也要善于在生活中寻找合适的几何对象,比如可以从旗杆和地面的情境中抽象出线面关系进一步强抽象成线面垂直,比如从飞机起飞到正常飞行这一情境中抽象出线面关系进一步强抽象成线面平行.当然,我们也可引导学生自己举例,表达生活中的几何对象.这样的抽象过程一定要让学生充分参与,让他们真正地养成数学的眼光,理解数学抽象的魅力.

二、数学抽象在高中阶段的主要表现形式

数学抽象无处不在,高中阶段的教学活动中大约有以下两种表现形式:(1) 概念生成时;(2) 问题解决处.

(1) 概念生成时.

数学源自生活.《标准》要求师生从现实情境、数学情境和科学情境中提出数学问题.我们在面对一个全新的概念时,往往会借助现实情境.比如,在讲函数的核心性质时,我们选用了温度变化曲线图来帮助学生感受与理解函数的单调性,单调性刻画了函数的变化趋势,是函数最核心的性质,温度变化曲线图很好地反映了这个性质.实际教学中,我们可以尝试设计如下问题链:① 图象呈现什么样的特点? 这里,我们可以选择一些具体点,引导学生比较它们的函数值;② 如何用数学语言刻画这样的特点? 在这个问题的回答中,我们需要引导学生完成具体点的抽象,即用字母表示这些点,使其具有普适性;③ 你的表达形式有没有争议? 如何更准确地表达? 通过讨论这个问题,我们要充分引导学生选用“任意”这样的字眼来准确表达,有了任意性,我们完成了最后的抽象,使得一个表达式能够代表无数个局部的大小关系,以精准刻

画单调性.通过这三个问题，我们可以让学生感受数学的高度抽象性，感悟高度抽象后对于本质属性的完美表达，感叹数学的简洁之美.这样的教学设计，可以给学生埋下数学抽象的种子.

再比如，在讲授平面向量时，可以借助物理中力和速度等矢量背景来辅助理解.物理中的矢量就是向量，而向量可以认为是矢量剥离物理背景后的数学抽象形式，所以，矢量是此处非常好的科学情境素材.我们可以用力和位移来理解向量的概念，比较它们表示方式的相似性；我们可以用力与位移的合成来理解向量的加减法和数乘；我们可以用力和速度的分解来理解平面向量基本定理，用力的正交分解来理解单位正交基底；我们当然也可以用功和洛伦兹力来理解向量的数量积和向量积……通过这样的情境，让学生充分理解向量的科学价值，为学生理解向量提供一个应用角度.

(2) 问题解决处.

问题是数学的心脏.好的问题可以促使学生深入思考，培养学生数学思维的灵活程度，让他们更好更自觉地用数学的思维去分析客观世界中的现象.

比如“新冠”疫情中患者人数随着时间的推移呈现爆发式增长，这背后隐藏着指数的力量.我们可以从数学的角度将这个问题抽象成数学问题，引导学生思考.以中国为代表的亚洲国家在预防新冠疫情时选择佩戴口罩，而以英国和美国为代表的西方国家选择不佩戴口罩，相信“群体性免疫”的力量.对比这两类国家的患者人数曲线图，我们可以明显地发现英美国家虽然爆发时间迟，但是增长快.从这个背景事件中，我们从数学的角度观察和抽象，可以发现两类国家的感染人数随时间的变化图都可以用指数函数来模拟，但是很明显，具有不同的底数 a.通过查阅资料，我们知道这个值与传染病的一个重要指标——基本传染数有着密切联系.基本传染数是指在没有外力介入，同时所有人都没有免疫力的情况下，一个感染到某种传染病的人，会把疾病传染给其他多少个人的平均数.基本传染数通常被写成为 R_0.根据官方给定的数据，我们可以估算这两类国家的 R_0 值，确认佩戴口罩对疫情防控具有至关重要的作用.

学数学就意味着要会解题，好的数学题可以帮助学生更好地理解相关的数学概念.但是，我们也要避免题海战术，提升学习效率.其中一个有效策略就是学会反思，用抽象的观点驾驭特殊的结论，这样就可以触类旁通，提高解题水平和数学素养.

比如,教材中有这样一道题:已知$B(-6,0)$,$C(6,0)$,直线AB、AC斜率乘积等于$\frac{9}{4}$,求A点的轨迹方程.这个问题本身很简单,我们很快就可以知道轨迹是双曲线(去除实轴两个顶点),方程也很容易求出.教师应当知道,变化这个斜率乘积的值,可以得到不同的曲线,如果这个值是-1,则得到圆,如果是别的负数,可以得到椭圆(以上曲线都应去除两个对称点).进一步地,我们可以将这个值抽象为参数λ,分类讨论目标曲线的类型.我们还可以重新选择两个点,研究目标曲线的特点.另外,我们也可以给出椭圆(或双曲线),研究椭圆上两点连线的斜率,在利用点差法解决这个问题的过程中,我们可以得到与原题类似的代数结构:$\frac{y_1^2-y_2^2}{x_1^2-x_2^2}$,明确该问题的代数实质.我们也可以将这个问题迁移到抛物线,进一步得到任意圆锥曲线上任意两点连线斜率的一个通用处理手法.至此,我们形成这类问题的通解.当然,我们还可以引导学生思考别的曲线能否用类似的手法处理,能用类似手法处理的曲线有什么共同特点.这样就可以运用抽象出来的方法和结论,增强学生的解题信心,提升学生对于数学的感悟.

三、小结

数学基于对客观世界的抽象,我们应当尝试推动学生从不同的侧面感知数学的抽象性,理解数学抽象的过程,熟悉数学抽象的手法,运用经过数学抽象后的结论,并且学会用数学的眼光观察和理解世界,最终养成以简驭繁的思维品质.

6

寻找必要条件，优化解题思路，培养逻辑推理素养

潘　鹏

《普通高中数学课程标准(2017 年版)》指出：逻辑推理是指从一些事实和命题出发，依据规则推出其他命题的素养.主要包括两类，一类是从特殊到一般的推理，推理形式主要有归纳、类比；一类是从一般到特殊的推理，推理形式主要有演绎.前者是发现问题和提出问题的重要方式，而后者则是严谨的表达与交流的重要保证，都是不可或缺的重要内容.

解题教学中，我们更多地用到演绎推理，一般说来，我们会不断寻找原问题的充要条件，当无法直接找到其充要条件的时候，我们可以退而求其次，寻找与原条件相比稍弱的必要条件，通过必要条件的挖掘，即使不能严谨地解出答案，但可以优化解题思路，以利原问题的最终解决.

这种解题角度在数学解题活动中比比皆是，比较简单的如：已知数列的一些复杂关系式，先通过列举前几项猜测其通项公式，再证明；解析几何定值定点问题中，通过几个特殊位置(一般不会超过 3 个)确定定值或定点，再证明；已知某含参函数是奇函数，则利用该函数图象过原点(前提：0 处有定义)，求解其中的参数；推而广之，一般的函数方程问题可以使用赋值法，不断地选取特殊点赋值，挖掘题目中表达式的不同内涵……本文限于篇幅，仅就不等式恒成立问题一个角度展开，并试举几例说明.

【例 1】(2008 江苏卷)$f(x)=ax^3-3x+1$ 对于 $x\in[-1,1]$总有

$f(x)\geqslant 0$ 成立,则 $a=$________.

分析 要使 $f(x)\geqslant 0$ 恒成立,只需使 $f(x)_{\min}\geqslant 0$ 成立即可.通过导数求最小值,注意对参数 a 的讨论.

解析1:$f'(x)=3ax^2-3$,

1. 当 $a\leqslant 0$ 时,有 $f'(x)<0$ 恒成立,∴ $f(x)$单调递减.令 $f(1)\geqslant 0$,得 $a\geqslant 2$,舍去;

2. 当 $a>0$ 时,令 $f'(x)=0$,$x=\pm\dfrac{1}{\sqrt{a}}$,

i) 当$\dfrac{1}{\sqrt{a}}\geqslant 1$,即 $0<a\leqslant 1$ 时,$f(x)$在$[-1,1]$单调递减,令 $f(1)\geqslant 0$,得 $a\geqslant 2$,舍去.

ii) 当$\dfrac{1}{\sqrt{a}}<1$,即 $a>1$ 时,$f(x)$在$\left(-1,-\dfrac{1}{\sqrt{a}}\right)$,$\left(\dfrac{1}{\sqrt{a}},1\right)$单调递增,$f(x)$在$\left(-\dfrac{1}{\sqrt{a}},\dfrac{1}{\sqrt{a}}\right)$单调递减,令$\begin{cases}f(-1)\geqslant 0\\ f\left(\dfrac{1}{\sqrt{a}}\right)\geqslant 0\end{cases}$即可,解得$\begin{cases}a\leqslant 4\\ a\geqslant 4\end{cases}$,∴ $a=4$.

综上所述,$a=4$.

解析2:利用恒成立的必要条件,可知$\begin{cases}f(-1)\geqslant 0\\ f(1)\geqslant 0\end{cases}$,可解得 $2\leqslant a\leqslant 4$,则可直接跳过上述讨论中的1与2的i),直接定位到最后一种情况,即$\dfrac{1}{\sqrt{a}}\in\left[\dfrac{1}{2},\dfrac{\sqrt{2}}{2}\right]\subseteq(0,1)$,直接令$\begin{cases}f(-1)\geqslant 0\\ f\left(\dfrac{1}{\sqrt{a}}\right)\geqslant 0\end{cases}$即可,解得 $a=4$.

反思 解析1的方法是解决恒成立问题的通性通法,是基本方法,必须要掌握.而在教学过程中,有学生使用解析2得到了 $2\leqslant a\leqslant 4$,虽然这并不能求出 a 的值,但是却利用了不等式恒成立的特点,即在一些特殊值处成立(必要条件),缩小参数范围,并结合原有方法减少分类讨论的类别,简化了解题过程.

那么,特殊值的选择应当如何考虑呢?可以考虑区间端点,以及一些常见特殊值比如 0,±1 等整数.如例 2.

【例 2】 设函数 $f_n(x)=-x^n+3ax+b(n\in\mathbf{N}^*,a,b\in\mathbf{R})$.

(1) 略.

(2) 若对任意 $x_1,x_2\in[-1,1]$,都有 $|f_3(x_1)-f_3(x_2)|\leqslant 1$,求 a 的取值范围;

(3) 若 $|f_4(x)|$ 在 $[-1,1]$ 上的最大值为 $\frac{1}{2}$,求 a,b 的值.

分析 题(2)中,利用最值思想可知原命题等价为 $f_3(x)_{\max}-f_3(x)_{\min}\leqslant 1$,接下来就应当对原函数求导,讨论,具体方法与上题类似,但是过程更加繁复.如果使用原命题的必要条件,代入区间端点得到参数 a 的初步范围,则可以大大简化运算.

题(3)中,若使用常规方法更加难以解决,如果结合端点以及特殊点处都有 $|f_4(x)|\leqslant\frac{1}{2}$ 的事实,具体说来就是在 0,±1 处都满足 $|f_4(x)|\leqslant\frac{1}{2}$,再结合不等式的性质则会产生意想不到的结果.

解:(2) ∵ 对任意 x_1,x_2 有 $|f_3(x_1)-f_3(x_2)|\leqslant 1$,∴ $|f_3(1)-f_3(-1)|\leqslant 1$,

从而有 $|6a-2|\leqslant 1$,∴ $\frac{1}{6}\leqslant a\leqslant\frac{1}{2}$,

又 $f_3'(x)=-3x^2+3a$ ∴ $f_3(x)$ 在 $[-1,-\sqrt{a}]$,$[\sqrt{a},1]$ 内为减函数,$f_3(x)$ 在 $[-\sqrt{a},\sqrt{a}]$ 内为增函数,只需 $|f_3(\sqrt{a})-f_3(-\sqrt{a})|\leqslant 1$,则 $4a\sqrt{a}\leqslant 1$,

∴ a 的取值范围是 $\frac{1}{6}\leqslant a\leqslant\frac{1}{\sqrt[3]{16}}$.

(3) 由 $|f_4(x)|\leqslant\frac{1}{2}$ 知

$-\frac{1}{2}\leqslant f_4(1)\leqslant\frac{1}{2}$, ①

$-\frac{1}{2}\leqslant f_4(-1)\leqslant\frac{1}{2}$,　　②

①加②得$\frac{1}{2}\leqslant b\leqslant\frac{3}{2}$,又$\because -\frac{1}{2}\leqslant f_4(0)\leqslant\frac{1}{2}$,$\therefore -\frac{1}{2}\leqslant b\leqslant\frac{1}{2}$,$\therefore b=\frac{1}{2}$,

将$b=\frac{1}{2}$代入①②得$0\leqslant a\leqslant 0$,$\therefore a=0$.

反思　本题从必要条件所带来的结果中受益更大,不仅在题(2)中避免了繁琐的讨论,而且给题(3)一个巧妙的解题思路.不过,由于必要条件自身的局限性,不能仅仅局限于代入端点,一定要在缩小参数范围的基础上,二度审视原题,确定最后的答案.

【例3】(2020新全国Ⅰ卷·山东)已知函数$f(x)=a\mathrm{e}^{x-1}-\ln x+\ln a$.

(1) 略.

(2) 若$f(x)\geqslant 1$,求a的取值范围.

分析

思路1　利用指数对数的运算可将$f(x)\geqslant 1$转化为$\mathrm{e}^{\ln a+x-1}+\ln a+x-1\geqslant \mathrm{e}^{\ln x}+\ln x$,令$g(x)=\mathrm{e}^x+x$,上述不等式等价于$g(\ln a+x-1)\geqslant g(\ln x)$,注意到$g(x)$的单调性,进一步等价转化为$\ln a\geqslant \ln x-x+1$,令$h(x)=\ln x-x+1$,利用导数求得$h(x)_{\max}$,进而根据不等式恒成立的意义得到关于$a$的对数不等式,解得$a$的取值范围.

思路2　注意到函数特点,代入特殊的$x=1$,先求出必要条件,再带回原题证明.

解析1:$f(x)=a\mathrm{e}^{x-1}-\ln x+\ln a=\mathrm{e}^{\ln a+x-1}-\ln x+\ln a\geqslant 1$等价于

$\mathrm{e}^{\ln a+x-1}+\ln a+x-1\geqslant \ln x+x=\mathrm{e}^{\ln x}+\ln x$,

令$g(x)=\mathrm{e}^x+x$,上述不等式等价于$g(\ln a+x-1)\geqslant g(\ln x)$,

显然$g(x)$为单调增函数,

$\therefore$ 又等价于$\ln a+x-1\geqslant \ln x$,即$\ln a\geqslant \ln x-x+1$,

令$h(x)=\ln x-x+1$,则$h'(x)=\frac{1}{x}-1=\frac{1-x}{x}$,

在$(0,1)$上$h'(x)>0$,$h(x)$单调递增;

在$(1,+\infty)$上$h'(x)<0$,$h(x)$单调递减,

$\therefore h(x)_{\max}=h(1)=0$,$\ln a\geqslant 0$,即 $a\geqslant 1$,$\therefore a$ 的取值范围是$[1,+\infty)$.

解析 2:令 $x=1$,可得 $a+\ln a\geqslant 1$,根据函数 $g(a)=a+\ln a$ 单调增且 $g(1)=1$,可知 $a\geqslant 1$,下证充分性.

先证两个引理.(1) $e^{x-1}\geqslant x$.构造函数 $p(x)=e^{x-1}-x$,$\therefore p'(x)=e^{x-1}-1$,

当 $x\leqslant 1$ 时,$p'(x)\leqslant 0$,函数 $p(x)$ 单调增,当 $x\geqslant 1$ 时,$p'(x)\geqslant 0$,函数 $p(x)$ 单调减,$\therefore p(x)\geqslant p(1)=0$,得证;

(2) $\ln x\leqslant x-1$.只需在 $x\geqslant 0$ 时对(1)中结论两边取对数即可.

$\therefore$ 当 $a\geqslant 1$ 时,$f(x)=ae^{x-1}-\ln x+\ln a\geqslant e^{x-1}-\ln x\geqslant x-(x-1)=1$,充分性得证.

综上,$a\geqslant 1$.

反思 本题需认真观察函数特点,找到特殊值 $x=1$,在证明的时候使用两个切线放缩不等式 $e^{x-1}\geqslant x$ 和 $\ln x\leqslant x-1$ 即可,想必这也是命题者的思路来源.

小结

数学教学中处处讲逻辑,时时要严谨.在使用演绎推理论证问题时,我们除了选择正面寻找原问题的充要条件,也可以"迂回"式地寻找比原条件稍弱的必要条件,通过必要条件,优化解题思路,在解决问题的过程中培养学生的逻辑推理素养,同时,学生也能从另外一个角度审视自己表达中的不足,形成严谨的表达语言体系.

7

强化数学建模，用数学的眼光看世界

张　颖

数学建模是数学学科的六大核心素养之一，它是指对现实问题进行数学抽象，用数学语言表达问题、用数学知识与方法构建模型解决问题的过程.主要包括：在实际情境中从数学的视角发现问题、提出问题，分析问题、构建模型，求解结论，验证结果并改进模型，最终解决实际问题.在教学中强化数学建模，设置合理的建模活动能够进一步促进学生对数学知识的理解和应用，培养学生的创造力和沟通与合作能力.

如何在教学中强化数学建模呢？我们可以从以下几个方面着手.

一、引人入胜，从生活体验提炼数学模型

在日常教学中，我们可以通过精心设计问题情境，引导学生在已有的知识技能基础上，自主探究建构模型，用“数学的方法”“数学的逻辑”去解决问题.

日出日落，寒来暑往……自然界中有许多“按一定规律周而复始”的现象，这种按一定规律不断重复出现的现象称为周期现象.这种现象一般与周期运动有关.一个简单又基本的例子便是“圆周上一点的运动”.

如图1，P 是半径为 r 的圆 O 上一点，点 P 的运动可以形象地描述为“周而复始”.那么，点 P 按怎样的规律不断重复出现？用什么样的数学模型来刻画呢？

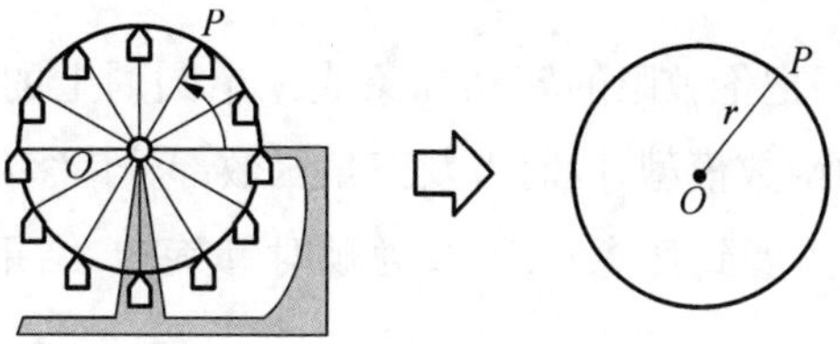

图 1

这是苏教版必修 4“三角函数”这一章节开篇的引言，它让学生从实际生活经验中感受“周而复始”的现象，进而提炼数学模型，那么我们如何让这一过程逐步实现“数学的表达”呢？

在教学中，我们把这一看不见摸不到的模型用实际存在的摩天轮替代，可以设计如下背景.

背景 1 伦敦眼（英文名：The London Eye），又称千禧之轮，坐落在伦敦泰晤士河畔，是世界第四大摩天轮，是伦敦的地标之一.伦敦眼的半径为 60 m，中心点 O 距地面的高度为 70 m，匀速转动一圈需时 30 分钟.

以此来设计一系列的问题串.

【问题 1】 伦敦眼逆时针转动过程中，存在函数关系吗？请选择适当的变量，写出一些函数关系.

这个问题就比较开放，教师提供研究背景，给学生提出问题的机会，实际问题数学化，让学生充分讨论，发散思维，学生可以得到很多函数关系，例如：设时间为 t，我们可以得到

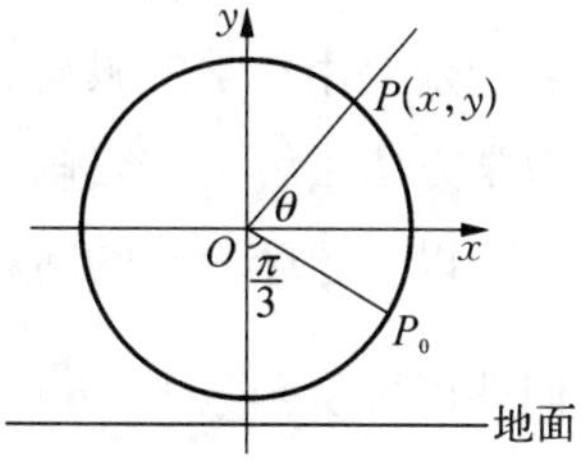

图 2

(1) $\alpha=\frac{2\pi}{30}t=\frac{\pi}{15}t\,(t>0)$；

(2) $l=\alpha r=\frac{\pi}{15}t\cdot 60=4\pi t\,(t>0)$；

(3) $S=\frac{1}{2}lr=\frac{1}{2}\cdot 4\pi t\cdot 60=120\pi t\ (t>0)$；

(4) $h=60\sin\left(\alpha-\frac{\pi}{6}\right)+70=60\sin\left(\frac{\pi}{15}t-\frac{\pi}{6}\right)+70\,(t>0)$；

(5) $h=60\cos\left(\frac{2\pi}{3}-\alpha\right)+70=60\cos\left(\frac{\pi}{15}t-\frac{2\pi}{3}\right)+70\,(t>0)$；

……

这样一来，我们把伦敦眼的转动抽象成一个圆周上的点 P 的运动，学生构建了很多不同的函数模型，同时涉及三角函数部分诸多的知识点：

(1) 角的范围拓展到任意角.若改为顺时针旋转，结果应该如何？正角，负角，零角.

(2) 弧长公式.可说明弧度制的定义 $|\alpha|=\frac{l}{r}$.

(3) 扇形面积公式.推导过程 $S=\frac{\alpha}{2\pi}\cdot\pi r^2=\frac{1}{2}\alpha r^2=\frac{1}{2}lr$.

(4) 函数解析式得出的过程.说明三角函数的定义，正余弦的互化，得出诱导公式.

由此，我们通过设立情境，引导学生建立了多个函数模型，从本质上帮助学生回归定义，理解公式，最终将此类周而复始的运动归结为角的终边上点的坐标问题.让学生探索并归纳不同条件下的模型建立的方法，培养学生的数学思维能力，增强数学建模意识，提升数学核心素养.

二、举一反三，从一个模型衍生出多个数学知识模块

对于数学建模这一核心素养的培养，我们不能仅仅局限于建立模型，更多的是要用数学的眼光去审视它，用数学的语言去刻画它，利用我们掌握的数学方法去解决它，进而回归到实际问题的解决方案等.

以上述摩天轮的问题为例，在学生提炼了多个不同的函数模型之后，我们就可以从函数 $h=60\sin\left(\frac{\pi}{15}t-\frac{\pi}{6}\right)+70(t\in\mathbf{R})$ 出发，根据之前必修1函数部分的学习，让学生从定义域、值域、图象、单调性、周期性、对称性、奇偶性等方面来研究这个函数.

进一步地，我们还可以将所研究的函数一般化，提出如下的问题.

【问题2】你能概括函数 $y=A\sin(\omega x+\varphi)+B(A>0,\omega>0)$ 的性质吗？它与正弦函数 $y=\sin x$ 有什么关系？

学生通过整理，讨论归纳出函数 $y=A\sin(\omega x+\varphi)+B$ 的性质，同时也回顾了三角函数图象的变换，问题串进一步延伸.建立的数学模型更是体现了从

特殊到一般的数学思想，提升了总结归纳的能力.

此外，学生还可以类比这个函数的研究方法，探讨函数 $y=A\cos(\omega x+\varphi)+B$，$y=A\tan(\omega x+\varphi)+B$ 的性质，让学生感受类比推理的思想方法，说明抓住核心问题 $y=A\sin(\omega x+\varphi)+B$ 的重要性.

这两个问题的梳理和总结，基本概括了本章节大部分的知识要点，让学生能够整体把握三角函数的知识点，而不是陷于一个个零散琐碎的公式记忆.

除此之外，我们还可以引导学生从等量关系的模型进一步提升变化到不等关系模型，更深刻理解函数.不妨再设计一个情境，自然地启承转接.

背景 2　在豪华的乘坐舱内鸟瞰伦敦的美景，在伦敦眼旋转一周的过程中，我们能有多长时间可以从百米以上的高空去欣赏伦敦的美景呢？

由此，又一个实际问题引出了新的不等式模型，问题转化成求解一个关于 t 的不等式.

【问题 3】解关于 t 的不等式 $60\sin\left(\frac{\pi}{15}t-\frac{\pi}{6}\right)+70>100$.

学生可以利用单位圆、三角函数线、三角函数图象等作为工具来解决这样的已知函数值求角（或者角的范围）的问题，更是体现了数形结合的思想方法的重要性，以数解形，以形助数.当然，反过来我们也可以根据图象（或一部分）写出函数的解析式，继而研究其性质.

学生在不断地解释数学模型的过程中完成了对知识的建构和学习，是一种有意义的学习.而且，我们既研究了三角函数作为个体特殊性的一面，也突出了其作为函数一般性的一面，有助于学生将繁杂、零散的公式看成一个个自然生成的过程系统化的理解和记忆.

从教材的设计上来看，教材第 43 页例 2 的水轮模型，第 46 页的习题 11 都可以视为摩天轮模型的补充，也与本章的开篇有了一个呼应.这里数学建模功不可没.从数学问题产生的背景，到以此背景为导向，培养了学生转化问题的能力，让学生多角度地认识和运用数学模型，对思维的灵活性要求很高，对提升学生数学建模的核心素养大有益处.

三、由点及面，让数学建模的思想渗透在不同的教学内容中

除了上述三角函数，很多内容的教学中都可以渗透数学建模的思想.比如

数列一章的教学,很多时候我们都会从一些游戏、模型出发,如斐波那契数列问题、国王赏麦的故事等等.兴趣是最好的老师,让学生从有趣的故事中提炼数学模型,探索数学问题,在普及相关数学知识的同时更让他们学会用数学的眼光去解决实际问题,培养和锻炼思维能力.又如解析几何教学从对坡度的认识引出斜率和倾斜角的概念,线性回归模型的建立和应用让学生对统计学的数学本质有了更深刻的理解.

诸如此类的教学内容和教学方法不一而足.这其中,我们要常常从数学建模的角度去思考和完善我们的教学,强化学生运用数学模型解决实际问题的能力,同时也帮助学生理解其他学科知识,融会贯通,注重数学与其他学科的联系,帮助学生奠定坚实的数学基础,提升数学核心素养.

总之,数学模型构建了数学与外部世界的桥梁,是数学应用的重要形式.数学建模是应用数学解决实际问题的基本手段,也是推动数学发展的动力.在数学建模核心素养的形成过程中,我们应引导学生不断积累用数学解决实际问题的经验.长此以往,学生就慢慢能够在实际情境中发现和提出问题;能够针对问题建立恰当的数学模型;能够运用数学知识求解模型,并尝试基于现实背景验证模型和完善模型;能够提升应用能力,增强创新意识.

8

高中数学课堂教学中直观想象素养的培养策略

王福雪

《普通高中数学课程标准(2017年版)》(以下简称《标准》)明确提出了六大数学学科核心素养:数学抽象、逻辑推理、数学建模、直观想象、数学运算、数据分析.直观想象作为数学核心素养之一,对学生的思维发展起到至关重要的作用.直观想象是指借助几何直观和空间想象感知事物的形态与变化,利用空间形式特别是图形,理解和解决数学问题的素养.主要包括:借助空间形式认识事物的位置关系、形态变化与运动规律;利用图形描述、分析数学问题;建立形与数的联系,构建数学问题的直观模型,探索解决问题的思路.

希尔伯特在《几何基础》第一版的扉页引用康德的话:人类的一切知识都是从直观开始,从那里进到概念,而以理念结束.史宁中教授也指出:数学知识的产生依靠直观,其确定依靠推理.由此可见,直观想象在数学知识的形成过程中发挥着重要作用.直观想象是发现和提出问题、分析和解决问题的重要手段,是探索和形成论证思路、进行数学推理、构建抽象结构的思维基础.教师在进行课堂教学时,通过实物模型或利用信息技术把抽象的数学概念得以直观地、生动地表达出来,让学生能亲身经历并直观感知,学生就容易理解复杂的数学问题.通过创设恰当的教学情境、提出合适的数学问题,引发学生的直观想象,通过思考与交流获得新知,学生学习数学的积极性就会提高.

一、借助实物模型培养直观想象

教师可以引入实物模型辅助教学,达到化抽象为直观的目的,让学生对直观实物进行数学观察,以此引发他们的直观想象.例如,在立体几何教学中,异面直线所成的角、直线与平面的位置关系、平面与平面的位置关系等都可以借助学生的笔、书本、教室的墙面、地面、门等实物来演示.教师在引导学生对直线与平面的位置关系进行分类时,可以引导学生拿一支笔和一本书分别代表直线与平面,学生利用笔和书摆出多种不同的线面位置关系.学生在进行直观操作的过程中,可以发现直线与平面的位置关系总结起来只有三种:直线在平面内、直线与平面相交、直线与平面平行.在后续的学习中,学生还可以借助笔与书感知线面垂直这一特殊位置关系,进一步体会直线与平面所成的角的定义的必要性与合理性,理解线面角的取值范围.从初中的角的概念推广到高中二面角的概念,这一维度的跨越是学生难以理解的.在二面角的定义教学中,教师可以利用门与墙面的位置关系引入二面角的概念及大小的度量;利用门与地面的位置关系发现面面垂直的判定定理;利用墙面与地面的位置关系发现面面垂直的性质定理.又如,在方程的根与函数的零点教学中,教师可以在黑板上建立平面直角坐标系,利用一节绳子来模拟函数的图象,请两位学生上黑板合作演示,通过绳子与坐标轴的不同位置关系,得到函数图象的变化规律,让学生们去观察、分析和思考,共同探究得出零点存在性定理.

二、借助信息技术培养直观想象

在“互联网+”时代,信息技术的广泛应用正在对数学教育产生深刻影响.教师应重视信息技术的应用,培养学生的直观想象,优化课堂教学.例如,在三角函数教学中,教师利用 PPT 的动画效果呈现四季的变化、单摆中小球的运动轨迹、圆周运动中某一质点的位置变化,让学生感受“周而复始”的变化规律,更好地认识周期现象,理解函数的周期性.在进行指数函数及其性质的教学时,教师借助几何画板软件动态演示底数 a 变化时,指数函数 $y=a^x(a>0,a\neq1)$ 的图象变化规律,让学生总结出指数函数的性质;在同一坐标系中作出 $y=a^x(a>0,a\neq1)$ 与 $y=\left(\frac{1}{a}\right)^x(a>0,a\neq1)$ 的图象,让学生直观感受这两个函数图象的位置关系，再利用函数解析式分析出这两个函数的图象关于y轴对称，学生经历了感性认识到理性认识的过程，发展了数学思维能力.在圆锥曲线教学时，圆锥面被不同平面所截出的曲线形状是学生难以想象出来的，教师利用GeoGebra软件的3D绘图功能，制作出圆锥的截面图形的动画效果，让学生在想象的基础上借助图形直观来进行分析，帮助学生认识截面形状；人教A版选修2－1教材中2.2节课后的探究与发现“为什么截口曲线是椭圆”，介绍了数学家Dandelin从纯几何的角度出发给出的证明，教师如果将这部分内容制作出动态图形演示给学生看，能有效突破教学难点.

三、通过创设适当的情境培养直观想象

教师通过创设恰当的教学情境，既能激发学生学习数学的兴趣，又能让学生通过对情境的分析发现数学的本质.例如，在柯西不等式的教学中，教师先展示赵爽弦图(如图1)，让学生回忆利用赵爽弦图发现基本不等式的思路，即利用图1中四个全等的直角边为a，b的直角三角形面积之和小于或等于正方形面积，得出实数a，b满足的不等关系：$a^2+b^2\geqslant 2ab$.教师进一步引导学生，将图1中的四个全等直角三角形改为两个直角边为a，b的直角三角形和另两个直角边为c，d的直角三角形，能否类比得出实数a，b，c，d满足的不等关系？在实际教学中，教师可以准备一些直角三角形教具，让学生动手操作.有的学生会拼接出如下平行四边形(如图2).教师追问：从图2中能否得到一些面积的相等或不等关系呢？

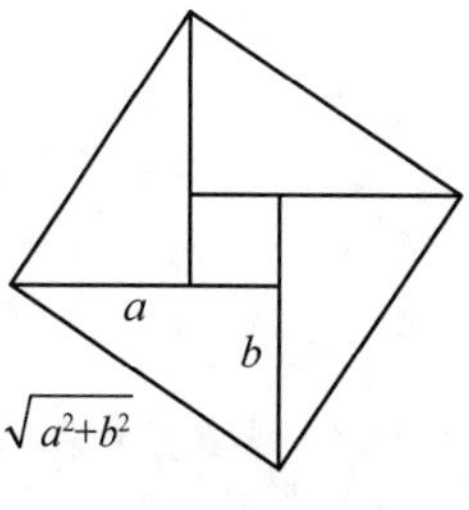

图1

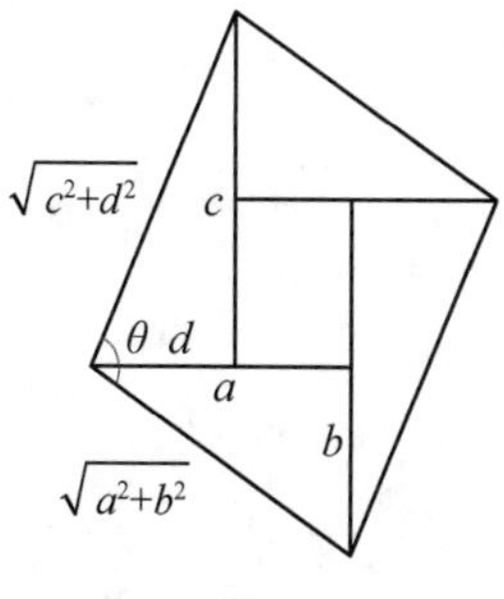

图2

学生通过探究可以发现，平行四边形面积$S_1=\sqrt{a^2+b^2}\cdot\sqrt{c^2+d^2}\cdot$

$\sin\theta$，四个直角三角形面积之和 $S_2=ab+cd+(a-d)(c-b)=ac+bd$，由 $S_1=S_2$，可得$\sqrt{a^2+b^2}\cdot\sqrt{c^2+d^2}\cdot\sin\theta=ac+bd$，再利用 $\sin\theta\leqslant 1$，放缩可得 $\sqrt{a^2+b^2}\cdot\sqrt{c^2+d^2}\geqslant ac+bd$，将不等式两边平方后即得二维形式的柯西不等式，然后用代数方法加以证明.

建构主义学习理论认为：学习是引导学生从原有经验出发，生长（建构）起新的经验.在本节教学中，教师并没有直接给出柯西不等式，而是让学生从已学过的基本不等式的经验出发，通过类比推理，迁移到柯西不等式的学习中.这里用“形”来直观描述“数”，体现了数形结合的思想方法，降低了对柯西不等式理解的难度.华罗庚先生曾说过：“数缺形时少直观，形缺数时难入微.”教师在课堂教学中应充分认识“数”与“形”之间的密切联系，促进学生直观想象素养的提升.

《标准》修订的重点是落实数学学科核心素养，这对数学教师提出了新的要求.教师作为课堂教学的组织者，学生学习的合作者、引领者，承担着落实学科素养的重任.教师要根据教学内容，选择适当的方法来培养学生的直观想象，将数学学科核心素养内化为自己的自觉行动，落实立德树人的根本任务.

9

“运”比“算”重要

——多教一点想，少教一点算

潘　鹏

解题教学中，我们发现，学生倾向于用“粗心”“看错了”等词语作为自己运算错误的理由.实际上，在运算错误中，除了少部分可以归因为粗心之外，大部分错误实际上是学生对于运算对象理解不够、相应概念理解不到位或是厘不清运算思路.所以在教学生数学运算的过程当中，我们需要厘清教学任务的重点，教在学生的“愤悱”之处，多教一点想，少教一点算.

一、充分理解运算对象，选择最好的运算角度

面对一个运算对象，我们要明确它的特点和本质，构思足够多的运算角度，面对具体问题时，选择一个最好的角度实施.

比如，向量问题一直是很多学生的难点，这与向量这一运算对象的特点有关，向量是学生在高中阶段接触的新量，其运算对于学生来说是崭新的，有些运算法则可以从数的四则运算中迁移得到，还有些运算法则却需要摒除已有运算法则的干扰，学力薄弱的学生很难灵活掌握.教师在教学中，应引导学生从形和数两个角度认识向量，强调解决向量问题既可以从代数角度入手，也可以从图形角度分析，结合图形分析时，应基于平面向量基本定理，选择两个基底表达所有的向量，特殊地，也可以选择用平面直角坐标系来研究向量问题.

【例 1】已知 $\boldsymbol{a}$，$\boldsymbol{b}$ 是单位向量，且 $\boldsymbol{a}\cdot\boldsymbol{b}=0$.

(1) 若非零向量 $\boldsymbol{c}$ 满足 $(\boldsymbol{a}-\boldsymbol{c})\cdot(\boldsymbol{b}-\boldsymbol{c})=0$,求 $|\boldsymbol{c}|$ 的最大值;

(2) 若向量 $\boldsymbol{c}$ 满足 $|\boldsymbol{c}-\boldsymbol{a}-\boldsymbol{b}|=1$,求 $|\boldsymbol{c}|$ 的取值范围.

(1) **解**:因为 $\boldsymbol{a}\cdot\boldsymbol{b}=0$,所以

$(\boldsymbol{a}-\boldsymbol{c})\cdot(\boldsymbol{b}-\boldsymbol{c})$

$=\boldsymbol{a}\cdot\boldsymbol{b}-(\boldsymbol{a}+\boldsymbol{b})\cdot\boldsymbol{c}+\boldsymbol{c}^2$

$=|\boldsymbol{c}|^2-(\boldsymbol{a}+\boldsymbol{b})\cdot\boldsymbol{c}$

$=|\boldsymbol{c}|^2-|\boldsymbol{a}+\boldsymbol{b}|\cdot|\boldsymbol{c}|\cos\theta=0$(其中 θ 为向量 $\boldsymbol{a}+\boldsymbol{b}$ 与 $\boldsymbol{c}$ 的夹角),

所以 $\boldsymbol{c}(|\boldsymbol{c}|-|\boldsymbol{a}+\boldsymbol{b}|\cos\theta)=0$.

又 $|\boldsymbol{c}|\neq0$,$\boldsymbol{a}\cdot\boldsymbol{b}=0$,所以 $|\boldsymbol{c}|=|\boldsymbol{a}+\boldsymbol{b}|\cos\theta=\sqrt{2}\cos\theta$,

所以 $|\boldsymbol{c}|$ 的最大值为 $\sqrt{2}$.

(2) **解析1**:由 $\boldsymbol{a}\cdot\boldsymbol{b}=0$,得 $\boldsymbol{a}\perp\boldsymbol{b}$.又 $|\boldsymbol{a}|=|\boldsymbol{b}|=1$,且 $|\boldsymbol{c}-\boldsymbol{a}-\boldsymbol{b}|=1$,

不妨令 $\boldsymbol{c}=(x,y)$,$\boldsymbol{a}=(1,0)$,$\boldsymbol{b}=(0,1)$,则 $(x-1)^2+(y-1)^2=1$,

又 $|\boldsymbol{c}|=\sqrt{x^2+y^2}$,故根据几何关系可知 $|\boldsymbol{c}|_{\max}=\sqrt{1^2+1^2}+1=1+\sqrt{2}$,

$|\boldsymbol{c}|_{\min}=\sqrt{1^2+1^2}-1=\sqrt{2}-1$,

所以 $|\boldsymbol{c}|$ 的取值范围是 $[\sqrt{2}-1,\sqrt{2}+1]$.

解析2:令 $\overrightarrow{OA}=\boldsymbol{a}$,$\overrightarrow{OB}=\boldsymbol{b}$,$\overrightarrow{OC}=\boldsymbol{c}$,$\overrightarrow{OD}=\boldsymbol{a}+\boldsymbol{b}$,

则 $|\overrightarrow{OD}|=|\boldsymbol{a}+\boldsymbol{b}|=\sqrt{2}$.又 $|\boldsymbol{c}-\boldsymbol{a}-\boldsymbol{b}|=1$,

所以点 C 在以点 D 为圆心,半径为1的圆上,

如图所示,易知当点 O,C,D 共线时,

$|\overrightarrow{OC}|=|\boldsymbol{c}|$ 取得最值,最大值为 $\sqrt{2}+1$,最小值为 $\sqrt{2}-1$,

所以 $|\boldsymbol{c}|$ 的取值范围是 $[\sqrt{2}-1,\sqrt{2}+1]$.

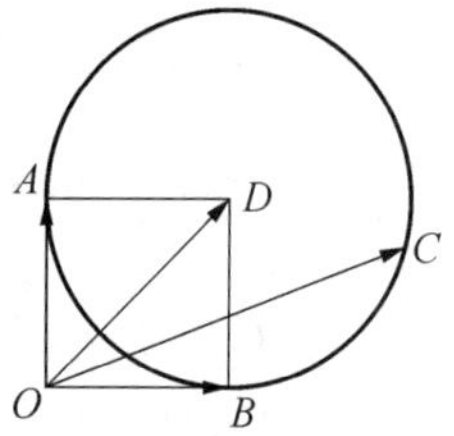

图1

本题的两问实际上都可以从数和形两个角度来理解.第一问中如果令 $\overrightarrow{OA}=\boldsymbol{a}$,$\overrightarrow{OB}=\boldsymbol{b}$,$\overrightarrow{OC}=\boldsymbol{c}$ 可以发现它等价于 $\overrightarrow{CA}\cdot\overrightarrow{CB}=0$,实际上说明了点 C 在以 AB 为直径的圆上,画出简图立刻便可解决.第二问更是如此,如果这道题一味地从数的角度去做,无异于自找麻烦,通过对问题中式子结构的分析,我们可以发现两个式子背后的图形都指向圆,接下来只需结合图形说理即可.

二、灵活运用运算法则,结合特点设计运算思路

运算法则是运算的依据,也是数学运算的重要工具,教师应当引导学生

从不同侧面深入理解运算法则，结合具体问题的特点设计运算思路.

比如解三角形问题中，学生学习了正余弦定理，很多学生对这两个定理倒背如流，但是碰到具体情境就一筹莫展了.我们教学时应注重模型的归纳，告诉学生具体解三角形问题适合什么定理，比如说已知两边和其夹角，适用余弦定理等.我们也有必要联系初中全等的知识，讲授确定一个三角形的方法.当然，我们还应该在具体题目中增强学生的解决问题的能力.

【例 2】如图，某景区内有两条道路 AB，AP，现计划在 AP 上选择一点 C，新建道路 BC，并把 $\triangle ABC$ 所在的区域改造成绿化区域. 已知 $\angle BAC=\frac{\pi}{6}$，$AB=2$ km，$AP=2\sqrt{3}$ km.若绿化区域 $\triangle ABC$ 改造成本为 10 万元/km^2，新建道路 BC 成本为 10 万元/km.

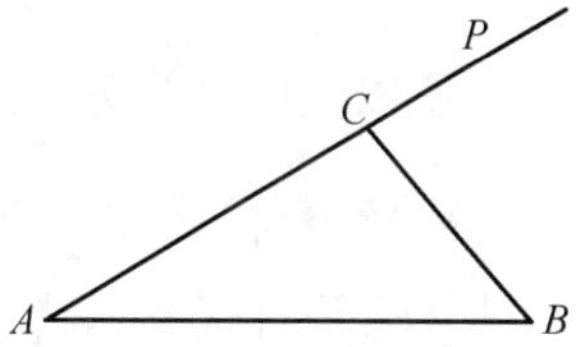

图 2

(1) ① 设 $\angle ABC=\theta$，写出该计划所需总费用 $F(\theta)$ 的表达式，并写出 θ 的范围；

② 设 $AC=x$，写出该计划所需总费用 $F(x)$ 的表达式，并写出 x 的范围.

解：(1) ① 由 $\angle ABC=\theta$，则 $\angle ACB=\pi-\theta-\frac{\pi}{6}$，因为 $\angle BAC=\frac{\pi}{6}$，$AB=2$ km，$AP=2\sqrt{3}$ km，所以 $0\leqslant\theta\leqslant\frac{2\pi}{3}$，

在 $\triangle ABC$ 中，$\angle BAC=\frac{\pi}{6}$，$AB=2$ km，由正弦定理得 $\frac{AC}{\sin\angle ABC}=\frac{BC}{\sin\angle BAC}=\frac{AB}{\sin\angle ACB}$，

所以 $BC=\frac{1}{\sin\left(\theta+\frac{\pi}{6}\right)}$，$AC=\frac{2\sin\theta}{\sin\left(\theta+\frac{\pi}{6}\right)}$，

则 $F(\theta)=\frac{1}{2}\times\frac{2\sin\theta}{\sin\left(\theta+\frac{\pi}{6}\right)}\times2\times\frac{1}{2}\times10+\frac{1}{\sin\left(\theta+\frac{\pi}{6}\right)}\times10=$

$\dfrac{10(\sin\theta+1)}{\sin\left(\theta+\dfrac{\pi}{6}\right)}, 0\leqslant\theta\leqslant\dfrac{2\pi}{3}$.

② $AC=x$，由余弦定理得

$BC=\sqrt{AB^2+AC^2-2\cdot AB\cdot AC\cdot\cos\angle BAC}=\sqrt{4+x^2-2\sqrt{3}x}$，

由$\angle BAC=\dfrac{\pi}{6}$，$AB=2$，得 $S_{\triangle ABC}=\dfrac{1}{2}AB\cdot AC\cdot\sin\angle BAC=\dfrac{1}{2}x$，

所以该项目总费用为 $F(x)=5x+10\sqrt{x^2-2\sqrt{3}x+4}$ $(0\leqslant x\leqslant 2\sqrt{3})$.

本题出自一份期中评测卷，节选了一问，完成的情况与预期有差距，很多学生不会设计运算思路.实际上，只要识别出这是解三角形问题，应当可以联想到正余弦定理，再进一步分析这两小问中的已知量（第①问已知两角与一边，第②问已知两边与其夹角）可以迅速定位，分析出第①问应用正弦定理，第②问宜用余弦定理.

另外，很多时候我们要学会从不同的角度解读运算法则.比如二项式定理，我们不仅要会正用——对已知的二项式进行展开，我们还需要学会逆用——将展开后的多项式收缩成原有的二项式.

【例 3】 已知 $C_n^0+2C_n^1+2^2C_n^2+\cdots+2^nC_n^n=729$，则 $C_n^1+C_n^3+C_n^5$ 的值为（　　）.

A. 64　　B. 32　　C. 63　　D. 31

解：$C_n^0+2C_n^1+\cdots+2^nC_n^n=(1+2)^n=3^n=729$，所以 $n=6$，所以 $C_6^1+C_6^3+C_6^5=32$.故选 B.

左式是二项式展开之后的结果，应当逆用二项式定理得到它等于 3^n，问题便可迎刃而解.

我们不能忽视运算法则的逆用，在诸如基本不等式、两角和的正余弦公式当中，都有很多逆用公式的案例.我们甚至可以做一节关于逆用运算法则的数学运算微专题，加强学生灵活使用运算法则的意识.

三、积累已有运算经验，及时调用成熟的结论

数学运算不单纯是一种逻辑推理，解题时一些成熟结论的调用能够帮助

我们迅速抓住问题本质，提升解题速度.当然，在使用这些成熟结论时，一定要熟知它们的来龙去脉，理解它们的适用范围，准确无误地调用.

比如不等式$\sqrt{\frac{a^2+b^2}{2}}\geqslant\frac{a+b}{2}(a,b>0)$作为基本不等式的延伸，应用十分广泛，尤其在求最值时更是如此.

【例 4】 已知圆 $C:x^2+y^2=4$ 和点 $M(1,\sqrt{2})$，过点 M 作圆 O 的两条弦 AC，BD 互相垂直，则 $AC+BD$ 的最大值为________.

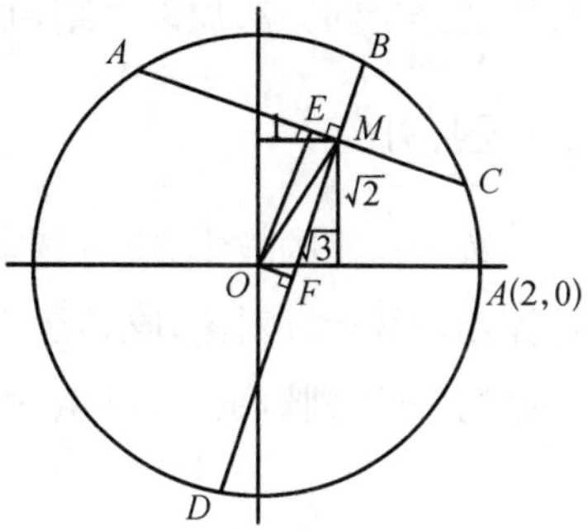

图 3

解：如图，无论弦位置如何变动，OM 长度恒定，设 O 点到两条弦的距离为 d_1，d_2，则有 $d_1^2+d_2^2=3$，$\therefore AC+BD=2(\sqrt{4-d_1^2}+\sqrt{4-d_2^2})$，注意到括号中的两个根式的平方和为定值 $8-3=5$，$\therefore \sqrt{4-d_1^2}+\sqrt{4-d_2^2}\leqslant\sqrt{2(8-3)}=\sqrt{10}$，$\therefore$ 最大值为 $2\sqrt{10}$.

与基本不等式的“积定和最小，和定积最大”类似，利用这个命题解决最值问题对应的口诀可以是“和定平方和最小，平方和定和最大”.只要碰到这样的情境，就可以适当联想这个结论，看看是否能够解决.

再比如，等差数列有如下结论：已知等差数列 a_n 的首项为 a_1，公差为 d，由 $S_n=na_1+\frac{n(n-1)}{2}d=\frac{d}{2}n^2+\left(a_1-\frac{d}{2}\right)n$，令 $\frac{d}{2}=A$，$a_1-\frac{d}{2}=B$，则 $S_n=An^2+Bn$，即 S_n 可以写成关于 n 的缺常数项的二次函数.反之，如果 S_n 可以写成关于 n 的缺常数项的二次函数，则 a_n 是等差数列.进而有推论：在上述结论中，再如果$\sqrt{S_n}$亦为等差数列，则有 $B=0$.

【例 5】 记数列 a_n 的前 n 项和为 S_n，如果 a_n 和$\sqrt{S_n}$都是等差数列，且公差相同，则 $a_1=$________.

分析 本题大部分学生可能都会想到使用基本量法，但实际操作起来运算量较大.如果使用上述结论的推论，可知 $B=0$.

解：由推论可知有 $S_n=An^2$，$\therefore \sqrt{S_n}=\sqrt{A}n(A>0)$，公差为$\sqrt{A}$；由上述

结论可知 $d=2A$,$\therefore \sqrt{A}=2A$,可得 $A=\frac{1}{4}$,$\therefore a_1=\frac{d}{2}=A=\frac{1}{4}$.

数列解题中基本方法有基本量法和性质法,一方面需要学生在理解的基础上记忆并运用;另一方面,由于数列本身的灵活性,命题人可能会从不同的角度命题,我们在平时数列题教学时,要注意在讲授通解通法的基础上,对一些小的结论和方法加以总结,并鼓励学生大胆使用到新的解题过程中去.

四、小结

数学运算的教学,应时刻牢记多教学生如何想,少教如何算.如果学生能够深刻理解运算对象,吃透运算法则,理解并熟练掌握一些成熟的结论,明晰结论的来龙去脉,那么,学生的数学运算水平就能够得到很好的提高.

10

让学生学会数据分析，拥抱与时俱进的数学

潘　鹏

随着人类迈入大数据时代，高中数学学习也与时俱进地开始强调数据处理的能力.在这个背景下，《普通高中数学课程标准(2017年版)》引入了“数据分析”这一学科核心素养，并认为数据分析是研究随机现象的重要数学技术，是大数据时代数学应用的主要方法，已经深入到科学、技术、工程和现代社会生活的各个方面.高中阶段的数学课程，肩负着提升学生数据分析素养的重任，应培养学生获取有价值信息以及收集和整理数据的意识与能力，增强基于数据表达现实问题的意识，帮助学生形成通过数据认识事物、探求本质规律的思维品质.

高中数学课程突出四条主线：函数、几何与代数、概率与统计、数学建模活动与数学探究活动.与前五个数学核心素养渗透在各条主线中的情况有所不同，数据分析主要体现在概率与统计这一主线之中，在前两条主线：函数、几何与代数中几乎看不到数据分析的踪影，而在概率与统计这一部分，它则是最主要、最核心的核心素养.所以，我们培养数据分析素养的主阵地就应该放在这一部分.

实际上，概率与统计作为数学的两个子学科，各有其不同的特点.概率是研究随机现象的学科，有着坚实的数学基础，通过严格的演绎推理构建了概率的知识结构；统计是收集与分析数据的学科，更强调实证分析，研究一个问题的方法和角度并不唯一，统计方法也有优劣之分.

在高中数学课程中，概率与统计内容分别在必修课程和选择性必修课程中出现，学习要求呈螺旋式上升的趋势.在必修课程中，概率内容主要有随机事件的概率和随机事件的独立性；统计则重点介绍了抽样方法以及用样本估计总体的方法.在选择性必修课程中，概率内容则有随机事件的条件概率，离散型随机变量及其分布列和正态分布；统计部分主要包括成对数据的统计相关性，一元线性回归模型和 2×2 列联表.

在教学中，我们可以用以下两个方法帮助学生更好地理解数据分析，充分体验概率与统计问题的实际背景，结合丰富的具体实例掌握数据分析的方法和路径.

一、利用概率原理理解统计问题，加强概率与统计的联系

概率的研究对象是随机现象，统计的研究对象是生活中各式各样的数据，两个子学科有区别也有联系.教学中，应强调它们的联系.总的来说，概率为统计提供了理论基础，而统计某种程度上是概率的应用.

比如，简单随机抽样中的抽签法，对于 n 个签，要抽取出 m 个样本，先抽取和后抽取是否公平？实际上，根据概率知识，我们知道，每个样本被抽到的概率都是$\frac{m}{n}$，不会因为顺序而不同.首先，第一个人抽中的机会显然是$\frac{m}{n}$.第二个人抽中的概率可以这样考虑：我们知道从 n 个签中按顺序任意抽取两个，一共有 $n(n-1)$ 种方法，这就是我们总的样本空间个数.在这些排列中，要确保第二个人中签，他一共有 m 种抽法；而这样第一个人可以从剩下的 $n-1$ 个签中任意选择，故确保第二个人抽中的方法一共有 $m(n-1)$ 种.于是“第二个人抽中的概率”，就是$\frac{m(n-1)}{n(n-1)}$，等于$\frac{m}{n}$.也可以用条件概率来理解：第二个人抽中的概率分成第一个人抽中和没抽中两种情况，第一人抽中的概率为$\frac{m}{n}$，在此条件下第二人抽中的概率为$\frac{m-1}{n-1}$；第一人没抽中的概率为$\frac{n-m}{n}$，此时第二人抽中的概率为$\frac{m}{m-1}$，根据全概率公式，可以算得第二人抽中的概率为$\frac{m}{n}\cdot\frac{m-1}{n-1}+\frac{n-m}{n}\cdot\frac{m}{n-1}=\frac{m(n-1)}{n(n-1)}$，仍然等于$\frac{m}{n}$.

再比如，在线性回归分析中，我们可以借助离散型随机变量方差的公式来对照理解线性回归方程和相关系数公式两个形式之间的关系.我们知道，离散型随机变量方差等于平方的期望减去期望的平方，即 $D(X)=E(X^2)-E^2(X)$，简证如下：为方便起见，设 $\mu=E(X)$，$\therefore D(X)=E[(X-\mu)^2]=E(X^2-2\mu x+\mu^2)=E(X^2)-2\mu E(X)+\mu^2=E(X^2)-E^2(X)$.

另外，线性回归方程中，$\hat{b}=\dfrac{\sum\limits_{i=1}^{n}(x_i-\bar{x})(y_i-\bar{y})}{\sum\limits_{i=1}^{n}(x_i-\bar{x})^2}=\dfrac{\sum\limits_{i=1}^{n}x_iy_i-n\bar{x}\bar{y}}{\sum\limits_{i=1}^{n}x_i^2-n(\bar{x})^2}$ 有两种形式，各适用于不同的问题中.实际上，这个公式中的分母，就是 x_i 这组数据方差的 n 倍，结合离散型随机变量方差公式的推理过程，我们可以很容易地得到 $\sum\limits_{i=1}^{n}(x_i-\bar{x})^2=\sum\limits_{i=1}^{n}x_i^2-n(\bar{x})^2$，同理，可以推理分子.进而，线性相关系数公式 $r=\dfrac{\sum\limits_{i=1}^{n}(x_i-\bar{x})(y_i-\bar{y})}{\sqrt{\sum\limits_{i=1}^{n}(x_i-\bar{x})^2\sum\limits_{i=1}^{n}(y_i-\bar{y})^2}}=\dfrac{\sum\limits_{i=1}^{n}x_iy_i-n\bar{x}\bar{y}}{\sqrt{\left(\sum\limits_{i=1}^{n}x_i^2-n(\bar{x})^2\right)\left(\sum\limits_{i=1}^{n}y_i^2-n(\bar{y})^2\right)}}$ 也变得顺理成章.

二、挖掘鲜活的典型案例，学习与时俱进的统计

统计是一门应用性很强的学科，教学时，一定要注意挖掘鲜活的典型案例，让学生感受到公式和方法的实际意义，以便让学生理解、感悟数据分析这一核心素养.

比如，如何得到某个敏感性问题的诚实反应？利用概率与统计原理，聪明的统计学家们创造了一个巧妙的问卷调查的方法.比如，通过问卷调查统计某地区 200 名学生的吸烟情况，这是个隐私问题，直接问学生难免会有隐瞒不报的情况.为避免这样的情形，我们可以设计一个已知概率的无关问题和主要问题构成两个问题.如，问题 1：你父亲的公历生日日期是不是奇数？这个问题答“是”的概率大约是$\dfrac{1}{2}$.问题 2：你是否经常吸烟？

接着，我们再设计一个随机化装置，比如选用一个装有大小、形状和质量

完全一样的50个白球和50个红球的袋子.每个被调查者随机从袋中摸取1个球，摸到白球答第一题，摸到红球答第二题，如果答题结果为“是”就做个记号，“否”则不做任何记号.由于回答的问题是别人不知道的，因此被调查者可以毫无顾虑地给出答案.最终，在计算的时候只需将分子分母都减去一半的人数即可.比如，200中有60人回答“是”，根据概率，可知答第一题的学生约有100人，其中回答“是”的约为50人，那么剩下来的100人就是回答了第二题，并且10人答案为“是”，这样，我们就可以估计出大约有10%的学生吸烟.这样的方法，既保护了学生的隐私，又能够得到我们想要的结果，可谓十分巧妙，体现了统计的基本思想和方法.

又如，新课改下，有关统计案例的学习对于文科生提出了更高的要求.考虑到文科生的教学实际，激发他们的学习热情就成为重中之重.原华东师范大学中文系主任陈大康教授，本科毕业于复旦大学数学系，他曾经在研究“《红楼梦》前80回和后40回是否出自一个作者?”这个问题时，提出了一个新颖独到的统计学方法.他首先研究若干同一作者的作品，作出一个假设：作家行文习惯基本固定，使用词语尤其是虚词的频率基本不会随意改变.在此假定的基础上，他将《红楼梦》按照章回顺序分成两大部分(前80回和后40回)，分别统计了两部分中虚词出现的频率，发现了明显的差异，这就说明后40回确非曹雪芹所著.这样的研究正反映了陈教授扎实的数学基础和高超的数学核心素养，具体来说，就是“数据分析”的意识和素养，很值得学生们借鉴和学习.

三、小结

在这一部分的教学活动中，首先，要引导学生学会用数据分析的眼光看待现实问题或科学问题.其次，要引导其根据具体的情境和目的选择合适的技术手段有效地进行数据分析.最后，利用分析的结果回归实际，说明实际问题的意义.

11

紧抓教学主阵地，关注学生素养水平的发展

潘　鹏

如何感受和提升不同学生在不同阶段的数学核心素养发展的状态和水平？这可能是所有数学老师共同的疑问.教师可以很清楚地知道学生是否掌握了某个知识点，但是对于如何感受不同学生的核心素养水平，则需要更清晰的切入角度.而且，学生核心素养水平的合理评价，既能帮助我们时刻关注学生的发展状态，也能帮助我们做出适当的调整，提升教学效果.

我们知道，评价学生的核心素养水平是教育评价的内容之一，而教育评价按其功能划分，可以分为诊断性评价、形成性评价和终结性评价.从这个角度看，衡量学生的核心素养水平，也就是要通过在平时的形成性评价以及学段始末的诊断性和终结性评价来进行.以笔者狭义的理解，感受和提升学生核心素养水平的主要阵地就是在课堂与反馈.

《普通高中数学课程标准(2017 年版)》指出，数学学科核心素养是具有数学学科基本特征的思维品质、关键能力以及情感、态度与价值观的综合体现，涉及情境与问题、知识与技能、思维与表达、交流与反思等四个层面.因此，无论是课堂教学，还是反馈测评，教师都应当创建情境，提出或引导学生提出问题，并在学生的数学交流和表达中，感受并促进学生的知识与思维水平，评价和提升学生的核心素养.

一、紧抓课堂阵地,多角度追踪学生素养水平

1. 巧用问题链,测试学生核心素养水平

"问题是数学的心脏."好的数学情境与问题,可以促进学生思考,充分暴露其思考过程.在"等比数列前 n 项和公式"这一课中,首先类比等差数列的研究过程,引导学生提出核心问题:已知数列 $\{a_n\}$ 为等比数列,求它的前 n 项和 S_n,即 $S_n=a_1+a_2+a_3+\cdots a_n=$? 紧接着,教师提出:你打算如何求等比数列的前 n 项和? 此时让学生分组讨论,生生、师生合作探究.教师应当走到学生中间,了解学生的做法,适当地加以引导,帮助学生突破难点.笔者在进行教学设计时,大概出现了三种不同的思路.思路一:由定义知,$\frac{a_2}{a_1}=\frac{a_3}{a_2}=\frac{a_4}{a_3}=\cdots\frac{a_n}{a_{n-1}}=q$,$\frac{a_2+a_3+\cdots+a_n}{a_1+a_2+\cdots+a_{n-1}}=q=\frac{S_n-a_1}{S_n-a_n}$,推出 $(1-q)S_n=a_1-a_nq$.思路二是错位相减法,过程略.思路三:$S_n=a_1+a_1q+a_1q^2+\cdots a_1q^{n-2}+a_1q^{n-1}=a_1+q(a_1+a_1q+\cdots a_1q^{n-2})=a_1+q(S_n-a_1q^{n-1})$,推出 $(1-q)S_n=a_1-a_nq$.对于思路一,我们可以这样引导:若回溯其概念本源,等比数列的定义是什么? 是 $\frac{a_n}{a_{n-1}}=q$,那么这个一般形式的式子特殊到每一项是什么样的? 是 $\frac{a_2}{a_1}=\frac{a_3}{a_2}=\frac{a_4}{a_3}=\cdots\frac{a_n}{a_{n-1}}=q$,当然,也可以进一步地把分母乘过去,写成 $n-1$ 个整式,接下来,要出现和的形式,如何出现? 这样自然而然地想到使用分式的合比性质或将 $n-1$ 个整式相加.对于错位相减法,很多学生是预习得到的结果,我们在课堂上一定要追问:你是怎么想到的? 或者说,该方法的始创者是怎么想到的? 实际上,在一番讨论后,学生们可以发现该法也是利用了等比数列的定义,即通过乘以 q 再相减解决问题.更进一步地,可以追问:一定要乘以 q 么? 乘以别的是否可以? 学生们也都能够发现,乘以 q^i,q^{-i},$i=1,2,3,\cdots$都是可以的,而且 i 越小越简单.而思路并非每个授课班级都有学生想到,难度较大,教师可以顺势而为,不必专门提出.

本节课属于解题教学,可让学生先讨论形成典型思路,再自主探究推导公式.在与学生交流的时候尽可能使用指向方法论的提示语,比如:"能否回到

定义去考虑？如何用数学语言写出你的意思？你是怎么想到的？”等等，一定要充分暴露学生的思路，还原学生的表达过程.在审视学生思路、纠正学生表达的过程中，既能够看出一个学生的数学核心素养水平(本课主要凸显数学抽象和数学运算)，也可以帮助学生真正习得知识，提升能力，激发学习兴趣.

2. 课堂勤反思，让学生学到数学思想与方法

课堂探究活动往往是浪漫和自由的，但是最终留下的东西却需要严谨和有价值.比如在“等比数列前 n 项和公式”课上，我们在推导出 $(1-q)S_n=a_1-a_nq$ 之后，应引导学生分类讨论 q，得到准确的公式形式，渗透分类讨论的数学思想.利用定义法推导时，要适当地引导学生反思一般到特殊的数学思想对于数列问题的重要性，其实，数列本就是一列数，将这些数一一列出正是数列的题中应有之义，应作为基本解题思路进行掌握.另外，在总结推导方法时，我们应该引导学生发现这几个方法的共性：通过各种代数变形的手段，化繁为简，将若干项甚至无穷项的求和问题转化为有限项的求和，在这里，我们利用了化归思想和方程思想.

教师应当牢记，反思是学生自己的反思，教师只是指导学生通过反思，获得更加清晰和完善的知识，同时教学生“学会思考”.这里的反思适合面向全体学生，采用对话的方法引导.比如，可以设计这样的问题：“在该问题中，哪些步骤或部分可以有别的应用场景？你能否总结成思想方法？”等等.在与学生的对话中，也能够感受到学生的水平并加以引导.

总之，课堂教学中，我们不仅仅应该关注每节课得到的成果，更应当反思在解决问题中凸显的思想和方法，并思考能否迁移至别的问题中使用.我们只有不断地引导学生反思和实践，才能够提高其数学核心素养水平.

二、改革反馈方式，全方位测量学生素养水平

1. 引入多种情境，测量学生分析和解决问题的能力

“掌握数学就意味着要善于解题.”这句话的意思并不是说善于解题就一定具有很高的数学核心素养水平，而是核心素养水平高者一定善于解题，所以教师应当勤做反馈，跟踪测量学生的解题能力，关注其核心素养水平.

新课标指出，情境主要分为现实情境、数学情境和科学情境.学生在陌生

情境下的解题表现可以非常好地反映其数学抽象等核心素养水平，教师通过观察反馈结果便可以了解学生状态.我们知道，新高考中引入了多选题这一新题型，这是新情境问题最好的载体之一.按照选项的逻辑关系，可以进一步细分成“并列式”和“递进式”两种，前者是并列关系，往往较容易，后者则是递进关系，一些选项为另一些选项的研究提供方法和工具，往往较难.

【例 1】(2020 山东卷第 9 题)已知曲线 $C: mx^2+ny^2=1$.则下列命题正确的有(　　).

A. 若 $m>n>0$，则 C 是椭圆，其焦点在 y 轴上

B. 若 $m=n>0$，则 C 是圆，其半径为$\sqrt{n}$

C. 若 $mn<0$，则 C 是双曲线，其渐近线方程为 $y=\pm\sqrt{-\frac{m}{n}}x$

D. 若 $m=0,n>0$，则 C 是两条直线

本题为数学情境，选项是典型的“并列式”结构.主要从方程入手，考查了圆与圆锥曲线的基本特征.本题侧重考查数学运算的核心素养.

【例 2】(2020 山东卷第 12 题)信息熵是信息论中的一个重要概念.设随机变量 X 所有可能的取值为 $1,2,\cdots,n$，且 $P(X=i)=p_i>0(i=1,2,\cdots,n)$，$\sum\limits_{i=1}^{n}p_i=1$，定义 X 的信息熵 $H(X)=-\sum\limits_{i=1}^{n}p_i\log_2 p_i$. 则(　　).

A. 若 $n=1$，则 $H(X)=0$

B. 若 $n=2$，则 $H(X)$随着 p_1 的增大而增大

C. 若 $p_i=\frac{1}{n}(i=1,2,\cdots,n)$，则 $H(X)$随着 n 的增大而增大

D. 若 $n=2m$，随机变量 Y 所有可能的取值为 $1,2,\cdots,m$，且 $P(Y=j)=p_j+p_{2m+1-j}(j=1,2,\cdots,m)$，则 $H(X)\leqslant H(Y)$

本题为科学情境，紧扣了信息时代的热点问题.主要考查对新定义“信息熵”的理解和运用，考查分析、思考和解决问题的能力，涉及对数运算和对数函数及不等式的基本性质的运用，属于难题.本题侧重考查数学抽象和逻辑推理的核心素养，选项是“递进式”结构，随着阅读的深入，难度逐步加大、抽象程度逐步提升.

这样的好问题可以很好地检验学生的核心素养水平,教师只要精心设计,勤加检测,认真反馈,一定能够跟踪学生的素养水平发展,实现其学习的可持续发展.

2. 引导学生勤表达,提升学生的数学语言水平

这里的数学语言,既是指文字语言,也指口头语言.我们在教学实践中发现,学生的学业水平与其表达水平呈正相关.在课堂上,我们应创设各种机会把“舞台”留给学生,比如,我们可以做一些研究性学习,让学生分小组研究并定期答辩;我们可以做一些研题小讲座,让学生分组研究一些新的、好玩的题目,每周给出半节课让一到两个小组分享一两个好题;我们也可以让学生进行数学写作,就一两个有价值的课题或题目写下自己的观点或解法,定期进行交流;我们也可以让学生更多地阅读一些有价值的数学或科学著作,让学生感受大师的世界,写一写自己的感想.通过这样的知识输入与输出,学生无形中就能提高自己的数学素养,加深对数学的理解.

另外,我们也确实应该重视学生的书面表达,好的表达背后一定是好的逻辑推理素养.

三、结语

教学的主阵地在于课堂与反馈,核心素养的培养也不应例外.教师应该牢牢抓住这两个主阵地,既传授学生数学知识,又关注学生学习质态,最终提升学生数学思维水平,真正让学生学有所得.

12

基于核心素养的高考数学试题分析和教学建议

王福雪

学科核心素养是学生通过学科学习而逐步形成的正确价值观念、必备品格和关键能力.《普通高中数学课程标准(2017年版)》(以下简称《标准》)明确提出了六大数学核心素养:数学抽象、逻辑推理、数学建模、直观想象、数学运算、数据分析.这些数学核心素养既相互独立,又互相交融,是一个有机整体.本文以核心素养的考查为视角,对近几年的高考数学试题进行分析,给出教学建议,供大家参考.

一、高考数学试题中核心素养的考查

高考数学试题突出数学核心素养的导向,着重考查学生的理性思维和逻辑推理能力,综合运用数学思维方法分析问题、解决问题的能力.

1. 数学抽象

数学抽象是指通过对数量关系与空间形式的抽象,得到数学研究对象的素养.主要包括:从数量与数量关系、图形与图形关系中抽象出数学概念及概念之间的关系,从事物的具体背景中抽象出一般规律和结构,并用数学语言予以表征.

【例1】(2020全国卷第4题)日晷是中国古代用来测定时间的仪器,利用与晷面垂直的晷针投射到晷面的影子来测定时间.把地球看成一个球(球心记

为 O)，地球上一点 A 的纬度是指 OA 与地球赤道所在平面所成角，点 A 处的水平面是指过点 A 且与 OA 垂直的平面.在点 A 处放置一个日晷，若晷面与赤道所在平面平行，点 A 处的纬度为北纬 40°，则晷针与点 A 处的水平面所成角为(　　).

图 1

A. 20°　　B. 40°　　C. 50°　　D. 90°

分析　本题以“日晷”为背景，主要考查了数学抽象和直观想象素养，把数学核心素养的考查渗透于解决实际问题的过程中.本题涉及立体几何中的线面角、面面平行的性质定理、线面垂直的定义等知识点，作出过 OA 与赤道所在平面垂直的地球的截面图，根据条件不难分析出晷针与点 A 处的水平面所成角即为点 A 处的纬度.通过“降维”将空间问题转化为平面问题，体现了转化与化归的思想.近几年高考数学试题中经常出现以数学文化为背景的情境化问题，学生要有一定的阅读理解能力，能够从实际情境中提炼出数学问题，挖掘其潜在的数学信息.

2. 逻辑推理

逻辑推理是指从一些事实和命题出发，依据规则推出其他命题的素养.主要包括两类：一类是从特殊到一般的推理，推理形式主要有归纳、类比；一类是从一般到特殊的推理，推理形式主要有演绎.

【例 2】(2020 浙江卷第 10 题)设集合 S，T，$S\subseteq\mathbf{N}^{*}$，$T\subseteq\mathbf{N}^{*}$，S，T 中至少有两个元素，且 S，T 满足：

① 对于任意 x，$y\in S$，若 $x\neq y$，都有 $xy\in T$；

② 对于任意 $x, y\in T$,若 $x<y$,则 $\frac{y}{x}\in S$.

下列命题正确的是(　　).

A. 若 S 有 4 个元素,则 $S\cup T$ 有 7 个元素

B. 若 S 有 4 个元素,则 $S\cup T$ 有 6 个元素

C. 若 S 有 3 个元素,则 $S\cup T$ 有 5 个元素

D. 若 S 有 3 个元素,则 $S\cup T$ 有 4 个元素

分析　本题是以“集合”为背景的新定义题,主要考查了逻辑推理和数学运算素养.本题涉及集合元素的确定性、互异性、无序性,通过取特殊集合,结合排除法可选出答案为A,A选项证明过程用到了分类讨论的思想,体现了数学的逻辑性和严谨性,对学生的思维能力要求很高.

3. 数学建模

数学建模是对现实问题进行数学抽象,用数学的语言表达问题、用数学的方法构建模型解决问题的素养.数学建模过程主要包括:在实际情境中从数学的视角发现问题、提出问题、分析问题、建立模型,确定参数、计算求解,检验结果、改进模型,最终解决实际问题.

【例3】(2019新课标Ⅰ卷理科数学第21题)为了治疗某种疾病,研制了甲、乙两种新药,希望知道哪种新药更有效,为此进行动物试验.试验方案如下:每一轮选取两只白鼠对药效进行对比试验.对于两只白鼠,随机选一只施以甲药,另一只施以乙药.一轮的治疗结果得出后,再安排下一轮试验.当其中一种药治愈的白鼠比另一种药治愈的白鼠多4只时,就停止试验,并认为治愈只数多的药更有效.为了方便描述问题,约定:对于每轮试验,若施以甲药的白鼠治愈且施以乙药的白鼠未治愈则甲药得1分,乙药得-1分;若施以乙药的白鼠治愈且施以甲药的白鼠未治愈则乙药得1分,甲药得-1分;若都治愈或都未治愈则两种药均得0分.甲、乙两种药的治愈率分别记为α和β,一轮试验中甲药的得分记为X.

(Ⅰ)求X的分布列;

(Ⅱ)若甲药、乙药在试验开始时都赋予4分,$p_i(i=0,1,\cdots,8)$表示“甲药的累计得分为i时,最终认为甲药比乙药更有效”的概率,则$p_0=0$,$p_8=1$,

$p_i=ap_{i-1}+bp_i+cp_{i+1}(i=1,2,\cdots,7)$，其中 $a=P(X=-1)$，$b=P(X=0)$，$c=P(X=1)$. 假设 $\alpha=0.5$，$\beta=0.8$.

(i) 证明：$\{p_{i+1}-p_i\}(i=0,1,2,\cdots,7)$为等比数列；

(ii) 求 p_4，并根据 p_4 的值解释这种试验方案的合理性.

分析 本题以医学中的新药试验为背景，文字阅读量大，知识综合性强，主要考查了数学建模、逻辑推理和数学运算素养. 涉及了离散型随机变量的分布列、利用递推关系式证明等比数列、累加法求解数列通项公式等知识点，难度较大，对学生分析问题、解决问题的能力要求很高. 第(Ⅱ)问本质是二阶递推数列求通项问题，直接求 p_4 是困难的，所以第(i)问的证明起到了铺垫的作用，有效降低了第(ii)问的难度，使考生能运用所学的知识加以解决. 这里建立和求解模型，检验和完善模型，分析和解决问题正是数学建模的表现形式.

4. 直观想象

直观想象是指借助几何直观和空间想象感知事物的形态与变化，利用空间形式特别是图形，理解和解决数学问题的素养. 主要包括：借助空间形式认识事物的位置关系、形态变化与运动规律；利用图形描述、分析数学问题；建立形与数的联系，构建数学问题的直观模型，探索解决问题的思路.

【例 4】(2020 全国卷第 16 题)已知直四棱柱 $ABCD-A_1B_1C_1D_1$ 的棱长均为 2，$\angle BAD=60°$. 以 D_1 为球心，$\sqrt{5}$ 为半径的球面与侧面 BCC_1B_1 的交线长为________.

分析 本题以直四棱柱和球为背景，主要考查了直观想象和数学运算素养. 涉及直棱柱的结构特征、线面垂直的定义和判定定理、球的截面图形、扇形的弧长公式等知识点，知识的综合性较强. 学生首先要作出图形，直观感知球面与平面的交线为圆弧，然后由条件确定圆弧的两个端点位置，最后经过计算求出圆心角，再利用弧长公式得出交线长.

5. 数学运算

数学运算是指在明晰运算对象的基础上，依据运算法则解决数学问题的素养. 主要包括：理解运算对象，掌握运算法则，探究运算思路，选择运算方法，设计运算程序，求得运算结果等.

【例 5】（2020 新课标Ⅰ卷理科数学第 20 题）已知 A、B 分别为椭圆 E：$\frac{x^2}{a^2}+y^2=1(a>1)$ 的左、右顶点，G 为 E 的上顶点，$\overrightarrow{AG}\cdot\overrightarrow{GB}=8$，$P$ 为直线 $x=6$ 上的动点，PA 与 E 的另一交点为 C，PB 与 E 的另一交点为 D.

（Ⅰ）求 E 的方程；

（Ⅱ）证明：直线 CD 过定点.

分析 本题以椭圆中的定点定值问题为背景，主要考查了数学运算、直观想象、逻辑推理素养.一种思路是设点 $P(6,y_0)$，将直线 CD 的方程用 y_0 表示，化简得出直线 CD 过定点 $\left(\frac{3}{2},0\right)$，但这里的化简非常复杂，如果能由对称性得出定点在 x 轴上，先猜后证则可以有效降低运算量.另一种思路是设点 $C(x_1,y_1)$，$D(x_2,y_2)$，直线 CD 的方程为 $x=my+n$，由题意可得 $3y_1(x_2-3)=y_2(x+3)$，代入 CD 的方程得 $2my_1y_2+3(n-3)y_1-(n+3)y_2=0$，此式利用韦达定理无法将 y_1，y_2 消去！若由 $\frac{x_2^2}{9}+y_2^2=1$ 变形可得 $y_2^2=-\frac{(x_2+3)(x_3-3)}{9}$，与 $3y_1(x_2-3)=y_2(x_1+3)$ 联立得 $27y_1y_2=-(x_2+3)(x_2-3)$，化简后可得 $(27+m^2)y_1y_2+m(n+3)(y_1+y_2)+(n+3)^2=0$，或者将 $3y_1(x_2-3)=y_2(x_1+3)$ 两边平方后再化简变形也可得到 y_1，y_2 的乘积与和的形式.这里就需要学生理解算理，能根据公式进行恰当的变形和运算，由已知条件寻求合理、简洁的运算途径.

6. 数据分析

数据分析是指针对研究对象获取相关数据，运用数学方法对数据进行整理、分析和推断，形成关于研究对象知识的素养.数据分析过程主要包括：收集数据，整理数据，提取信息，构建模型，进行推断，获得结论.

【例 6】（2020 新课标Ⅰ卷理科数学第 5 题）某校一个课外学习小组为研究某作物种子的发芽率 y 和温度 x（单位：℃）的关系，在 20 个不同的温度条件下进行种子发芽实验，由实验数据 $(x_i,y_i)(i=1,2,\cdots,20)$ 得到下面的散点图：

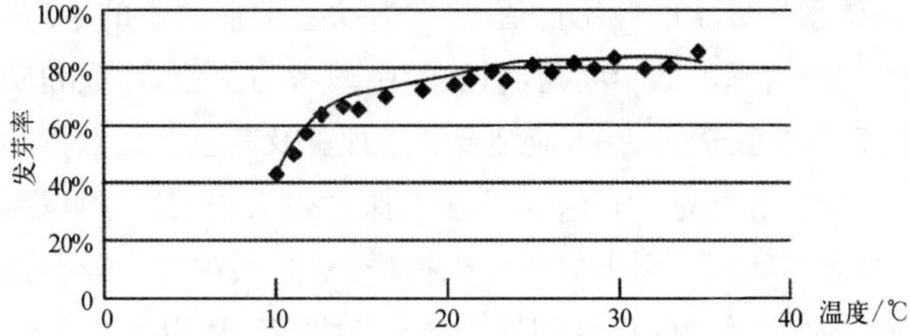

图 2

由此散点图，在 10℃至 40℃之间，下面四个回归方程类型中最适宜作为发芽率 y 和温度 x 的回归方程类型的是(　　).

A. $y=a+bx$　　B. $y=a+bx^2$　　C. $y=a+be^x$　　D. $y=a+b\ln x$

分析　本题通过研究种子发芽与温度的关系，收集实验数据并对数据加工整理，构建函数模型，考查了数据分析素养.涉及基本初等函数、散点图、回归分析等知识点，难度不大，结合散点图容易选出答案为 D.

二、教学建议

1. 重视概念教学，夯实学科基础，立足数学学科核心素养

数学概念反映了数学对象的本质属性，是形成数学知识体系的基本元素，是分析和解决数学问题的基础.正确理解和应用数学概念，是数学高考考查的重点内容之一.例如，在三角函数的教学中，首先从体操运动员“转体两周半”引发角的概念的推广，然后从锐角三角函数的定义推广到任意角三角函数定义，再利用单位圆中三角函数的定义研究同角三角函数基本关系式、诱导公式、三角函数的图象与性质.教学过程沿着知识产生、发展的顺序，遵循知识内在的逻辑性，按学生的认识发展顺序进行，使学生掌握数学基础知识、基本技能、基本思想、基本活动经验，形成严密的逻辑思维能力.新高考改革注重试题的开放性与探究性，就是要摒弃学生对知识的简单模仿与机械记忆.教师在教学中要注重概念的形成过程，让学生理解知识产生的必要性与合理性，引导学生理解数学本质.注重思维过程的展示，通过示范和启迪，培养学生的数学抽象和逻辑推理素养.

2. 创设问题情境，联系生活实际，发展数学学科核心素养

高考试题以真实情境为载体，贴近生活，联系社会实际，反映了数学应用

的广阔领域,体现了数学的应用价值.教学活动应把握数学的本质,创设合适的教学情境、提出合适的数学问题,引发学生思考与交流,形成和发展数学学科核心素养.教师在教学活动中,应结合教学任务及其蕴含的数学学科核心素养设计合适的情境和问题,引导、启发学生探索生活中的数学问题.例如从调查高中生的睡眠时间问题引出简单随机抽样,从彩票中奖问题引出随机事件的概率,从商场抽奖活动的设计问题引出数学期望,从生产线上产品质量的监控问题引出正态分布等.引导学生用数学的眼光观察生活、发现问题,使用恰当的数学语言描述问题,用数学的思想、方法解决问题,领会数学的科学思想方法和意义,为学生在未来的生活和工作实践中应用数学打下基础,发展学生的数学建模、数据分析、数学运算核心素养.

3. 突出数学思想,关注数学本质,落实数学学科核心素养

高中数学教学一方面要传授数学知识,使学生掌握必备数学基础知识和基本技能;另一方面又要通过数学知识这个载体,挖掘其中蕴含的数学思想,更好地理解数学,形成正确的数学观.教师在课堂教学中不仅要重视知识的传授,更要注重数学思想方法的渗透.例如,在基本不等式的教学中,首先向学生展示证明勾股定理的赵爽弦图,引导学生观察图形中面积的不等关系,然后转化到实数的不等关系引出课题,这里由"形"到"数"的转化,体现了数学结合思想,培养了学生的直观想象素养.高考数学试题重视数学本质,突出理性思维,突出对关键能力的考查.关注数学本质,就是关注知识产生、发展、形成和应用的过程,而这个过程恰恰是数学核心素养的培养和落实的过程.高考复习中还要关注通性通法,淡化特殊技巧,少研究偏题、怪题.注重通性的归纳与提炼,通法的探究与总结,减少公式的直接套用,避免题海战术,做到一题多解,多解归一.

《标准》修订的重点就是落实数学学科核心素养,新高考试题也十分重视数学学科核心素养的考查,这对高中数学教学提出了更高的要求.教师不仅要提升自己的专业水平和专业素养,还要努力提升教学实践能力,把学生数学学科核心素养的养成渗透到日常教学中,深刻认识数学学科素养的育人价值,促进学生的终生发展.

第二篇

课堂教学篇

13

教学的本质与核心是“以学生的发展为本”

孙居国

教学的本质与核心是“以学生的发展为本”，这是时代发展的要求.这就要求教师在教学设计中，从理解数学、理解学生、理解教学三个维度出发，不仅要看到所教的学科知识，而且要看到相应的知识在学生发展中起什么作用；不仅要研究学生的发展规律，思考学习与发展的关系，而且要研究学生是如何学习的；不仅要以适合学生认知特点的方式传授数学知识，而且要在教学的过程中时刻体现思想性，从而在提高学生知识水平的同时，提高他们的学科素养，丰富他们的精神世界.

一、以理解为基础设计教学

如何让学生学好本章节的知识，并在学习过程中培养能力和素养？从课堂教学的实践及反思来看，应从以下几个方面来把握(以函数复习课为例).

从理解学生方面思考：学生学习函数的过程基本上是从具体到抽象，从特殊到一般，从局部到整体.在本节课之前，学生已初步了解了函数的定义及性质，并通过对指数函数、对数函数等具体函数的研究，加深了对函数概念的理解.但学生对函数的理解还没有形成整体的认识.知识的发展和能力的形成依赖于老师的引导和启发.也就是老师提什么样的问题，怎样提问，学生会顺着相应的思路及方向去思考，所以教师的设计对学生的发展起着主导性的作用.

从理解课堂思考:由于学生对数学的抽象证明还不够熟悉,不能精确地理解定义,不能用定义去思维,所以教师在进行教学设计时遵循“由一般到特殊,抽象到具体,整体到局部”的认识规律,引导学生积极主动地学习,掌握数学的基础知识和基本技能以及其中所体现的数学思想方法,发展应用意识和创新意识,让学生对数学有较为全面的认识,从而提高数学素养,形成积极的情感态度,为进一步学习和未来发展打好基础.

从理解数学思考:学生已学习了函数的有关概念,初步学习了用集合、符号语言表达和证明有关问题,并能画出一些函数的图象.通过这一部分内容的学习,可以让学生进一步巩固和强化用联系的观点认识新的数学对象,因此要创造机会让学生用三种不同的语言表达所学的定义、性质及推理过程,以充分发挥数学课程的育人功能.

二、以问题引领课堂教学

“问题”是数学单元小结课的灵魂.“问题”贯穿在课堂的始终,承担着回顾知识、促进思维、激发兴趣、检查学习、巩固知识的重任,同时又是增进师生交流、激励主动参与、实现预期目标的基本手段.又由于教师对数学学习材料内容理解不同,对数学教学的目的定位不同,学生的已有知识、经验、能力基础不同,因此,教师在选择问题时又带有个人色彩的独特性,因此,为了更有效地体现问题在数学课堂中的功能,引导学生更加主动、积极地学,富有探索性地学,教师应更好地设置问题和运用问题,并且对问题的价值作出判断,对问题的功能充分开发,对问题解决的过程充分展示,对学生学习的效果及时评价反馈,以让学生形成科学的数学素养.例如函数单元小结课,问题的设计要立足于学生已经学习过的定义、性质、方法等基础知识和基本技能,要求学生解答时对需要的知识内容进行再现和确认.对原有知识再一次强化,使学生在原来认识的基础上再加深认识.另一个价值是为较高要求内容做准备,在原有的基础上使认识更清晰、更完整、更深刻.通过以上分析,提出如下问题链.

问题1　对于函数 $f(x)=\dfrac{a-2^x}{1+2^x}$,你想了解些什么?

问题2　怎样研究函数 $f(x)=\dfrac{a-2^x}{1+2^x}$ 的定义域、值域、图象、单调性、奇偶性、最值等？

问题 3　大家总结一下，研究函数的一般思路是什么？

问题 4　若 $f(x)=\dfrac{a-2^x}{1+2^x}\geqslant 2a$ 恒成立，求实数 a 的取值范围.

三、以促进学生发展为目标

通过上述几个问题，将函数的概念及其性质看作一个有机的整体，解决问题的基本思路是：在一个函数的定义域、值域、图象、单调性、奇偶性、最值等方面，知道其中的一些，再去探究、猜想、推测论证其他一些性质，即由已知去发现未知，化未知为已知，从而科学、系统、有序地解决问题，让学生体会所学的数学知识与已有经验的联系.根据相应的逻辑顺序，以及知识所蕴含的数学思想、方法，为学生提供适量的、具有典型意义的问题，让学生在数学理论知识的导向下，对这些问题进行充分的感知，并在此基础上再进行抽象概括，将所学的数学知识建立起内在联系，成为一个有机的知识整体，达到对数学理论的理性认识，从而使学生的数学思维能力得到深化，解题更有效率，并为以后函数的进一步学习和问题的解决做思想上的引导和方法上的准备.

14

让学生“动”起来

——以学生为主体进行教学

张　玮

一、什么是以学生为主体进行教学

学生作为学习活动的主体，指的是学生是学习活动中主动的发现者和探索者.主要包含以下三个方面：自主性、主动性和创造性.

(1) 自主性，是指学生作为独立个体，要有独立的意识及对问题的独立见解；

(2) 主动性，是指学生要有积极的心态和主动学习、主动探索的精神；

(3) 创造性，是指学生要有创新意识、创新品格和创新能力.

二、为什么要以学生为主体进行教学

布鲁纳曾提出要把儿童看作“主动参加知识获得过程的人”，而教师则是“主要辅导者”.苏联教育学中也曾明确提出，“儿童是教育的主体”，“孩子永远是教育过程的积极参加者”，“学生的认识活动是主要的”，“教师的任务在于为提高学生的一般认识积极性创造条件，形成积极的学习态度，培养独立性和工作能力”.

我国也在《普通高中数学课程标准(2017 年版)》(以下简称《标准》)中提到：“教师要把教学活动的重心放在促进学生学会学习上，积极探索有利于促进学生学习的多样化教学方式，不仅限于讲授与练习，也包括引导学生阅读

自学、独立思考、动手实践、自主探索、合作交流等”.这段话表明，教学是师生的双边活动，在教学中应实施以学生为教学主体的教学活动，教师则作为学生学习活动的引导者.

三、如何以学生为主体进行教学

要使得学生真正成为教学的主体，需要让学生在课堂上“动”起来.就数学课而言，这有两层含义.一方面指学生积极参与课堂活动，回答问题，进行讨论，解答习题，课堂板演等，这是一种看得见的显性活动.另一方面指学生要积极进行思考，展开思维活动，这是一种隐性的活动.很明显，后者需要以前者作为载体展开，前者是后者实现的手段.而后者虽然从外在很难进行观测，但却是提高学生数学思维能力和创造能力的必不可少的一部分.

数学课的目的是要发展学生的思维水平和思维能力，所以第二种活动虽然是发生在学生主体内部的，是看不见的，但对于发展学生的数学能力，提高学生的数学素养无疑是至关重要的.但这两种活动并不是截然分开的，前者要以后者为基础，只有学生进行了思考，才能够回答问题，才能对问题提出自己的看法，才能与别人进行交流；后者需要通过前者反映出来，只有通过学生的回答，才能够知道这个学生是如何思考问题的，是否理解了教师讲授的内容.

所以，让学生“动”起来，成为教学的主体，包含了两层含义.一种是表象，一种是思维.如果只是前一方面，是比较容易的，可以让学生回答问题，也可以让学生在黑板上板演.但是要让学生充分调动思维，进行后一方面的活动，却不是十分容易做到的，这也是影响教学效果的重要因素.只有调动了学生的思维，学生才会跟着老师的思路思考问题，才会理解掌握所学内容，课堂教学才能产生高效率.如果一堂课只是老师自己讲给学生听，自己解题给学生看，学生就永远只是“观众”，数学水平很难得到提高.

那么，如何才能让学生“动”起来呢？

非常有效也很重要的一个方法就是提出好的问题.“问题引导学习”是一种很好的方式.因此，用“问题链”的方式呈现教学内容、组织教学过程是值得倡导的.这样一来，教学活动组织的关键是提“好”的问题.数学发展的过程就是解决一个又一个问题的过程.而且不是随便提出什么问题都能产生良好的效果，只有提出好的问题，才能引发学生的兴趣，调动、引导学生思维，而好的问题必须能够反映数学的本质.问题提出以后,如果没有产生预期的效果,甚至有的学生压根没有反应,很有可能是问题提得不好.如果问题太过浅显,纯粹是对以前知识机械记忆的提问,比如在讲直线的斜率一课时,首先提问:"如何确定一条直线?"这样的问题没有挑战性,学生觉得没有意思,不愿回答,甚至还有学生会觉得这一节课很无聊,就会影响后面的教学;如果问题指向性不明确,学生可能会不知所云,无从答起;如果问题过于抽象、晦涩,学生一时难于理解,也会无所适从.这些问题都不是好问题.

那么如何设计好的数学问题呢? 提问题应注意"提示"和"暗示",问题不是生硬地提出来的,而是在学生讨论的过程中自然而然地产生的.提问时可以由暗到明,设置台阶.例如,从元认知问题入手,如"你打算如何研究这个问题?""你是如何研究的? 有什么想法?"等等.如果学生回答不出来,再逐渐明确提出相应的认知问题,如"这个问题有哪些条件?""要解决这个问题需要借助哪些已有的知识?"等等.还有困难的话再进一步明确化,小步子铺垫到学生的最近发展区,使学生能够回答为止.

例如,在"导数的概念"一节课中,我们可以提出下列问题.

【例1】 在高台跳水运动中,运动员相对水面的高度 h(单位:m)与起跳后的时间 t(单位:s)存在函数关系 $h(t)=-4.9t^2+6.5t+10$.计算运动员在 $0\leqslant t\leqslant\frac{65}{49}$ 这段时间里的平均速度,并思考下面的问题:

(1) 运动员在这段时间里是静止的吗?

(2) 你认为用平均速度描述运动员的运动状态有什么问题吗?

通过计算,学生发现运动员在这段时间内的平均速度为"0",但我们知道运动员在这段时间内并不是静止状态.那么,为什么会产生这样的情况呢? 这个问题的提出,就能引发学生的好奇心,使学生带着问题走进课堂,激发学生的求知欲.学生必然意识到平均速度只能粗略地描述物体在某段时间内的运动状态,为了能更精确地刻画物体运动,学生自然会想到要研究某个时刻的速度,即瞬时速度.这样,下面的问题提出就顺理成章,十分自然.

【例2】 请大家思考如何求运动员的瞬时速度,如 $t=2$ 时刻的瞬时速度?

如果学生觉得困难,不知如何下手,可以进一步将问题明确化、具体化,提出例 3，甚至例 4 的问题.这些可以视学生的掌握情况而定.

【例 3】 当 Δt 取不同值时，请计算 $\bar{v}=\dfrac{h(2+\Delta t)-h(2)}{\Delta t}$ 的值，有什么发现？

表 1

Δt	$\bar{v}$	Δt	$\bar{v}$
−0.1		0.1	
−0.01		0.01	
−0.001		0.001	
−0.000 1		0.000 1	
−0.000 01		0.000 01	
…	…	…	…

【例 4】 当 Δt 趋于 0 时，平均速度有怎样的变化趋势？

表 2

Δt	$\bar{v}$	Δt	$\bar{v}$
−0.1	−12.61	0.1	−13.59
−0.01	−13.051	0.01	−13.149
−0.001	−13.095 1	0.001	−13.104 9
−0.000 1	−13 009 951	0.000 1	−13.100 49
−0.000 01	−13.099 951	0.000 01	−13.100 049
…	…	…	…

解决完这几个问题，再回到例 2，相信学生就能够解答了.此时教师可顺势提出导数的概念.

不同学生的已有经验、认知水平、学习方法等都会有差异.所以即使是同样的教学内容，也应该针对不同的学生或班级进行调整.因此，在教学过程中，教师不应该追求统一的所谓标准的答案.在进行教学设计时，也没有一成不变的“良方”.针对不同的学生因材施教，提出合适的问题，进行有效的引导，才能在教学中真正发挥学生的主体作用.

◆◆ 15 ◆◆

激活教材，让数学课堂充满生命的活力

孙居国

数学教材为学生的数学学习活动提供了基本线索、基本内容和主要的数学活动机会.苏教版高中数学教材通过"问题情境—学生活动—意义建构—数学理论—数学运用—回顾反思"等内容组织形式，引导学生主动学习.但教师不能照本宣科，要把教材提供的"静态内容"进行激活，使课堂教学活动适合学生的认知发展规律，让课堂充满生命的活力.现结合苏教版高中数学必修4"两角和与差的三角函数"一课，谈谈具体建议.

一、激活课题，为学生的学习指引正确的方向

如果教材中怎么说，学生就怎么学，那么学生的主体地位就被忽视了，课堂很容易变成以教材为主宰.而通过激活课题，把"学生学什么"作为教的内容，把本来要教的内容转变为学生自己主动学的东西，启发学生去质疑、去发现、去探究、去归纳、去概括……就能够为学生的学习指引正确的方向.

为此，本课的开始先提出问题：今天我们学习"两角和与差的三角函数"，那么什么是"两角和与差的三角函数"？

就是求两个已知角的和与差的三角函数，即用已知角 α,β 的三角函数来表示 $\alpha\pm\beta$ 的三角函数.通过这样激活课题，学生学习的方向就比较明确了，即

已知角 α,β—角 α,β 的三角函数—$\alpha\pm\beta$ 的三角函数

而在平时的教学过程中，教师和学生往往忽视对"课题"的激活，学习完

了，做了很多题目，但还不知道本课的“课题”是什么！

二、激活情境，给学生提供思考的空间

在各种版本的教材中，普遍关注问题情境的设计，即先有具体的情境，由情境提出数学问题，为了解决问题而建构数学内容.而教科书为教学建构提供的通常是数学语言或直观图形，学生不容易把图形表象和抽象语言符号与自己的已有知识和经验结合起来，从而使情境发挥不了其应有的功能.而教师应对教材中的情境加以激活，以学生现有思维发展水平为依据，选择与学生发展水平相适应的关键点，使学生自发地回顾已有的知识和经验，并对新知识进行充分的思考，通过新知识与已有认知结构之间的相互作用，给学生提供思考的空间.

如，教科书中的情境是这样的：

由向量的数量积运算法则，可知

$$\cos x+\sin x=(\cos x,\sin x)\cdot(1,1), \qquad (*)$$

另一方面，

$$(\cos x,\sin x)\cdot(1,1)=\sqrt{\cos^2 x+\sin^2 x}\cdot\sqrt{2}\cos\theta=\sqrt{2}\cos\theta,$$

其中 θ 是向量 $(\cos x,\sin x)$ 与向量 $(1,1)$ 的夹角.于是有

$$\cos x+\sin x=\sqrt{2}\cos\left(x-\frac{\pi}{4}\right).$$

这是一个有趣的等式，在回答了 $\cos x+\sin x$ 可以化为 $A\sin(\omega x+\varphi)$ 的同时，它还告诉我们 $\cos\left(x-\frac{\pi}{4}\right)$ 可以用 x 的三角函数与 $\frac{\pi}{4}$ 的三角函数来表示.这就启发我们联想到更一般的问题：$\cos(\alpha-\beta)$ 能否用 α,β 的三角函数来表示？

对于这样一个问题情境，学生有下列一些疑问：(1)（$*$）式是怎么来的？太突然了.(2) 式子 $\cos x+\sin x=\sqrt{2}\cos\left(x-\frac{\pi}{4}\right)$ 与两角和与差的三角函数这一教学内容能联系起来吗？(3) 为什么先研究 $\cos(\alpha-\beta)$，而不是先求

$\cos(\alpha+\beta)$或求 $\sin(\alpha\pm\beta)$呢？

回到课题：

即已知条件是什么？——角 α，β.

目标是什么？——$\cos(\alpha\pm\beta)$，$\sin(\alpha\pm\beta)$是什么？

条件和结论能联系起来吗？

联系的桥梁是：$\sin\alpha$，$\cos\alpha$，$\tan\alpha$，$\sin\beta$，$\cos\beta$，$\tan\beta$.

那什么是 $\sin\alpha$，$\cos\alpha$，$\tan\alpha$，$\sin\beta$，$\cos\beta$，$\tan\beta$ 呢？帮助问题回到定义，用三角函数的单位圆定义去思考问题！这样就为学生提供思考的空间.

学生自发地想到画出图 1，而不是只看书中的图或是教师提供的图形.

这样的教学设计，从无到有，从远到近，与学生的认知起点相吻合，有利于激发学生提出问题，具有一定的开放性、挑战性、新奇性.

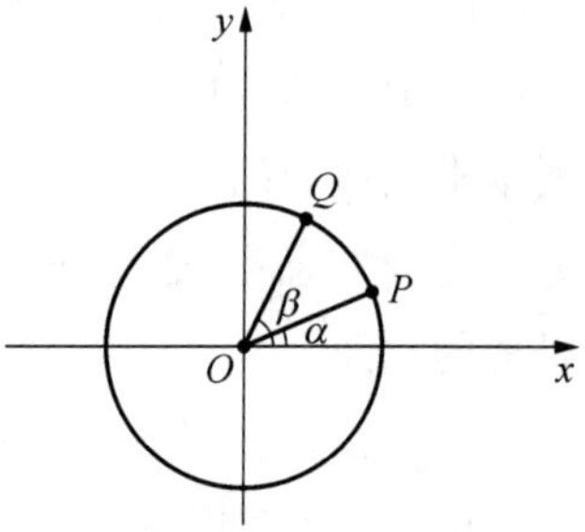

图 1

三、激发过程，给学生提供思维的时间

学生的学习需要通过自己独立的思维活动才能实现.这是一个艰巨的过程，需要花费大量的时间和精力.但是这种花费是值得的，也是必需的.学生在相对较长时间内，通过自主的活动，不但在他们的发展水平上以自己的方式探索所面临的问题，还为更加深入的学习方法提供了可能性.学生花费很多时间进行探索活动，不但在学习能力、对数学的兴趣、学习数学的自信心等方面获得很大的收获和补偿，而且也从中体会到怎样学习，怎样发展自己，从而形成正确的思维方式，提高学习数学的积极性.

教材中提出，把 $\cos(\alpha-\beta)$看成两个向量夹角的余弦，考虑用向量的数量积来研究.短短几行，就获得了两角差的余弦公式.学生看一遍或教师讲一遍很快就过去了，学生好像掌握了，但很快就忘了这一过程，这是把推导的过程直接“塞”给学生.此时，教师应充分激活推导过程的教育价值，给学生提供思维的空间.

如图 1 所示，在直角坐标系 xOy 中，以 Ox 轴为始边分别作角 α，β，其终边分别与单位圆交于 P、Q 两点.

学生可能会得出:$\cos(\alpha-\beta)=\cos\alpha\cos\beta+\sin\alpha\sin\beta$,

也有可能得出:$\cos(\alpha+\beta)=\cos\alpha\cos\beta-\sin\alpha\sin\beta$,

也有可能得出:$\cos\beta=\cos(\alpha+\beta)\cos\alpha+\sin(\alpha+\beta)\sin\alpha$,

不妨令 $\beta=-\alpha+A$,

得到 $\cos(A-\alpha)=\cos A\cos\alpha+\sin A\sin\alpha$.

不妨令 $\beta=-\alpha-A$,

得到 $\cos(-A-\alpha)=\cos(-A)\cos\alpha+\sin(-A)\sin\alpha$,

$\cos(A+\alpha)=\cos A\cos\alpha-\sin A\sin\alpha$.

从而得到:$\cos(\alpha\pm\beta)=\cos\alpha\cos\beta\mp\sin\alpha\sin\beta$.

这里的角 α,β 有没有限制,还应进一步细化.这一过程,从粗放到精细,去伪存真.

这一过程让学生有充分的思维时间,使他们获得学习新知识所需要的具体经验.然而,目前的教学实际中,经常是以图形表象或语言表象提出问题,让学生稍做思考后,就将问题引向概念,进而很快提出概念的语言表述并给出抽象符号.由于教学中没有给学生以充分的具体例证,也没有给学生足够的时间对具体例证进行充分的分析和概括,因而导致学生头脑中已有知识与新知识之间的相互作用不充分.学生不是通过自己的思维来构成对知识的理解,他们只是记住了教材中或教师所讲述的那些关于知识的现成解释.

四、激发动力,为学生创造发现的机会

尊重学生现有知识和经验,就要接受学生看待问题的方式,接受学生与教材或教师不同的思维走向.事实上,学生有自己对客观事物的独特理解方式,与教材或教师的理解不一样,有时甚至于是错误的,但是对学生自己来说却是有意义的,因为学生是在他现有的思维发展水平上来理解事物的,是从他自己看问题的角度来看待事物的.教师只有充分尊重学生现有的学习能力,激发他们学习的动力,才能使他的教学真正促进学生的发展,为学生创造发现的机会.

按照教材的顺序,学习 $\cos(\alpha-\beta)=\cos\alpha\cos\beta+\sin\alpha\sin\beta$ 后,用 $-\beta$ 代替 β,从而得出 $\cos(\alpha+\beta)=\cos\alpha\cos\beta-\sin\alpha\sin\beta$.而学生的想法可能是多样的.也有可能是研究 $\sin(\alpha-\beta)$,而不是怎么求 $\cos(\alpha+\beta)$.其想法如下:

$$\begin{aligned}\sin^2(\alpha-\beta)&=1-\cos^2(\alpha-\beta)=1-(\cos\alpha\cos\beta+\sin\alpha\sin\beta)^2\\&=1-(\cos^2\alpha\cos^2\beta+2\cos\alpha\cos\beta\sin\alpha\sin\beta+\sin^2\alpha\sin^2\beta)\\&=\cos^2\alpha+\sin^2\alpha-\cos^2\alpha\cos^2\beta-2\cos\alpha\cos\beta\sin\alpha\sin\beta-\sin^2\alpha\sin^2\beta\\&=(\sin\alpha\cos\beta-\cos\alpha\sin\beta)^2,\end{aligned}$$

$\sin(\alpha-\beta)=\pm(\sin\alpha\cos\beta-\cos\alpha\sin\beta)$.

怎么确定符号？

取特殊值试一试即可！

不妨取 $\beta=0$，则 $\sin\alpha\cos\beta-\cos\alpha\sin\beta=\sin\alpha$，

所以 $\sin(\alpha-\beta)=\sin\alpha\cos\beta-\cos\alpha\sin\beta$.

这个方法是很自然的，也没有什么不好，关键是符合学生的认知规律，利用了同角三角函数的关系.

有没有其他方法得到这一公式呢？能否考虑用诱导公式呢？

从而得到：

$$\sin(\alpha-\beta)=\cos\left[\frac{\pi}{2}-(\alpha-\beta)\right]=\cos\left[\left(\frac{\pi}{2}-\alpha\right)+\beta\right].$$

这里问题又来了，我们现在还不知道 $\cos(\alpha+\beta)$ 是什么.那该怎么办呢？

有两条途径：

一是推导 $\cos(\alpha+\beta)$；

二是将式子 $\sin(\alpha-\beta)=\cos\left[\frac{\pi}{2}-(\alpha-\beta)\right]=\cos\left[\left(\frac{\pi}{2}-\alpha\right)+\beta\right]$ 变形.

不妨变形试一试：

$$\sin(\alpha-\beta)=\cos\left[\frac{\pi}{2}-(\alpha-\beta)\right]=\cos\left[\left(\frac{\pi}{2}+\beta\right)-\alpha\right],$$

$$\sin(\alpha-\beta)=\cos\left[\frac{\pi}{2}-(\alpha-\beta)\right]=\cos\left[\left(\frac{\pi}{2}-\alpha\right)-(-\beta)\right].$$

上述两种方法都可以得出结果.

$$\sin(\alpha-\beta)=\cos\left[\left(\frac{\pi}{2}+\beta\right)-\alpha\right]$$

$$\begin{aligned}\sin(\alpha-\beta)&=\cos\left(\frac{\pi}{2}+\beta\right)\cos\alpha+\sin\left(\frac{\pi}{2}+\beta\right)\sin\alpha\\&=-\sin\beta\cos\alpha+\cos\beta\sin\alpha\\&=\sin\alpha\cos\beta-\cos\alpha\sin\beta,\end{aligned}$$

或

$$\begin{aligned}\sin(\alpha-\beta)&=\cos\left[\left(\frac{\pi}{2}-\alpha\right)-(-\beta)\right]\\&=\cos\left(\frac{\pi}{2}-\alpha\right)\cos(-\beta)+\sin\left(\frac{\pi}{2}-\alpha\right)\sin(-\beta)\\&=\sin\alpha\cos\beta-\cos\alpha\sin\beta.\end{aligned}$$

通过这样一个过程，学生自然就知道了将公式 $\cos(\alpha-\beta)=\cos\alpha\cos\beta+\sin\alpha\sin\beta$ 中 β 换成 $-\beta$，就得到 $\cos(\alpha+\beta)=\cos\alpha\cos\beta-\sin\alpha\sin\beta$.

其实“用 $-\beta$ 代替 β”的方法体现了化归的思想，这种角的变(代)换的方法是三角变换中常用的方法，应该让学生自己体会.

通过这样“容忍”学生想法的过程，学生除了学到了外显的结果知识以外，还获得了丰富的过程知识.在这个过程中，学生积极主动地参与了数学学习，主动地提出问题和解决问题.

16

固定探究程序，培养思维习惯

周　杰

《普通高中数学课程标准（2017 年版）》指出："高中数学教学以发展学生数学学科核心素养为导向，创设合适的教学情境，启发学生思考，引导学生把握数学内容的本质.提倡独立思考、自主学习、合作交流等多种学习方式，激发学习数学的兴趣，养成良好的学习习惯，促进学生实践能力和创新意识的发展."

如何促进学生自主学习、自主探究呢？应当是在日常的教学过程中，教师帮助学生体会探究的过程，并将探究问题的基本"程序"完整地展示给学生.对于相似的教学内容，比如对指数函数、对数函数、幂函数、三角函数等基本初等函数性质的探究都可以沿用相同的探究程序.等差数列、等比数列的性质探究，几种圆锥曲线的性质探究也是如此.随着技术的迅速发展，探究的工具也在不断更新，给学生的探究活动带来越来越多的助力.

本文以高中数学必修第一册，函数部分教学为例，探讨在指数函数、对数函数和幂函数的教学过程中如何借助图形软件探究函数性质，如何帮助学生突破学习难点，固定探究程序，提升思维层次.

函数性质探究的程序

（1）借助绘图软件，辅助学生完成指数函数、对数函数以及幂函数的学习.

（2）帮助学生掌握利用函数图象归纳函数性质的一般方法和过程.体会

从具体实例中抽象出数学关系的过程.

(3) 通过归纳后的再次思考帮助学生不断提炼思维,对归纳出的结论加以逻辑推演.通过提出和论证数学命题厘清知识脉络,掌握知识结构.

课时活动固定程序

1. 创设情境

放射性物质是指那些能自然地向外辐射能量、发出射线的物质.某种放射性物质不断变化为其他物质,每经过一年,这种物质剩余的质量是原来的 84%.如果经过 x 年,该物质剩余的质量为 y,如何描述这两个变量的关系?

2. 抽象概括

引导学生分析,找到两个变量之间的函数关系,并得到解析式 $y=0.84^x$.——而这个函数关系在后续的课程里摇身一变就会变成对数函数和幂函数.

学习对数函数时,只要稍加调整:某种放射性物质不断变化为其他物质,每经过一年,这种物质剩余的质量是原来的 84%.如果该物质剩余的质量为 x,那么经过了 y 年,如何描述这两个变量的关系?

学生根据对数的定义分析得到函数的解析式是 $y=\log_{0.84}x$.

学习幂函数时我们也可以从抽象的数学关系本身出发:我们在前面一段时间已经学习了指数函数 $y=a^x$,对数函数 $y=\log_a x$.对数函数 $y=\log_a x$ 也可以写成 $x=a^y$.

固定底数,已知指数求幂是指数函数,已知幂求指数是对数函数.

底数、指数、幂之间还可以构造出什么关系?——引导学生固定指数,得出幂函数的关系式.

【问题 1】 类似的函数,你能再举出一些例子吗?这些函数有什么共同特点?能否写成一般形式?

设计意图 概念教学应当让学生感受形成过程,了解知识的来龙去脉,那种直接抛出定义后辅以"三项注意"的做法没有让学生参与概念形成的过程.指数函数的基本特征是自变量出现在指数上,教师应促使学生理解概念的本质.指数函数概念的形成,经历了一个由特殊到一般、由具体到抽象的渐进过程，这样更加符合学生的认知心理.

3. 深入探究

师：我们又定义了一个新的函数，接下来，我们研究什么呢？

生：研究函数的性质.

【问题2】你打算如何研究××函数的性质？

设计意图 学习的过程就是一个不断地提出问题、解决问题的过程.提出问题比解决问题更重要，给学生提供由自己提出问题、确定研究方法的机会，逐渐学会研究问题，促进能力发展.

学生选取不同的 a 的值，作出图象，观察它们之间的异同，总结指数函数的图象特征与函数性质.

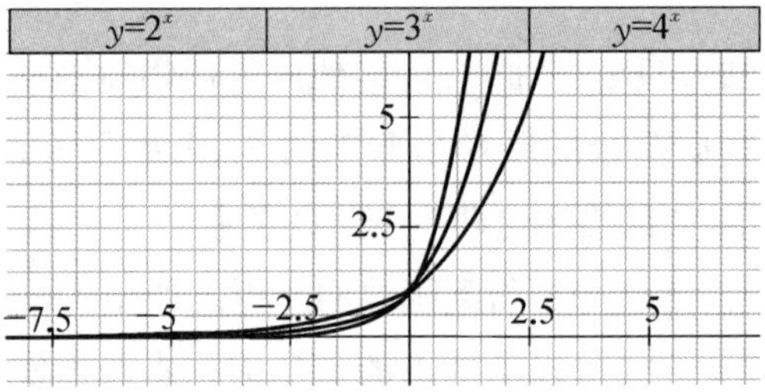

图1

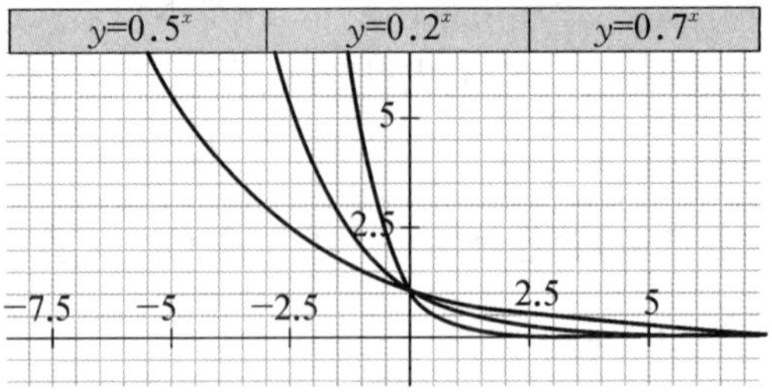

图2

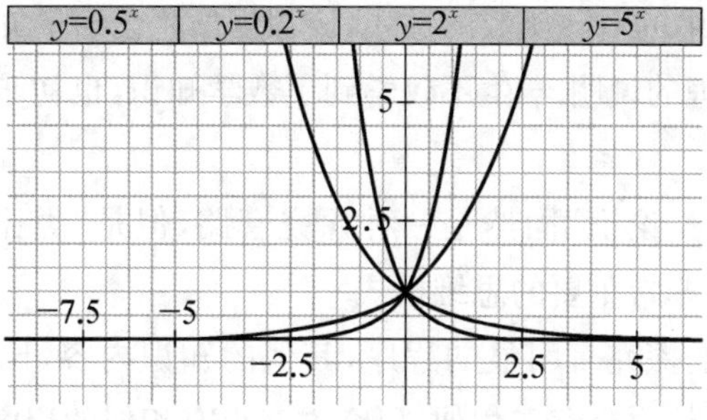

图 3

观察图象可以得到指数函数的一些基本性质，如定义域、值域、单调性等，继续观察更多的函数图象，可以得到更多的性质，比如图象间的对称性，不同底数的对数函数图象的变化.

在后续学习对数函数、幂函数的过程中，学生已经有了研究指数函数的经验，也掌握了对数的定义及计算性质.在此认知基础上，学生可自己提出所要研究的问题，寻找研究问题的方法.教师应提供自主探究的平台，通过汇报交流活动达成共识，实现殊途同归.

师生经过讨论，解决启发性提示问题，确定研究的内容与方法.

学生能够根据已有知识和经验，在教师的启发、引导下，明确研究的内容以及研究的方法.部分学生会提出先作出具体函数图象，观察图象，概括性质，并进而归纳出一般函数的图象的分布特征等性质.另一部分学生可能从函数的解析式出发，直接对比指数函数，研究对数函数性质.

这里就是研究过程的程序化.

在学习对数函数、幂函数时，学生完全可以根据学习经验，仿照上述“程序”自行拟订研究方案，自行完成对图象、性质的探究.

有软件和网络的帮助，学生可以相互合作，在短时间内完成大量函数图象的绘制，很快可以归纳出函数的基本性质，甚至其他的，在教师预设之外的结论.课堂之上也完全有时间对这些具体的性质进一步讨论，理性分析结论的由来，使学生对抽象的数学概念的理解一次次地加深、增强.

比如学习对数函数时，在学生自主探索的过程中，教师应注意培养学生良好的思维习惯.实际上，选择底数 a 的不同数值的大小，作图观察并归纳性质，既需要特殊到一般的推理模式，也要养成有序进行观察和归纳的良好的思维习惯.对所归纳的对数函数的性质，应根据学生已有的知识水平或教学要求进行证明或合理的说明.学生不仅学到了数学知识，也初步体验了研究问题的基本方法.

“作图—归纳—论证”固然是一种探究套路，但是“类比—分析—论证—再检验”也是一种非常重要的思维模式.

对函数性质的探究有明显的程序，其他的知识内容，比如等差数列与等比数列、圆锥曲线等内容存在相似，研究方案也有相似的程序.

通过这种程序化的探究，学生在反复体验的过程中不仅获得了相关的知识结论，更收获了获取知识的研究程序，实现了对思维过程的训练，也使我们的教学从“知识化”转向了“思维化”.

17

认识问题在数学教学中的价值取向

孙居国

一、认识问题在数学教学中的价值取向的意义

学生的数学学习是在教师的引导下学习间接经验和理论知识，不是完全意义上的“从认识上升到理论”，而是从“理论到理论”.为了体现“从认识到理论的过程”，必须结合一系列的“问题”及其解决，从而完成“理论到实践，认识到理论”的反复过程.因此，“问题”贯穿在数学课堂的始终，承担着促进思维、激发兴趣、检查学习、巩固知识的重任，同时又是增进师生交流讨论、激励主动参与、实现预期目标的基本手段.又由于教师对数学学习材料内容理解不同，对数学教学的目的定位不同，学生的已有知识、经验、能力基础不同，问题又带有教师个人色彩的独特性.因此，为了更有效地体现问题在数学课堂中的功能，引导学生更加主动、积极地学，富有探索性地学，逐步培养学生的问题意识，孕育创新精神，有必要对问题的价值取向作出判断，从而更好地设置问题和运用问题.

二、认识问题在数学教学中的价值取向的一些做法

1. 以问题为载体，串联知识

问题的设计立足于学生已经学习过的定义、定理、公理、公式、法则等基础知识和基本技能，要求学生回答时对需要涉及的一些内容进行再现和确

认.这类问题的价值主要表现为两个方面:一个是原有知识再一次强化,使学生在原来认知的基础上再加深认识,从而进一步巩固;另一个是本节课新授内容的基础和预备知识,与新授知识有着密切的联系,为学习新知识做准备.如“双曲线的简单几何性质”的教学,可设计如下几个问题.

问题1 回顾椭圆的四个性质(范围、对称性、顶点、离心率),通过类比,怎样能较好地画出双曲线的草图呢?

举例:$\frac{x^2}{16}-\frac{y^2}{9}=1$

问题2 以前有见过随手就画得很好的吗? $\left(y=\frac{1}{x}\right)$

问题3 什么线能夹住$\frac{x^2}{a^2}-\frac{y^2}{b^2}=1$呢? $\left(y=\frac{b}{a}\sqrt{x^2-a^2}<\frac{b}{a}x\right)$

问题4 能否反映无限接近?

问题5 以后再要画双曲线怎么画?

由于这类提问只要求对先前学过的知识进行再现和确认,不需要学生做深入的思考和探究,因而认知层次要求不高,但这类问题却是必不可少的.其中,使用最多的是一种“类比式”的提问,即将与新学知识相同或相似的命题先提问学生,诱发学生用简单的、形象的、难度较小的命题去阐明复杂的、抽象的、难度较大的命题.

又如通过回顾直线和圆的位置关系有几种(相离、相切、相交),并回顾研究方法(数形和解析),从而提出:直线与椭圆的位置关系有几种? 分别如何判定?

需要注意的是,回忆型提问往往对学生思维深度要求不高,但在目前的数学课堂中却占有很大的比重.对中学数学课堂教学的实际观察表明:高密度的提问是当前中学数学课堂教学的突出特征,其中这种回忆型问题占有很大比例.课堂上对回忆型提问的数量应有所控制,有时候,在对待一些较难处理的问题上,教师为了克服难点、化难为易,而有意识地将一些较高层次的探索性问题分解为一个个较低认知识水平的“小步子、低难度”回忆型问题,这有利于清除教学障碍,但同时也使提问流于浅层次的认知水平,不利于培养学生的探究意识和创造精神.

2. 以问题为主线,归纳概念

学生的数学学习过程是一个数学知识的再创造过程.从学生的角度来说,要学习的数学知识是一个未知世界,因此,数学学习过程对学生来说是一个数学知识的"发现"过程.但是,而且由于教学时间、环境等多方面的限制,学生不可能(也不必要)重复第一次漫长的过程,因此,学生的数学学习只能是一个"再发现"的过程.由于学生认知水平的限制,他们不可能独立地完成"再发现"过程,而必须通过教师的问题引导.实际上,没有教师的引导,学习质量和效益都是无法保证的.所以教师设置问题,应当为学生的再发现创造条件,缩短发现的过程;降低发现的难度,减少发现的曲折,使学生大致经历数学家获得数学发现时的思维过程,在一种自然、主动的状态下完成"再发现"过程.

【课题】几何概型

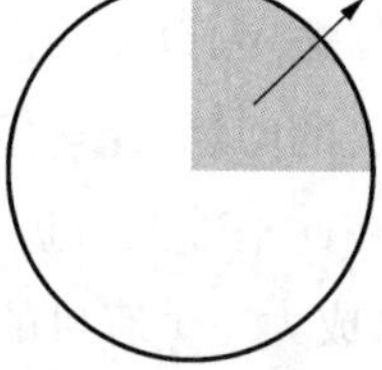

图 1

问题 1　如图 1,将圆盘等分成四个区域,现向圆盘投射飞镖,假设飞镖都能射中圆盘,且射中圆盘上每一个点都是等可能的.记"飞镖射中红色区域"为事件 A,则事件 A 的概率是多少?

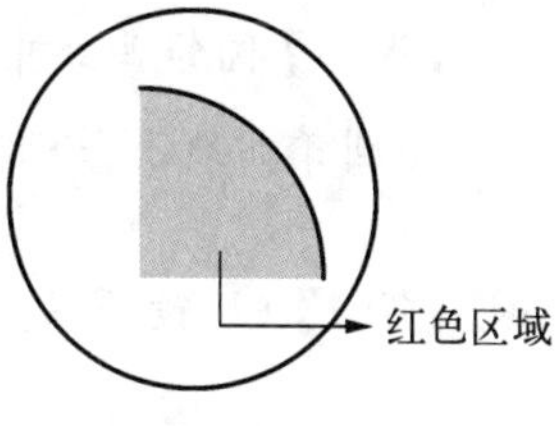

图 2

问题 2　如图 2,将问题 1 中的红色区域移至圆盘内的任一位置.现向圆盘投射飞镖,假设飞镖都能射中圆盘,且射中圆盘上每一个点都是等可能的.记"飞镖射中红色区域"为事件 A,则事件 A 的概率是多少?

问题 3　取一根长度为 3 m 的绳子,将绳子拉直后,在绳子上随机选择一点,在该点处剪断,记"剪得的两段的长度都不小于 1 m"为事件 A,则事件 A 的概率是多少?

问题 4　一个水杯中装有 1 L 水,其中漂浮着 1 个微生物,用一个小杯从水杯中取出 0.1 L 水,记"小杯中含有这个微生物" 为事件 A,则事件 A 的概率是多少?

这类问题的价值是指学生对提出的问题不能仅靠死记硬背学过的知识得到答案,而需要将问题所涉及的知识和方法进行归纳、类比、分析、综合等内化处理活动,对摄取的信息重新加以组织,并能用自己的语言对数学问题加以表述、分解和解释.显然,这种问题的回答需要学生深入的思考活动,需要其较深刻地把握所学的数学概念、定理的本质特征,而学生回答问题的过程又是对新知识、新方法的深化理解.

3. 以问题为驱动,激发思维

在数学学习中,学生以学习间接经验的知识为主,也就是说,学生往往可以不受时间和空间的限制,越过直接经验这一阶段,在教师的帮助和指导下,把这种间接经验与自己已有经验进行同化,经过一定的解决数学问题实践,使之内化为他们自己内部的智力操作方式,从而上升为理性认识.但由于缺乏直接经验的支撑,学生对于数学理论背后所蕴含的丰富的具体内容在头脑中比较缺乏,或者有一定的感性认识但不能很好地将之与所学的理论相联系,而对于被理论所掩盖的数学思维活动过程则更难把握.因此,教师根据相应的逻辑顺序,以及知识所蕴含的数学思想、方法,为学生提供适量的、具有典型意义的问题,让学生在数学理论知识的导向下,对这些问题进行充分的感知,并在此基础上再进行抽象概括,使新知识与已有的数学知识建立起内在联系,成为一个有机的知识整体,达到对数学理论的理性认识,使数学思维能力得到深化.

【课题】圆锥曲线中的常见问题(单元总结课)

与圆锥曲线有关的轨迹问题

【例1】(1)设P是$\frac{x^2}{4}+y^2=1$上的任意一点,O为坐标原点,F为椭圆的右焦点,动点M满足$\overrightarrow{OM}=\frac{1}{2}(\overrightarrow{OP}+\overrightarrow{OF})$,则点$M$的轨迹方程是________.

S1:坐标转移,哪个是主动点,哪个是从动点,根据方程的结构类型确定轨迹.

T:有没有其他方法?(几何意义)

(2) 如图,AB是平面α的斜线,A为斜足,若P点在平面α内运动,使得$\triangle ABP$的面积为定值,则动点P的轨迹________.

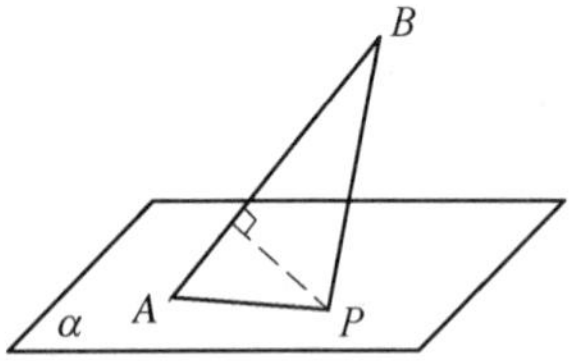

图3

S:圆柱被 α 平面所截得的截面.

【例 2】 已知 $A(-n,0)$,$B(n,0)$是平面上的两个定点,动点 M 与 A,B 的连线的斜率之积为常数 m,当 $m\neq0$ 时,讨论点 M 的轨迹.(直译法)

【例 3】 已知 A,B 是平面内的两个定点,点 P 是以点 A 为圆心,r 为半径的圆上任意一点,线段 PB 的垂直平分线 l 和直线 AP 交于点 Q,当点 P 在圆 A 上运动时,讨论点 Q 的轨迹.

教师应当通过合理地设置问题,把问题的整体分解为部分,把复杂问题分解为简单问题,分清条件和结论,找出条件和结论之间的因果关系,将高起点、复杂性问题分解为低起点、小步子、简单性问题,从而化归为基础性问题,便于各个击破,寻求答案;或者引导学生把所学知识的各个部分、各个方面、各种要素联结成整体,找出其中的联系和规律性,从而让学生对相关的数学知识和思想方法有较为深入的理解,并具备一定的灵活应用的能力.在问题解决的过程中,教师可向学生展示相应的数学思维过程,让学生有机会经历数学的各个抽象阶段,避免数学学习的表面化.

总之,数学课堂从某种意义上来说,就是提出问题、分析问题、解决问题,再提出新问题的过程.要使整节课或一个阶段的问题做到有序、和谐、环环相扣,体现出系统性,教师就要对问题在数学教学中的价值取向有充分的认识,要按教材和学生认知发展的顺序,根据数学教学的各项具体目标,基于学生的年龄特征、个体差异和能力大小,设计紧密相连、层次分明、功能齐全的问题,真正体现每一个问题的价值.

18

以学定教，以问定学

孙居国

为了取得较好的教学效果，课堂教学要以学生的思维水平为起点，有效地开发和选择问题.即以学定教，以问定学.

一、目标明确，内容充实

问题的选择应该与本课的目标达成有比较紧密的联系，更加注重和数学本质的联系，能引导学生认识数学本质和数学思维，充分体现数学教学是思维的教学，否则会分散学生的注意力，不利于学习任务的完成.

【案例】等比数列的求和

【问题】从前，一个穷人到富人那里去借钱，原以为富人不愿意，哪知富人一口答应了下来，但提出了如下条件：在 30 天中，富人第一天借给穷人 1 万元，第二天借给穷人 2 万元，以后每天所借的钱数都比上一天多一万；但借钱第一天，穷人还 1 分钱，第二天还 2 分钱，以后每天所还的钱数都是上一天的两倍，30 天后互不相欠.穷人听后觉得挺划算，但怕上当受骗，所以很为难.请在座的同学思考一下，帮穷人出个主意.

【问题】何老师按揭买房，向银行贷款 25 万元，采取等额本金的还款方式，即每月还款额比上月减少一定的数额.2007 年 1 月，何老师第一次向银行还款 2 348 元，以后每月比上月的还款额减少 5 元，若以 2007 年 1 月银行贷款利率为基准利率，那么到 2026 年 12 月最后一次还款为止，何老师连本带利一共还款多少万元？

问题设计的目的是让学生得出一个等差或等比数列的和的形式，而此处，学生要抽象出这些模型要花费大量的时间，注意力往往集中在实际问题的数学化，与本节课的主要内容没有本质的联系，偏离了本节课数列求和的教学重点，干扰了学生的思维.可以按照以下问题的形式展开教学：前面我们研究了等差数列的求和问题，那我们今天来研究等比数列怎么求和.这样直截了当，学生的注意力就集中到本节课的重点上来.

二、难易适度，启发得当

问题要有一定的思维深度，不能太多太碎.目前课堂提问存在的不足有：指向性太强，铺垫太多，牵引太多；只要学生回答“是”或“不是”，不给学生思考时间，自问自答；不尊重学生，强行打断学生的回答；对学生的非常规回答不予理睬、不加评论，千方百计地将学生引导到自己预设的结果上来；问问题不恰当，问题宽泛，学生无从回答.

【案例】椭圆的简单几何性质

【问题】(1) 初中我们学习过二次函数，知道它的图象是抛物线，我们讨论过抛物线的哪些性质？

(2) 现在我们手里都有一个椭圆模型，你能发现这个椭圆有什么性质吗？

(3) 谁能告诉我们椭圆是什么对称图形？

(4) 几何图形的对称性有哪几种类型？

(5) 我们怎么证明椭圆的对称性？

(6) 我们能不能从椭圆的方程入手来研究椭圆的几何性质呢？

(7) 抛物线可以向某个方向无限延伸，那么椭圆是否有这个特点呢？那么椭圆的范围受到了怎样的限制呢？

……

(11) 椭圆的扁平程度能否由$\dfrac{b}{c}$的值的大小来确定？

从问题(3)到问题(7)来看，问题过细，针对性太强，理由有下列几点：

① 学生得出的几何性质不一定有顺序，可能先范围，再对称或其他.

② 问题(3)问是什么对称图形，太直接，学生没有思考的空间.一般学生可以得出对称性.

③ 问题(6)可改为：我们能否从方程入手来研究性质呢？

这些问题最好由学生自己提出.因为解析几何的核心就是用代数方法解决几何问题.在此应留给学生足够的时间来思考，从几何方法不好下手，只能从代数方法来讨论.必须要知道方程，通过方程来解决.不是告知学生代数方法解几何问题的重要思想，而是真的体会只有代数方法才能方便地解决问题.

问题有一定的思维深度与启发性原则是相辅相成的，因为只有具备了一定的思维深度，才有启发的可能.首先，问题的提出要考虑学生的最近发展区，让学生有思考的空间.其次，不应该当少数人有想法就开始讲解，应该等相当一部分学生有思路后再分析问题.同时，不要轻易打断学生的回答，即使学生的回答是错误的，应肯定其合理之处，若学生的回答是正确的，但与老师的预设不同，教师应该告知学生课后或者以后再研究.如果是与本节课有关，应该尊重学生的回答，他可能代表相当一部分学生的想法，应该顺着他的思路展开课堂教学.这样既能保证课堂的连续性和学生思维的流畅性，又能体现课堂的民主与平等，关注学生的个性特长和全面发展.

【案例】三角函数的诱导公式

原先设计的顺序是先讨论角的终边关于 y 轴对称，然后让学生自主探究关于 x 轴、关于原点对称.但在实际教学中，学生先发现关于原点对称，教师可以顺着学生的思路得出相应的结论，然后让学生探究关于 x 轴和 y 轴对称，同样完成了教学任务，且极大地保护了学生的积极性和主动性.

问题设计最基本的要求是教师要站在学生的角度，从学生的知识水平、思维能力、经验水平出发，提出适当的问题，设计问题情境，引导学生去思考，使学生的思维向着新知识或问题的目标靠拢，最后达成目标.

三、力求开放，层次分明

问题要有一定的开放性.由于问题的开放和结论的不确定性，每一位学生都能独立地、积极地进行数学思维活动，在各自能力范围内寻求最佳答案，不同层次的学生都能找到合适的切入点.让学生积极主动、独立地从事有意义学习，应当立足于对学习过程中真实思维活动的深入了解与分析.

【案例】“直线的方程”单元复习

【问题】“已知直线 l 经过点 $P(1,2)$，请同学们自己再加另一个条件，求直线 l 的方程.”

此问题降低了思维的起点，创设了思维活动的基础.由于学生的差异性和个性特征不同，为了让不同的学生都有思考的空间，在进行教学设计时，应拓宽问题的出口，促使每一个学生都有思维活动的基础，都能展示其思维的过程和风格.每一个学生都能给出结论，但学生的认知风格各异，所以给出的结论各不相同，与高一入学时相比，高三学生的差异性更大，对课堂的兴趣会减少，新奇性减少.高三学生思维方式、认识风格已基本形成，有的学生喜欢用固有的方法去解所有的问题，定式思维现象较严重.有的学生喜欢用新方法去解决旧问题，存在求异思维.通过学生对提出的问题进行解答，可以发现学生的思维过程和风格.学生已有的知识经验在认识活动中发挥了十分重要的作用，这也就是说，学生并不被看成在认识活动中处于完全被动的地位，而是发挥了十分重要的能动作用.

四、灵活变更，有效迁移

问题要有一定的可变更性，在这个问题的基础上可以产生新的问题，根据学生的课堂表现和情境，可以向简单的方向发展，也可以向深入的方向发展，以适应不同学生的情况.由于变更而得到的不同问题之间有一些特定的联系，有利于学生形成稳定的知识结构，使知识得到有效的迁移，思维能力得到相应的发展.

【案例】面面垂直的判定

【问题】已知 $PA\perp$ 平面 ABC，问在这个图形中，有哪些面互相垂直?

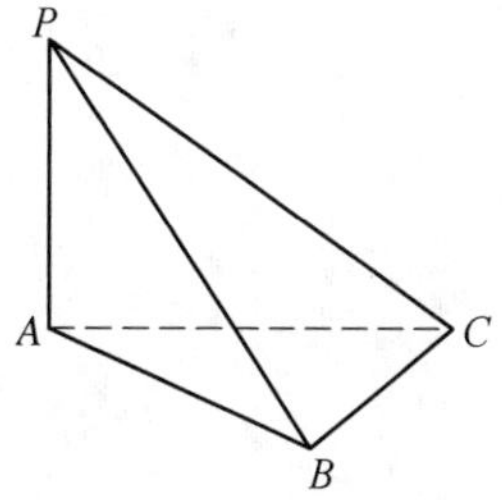

图 1

这个问题有较大的可变更性，可以根据学生的情况，作出相应的简化或深入，例如可以做如下的调整：

① 写出一对互相垂直的平面.

② 写出所有的互相垂直的平面.

③ 如果添加条件 $CA \perp AB$，那么有多少种面面垂直关系?

④ 如果添加条件 $BC \perp AB$，那么有多少种面面垂直关系?

⑤ 在这个图形中,至多有多少种面面垂直关系?其他的为什么不垂直?

综上所述,问题的开发和选择来自教师和学生两个方面,尤其是学生生成的问题,更能调动学生学习的积极性和创造性,促进其思维的深入和发展.

19

以问题为中心引领教学，以思维为核心促进发展

孙居国

教师对某个学科内容教学目标的理解引导了他所做出的教学决定，教师对学生学习的了解引导了他的教学过程.为了达成较好的学习效果，第一，教师必须了解学生学习某一特定单元的必备认知能力和技能，面对不同能力和知识背景的学生，知道用什么方法能够帮助他们；第二，教师必须知道学生学习的困难之处，这样可以提高课堂效益，使得教师和学生花费最少的时间和精力获得尽可能良好的教学效果.教师应针对这些实际情况，设计相应的问题，以问题为中心引领教学，以思维为核心促进发展.

一、从知识的价值出发选择课堂的立足点

空间向量是苏教版选修 2－1 第三章的内容，涉及空间向量的概念和表示法、空间向量的运算及运算律、空间向量的坐标表示、共线向量定理、共面向量定理和空间向量基本定理、利用空间向量解决立体几何问题.尽管内容多，但由于学生已经学习过平面向量、立体几何初步、空间直角坐标系等知识，对本章内容的学习已经有了充分的知识铺垫和思想方法的准备.对于学生而言，有些知识易于理解和接受，有些知识则不易理解和掌握，而空间向量基本定理是其中最核心的知识，体现了学科的思想、方法、精神和态度，是对学生今后学习和发展最有价值的知识.如果学生有效掌握了空间向量基本定理，那么

对空间向量的表示和运算就比较容易接受,就能够利用空间向量的知识解决问题,在思想上真正实现从平面向量到空间向量的跨越.空间向量基本定理是用空间向量解决问题的基础,更是坐标表示的理论基础.因此,课堂的立足点应是空间向量基本定理,在此附近设置最近发展区,选择表达空间向量基本定理的最好方式是本课的思维起点和出发点.

【例1】在正方体$ABCD-A_1B_1C_1D_1$中,E、F分别是A_1D与AF上的点,且$\frac{A_1E}{A_1D}=\lambda$,$\frac{AF}{AC}=\mu$,问$\lambda$和$\mu$分别是多少时,$EF\parallel BD_1$?(尝试用向量的方法)

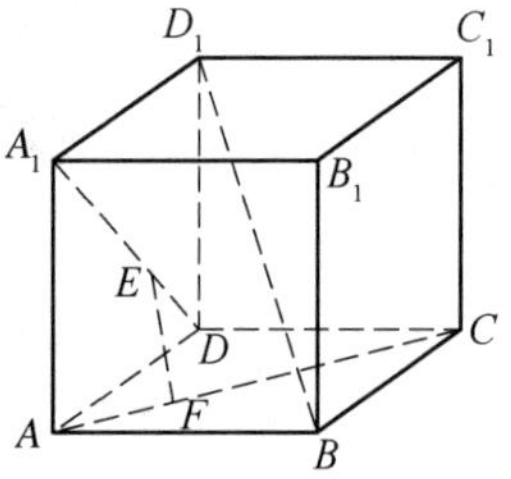

图1

选择上述问题的意图:若将平面向量的知识进行回忆和归纳,再类比到空间向量,由于平面向量的知识较多,全面罗列出来并类比到空间,则有些泛化,体会不到什么是最核心、最有价值的知识,不能有效地突出重点与层次.为了鼓励学生积极参与教学活动,认识和理解基本概念、掌握基础知识,教师就要考虑用生动的情境、合理的结构将知识呈现给学生.要让学生感受到,面对新的情境,要解决新的问题,必须自觉地回忆已有的知识和方法,学会思考,从而寻找到解决问题的方法.

最初的问题设计是:若$\lambda=\frac{2}{3}$,当μ等于多少时,$EF\parallel BD_1$?

考虑到学生利用已有的立体几何知识容易得出$\mu=\frac{1}{3}$,即连结D_1E并延长交AD于G,由$\frac{GF}{GB}=\frac{AF}{AC}=\frac{1}{3}$可得.这样学生仍停留在原来的解题思维中,不能产生强烈的寻找新的解决问题的途径的动力和欲望,不利于与要学的新知识产生有效的衔接,这样的表征方式不能体现知识的价值.

修改后的问题有一定的难度,学生不容易得出答案,必然会主动思考:用向量方法怎么证明两线平行问题?根据学生的经验自然地得出,只要证明:存在实数m,使得$\overrightarrow{BD_1}=m\overrightarrow{EF}$即可.这一步正是本堂课的出发点,为后续的空间向量知识的发生、发展提供了生长点.

二、从知识的联系出发激发能力的生长点

如何用向量方法证明两线平行是上位知识，因为学习平面向量知识后学生已有丰富的证明平行的经验.空间向量基本定理是下位知识，下位知识的学习是需要突出原有的知识体系，通过类比、猜测、尝试、探究等多种不确定的渠道而习得.而一旦获得下位知识，既能对原有知识起到巩固作用，又因为新的知识固着了原有知识和经验，有利于稳定的知识结构的形成.通过这样的表征方法，实践了知识的迁移和能力的生长，知识的内部联系就比较生动地体现出来.具体过程如下：

T：怎样证明“存在实数 m，使得$\overrightarrow{BD_1}=m\,\overrightarrow{EF}$”？

S：选定基底.用选定的基底将向量$\overrightarrow{BD_1}$，$\overrightarrow{EF}$表示出来.在平面向量中，只要不共线的两个向量 $\boldsymbol{a}$ 和 $\boldsymbol{b}$ 就可以表示平面中的任意向量，在空间中，要三个向量作为基底才能表示.

T：在空间中，只要三个向量就能表示空间的任一向量吗？

S：只要不共面的三个向量即可.

T：什么叫不共面的三个向量？

S：两个不共线向量确定一个平面.因为任何两个向量 $\boldsymbol{a}$、$\boldsymbol{b}$ 通过平移都可以共起点，第三个向量 $\boldsymbol{c}$ 平移到 $\boldsymbol{a}$、$\boldsymbol{b}$ 的公共起点，$\boldsymbol{c}$ 不在 $\boldsymbol{a}$、$\boldsymbol{b}$ 所确定的平面内，这样的三个向量可以表示空间中的任何一个向量.

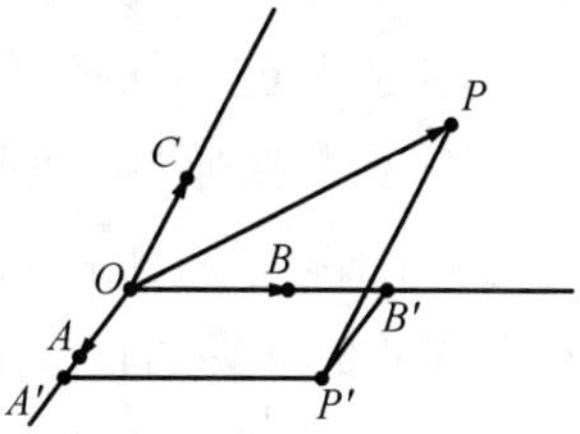

图 2

T：如图，以$\overrightarrow{OA}$，$\overrightarrow{OB}$，$\overrightarrow{OC}$为基底，$\overrightarrow{OP}$怎样表示？

S：过点 P 作直线 PP' 平行于 OC，交平面 OAB 于点 P'，在平面 OAB 内，过 P' 作直线 $P'A'/\!/OB$，$P'B'/\!/OA$，分别与直线 OA，OB 相交于点 A'、B'，根据共线定理，存在三个实数 x、y、z，使得$\overrightarrow{OA'}=x\,\overrightarrow{OA}$，$\overrightarrow{OB'}=y\,\overrightarrow{OB}$，$\overrightarrow{OC'}=z\,\overrightarrow{OC}$.于是$\overrightarrow{OP}=x\,\overrightarrow{OA}+y\,\overrightarrow{OB}+z\,\overrightarrow{OC}$.

在上述问题中，学生通过自发地回忆原有知识得出新的结论，得出新的核心知识——空间向量基本定理.在这一过程中，学生领会了空间向量的表示

方法以及加减法运算，在理解领会核心知识的同时，对其他的相关知识迎刃而解，融会贯通.到此，问题设置的目的基本达成，教学内容和目标基本完成.接下来，教师通过合理设问，进一步巩固本节课的核心知识，体现空间向量基本定理的价值.

S：设$\overrightarrow{AB}$、$\overrightarrow{AD}$、$\overrightarrow{A_1A}$分别为$\boldsymbol{a}$、$\boldsymbol{b}$、$\boldsymbol{c}$，则$\overrightarrow{EF}$和$\overrightarrow{BD_1}$就可以通过$\boldsymbol{a}$、$\boldsymbol{b}$、$\boldsymbol{c}$来表示.

T：请同学们表示出来！

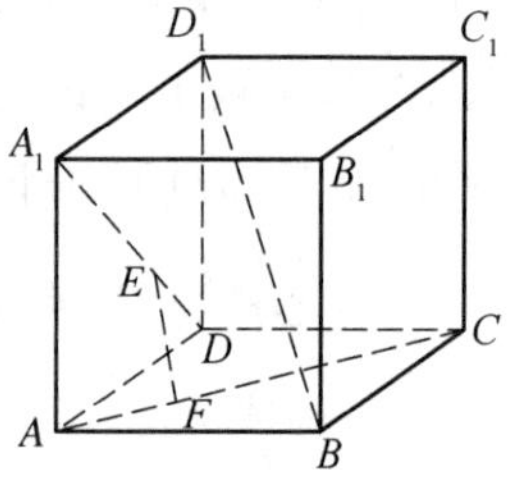

图3

S：$\overrightarrow{EF}=\overrightarrow{EA_1}+\overrightarrow{A_1A}+\overrightarrow{AF}=\frac{\mu}{3}(-\boldsymbol{b}+\boldsymbol{c})+\frac{\lambda}{3}(\boldsymbol{a}+\boldsymbol{b})-\boldsymbol{c}$

$$=\frac{1}{3}[\lambda\boldsymbol{a}+(\lambda-\mu)\boldsymbol{b}+(\mu-1)\boldsymbol{c}],$$

$\overrightarrow{BD_1}=\overrightarrow{BD}+\overrightarrow{DD_1}=\boldsymbol{b}+\boldsymbol{c}-\boldsymbol{a}.$

因为$EF\parallel BD_1$，所以$\overrightarrow{BD_1}=m\overrightarrow{EF}$，

解得$\lambda=\frac{1}{3},\mu=\frac{2}{3},m=-3.$

本题引入了向量，通过运算来达成目标，将立体几何的证明问题转化为向量运算问题，目标更为明确.通过这一互相联系的过程顺利实现了平面向量的基本定理向空间的转化，得出空间向量的基本定理，使学生在思维上产生了一个飞跃.教师要帮助学生认识到：如果只是重复前人的结论而缺乏自己的思考，就难有新的创造.对学生来说，自发地去搜索自己已有的知识和经验，哪怕是零碎的、模糊的，比在教师的指引下去记忆更重要.教师要给学生营造一个空间，选择最好的表达思想的方式，适合学生兴趣能力和背景的问题组织形式，帮助学生以有意义的方式理解内容的知识.

三、从知识的难易出发突破关键的困惑点

在课堂教学的过程中，师生的交流不一定是完全顺畅的，存在一些可变因素使预设和生成之间不能完全一致.有些知识学生易解，教师可以少讲、不讲或让学生讨论交流，或让学生上黑板讲解，给学生充分的时间和空间，让学生展示.而有些知识是学生容易混淆或难以理解的知识点，在理解上会发生一

些偏差.学生常见的错误是什么？如何辨析和纠正？这就是课堂中的突破点，在突出重点的过程中需分解难点.本课例中需要突破如下三个关键的困惑点.

【难点 1】空间中，三个什么样的向量可以表示空间中的任意一个向量？

学生会认为：空间三个互相不共线的向量可以表示空间任何一个向量.这是从平面向量基本定理中类比而得到的，这仅仅是数量上的由两个到三个的类比，没有真正理解本质上"由不共线类比为不共面".

想突破这个难点，首先要对互不共线的三个向量进行重新认识.让学生再回到平面向量基本定理，若三个向量不共线，其中一个向量能否通过另外两个向量表示出来，若能表示，则说明这三个向量是共面的.这样的三个向量其本质是两个不共线向量，因为其中一个可以通过另两个表示出来.在上述辨析的过程中自然引出向量共面定理.

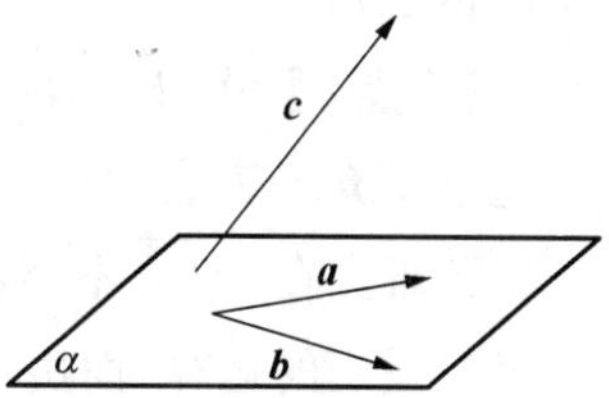

图 4

再继续追问：能否找到不能通过平面中这两个不共线向量表示的向量？若能，用适当的方式表示出来.引导学生通过画图从而得到空间向量基本定理的完整形式.通过这样的追问、反问等形式多样的启发途径引导学生到"愤悱"的状态.学生在认知冲突中学习了一个新的数学结论，既突出了难点，又发展了能力，使知识之间产生了固定的联结.

【难点 2】怎样用空间不共面的三个向量表示空间任一向量？

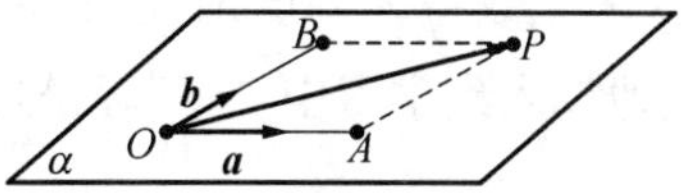

图 5

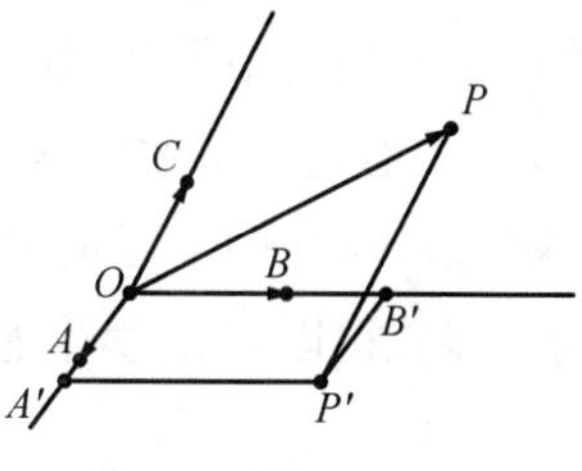

图 6

这是学生建立空间观念的一个良好载体.首先如何画出三个不共面的向量，这是空间几何体中已经解决的问题，类比异面直线的画法即可.其次空间中任何一个向量如何通过三个不同面的向量表示，这是一个难点问题.此时，再一次明确平面向量基本定理的内容，平面任一向量可以转化为与基底共线的两个向量的和的形式,其操作方式是:如图5,过向量$\overrightarrow{OP}$的终点P分别作基底$\boldsymbol{a}$、$\boldsymbol{b}$所在直线的平行线,交点分别为A,B,从而将$\overrightarrow{OP}$转化为与$\boldsymbol{a}$、$\boldsymbol{b}$共线的两个向量之和.

对于空间向量$\overrightarrow{OP}$,如图6,过向量$\overrightarrow{OP}$的终点P作$\overrightarrow{OC}$所在直线的平行线,交平面AOB于点P',在平面AOB中,过P'分别作$\overrightarrow{OA}$、$\overrightarrow{OB}$所在直线的平行线,交点分别为A',B',则$\overrightarrow{OP}$可以转化为与$\boldsymbol{c}$平行的向量和平面AOB中的两个向量之和.

【难点3】设$\overrightarrow{AB}$、$\overrightarrow{AD}$、$\overrightarrow{A_1A}$分别为$\boldsymbol{a}$、$\boldsymbol{b}$、$\boldsymbol{c}$,则$\overrightarrow{EF}$如何通过$\boldsymbol{a}$、$\boldsymbol{b}$、$\boldsymbol{c}$来表示?

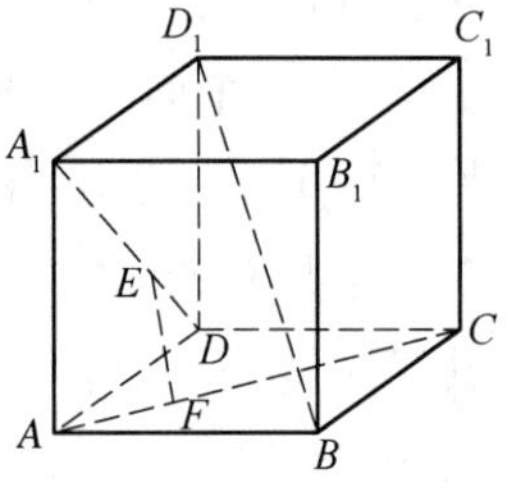

图7

此难点在于$\overrightarrow{EF}$不能直接通过$\boldsymbol{a}$、$\boldsymbol{b}$、$\boldsymbol{c}$来表示,而要经过适当的运算,而由于学生对空间向量的运算尚不熟悉,所以遇到困难和疑问.

此难点的突破还是回到平面向量的运算中,$\overrightarrow{EF}$可以通过某些向量的加减运算得到,如图,$\overrightarrow{EF}=\overrightarrow{EA_1}+\overrightarrow{A_1A}+\overrightarrow{AF}$.又因为$\overrightarrow{EA_1}$,$\overrightarrow{A_1A}$,$\overrightarrow{AF}$都比较容易通过$\boldsymbol{a}$、$\boldsymbol{b}$、$\boldsymbol{c}$来表示,从而得到$\overrightarrow{EF}=\frac{1}{3}[\lambda\boldsymbol{a}+(\lambda-\mu)\boldsymbol{b}+(\mu-1)\boldsymbol{c}]$.这是把一个难点问题分解成几个较容易的问题,达成问题的逐步解决.

从教学效果来看,本课较好地完成了教学任务、教学要求,达到了教学目的.从知识的掌握、能力的培养、个性心理品质及情感的发展等三个方面整体考虑,学生除了外显的结果知识以外,还获得了过程知识.从学生的表现看,他们比较积极主动地参与了数学学习的过程,思考问题积极主动,主动地提出问题和解决问题,学生的学习负担减轻,课堂效益大幅度地提高.本来四节课的内容,两节课就得以完成.学生能愉快地投入到学习中,感到轻松自如.

20

将学生的疑问作为新课的“引子”

唐文戳

教师在上课时，往往会遇到学生各种各样的疑问，很多教师会直接当场解答，以便给学生最及时的反馈，但我认为其中某些更有价值的问题也可以为教师所用，作为下一节课的“引子”，也许会带来不一样的效果.

一、哪些疑问可以为教师所用？

将学生的问题作为新课的“引子”，关键在于能否以这个问题为起点，生长出更多的知识.例如，在上新授课时，学生会因为知识的局限性提出一些超出当前所学的问题，这些问题不便于直接解答，因涉及更深的知识，需要用大量时间补充；但这些问题也不能不答，否则学生会在这块知识中始终存疑，难以释怀.所以，我建议可以在肯定学生提问很有价值后，暂缓处理——先让学生课后思考一段时间，也让自己在课后从他的提问中提取可被使用的部分，作为新课的“引子”，在解决他的问题的同时，也让全班对该问题进行思考与理解.

二、课堂实录

在进行空间两条直线的位置关系教学时，我有幸抓住了一次学生的提问，为第二节课教学的设计做了铺垫.以下是这两节课部分的上课实录.

(第一课时)

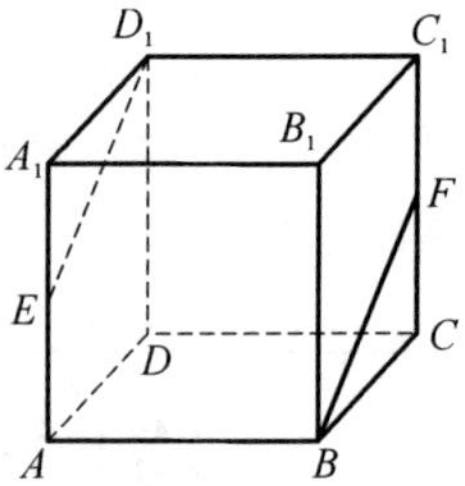
图 1

【例 1】 已知正方体 $ABCD-A_1B_1C_1D_1$,E,F 分别为 AA_1,CC_1 的中点,求证:$BF \parallel ED_1$.

大部分学生的证明方法是利用公理4(平行线的传递性)进行证明,具体证明过程略.但有同学给出了如下的证明方式.

证明:连接 BE,D_1F(图略),因为 E,F 为 AA_1,CC_1 中点,

所以在直角三角形 BCF 中,$BF^2=BC^2+CF^2=BC^2+\left(\frac{1}{2}CC_1\right)^2$,

在直角三角形 A_1D_1E 中,$D_1E^2=A_1E^2+A_1D_1^2=A_1D_1^2+\left(\frac{1}{2}AA_1\right)^2$,

又因为在正方体 $ABCD-A_1B_1C_1D_1$ 中,各棱长均相等,即 $BC=CC_1=A_1D_1=AA_1$,

从而,$BF=D_1E$.

同理,$BE=D_1F$.

所以,四边形 BED_1F 为平行四边形.(两组对边分别相等的四边形是平行四边形)

因此,$BF \parallel ED_1$.

当我将过程全部板书上黑板后,其他同学看完纷纷表示赞同,直到又有一位同学举手示意.

生:老师,我觉得这个证明有问题,两组对边分别相等的四边形是平行四边形这个应该不对.

师:哪里不对呢?这不是初中学过的一个定理吗?

生:在平面中应该是对的,但是在空间中,它有可能不共面.

(其他同学开始在下面小声交流了)

师:可能有同学还不太理解你的意思,能上来画一个对边相等但不是平行四边形的图形吗?

(该生上来画了一个三棱锥,用实线标出了四条边,另外两边用虚线表示.

并且标明了对边相等，有些同学恍然大悟）

师：很好，这么看来，这种证明方式确实有些不足，那么可不可以完善这个证明呢？

（此时，下课铃也响了，学生们讨论得很热烈.有学生认为这种证明方法不可以，没法证明四点共面；有些则在尝试证明）

师：看来大家一时无法给出最好的解释，我们将它留作今天的思考作业，明天再来交流.

（第二课时）

师：关于昨天的问题，有没有同学有一些结论呢？可不可以证明四点共面呢？

生：可以的，利用距离……（证明过程略）

师：很好，看来这种证明思路也是可以进行下去的.但是大家也看到了这样的证明过程比较复杂，所以在空间中利用两组对边分别相等去证明平行四边形是比较麻烦的，还是建议大家采用一组对边平行且相等或者两组对边分别平行去证明.那么大家再思考一下，其实这个麻烦之处就在于空间中还存在着上节课某某同学构造的那样一个三棱锥.其实，这样的三棱锥也有一个别的名称——空间四边形.

（介绍空间四边形定义，在黑板上画了一个空间四边形 $ABCD$，图略）

师：在这里直线 AB 和 CD 是怎样的位置关系呢？

生：异面.

师：为什么呢？可以证明吗？

生：利用反证法（略）.

师：这样，其实我们也有了判断异面直线的一个定理——过平面内一点与平面外一点的直线，和这个平面内不经过该点的直线是异面直线.那么借助这个定理，你能找找看还有哪些组直线是异面直线？

生：（回答略）.

师：很好，现在我在这个空间四边形中取 AB，BC，CD，DA 四边的中点 E，F，G，H，你能判断出 $EFGH$ 构成了什么图形吗？

生：平行四边形（证明略）.

师：那么如果我加一个条件 $AC=BD$，此时它是个怎样的图形呢？

生：菱形（证明略）.

师:那 AC 与 BD 满足怎样的关系,四边形 $EFGH$ 是一个矩形呢?

生:AC 垂直于 BD 时,它是矩形.(其他同学也赞同)

师:大家反应很快,可是我们只知道平面内两直线的垂直关系,空间中的垂直关系是怎样定义的呢?

(接下来引出异面直线所成角的定义,后续略)

上完这两节课,我个人感觉是比较自然与舒服的,大多数同学也觉得易于接受.实际上这两节课的新概念较多,正常上下来难免有些枯燥.所以我利用前一节课学生很自然的一个提问作为知识的生长点,扩展出后续的知识.同时,空间四边形也是立体几何里较为常见的一个模型,所以第二节课我也尽量让学生基于这个模型进行思考,引出异面直线的判定定理、异面直线所成角、空间四边形的性质等内容.

三、实际操作时的建议

其实,学生提出的问题五花八门,所以需要教师主动去甄别、去思考这些问题对于自己教学的价值.这些问题在新授课中比较容易找到,因为毕竟一堂课的容量有限,学生在学习新知识时必然会思考一些接下来的问题,这时候教师便可以从这些问题中抽象出一些数学模型,建构接下来的知识体系.从学生的问题出发可以让学生感觉这些知识是自己"发现"的,从而会更愿意去关注这个问题接下来的发展,课堂专注度也会比较高.

有时候,学生的问题也许会涉及一些教学大纲之外的知识,如果教师认为这些知识对于课内知识的理解也是有益的话,依然也可以适当进行总结与拓展.例如"在平面解析几何初步"的学习中,往往会遇到一类动点问题含有"$PA=2PB$"这种形式,学生可能会问:为什么这样的点 P 最后发现都是在一个圆上呢?这时候便可以和学生们一起探究它的一般情况,引出"阿波罗尼斯圆"的内容.虽然这块知识在高考中不作要求,但是这种解析几何的思想可以为之后学习椭圆、双曲线、抛物线等内容作好准备,也是极有价值的.

总之,学生已经在学习中产生很多有价值的思考,提出很多有价值的问题,教师也应该珍惜这些问题,对这些问题进行反思、整理、使用,从学生的问题中来,到学生的问题中去.

21

设计教学引例的思考与建议

付有亮

一、设计教学引例时可以关注的几个方面

其一，从教学内容、解题方法和数学思想三个方面考虑，所选择的引例要涵盖本节课的核心内容，不能偏题、跑题，解决问题的方法路径要常规、不偏僻，可以有多种选择，所蕴含的数学思想可以让学生充分感受到数学的精神.

教学内容是根本，所以引例中考查的知识点必须在教学内容的范围之内，但不是任何教学内容都值得作为引例的素材，应该优先选择核心内容，比如本章节的重要定理、公式和性质，还需关注到内容之间的联系，可以优先选择关联性强、覆盖面广的内容.解题方法是阶梯，可以帮助学生更快更方便地找到答案，所以最好不止一种，但无论哪一种方法都应该是通解通法，而不是过分强调技巧性的方法，比如，向量问题的处理中通常会从找寻基底、建立坐标系这两个方面入手，这正是认识向量最常见的两个角度（代数与几何）.高中阶段，学生需要了解的数学思想主要有：函数方程思想、化归思想、数形结合、分类讨论.在设计教学引例时，教师需考虑解决问题的方法中所蕴含的数学思想，以及在解决类似问题时某种数学思想是否依然有效.

其二，从题型角度考虑，选择题、填空题、解答题要求各不相同，各有侧重.选择题要求在多个（一般为四个）结果基础上辨别真伪，侧重考查学生的思辨

能力；填空题不要求解答过程，可以选择不够严谨但快捷的解题方法，侧重考查学生的直观想象能力，解答题不仅要有正确的结果，同时也需要严谨完整的推理过程，侧重考查学生严密的逻辑思维能力.因此选择教学引例时，也可以考虑通过变换问题的题型来考查学生能力.

其三，从延展性考虑，所选择的教学引例在模考或高考中能否找到同类问题，包括解题的方法是否具有普遍性，都可以作为选题的标准.同样，还可以将考试中经常出现的问题进行特殊化处理，得到引例，下面所介绍的教学片段就是这样的一个范例.

二、设计教学引例的做法

这是高三二轮复习中有关函数零点的一节课.

【引例】已知关于 x 的方程 $|\ln x - ax| = 1$ 有三个不同的实数根，则实数 a 的值为________.

给学生一些思考的时间，然后再请几位同学讲一讲自己的想法.

三位学生给出了不同的回答.

甲：转化为 $\ln x = ax \pm 1$，再参变量分离，得 $a = \dfrac{\ln x \pm 1}{x}$，画出两个函数 $y = \dfrac{\ln x \pm 1}{x}$ 的图象，观察其与 $y = a$ 的交点个数，但前两个函数图象较为复杂.

乙：转化为 $\ln x = ax \pm 1$，直接观察两个函数 $y = \ln x$ 与 $y = ax \pm 1$ 的图象之间的交点，发现可直接求直线 $y = ax + 1$ 与 $y = \ln x$ 相切时的切线斜率，即为 a 的值.

丙：可直接研究函数 $y = \ln x - ax$ 的单调性，研究其与 $y = \pm 1$ 的交点个数.

教师提问：三位同学的处理方法，转化方向各不相同，但有没有共同之处？

如果没有同学能说出来，则继续追问：三位同学都没有直接去解方程，因为一般的超越方程我们是解不了的，所以选择了转化问题形式，他们都转化成了什么类型的问题？

比较三人的做法可知：不同想法的共同之处在于将方程的问题转化为函数问题来解决，具体来说，就是把求方程的根的问题，转化为求函数图象的交点问题，或是研究函数零点问题，这就是函数方程思想，同时也是化归的思想，之后又将函数的图象画出来，观察图象的交点或函数的零点，这正是数形结合的体现.

既然谈到函数的零点，那就回顾一下函数零点的定义.

一般地，我们把使函数 $y=f(x)$ 的值为 0 的实数 x 称为函数 $y=f(x)$ 的零点.

函数 $y=f(x)$ 的零点就是方程 $f(x)=0$ 的实数根.

乙的想法更适合解决填空题.如下图，因为函数 $y=\ln x$ 的图象是确定的，$y=ax+1$ 是绕定点(0,1)旋转的动直线，所以可以直观看出临界位置，从而快速找到结果.

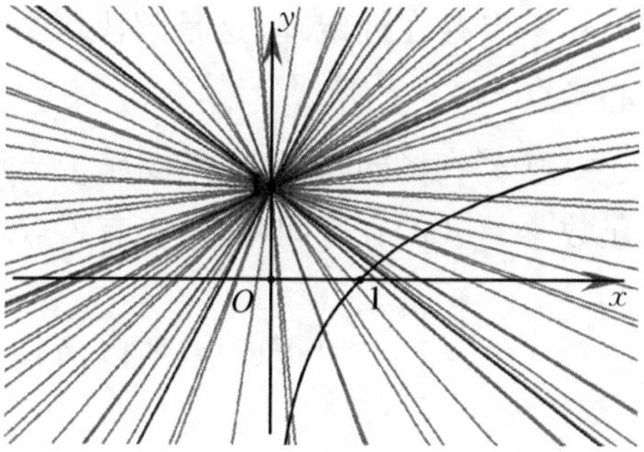

图 1

借助图象不仅可以解决本题，还可以把所有的根的个数情况都观察出来，列表如下，不妨先分开说明.

表 1

a	$a\leqslant 0$	$0<a<\frac{1}{e^2}$	$a=\frac{1}{e^2}$	$a>\frac{1}{e^2}$
$\ln x=ax+1$	1 个	2 个	1 个	0 个
a	$a\leqslant 0$	$0<a<1$	$a=1$	$a>1$
$\ln x=ax-1$	1 个	2 个	1 个	0 个

再合二为一.

表 2

a	$a\leqslant 0$	$0<a<\frac{1}{e^2}$	$a=\frac{1}{e^2}$	$\frac{1}{e^2}<a<1$	$a=1$	$a>1$
$\ln x=ax+1$	1个	2个	1个	0个	0个	0个
$\ln x=ax-1$	1个	2个	2个	2个	1个	0个
根的总数	2个	4个	3个	2个	1个	0个

这当中也蕴含着分类讨论思想,可以把所有情况区分清楚,但这只是解决了填空题,那么,如果改为解答题呢,又该如何回答?

需要逐一证明,不妨择其一二,重新设置新的问题.

【例 1】当 $a\leqslant 0$ 时,证明函数 $f(x)=\ln x-(ax+1)$ 只有一个零点.

在解题之前,先回顾零点存在性定理,这是解决函数零点问题的重要工具,也是高考中的核心考点.

一般地,若函数 $y=f(x)$ 在区间$[a,b]$上的图象是一条不间断的曲线,且 $f(a)\cdot f(b)<0$,则函数 $y=f(x)$ 在区间(a,b)上有零点.

解:当 $a\leqslant 0$ 时,$f'(x)=\dfrac{1}{x}-a\geqslant 0$ 恒成立,所以函数 $f(x)$在$(0,+\infty)$上单调递增.

将 a 看作主元,$f(x)=(-x)a+\ln x-1\geqslant \ln x-1$,令 $\ln x-1=0$,可取 $x_0=e$.

则当 $a=0$ 时,有 $f(e)=0$, 又因为函数 $f(x)$在$(0,+\infty)$上单调递增,所以函数 $f(x)$在$(0,+\infty)$上只有一个零点.

当 $a<0$ 时,有 $f(e)>0$,接下来只需找到 $x_1>0$,使得 $f(x_1)<0$ 即可.

利用不等式 $\ln x<x$ 对任意 $x\in(0,+\infty)$恒成立进行放缩,

$f(x)=\ln x-(ax+1)<x-ax-1=(1-a)x-1$,令$(1-a)x-1=0$,可取 $x_1=\dfrac{1}{1-a}>0$,

则有 $f(x_1)<0$,又因为 $f(e)>0$,且函数 $f(x)$在$(0,+\infty)$上单调递增,

所以函数 $f(x)$ 在 $(0,+\infty)$ 上只有一个零点.

分析 本题中找零点的方式主要有三种，一是把参数当作主元，然后根据单调性进行放缩，从而找到使得函数值大于 0（或小于 0）的自变量；二是分析组成函数的各项自身的正负性，然后舍掉恒正或恒负的项，就可以在剩下的项中找到零点，例如本题中，函数 $f(x)$ 由三项构成，分别是 $\ln x$、$-ax$、-1，其中 $-ax$ 恒为非负数，所以只要让剩下两项合起来大于 0 即可，因此只需取大于 e 的自变量就行；三是利用恒成立的不等式进行放缩，主要是将较为复杂的对数函数和指数函数放缩为幂函数再比较其正负性.

接下来，引导学生利用上述三种方法来解决零点存在性问题.

【例 2】 当 $0<a<\dfrac{1}{e^2}$ 时，证明函数 $f(x)=\ln x-(ax+1)$ 有且仅有两个不同零点.

证明过程略.

接下来就可以研究高考中的两道原题，如下：

1.（2013 年江苏卷第 20 题）

(1) 设函数 $f(x)=\ln x-ax$，$g(x)=e^x-ax$.

(2) 若 $g(x)$ 在 $(-1,+\infty)$ 上是单调增函数，试求 $f(x)$ 的零点个数.

2.（2018 年全国Ⅱ卷第 21 题）

若函数 $f(x)=e^x-ax^2$ 在 $(0,+\infty)$ 上有且仅有一个零点，求 a 的值.

证明过程略.

从中可以看出，研究函数的零点问题确实是高考的热点.

三、总结反思

本节课中的引例其实是从最后这两道高考原题演化而来的，是以基本初等函数为素材，来研究对数函数或指数函数与一次函数（或二次函数）的图象交点个数问题，即零点问题.为了不与原题重复，所以考虑增加一些变换方式引入绝对值运算，但还是从简单的一次函数与对数函数研究起，再过渡到一次函数与指数函数，最后才是更复杂的二次函数与指数函数，难度逐级上升，但方法完全一致，教会学生解决一类问题而不是一个问题，逐步提升学生解决难题的信心.

直观想象是《普通高中数学课程标准(2017年版)》中六个数学学科核心素养之一,之所以将引例设置为填空题,是希望学生能够先直观感受函数的图象变化与方程的根的个数之间的联系,提升解答填空题的速度.同时让学生意识到直观想象难入微,还需要科学严谨的推理过程才能真正解决问题,所以将填空题再改为解答题进一步研究如何规范解答,提升学生处理解答题的能力,也是培养其逻辑推理能力.

案例中,四个常见的数学思想也蕴含其中.引例中研究的是方程的根,但这类超越方程不是高中阶段可以解决的,因此需转化为函数问题来解决,这就是函数方程的思想,也蕴含着化归的思想.解决填空题时可以先画图,借助图象可以看出两个函数图象的交点个数,这就是数形结合思想.在处理解答题时,一步到位是很难的,分类讨论就是最好的选择,之前观察图象变化并列表说明交点个数也蕴含了分类的思想.

所以在选择或编写引例时,如果可以从以上三个方面考虑,一定可以让课堂教学更加精彩.

22

用好三部曲，上好概念课

张　玮

一、什么是概念课？

数学概念是用定义的形式来叙述其本质特征的．概念课的任务就是使学生正确地理解和形成一个数学概念．而要理解数学概念，首先必须明确这个数学概念的内涵——对象的“质”的特征；其次还要明确其外延——对象的“量”的范围．在此基础上使学生掌握概念的本质属性，理解概念的定义，并会运用概念来分析问题、解决问题．

二、为什么要上好概念课？

数学概念是数学这门学科的基石．可以说，对数学概念的掌握是否到位，理解是否深刻，应用是否灵活，在很大程度上决定了学生学习数学的水平，所以对数学概念的学习是至关重要的．但在实际学习中，部分学生，甚至包括部分老师存在“重解题，轻概念”的思想，认为学好数学最重要的是“刷题”．这造成了解题与概念脱节的现象，造成了“功夫下的不少，成绩不甚理想”的局面．实际上，数学概念在某种程度上是一种数学思维和数学观念，如果对数学概念认识不清、一知半解，势必影响到对概念的运用．所以，上好概念课的重要性是不言而喻的．

三、如何上好概念课？

数学概念课是最难上的课，它绝不仅仅是对数学概念的字面解释加记忆．

数学概念的特点是抽象化(比如曲线的方程和方程的曲线的概念)、符号化(比如对数符号),有的数学概念甚至还要在知识体系不断完善的情况下进一步改进,螺旋上升(比如函数的概念)……这些都给掌握数学概念带来了巨大的挑战.同时,掌握一个数学概念往往不可能一蹴而就,可能需要先验经验,还需要结合实例加深体会.仅仅通过一两节课就讲授并让学生掌握好一个数学概念,大多数情况下,似乎是不可能完成的事情.

那么,如何上好概念课呢?

概念的教学应该遵循以下的六字原则:完整、准确、理解.

完整,指概念应该全面反映出事物的本质属性,理解的时候不能断章取义;准确,指概念要具有科学性;理解,指概念要在理解的基础上进行迁移和运用.

简而言之,概念课的教学应该分为三部曲.

1. 概念的发生、发展——概念的来龙去脉和必要性

首先,应该通过创设教学情境或提出问题等方式,呈现所要教授概念的来龙去脉,让学生理解新旧知识的联系,从学生原有认知结构中相关联的观念出发,通过问题的铺垫,激活新知识的生长点,使学生明确概念引入的必要性.这一部分所占用的教学时间不宜过长,起到的是投石探路、抛砖引玉的作用.

以“弧度制”的引入情境为例.

师:生活中存在大量周期现象,例如摩天轮的转动中就蕴含了很多周期现象.为此我们将角的概念扩充到了任意角.今天,我们就来研究角的大小如何刻画.

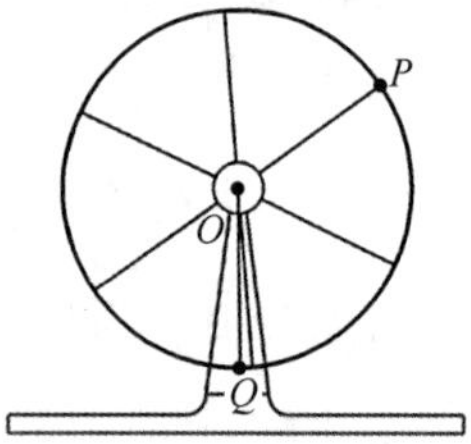

图1

2. 概念的理解——概念的内化

这部分是概念教学的核心部分,也就是知识发生的过程.这部分的教学应该充分展现和暴露数学思维过程,让学生充分理解数学概念的本质特征,通过同化、顺应等认知活动,将所学到的新概念纳入到自己的知识体系当中.这样,学生在以后的学习当中,能够用自己的语言或者形象表达出这一概念的内涵,而不是简单机械地重复概念的内容.这需要教师在教学中强调概念的特征、重点和学生容易忽略的地方.当然,教师可以直接指出需要学生注意的地方,也可以通过提问的方式,使学生的错误理解暴露出来再进行纠正.

仍以“弧度制”为例.

教材中对这节课的处理是直接给出1弧度角的定义.这样虽然学生也不难接受，但比较突兀，学生没有体会到引入弧度制的必要性，也没有体会到这样规定的合理性.在讲课时，应让学习自然地发生.所以可以设计这样的问题.

【问题1】圆的半径，弧长和弧长所对的圆心角之间有什么关系？

师生活动：由定性感受几个变量之间的关系过渡到定量精细化确定变量之间的关系（弧长公式 $l=\frac{n\pi r}{180}$）.若学生感到困难，可以通过演示课件的方式，帮助学生寻找几个量之间的关系.进一步突出本节课的研究对象——角的地位，得到如下变形公式：

$$n=\frac{180l}{\pi r}=\frac{180}{\pi}\cdot\frac{l}{r}.$$

小结：当$\frac{l}{r}$确定时，角的度数就确定了，两者之间是具有正比例函数关系.

师生活动：开展探究活动.利用坐标纸，让学生通过实践，体会1弧度的角、2弧度的角及一些特殊角的大小，从而获得弧度制表示角的直观感受.

设计意图 感受当角的度数确定时，$\frac{l}{r}$的值也随之确定，从而认识实数$\frac{l}{r}$也可以表示角的大小，同时感受到只要搞清楚$\frac{l}{r}=1$时角的大小，其他情况就是其倍数关系，为建立弧度制打下基础，并使学生体会数形结合、以形助数的思想.

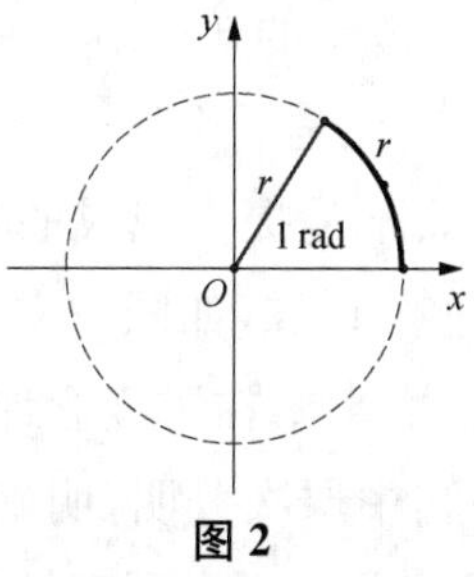

图2

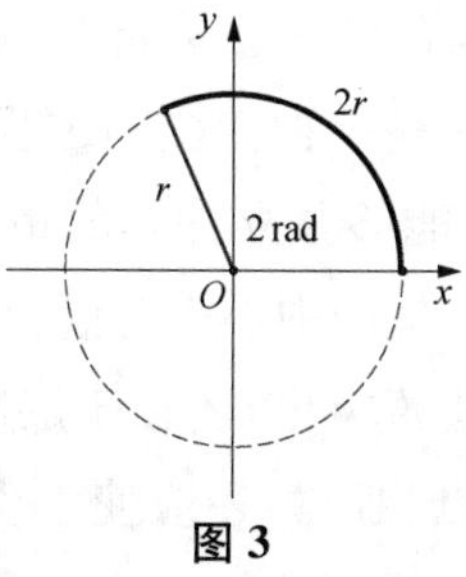

图3

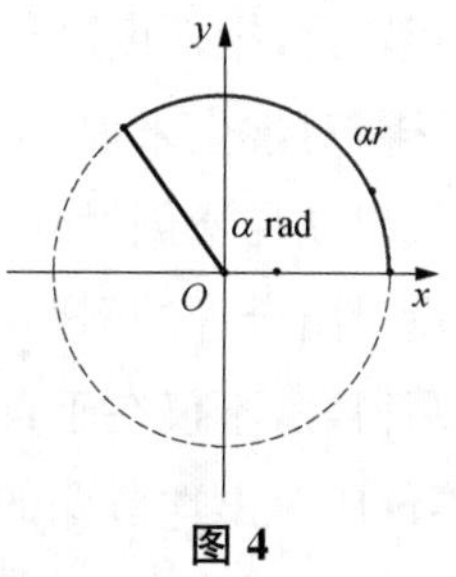

图4

【问题2】你能给大小为1弧度的角下个定义吗？

定义：长度等于半径长的弧所对的圆心角叫作1弧度的角，记作1 rad.

这种用弧度作为角的单位来度量角的单位制称作弧度制.

小结:定义1弧度的角,建立弧度制.

到此为止,经历了实践到概念、具体到抽象的过程,学生不仅从理性上明白1弧度角的定义,也能从感官上对1弧度角的大小有了直观的感受,有利于概念的内化.

3. 概念的巩固——外化

数学需要通过足够的练习来巩固所学内容,加强对概念的理解和掌握.为了达到这个目的,教师需要适当地举一些例子,最好包括正面的例子和反例,还可以是概念的各种变式例子.这样有助于学生从各个角度深化对概念的理解,纠正各种不正确的观念,从而做到完整、准确地理解概念.

【问题3】 弧度制与角度制有什么关系?

$\because 360^\circ = 2\pi\text{rad}$, $\therefore 180^\circ = \pi\text{rad}$,

$\therefore 1^\circ = \dfrac{\pi}{180}\text{rad} \approx 0.017\ 45\ \text{rad}$,

$1\ \text{rad} = \left(\dfrac{180}{\pi}\right)^\circ \approx 57.30^\circ = 57^\circ 18'$.

设计意图 理解两种不同的度量制之间的相互转化关系.

【问题4】 (1) 在弧度制下,扇形弧长公式如何表示?

(2) 在弧度制下,扇形面积公式如何表示?

这两个问题都是从外延角度对弧度制进行进一步的理解.通过和角度制的互相转化,把弧度制与已有的知识联系起来,从而形成新的知识结构.

学习对学生来说,不应该是一种接受的过程,而应该是一个探索的过程.教师如果立足于创设使学生能够独立探索的情境,而不是提供现成的知识,就能设计出合理的问题串,在提问中加强对概念的理解.讲课,如同作文,文章是否写得好,不仅在于重点是否突出,还在于层次是否清晰.在讲概念课的时候,不仅应突出这节课的重点、难点,还应使学生头脑中层次分明,明确各个环节的目的.当然,这三部曲并非是一成不变的,如果变化了更有利于教学,就应该进行适当的调整,才能实现良好的教学效果.

23

将抽象概念具体化，帮助学生理解问题

周　杰

许多学生都觉得数学很难学，一个很重要的原因就是数学教学的核心是思维，而思维过程往往是“看不见”的.面对“看不见”的数学思维，看着课本上抽象的数学概念，不少学生都会觉得难以理解，更别提掌握、运用了.

有什么方法能让“看不见”的数学概念显现，让抽象的思维过程变得具体化呢？

学生升入高中第一个难关就是学习函数，函数的概念就十分抽象.但是函数的图象是具体可见的，函数的许多性质只有结合图象才能够让学生容易接受，数形结合也是一种非常重要的数学思想方法.那么怎样获得函数图象呢？除了描点作图这种手工作图方法外，我们还可以利用现代化的设备，如图形计算器、平板电脑、智能手机等来快速获得函数图象.这样在教学的过程中学生可以很容易地获得函数图象——帮助他们理解函数性质的最直接工具，一下子把抽象的函数问题化简成了具体的图形问题.

一、一个教学片段

在“三角函数的图象变换”一课中，教学过程围绕着“函数 $y=A\sin(\omega x+\varphi)$的图象跟 $y=\sin x$ 的图象之间是什么关系？”这个问题展开.通过绘制图形发现两者图形相似，进而提问“函数 $y=A\sin(\omega x+\varphi)$ 的图象是由函数 $y=\sin x$ 的图象经过怎样的变换得到的?”接下来对图象进行探究发现，三个参数对图象都有影响，怎么办？一个一个研究.在研究的过程中，学生需要拟订研究计划，先把要研究的问题搞清楚，把复杂的问题分解成一个个简单的小问题，再进行研究.其次是通过大量的实例为研究提供素材，这里的素材主要是各个函数图象.让学生一次次自己绘制图象显然是低效的，绘图在这节课已经不是重点内容，所以这节课让学生使用了手持式的绘图设备.我们用的是iPad，使用GoodGrapher这款软件绘图，在无线网络教室中，学生的平板可以随时投影到大屏幕上，可以随时展示他们的研究成果.最后还需要学生对归纳出的结果进行证明或者解释.这样才能够把规律搞清楚，这样才是学习数学.“分析问题—拟订计划—动手操作—归纳结果—理论证明”应该是类似的探究课程的一般设计思路.

通过对比函数图象来研究 $y=A\sin(\omega x+\varphi)$ 与 $y=\sin x$ 之间的关系，但是观察一开始给出的例子 $y=\sin(3x+\pi)$ 与 $y=2\sin x$，两者之间的关系并不十分清晰.

学生试图以 $y=\sin x$ 为基础，改变里面的参数设置，从而得到 $y=A\sin(\omega x+\varphi)$ 的表达式，然后再对比图象观察它们之间的关系.

师：这里三个参数，你打算改变哪个呢？三个一起改还是一个一个来？你打算怎样来研究这个问题呢？

学生们很快意识到，三个参数一起改变是吃力不讨好的做法.固定其中两个，只改变一个参数，可以很快找到其中的变化规律.所以大家很快对研究方案达成了共识：

$y=A\sin x$　与　$y=\sin x$，

$y=\sin\omega x$　与　$y=\sin x$，

$y=\sin(x+\varphi)$　与　$y=\sin x$.

学生们自己选取合适的参数，利用平板上的绘图软件作图，分别研究三个参数对函数图象的影响.

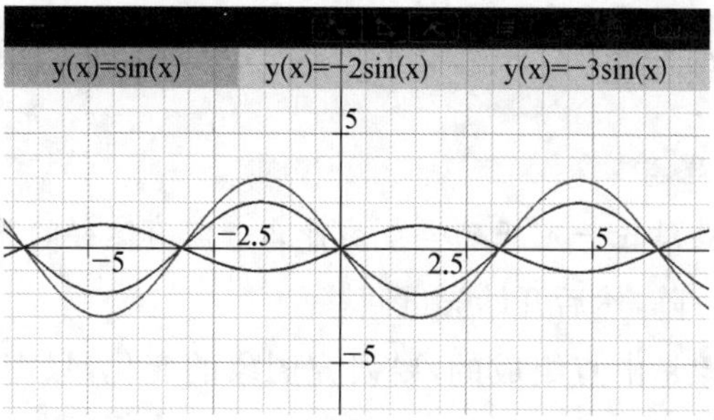

图 1

从 $y=\sin x$ 到 $y=A\sin x$：横坐标不变，纵坐标变成原来的 A 倍.

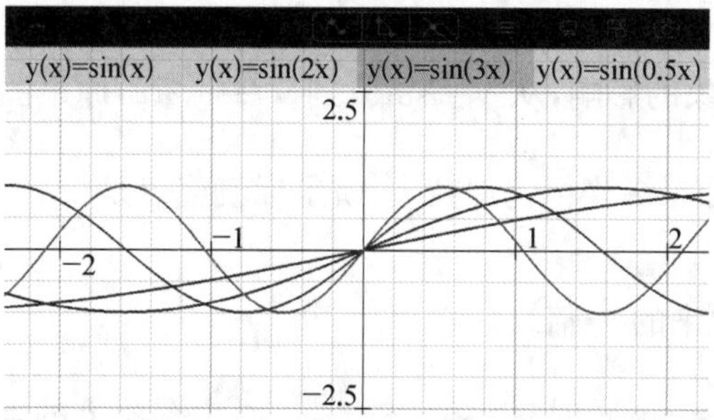

图 2

从 $y=\sin x$ 到 $y=\sin\omega x$：纵坐标不变，横坐标变成原来的$\dfrac{1}{\omega}$倍.

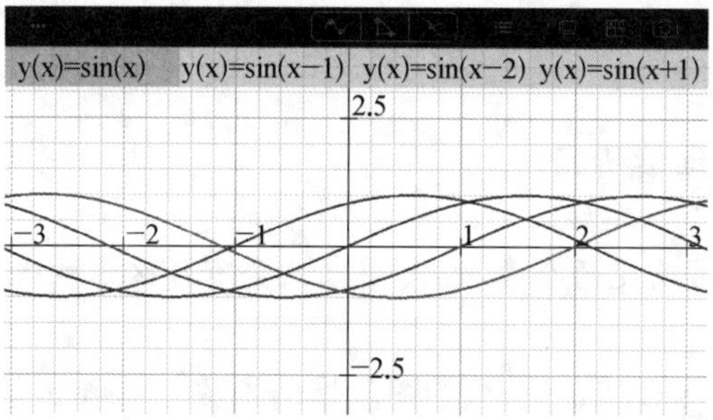

图 3

从 $y=\sin x$ 到 $y=\sin(x+\varphi)$：纵坐标不变，横坐标向左平移 φ 个单位.

设计意图　让学生自己通过作图、比较、归纳得到结果之后学生的参与意识得到了强化，更体现了学生为主体的探究式课堂.

二、几个后续问题

1. 对结果的思考

【问题2】 这些结论一定正确吗？为什么一定有这样的关系？

学生沉默了一阵，然后开始尝试回答.

因为函数图象是由点组成的，要研究图象的变化，只需要抓住图象上的点发生了什么变化就可以了.

比如说 A 对图象的影响，从 $y=\sin x$ 到 $y=A\sin x$：原来图象上的点的坐标 (x,y) 变化之后如果横坐标仍保持 x，纵坐标就会变成 Ay.所以就是横坐标不变，纵坐标变成原来的 A 倍.

再说 ω 对图象的影响，从 $y=\sin x$ 到 $y=\sin\omega x$：原来图象上的点的坐标 (x,y) 变化之后如果纵坐标仍保持 y，横坐标就应该是 $\frac{x}{\omega}$.所以就是纵坐标不变，横坐标变成原来的 $\frac{1}{\omega}$ 倍.

还有 φ，从 $y=\sin x$ 到 $y=\sin(x+\varphi)$：原来图象上的点的坐标 (x,y) 变化之后如果纵坐标仍保持 y，横坐标就应该是 $(x-\varphi)$ 才行.所以就是纵坐标不变，横坐标变成 $(x-\varphi)$，也就是向左移动 φ 个单位.

设计意图　让学生离开具体的图象，尝试用抽象的数学语言来描述和解释问题.这才是高中数学对学生的要求，课程标准中也提出对学生思维能力的培养.

2. 对问题的继续研究

【问题3】 同时改变两个参数，对图象又会有什么影响呢？

比如函数 $y=\sin\left(2x+\frac{\pi}{3}\right)$ 的图象是由函数 $y=\sin x$ 的图象经怎样的变换得到的呢？

学生们都知道，这里会有两次变换，一个是将横坐标变为原来的一半，另一个是向左平移 $\frac{\pi}{3}$.可是先做哪个呢？还是顺序对结果不影响？

学生们有的在思考，在讨论，还有的直接用软件作图检验.

生 1：应该先平移，后变 ω. 因为这个函数图象经过点 $\left(-\frac{\pi}{6},0\right)$，先平移，经过 $\left(-\frac{\pi}{3},0\right)$，然后横坐标变为一半，正好经过 $\left(-\frac{\pi}{6},0\right)$. 如果先缩小横坐标再平移就会经过 $\left(-\frac{\pi}{3},0\right)$，不是我们所要的图象了.

生 2：从作图的结果也说明是这样的.

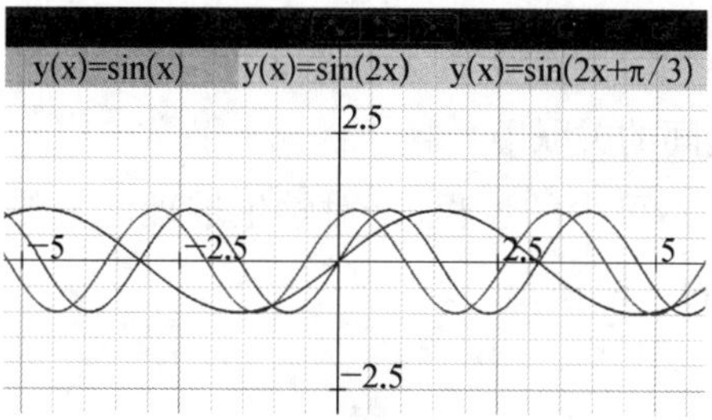

图 4

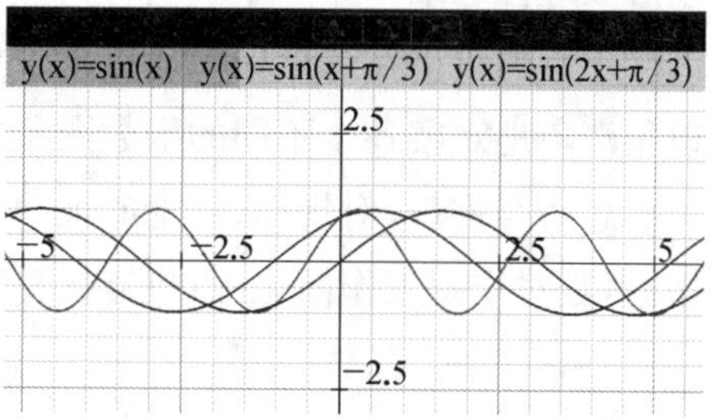

图 5

师：那能不能先压缩横坐标再平移？

生：也可以，平移量就是 $\frac{\pi}{6}$，而不是 $\frac{\pi}{3}$.

师：那一般规律是什么？

生：从 $y=\sin x$ 到 $y=\sin(\omega x+\varphi)$，可以有两种变换方式. 一种是先向左平移 φ 个单位，然后将横坐标变成原来的 $\frac{1}{\omega}$ 倍；另一种是先将横坐标变成原来的 $\frac{1}{\omega}$ 倍，再向左平移 $\frac{\varphi}{\omega}$ 个单位.

师：那么 ω 跟 A 一起变化，或者 φ 跟 A 一起变化会这样呢？

生：没有影响，因为一个改变 x，一个改变 y.

设计意图　这段内容是本节的难点. 学生在前边学习的基础上，借鉴前面思考问题的方法：抓住特殊点，或者借助绘图工具，很快解决了问题. 可以发现，学习经验的积累是非常重要的. 另外学习工具的改进，也极大地提升了效率.

三、课后反思

高中数学课堂教学应注重提高学生的思维能力,这是数学教育的基本目标之一.如何去做呢?笔者认为,课堂教学中教师应提出好的数学问题,激发学生主动参与、积极思考,在问题解决的过程中,学生不仅学到了知识,更加学到了解决问题的方法,这必将有助于提高学生的思维能力.本节课通过问题1至问题3的研究,让学生经历直观到抽象、类比与比较、反思与建构等思维过程,有助于学生对客观事物中蕴含的数学现象进行思考和判断,有利于学生形成理性思维.

工具的改进在这里极大地提高了学生的工作效率.直观的图象,让学生可以很清晰地观察各个不同的函数图象之间的关联.

思考与推理,对规律、结论的证明是不可少的过程,是对学生推理能力的培养,是对作图工作简化(由机器代替)的一种补充.

24

用数学史引导概念课教学

张 玮

一、为什么要用数学史引导概念课教学

《普通高中数学课程标准(2017 年版)》要求将数学史融入中小学的数学教学,其意义在于:"通过数学概念和思想方法的历史发生发展过程,一方面可以使学生感受丰富多彩的数学文化,激发数学学习的兴趣;另一方面也有助于学生对数学概念和思想方法的理解."

数学概念并不是凭空产生的,每个概念都有其产生的缘由.有的来自生产生活实际,有的来自数学体系或者理论的需要.所以,让学生了解相关概念的数学史,可以了解概念产生的来龙去脉,加深学生对数学概念的理解.

以"弧度制"一课为例.在学习弧度制之前,学生已经学习了角度制,要接受一种新的度量制并不是一件容易的事.要让学生突破原有的思维束缚,理解弧度制,特别是 1 弧度的角的意义,可以先简单介绍角度制产生的数学史,使学生体会到角度制的优势和不足,感受到度量制应当是符合生活生产要求的、科学的、便于使用的,而且不是唯一的.这样有利于学生接受新的度量制.

二、如何用数学史引导概念课教学

数学史仍然是历史的一部分,在其中必然会有很多数学发展的历程,这些历程可以是小故事、数学家的个人经历等,可以是文本,也可以是图表,并

且在数学课堂中的融入方式可以是多种多样的，相关的网络资源也十分丰富.在实际教学中，可以根据教学的需要选择合适的资料和教学方式.

从功能上来看，数学史在数学概念教学中主要有以下作用：

(1) 增强学习数学的趣味性，引起学生学习数学的兴趣；

(2) 使抽象的数学概念具体化，便于学生理解；

(3) 了解数学概念产生的来龙去脉，使学生学习的知识不是片段化、片面化的，而能形成较为完整的体系；

(4) 了解相关概念在实际生活中的应用.

在教学中，可以利用数学史，创设观察、操作、展示、讨论、概括的教学过程，让学生亲历从简单到复杂、具体到抽象、特殊到一般的探索过程，逐步概括数学概念的意义.

仍以“弧度制”一课为例.在引入弧度制概念后，可以提出这样的思考题：

我们为什么要引入弧度制？采用弧度制进行角的度量有什么优势？

弧度制的优势之一在于能使公式得到简化.

在角度制的弧长公式中，$l=\frac{n\pi r}{180}$，比弧度制繁琐.关键在于有系数$\frac{\pi r}{180}$.为什么这个系数“长成”这样呢？

这与我们对角采取的度量制有关.比如，为什么分母会出现180？因为我们规定周角为360度.但事实上，这并不是角唯一的度量制.比如，我国古代测量天体所用的浑仪采用的就是“百刻环”的度量方式，即在精度要求不十分高的情况下，将周角均分成100份来表示角的大小.使用弧度制后，扇形的弧长公式和面积公式都得到了简化.

例如，有这样一个很重要的数学公式：

$$\sin x=x-\frac{x^3}{3!}+\frac{x^5}{5!}-\frac{x^7}{7!}+\cdots.$$

这个公式成立的前提就是用弧度制表示角 x，如果用角度制表示，那么每个 x 都要带有系数，公式的形式会变得异常复杂.而弧度制的使用，使该公式变得简洁、美观.

科学中还有类似的例子：

24 g 碳原子中含有 12.04×10^{23} 个碳原子.

18 g 水分子中,含 6.02×10^{23} 个水分子.

这些都是庞大的数量,不便于计算,但引入摩尔的单位量后,把含有 6.02×10^{23} 个微粒的集合体作为一个单位,称为 1 mol,那么 12 g 碳原子的物质的量为 1 mol,18 g 水分子的物质的量也为 1 mol,使得表达和运算大大得到了简化.

正是因为弧度制的引入,使得近代科学的很多结论得到了大大的简化,所以,弧度制的引入是必要的.

有了这部分数学史的知识讲解,学生就能自然地接受弧度制,认为引入弧度制是有必要性的.

再以“独立性检验”一课为例.

独立性检验这一节内容中,如何让学生理解检验假设的思想是本节课的重点和难点.可以通过法国数学家亨利・庞加莱买面包的故事来帮助学生理解.庞加莱经常光顾同一家面包店,面包师声称卖给庞加莱的面包平均重量是 1 000 g,上下浮动 50 g.在庞加莱眼中,这用数学语言来表达就是:面包的重量服从期望为 1 000 g,标准差为 50 g 的正态分布.出于兴趣或一个偶然的念头,庞加莱每天将买来的面包称重并记录得到 25 个面包质量(X)的数据(单位:g)如下表.

表 1

983	972	966	992	1 010	1008	954	952	969
968	998	1 001	1 006	957	950	969	971	975
952	959	987	1 011	1 000	997	961		

庞加莱计算出这 25 个面包质量(X)的平均值 $\overline{X}=978.72$ g,标准差是 20.16 g,认定面包师在制作过程中偷工减料,并果断举报给质检部门,质检员对面包师做了处罚,面包师也承认自己的错误,并同意做出改正.庞加莱在接下来的一段时间里每天都去这家面包店买面包,他又认真记录了 25 个面包的质量,并算得它们的平均值为 1 002.6 g,标准差是 5.08 g,于是庞加莱又一次将面包师举报了.

这里第二次举报时的均值超过 1 000 克,标准差很小,令人怀疑.标准差代表了面包重量的误差,可以理解成面包师手艺的精度,这个数字在短时间内很难改变,假设表 1 的数据没有问题,那说明面包师取面的误差由 50 g 降低到了 5.08 g,这对面包师的手艺来说是个巨大的飞越,显然并不合理,所以只能是随机性出现了问题.也就是面包的来源不是随机的,而是人为设定的,最大的可能就是每当庞加莱到来时,面包师从现有面包中挑选一个较大的给了庞加莱,而面包师的制作方式根本没有改变.

归纳一下,这个故事运用了假设检验的思想:

假设"面包是随机拿取的",则应遵循正态分布;
"方差非常小"是一个与假设"面包是随机拿取的"矛盾的小概率事件;
这个小概率事件的发生使庞加莱得出推断结果.

数学的历史十分悠久,如能在浩如烟海的历史素材中选取合适的素材,并以合适的形式进行呈现,就会产生较好的,甚至是意想不到的教学效果.

25

在概念教学中形成和发展数学学科核心素养

付有亮

一、概念教学与数学学科核心素养的联系

概念教学是教授基本概念、法则、原理的教学过程，往往是某个章节的起始课，例如函数、数列等概念的教学，这也为后续的深入学习打下基础.培养学生的数学学科核心素养需要从一开始就落实，在概念教学设计中，需要在学生已有知识的基础上建构新概念，使概念的形成经过直观感知、外部言语再到内部言语的过程，这正符合培养数学学科核心素养的要求.《普通高中数学课程标准(2017年版)》明确指出：在概念教学中，应当让学生感知概念生成过程中的变化，启发学生思考，进而引导学生理解数学的本质，感悟数学的思想，形成和发展数学学科核心素养.

数学学科核心素养包括数学抽象、逻辑推理、数学建模、直观想象、数学运算、数据分析.在概念教学中，新概念的形成过程往往是先直观想象再数学抽象，这一过程必然需要严密的逻辑推理，以及相应的数学运算.因此，概念教学是培养学生数学学科核心素养的土壤，恰到好处的设计必将促进其生长.

二、在概念教学中形成和发展数学学科核心素养的做法

在“双曲线的标准方程”一课中，还原双曲线定义的形成过程，让学生不

仅知道什么是定义,而且知道为什么是这么定义的.双曲线是学生接触到的第二种圆锥曲线,对它的学习具有承前启后的作用,之前研究椭圆时已经给出了很好的范例,所以学习双曲线首先是再次实践解析几何的一般研究方法和流程,其次两者之间又存在不同,可以引导学生类比猜想,主动探究.

【教学过程】

1. 引入话题,初设概念

教师:我们知道,到两个定点的距离的和(该和大于两个定点的距离)等于常数的点的轨迹是椭圆.

接下来,我们还可以研究哪些点的轨迹呢?

教师:建立新概念的方式中有一种是在已有的概念基础上,改变某些条件要求从而得到新的概念的,这也是一种类比的推理的方式,如之前我们研究完等差数列以后,接下来就研究等比数列,从“差”到“比”就是运算方式的改变,我们是否也可仿造这样的方式,提出新的轨迹呢?

学生:到两个定点的距离的差等于常数的点的轨迹;

到两个定点的距离的积等于常数的点的轨迹;

到两个定点的距离的商等于常数的点的轨迹.

教师:很好,我们很容易就可以发现新的轨迹,不过这些轨迹都存在吗?下面我们需要逐一来进行验证,饭要一口一口吃,所以我们先从第一个研究起.

设计意图 双曲线的引入没有像椭圆那样利用实际问题背景,而是从数学到数学的类比推理,这样既避免了千篇一律,也让学生感受到高中数学的学习中理性分析同样非常重要,纯理论的推理论证也是必备的数学思维能力.并且这样得到的概念还是一个很粗糙的半成品,接下来就需要学生共同打磨,细化概念.

2. 类比推理,细化概念

教师:“到两个定点的距离的差等于常数的点的轨迹”,这样的说法准确吗?

学生:① 应该是距离差的绝对值,因为减法不像加法具有交换律,并且从图象上来讲,两种作差后的轨迹具有对称性,放在一起研究更完整;② 两个定点必须不重合,否则距离差永远是0;距离差的绝对值要小于两个定点的距离，否则，如果距离差的绝对值大于两个定点的距离，就不存在这样的点；如果距离差的绝对值等于两个定点的距离，那么点的轨迹是两条射线.

教师追问：你怎么想到的？

学生：类比椭圆.

教师：下面我们一起把这个概念完整地表述一遍.

在平面内，到两个定点的距离的差的绝对值(该值小于两个定点的距离)等于常数的点的轨迹，这就是双曲线.

还应该强调在平面内，我们现在研究的是平面解析几何.

设计意图 三条细化方式是需要结合图象看出的，要用到平面几何的性质，教师的追问是希望学生学会自我反思，多问几个为什么，学生也许不能一下子全说清，可以让不同的学生举反例，相互补充，共同建立双曲线的概念.

3. 确立方法，研究方程

教师：知道了双曲线的定义之后，接下来我们研究什么呢？

学生：研究双曲线的标准方程.

教师：你怎么想到的呢？

学生：类比椭圆.

设计意图 追问让学生处处想到椭圆，与椭圆类比，为之后的化简方程做铺垫，因为方法上也是类似的.

教师：可以具体地说说，如何操作？

学生：设双曲线的焦距为 $2c$，双曲线上任意一点到焦点 F_1，F_2 的距离的差的绝对值等于常数 $2a(c>a>0)$.

以 F_1，F_2 所在直线为 x 轴，线段 F_1F_2 的垂直平分线为 y 轴，建立直角坐标系 xOy(如图 1)，则 F_1，F_2 的坐标分别是$(-c,0)$，$(c,0)$.

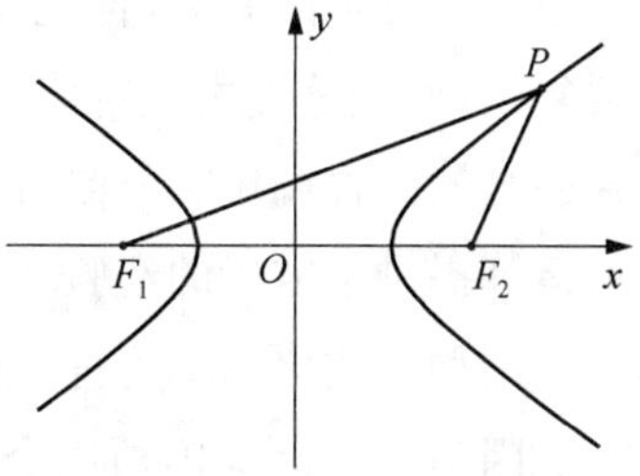

图 1

设 $P(x,y)$ 为双曲线上任一点，根据双曲线定义知

$$|PF_1-PF_2|=2a,$$

即 $$\left|\sqrt{(x+c)^2+y^2}-\sqrt{(x-c)^2+y^2}\right|=2a.$$

4. 动手操作，反思比较

教师：这样的方程显然比较复杂，跟椭圆一样，需要进行化简，如何化简呢？

学生：① 直接两边平方；② 先分类去绝对值，再把其中一个根式移到等式右边，再平方.

教师：你怎么想到的？

学生：类比椭圆.另外，本式中较麻烦的是绝对值和根式的化简，而直接平方和分类讨论恰好是处理含绝对值问题的两种常用途径.

设计意图 让学生先思考可能的不同化简方式，再选择自己擅长的进行动手操作，而不是急于动手.让学生学会先理性思考，再动手操作，实践中再反思，培养良好的学习习惯.

教师：下面请两位同学上黑板来化简方程，其他同学在下面完成.

设计意图 黑板上要保留一些空位，如果两位学生用的是不同的方法最好，否则教师在巡视过程中再寻找不同做法的学生，再请他(她)上黑板补充.

两种化简过程略.

完成以后，请学生比较两种化简方式的异同，让学生认识到：① 过程和椭圆的非常相似，可以把之前化简椭圆方程的过程拿来做比较；② 直接两边平方省去了分类的麻烦，但也是有代价的，之后的运算过程明显比另一种方法要复杂，而先分类去绝对值再平方，在计算完第一类之后，发现第二类只需要在适当的位置调换字母或符号即可，但结果一样.这样的经历也为以后的多字母运算提供了宝贵的经验.

两种方式化简都可得 $(c^2-a^2)x^2-a^2y^2=a^2(c^2-a^2)$.

因为 $c^2-a^2>0$，所以令 $c^2-a^2=b^2(b>0)$，得 $b^2x^2-a^2y^2=a^2b^2$，

两边除以 a^2b^2，得 $\dfrac{x^2}{a^2}-\dfrac{y^2}{b^2}=1(a>0,b>0)$.

由上述过程可知，双曲线上的点的坐标(x,y)都满足上面这个方程，并且满足上面这个方程的点(x,y)都在已知的双曲线上.

教师：经历了这样一次完整的研究过程，结合之前研究椭圆的过程，请你说说，在平面解析几何中，研究圆锥曲线的一般方法和流程.

学生：建立平面直角坐标系，设动点坐标，注意定义中的限制条件，将动点坐标代入条件得到方程，化简方程，确定方程与曲线是否完全匹配.

设计意图 本环节是本节课的重点也是难点，所以要花大力气和大量时间，让学生先动脑，后动手，再动脑，提高学生的类比推理和计算化简的能力.

三、总结反思

解析几何的教学是从形到数，再从数到形的过程，因此，对于双曲线定义的学习，数形结合是关键，也是培养直观想象和数学抽象能力的最佳素材.双曲线的教学设计正是从以下两方面入手，让学生可以充分理解双曲线的定义及其标准方程的.一是从几何中来，选择几何研究对象进行搭配组合，初步感知生成新轨迹的过程，这当中需要借助逻辑推理能力，主要是类比椭圆，不断细化、完善，最终形成一般化的定义.二是往代数中去，解析几何的研究方法可以迅速得到由双曲线的定义确定的方程 $\left|\sqrt{(x+c)^2+y^2}-\sqrt{(x-c)^2+y^2}\right|=2a$，但这样的方程显然不方便后续的深入研究，因此需要运用数学运算能力来化简方程，数学学习也是一个审美的过程，化简双曲线方程的过程就是一个从繁到简、不断发现美的过程.正是教师精心地设计，才能让学生更轻松地形成和发展数学学科核心素养.

26

对概念、公式推导应遵循“因势利导，顺其自然”

赵娴静

很多数学概念课，尤其是数学公式的教学，常常会遇到枯燥、索然无味的感觉.用什么方式将数学公式教给学生，成为很多教师研究的对象，如问题情境式、学生探究式，这些方式都离不开以学生为主体.在解决问题时将学生的观点引入课堂，允许学生用他们自己感兴趣和关心的对象来解决问题，才能将“数学探究”在概念课中体现出来.

一、“余弦定理”课堂实录

从这章标题“解三角形”入手，解三角形就是已知三角形中的一些量，求其他量的过程.正弦定理的学习中，已知一条边和两个角，可以解出三角形.那么还可以知道哪些量，就能确定三角形呢？

生：已知两条边及其夹角，可以解出三角形.

师：为什么？

生：根据初中学过的“角边角”来判断的.

师：很好.还有吗？

生：已知三条边，也可以解三角形，因为初中学过的三条边相等，两个三角形全等.

师：那么今天，我们就先研究，已知两边及其夹角，如何解三角形的其他量.

提出问题：在$\triangle ABC$中，已知$AC=b$，$BC=a$，$\angle ACB=\theta$，求解三角形.

看到题目后，学生很快都拿起笔，动手算起来了.笔者让学生停下笔，先不着急做，而是想一想：① 解决这个问题，你打算用什么方法？② 你可以尝试用学过的哪些知识来帮助解决这个问题？

提出这两个问题，主要是很多学生解题前，缺少对问题的思考、分析，正如波利亚怎样解题的第一步，有的甚至都没有审清题目，就匆匆动笔.因此，教师提出“算”在“想”之后，“想”在“算”之前.正如工匠制作之前，先看看有哪些材料，即题目的已知条件是什么；再看看有哪些工具，即有哪些相关知识点，定理能帮助解决该问题.这样制订出相关的计划，再动笔实施.

在笔者的启发下，学生很快有了以下想法.

生1：可以尝试“作高”.

师：怎么想到的？

生1：这样就可以将斜三角形转化成直角三角形，而且这个方法在上节课推导正弦定理时，就用到的.

生2：可以用向量这个工具来解解看.

师：怎么想到的？

生2：向量是既有长度，又有方向的量，它正好可以反映三角形里的边和角.正弦定理的推导，向量也是一种方法.

生3：可以用正弦定理试着做.

师：怎么想到的？

生3：上节课刚刚学过的，可以用它帮助解决.

生4：我想用“圆”来做做看.

师：怎么想到“圆”的？

生4：上节课，正弦定理就可以用外接圆来证明，那么今天这个问题是不是也可以尝试用“圆”来解决？

学生在不到三分钟的时间里想出了四种思路.应当说，前两条思路是课本中的常规解法，也是笔者备课时准备好的，在意料之中.而后两种想法，出乎意料！但仔细想来，一个是用新学过的知识解决，一个是用之前类似的方法尝试解决，又都合乎情理.

在和学生充分地分析、考虑后，大家再动手尝试着解解看.经过大约十分钟的演算，很多学生都解决了，其中思路1和2的解法，在这里就不赘述了.而提出思路3和4的学生，也有了演算过程，过程如下.

思路3：由正弦定理$\frac{a}{\sin A}=\frac{b}{\sin B}$，及$\angle ACB=\theta$，$A+B+C=\pi$，得

$$\frac{a}{\sin A}=\frac{b}{\sin(\pi-\theta-A)}=\frac{b}{\sin(\theta+A)},$$

交叉相乘，展开得$a\sin\theta\cos A+a\cos\theta\sin A=b\sin A$，

所以$a\sin\theta\cos A=(b-a\cos\theta)\sin A$，

当$b-a\cos\theta\neq 0$时，$\tan A=\frac{a\sin\theta}{b-a\cos\theta}$.

因为$A\in(0,\pi)$，所以$\angle A$唯一确定，进而求出$\angle B$，

再由正弦定理，求出边c.

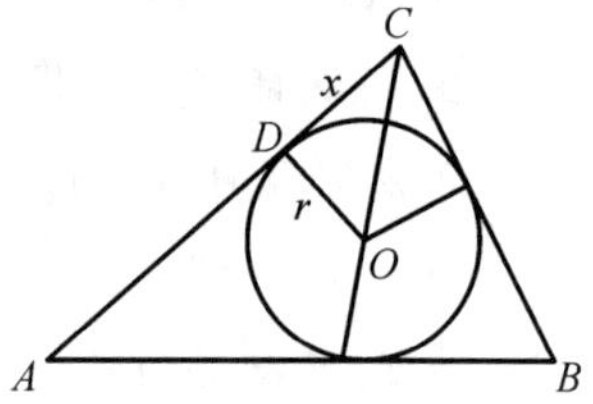

图1

思路4：如图，设$\triangle ABC$内切圆半径为r，$CD=x$，则

由$\frac{1}{2}ab\sin C=\frac{1}{2}(a+b+c)\cdot r$可得$r=\frac{ab\sin\theta}{a+b+c}$，

由$a+b-2x=c$，可得$x=\frac{a+b-c}{2}$，

由$\frac{r}{x}=\tan\frac{\theta}{2}$，可得$r=x\tan\frac{\theta}{2}$，

所以，$x\tan\frac{\theta}{2}=\frac{ab\sin\theta}{a+b+c}$，又$\tan\frac{\theta}{2}=\frac{\sin\theta}{1+\cos\theta}$，

所以$\frac{a+b-c}{2}\cdot\frac{\sin\theta}{1+\cos\theta}=\frac{ab\sin\theta}{a+b+c}$，

化简，得$(a+b)^2-c^2=2ab(1+\cos\theta)$，

即 $c^2=a^2+b^2-2ab\cos\theta$.

对于思路 3，虽然没有直接推出这节课的“余弦定理”，似乎偏离了教学目的，但余弦定理的学习，不就是为“解三角形”而产生的吗？

对于提出思路 4 的学生，当他将演算展示出来时，大家都觉得新奇，在新奇的目光下，笔者将课堂交给学生，畅所欲言！

生 5：我能看得懂，但想不到.

下面有不少学生也有同感.

生 6：刚才你提出的“圆”的方案，指的是外接圆，而怎么想到用内切圆来解决的呢？

生 4：外接圆和内切圆都是三角形常用到的两种圆，我在尝试了外接圆没有解决后，就试了试内切圆，而且刚学的面积公式，也和内切圆半径相关.

师：他不仅想法大胆，而且敢于尝试！这正是我们在今后各方面的学习、研究中所需要的！

应当说，这也是新课程中探究式学习所需要的.

二、几点反思

1. 关于教学设计

认知心理学家 R.E.Mayer(1987)指出，有意义的学习的三个重要条件是接受、有效性和活动.当教师将学生的注意力集中在一个问题上，提供给他们一个所期望的场景或先行组织者时，接受和有效性条件相吻合(Glover & Corkill,1990).通过模型化询问的过程和熟练解决问题的技巧，教师达到了活动的条件.当学生发展了探询和问题解决这两个方面的技能时，教师逐渐淡化帮助，让学生自己去承担越来越多的学习任务.

这节课的教学目的，是要推导出余弦定理，备课时笔者上网查了许多“余弦定理”的教学案例，有以问题情境引入的，有告知学生定理内容，让学生证明的.考虑到目前测量工具的先进性，如果再用“挖隧道”“凿山洞”等问题情境引入，显得与时代不同步.而直接让学生证明余弦定理，则缺少探究的过程.于是笔者借着上节课正弦定理，继续提供给他们一个解三角形的场景：还有什么情况可以解三角形？让学生利用问题指导，来探索和发现余弦定理.

2. 关于学生活动

这节课开始时采用课堂教学常用的对话方式，鼓励学生调动他们自己的经验和已学知识与当前主题相联系，而不是通过呈现预先设计好的材料来促使学生对于学习任务的理解.很多时候，学生拿到数学问题，首先就是动笔做，多数人还没厘清思路，甚至还没有看清题意，就着急动笔演算了，想一步，算一步，算了这步，不清楚接下来求什么.因此，学生的活动要有针对性，要有目的，这就需要教师为他们的自主活动搭建舞台，在舞台上尽情展现.那些提出思路的学生应该算“先行的组织者”了.他们把这节课要解决的问题和现有的知识联系起来，从不同的角度，提出了合理的设想，为解决问题打下了基石.因此，教学中利用学生的观点，是获得重要概念、模式和抽象理论的手段.

其实笔者的教学设计中并没有第三和第四种解法，而既然学生提出了这些既合情又合理的想法，为什么不试一试呢？于是借着学生的思路，只要问问合情合理之处，接下来就可以把课堂交给学生.

很庆幸，这节课学生提出的四种思路，都能解决该问题.其实，很多时候，有些合情合理的想法，不一定能解决问题，这就需要教师在教学中适时地引导，以寻求合适的解决方法.

27

从“具体”到“一般”，公式教学的一种尝试

赵娴静

一、数学公式的抽象性

抽象性是数学学科表现的基本特征，数学公式往往都是抽象的.学生在数学学习过程中，首先要掌握好数学公式与相关的数学定理.学生只有掌握数学知识中的抽象概念以及抽象内容，才能加深对知识的理解和掌握.高中阶段，有些公式比较繁琐，以高中学生的推导能力，推导出公式难度较大.但如果不推导，仅仅死记硬背后再运用，往往效果欠佳.这时可以尝试用具体值进行演算和推导，让学生在能力范围内，切身地感受公式的推导过程，帮助理解，记忆公式.

二、“线性回归方程”的教学设计及实施过程

在进行苏教版必修 3 第 2 章“统计”的教学时，由于该模块在义务教育阶段已涉及，加上教材对该内容的教学要求不高，教师往往重视不够，甚至“一带而过”.《普通高中数学课程标准(2017 年版)》中强调学生对统计过程的参与性，要让学生真正地理解统计的思想和作用，最有效的方法是让他们真正投入到统计的实验过程中.

在讲授 2.4 节“线性回归方程”时，考虑到教材并没有要求学生掌握公式的推导，但如果将问题具体化，学生是能解决的，让他们动手体验一下推导过

程后，学生就不会觉得枯燥，往往更能接受公式.以下是教学过程.

师：实际问题中，变量之间如果不是毫无联系的，那么它们之间的关系大致可以分为两类，一种是确定性关系，也就是它们的关系是确定的，你能举例吗？

生1：圆的面积S与半径r之间就是一种确定的关系.

师：具体是什么关系？

生1：S是r的二次函数，$S=\pi r^2$.

生2：匀速直线运动的物体，路程和时间之间的关系，满足$S=vt$，是一次函数关系.

师：这些确定性关系，我们往往可以用函数表示.

还有一种关系，变量之间有一定的联系，但不能完全用函数来表示，你还能举例吗？

生3：产品的质量和销售量是相关关系，一般质量越好，销售量越高.

生4：人的身高和体重之间是相关关系，一般说身高越高，体重越重.

师：以上例子虽然有一定的联系，但不能用一个函数严格表示两者的关系.

师：(提出课题)实际生活中，这样的例子普遍存在.今天我们就研究变量之间的相互关系，能否用数学模型刻画两者的相互关系，以便达到预测和控制的目的.

从刚才的举例出发，请四位女同学说出自己的身高、体重，以身高为x轴，体重为y轴，将数据表示的点标在坐标系中.

表1

身高(cm)	165	160	168	163
体重(kg)	57	53	60	55

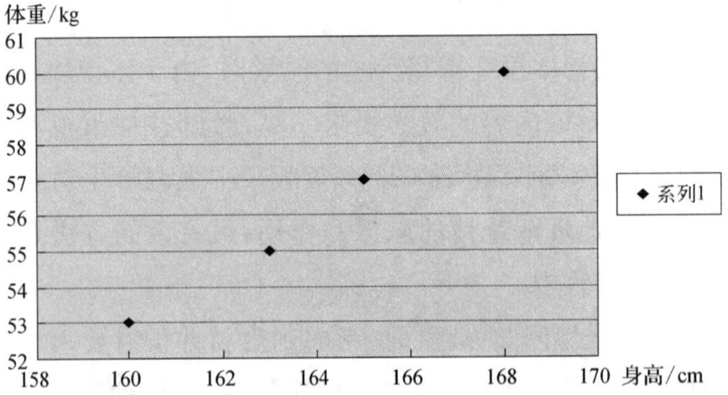

图1

师：从图中可以看出这些点好像分布在一条直线附近，我们可否用一个线性函数 $\hat{y}=bx+a$ 近似地表示它们的关系？它应该满足什么条件？

生 5：这条直线首先应该在这些点附近，而且这些点到该直线的距离和最短.

师：很好！也就是直线上反映的数据要与实验数据的偏差最小.那么怎么求？

生 5：求点到直线的距离，计算较麻烦.好像不太好操作嘛.

师：能换个角度使得偏差最小吗？

（学生讨论）

生：求各点在垂直方向上的距离和.

师：为什么想到求垂直方向的距离？

生：垂直距离也就是点的纵坐标和 $\hat{y}$ 的差的绝对值，比求点到直线的距离要简单些.

生：算绝对值的和，不如算平方和，这样更好操作.

师：很好！经过大家的讨论，我们已经得到推导线性回归方程的方法，下面用一个简单具体的例子体会推导过程.

虽然教材中对线性回归方程的推导不作要求，但如果运用学生熟知的函数“主元”思想，从一个简单、具体的问题出发，分析出线性回归方程，这对于层次较高的学生是可以做到的，从中也能理解一般化解题的过程，因此笔者给了一道例题.

【例】已知一组数据

x_i	-1	0	1	2
y_i	0	0	1	4

试求 y 关于 x 的线性回归方程.

（提出具体问题，让学生思考 5 分钟）

生：设 y 关于 x 的线性回归方程为 $\hat{y}=bx+a$，

根据最小二乘法思想，即求

$$Q=[0-(-b+a)]^2+(0-a)^2+[1-(b+a)]^2+[4-(2b+a)]^2$$

$=4a^2+4ab+6b^2-10a-18b+17$ (*)的最小值.

但如何求,还没想好.

师:这是一个二元二次多项式,的确不好求最值.但如果将 a 看作未知量,b 作为常数,大家看看会得到什么?

生:那么(*)式就可写为

$$Q=4\left[a-\left(\frac{5}{4}-\frac{b}{2}\right)\right]^2+5b^2-13b+\frac{43}{4}. \quad (1)$$

师:很好!那么求 Q 的最值,只要 $a=\frac{5}{4}-\frac{b}{2}$,但 b 又不知道?怎么办?

生:对于 $5b^2-13b+\frac{43}{4}$,可以将它配方,也就是

$$5b^2-13b+\frac{43}{4}=5\left(b-\frac{13}{10}\right)^2+\frac{23}{10},$$

那么 b 的最小值就是 $\frac{13}{10}=1.3$,

同时由于 $Q=4\left[a-\left(\frac{5}{4}-\frac{b}{2}\right)\right]^2+5\left(b-\frac{13}{10}\right)^2+\frac{23}{10}$,

对于上式当且仅当 $\begin{cases} a=\frac{5}{4}-\frac{b}{2} \\ b=\frac{13}{10} \end{cases}$ 时,Q 取最小值,即 $\begin{cases} a=0.6 \\ b=1.3 \end{cases}$,$Q_{\min}=\frac{23}{10}$.

师:很好!虽然我们并没有线性回归方程的公式,没有研究过这样二元二次多项式的最值问题,但运用主元思想,将一个作为未知数,另一个作为常数,用二次函数求最值的方法一样能解决这道题!

如果将上面问题一般化,就得到 y 关于 x 的线性回归方程 $\hat{y}=bx+a$,

其中 $b=\dfrac{\sum_1^n x_i y_i-n\overline{x}\overline{y}}{\sum_1^n x_i^2-n\overline{x}^2}$,

$a=\overline{y}-b\overline{x}$.

具体的推导,现在不做要求,今后我们可以直接代这个公式求线性回归方程.

三、教学反思

数学本身就是抽象的，再加上数学活动的探索性、数学推理的严谨性和数学语言的特殊性，决定了正处于思维发展阶段的中学生不可能一次性地直接把握数学的本质.有时对于较复杂的内容，可以从简单的、贴和实际的例子入手，让他们体会其内涵，洞察数学活动的本质特征，这往往比直接告诉他们结论要更有说服力.

由于“统计”这一章内容，教学要求不高，多数是让学生理解后能运用公式解题就可以，学生往往会觉得枯燥、乏味.为了尽量避免这一现象，笔者在设计“线性回归方程”时，从实际生活中让学生找相关关系，再以身高、体重这个与每个人相关的例子入手，得到散点图，最后以一组简单数据为例，解线性回归方程，让学生从中体会推导的实质，从而使这节课变得生动、有趣一些.

28

在公式教学中提升学生的数学鉴赏力

孙居国

数学公式、定理、方法等不是从天上突然掉下来的，而是由于解决问题的需要或数学内部的发展自然产生的，对学生后续的学习有很大的影响，因此在推导的过程中，让学生产生内在的学习需求，认识到数学公式、定理、方法等知识生长是必要的、自然的、合乎情理的，知识之间是相互联系的，从而提升学生的数学鉴赏力.

以正整数平方和公式的推导为案例，其基本过程为通过类比 $S(1)=1+2+3+\cdots+n=\dfrac{n(n+1)}{2}$，提出问题：$S(2)=1^2+2^2+\cdots+n^2=?$

通过列表对比等活动，提出猜想 $S(2)=\dfrac{n(n+1)(2n+1)}{6}$.

通过分析“累加”思想，给出演绎证明方法如下：

令 $a_n=(n+1)^3-n^3=3n^2+3n+1$，

$a_1=2^3-1^3=3\times1^2+3\times1+1$，

$a_2=3^3-2^3=3\times2^2+3\times2+1$，

$a_3=4^3-3^3=3\times3^2+3\times3+1$，

…

$a_n=(n+1)^3-n^3=3n^2+3n+1$.

将上述各式相加，可得 $(n+1)^3-1=3(1^2+2^2+\cdots+n^2)+$

$3\dfrac{n(n+1)}{2}+n$.

化简整理得：$1^2+2^2+\cdots+n^2=\dfrac{n(n+1)(2n+1)}{6}$.并用数学归纳法证明.

整个过程充分展示了数学的类比、发现、猜想、分析、证明等思维活动过程.为了让学生建立新旧知识间的实质性联系，形成组织良好的数学知识结构网络，给学生留下思考的时间和空间，在学习数学的时候，教师可以引导学生采取赏析的态度，带领学生一起去欣赏一朵朵盛开的数学之花，一定能给学生带来心灵的震撼.

还有其他方法求 $1^2+2^2+\cdots+n^2$ 的值吗？在原来的基础上还能“锦上添花”吗？本文从下列几个方面再赏析.

1. 类比联想，赏析数学的理性精神

等差数列求和是学生遇到的第一个数列求和方法，“反序相加”给每一个学生留下了深刻的数学理性精神.其关键在于“$a_{n-k+1}+a_k$”为常量.能否类比联想“变序相加”求得 $1^2+2^2+\cdots+n^2$ 的和呢？

$1^2+2^2+\cdots+n^2$ 可以看成 1 个 1，2 个 2，3 个 3，…，n 个 n 的和，共有 $1+2+3+\cdots+n=\dfrac{n(n+1)}{2}$个数相加而得到.若将这些数按不同的方法排列，然后再相加得到的数相等就可以求出.

不妨将这$\dfrac{n(n+1)}{2}$个数分别按下列各图排列.

1
2　2
3　3　3
…　…
$n-1$　$n-1$ … $n-1$　$n-1$
n　n　…　n　n

图 1

n
$n-1$　n
$n-2$　$n-1$　n
…　…
2　3 … $n-1$　n
1　2　…　$n-1$　n

图 2

n
n　$n-1$
n　$n-1$　$n-2$
…　…
n　$n-1$ … 3　2
n　$n-1$　…　2　1

图 3

图 1 中的第 i 行，第 j 个数记作 $a_{ij}(1\leqslant j\leqslant i\leqslant n)$，则 $a_{ij}=i$，

图 2 中的第 i 行，第 j 个数记作 $b_{ij}(1\leqslant j\leqslant i\leqslant n)$，则 $b_{ij}=n-i+j$，

图 3 中的第 i 行，第 j 个数记作 $c_{ij}(1\leqslant j\leqslant i\leqslant n)$，则 $c_{ij}=n-j+1$，

因为 $a_{ij}+b_{ij}+c_{ij}=i+n-i+j+n-j+1=2n+1$.

所以这三个图中所有数的和为：$\frac{n(n+1)}{2}\cdot(2n+1)$. 由于每一个图中的数字和均相等.

从而得出 $1^2+2^2+\cdots+n^2=\frac{n(n+1)(2n+1)}{6}$.

通过这一再赏析过程，学生对“变序相加”有了进一步认识，寻找到其中的不变量，平均数乘以项数就是数列中各项的和. 数学理性的光芒再一次绽放.

2. 提出问题，赏析数学的本质联系

从教材中两种演绎方法中可以发现，其重要的特征都是将无限(或很多项)求和问题转化为有限项(或少数项)求和问题.“裂项法”是相互抵消，达到多转化为少，数学归纳法是无限多项的问题转化为相邻项的关系. 还有哪些与自然数有关的问题可以实行由多向少转化呢？由所给组合数公式 $C_n^m+C_n^{m+1}=C_{n+1}^{m+1}(m<n, m, n\in \mathbf{N}^*)$ 可得是两项变为一项，反复运用这一公式，可以达到多转化为少的目的.

$$\begin{aligned} C_2^2+C_3^2+C_4^2+\cdots+C_n^2 &= C_3^3+C_3^2+C_4^2+\cdots+C_n^2 \\ &= C_4^3+C_4^2+\cdots+C_n^2=C_{n+1}^3, \end{aligned}$$

$$\frac{2(2-1)}{2}+\frac{3(3-1)}{2}+\cdots+\frac{n(n-1)}{2}=\frac{n(n-1)(n-2)}{6},$$

$$\frac{1^2-1}{2}+\frac{2^2-2}{2}+\frac{3^2-3}{2}+\cdots+\frac{n^2-n}{2}=\frac{n(n-1)(n-2)}{6}.$$

化简整理得到：$1^2+2^2+\cdots+n^2=\frac{n(n+1)(2n+1)}{6}$.

其实这里体现了数列中最本质的联系，让我们回顾一下数列的通项、求和等问题，其都是体现了无限化有限、多化为少的特征. 所以从本质上看，思想方法是一致的.

3. 梳理思想，赏析数学的智慧结晶

通过构造数学模型，将看似毫不相干的数学对象，内在地统一起来，体现了数学的高超的智慧和迷人的魅力.

构造函数，令 $f(x)=(1+x)+2(1+x)^2+\cdots+n(1+x)^n$. (1)

则其中 x 的一次项的系数为 $1^2+2^2+\cdots+n^2$，

将 $f(x)=(1+x)+2(1+x)^2+\cdots+n(1+x)^n$ 两边同乘以 $(1+x)$，

得 $(1+x)f(x)=(1+x)^2+2(1+x)^3+\cdots+n(1+x)^{n+1}$. (2)

由(1)—(2)得

$$-xf(x)=(1+x)+(1+x)^2+(1+x)^3+\cdots+(1+x)^n-n(1+x)^{n+1},$$

$$f(x)=-\frac{(1+x)[(1+x)^n-1]}{x^2}+\frac{n(1+x)^{n+1}}{x},$$

其一次项的系数为：$nC_{n+1}^2-C_n^3-C_n^2$，

从而得到：$1^2+2^2+\cdots+n^2=nC_{n+1}^2-C_n^3-C_n^2=\frac{n(n+1)(2n+1)}{6}$.

从思想方法上看，通过构造函数，类比错位相减，将无限或多项的运算转化为有限或较少项的运算.把同一个量以两种不同的方法表示出来，即将一个量“算两次”.处处体现了数学的智慧.

4. 构作意境，赏析数学的人文情景

数学是人类文化的重要组成部分，具有深厚的历史渊源和丰富的实际背景.如果在教学过程中能展示与相关学科的联系，更能体现数学的生动与灵性，有利于扩大学生的数学视野，提高学生对数学的科学价值、应用价值、文化价值的认识，渗透数学的人文价值.

构作意境，如图，设想天平两端是正三角形的两全托盘，每一个“○”代表重量为 1 的质点，则图 4 和图 5 的两端是平衡的.

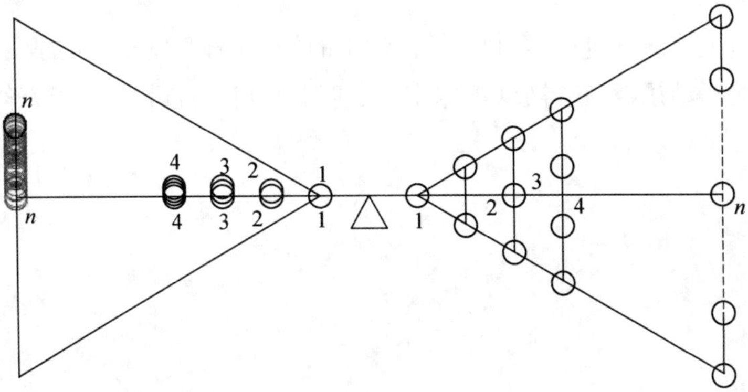

图 4

根据物理原理,在数轴上的 $1,2,3,\cdots,n$ 处依次放置重量为 $1,2,3,\cdots,n$ 的质点,则这些质点对平衡点的力矩之和为 $1\times1+2\times2+3\times3+\cdots+n\times n=1^2+2^2+\cdots+n^2$.

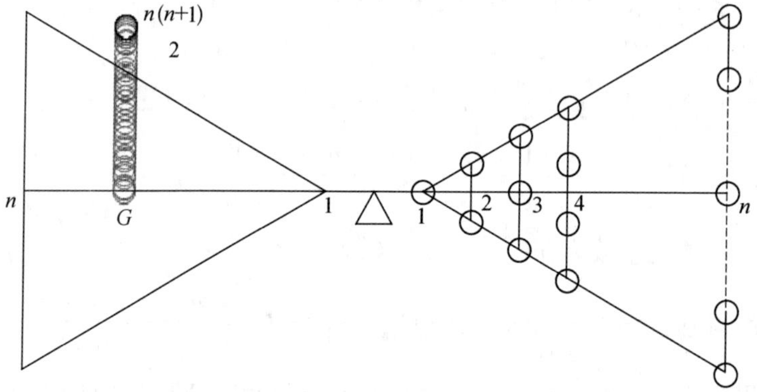

图 5

再考虑这个力矩之和用另一种方式,即合力 $F\times$力臂 L.其中合力 $1+2+3+\cdots+n=\dfrac{n(n+1)}{2}$,

而受力点 G 是三角形的重心,离平衡位置距离 $\dfrac{2n+1}{3}$,

从而得出:$1^2+2^2+\cdots+n^2=\dfrac{n(n+1)}{2}\cdot\dfrac{2n+1}{3}=\dfrac{n(n+1)(2n+1)}{6}$.

这样赏析,不仅引人入胜,而且扩大了学生的知识面,沟通了数学与其他学科的联系.

通过上述教学过程,有利于保护学生的好奇心,激发学生的学习兴趣,让学生体验活动乐趣,获得成功的喜悦.长期如此,可以提升学生的数学鉴赏力.

29

在解题教学中紧扣教学目标，预设解题计划

付有亮

一、找准目标与制订计划的意义

目标是对活动预期结果的主观设想，是在头脑中形成的一种主观意识形态，也是活动的预期目的，为活动指明方向，具有维系组织各个方面关系、构成系统组织方向核心的作用.数学课堂上的思维活动中同样需要目标引领，学习新的数学知识，新知识就是目标，运用知识解决数学问题，问题就是目标.找准目标是前提，而通往目标的阶梯是计划，这里的计划是指根据对组织外部环境与内部条件的分析，提出在未来一定时期内要达到的组织目标以及实现目标的方案途径.在已学知识基础上，如何将新知识纳入原有的知识体系，建构新体系，必须制订周密的教学计划，这一般由教师执行，而学生在学习知识的同时，也在学习如何制订计划，并将这种经验运用到解决数学问题当中.也就是在明确需要解决的问题目标之后，联系相关数学知识，预测可能使用的数学思想和方法，在正式做题之前做好规划，这样不仅是为解决问题奠定基础，也培养了学生对数学敏锐的洞察力.

二、找准目标与制订计划的做法

以高三复习课“圆锥曲线的综合”为例，其课程目标是要求学生运用所学的解析几何方面的知识，来解决与椭圆有关的综合问题.这当中就需要学生首

先明确问题目标,然后制订解题计划,包括如何设置未知变量以及相关研究对象的形式,运用哪种数学思想方法,以及注意解题规范和表述细节等.

【例1】已知椭圆Γ:$\frac{x^2}{2}+y^2=1$的左、右焦点分别为F_1、F_2.过右焦点F_2的直线l与椭圆Γ交于A、B两点.

(1) 若三角形ABF_1的面积为$\frac{\sqrt{6}}{2}$,求直线l的方程;

(2) 在x轴上是否存在定点T,使得$\angle ATF_1=\angle BTF_1$恒成立?若存在,求出点$T$的坐标;若不存在,请说明理由.

一开始,教师并没有把本题的两个小问同时呈现,而是逐一呈现,这样可以以第一小问的解决过程作为范例,让学生尝试按照明确目标—制订计划—动手操作的流程独立解决第二小问.

对于第一小问,明确目标是——求直线l的方程,接下来就需要分析如何实现目标,可以考虑要想表示直线l的方程需要哪些量,哪些量是已知的,哪些是未知的,从而缩小目标或者转移目标.本题中易见直线l过的右焦点F_2是确定的,所以只需再确定其斜率即可,通常就会设直线l的点斜式方程,当然也要考虑到斜率不存在的情况.接下来就需要利用另一个限制条件——三角形ABF_1的面积为$\frac{\sqrt{6}}{2}$,来求出直线的斜率,同时验证斜率不存在时是否符合条件.然后需要考虑三角形ABF_1面积的表示方式,可以选择不同的边作为底边,至少有两种方式更容易想到.一是以AB作为底边,点F_1到AB的距离作高,二是以F_1F_2作为底边,将三角形ABF_1分割为两个小三角形,可以用A、B两点的纵坐标差距的绝对值为高来计算面积.这两种方式将决定如何设出直线方程,点斜式比较适合第一种,但同时需要验证斜率不存在的情况,而第二种可以设直线方程为$x=ty+1$,这种形式的方程所表示的直线包括斜率不存在的情况,但不包括斜率为0的情况,而当斜率为0时三角形不存在,所以只需研究一种直线方程形式即可.另外,采用直线为$x=ty+1$形式,代入椭圆方程后正好可以消去变量x,得到关于变量y的韦达定理,从而顺利地表示出A、B两点的纵坐标差距的绝对值,正是一举两得.

以上分析过程应在正式解题之前，由教师在与学生的交流过程中逐步引出，并不断完善，要由不同的学生说出自己的看法和计划，再请其他的学生评价和比较不同做法的优缺点，具体解法如下.

解析 1：当直线 l 的斜率为 0 时，直线 l 为 $y=0$，此时三角形 ABF_1 的面积为 0，不满足题意，所以直线 l 的斜率不为 0.

故设直线 $l: x=ty+1$，设点 A 坐标为 (x_1, y_1)，点 B 坐标为 (x_2, y_2).

联立方程组 $\begin{cases} x=ty+1 \\ \dfrac{x^2}{2}+y^2=1 \end{cases}$，得 $(t^2+2)y^2+2ty-1=0$，（∗）

由于点 F_2 在椭圆内部，所以方程（∗）的 $\Delta>0$，所以 $\begin{cases} y_1+y_2=-\dfrac{2t}{t^2+2} \\ y_1y_2=-\dfrac{1}{t^2+2} \end{cases}$.

则 $S_{\triangle ABF_1}=\dfrac{1}{2}\times F_1F_2\times|y_1-y_2|=\dfrac{1}{2}\times F_1F_2\times\sqrt{(y_1+y_2)^2-4y_1y_2}$

$=\sqrt{\dfrac{8(t^2+1)}{(t^2+2)^2}}$，

$|AB|=\sqrt{(x_1-x_2)^2+(y_1-y_2)^2}=\sqrt{1+t^2}\,|y_1-y_2|$

$=\sqrt{1+t^2}\cdot\sqrt{(y_1+y_2)^2-4y_1y_2}=\sqrt{\dfrac{8(1+t^2)^2}{(2+t^2)^2}}$，

点 F_1 到线段 AB 的距离 $d=\dfrac{|-1-1|}{\sqrt{1+t^2}}=\dfrac{2}{\sqrt{1+t^2}}$，

则 $S_{\triangle ABF_1}=\dfrac{1}{2}\times AB\times d=\sqrt{\dfrac{8(t^2+1)}{(t^2+2)^2}}$.

又 $S_{\triangle ABF_1}=\dfrac{\sqrt{6}}{2}$，所以 $\sqrt{\dfrac{8(t^2+1)}{(t^2+2)^2}}=\dfrac{\sqrt{6}}{2}$，

得 $(3t^2+2)(t^2-2)=0$，$t^2=2$，$t=\pm\sqrt{2}$.

所以直线 l 的方程为 $x=\pm\sqrt{2}y+1$，即 $x+\sqrt{2}y-1=0$ 或 $x-\sqrt{2}y-1=0$.

解析2:当直线 l 的斜率不存在时,直线 l 为 $x=1$,代入椭圆方程 $\frac{x^2}{2}+y^2=1$,可得点 A、B 的坐标为 $\left(1,\frac{\sqrt{2}}{2}\right)$,$\left(1,-\frac{\sqrt{2}}{2}\right)$,此时 $S_{\triangle ABF_1}=\frac{1}{2}\times F_1F_2\times AB=\sqrt{2}$,与所给条件矛盾,所以直线 l 的斜率存在.

故设直线 l:$y=k(x-1)$,设点 A 坐标为 (x_1,y_1),点 B 坐标为 (x_2,y_2).

联立方程组 $\begin{cases}y=k(x-1)\\ \frac{x^2}{2}+y^2=1\end{cases}$,得 $(2k^2+1)x^2-4k^2x+2k^2-2=0$, (* *)

由于点 F_2 在椭圆内部,所以方程(* *)的 $\Delta>0$,所以 $\begin{cases}x_1+x_2=\frac{4k^2}{2k^2+1}\\ x_1x_2=\frac{2k^2-2}{2k^2+1}\end{cases}$.

则 $S_{\triangle ABF_1}=\frac{1}{2}\times F_1F_2\times|y_1-y_2|=\frac{1}{2}\times 2\times|k(x_1-x_2)|$

$$=\sqrt{k^2[(x_1+x_2)^2-4x_1x_2]}$$

$$=\sqrt{\frac{8k^2(k^2+1)}{(2k^2+1)}},$$

$$|AB|=\sqrt{(x_1-x_2)^2+(y_1-y_2)^2}$$

$$=\sqrt{(1+k^2)[(x_1+x_2)^2-4x_1x_2]}=\frac{2\sqrt{2}(1+k^2)}{1+2k^2},$$

点 F_1 到线段 AB 的距离 $d=\frac{|-k-k|}{\sqrt{k^2+1}}=\frac{2|k|}{\sqrt{k^2+1}}$,

则 $S_{\triangle ABF_1}=\frac{1}{2}\times AB\times d=\sqrt{\frac{8k^2(1+k^2)}{(1+2k^2)^2}}$,

又 $S_{\triangle ABF_1}=\frac{\sqrt{6}}{2}$,所以 $\sqrt{\frac{8k^2(k^2+1)}{(2k^2+1)}}=\frac{\sqrt{6}}{2}$,得 $(2k^2+3)(2k^2-1)=0$,$k^2=\frac{1}{2}$,$k=\pm\frac{\sqrt{2}}{2}$.

所以直线 l 的方程为 $y=\pm\frac{\sqrt{2}}{2}(x-1)$,即 $x+\sqrt{2}y-1=0$ 或 $x-\sqrt{2}y-1=0$.

课堂时间有限,所以在学生讨论完目标和计划之后,各自选择一种方案去完成,而另一种方案留到课后再自行完成.让学生在亲自实践中体会找准目标并制订计划的重要性,这样做往往会起到事半功倍的效果.

接下来,展示第二小问后,让学生稍做思考就可以询问学生的初步想法——目标是什么,计划如何实施.

目标是找到定点 T,使得$\angle ATF_1=\angle BTF_1$ 恒成立.接下来就应该考虑如何保证$\angle ATF_1=\angle BTF_1$ 恒成立,有哪些可以等价转化的条件.可以利用角平分线的性质,也可以利用三角形中的边角关系,但这两种方式更多地依赖于平面几何的知识,在本题当中似乎不太方便,因此需要换个角度,考虑平面解析几何中有哪些与角有关的概念和性质.由于点 T 在 x 轴上,因此 TF_1 就是 x 轴,那么 ATF_1、BTF_1 就分别是 AT、BT 与 x 轴的夹角,自然应该联想到直线的倾斜角,进而想到直线的斜率.所以结合图象可以找到与$\angle ATF_1=\angle BTF_1$ 等价的限制条件为直线 AT、BT 的斜率 k_1、k_2(同时也要考虑到斜率不存在的情况)满足 $k_1+k_2=0$,接下来就可以用 A、B、T 三点的坐标来表示斜率,问题就转化为对于任意的 A、B 点是否存在定点 T 使得 $k_1+k_2=0$ 恒成立问题,而 A、B 点坐标可由第一小问中的韦达定理表示,以上就是初步的设想,紧接着就需要学生动手实践了.具体解法如下.

解:假设存在定点 $T(x_0,0)$,使得$\angle ATF_1=\angle BTF_1$ 恒成立.

① 当直线 l 的斜率为 0 时,直线 l 为 $y=0$,此时对 x 轴上的任意点 T,点 A,B,F_1,T 都在同一直线上,$\angle ATF_1=\angle BTF_1$ 显然成立.

② 当直线 l 的斜率不存在时,直线 l 为 $x=1$,此时点 A 和点 B 关于 x 轴对称,对 x 轴上的任意点 T,$\angle ATF_1=\angle BTF_1$ 显然成立.

③ 当直线 l 的斜率存在且不为 0 时,点 A 和点 B 分别在 x 轴的上下两侧,由$\angle ATF_1=\angle BTF_1$ 可得 $k_{AT}+k_{BT}=0$(k_{AT},k_{BT}不存在的情况就是②).

即$\frac{y_1}{x_1-x_0}+\frac{y_2}{x_2-x_0}=0$,化简得 $2ty_1y_2+(1-x_0)(y_1+y_2)=0$,

由(1)的解析 1 中韦达定理代入得$(2-x_0)\left(-\frac{2t}{t^2+2}\right)=0$,又 $t\neq0$,

所以 $2-x_0=0$,$x_0=2$.

所以在 x 轴上存在定点 $T(2,0)$,使得$\angle ATF_1=\angle BTF_1$ 恒成立.

三、总结反思

正如数学家庞加莱所说,优秀的数学研究者应具备的素质有高超的记忆力、注意力和对数学的美的感受性,虽然高中生暂时还达不到那样的高度,但可以从解决每一个数学问题出发,明确研究目标,培养对解题路径方法的预见性.由目标倒推所需条件也是一种十分有效的思考方式,对于制订计划的关键步骤往往会起到引导的作用,许多有经验的教师往往都是这么做的.

30

在解题教学中帮助学生认识“源”和“流”

孙居国

一、“源”和“流”的意义

解决数学问题，是数学学习中的一个重要环节.教师怎样教授解题，学生怎样学习解题，是数学教学活动中的热点.但是教师对解决数学问题的认识和目的不同，决定了解题教学的手段和过程不一样，对学生的影响也不一样.有的教师认为只要学生能听懂，掌握了这种类型，学生会做就行了，这是一种“结果教学”.这种“结果教学”方式不利于学生思维能力的培养，长期如此进行解题教学，会使学生的思维僵化.但是如果能以培养学生的思维能力为出发点，借助于问题为载体，着眼于学生的思维能力发展，让学生体会到数学思想方法，掌握问题的“源”与“流”关系，则会起到事半功倍的功效果，真正让学生学会解题，学会思考.

二、认识“源”和“流”的途径

“源”就是这一问题涉及哪些概念、知识，与我们已经掌握的哪些内容相关，要发掘出来.“流”就是解决了这一问题以后，再进行回顾反思，反思这一问题还可以延伸出什么新的问题，得出一般性的结论，达到解决一类问题的目的.

【问题】 已知数列$\{a_n\}$的通项公式为$a_n=n\cdot 2^n(n\in\mathbf{N}^*)$，求其前$n$项的

和S_n.

一般最常见的教授方法是“错位相减法”.

解法如下：

$S_n=1\cdot 2+2\cdot 2^2+3\cdot 2^3+\cdots+n\cdot 2^n$，　(1)

$2S_n=1\cdot 2^2+2\cdot 2^3+3\cdot 2^4+\cdots+n\cdot 2^{n+1}$，　(2)

(1)－(2)得$-S_n=2+2^2+2^3+\cdots+2^n-n\cdot 2^{n+1}$

$=2^{n+1}-2-n\cdot 2^{n+1}$，

$S_n=(n-1)2^{n+1}+2$.

若教师仅是为了解决此题，在课堂上只要花5分钟时间就讲完了，并有一个好听又好记的名字——“错位相减法”，再做几个相同类型的习题，学生也能依照此法解决此类数列的求和问题.从表面一看，学生积累了一定的知识和经验，并按着一定的、熟悉的“现成途径”反复认识，但这就产生了一种先入之见，使思维倾向于某种具体的方法和模式，促使学生在解题过程中总想遵循已掌握的规则系统.这是许多中学生的思维特点，在解题中往往采用最先接触的方法，在教学过程中表现为程式化或模式化，缺少应变能力.然而这一方法从何而来，即“源”在哪里？学生对此缺乏认识的基础.为什么可以用此方法，还有其他解法吗？“流”到哪里也不知道，学生一次又一次地丧失了提高的机会.

数学解题教学中，对学生数学思维过程的启迪与引导具有重要意义，要重视过程教学，寻找数学思维发展的“源泉”.教师的解题教学观不一样，则思考的角度就不一样.

若是真的以学生为中心，意在培养学生的思维能力，则在解题之前或在解题过程中要弄清，学生怎么能想得到这种“错位相减法”.如果学生死记该方法，尽管此类题目能解决，但思维能力没能得到体现.学生头脑中的“错位相减法”是一种操作方法，为什么要用这种方法？这种方法从哪里来？有没有其他方法解决？这种方法还能解决些什么问题？通过解决这一问题，数学能力在哪些方面得到提高？因此，教师应思考下列问题.

1. 若让学生独立完成此问题，他们一般会用什么方法？

通过课堂观察，一般情况下，学生会将$a_n=n\cdot 2^n$拆分为n个2^n相加，或

列出如下数阵

$$
\begin{aligned}
&2\\
&2+2^2\\
&2+2^2+2^3\\
&2+2^2+2^3+2^4\\
&\cdots\\
&2+2^2+2^3+2^4+\cdots\cdots+2^n.
\end{aligned}
$$

转化为一系列的等比数列求和

$$
\begin{aligned}
S_n&=(2+2^2+2^3+2^4+\cdots\cdots+2^n)+(2+2^2+2^3+2^4+\cdots\cdots+2^{n-1})+\cdots\\
&\quad+(2+2^2)+2\\
&=2^{n+1}-2+2^{n+1}-2^2+\cdots+2^{n+1}-2^n\\
&=n\cdot 2^{n+1}-(2+2^2+2^3+2^4+\cdots\cdots+2^n)\\
&=n\cdot 2^{n+1}-2^{n+1}+2.
\end{aligned}
$$

其实这种解法符合学生的认知规律.因为学生最熟悉的求和方法是等差、等比数列求和,将其他数列转化为等差、等比去求和是最自然的.学生将该数列分解和重新组合,将不常规的问题转化为常规问题,将不熟悉的问题转化为熟悉的问题,很好地体现了数学中的化归思维方法,通过自发地变更问题,达到解决问题的目的.因此作为教师在讲此问题时,应留给学生足够的时间,让学生独立地解决它.

2. 为什么可以用“错位相减法”?

学生第一次见到“错位相减法”是在等比数列求和的时候.各种教材中对等差数列求和介绍得比较详细,例如有的教材通过堆放钢管实例引入等差数列求和.而对等比数列求和则没有任何铺垫,直接利用“错位相减法”给出,学生准备不足.那么,怎样做才能使学生感到此法不突然,合理自然呢?

数学解题过程要讲背景,要时刻关注学生的已有知识和经验,在学生的头脑中寻找“源”,即思维的依据,真正做到言之有理.

首先分析等比数列求和为什么可以用“错位相减法”.这是由等比数列的定义决定的,等比数列的定义是 $a_{n+1}=a_n\cdot q$ 对任意 n 都成立.如何求等比数

的前 n 项和？只能回到等比数列之本源——定义，从定义中去挖掘.

先看教材中等比数列的通项公式求法.

由定义可知：

$$\frac{a_2}{a_1}=q,\frac{a_3}{a_2}=q,\frac{a_4}{a_3}=q,\cdots,\frac{a_n}{a_{n-1}}=q,$$

将上面 $n-1$ 个等式的左右两边分别相乘，得 $\frac{a_n}{a_1}=q^{n-1}$，所以 $a_n=a_1q^{n-1}$.几个式子连加或连乘，是学生熟悉而常用的一种思维方式，为下列方法提供了思想方法上的准备.

由等比数列定义可知：

$$a_2=a_1q,a_3=a_2q,a_4=a_3q,\cdots,a_n=a_{n-1}q.$$

如果将上述式子相加会得到什么结果？

$$a_2+a_3+a_4+\cdots+a_n=a_1q+a_2q+a_3q+\cdots+a_{n-1}q,$$
$$S_n-a_1=(S_n-a_n)q.$$

从而得到：$S_n-qS_n=a_1-a_nq$.　　　　　(*)

若 $q\neq1$，则 $S_n=\frac{a_1-a_nq}{1-q}$.

在已得出结果的情况下，再进一步考查(*)的特征.

由(*)式可以发现：$\begin{cases}S_n=a_1+a_2+\cdots+a_n,\\qS_n=a_1q+a_2q+\cdots+a_nq.\end{cases}$

上两式相减可以得到“错位相减法”求等比数列和的方法来历.这是高中数学中“错位相减法”的“源”.而下列问题是这一类问题的“流”，解决时同样可以引导学生与上述方法一样去解决.

【问题】已知数列 $\{a_n\}$ 的通项公式为 $a_n=n\cdot2^n$，求 $\{a_n\}$ 的前 n 项和 S_n.

学生面对的只有通项公式 $a_n=n\cdot2^n$，学生直接求和比较困难，解决这一问题的“源”是什么？应是通项公式 $a_n=n\cdot2^n$ 本身有什么特征，与以前的问题有什么区别和联系.

根据通项公式，学生能得出哪些关系式？学生会得到如下一些式子：

$$a_n = n \cdot 2^n, a_{n-1} = (n-1) \cdot 2^{n-1}.$$

对于上面的两个式子，可以进行一些什么样的运算呢？

$$a_n + a_{n-1} = n \cdot 2^n + (n-1) \cdot 2^{n-1} = (3n-1)2^{n-1},$$

$$a_n - a_{n-1} = n \cdot 2^n - (n-1) \cdot 2^{n-1} = (n+1)2^{n-1},$$

$$\frac{a_n}{a_{n-1}} = \frac{n \cdot 2^n}{(n-1) \cdot 2^{n-1}} = \frac{2n}{n-1},$$

$$a_n \cdot a_{n-1} = n(n-1)2^{2n-1},$$

$$a_n - 2a_{n-1} = n \cdot 2^n - 2(n-1) \cdot 2^{n-1} = 2^n.$$

这是让学生自我探索的一个过程.同学们通过尝试，自我内省.比较分析这几个式子，从左边看，只有最后一个式子简单明晰.可以进行进一步尝试和深入.

由 $a_n - 2a_{n-1} = 2^n$ 得：

$$a_2 - 2a_1 = 2^2, a_3 - 2a_2 = 2^3, \cdots, a_n - 2a_{n-1} = 2^n.$$

将上述式子相加得：

$$a_2 - 2a_1 + a_3 - 2a_2 + \cdots + a_n - 2a_{n-1} = 2^2 + 2^3 + \cdots + 2^n,$$

$$S_n - a_1 - (2S_n - a_n) = 2^n - 4,$$

$$S_n = (n-1)2^{n+1} + 2.$$

从式子 $S_n - a_1 - (2S_n - a_n) = 2^n - 4$ 可发现可以用“错位相减法”，并且可以推广到更一般的情形：若数列 $\{a_n\}$，$\{b_n\}$ 分别是等差、等比数列，则对应项乘积组成的新数列 $\{a_n \cdot b_n\}$ 的前 n 项和都可以用此方法来解决，其本质是因为其递推关系式决定的.通过上述的解题过程，学生对“错位相减法”的来龙去脉有了比较清楚的认识.例如，若 $a_n = (kn+b)q^n$，则

$$a_n - ka_{n-1} = k \cdot q^n.$$

解题过程要符合学生的认知规律，符合数学知识的发生发展规律.让知识的发生发展具有连续性，不突然，不让学生感到像“玩魔术”.反映问题的初始面貌，即认清“源与流”的关系.如果直接告知学生方法，学生就失去了探索的

经历和机会,学生只会被动地接受和模仿.在解题的过程中得不到趣味,只有重复的机械的计算,对学生的学习热情和能力提高都是不利的.

3. 有没有其他方法解决呢?

通过1、2的分析,学生基本掌握了该例题的"源",但"流"在哪里?可以进一步开发.学生除了会等差等比数列求和、反序相加和错位相减法外,还有些什么求和方法呢?学生对裂项求和还是比较熟悉的.如苏教版必修5第62页复习题7.

已知数列$\{a_n\}$的通项公式为$a_n=\dfrac{1}{n(n+1)}$,求前n项和.

该例题能否用这种裂项求和方法?进行怎样的"裂项"才能达到解决该问题的目的?

还是从通项$a_n=n\cdot 2^n$出发,先尝试$(n+1)\cdot 2^{n+1}-n\cdot 2^n=(2n+2-n)\cdot 2^n=(n+2)\cdot 2^n$,

$(n+2)\cdot 2^n$与$n\cdot 2^n$相比还不一致,能否进行适当的调整,使之相一致呢?

再尝试$(n+k)\cdot 2^{n+1}-(n-1+k)\cdot 2^n=(2n+2k-n+1-k)\cdot 2^n=(n+k+1)\cdot 2^n$,

若$k=-1$,则$(n+k+1)\cdot 2^n=n\cdot 2^n$,则有

$$(n-1)\cdot 2^{n+1}-(n-2)\cdot 2^n=(2n-2-n+2)\cdot 2^n=n\cdot 2^n.$$

因此

$$\begin{aligned}S_n&=a_1+a_2+a_3+\cdots+a_n\\&=2+2^3-0\cdot 2^2+2\cdot 2^4-2^3+3\cdot 2^5-2\cdot 2^4+\cdots+\\&\quad(n-1)\cdot 2^{n+1}-(n-2)\cdot 2^n\\&=2+(n-1)\cdot 2^{n+1}.\end{aligned}$$

如果数列的通项公式为$a_n=(kn+b)q^n$,同样可以用待定系数法进行裂项求和.

三、总结提升

在解题教学中,问题的解决过程要体现思维的阶梯性,按解题方法的内

在联系一步一个台阶，逐步“流”向更宽广处，使学生亲自体验在独立研究中碰到的各种不同情景.

综上所述，解决该例题，“源”是等比数列求和，本质是已知条件给予的通项公式.这一条件决定了该数列的性质、特征和解决途径.“流”是在解决这一问题的过程中所体现的不同的思维方法和学生能力的培养.教师在教学时应帮助学生认识“来源”，学生才能把握问题的“流向”，从而使解题的渠道畅通，数学思维能力得到提升.

从数学的角度看，要求解题教学应使知识构成有机整体，而非积木式的堆砌.用一系列的思维活动贯穿知识，使学生能遵循着这一思路领会到数学知识深化发展的动态过程，从而把“结果教学”转变为“过程教学”.做到既要“开源”，又要“疏流”，使学生的数学思维能力得到升华.

31

在解题教学中让学生的数学思维“看得见”

孙居国

一、让学生的数学思维看得见的意义

对于高三数学课堂教学，笔者听了很多课，但基本上都有如下一个相对固定的模式.① 知识梳理：将本节课或本单元的重点知识罗列，方法归类.② 基础回顾：主要是基本知识直接应用.以小题形式出现.③ 典型例题：解答题形式出现，难度上有所增加.④ 课堂测试：小题形式，直接用本课知识方法解决问题.这种教学过程中存在的最大问题是：强调“记忆和掌握现成的知识”，而把学生独立进行创造性活动放在次要的地位，学生被动地接受，很少让学生自己去发掘知识，忽视了学生的思维活动过程.教师教的不是为了学生真正地理解，只是让学生模仿，记住有关的结论、题型和方法.用这样的方法培养出来的学生，大多只能做死题，死做题，只能机械地、毫无创造性地套用所学的知识，对数学思维能力的培养没有好处.

为了让学生有效地进行学习，必须让学生对原有知识和经验作出自我评价和必要的调整，强调学生的自我意识.高三的数学教学，应是通过解题教学把知识、技能、思想、方法联系起来，让学生的数学思维看得见，从而达到掌握基础、传授方法、揭示规律、启发思想、培养能力的目的，形成相对稳定的解题认知结构和思维风格.

二、让学生的数学思维看得见的做法

下面结合课堂实例对高三教学活动谈一谈体会与认识.课题是《直线方程》.

【问题】"已知直线 l 经过点 $P(1,2)$，请同学们自己再加另一个条件.求直线 l 的方程."

1. 过程的分析

通过对学生给出结论的整理与分析(见下表)，发现学生构建问题的过程是知识不断重组或思维不断优化的过程，可以看出学生数学思维的一些重要特征和认知风格.学生解题能力的形成，并不取决于解题数量的多少，而与题目的质量有密切关系.所谓题目的质量，是指题目有一定的控制功能，不仅有助于知识的巩固和理解，而且有助于解决新问题.这在很大程度上决定了解题教学的效果.

表 1

学生添加的条件	过程分析
$k=2$	这一类问题，是学生根据直线的基本形式，把直线方程最基本的问题都包含进去了.可以发现这类学生思维定位在直线方程的基本形式.特别是注意了斜率不存在的情形. 通过这类问题的解决，学生基本上巩固了直线方程的五种基本形式，比教师归纳或提问叫学生回答效果更好.
倾斜角为45°	
直线在 x 轴上的截距为 1	
过点(3,4)	
斜率不存在	
在 x 轴与 y 轴上的截距相等	
与直线 $y=-x$ 垂直	两条直线的位置关系.与单一求直线方程相比思维上又进了一步，巩固了知识之间的联系.
与 $y=7x+2$ 平行	
原点到该直线的距离为 1	点到直线的距离.从学生的设问答可以看出：从几何和代数两个方面来寻找解决这类问题的思路.几何的特殊位置和函数的极值对应起来.
与点(2,3)距离最远	

续　表

<table>
<tr><th>学生添加的条件</th><th>过程分析</th></tr>
<tr><td>且 $Q(3,4)$距直线距离为 3</td><td rowspan="5">有的学生不仅考虑了点到直线的距离，还更进一步考虑到方法与结果的特征.与 $x^2+y^2=1$ 相切、与 $x^2+y^2=5$ 相切和与 $x^2+y^2=3$ 相切反映了解题方法与思路.当半径为 1 时，有一条直线斜率不存在的情形要单独讨论.当半径为$\sqrt{5}$时，点正好在圆上，只有一条.当半径为$\sqrt{3}$时，有两条.当半径为 3 时，没有切线.包含了分类讨论等思想.充分暴露了思维的层次性.</td></tr>
<tr><td>与 $x^2+y^2=1$ 相切</td></tr>
<tr><td>与 $x^2+y^2=5$ 相切</td></tr>
<tr><td>与 $x^2+y^2=3$ 相切</td></tr>
<tr><td>与 $x^2+y^2=9$ 相切</td></tr>
<tr><td>经过直线 l_1：$2x-y+1=0$ 与 l_2：$3x+y+5=0$ 的交点</td><td rowspan="2">该问题提出后同学们发现解“不够好”，原因是两直线交点坐标比较“繁”，同学们立刻沿着这一思路比寻找更好的“解”，逆向思维、自我纠正、调节监控等思维手段充分调动起来.
调整后 l_2：$3x+y+4=0$</td></tr>
<tr><td>与方程 $4y^2+3x+2=0$ 所表示的曲线相切</td></tr>
<tr><td>截直线 $2x+y-2=0$，$x-2y+2=0$，且 P 为该线段的中点</td><td>该问题将已经做过的典型问题与本题结合起来.</td></tr>
<tr><td>与两坐标轴围成的面积是 3</td><td rowspan="10">从这类问题中，学生已经考虑到知识的迁移.
函数、方程思想在此得到了很好的应用.设直线方程为 $y-2=k(x-1)$在 x，y 轴上的截距分别为 $y=2-k$，$x=1-\frac{2}{k}$，
截距之和为 $f(k)=2-k+1-\frac{2}{k}=2-k-\frac{2}{k}$.
与坐标轴围成面积 $f(k)=\frac{1}{2}\mid 2-k\mid\cdot\left|1-\frac{2}{k}\right|=\frac{1}{2}\left|4-k-\frac{4}{k}\right|$.
而有的答案存在解，有的不存在解，学生自然就探究：为什么不存在解，原因是什么？怎样调控才能使结果更合理？学生的思维积极性得到充分的调动.思维过程清晰生动地暴露出来.而这些教师在设计时不可能全部想到.
通过探索活动，学生根据自己的经验和知识，运用实验、观察、想象、直觉、猜想、验证和反驳的方法，寻求一种可能结论性活动.其基本特点是：不是运用逻辑推理的论证方法，而是运用合情推理的探索方法，可以预测可能性结论的正确程度，对其作出合理的修正，其结果只具有可能性，必须通过严格的论证才是可靠的.</td></tr>
<tr><td>与两坐标轴围成的面积是 1</td></tr>
<tr><td>在坐标轴上截距之和最大</td></tr>
<tr><td>交坐标轴正半轴于 A，B.$PA\cdot PB=4$</td></tr>
<tr><td>与两坐标轴围成的面积是$\frac{9}{2}$</td></tr>
<tr><td>在坐标轴上截距之积为 12</td></tr>
<tr><td>在 x 轴与 y 轴上的截距的平方和为 10</td></tr>
<tr><td>在 x 轴与 y 轴上的截距互为相反数</td></tr>
<tr><td>与两坐标轴围成的面积是 1 的直线方程</td></tr>
<tr><td>在 x 轴与 y 轴上的截距之和最大，截距之积最大</td></tr>
</table>

续 表

<table>
<tr><th>学生添加的条件</th><th>过程分析</th></tr>
<tr><td>与 $y=-3x-5$ 关于原点对称</td><td rowspan="4">同样是错误，但反映了学生不同的思想轨迹.这几位同学数学思维水平很高，但有时不够严谨，应保护其积极性，弄清他们的真实意图.
通过对问题的展示，暴露出学生一些表述语言的规范性.用日常生活概念代替数学概念.用形象描述代替数学概念.对学生的数学表达提出更高的要求.能更好地帮助学生阅读问题和理解问题，清楚地表达自己的数学观点.
可以发现学生的思维习惯，有的粗枝大叶，丢三落四，看起来会做，但做不出结果.培养了学生思维的深刻性.
有的小心翼翼，不敢越雷池半步，重点不突出，事倍功半.灵活性不够.运算能力差异性大.有的运算能力强，解题能够深入.有的运算能力较差，得不出结果，使解题到处受阻.</td></tr>
<tr><td>与 P 关于直线 $x=y$ 的对称点的直线方程</td></tr>
<tr><td>与 $|x|+|y|=1$ 仅有 2 个交点</td></tr>
<tr><td>关于原点对称的直线距 $(2,0)$ 距离为 3</td></tr>
</table>

从学生的提供的情况分析，直线方程的基本形式，与直线相关的概念，直线间的关系，点线关系、直线和圆的关系都充分地体现出来.还可以不要老师结合过$(1,2)$点条件，将其他学生的两个条件合起来又得出新的问题.这可以给学生更多的思维空间.

2. 问题的反思

为什么这样提问？是为了更好地提高高三的课堂效率，做到不是对高一、高二所学知识的简单重复，而是对学生能力的进一步提升和发展.要有利于促进学生对原有知识经验回顾、整理重构，更贴近学生的实际，从学生中来，到学生中去.提高课堂的兴趣，使学生一直处于思维的兴奋点.问题所涉及的知识发生在学生的最近发展区.设计这一问题有以下四个方面的思考.

(1) 降低思维的起点，创设思维活动的基础.

因为，高三学生与高一、高二的学生不一样，知识经验的准备不一样，学生对高中数学知识和方法已经有了一定的了解，对知识已经掌握到了不同程度.在高三的数学课堂上，对于各类学生的数学知识、能力及认知风格有较深入的了解，应是教师设计教学的逻辑起点.由于学生的差异性和个性特征不同，为了让不同的学生都有思考的空间，所以教学设计应促使每一个学生都有思维活动的基础，调动全体学生的积极性和参与热情，比较完整和清晰地反映学生的思想特征和过程，充分体现每一位同学的个性特征，暴露学生的优点和不足.充分利用主体已有的知识经验在认识活动中发挥了十分重要的作用，这也就是说，主体并不被看成在认识活动中处于完全被动的地位，而是发挥了十分重要的能动作用.

(2) 拓宽问题的出口，展示思维的过程和风格.

由于低起点，每一个学生都能给出相应的结论，但学生的认知风格各异，所以给出的结论各不相同，与高一入学时相比学生的差异性更大，课堂的兴趣会减少，新奇性减少，而其思维方式、认识风格已基本形成，有的学生喜欢用固有的方法去解所有的问题，定式思维现象较严重；有的学生喜欢用新方法去解决原有问题，这就是求异思维.通过学生对问题的解答，可以发现学生的思维过程和风格.

(3) 调动学生参与的主动性，激发学生思维的热情.

开放性的问题具有较大的普适性，让不同层次的学生都有思考的时间和空间，能够激发学生参与课堂的热情，每一位学生主动地回忆原有的知识和经验，结合自己的思维特征，主动地、积极地参与到课堂中来.若直接给出确定的问题，学生感到乏味，优秀学生做了大量重复无效的活动，而学习能力比较差的学生跟不上课堂节奏，感到学习困难.老师不能深入了解学生的想法，整个课堂以教师为中心，学生围着老师的问题团团转，始终处于被动接受的地位.而通过这样的设计，使问题与学生已有的认知结构之间建立起实质性的、非人为的联系，使得学习更有意义.在解题问题之前就已经对模式进行了思考，变“被动的防守”为“主动的进攻”，给学生提供了一种思考问题的模式.

(4) 培养学生的独立性，形成稳定的思维结构.

教师的指导应体现为为学生创设情境，问题情境的开放性和结论的不确定性，能让每一位学生独立地积极地进行数学思维活动，在各自能力范围内寻求最佳的答案.独立性原则决定了数学思维活动必须由学生独立进行，教师应对学习过程中学生的真实思维活动深入了解与分析，创设情境，让学生主动独立地从事有意义的学习.

总之，教师在进行解题教学时，不但要关心问题的结果，而且更关心学生求得结果的过程，也就是解题的思维过程.从数学教育角度看，能帮助学生探索解题的思维过程是很有价值的，从学生给出的结论可以看出学生思维的特征.通过学生自己提出条件，其必然对原有知识和经验进行自发的回忆与识别，在这个过程中教师可以发现学生的思维的深度、广度和严谨性，并通过适当的调整来提高学生学习的积极性和主动性.

32

抓住薄弱环节，提升学生解题能力

周　杰

解题一直是数学教学中非常重要的部分，高三更是看重培养学生解题能力.测验和考试就成为高三数学教学中非常频繁的教学活动.每次测验后对试卷的讲评对学生来说就是总结、提升的契机.上好试卷讲评课可以帮助学生找出自己在学习中的问题，发现自己的薄弱环节，这对学生后续规划和调整学习策略，提升成绩有着非常积极的作用.

那么怎样上好试卷讲评课呢？

一、准备充分

上好试卷评讲课首先要做好充分的课前准备：

讲哪几道题？

讲哪方面的问题？

这些问题分别针对哪些学生？

要搞清楚这些问题就需要教师精心做好课前准备.

(1) 认识试卷.认真分析试卷上的问题：考的是哪些知识点？哪里是易错的？每道题的难度如何？

(2) 统计答卷.结合批改的情况对学生的答卷进行"技术分析"：哪几题学生的得分率最低？有哪些典型的错误？(对学生的错误适当地进行分类可以更好地分析学生的学习状况)最有可能提高的分数在哪里？

(3) 精选评讲内容.讲评试卷肯定不会每题都讲,是不是专讲难题? 专讲得分低的题? 这也不完全正确.

以 2013 年南京市高三第二次模拟考试为例,改完试卷后有一个得分统计,如表 1 所示.

表 1

题号	1	2	3	4	5	6	7	8	9	10	11	12	13	14
满分	5	5	5	5	5	5	5	5	5	5	5	5	5	5
均分	4.8	4.9	4.7	4.5	4.9	4.4	4.8	4.7	4.8	4.0	3.6	4.5	1.3	1.2
题号	15_1	15_2	16_1	16_2	17	18_1	18_2	18_3	19_1	19_2	19_3	20_1	20_2	20_3
满分	8	6	8	6	14	2	6	8	3	5	8	4	5	7
均分	7.2	4.7	6.7	2.7	11	2.0	3.5	0.3	2.9	2.3	0.2	3.3	2.2	0.1

从得分情况上看 13,14,16,18,19,20 这几题应该重点评讲.但是光看这些数据是不够的,在对试卷进一步分析后发现学生主要在以下几个方面存在问题:

(1) 对基本的数学概念、定理理解和掌握不到位,背定理,不理解,学得比较教条.第 8、10、17、18(2)、19(2)基本题型得分较低,说明对基本概念的掌握和运算熟练度未达标.

(2) 重点知识(高考中应得分,也比较容易得分的知识)不过关.对这些问题,学生好像知道一点,但实际操作时,有点乱,不能很快地检索到解题方法,不能选择好的解题方法,丢三落四,处处有问题.如:第 6 题,方法和思路仍不够清晰,解题步骤不规范;第 17 题,基本的解题策略不具备(大多数学生),对解决与图形有关的应用题的一般程序掌握不到位;第 18、19、20 题的前两问,有能力做但实际效果还不够理想等.这种现象在一模考试中已经出现,但未能解决好,下一个阶段一定要重点解决(针对自己学生出现的问题,有计划地进行教学和训练).

(3) 计算能力比较弱,特别是对含字母的运算的算理不清晰,有时在计算中,反思不到位,特别是成绩排名在班级前 70%~40%的学生,眼高手低.如第 15(2)、18(2)等题.同时在某些题的运算中路径选择不恰当也是下阶段需要重点解决的问题.

(4) 常见的数学思想方法没有得到应有的重视.如第12、20题,想不到画个图像;第20题,分类不清;第14题,运用从特殊到一般的思想方法等.

结合上面的分析,笔者发现第12、13题当中不少学生考虑问题不仔细、不严谨,思路比较窄,这些也需要重点讲评;15题得分较高,但是很多学生都在表达的过程中有疏漏,不够规范,也需要再次跟学生强调;至于19、20题的第三问得分很低,基本上全班都没有几个人得分,由于这些题目本身较难,对绝大部分学生来说这两题也确实做不出,所以这两题不必展开分析,只需给出答案即可.

所以,一张试卷上那些需要讲评的试题不光是得分比较低的题,还有出现了典型的错误的,或答题规范性上面有问题的.至于计算上的问题,即便是全班都有问题,也只好让学生自己多算几遍.总之,讲评课的选题就是要选那些讲了、评了能有效的问题.

二、注意评讲方式

上试卷讲评课的时候要注意评讲的方式:

怎么安排讲评试卷?先讲哪题后讲哪题?

安排多少时间给学生自己订正?

以怎么样的形式讲?要不要拓展?拓展到什么程度?

这些问题不考虑好,课一样也上不好.

1. 及时评讲

一般试卷的讲评应放在测试后第一节课为好.此时教师刚阅完卷,对学生存在的问题了如指掌.而学生此时对于试卷所考查的知识点也是非常熟悉的.此时他们的热情也正高涨,他们不仅急于知道分数,更急于知道正确答案,求知欲极强.如果时间过长,逐渐淡忘,学生就会失去兴趣和积极性,也就失去了学习的主动性和学习动力.此时再讲,效果可能就会大打折扣.而绝大多数学生接到试卷后,首先关心的是分数和名次,接着便会主动关注出错的题目.对于会做而做错(即粗心出错)的题目,学生多会为此懊悔和自责,教师不必多费口舌.那些当时不会做的题目,在考试结束后,也可能通过向他人询问答案或查找资料,掌握或基本掌握了全部或部分问题的解决方法,学生这种主动纠错的积极性，教师应十分珍视，但不必急于开始讲评.对于那些不能准确把握答案的题目，学生则急切地想知道问题的答案和错误原因；这个时候，他们的学习动机和求知欲望表现得最强烈，这也正是开始讲评的最好时机.因此，在试卷正式讲评之前，教师应该稍微留出一点时间，让学生自主订正.至于留多长时间则要看试卷的情况，如果学生粗心的错比较多，可以多留些时间让他们自己订正；如果大部分问题是做不出的题，自己订正的时间就不用这么多了.

2. 归类分析

评讲试卷当然不必顺着题号一个一个讲.教师可以按照题目考查的知识点进行分类，将一个知识点下的几个问题串在一起讲，也可以按照错误的类型将题目划分几类，讲评时彼此联系互相对照.

还是以 2013 年南京市高三第二次模拟考试为例.这份试卷上，按照知识结构分类的话，第 8、13、19 题都是解析几何题，第 9、14、18 题都是数列题，第 10、12、20 题都是函数题.这么一来几道题之间相互联系评讲也比较有针对性.或者按照错误类型来分，第 15、16 题都是简单题，但是学生都有表达不规范的问题，归为一类.第 5、11、12、17 等题学生错误的主要原因是审题不清，归为一类.还有计算量大的第 18 题，大部分学生的分析能力还不足以解决的第 19、20 题.

3. 区别对待

针对不同的问题还应该采取不同的评讲策略.我们评讲试卷的目的是让学生有所提高，有所改进.对于全班都不会的问题，要分清楚这个问题是不是教学要求内的.如果是，一定要细细分析，教会学生.如果是过难的，超出教学要求和学生的能力水平的，不用过多纠缠，给出答案也就是了.对于学生计算不过关的问题，可以先讨论，有没有减少计算量的方法.

4. 发动学生

教师要根据情形充分调动学生课堂参与的积极性，充分发挥学生的主体作用.对那些典型的错误可以让学生讲解.对于那些考试时答对的学生，可以让他将当时的思路、解题方法向大家介绍，让大家评论.对于当时答错的学生，教师也可以让他将当时的想法讲出来，看一下其他答错的学生是否也有共同的根源.当然，此时教师应该特别慎重，对一些较敏感的中学生来说，公开展示自己的错误是一件很丢面子的事.对于敢于向大家公开自己的不足的学生要给予肯定，以保护其积极性，切忌随口说出一些指责其考试时粗心、马虎的话语.

5. 变式拓展

评卷课的目的是总结教学中的得失，为下一步的教学工作提供导向.学生试卷中反映出的问题大多数是教学过程中的重点和难点，不大可能一次讲评后学生就完全掌握.试卷中出现的知识、能力方面的问题往往也不是一节课就能解决的.为了达到让学生掌握的目的，与之配套的跟踪训练不可少.教师应当围绕试卷中所出现的一些问题再设计一些针对性的练习与变式练习，让学生通过练习，及时巩固与提高.巩固性习题设置的题目要有梯度，以照顾不同类型的学生有所提高.只有这样，试卷评讲课才能收到良好的效果.巩固性习题教师应精心挑选，避免简单的机械重复.同时更应避免“题海战术”，从而达到减负与高效的目的.通过反复强化，巩固讲评效果，以帮助他们真正地掌握.

三、继续跟进

上完课后还有很多要继续跟进的任务：

安排学生完成书面的试卷订正和试卷分析.

对学生进行个别的辅导，解决个别问题.

1. 考后总结

试卷讲评后，教师“应当研究学生所犯的错误，并把错误看成是认识过程和认识学生思维规律的教学手段”.从教与学两方面和学生一起冷静分析，认真反思：本次考试有没有达到理想的效果？有哪些经验值得保持？哪些是由于教师的教学原因而导致学生失分？哪些地方的错误本可避免？……一方面教师要找出原因，在以后的教学中改进；另一方面要引导学生写出心得体会，总结考试成败的原因，学会自我评价、自我改进，明确今后的努力方向，以利于考试时扬长避短.同时，这样做不仅有利于教师提高教学水平，也有利于教师与学生在思想上的共鸣，从而使教师真正地赢得学生的信任！

2. 个别辅导

学生总是有差别的，对于课堂上略讲、没讲或难度稍大的题目，不是每个学生都能掌握.对于没掌握的学生，教师有必要进行课后的个别辅导，这样才能做到面向全体，全面提高.这就需要课后老师与学生个别交换意见，进行个别辅导.要求老师能够与学生真诚平等对话而不是训斥，才能了解到学生出现错误的原因，从而为学生提供必要的帮助，在个别辅导时，不仅要帮助学生分析存在的问题，更不要忘了表达对学生的欣赏，要帮助学生充分认识自己在解题中的成功之处，增强学生对学习的信心.

教学是极其复杂的，以上只是笔者对试卷讲评课模式的一点体会.针对不同情况的班级和试题难易不同的考试，试卷讲评课的形式应有所调整.教无定法，上好一节课不会有一种一劳永逸的形式.如何应对可能出现的各种新情况、新问题，有待于我们在今后的教学实践中进一步探索和完善.

33

例谈变式教学，提升教学效率

周　杰

变式教学作为一种传统和典型的中国数学教学方式，有着广泛的经验基础，在广大一线教师的教学实践中运用广泛.变式教学的基本特征表现为多角度理解数学概念和原理，以及有层次地推进教学."变式"主要是指对例题、习题进行变通推广，重新认识.学生通过对变式题组进行梳理与归纳，可以多次审视解题方法的运用，多次体验数学概念、原理的建构与应用.适当的变式训练对学生掌握概念、训练解题都起着不可忽视的作用.

在日常的教学中，尤其是在高三复习过程中，恰当的变式训练是让学生熟练掌握基本概念、基本方法，提升中档题的得分率的十分重要和有效的方法.当然变式训练最终的目的是培养学生掌握方法，能够透过不断变化的问题表象准确把握问题的核心.下面就以我们在高三一轮复习中直线与圆的一节复习课为例，谈谈如何指导学生通过变式训练厘清基本概念，掌握基本方法.

一、教学内容与目标

直线与圆是高中数学的重要内容，高考必考的C级考点.近两年来江苏高考卷中直线与圆的考查频次很高，近五年的考查了三道直线与圆的解答题.直线与圆考查的难度一般以中档题为主，运算量适中.对大部分学生来说应该是能够得分的题型.实际教学中，学生对这类问题的解决与我们的预期总有差距，速度与正确率都有待提高.

二、教学设计解析

题组1

【例1】圆 $x^2+y^2-2x=0$ 上的点到直线 $x-y+1=0$ 的最小距离为________.

分析　这类圆上的点到直线的距离最大最小值的问题通常都是利用圆心到直线的距离加或减半径来解决的.本题只需计算圆心 $(1,0)$ 到直线的距离，然后减去半径1，就可以得到圆上点到直线的距离最小值 $\sqrt{2}-1$.

【变式1】圆 $x^2+y^2+2x+4y-3=0$ 上到直线 $x+y+1=0$ 的距离等于 $\sqrt{2}$ 的点共有________个.

分析　本题中，到直线 $x+y+1=0$ 的距离等于 $\sqrt{2}$ 的点在直线 $x+y+3=0$ 或 $x+y-1=0$ 上，所以只需考虑圆 $x^2+y^2+2x+4y-3=0$ 与这两条直线的交点个数，即圆与这两条直线的位置关系.圆心到直线 $x+y+1=0$ 的距离为 $\sqrt{2}$，圆的半径为 $2\sqrt{2}$，比较半径与圆心到直线距离即可得到圆与 $x+y+3=0$ 相交与 $x+y-1=0$ 相切，所以圆与两条直线共三个交点.

【变式2】圆 $(x-5)^2+(y+1)^2=r^2(r>0)$ 上有且仅有两点到直线 $4x+3y+2=0$ 的距离等于1，则实数 r 的取值范围是________.

分析　易得圆心到直线的距离为5，由上题分析可知与 $4x+3y+2=0$ 平行的两条直线中一条与圆相交，另一条与圆相离，所以 $5-1<r<5+1$，即 $4<r<6$.

设计意图　直线与圆的位置关系判断的方式基本有两种.

解析1：代数法，判断直线 l 与圆 C 的方程组成的方程组是否有解.如果有解，直线 l 与圆 C 有公共点.有两组实数解时，直线 l 与圆 C 相交；有一组实数解时，直线 l 与圆 C 相切；无实数解时，直线 l 与圆 C 相离.

解析2：几何法，判断圆 C 的圆心到直线 l 的距离 d 与圆的半径 r 的关系.如果 $d<r$，直线 l 与圆 C 相交；如果 $d=r$，直线 l 与圆 C 相切；如果 $d>r$，直线 l 与圆 C 相离.

一般情况下几何方法明显比代数方法计算量小，所以这里几个例子显然用几何关系容易判断，用代数方法学生就会陷入大量的复杂计算中去.

题组 2

【例 2】 若关于 x 的方程 $x+m=\sqrt{1-x^2}$ 恰有两个实数根，则 m 的取值范围是________.

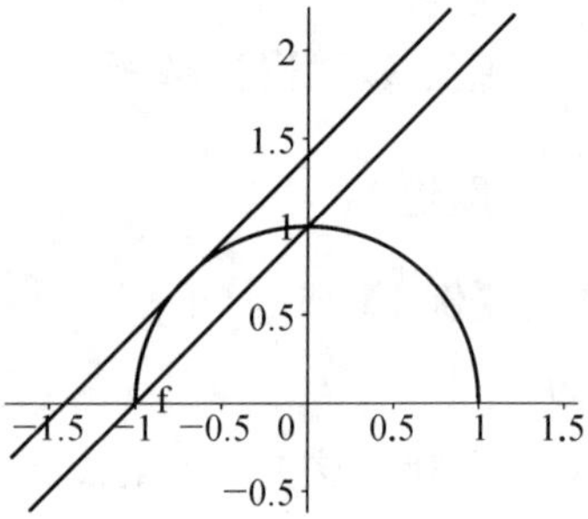

图 1

分析 如图，考虑等式两边两个函数的图象有两个交点. $y=\sqrt{1-x^2}$ 的图象是圆 $x^2+y^2=1$ 的上半部分，则 $y=x+m$ 的图象应介于 $y=x+1$ 与 $y=x+\sqrt{2}$ 之间. 且 $m=\sqrt{2}$ 时两函数图象只有一个交点，所以 $1\leqslant m<\sqrt{2}$.

【变式 1】已知函数 $y=x+3-\sqrt{r-x^2}$ 有两个零点，则实数 r 的取值范围为________.

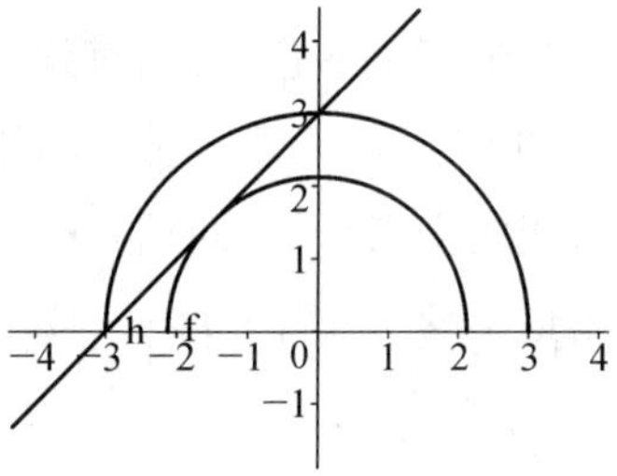

图 2

分析 函数 $y=x+3-\sqrt{r-x^2}$ 零点的问题就是方程 $x+3=\sqrt{r-x^2}$ 的解的问题. 与上题类似，不过这里是定直线与动圆的交点问题. 所以 $\frac{9}{2}<r<9$.

【变式 2】如果函数 $y=1+\sqrt{4-x^2}$ ($|x|\leqslant 2$) 的图象与函数 $y=k(x-2)+4$ 的图象有两个交点，那么实数 k 的取值范围是________.

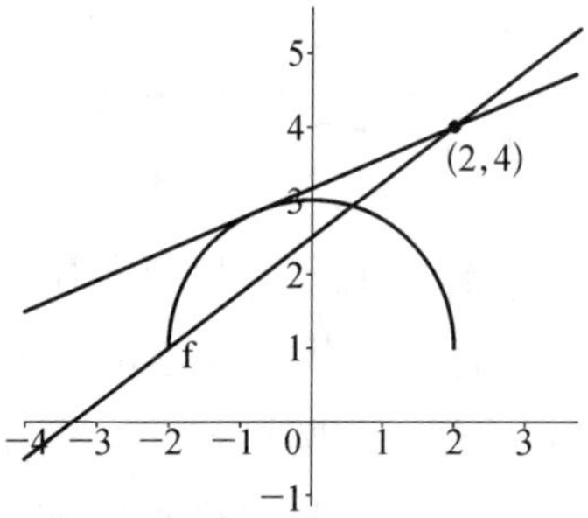

图 3

分析 与上两题类似，这是一个过定点的直线与半圆有两个公共点的问题. 结合图象，计算过 $(2,4)$ 的圆的切线的斜率以及过 $(2,4)$ 与 $(-2,1)$ 两点直线的斜率. 最后得到 k 的取值范围是 $\left(\frac{5}{12},\frac{3}{4}\right]$.

设计意图 这一组问题是用数形结合解决函数零点问题、方程根的个数问题的经典问题. 三个问题各有不同，动直线——上下平移还是绕定点旋转，动圆——改变半径，当然还可以改变圆心的位置. 表现形式也有差异，方程的解的个数、函数的零点、函数图象的交点这些都是此类问题的常见表现形式.学生通过对这几个问题的讨论,对此类问题的辨识力大大加强.

这几个问题还都涉及圆的切线的问题,如何求切线?是不是都可以有两条切线?如果算不出两条切线问题在哪?代数方法(联立方程,令判别式为零)好用还是几何方法(圆心到直线的距离等于半径)好用?——这些都是值得拓展讨论的问题,也与前一组问题呼应,强化几何关系在这里的运算优势.

还有个细节:求范围的时候端点是否可取?端点是否符合题目要求需要仔细检验.

题组3

【例3】在平面直角坐标系 xOy 中,已知圆 C:$(x-a)^2+(y-a+2)^2=1$,点 $A(0,2)$.若圆 C 上存在点 P,满足 $PA^2+PO^2=10$,则实数 a 的取值范围是________.

分析 不妨设点 P 坐标为 (x,y),由 $PA^2+PO^2=10$ 得 $x^2+(y-2)^2+x^2+y^2=10$,化简得 $x^2+y^2-2y-3=0$.圆 C 上存在点 P 即两圆有公共点,两圆有公共点则圆心间距离介于两圆半径差与半径和之间.解得 $0\leqslant a\leqslant 3$.

【变式1】(2013 江苏卷第17题)如图,在平面直角坐标系中,点 $A(0,3)$,直线 l:$y=2x-4$.设圆的半径为1,圆心在 l 上.

若圆 C 上存在点 M,使 $MA=2MO$,求圆心 C 的横坐标 a 的取值范围.

图4

分析 设 $M(x,y)$,由 $MA=2MO$ 可得 $x^2+(y-3)^2=4(x^2+y^2)$,化简得 $x^2+y^2+2y-3=0$.若圆 C 上存在点 M 即两圆有公共点,解得 $0\leqslant a\leqslant\frac{12}{5}$.

【变式2】(2005 江苏卷)设圆 O_1 与圆 O_2 的半径都是1,$O_1O_2=4$,过动点 P 分别作圆 O_1,圆 O_2 的切线 PM,PN(M,N 分别为切点),使得 $PM=\sqrt{2}PN$.试建立适当的坐标系,求动点 P 轨迹方程.

分析 以 O_1O_2 中点为坐标原点,O_1O_2 所在直线为 x 轴建立坐标系.设动点 $P(x,y)$,由 $PM=\sqrt{2}PN$ 得 $(x+2)^2+y^2-1=2[(x-2)^2+y^2-1]$.化

简得 $x^2+y^2-12x+3=0$ 即为所求轨迹方程.

设计意图

这组问题才是这节课的“主菜”，通过对这组问题的讨论希望学生可以收获一些辨识隐含条件的方法.

希望学生能养成这样的分析习惯：

这道题研究对象是什么？

研究对象有哪些性质？

它们之间的关系是什么？

……

比如例3，研究圆 C，点 P，圆有什么性质？圆心怎样？在直线 $y=x+2$ 上，半径怎样？半径是1，点 P 有什么性质？$PA^2+PO^2=10$，什么意思？用坐标表示出来得到一个新的圆的方程，有什么用？圆 C 上存在点 P 就是 P 的轨迹跟圆 C 有公共点.最后化归为两圆有公共点的问题.

变式1中动点轨迹的条件发生变化了，但是思维过程是一样的.变式2则干脆省去了后面的部分，直接面对学生可能出问题的地方——无法辨识隐含的圆的条件.几种情况虽然没有包罗万象，但应当足够触类旁通，举一反三.

这组问题一样又涉及两圆的位置关系的判断，同样，用几何方法比较圆心距与两圆半径的关系要比联立方程判断解的个数容易得多.

最后归纳的解题策略：

① 明确研究对象；

② 厘清基本性质——对于圆：圆心，半径；对于直线：定点，斜率；

③ 表达对象间关系——尽可能使用几何关系；

④ 代数式化简，运算.

三、课后教学反思

1. 形变意不变

学习是个循序渐进的过程，教学必须遵循由浅入深、由易到难的顺序变化，给学生创造不断进取的情境.教学的变式不应该范围大，难度大，而应在相同的情境中进行微变，让学生学习的兴趣与积极性更高、更强，教学更高效.

变式教学要根据教学需要，遵循学生的认知规律而设计教学变式.其目的是通过变式训练，使学生在理解知识的基础上，把学到的知识转化为能力，形成技能技巧，完成“应用—理解—形成技能—培养能力”的认知过程.教师应该精心设计铺垫性变式题组，既体现在知识、思维上的铺垫，又展示知识的发生过程，找准新知识的生长点，实现知识的迁移，提高学生数学思维的灵活性.

2. 变中寻不变

教学中尤其是复习阶段加强训练“一题多解”和归纳“多题一解”.“一题多解”可以提升学生思维的灵活性，比如这节课的所有例题都有代数和几何两种解题途径.“多题一解”则是寻求一类题的常规解法，重视“通题通法”.在复习阶段多归纳通题通法，不仅达到减轻学生负担、摆脱题海战术、切实提高教学质量的目的，还通过题目的拓宽、加深、变化，培养学生思维的广阔性和变通性，提高数学解决问题的能力.事实上绝大多数高考题，尤其是高考中的中档题都是用常规解法解决的.

教学中多教解题策略，少拼命刷题，多讲通解通法，少讲繁难偏怪，如此教师少一分劳累，学生多一分收获.

参考文献

[1] 刘长春，张文娣.中学数学变式教学与能力培养[M].济南：山东教育出版社，2001.

[2] 涂荣豹，王光明，宁连华.新编数学教学论[M].上海：华东师范大学出版社，2006.

[3] 钟海平.搭建变式教学平台　培养学生数学思维[J].中学数学参考，2013(11).

[4] 李善良.现代认知观下的数学概念学习与教学[M].南京：江苏教育出版社，2005.

34

用数学的眼光观察世界

——数学活动课的教学建议

张　玮

一、什么是数学活动课

从广义上讲，数学活动是指在课堂教学中，学生参加的与数学学习有关的所有活动.所以，无论是做题、画图、回答问题等外在行为活动，还是思考、想象等内在思维活动，都属于数学活动的范畴.从这个角度而言，只要是有效的课堂教学，就是数学活动课.

本文所涉及的数学活动课是一种狭义的数学活动课.即教师以引发学生兴趣为抓手，以学生自主探究活动为主要方式，以提高学生解决问题的能力为目的开展的方式多样、形式多变的活动课.这种活动课的主要教学内容仍然是教材内容，或者是教材内容的延伸.

二、为什么要开展数学活动课

毫无疑问，对任何学科能够深入学习、愿意主动研究的重要原因之一是对这门课有兴趣.而数学课往往给人以难度大、抽象程度高、不易学好的印象.那么，如何培养学生学习数学的兴趣呢？在日常教学中的调查可以发现，目前大多数学生学习数学的动力更多还是来源于升学等实际存在的压力，而不是对数学学习的兴趣.当被问及“数学有什么价值”时，许多学生的回答还是局限于小学算术的应用方面.

而对数学学科的兴趣培养和数学文化水平提升这样的教学目标虽然可以在平常的常规教学中渗透，但很难在普通常规教学中大规模、高密度地进行.数学的活动形式似乎也比较少，往往局限于口头回答问题、纸笔运算、板演板书等形式.

《普通高中数学课程标准(2017 年版)》(以下简称《标准》)中提到："数学建模活动与数学探究活动是综合提升数学学科核心素养的载体.教师应整体设计、分步实施数学建模活动与数学探究活动，引导学生从类比、模仿到自主创新、从局部实施到整体构想，经历'选题、开题、做题、结题'的活动过程，积累发现和提出问题、分析和解决问题的经验，养成独立思考与合作交流的习惯."

所以适当开展以课本内容为载体的数学活动课，可以用多种形式加强学生的探究活动能力，加深对所学内容的理解和应用.

三、如何开展数学活动课

1. 选取合适的教学内容

因为不是必修内容，所以数学活动课在内容选取上有较强的灵活性.那么，选取的标准有哪些呢？笔者认为，应该以便利性、趣味性、可操作性和应用广泛性几点作为原则.即选取的内容应该是易于获得的，而且易于激发学生的学习兴趣的.另外，要和现实生活密切结合，具有较为广泛的应用性.同时，上课时学生的探索活动也是容易开展的.

以苏教版必修 1 的 3.4.2"函数模型及其应用"课后的链接"数据拟合"(以下简称"数据拟合")为例.

我们所处的时代是大数据时代，对数据的分析、处理就是用数学的眼光观察世界的体现."数据分析是指针对研究对象获取数据，运用数学方法对数据进行整理、分析和推断，形成关于研究对象知识的素养.数据分析过程主要包括：收集数据，整理数据，提取信息，构建模型，进行推断，获得结论."(选自《标准》)

因此，这节课的内容有很强的实际意义.在百度以"数据拟合"和"应用"作为关键词，可以搜出相关搜索结果 10 700 000 篇.数据拟合在很多领域都有广泛的运用，可以说，这部分内容很好地体现了数学的应用性，能够改变学生心目中对数学的既有印象.其次，传统的数学课往往是“掐头去尾烧中段”，很少能涉及问题的来龙去脉和后续的应用，而数据拟合这一节内容恰好可以让学生体验完整的问题研究的方法和过程.再次，以学生为主体的教学方式容易调动学生的积极性，激发学生的兴趣.最后，图形计算器、iPad等技术手段也给“数据拟合”教学的实施带来了可能性.

2. 采取合适的活动形式

因为考虑到学生的参与性和探究性，所以，建议在实施教学时，可以采取小组合作的方式.先将班级学生按人数分成若干大组，每个大组再按3～4人分成若干小组.每个大组共同商议提出一个问题，并收集数据.在教学时，以小组为单位进行活动，开展小组之间的汇报和交流.这样既保证每个组提出的问题在课堂上都可以进行研究，又可以在最大限度上保证学生的参与度.

特别要注意的是，与以往教学不同，探究活动课应由学生提出研究问题.每大组在商议后提出大家均比较感兴趣的问题，再由教师进行筛选，将不属于数据拟合范畴的问题剔除.确定问题后，大组成员进行分工合作，在不同途径收集相关数据——如网络、现实中进行实际调查等.

仍以“数据拟合”为例.通过整理学生提出的问题，上课前，形成了以下准备资料.

【例1】1949年至今我国人口数据资料如下，由此说明我国人口变化情况，并预测2018年的人口数.

表1

年份	1949	1955	1960	1965	1970	1975	1980
人口/百万	542	615	663	725	825	920	987
年份	1985	1990	1995	2000	2005	2010	2014
人口/百万	1 059	1 143	1 211	1 267	1 306	1 339	1 368

【例2】高一某班部分同学身高与体重如下表，试建立两者之间的关系.

表2　男生身高体重统计表

身高/cm	157	160	162	166	168	170	171	173	174	178	180	181	182	184
体重/kg	45	50	48	54	58	78.7	68	65	62	65	62	60	70	60

表 3　女生身高体重统计表

身高/cm	158	160	161	162	163	164	165
体重/kg	50	51	45	49	57	53	41

【例 3】 某篮球运动员投篮距离与投篮命中率如下表，试建立两者之间的关系.

表 4

投篮距离/m	2	2.5	3	3.5	4	4.5
投篮命中率	0.5	0.35	0.3	0.3	0.25	0.15

3. 提升学生的数学思维

虽然是活动课，但与常规课相比，也只是形式和内容不同，最终目标仍应落实到提升学生的数学能力方面，绝不能出现“表面热热闹闹，实际什么也没学到”的现象.因此，教学过程不能仅止于实践操作层面，还要从操作出发，使学生的数学思维得到进一步提升.

仍以“数据拟合”为例.在操作汇报结束后，可以进一步提出以下问题：

【问题 1】 数据拟合的意义和目的是什么？

预测发展趋势，解决实际问题.

【问题 2】 预测趋势是否一定准确？和什么有关？

函数模型的选择、样本数据的多少、预测的时效性等.

【问题 3】 如何选择最佳的函数模型？

先根据散点图判断数据的变化趋势，并且使所选择的函数图象经过尽可能多的点.

【问题 4】 利用数据拟合解决问题的过程是什么？

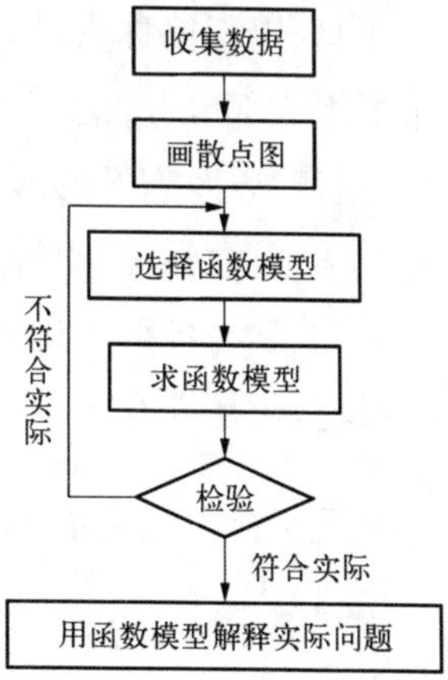

图 1

通过对以上问题的探讨，通过从特殊到一般的研究方法，使学生加深对数据拟合原理的理解，使学生对研究的完整过程“提出问题—解决问题—研究问题”有所体会.

35

用好"章首名言"进行数学文化教育

张　玮

一、进行数学文化教育的意义

谈到数学，在学生脑海中首先反映出来的往往是数字、运算、逻辑关系等.但数学作为一种文化现象，早已是人们的常识.《普通高中数学课程标准(2017年版)》(以下简称为《标准》)中提到："数学承载着思想和文化，是人类文明的重要组成部分".数学文化从狭义方面来看，包括数学的思想、精神、方法、观点、语言，以及它们的形成和发展.广义的数学文化，除了上述内涵以外，还包含数学家、数学史、数学美、数学教育、数学发展中的人文成分、数学与社会的联系、数学与各种文化的关系，等等.因此，对学生来说，无论是提高学习数学的兴趣，还是提升数学思维能力，学习数学文化都具有重要意义.

二、数学文化教育在数学教学中的具体体现

1. 数学文化教育在数学教学中存在的问题

虽然绝大部分老师都认可数学文化教育在数学教学中的价值和作用，但落实到具体教学实践中，数学文化教育却显得过于"高冷"，不够"接地气".2003年制订的《普通高中数学课程标准(实验)》实施三维目标以来，强调在情感态度价值观教学目标中渗透数学文化教育.但在具体操作的过程中，有些教师总感觉很难把握，在理解上容易出现模糊和困惑，甚至出现偏差.在教学设

计中，数学文化教育的落实总是显得比较空泛，常可见诸如“体会数学文化的价值”“在运用数学知识和方法解决问题的过程中，认识数学的价值”“初步养成乐于思考、勇于质疑、言必有据等良好品质”“利用熟悉的生活情境，感受数学无处不在”……这些语句往往比较程式化、模板化，放在哪一节课中似乎都可以适用，空话、套话的意味较浓.固然每一节数学课都可以承载数学文化，让学生得到关于数学文化方面的教育，但如何真正将数学文化和具体教学内容有机结合起来，却不是一件容易的事情.

2. 章首名言在数学文化教育中的作用

数学文化犹如浩瀚大海，想在其中找到适合一节课的对应内容，有时候犹如沧海一粟，实难把握.这也是许多老师不愿意在这方面花费时间和精力的原因.

其实，教材在这方面给广大教师提供了素材和实施途径.苏教版教材在每个章节之初都有一则名言，它们往往是数学家的名言，或者是对本章相应数学内容的点评等.这些“章首名言”是学习一个新章节的导语的一部分.用好章首名言，可以减轻许多寻找数学文化素材的工作量；用好章首名言，可以调动学生学习的热情和兴趣；用好章首名言，可以让学生形象地理解本章所学内容，体会其文化价值；用好章首名言，可以使学生从思想方法层面提升对本章内容的整体认识.

3. 使用章首名言教学遇到的困难

虽然章首名言包含的文化价值很大，但在实际教学中，却很少见到教师提起.许多教师对此停留在欣赏的角度，或者只是当作名人名言朗诵一遍，很少将其与教学内容进行有机整合，让学生在学习过程中真正体会到章首名言的作用.因此，章首名言的真正价值并没有得到充分发挥.

造成这一现象的原因，主要有以下几点：

第一，章首名言往往是高屋建瓴的一句话，是对一章所授内容或者思想方法层面的总体的概括，还没有学习本章内容的学生，不容易理解章首名言的含义，不能深入体会章首名言的内涵.

第二，章首名言比较抽象，教师在授课中很难与具体教学内容密切结合，使其成为教学的有机整体；教师在教学中容易感觉对章首名言把握不准，怯而止步.

第三,如何使用章首名言,教学参考书籍在这方面的指导也比较少.数学文化的教育犹如人的生存需要盐分,但决不能叫人直接吃盐.所以如何不生硬地利用好章首名言,是需要研究的.

三、使用章首名言进行数学文化教育的途径

《标准》中指出:“数学文化应融入数学教学活动.在教学活动中,教师应有意识地结合相应的教学内容,将数学文化渗透在日常教学中,引导学生了解数学的发展历程,认识数学在科学技术、社会发展中的作用,感悟数学的价值,提升学生的科学精神、应用意识和人文素养.”

以下给出几种利用章首名言教学的途径.

1. 利用章首名言创设教学情境

【例 1】苏教版必修 5 中“数列”的章首名言

本章章首选取的是数学家希尔伯特的名言:“数学科学是一个不可分割的有机整体,它的生命力正在于各部分之间的联系.”

以往在教学设计中,对于该章首名言的一般使用方式是:在讲解数列是一种特殊函数时,利用该名言,让学生体会函数与数列的统一,建立知识之间的联系.但这种处理方式还是比较抽象、生硬,不够自然.

《标准》提到要“引导学生会用数学眼光观察世界,会用数学思维思考世界,会用数学语言表达世界”.根据这一指导思想,对章首名言的教学可以重新设计如下.

师:这章的章首语有一句希尔伯特的名言,“数学科学是一个不可分割的有机整体,它的生命力正在于各部分之间的联系.”该如何理解这句话呢? 我们从这样一个分数谈起.

$\frac{1}{89}$被誉为最美的分数之一.为什么这么说呢? $\frac{1}{89}\approx 0.011\ 235\ 8\cdots$,如果我们将非零数字写成一列,是 1,1,2,3,5,8….这列数字你熟悉吗?

生:这是斐波那契数列.

师:所以$\frac{1}{89}$被称为斐波那契小数.

这一段设计从分数跨度到数列，两部分看似毫无关联的内容却完美地联系到了一起，在惊叹的同时，学生真真切切体会到数学科学确实是一个不可分割的有机整体，数学是非常神奇的科学.这个例子胜过千言万语，让希尔伯特的名言变得不再空洞，也能激发起学生研究数学的兴趣，达到对学生进行数学文化教育的目的.

2. 利用章首名言进行数学史教育

【例 2】苏教版必修 5 中"解三角形"章首名言

本章章首选取的是数学家傅里叶的名言："对自然界的深刻研究是数学发现的最丰富的来源."

从教材编排角度来看，这章选取傅里叶的名言可谓一举两得.一方面，傅里叶的这句名言对于解三角形来说，再贴切不过.因为解三角形离不开人类对自然界的深刻研究.人们在各种测量中——从尼罗河两岸的土地丈量，河流两岸码头之间的距离，确定待建隧道的长度到天文观测——遇到的许多问题都与解三角形密不可分，正是对这些问题的研究推动了解三角形的发展.

另一方面，傅里叶本身的研究又与三角函数密不可分.虽然傅里叶的研究成果多出现在高等数学中，中学生接触到的机会不多，但可以借此给学生介绍一下这位伟大的数学家，让学生体会到其研究在数学史中的价值.傅里叶变换的三角函数形式的基本原理是：多个正余弦波叠加可以用来近似任何一个原始的周期函数.傅里叶变换是数字信号领域最重要的基础，在当代科技发展中起到举足轻重的作用.对傅里叶的简要介绍，不仅能使学生认识到三角函数贯穿了人类文明的发展史，从而认识到数学在人类发展中举足轻重的地位和作用，更能激发学生学习数学的热情.

3. 利用章首名言揭示数学思想

【例 3】苏教版必修 2 中"平面解析几何初步"章首名言

本章章首选取的是数学家拉格朗日的名言："如果代数与几何各自分开发展，那么它的进步将十分缓慢，而且应用范围也很有限.但若两者互相结合而共同发展，则就会相互加强，并以快速的步伐向着完美化的方向猛进."

虽然解析几何的主要奠基人是笛卡尔，但教材中选取的拉格朗日的名言更能凸显出解析几何的本质思想和方法.当然，这句名言的内涵对于初始接触解析几何的学生而言，显得过于深刻，不可能理解到位.但如果放在本章结束的时候再回头来看这句名言，可以起到画龙点睛的功效，让学生理解解析几何用代数方法研究几何问题的实质.

使用章首名言，可以创设教学情境；可以在给学生介绍相应数学史方面的内容时，通过数学家取得的成就和其人格魅力激励学生；也可以从数学思想方法层面对所学内容进行总结……

总之，教无定法，对同样材料在不同的教学阶段，实现不同教学目标时可以使用不同的处理方法.正如《标准》中所说，“将数学文化融入教学，还有利于激发学生的数学学习兴趣，有利于学生进一步理解数学，有利于开阔学生视野、提升数学学科核心素养”.

36

将猜想放进每堂课的数学教学

唐文戬

一、猜想的意义

猜想一词贯穿数学发展之中，猜想也被称为猜测、假设等.有些猜想被验证为正确的，成为定理或结论；有些被验证为错误的，但也提供了一些额外的收获；还有一些亟待研究.总之，猜想对于数学发展的作用是巨大的，有了猜想，便有了努力的方向，无论真伪，我们总会从猜想中收获一些.

很多时候，数学课堂对于学生也是一个发现和猜想的过程，尤其是新授课中，往往蕴含了大量的结论与定理.教学时，很多教师认为概念课、定理课难上，学生不爱听，笔者认为这也许是因为没有将学生放在一个“发现者”的位置上.从另一个角度来说，高中数学强调学生的推理与证明，其实猜想也发生在这些推理中，无论是合情推理、演绎推理还是类比推理，这其中都蕴含着猜想.如果能在课堂中鼓励学生多多进行猜想，也许更能激发学生的学习积极性，培养学生的学习思维.

二、猜想在数学课堂中的具体应用

为了让读者体会到猜想的应用，以及对课堂效果的提升，笔者以一次公开课的部分教学片段为例，展示猜想在该堂课上的应用.

以下是高中数学苏教版必修四“平面向量基本定理”一节课上的教学

片段.

片段一

师：前段时间我们学习了一些向量的知识，也用这些知识解决了不少问题，我们先来看一个做过的题目.

问题一（图略）：在$\triangle ABC$中，$\overrightarrow{AD}=\frac{3}{4}\overrightarrow{AB}$，$DE/\!/BC$，且与边$AC$相交于点$E$，$\triangle ABC$的中线$AM$与$DE$相交于点$N$，设$\overrightarrow{AB}=\boldsymbol{a}$ $\overrightarrow{AC}=\boldsymbol{b}$ 用$\boldsymbol{a}$，$\boldsymbol{b}$表示向量$\overrightarrow{DE}$，$\overrightarrow{AM}$，$\overrightarrow{AN}$.

学生解答：略

师：同学们还能用$\boldsymbol{a}$，$\boldsymbol{b}$表示图中的哪些向量呢？

生：$\overrightarrow{NC}=-\frac{3}{8}\boldsymbol{a}-\frac{5}{8}\boldsymbol{b}$，$\overrightarrow{CD}=\frac{3}{4}\boldsymbol{a}-\boldsymbol{b}$，$\overrightarrow{BE}=-\boldsymbol{a}+\frac{3}{4}\boldsymbol{b}$……

师：很好，图中还有些点没有标出来，例如边上的三等分点、五等分点等，这些点组成的向量能用$\boldsymbol{a}$，$\boldsymbol{b}$表示吗？

生：可以.

师：那根据这些，同学们能不能大胆提出一个猜想？

生：平面内的所有向量都可以由$\boldsymbol{a}$，$\boldsymbol{b}$表示.

师：那我再一般一点，这里$\boldsymbol{a}$，$\boldsymbol{b}$能不能换成两个其他向量，是不是平面内的所有向量都可以由这两个新的向量表示呢？据此，能不能再提出一个更一般的猜想？

生1：我觉得可以，给定两个向量，平面内的所有向量都可以由这两个向量表示.

生2：我觉得这两个向量不能给零向量，否则相当于只给了一个向量，一个向量只能表示与它共线的向量.

师：这是为什么呢？

生2：之前学过的向量共线定理.

师：很好，还有别的想法吗？

生3：根据生2说的，那也不能给两个共线的向量，否则也相当于只给了一个向量.

师：那你可以用你自己的话表述一个你的猜想吗？

生 3：给定两个不共线的向量，可以表示这个平面内的所有向量.

师：其他同学同意吗？还有没有需要补充的？

师：没有人再举出反例的话，我们就得来尝试证明一下生 3 的猜想了.

…………

在片段一中，教师由一个例题引入，继而对例题进行深入探究，先是由一两个设问为学生提供思考基础及方向，然后让学生提出一个猜想——“平面内的所有向量都可以由 $\boldsymbol{a}$，$\boldsymbol{b}$ 表示”，这个猜想的提出其实是容易的，因为已经做了很多的铺垫.接下来，教师将条件再一般化，这时候继续让学生去猜结论，这一步就有很多学生犯了错，认为结论依然成立，如生 1 所说，但是也有同学发现了其中的问题(生 2、生 3)，进行反驳与修正.可见，此时课堂的交流愈发地活跃，不同观点间形成了交流与碰撞，最终在师生的共同努力下引出了本节课要研究的问题.

片段一是一节课的开始，教师通过问题的引导，让学生主动去猜想结论，一方面通过猜想检验学生思考的全面性与细致性，另一方面因为猜想得出来的结论很有可能会有一些不足与漏洞，所以可以促进学生间的交流，增加课堂互动.由此可见，在上课的一开始便进行猜想，也许能帮助教师活跃课堂气氛，引出接下来的教学内容.

下面是本节课后半程上完平面向量基本定理内容后的教学片段.

片段二

师：之前我们学习过了向量共线定理，我们可以理解为一条直线上的任一向量 $\boldsymbol{a}$ 都可以由一个非零向量 $\boldsymbol{e}$ 线性表示，记为 $\boldsymbol{a}=\lambda\boldsymbol{e}$.那么今天所学的平面向量基本定理可以怎么理解呢？

生 1：平面上的任一向量 $\boldsymbol{a}$ 都可以由一组不共线的向量 $\boldsymbol{e}_1$，$\boldsymbol{e}_2$ 线性表示，记为 $\boldsymbol{a}=\lambda_1\boldsymbol{e}_1+\lambda_2\boldsymbol{e}_2$.

师：很好，我们再换一种角度，大家可以发现向量共线是一维的情况，共面其实是二维的情况，那么有没有三维空间的情况呢？同学们能不能大胆猜想一个空间向量的基本定理？

生 2：我觉得空间中的任一向量 $\boldsymbol{a}$ 都可以由一组不共线的向量 $\boldsymbol{e}_1$，$\boldsymbol{e}_2$，$\boldsymbol{e}_3$ 线性表示，记为 $\boldsymbol{a}=\lambda_1\boldsymbol{e}_1+\lambda_2\boldsymbol{e}_2+\lambda_3\boldsymbol{e}_3$.

生3:我觉得e_1,e_2,e_3应该叫作不共面的向量.

师:各位同学都猜出了自己的结论,至于猜得准不准大家可以课后自行探究一下.

……

片段二中教师的设计意图是让学生从直线、平面到空间的角度去理解向量中的定理,当时的学生并未学习过"推理与证明",但可以发现类比推理已经蕴藏在学生的脑海之中,不少学生也能猜想得到最终的结论.而对于结论的正确与否教师未给出肯定答复,这一方面可以激发学生课后思考的兴趣,另一方面也遵循了科学探究的思想,猜想给出后不要直接告诉学生是对是错,要让学生在探究中发现真理.

总之,这节课上教师将探索的主动权交给学生,让学生猜结论、证结论,再用结论,让学生成为学习的"主动发现者",而不是"被动接受者".同时,学生大胆猜想也让这堂课"活"了起来,产生了很多观点的交锋与讨论,不断推动着课堂的进程.

三、猜想的一些注意点与问题

首先,课堂中的猜想可以看作是教师的"放手",数十个学生的想法也许是五花八门的,如何选取对自己课堂有用的内容是教师需要注意的一个问题.教师仍然需要对问题加以引导,避免漫无边际的乱猜.教师引导时,可以采用类比推理式,如"一维情况……二维情况……那么三维情况会是怎样呢";可以采用归纳推理式,如"这个结论对A成立,对B成立,对C成立,那么大家有什么想法";可以采用发散式,如"看到这个式子结构,大家有什么新的想法",等等.具体的引导方法需要教师根据课堂内容和状况而定,总之,是要为课堂及学生服务的.

其次,课堂猜想是一个长期持续的工作,要将猜想意识渗透在数学学习的方方面面.除了定理概念课的猜想外,复习课、试卷讲评课等都可以利用猜想.例如,"这位同学说选A是猜出来的,你能教教大家你是怎么猜得这么准的吗",有时候,学生做选择题时确实是靠猜的,但是这种"猜"的背后,一定也有一些合理性及可利用性;又如,"我们做了很多次这种类型的题目了,大家觉得这个答案有没有什么规律呢”，很多时候，学生总结了一些做题的“窍门”或者“规律”，实际上这些猜测的背后也会有相应的数学结论作为支撑，不妨进行猜想与证明.这样的例子还有很多，只有教师自己先有猜想与证明的意识，才能一步步地渗透给学生，培养其数学思维能力.

总之，数学的猜想绝非是一件靠运气的事情，它需要教师的引导、学生的参与以及师生共同的探究.如果能将猜想放进每节课的数学教学中，我相信课堂气氛会更加活跃，师生关系会更加融洽，最终培养出学生良好的逻辑推理能力和猜想与证明的思维.

37

在必修课程教学中渗透或然性推理

付有亮

一、新课程标准中的逻辑推理

作为数学学科核心素养之一的逻辑推理，是体现学生数学思维品质的重要组成部分，也是教学过程中培养的重点.逻辑推理是指从一些事实和命题出发，依据规则推出其他命题的素养.主要分两类：一类是从特殊到一般的推理，推理形式主要有归纳、类比，属于或然性推理；一类是从一般到特殊的推理，推理形式主要有演绎，属于必然性推理.

在日常教学中，我们接触到最多的往往是必然性推理，即从所学的定义、定理和公式等一般性的结论推演出新的结论，而或然性推理较少.事实上，两种推理同样重要，从某种角度来说，或然性推理更具有创新性和前瞻性.因此，在日常的教学中需要注重或然性推理（主要是归纳与类比）的渗透.

在《普通高中数学课程标准（2017 年版）》中“逻辑推理初步”是被安排在选修 C 类课程当中，供有志于学习人文类专业的学生选择.因此，选择理科的学生可能就要错过这部分内容的学习，颇有遗憾.如果能够在必修课程中渗透逻辑推理，尤其是或然性推理，也会颇有新意.接下来就以笔者曾经开设过的一节公开课为例，展示如何在必修课程内容基础上渗透或然性推理的教学.

二、以“三角函数的叠加”为例展示或然性推理过程

【教学过程】

1. 引入课题

我们已经学习了基本的三角函数，如 $y=\sin x$，$y=\cos x$，$y=A\sin(\omega x+\varphi)$以及可化为 $y=A\sin(\omega x+\varphi)$的图象及其性质，

如 $f(x)=\sin x+\cos x$.(几何画板演示)

今天我们就以它们为基础构造新的函数来进行研究.构造新函数的方式有很多，如

$y=A_1\sin(\omega_1 x+\varphi_1)+A_2\cos(\omega_2 x+\varphi_2)+\cdots$

$y=A_1\sin(\omega_1 x+\varphi_1)\times A_2\cos(\omega_2 x+\varphi_2)+\cdots$

甚至还可以构造复合函数.但一节课的时间有限，不可能什么都研究，我们不妨先挑个简单的，选两个三角函数进行叠加，如 $g(x)=\sin Ax+\cos Bx$.以点带面，研究好函数 $g(x)=\sin Ax+\cos Bx$ 的图象和性质，才能类比推广到更复杂函数的研究当中.

任务一：请同学们一起来研究函数 $g(x)=\sin Ax+\cos Bx$ 的性质.

设计意图　从熟悉的三角函数谈起，引出新的问题.不贪多，只看两个参数对函数性质的影响，把复杂问题进行简化、特殊化，更容易展开讨论，也为之后的一般化做了铺垫，体现从特殊到一般的思维方式.这是数学课的开端，提出本节课所要研究的问题，目标明确.

2. 展开话题

问：你打算如何研究这样一个函数呢？

不方便利用公式化简再研究函数性质，那么就可以考虑利用几何画板，先画出 $g(x)$的函数图象，观察图象特征，再分析其函数性质.(因为图象直观)

追问：该函数中含有参数，你如何处理？

可以选几个特殊值代入画图，也可以引入一个参数变量加入函数中画图，可以观察函数图象随参数变化而变化的方式.

追问：有了图象之后，你会观察该函数哪些方面的性质呢？(类比以前研究的经验)

板书：研究一般函数的性质.

设计意图 在学生活动之前，要制订好研究方案，引导学生研究目标函数，当然这不仅仅只为了研究三角函数的叠加，还为研究其他函数制订规范动作，揭示研究函数的一般步骤及研究方法，提供了类比和归纳推理的范例.

研究的一般步骤：① 作图观察；② 理性思考；③ 得到具体结论；④ 尝试一般化.

3. 探究话题

明确任务和方法之后，请大家开始作图观察，提出猜想.在活动中，每位学生先要独立思考，再和其他人进行讨论，讨论时可以分组，选出组长待会儿进行汇报，其他同学协助进行软件操作.

以函数 $g(x)=\sin Ax+\cos Bx$ 为例，观察分析的角度有：函数的三要素，单调性，奇偶性和周期性.可能出现的结论：① 定义域为 $\mathbf{R}$；② 值域是 $[-2,2]$ 的子集；③ 单调性较为复杂；④ 关于周期性是否存在；⑤ 非奇非偶函数.

学生容易发现的主要有两个方面：① 周期性；② 最值.但两个周期函数加起来一定是周期函数吗？不一定，反例 $y=\sin x+\sin \pi x$.值域一定是 $[-2,2]$ 吗？不一定，反例 $y=\sin x+\cos x$.

所以，我们觉得函数 $g(x)=\sin Ax+\cos Bx$ 还是太复杂了，那怎么办？再特殊化，让 A、B 特殊，只研究 $A,B\in \mathbf{N}^*$ 的情况.

任务二：当 $A,B\in \mathbf{N}^*$，研究函数 $g(x)=\sin Ax+\cos Bx$ 的性质.

因为其他性质过于复杂，我们把关注的焦点更多地放在针对函数周期性的研究上.

请大家再次分组合作讨论.学生在分组研究之后，进行汇报时，应回答这样两个问题：

(1) 你是如何选值的？(从特殊函数的性质推出一般性质)

(2) 你有哪些猜想或结论？(先合情推理，不着急演绎)

然后问一问其他同学是否有补充，或不同意见.看时间情况，选择一到两组学生进行汇报即可.

学生的发现很可能是：当 $A,B\in \mathbf{N}^*$，函数 $g(x)=\sin Ax+\cos Bx$ 还是

周期函数.

设计意图 ① 利用几何画板画出图象,再观察性质,并给出适当的解释,就是希望学生经历从特殊到一般的思考过程,可以从不同角度说明,正面的反面的都可以,就是在做合情推理.这个过程应注重学生提出想法,并能逐步加以验证的过程,而不必有确定的结论,适时地提出反例也是很好的.② 本节课中所研究的函数还是较为复杂的,在现有的高中知识体系内很难得到确定的一般结论,所以笔者更希望从方法层面来引导学生理性地分析思考问题,研究函数.

等小组汇报完了,再请学生思考:这些结论仅从图象观察出来是否就是正确的呢? 不一定,那么该怎么办? 需要严格的推理论证.可以挑选一个结论进行证明,一般化的结论不好证明可以退而求其次,弱化条件.

如证明 $g(x)=\sin 2x+\cos x$ 的最小正周期是 2π.

先证明 2π 是 $g(x)=\sin 2x+\cos x$ 的一个正周期,再用反证法证明最小正周期是 2π.

反证法:假设存在常数 $0<T<2\pi$,使得 $\sin 2(x+T)+\cos(x+T)=\sin 2x+\cos x$,

令 $x=0$,得 $\sin 2T+\cos T=1$;令 $x=\pi$,得 $\sin 2T-\cos T=-1$,

两式相减可得 $\cos T=1$,则 $T=2k\pi, k\in\mathbf{Z}$ 与 $0<T<2\pi$ 矛盾.

设计意图 不求一下子解决所有问题,选择一个小的切入口作为范例,为学生打开一扇窗户,让他们能看见窗外的风景,就有冲出去的欲望了.

4. 阶段小结

通过前面的讨论,我们对 $g(x)=\sin Ax+\cos Bx$ 的性质有了初步的认识,虽然还不能严格论证,但能够提出猜想就是对创新思维能力的培养.当然这不是终点,课后请同学们继续研究其他参数对叠加的三角函数性质的影响,研究 $h(x)=A_1\sin(\omega_1 x+\varphi_1)+A_2\cos(\omega_2 x+\varphi_2)$.

对于其他构造新的函数的方式,也请大家有兴趣课后继续研究.

追问:这些新的函数我们怎么来研究呢?

还是可以从两个角度,画图观察,提出猜想,代数推理论证,数形结合.

设计意图 由此及彼,举一反三,研究三角函数的叠加是一个范例,研究其他函数也是同样的操作流程.

三、总结反思

数学教学要做到知识内容与思想方法的渗透融合.没有了思想方法，知识内容的教学价值就得不到充分体现，学生的学习必然是低效的；没有了知识内容，思想方法就失去了教学载体，变得空洞乏味、难以理解.本节课的明线是由 $y=A\sin(\omega x+\varphi)$构成、比 $y=A\sin(\omega x+\varphi)$复杂的函数，是教材内容的自然延伸.考虑到内容的复杂性、课时的限制性、形式的难以转化性以及周期的重要性，所以笔者选择了最简单的“两个只含周期参数的三角函数的叠加” $g(x)=\sin Ax+\cos Bx$ 作为主要的研究对象，而且，在初步感受该函数的性质后，重点研究该函数的周期性，并适当介绍这类函数的研究历史和应用价值.由此，帮助学生进一步完善知识结构，感受数学的魅力.而暗线就是逻辑推理等思考与研究的方法，主要是在与其他函数的类比迁移中，在由特殊函数图象到一般函数性质的归纳猜想中，发现和体会研究函数性质、解决函数问题的一般程序和方法.由此，帮助学生强化之前研究基本三角函数的过程与方法，为研究其他复杂函数的性质提供进一步的经验与借鉴.

蕴含或然性推理的教学内容还可以安排在概念教学当中.其实概念的形成初期必然包含或然性推理，想要从一些特殊的表象、状态、特征中抽象出一般性的概念与结论，需要大胆假设猜想，做出或然性推理，然后在其中抽象出共同的、本质的东西，再经过小心求证才能归纳出正确的命题.

38

打破惯性，从“新”出发

——对苏教版新教材“概率”必修课程的思考

丁　菁

2020 年 9 月，依据《普通高中数学课程标准（2017 年版）》（以下简称《标准》）编写的苏教版普通高中数学教科书（以下简称“新教材”）正式启用，目前 2020 级高一已经完成了必修第一册和第二册的教学. 我们注意到，新教材在逻辑结构、内容编排等方面相较老教材有诸多变化，比如必修第二册的“概率”一章即是如此. 受到惯性思维的影响，抑或者对新教材的理解不到位，很多老师在实际教学中产生了一些困惑，例如在“独立事件”的教学中，由于没有条件概率的知识为依托，老师们对于如何阐述清楚独立性及其性质感到困难. 对此，我们需要打破惯性，在充分理解、深度挖掘教材的基础上开展教学.

一、新、老教材的比较

苏教版老教材必修 3 第 3 章“概率”共分 4 小节，第 1 节阐述了概率的研究对象和概率的统计定义，进而通过两节分别研究了两种基本概率模型——古典概型和几何概型，第 4 节则依据基本概率模型研究了两个随机事件的互斥关系.

新教材必修第二册第 15 章“概率”共分 3 小节，第 1 节介绍了随机事件的有关概念，重点引入样本空间以方便地运用集合的语言来刻画事件，并结合三个实例初步认识事件之间的关系（包含关系、和事件、积事件）. 继而在第 2

节中研究了概率的计算问题，由于现实中，很多试验的样本点往往不是等可能的或者是否等可能不容易判断，例如，抛掷一枚质地不均匀的骰子或者抛掷一枚图钉，此时无法通过古典概型公式计算有关事件的概率，所以有必要寻求新的求概率的方法，从而给出了概率的统计定义. 进而从一般到特殊，从学生熟悉的古典概型的概率计算出发，体会如何将“随机事件发生的可能性的大小”进行数学刻画，这其实是概率的古典定义. 第3节综合运用所学知识，探究事件之间的关系（互斥和独立），建立它们的数量刻画方法.

由此不难发现，首先新、老教材在“概率”必修部分的课程内容有所调整，新教材增加了“样本点”和“样本空间”的概念，删除了“几何概型”；其次，结构顺序有所调整，比如明显的变化是将概率的统计定义和古典概型的概率计算合并为一节，再比如将原本在选修2-3中研究的事件的独立性提前到必修部分，和“互斥关系”合并为一节.

二、分析教材变化意图

1. 强调知识、方法之间的联系

刚才提到，新教材引入“样本点”和“样本空间”是一大变化，其用意在于用集合的语言刻画随机事件. 进而，对于学生在初中就接触的古典概型的概率计算问题，教材并非简单回顾古典概型的概率计算方法，而是强调运用上一节所学的“样本空间”来尝试描述古典概型，达成对古典概型的本质理解.

同时，从方法论的角度看，在对随机现象的研究中，新教材注重发挥过去在研究确定性现象中获得的知识经验. 新教材引入“样本空间”的概念，不仅有利于表达随机事件，更重要的是类比集合的关系和运算来研究随机事件的关系和运算. 在第一节中，通过实例类比两个集合的交、并运算，提出“积事件”和“和事件”是自然的，也为后续进一步研究它们之间的概率关系埋下伏笔，从研究内容上与第3节“互斥事件和对立事件”呼应.进而在第3节中，类比互斥事件的研究过程研究独立事件时，对于要研究什么、怎么研究也就有了参照. 再比如，$P(A)$是事件A发生的可能性大小的度量，对于某个随机试验有许多随机事件，要对每个事件都分配一个实数，所以概率可以看成是定义在样本空间全体子集上的“集函数”. 虽然函数的研究对象、内容和方法与概率有很大不同，但这样的类比对于建立概率的研究路径、发现概率的研究内容和方法等都有较好的思路引导性,有利于消除学生对于概率的陌生感.

2. 重视构建完整的知识体系

对于新教材将“两个事件相互独立”的认识前置,笔者认为其教学意图与原先老教材在选修中学习独立性是有差异的.注意到新教材第1节所举例子中出现了“和事件”和“积事件”,那么“和事件”与“积事件”发生的概率与原来两个事件发生的概率是什么关系,这自然是值得关心的话题. 于是,先从特殊情形开始,发现“互斥”关系下,“和事件”的概率是概率之和,“独立”关系下,“积事件”的概率是概率之积,从而与前呼应. 另外,笔者认为这里只需要学生了解“独立”是除了互斥以外事件之间的又一种重要关系,并在古典概型的背景下探究两个独立事件的概率满足的性质,并不要求学生严格进行逻辑推理. 而对“独立性”更深刻的理解,在高二年级的选择性必修课程中,再结合“条件概率”加以补充和延续,体现了知识的螺旋上升.

我们还注意到,依据《标准》,新教材删除了“几何概型”这部分内容,在初等数学学习阶段仅涉及有限样本空间下的随机事件及其概率计算.

3. 关注研究数学问题的“框架”

面对一个研究对象,有哪些问题需要研究? 按照怎样的路径开展研究? 又采取哪些研究方法? 这是新课程、新教材比以往更加关注的方面. 因为这是培养学生发现和提出问题的能力、分析和解决问题的能力的关键所在,是提升学生数学学科核心素养的关键.

尽管新、老教材“概率”部分的核心内容基本一致,但老教材呈现的顺序是:认识数学对象—两种概率模型的数学运算—研究随机事件间的互斥关系,而独立性放在选修中,是为研究伯努利概型所做的铺垫. 诚然,从条件概率出发定义事件的独立性似乎更符合知识的内在关联,但是对于高中生而言较为抽象,增加了理解的难度. 而新教材呈现的顺序是:认识数学对象(建立概念、提出表示方法、初步认识对象的关系)—定义数学对象的运算—运用所学运算对数学对象可能的特殊关系进行数量化研究. 可见,在这一章中更加注重渗透数学研究问题的一般规律.

所以,笔者认为,新教材在必修第二册“概率”一章的目标是给学生建立起一个研究随机现象的“数学框架”,使他们不但了解概率的研究对象、内容、方法,学会知识本身,而且体悟这些问题是怎么提出来的,遵循怎样的路径展开研究等等. 同时,教材关注学生已有的认知基础,自始至终以抛掷骰子为例展开探究,使学生在熟悉的背景下从不同角度提出问题、研究问题,水到渠成产生新知识.

三、打破惯性,从"新"设计

基于上述对新教材"概率"必修部分的分析,我们要打破惯性,在"样本点、样本空间"和"独立事件"的教学中从"新"设计,从而更好地体现新课程的意图,突破教学的难点. 下面笔者给出自己的思考.

1. "样本点、样本空间"的教学

新教材引入样本点和样本空间,其本质是对随机事件进行数学刻画,并在此基础上研究随机事件的关系及运算. 首先,对具体随机现象加以抽象,用样本点和样本空间给予描述,从而可用样本空间的子集表达随机事件,这样的好处不仅仅是用集合的语言刻画随机现象,更重要的是可以类比集合的关系和运算来研究随机事件的关系和运算,为研究概率的性质、运算做好准备. 因此,引入样本点和样本空间的概念,并用样本空间的子集表示随机事件是教学中的重要一环.

教科书上对于"样本点"的描述是随机试验的每一个可能的结果. 此处"每一个可能的结果"的含义是什么? 例如,在"抛一颗骰子"试验中,通常认为每一个可能的结果是1,2,3,4,5,6,但是如果研究的是"点数的奇偶性",那么可以简化为两个结果(奇、偶). 可见,"每一个可能的结果"可以根据要解决的问题来确定,不过这样不利于学生理解样本点的含义,原因是:① 有可能把教学带入"如何算可能的结果数更好"的误区;② 在同样的问题背景下,同时考虑"点数小于5"的概率,那么就需要构建两个不同的样本空间.因此,样本空间应与讨论问题的背景有关,而与讨论问题本身无关.比如上述问题,样本空间只与"抛一颗骰子"这个问题的背景有关,而与点数是多少这样的具体问题无关.

教学中,教师应创设实际情境,重点让学生针对具体随机现象给出适当的样本点和样本空间,进而表示随机事件,让学生充分经历随机现象数学化的过程. 比如,对于"抛掷两枚质地均匀的硬币",试验的样本空间可以描述为Ω={(正面,正面),(正面,反面),(反面,正面),(反面,反面)},如果用0表示

“正面朝上”，1 表示“反面朝上”，那么样本空间还可以简单表示为 $\Omega=\{(0,0),(0,1),(1,0),(1,1)\}$. 通过实际问题，让学生借助抽象符合特别是数字、有序数对等表示样本点，有利于学生理解概念和发展数学抽象核心素养.

在教学中，教师应充分利用典型实例，让学生用不同的语言加以表述，针对样本点、样本空间、随机事件及其关系等提出问题，让学生反复经历“随机现象数学化”的过程，从而达成对概念本质的理解并促进数学素养的发展.

2. “独立事件”的教学

前面已经谈到，新课程对于“两个事件的独立性”的学习是螺旋上升的. 必修课程中主要是在已学互斥事件和对立事件基础上，了解“独立”是事件之间的又一种重要关系，并通过古典概型背景下的实例分析，进行一些与事件独立有关的概率计算，而对于“独立性”的有关逻辑推理则放在选择性必修课程中研究. 因此，对于必修第二册 15.3“独立性”的教学，笔者认为应充分创设问题情境，从中把握“独立”的本质并归纳得到概率的乘法公式.

教材上以先后抛掷两颗骰子为例，从概率的角度发现“事件 A——第一颗向上的点数是 1”与“事件 B——第二颗向上的点数是 2”发生的概率相等，表明事件 A 发生与否不影响事件 B 发生的概率，同时，关心事件“第一颗向上的点数是 1 且第二颗向上的点数是 2”的概率，即 $P(AB)$，可以发现 $P(AB)=\frac{1}{36}=\frac{1}{6}\times\frac{1}{6}=P(A)P(B)$. 不过仅从一个实例不足以充分认识“独立性”，而且对于这个情境，学生从经验角度就能直观感受到事件 A 和事件 B 的发生“互不影响”，不利于学生体会从概率数值角度定义“独立性”的必要性，因此我们还可以创设一些情境，让学生充分经历数学发现的过程，自主构建新的知识. 以下为举例说明.

情境：如图所示的正方形被平均分成 9 个部分，向大正方形区域随机地投掷一个石子(每次都能投中)，设投中最左侧 3 个小正方形区域的事件记为 A，投中最上面 3 个小正方形区域的事件记为 B，事件 A 发生与否会影响事件 B 发生的概率吗?

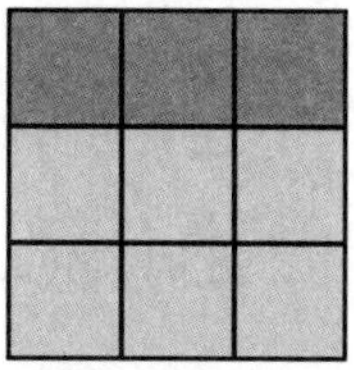

图 1

分析　按从上到下、从左到右的顺序将石子落在小正方形区域记为 ω_i，$1\leqslant i\leqslant 9$，则样本空间$\Omega=\{\omega_1,\omega_2,\omega_3,\omega_4,\omega_5,\omega_6,\omega_7,\omega_8,\omega_9\}$,

$A=\{\omega_1,\omega_4,\omega_7\}$,

$B=\{\omega_1,\omega_2,\omega_3\}$,

$AB=\{\omega_1\}$,

若事件A发生,则B发生的概率为$\frac{1}{3}$;

若事件A不发生,则B发生的概率为$\frac{2}{6}=\frac{1}{3}$;

这表明事件A发生与否不影响事件B发生的概率.

此时,$P(AB)=\frac{1}{9}=\frac{1}{3}\times\frac{1}{3}=P(A)P(B)$.

变式:如图所示的正方形被平均分成9个部分,向大正方形区域随机地投掷一个石子(每次都能投中),设投中最左侧3个小正方形区域的事件记为A,投中最上面3个小正方形或正中间的1个小正方形区域的事件记为B,事件A发生与否会影响事件B发生的概率吗?

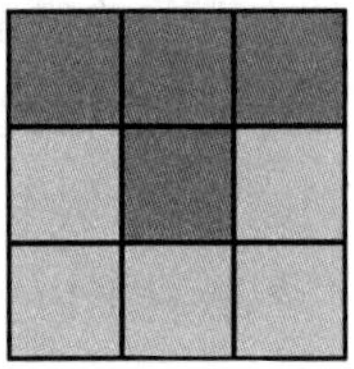

图2

分析 同上,样本空间$\Omega=\{\omega_1,\omega_2,\omega_3,\omega_4,\omega_5,\omega_6,\omega_7,\omega_8,\omega_9\}$,

$A=\{\omega_1,\omega_4,\omega_7\}$,

$B=\{\omega_1,\omega_2,\omega_3,\omega_5\}$,

$AB=\{\omega_1\}$,

若事件A发生,则B发生的概率为$\frac{1}{3}$;

若事件A不发生,则B发生的概率为$\frac{3}{6}=\frac{1}{2}$;

这表明事件A发生与否影响事件B发生的概率.

此时,$P(AB)=\frac{1}{9}$,$P(A)P(B)=\frac{1}{3}\times\frac{4}{9}=\frac{4}{27}$,$P(AB)\neq P(A)P(B)$.

从教材情境出发,再结合上述情境及其变式的分析,学生能够自主为"独立性"下一个定义了,即如果事件A是否发生不影响事件B发生的概率,那么称A,B为相互独立事件,虽然只是建立在归纳的基础上,但是学生不难发现其等价于$P(AB)=P(A)P(B)$. 尽管更深层次的理解需要后续的学习与探究，但我们可以先认可概率的乘法公式. 同时，上述情境的价值还在于，仅从经验出发判断事件 A 发生与否是否会影响事件 B 发生的概率有困难，显得十分抽象，这就提示我们利用概率定义独立性的合理性与必要性，这样学生接受新知识就是主动和积极的，而不是被动的了.

参考文献

[1] 单墫，李善良.普通高中教科书数学必修第二册[M].南京：江苏凤凰教育出版社，2020.

[2] 章建跃，程海奎. 高中必修课程中概率的教材设计和教学思考——兼谈“数学核心素养如何落地”[J].课程・教材・教法，2017，37(5).

39

从平面走向立体的捷径

付有亮

一、高中立体几何教学与平面几何的联系

初中所学的平面几何知识是学习高中立体几何的基础，从二维到三维，从平面走向立体，两者有着紧密的联系，不仅仅平面是构成立体几何的重要元素之一，同时，平面几何的许多定理性质也可以推广到立体几何当中.所以类比溯源是学好立体几何的第一条捷径.

在《普通高中数学课程标准(2017 年版)》中提出了六个教学学科核心素养，直观想象便是其中之一.直观想象是指借助几何直观和空间想象感知事物的形态与变化，利用图形理解和解决数学问题的素养.主要包括：借助空间认识事物的位置关系、形态变化与运动规律；利用图形描述、分析数学问题；建立数与形的联系，构建数学问题的直观模型，探索解决问题的思路.学习立体几何当然需要直观想象，可全凭想象也不行，得有图才行，尤其是平面直观图，所以画好立体几何中的直观图也是学好立体几何、培养直观想象素养的另一条捷径.

二、从平面几何走向立体几何的做法

以线面平行的判定定理一课为例，我们可以类比平面几何性质来对线面的位置关系以及相关性质进行研究，借助直观图来理解如何判定线面的平行

关系，并进一步讨论线面平行时的性质.下面先来看看具体的教学过程.

问题情境

师：前面我们学习了直线和直线的位置关系，并进行了分类，那么直线和平面可能有哪几种位置关系呢？你能按照一定的标准分类吗？（板书课题）

学生活动

（1）引导学生观察、思考身边的实物，从而直观、准确地归纳出直线与平面有三种位置关系：

① 直线在平面内 —— 有无数个公共点；

② 直线与平面相交 —— 有且只有一个公共点；

③ 直线与平面平行 —— 没有公共点.

小结：直线与平面相交或平行的情况统称为直线在平面外，可用 $a\not\subset\alpha$ 来表示.

设计意图 引导学生观察身边的长方体实物，如教室、橡皮等，强化直观感受，同时可以类比初中学习平面内线线位置关系的分类标准，来制定空间中直线与平面位置关系的分类标准.同时注意到分类标准其实并不唯一，关键是从何种角度入手，体现了看问题的多样性.

（2）紧接着把自然语言，翻译为符号语言和图形语言.

它们的图形分别可表示为如下：

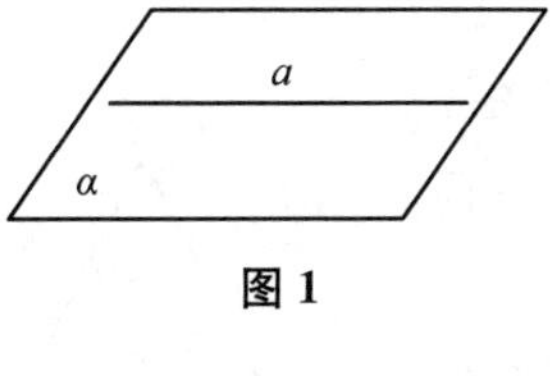

图 1

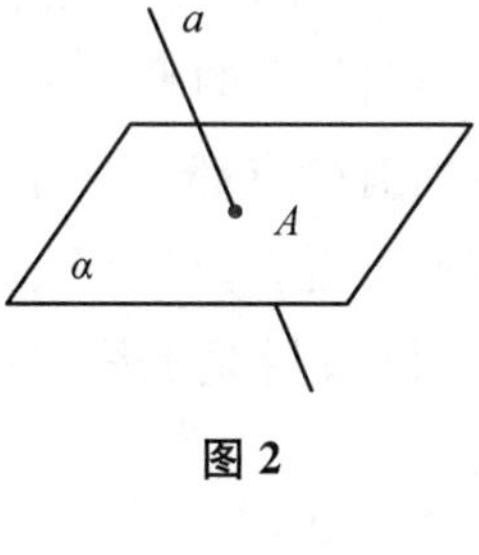

图 2

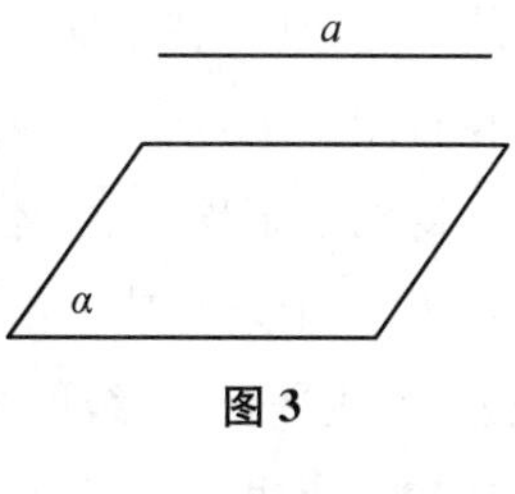

图 3

符号表示 $a\subset\alpha$ $a\cap\alpha=A$ $a/\!/\alpha$

（3）请学生（两位）板演，画出表示线面平行的图形.

提问：为何这样画就可以表示线面平行？（① 线面不相交；② 与其中一条边平行）

设计意图　这是引出判定定理的关键,从直观图的画法中感受何为线面平行,从直观想象中抽丝剥茧,提炼出线面平行的本质,构建判定定理.

紧接着问:与其中一条边平行,即与面内一条直线平行,就能证明线面平行了吗?

引导学生发现第三个条件:$a\not\subset\alpha$.

请学生概括一下所讨论出的结果,同时翻译为符号语言.

建构数学

直线与平面平行的判定定理:如果平面外一条直线和这个平面内的一条直线平行,那么这条直线和这个平面平行.

符号语言:$\left.\begin{array}{l}a\not\subset\alpha\\ b\subset\alpha\\ a/\!/b\end{array}\right\}\Rightarrow a/\!/\alpha$.

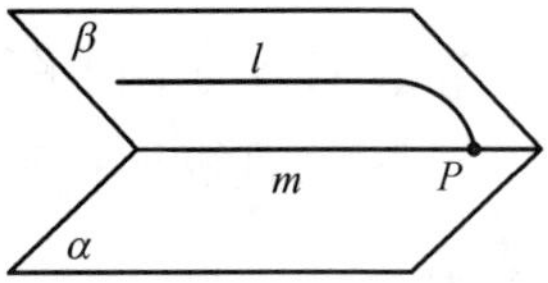

图 4

证明:(反证法)假设直线 l 不平行于平面 α,

$\because l\not\subset\alpha$, $\therefore l\cap\alpha=P$,

若 $P\in m$,则和 $l/\!/m$ 矛盾,

若 $P\notin m$,则 l 和 m 成异面直线,也和 $l/\!/m$ 矛盾,

$\therefore l/\!/\alpha$.

有兴趣的学生可以考虑正面证明.

证明如下:

取平面内任意一点 A,若 A 在直线 b 上,则 A 不在直线 a 上;若 A 不在直线 b 上,则可在平面 α 内做直线 b 的平行线 c,由平行公理可知,$c/\!/a$,则 A 不在直线 a 上,所以平面内所有的点都不在直线 a 上,即证.

得到了定理,我们还应回头看看,有什么值得关注的?① 三个条件缺一不可;② 关键是抓线线平行,简记为:线线平行,则线面平行.

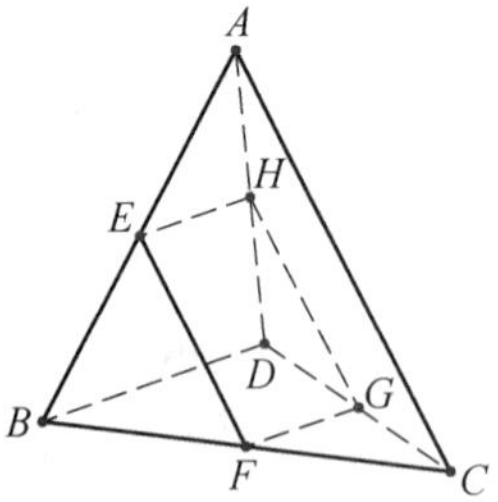

图 5

数学应用

【例 1】 空间四边形 $ABCD$ 中,若 E、F、G、H 分别是 AB、BC、CD、DA 的中点,指出图中满足线面平行位置关系的所有情况.

解：$AC /\!/$ 平面 $EFGH$；$BD /\!/$ 平面 $EFGH$；

$EH /\!/$ 平面 BCD；$FG /\!/$ 平面 ABD；

$EF /\!/$ 平面 ACD；$GH /\!/$ 平面 ABC.

【例 2】 P 是平行四边形 $ABCD$ 所在平面外一点，Q 是 PA 的中点，

求证：$PC /\!/$ 平面 BDQ.

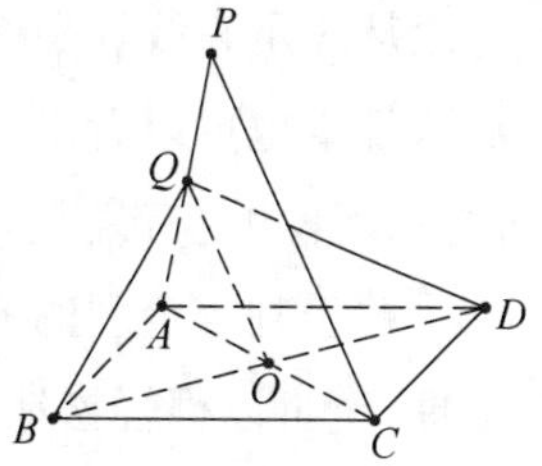

图 6

证略.

回顾反思

引申 回顾定理，变式教学：考虑调换条件和结论的位置.

$$\text{从}\left.\begin{matrix} a\not\subset\alpha \\ b\subset\alpha \\ a /\!/ b \end{matrix}\right\}\Rightarrow a /\!/ \alpha \quad \text{变为}\left.\begin{matrix} a\not\subset\alpha \\ b\subset\alpha \\ a /\!/ \alpha \end{matrix}\right\}\Rightarrow a /\!/ b?$$

反思 学完判定定理后，有哪些收获？对于学习点线面的位置关系有什么心得，或是经验可以总结的？

课后作业布置(略).

三、总结反思

关于“线面平行的判定定理”的引入，在设计的时候，笔者也思考了多种方案，如从生活实例出发，观察生活中是否存在线面平行关系，进而考虑如何判断，再进行数学化、符号化、图形化的工作；也可以从研究立体几何的一般方法入手，分三步走：定义—判定—性质.考虑到班级学生的特点是思维活跃但严谨不足，所以笔者的设计是从形出发，立体几何就是研究图形的学科，而图形的表示方法本身就是一种很好的研究途径，所以如何画出线面平行的示意图成为笔者提出的第一个问题.针对学生板演的图形进行提问：为什么你觉得自己画的线和面是平行的？笔者的本意是想引导学生发现自己所画的表示直线的线段与表示平面的平行四边形的一条边平行，进而引导线线平行推导线面平行的基本思路.然而，在上课过程中，学生的回答却出人意料，他纠缠在直线与平面的无限性上，觉得所画图形并不能确定线面平行，这是笔者事先没有准备的.因此，在这段的衔接上处理得不够清晰，也多少影响了后面的

教学.事后笔者也仔细考虑了这个问题,觉得中间可以加上一些铺垫的问题,可以从表示直线和平面的基本图形线段和平行四边形的相对位置关系考虑.从这件事也可以看出,没有实践空谈理论是不合理的,反之,经过实践检验的理论设计才更有说服力.

关于判定定理的另一种解释,虽然我们可以很熟练地用反证法证明判定定理,也可以很轻松地运用定理证明其他问题,但这样还不够,为什么只要与平面内的一条直线平行就能与该平面平行呢?所以笔者安排了这样一个环节来加深学生的认识.

从 $\left.\begin{matrix} a\not\subset\alpha \\ b\subset\alpha \\ a\parallel b \end{matrix}\right\}\Rightarrow a\parallel\alpha$ 变为 $\left.\begin{matrix} a\not\subset\alpha \\ b\subset\alpha \\ a\parallel\alpha \end{matrix}\right\}\Rightarrow a\parallel b$,

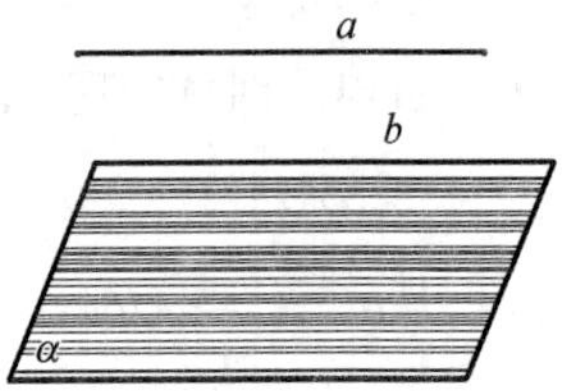

图 7

考虑调换条件和结论的位置,命题能否成立.这个问题不难回答,同时可以得到这样一个基本的事实:线面平行时,直线就平行于该平面内的无数条直线,且这些直线显然也是平行的(由平行公理).而此事实恰好可以帮助学生更好地认识判定定理的正确性,于是笔者开始用几何画板进行演示:由于平面外一条直线 a 平行于平面 α 内一条直线 b,则直线 a 平行于平面 α,从而直线 a 平行于平面 α 内任意一条与 b 平行的直线(如图 7),此时再引导学生思考判定定理为何正确,不难发现,直线 b 平移就形成了平面 α,换句话说,是无数条与直线 b 平行的直线组成了平面 α,既然这无数条直线都与直线 a 平行,自然和直线 a 没有公共点,那么它们所组成的平面 α 也就和直线 a 没有公共点,这正是线面平行的定义.对于定理的认识,我们不必拘泥于书本,尝试从不同的角度去发掘可以让学生更好地去理解,从而培养数学思维能力.

40

用空间向量解决空间角问题的方法建议

孙居国

在空间立体几何中，角的问题，包括线线角、线面角、面面角，在综合法中是一个难点，关键是如何将上述这些角转化为平面角.而引进空间向量以后，不需要转化为平面角，只要通过空间向量的坐标运算，就可以求出角的大小，大大地简化了思维，体现了较大的优越性.因此利用空间向量是立体几何中求角大小的一种较好的方法.

一、利用空间向量求角的方法步骤

(1) 建立适当的空间坐标系，表示出一些关键点的坐标.

(2) 通过向量的运算性质，表示出直线的方向向量和平面的法向量.

(3) 通过向量的坐标运算，通常是向量的数量积运算，求出相应角的三角函数值.

(4) 通过运算结果，得出结论，从而作答.

二、利用空间向量求角时要注意的问题

(1) 建立坐标系要注意“适当”，如果坐标系建立不好，会造成运算的复杂，或不能解决问题，通常是找到图形中从一点出发的三条两两垂直的线分别为 x、y、z 轴，直观，简洁，有利于点的坐标的确定.

(2) 点的坐标和向量的运算要简洁、准确.如果点的坐标错误，或者运算

不准确,则直接导致结果的错误.

(3) 当向量运算结束后,只能说明两个向量的夹角大小,最后还要还原为题目所要求的线线角、线面角或面面角.

(4) 尽管利用向量方法求角的问题,思路相对明确,思维量降低,但运算量增大,因此在解题过程中须注意运算准确.

三、例题分析

【问题1】 求两条异面直线所成角的问题.

在长方体 $ABCD-A_1B_1C_1D_1$ 中,$AB=a$,$BC=b$,$AA_1=c$,求异面直线 BD_1 和 B_1C 所成角的余弦值.

分析 建立空间直角坐标系,利用向量,且将向量的运算转化为实数(坐标)的运算,以达到求实的目的.

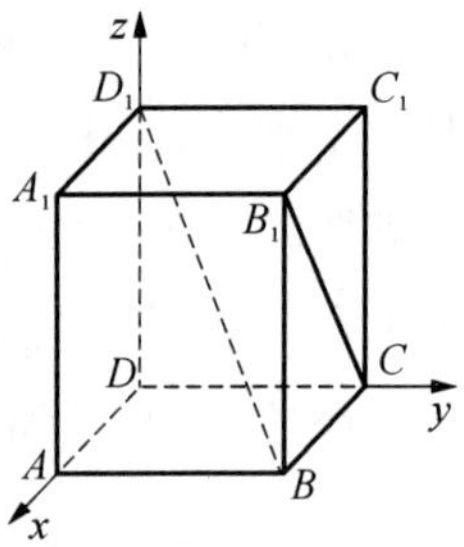

图1

解:建立如图所示空间直角坐标系,使 D 为坐标原点,

则 $B(b,a,0)$,$D_1(0,0,c)$,$B_1(b,a,c)$,$C(0,a,0)$

$\therefore \overrightarrow{BD_1}=(-b,-a,c)$,$\overrightarrow{B_1C}=(-b,0,-c)$,

$\therefore \overrightarrow{BD_1}\cdot\overrightarrow{B_1C}=(-b)^2+(-a)\cdot 0+c\cdot(-c)=b^2-c^2$,

$|\overrightarrow{BD_1}|=\sqrt{b^2+a^2+c^2}$,$|\overrightarrow{B_1C}|=\sqrt{b^2+c^2}$,

$$\cos\langle\overrightarrow{BD_1},\overrightarrow{B_1C}\rangle=\frac{\overrightarrow{BD_1}\cdot\overrightarrow{B_1C}}{|\overrightarrow{BD_1}||\overrightarrow{B_1C}|}=\frac{b^2-c^2}{\sqrt{(a^2+b^2+c^2)(b^2+c^2)}}.$$

设异面直线 BD_1 和 B_1C 所成角为 θ,则 $\cos\theta=\dfrac{|b^2-c^2|}{\sqrt{(a^2+b^2+c^2)(b^2+c^2)}}$.

说明:若此时值为负,则应转化为其绝对值,因为异面直线所成的角的范围为 $\left(0,\dfrac{\pi}{2}\right]$,故余弦值为非负数.

【问题2】 求线面角的问题.

在三棱锥 $S-ABC$ 中,$\triangle ABC$ 是边长为4的正三角形,平面 $SAC\perp$ 平面 ABC,$SA=SC=2\sqrt{3}$,M、N 分别为 AB、SB 的中点.求 BM 与平面 CMN 所

成的角正弦值.

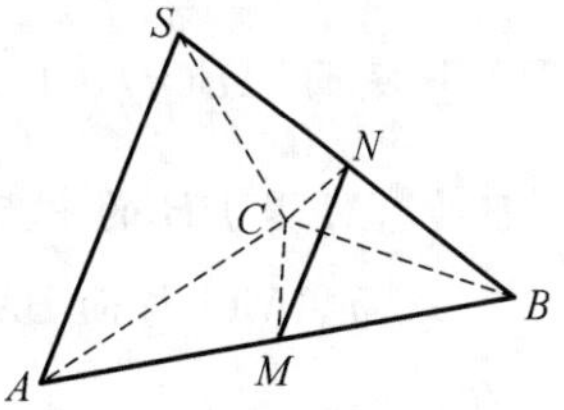

图 2

分析 在空间坐标系中,要求线面角的大小,可先求出该直线的方向向量和平面的法向量的夹角 θ,而 $\left|\frac{\pi}{2}-\theta\right|$ 的大小就是线面角的大小.

在该问题中,没有现成的三条两两垂直的直线,通过寻找后再建立适当的空间直角坐标系.

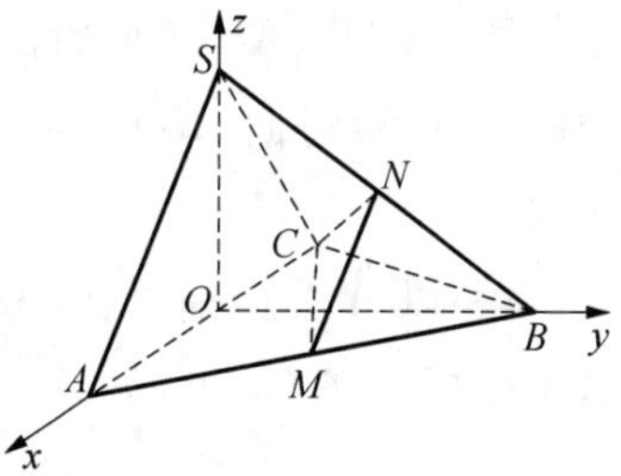

图 3

解:取 AC 中点 O,连结 OS、OB.

$\because SA=SC, AB=BC$, $\therefore AC\perp SO$ 且 $AC\perp BO$.

$\because$ 平面 $SAC\perp$ 平面 ABC,平面 $SAC\cap$ 平面 $ABC=AC$, $\therefore SO\perp$ 面 ABC, $\therefore SO\perp BO$.

如图所示建立空间直角坐标系 $O-xyz$.

则 $A(2,0,0)$, $B(0,2\sqrt{3},0)$, $C(-2,0,0)$, $S(0,0,2\sqrt{2})$, $M(1,\sqrt{3},0)$, $N(0,\sqrt{3},\sqrt{2})$. $\therefore \overrightarrow{AC}=(-4,0,0)$, $\overrightarrow{SB}=(0,2\sqrt{3},2\sqrt{2})$, $\because \overrightarrow{AC}\cdot\overrightarrow{SB}=(-4,0,0)\cdot(0,2\sqrt{3},2\sqrt{2})=0$, $\therefore AC\perp SB$.

由上可得 $\overrightarrow{CM}=(3,\sqrt{3},0)$, $\overrightarrow{MN}=(-1,0,\sqrt{2})$. 设 $\boldsymbol{n}=(x,y,z)$ 为平面 CMN 的一个法向量,则

$$\begin{cases}\overrightarrow{CM}\cdot\boldsymbol{n}=3x+\sqrt{3}y=0\\ \overrightarrow{MN}\cdot\boldsymbol{n}=-x+\sqrt{2}z=0\end{cases}$$ 取 $z=1$,则 $x=\sqrt{2}$, $y=-\sqrt{6}$,

$\therefore \boldsymbol{n}=(\sqrt{2},-\sqrt{6},1)$,

又 $\overrightarrow{MB}=(-1,\sqrt{3},0)$,

$$\cos\langle\overrightarrow{MB},\boldsymbol{n}\rangle=\frac{-4\sqrt{2}}{3\times 2}=-\frac{2\sqrt{2}}{3},$$

令 BM 与平面 CMN 所成的角为 θ,则 $\sin\theta=\frac{2\sqrt{2}}{3}$.

【问题 3】 求二面角的问题.

已知四棱锥 $P-ABCD$ 的底面为直角梯形, $AB\parallel DC$, $\angle DAB=90^\circ$,

$PA\perp$底面 $ABCD$，且 $PA=AD=DC=\dfrac{1}{2}$，$AB=1$，M 是 PB 的中点.

求面 AMC 与面 BMC 所成锐二面角的余弦值.

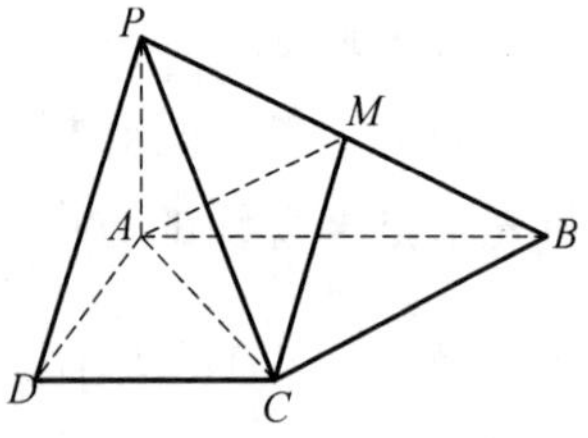

图 4

分析　因为 $\angle DAB=90°$，$PA\perp$底面 $ABCD$，所以 AD,AB,AP 两两垂直，可以 A 为坐标原点，AD、AB、AP 所在直线分别为 x、y、z 轴，以 AD 为长度单位建立空间坐标系，将面 AMC 与面 BMC 的法向量分别求出，再进行运算后即可得解.

解：以 A 为坐标原点，AD 长为单位长度，如图建立空间直角坐标系，则各点坐标为 $A(0,0,0)$，$B(0,2,0)$，$C(1,1,0)$，$D(1,0,0)$，$P(0,0,1)$，$M\left(0,1,\dfrac{1}{2}\right)$.

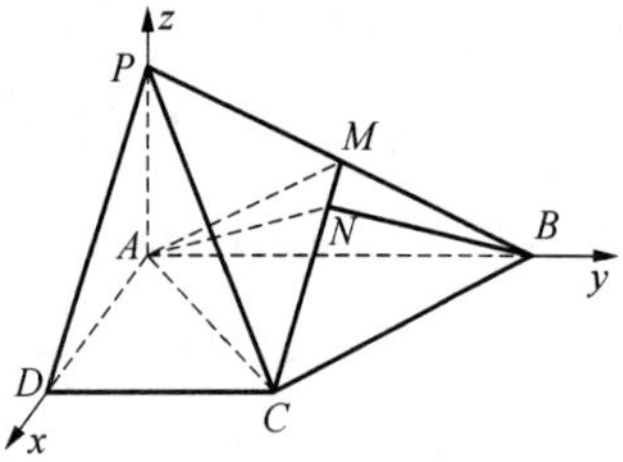

图 5

$\because \overrightarrow{AC}=(1,1,0)$，$\overrightarrow{AM}=\left(0,1,\dfrac{1}{2}\right)$，

设面 AMC 的法向量为 $\boldsymbol{m}=(1,x,y)$，

由方程组 $\begin{cases}1+x=0\\ x+\dfrac{1}{2}y=0\end{cases}$ 解得　$\boldsymbol{m}=(1,-1,2)$.

$\because \overrightarrow{CB}=(-1,1,0)$，$\overrightarrow{CM}=\left(-1,0,\dfrac{1}{2}\right)$，

设面 BMC 的法向量为 $\boldsymbol{n}=(1,x,y)$

由方程组 $\begin{cases}-1+x=0\\ -1+\dfrac{1}{2}y=0\end{cases}$ 解得　$\boldsymbol{m}=(1,1,2)$.

则 $\cos\langle \boldsymbol{m},\boldsymbol{n}\rangle=\dfrac{4}{\sqrt{6}\cdot\sqrt{6}}=\dfrac{2}{3}$，

所以面 AMC 与面 BMC 所成锐二面角的余弦值为 $\dfrac{2}{3}$.

说明:在利用两个法向量求二面角的大小时,若求的是锐二面角,则余弦值一定为正,若求的是二面角,则最后结果应兼顾直观后再定正负.

【问题4】探索性问题

在四棱锥 $P-ABCD$ 中,底面 $ABCD$ 是矩形,侧棱 PA 垂直于底面,E、F 分别是 AB、PC 的中点,当平面 PCD 与平面 $ABCD$ 成多大角时,直线 $EF\perp$ 平面 PCD?

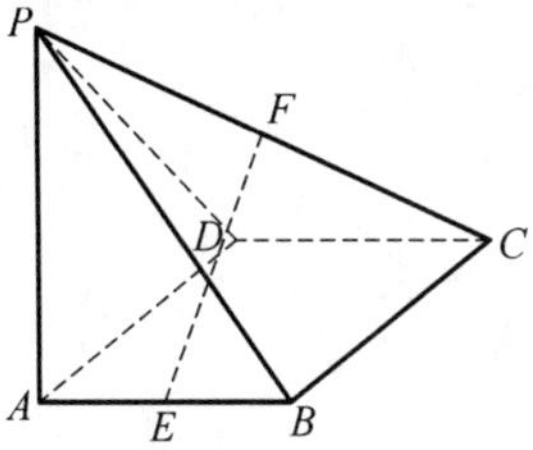

图6

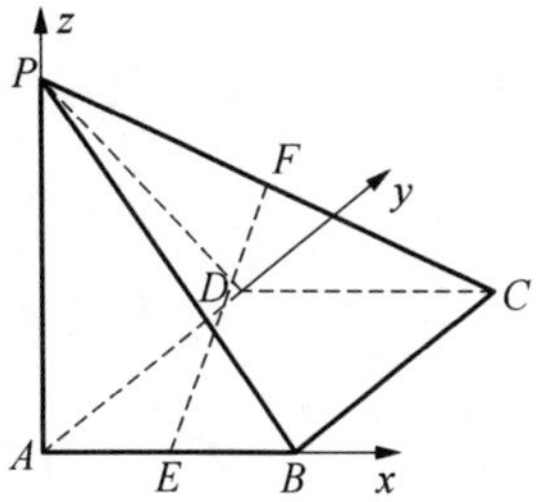

图7

分析 本题建立空间坐标系时,要注意右手系方向,x、y、z 轴不要弄混. 另外,当平面 PCD 与平面 $ABCD$ 成多大角时,直线 $EF\perp$平面 PCD? 这是一个探索性问题,要猜想结论比较困难,而通过建立空间坐标系,引进未知数,再计算待定系数从而得解.

解:以 A 为坐标原点,AB、AD、AP 所在直线分别为 x、y、z 轴,则 $B(x,0,0)$,$D(0,y,0)P(0,0,z)$,$C(x,y,0)$,$E\left(\frac{x}{2},0,0\right)$,$F\left(\frac{x}{2},\frac{y}{2},\frac{z}{2}\right)$,

可得$\overrightarrow{DC}=(x,0,0)$,$\overrightarrow{DP}=(0,-y,z)$,$\overrightarrow{EF}=\left(0,\frac{y}{2},\frac{z}{2}\right)$,

要使直线 $EF\perp$平面 PCD,则$\overrightarrow{EF}$是平面 PCD 的一个法向量.

由

$$\overrightarrow{DC}\cdot\overrightarrow{EF}=(x,0,0)\cdot\left(0,\frac{y}{2},\frac{z}{2}\right)=0$$

$$\overrightarrow{DP}\cdot\overrightarrow{EF}=(0,-y,z)\cdot\left(0,\frac{y}{2},\frac{z}{2}\right)=-\frac{y^2}{2}+\frac{z^2}{2}=0$$

解得 $y=z$,平面 PCD 与平面 $ABCD$ 的法向量分别为 $\boldsymbol{m}=(0,1,1)$,$\boldsymbol{n}=(0,0,1)$,

$$\cos\langle \boldsymbol{m},\boldsymbol{n}\rangle=\frac{1}{\sqrt{2}}=\frac{\sqrt{2}}{2}.$$

当平面 PCD 与平面 $ABCD$ 成 $\frac{\pi}{4}$ 角时,直线 $EF\perp$ 平面 PCD.

说明:利用空间向量求角的问题时,比综合法更具有优越性,通常只要求得待定参数即可获得结果.

41

在反思中提升教学设计的品位

孙居国

一、教学实践反思的意义

数学课堂教学设计通常包括教材分析、学情分析、教学目标、重点与难点、教学策略和教学过程等方面.教师在教学实践后再对上述各方面进行反思,可以提升教学设计的品位,从而为后续的课堂设计提供一定的思路和方向.

每一届全国高中青年数学教师优秀课观摩与评比活动,都会给广大教师带来思考与启示.2012 年我校邢玮老师获得全国一等奖,笔者作为他的同事,见证了他从开始的校、市、省级的赛课,最后再到全国的展示这一漫长的过程.他所授课题为“指数函数”(第一课时),教材采用苏教版必修 1.现在再一次反思邢玮老师的准备、思考、改进、再思考、再改进……最后展示等一系列过程,有很大启发,以期对以后的教学设计有所帮助,提升教学设计的品位.

二、教学实践反思的内容

1. 对教材分析的反思

教材分析是教学设计的首要任务,教师在分析教材时,不只是看到本课内容,应该以本课内容为原点,分析其涉及的范围及联系.至少应该从三个方面加以定位:从数学学科来看,这一内容属于哪一部分内容,处于什么地位,体现了哪些数学文化和观念；从中学数学来看，在本课之前与此相关的内容有哪些，分别是什么，本课之后还有哪些内容直接与本课的学习内容有较大的联系，承载着哪些数学思想及方法等；从实际应用看，本课是否与学生的生活实际及经验相关，有哪些实际应用等.本教学设计从上述三个方面加以分析后，结合本节课整理成知识的线路图，对所传授的内容进行了比较精确的定位，即是指数函数的概念、性质及其简单应用.指数函数是学生在学习了函数的概念、图象与性质后，学习的第一个新的初等函数.它是一种新的增长模型，也是应用研究函数的一般方法，研究函数的一次实践.指数函数的学习，一方面可以进一步深化对函数概念的理解，另一方面也为研究对数函数、幂函数、三角函数等初等函数打下基础.因此，本节课所学习的内容起着承上启下的作用.本节课也是学生体验数学思想与方法应用的过程.

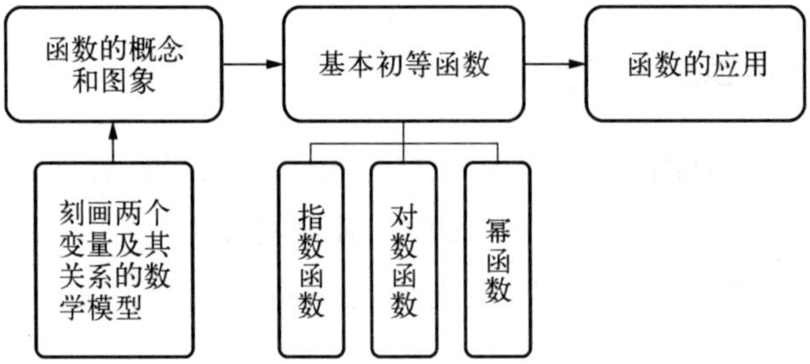

图1

指数函数模型在贷款利率的计算以及考古中年代的测算等方面有着广泛的应用，与我们的日常生活、生产和科学研究有着紧密的联系，因此，学习这部分知识还有着一定的现实意义.

2. *对学情分析的反思*

学情分析是教学设计的依据，教学的目标最终是通过学生落实的.学情分析应从以下三个方面寻找依据：第一是学生已有哪些与本课相关的知识、经验和能力，从而进行合理的预设；第二是学生的学习过程中会出现什么样的可能性，即充分考虑学生的生成；第三是了解授课对象的整体情况与个性差异，对不同层次的班级有适当的区别，体现一定的弹性和层次性，对个性差异给予充分的尊重.

在本节课前，学生已经学习了函数的概念、函数的表示方法与函数的一般性质，对函数有了初步的认识.学生已经完成了指数取值范围的扩充，将指数取值范围由整数集拓展到了实数集，掌握了指数运算法则，具备了进行指数运算的能力.

但学生尚缺乏对指数函数概念的准确认识，需从大量的典型实例中抽象获得.需要注意的是，大部分引例中，自变量的取值一般为正整数，这掩盖了指数函数中对底数取值范围的要求，需引导学生进行必要的拓展.在学生初步得到用 $y=a^x$ 这个形式表示实例的共同特征后，需引导学生讨论底数 a 的取值范围，得到指数函数的准确概念.

此外，学生尚未完全掌握研究函数的一般方法，应该通过实际操作，经历从特殊到一般、具体到抽象的研究过程，体验数形结合的思想方法.对于部分能力较强的学生，可引导他们尝试说明（或证明）归纳出来的性质，经历数学研究的完整过程.

3. 对教学目标的反思

对于每一节课而言，教学目标要做到具体、合理和科学。

具体：是指明确一节具体的数学课堂教学中，学生要切实掌握哪些数学知识和技能，发展了哪些能力、情感、态度，分别要达到何种水平层次，要有明确的规定.

合理：一要看教学目标能不能为学生所理解和接受，是否有利于他们的数学学习，有没有超出学生的"最近发展区"；二要看所定的目标能否顺利地实现.合理的教学目标既能通过努力而实现，还能够促进学生的最佳发展.

科学：教学目标既要重视结果知识的获取，又要重视过程知识的获取，要明确表述让学生经历哪些数学知识的形成过程，参与探究哪些活动，获得哪些体验与感悟.

本节课的教学目标正是基于具体、合理和科学而确定的.即引导学生从具体实例中概括典型特征，形成指数函数的概念，并用数学符号表示；运用数形结合的思想，经历从特殊到一般、具体到抽象的研究过程，体验研究函数的一般方法，掌握指数函数的图象特征与性质；能够利用指数函数的性质比较两个幂的大小.

4. 对重点与难点的反思

重点与难点是从两个不同的方面考查而得出的结论.

"重点"往往是"从数学角度出发"，该内容具有基础性，是知识结构中的结点，具有自我生长的活力，容易在新情境中引发新思想和新方法.本课重点：① 指数函数的概念、图象与性质；② 经历研究过程，获得研究函数的一般方法.

“难点”往往是“从学生角度出发”，与学生的思维发展水平和数学学习方式保持一致，是可学、能学的还是难学的.本课难点：① 根据具体指数函数图象与性质归纳一般指数函数的图象与性质；② 对研究函数的一般方法的理解.

5. 对教学策略的反思

教学策略是课堂过程的流程图、线路图及实践过程的操作手段.本课在教学策略上，尽量采取多样的形式，如问题教学法、启发式教学、探究式学习、多媒体课件辅助教学等；将基点放在全体学生都能独立思考上，使讲授式教学和活动式教学相结合，接受式学习和发现式学习相结合，形成互补；从而使学生被动接受的局面得到改变，使数学知识的发生发展过程和学生的数学学习过程相结合.教师精心设计概括过程，体现过程性原则，强调教学过程中的思想性，使学生在课堂中有高度的思想参与，经历实质性的数学思维过程.

根据学生已有学习基础，为提升学生的学习能力，本节课的教学，采用自主学习方式.通过教师引领学生经历研究函数及其性质的过程，认识研究的目标与策略，在研究的过程中逐渐完善研究的方法与手段.

学生的自主学习，具体落实在三个环节：

(1) 建构指数函数概念时，学生自主举例，归纳特征，并用符号表示，讨论底数的取值范围，完善概念.

(2) 探究指数函数图象特征与性质时，学生自选底数，开展自主研究，并通过汇报交流相互提升.

(3) 性质应用阶段，学生先分析指数函数性质的用途，并自主举例加以说明.

在研究过程中，教师力图促进学生数学思想方法的提升，具体着力于以下三个方面：

(1) 自主学习前，教师引导学生明确研究的内容与方法，并能保证学生学习的时间与思维的空间，培养学生自主学习的习惯和能力.

(2) 研究过程中，教师引导学生对观察所得的结论进行适当的证明或说明,避免简单的“看图说话”,贯彻数形结合思想.

(3) 在研究过程中,教师展示思维过程,引导学生经历知识的发生过程、发展过程以及完善过程,培养学生的思维能力.

通过上述过程,尽量还原知识的原发现过程,还原学生思维过程,为学生构建一条“从具体到抽象,由此及彼,由表及里,从个别到一般,从片面到全面”的思维通道.有了这两个还原,概括过程的主导思路也就明确了.以这条思路为依据设置问题情境,引导学生开展类比、猜想、特殊化和推广等思维活动.

6. 对教学过程的反思

数学教学过程是数学教师组织和引导学生系统地学习和掌握数学知识,进行积极的思维活动,形成良好的认识与发展相统一的育人过程.本课的教学过程力求体现在下列三个方面:

(1) 完善课堂结构.① 创设情境,建构概念;② 实验探索,汇报交流;③ 新知运用,巩固深化;④ 概括知识,总结方法.通过这些环节,使得教学目标、教学内容、教学策略等功能得到充分的发挥.

(2) 完善课堂过程.合理组织,提供有利于学生对数学知识自主建构的平台,为学生的建构学习提供环境条件及时间、空间上的保障,激励学生参与到课堂中来,在教师的指导下积极主动地投入到学习中去,充分体现课堂的多边活动过程.

(3) 调节监控及时.教师与学生、学生与学生双边互动的关系是否有效,信息交流是否流畅,信息反馈是否及时,有没有根据反馈的信息灵活、有效地调控,需要教师对教学过程及时、整体地调节监控.教师在课前进行了充分的预设,反复思考“学生如果怎样……我将怎样……”的问题,以在课堂上有效控场,及时调节.

总之,一节到全国赛课现场展示的课,凝聚了很多的思考,集中了一批人的智慧,无论是从过程,还是结果,都带给我们广大一线教师学习和反思的素材,为我们以后的课堂设计提供了一定的思路和方向,在反思中提升教学设计的品位.

42

如何利用作业题进行二次教学

付有亮

一、作业布置与日常教学的联系

日常教学工作的基本环节包括备课、上课、作业布置、课后辅导与测评.作业布置是日常教学中重要的一环,这当中也包含三个部分:一是科学合理地选择作业题,要求学生课后完成并按时上交,二是及时地批改作业并发现学生的不足,三是讲评作业当中的问题.选择作业题对于每位教师来说是每天的必修课,要选择与当天授课内容相关的练习题,练习题的难度最好有多个层次,从简单题到中档题,再到难题,让学生在做题后能够初步感知自己的能力水平,明确今后的努力方向.而教师在收回作业进行批改时,需注意区分共性问题和个性问题,分类指导.前两部分固然重要,但最后一部分讲评作业更是重中之重.

讲评作业既是对前一阶段学习成果的评价与巩固,也是为接下来的学习打基础.让学生课后完成作业不能是简单的重复劳动,更是希望学生在完成作业的过程中进一步深入思考问题的本质和发现问题的不同,但每位学生的能力有差异,认识有深浅,所以需要教师及时地讲评来弥补不足.通过讲评作业,教师可以展示不同学生的不同解法,真正从学生角度出发认识问题,理解问题,学生在作业当中有好的做法与解法可以推广并进行归纳总结,不足之处也可以及时给所有学生加以提醒.总之,通过讲评作业,可以让学生学会从多个角度看问题,挖掘作业题的内涵和本源,尤其是在有了亲身经历之后,对作业题的理解会更加深刻,从而对问题中所蕴含的知识、方法、思想理解得更透彻.

二、作业讲评课的设计

如果将日常的新授课称为一次教学,那么,作业讲评课就可以称之为二次教学,并且是时间间隔很短、联系紧密的再次教学,因此叠加效果会非常好.下面展示的是在高三阶段复习完圆锥曲线之后的一次作业讲评课的过程.

下面这道题是作业讲评课前一天布置的作业中的一道题,那段时间都在复习圆锥曲线的综合问题,所以打算通过这道题测试一下学生的复习效果,选择的题型为定值计算,这正是有关圆锥曲线的热门考点.原本也只是想让学生进一步熟练掌握解决这类问题的两种基本方法,即设斜率和设点坐标.但通过学生反馈过来的信息,笔者发现在他们的作业当中有些独特的想法,激发了笔者进一步思考的欲望,于是开始尝试从不同角度去看待问题,挖掘问题背后所蕴含的本源.

作业题 椭圆 C:$\frac{x^2}{a^2}+\frac{y^2}{b^2}=1(a>b>0)$ 的长轴是短轴的两倍,点 $P\left(\sqrt{3},\frac{1}{2}\right)$ 在椭圆上.不过原点的直线 l 与椭圆相交于 A、B 两点,设直线 OA、l、OB 的斜率分别为 k_1、k、k_2,且 k_1、k、k_2 恰好构成等比数列.

(1) 求椭圆 C 的方程;

(2) 试判断 OA^2+OB^2 是否为定值?若是,求出这个值;若不是,请说明理由.

设计预想 本题的第二小问可选择设直线的斜率,并借助韦达定理解决,也可以直接设 A、B 两点的坐标,利用消元的思想解决问题,相对而言,后者更难一些.解题的规范性主要体现在对 Δ 的说明上,虽然最后求出来的定值看似与 Δ 的限制无关,但事实上是有关联的,因此必须说明在 Δ 的限制范围内,存在符合条件的 A、B 点满足定值关系.

阅后反思 正如预想,选择设 A、B 两点坐标来解决问题的学生很少,应该是字母变量太多导致的,这也正是学生能力的短板,因此正需要此类问题帮助学生提升处理多变量问题的能力.对于 Δ 的限制也是不少学生遗漏的,规范性上有待加强.

作业讲评流程

1. 解法归纳

展示学生解答第二小问的两种不同解法,由(1)得椭圆的方程为

$$\frac{x^2}{4}+y^2=1.$$

(2) **解析1**:设直线 l 的方程为 $y=kx+m$,$A(x_1,y_1)$、$B(x_2,y_2)$,

由 $\begin{cases}y=kx+m\\x^2+4y^2=4\end{cases}$,

$(1+4k^2)x^2+8kmx+4m^2-4=0$,

$$\begin{cases}x_1+x_2=\dfrac{-8km}{1+4k^2}\\x_1\cdot x_2=\dfrac{4m^2-4}{1+4k^2}\end{cases}\text{且 }\Delta=16(1+4k^2-m^2)>0.$$

$\because$ k_1、k、k_2 恰好构成等比数列,所以 $x_1x_2\neq0$,$x_1\neq x_2$ 且 $y_1y_2\neq0$,$y_1\neq y_2$,

$$\therefore k^2=k_1k_2=\frac{y_1y_2}{x_1x_2}=\frac{(kx_1+m)(kx_2+m)}{x_1x_2},$$

即 $k^2=k^2+\dfrac{-8k^2m^2}{4m^2-4}+\dfrac{m^2(1+4k^2)}{4m^2-4}$,$-4k^2m^2+m^2=0$,

$\therefore k^2=\dfrac{1}{4}$,$k=\pm\dfrac{1}{2}$.

此时 $\Delta=16(2-m^2)>0$,即 $m\in(-\sqrt{2},\sqrt{2})\therefore\begin{cases}x_1+x_2=\pm2m\\x_1\cdot x_2=2m^2-2\end{cases}$.

$$OA^2+OB^2=x_1^2+y_1^2+x_2^2+y_2^2=\frac{3}{4}(x_1^2+x_2^2)+2$$

$$=\frac{3}{4}[(x_1+x_2)^2-2x_1x_2]+2=5.$$

所以 $|OA|^2+|OB|^2$ 是定值为5.

解析2:设点 $A(x_1,y_1)$、$B(x_2,y_2)$,$\because$ k_1、k、k_2 恰好构成等比数列,所以 $x_1x_2\neq0$,$x_1\neq x_2$ 且 $y_1y_2\neq0$,$y_1\neq y_2$.

$\therefore \dfrac{y_1}{x_1}\cdot\dfrac{y_2}{x_2}=\left(\dfrac{y_1-y_2}{x_1-x_2}\right)^2\Rightarrow y_1y_2(x_1^2-2x_1x_2+x_2^2)=x_1x_2(y_1^2-2y_1y_2+y_2^2)$，

$\therefore y_1y_2x_1^2+y_1y_2x_2^2-x_1x_2y_1^2-x_1x_2y_2^2=0$，

$\therefore (x_1y_2-x_2y_1)(x_1y_1-x_2y_2)=0$，又因为 MN 不过原点，

$\therefore \dfrac{y_1}{x_1}\neq\dfrac{y_2}{x_2}\Rightarrow x_1y_2\neq x_2y_1$，

$\therefore x_1y_1=x_2y_2\Rightarrow x_1^2y_1^2=x_2^2y_2^2$　（＊）

$\because \begin{cases}x_1^2+4y_1^2=4\\x_2^2+4y_2^2=4\end{cases}$ 代入（＊）式，得$(4-4y_1^2)y_1^2=(4-4y_2^2)y_2^2$，

$\therefore y_1^2-y_1^4=y_2^2-y_2^4\Rightarrow(y_1^2-y_2^2)(y_1^2+y_2^2-1)=0$，

又 $y_1y_2\neq0$，$y_1\neq y_2$，所以 $y_1^2+y_2^2=1$，

$OA^2+OB^2=x_1^2+y_1^2+x_2^2+y_2^2=4-4y_1^2+y_1^2+4-4y_2^2+y_2^2=8-3(y_1^2+y_2^2)=5$.

2. 讨论分析

此时应引导学生分析比较两种解法的异同：解法一容易入手，而解法二的技巧性更强，尤其是（＊）式“$x_1y_1=x_2y_2\Rightarrow x_1^2y_1^2=x_2^2y_2^2$”的转化尤为精妙，不过这样的处理方式也是必然的，因为关于 A、B 两点坐标的约束条件也只剩下椭圆方程了，想要进一步化简消元就必须出现平方项.归根结底，两种解答的核心思想都是消元、减少变量个数，这也正是需要学生熟练掌握的思维方式之一.关于规范性的要求除了对 Δ 的限制以外，针对直线斜率的存在性和不为 0，也需要单独说明.

课后要求学生将两种解法重写一遍，再次体会解题的过程.

3. 追本溯源

题目虽然已经解决了，但还可以从不同角度来重新认识这个问题.一方面，可以从图形来考虑，符合条件的 A、B 两点以及三条直线究竟处于什么样的位置.从解法一可以看出，直线 l 是一条斜率为定值的直线，那么为何会有两个数值$\pm\dfrac{1}{2}$呢？不妨画个图象来看.

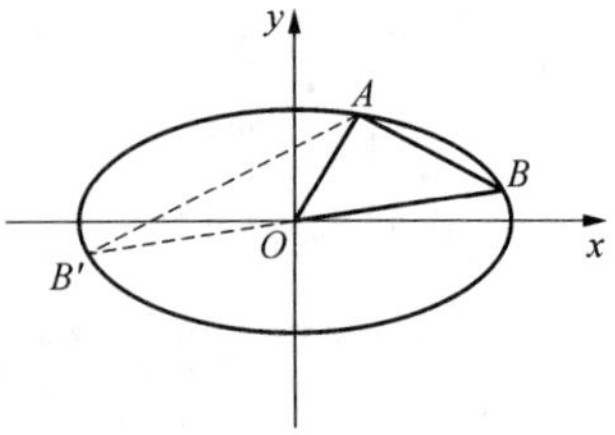

图1

直线 l 确实可以有两种放置方式,而且它们之间是有密切联系的,如图所示,如果直线 AB(即直线 l)的斜率为 $\frac{1}{2}$,可取点 B 关于原点 O 对称的点 B',那么直线 AB' 也可以作为直线 l,满足题设条件.这正是椭圆与直线关系中常常用到的一个性质——如果点 A、B、B' 是椭圆 $\frac{x^2}{a^2}+\frac{y^2}{b^2}=1(a>b>0)$ 上任意三点,且点 B、B' 关于原点对称,那么直线 AB 和 AB' 的斜率乘积为定值 $-\frac{b^2}{a^2}$,于是可以发现本题中的 k 的两个值乘积刚好是 $-\frac{1}{4}=-\frac{b^2}{a^2}$.并且,取点 A 关于原点 O 对称的点 A',那么直线 $A'B$、$A'B'$ 也可以作为直线 l,满足题设条件.由此,可以将本题的结论推广到一般的椭圆,即:

已知椭圆 C:$\frac{x^2}{a^2}+\frac{y^2}{b^2}=1(a>b>0)$,不过原点的直线 l 与椭圆 C 相交于 A、B 两点,设直线 OA、l、OB 的斜率分别为 k_1、k、k_2,当 k_1、k、k_2 恰好构成等比数列时,OA^2+OB^2 是否为定值?

将这个问题布置为新的任务,请学生思考并证明自己的结论,可以进一步激发学生的学习热情.

三、总结反思

解析几何是把几何问题代数化,从代数学角度来看,主要研究的是多个变量之间的对应关系,简单的一元函数到多元函数,所以必须要分清题目中的自变量和因变量,从而进一步考虑如何减少变量个数,消元应该作为重要的手段来解决此类问题.另一方面,作为几何问题也应该从几何本质思考,是否有几何意义、几何性质的存在,这样也能帮助学生认识问题的本质,挖掘其来源,达到触类旁通的目的.

由学生的作业激发教师的思考,而教师的思考进一步带动学生的思考,这才是教学最好的状态.

43

从多维视角谈同课异构设计教学

赵娴静

一、同课异构模式及其产生原因

所谓同课异构模式是指同一课程同一教学内容由于教师的教学风格、习惯、授课环境条件等的不同所导致的课堂进程、结构、师生活动空间、授课方式及其效果等方面存在差异的课堂模式.

同课异构模式,既是新课改进一步深入、深化的研究课题,也是新课改探索和课程内容在具体到课堂时教学手法多样性研究的对象,还是课堂教学理论与实践进行实质性研究的内容和"教学有法但无定法"的具体反映.

"同课异构"是由学生学习的基本特点决定的,通俗地说就是因材施教.根据不同层次、不同基础的学生,基于最近发展区,在既定的学习目标基础上进行备课、上课.同时,教师也是有自己想法的,从课题的引入,到问题串的设计,从教学策略的思考,到课堂的管理,都是因人而异.因此,同课异构有利于从多维度理解课程标准,提高教学的有效性,促进教师专业成长.

二、"曲线与方程"同课异构课堂实录

甲课

【问题 1】在前面的学习中,我们研究过哪些曲线?都研究了它们的什么?

通过温故而知新,起到承上启下的作用.

生 1：研究了圆，椭圆，双曲线，抛物线.

生 2：研究了定义，画图，研究了标准方程.

追问：为什么要研究标准方程？

通过追问，引出本节课的内容.

生 3：借助方程，可以研究它们的性质.

【问题 2】借助方程研究性质的过程中，是否有什么疑问？

问题抛出时，没有学生回答.因为学了十几年，极少有质疑过教材的情况.教师往往努力地教，学生往往安静地学，这是很多课堂的现状，也是我们学生很少有创新的原因.因此，笔者认为，虽然这个问题提得有些大，不好回答，但培养学生大胆提出质疑的想法很有必要.

教师也预见到了这种情况，于是继续追问，并具体化.

追问：这种研究合理吗？曲线可否用方程表示？方程可以代表曲线吗？

生 4：要满足曲线上的点对应的坐标满足方程.

师：够了吗？

生 5：同时，方程的解对应坐标的点也要在曲线上才行.

通过对已经学过知识的回顾与整理，更深入地了解知识体系之间的关系.

【问题 3】你打算选用哪一个曲线来研究呢？请同学们自己制订方案，并实施.

该问题的设计是在了解知识体系的基础上，自己实际动手操作，提高了学生的参与度.

生 6 举了右图的例子，并简单地说明.（略）

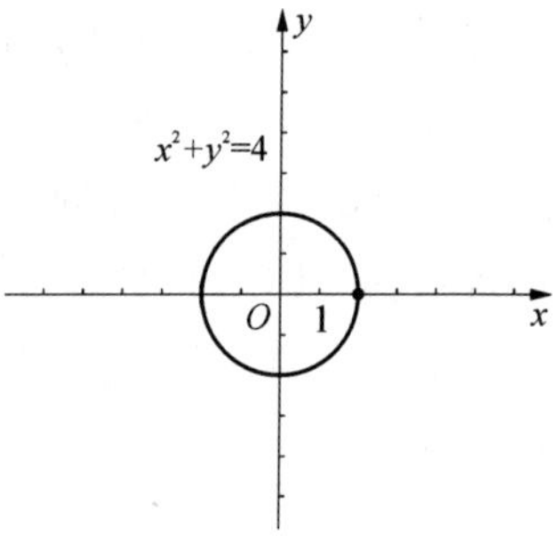

图 1

追问 1：怎么证明方程的解(x, y)在曲线上？

追问 2：用了几步研究？

生答.（略）

学生往往对形→数的认识比较重视，因此追问 1 的设计，意图加深由数→形的印象.追问 2，则帮助学生厘清研究这类问题的一般步骤，缺一不可.

【问题4】 一般地，我们如何说一个曲线是方程的曲线，一个方程是曲线的方程？生答略.

教师帮助学生将问题一般化，进行抽象概括.

乙课

引入 问1：这段时间学习了哪些内容？

生1：圆，椭圆，双曲线，抛物线.

问2：我们是怎么来研究这些问题的？

生2：先学习了定义，然后寻找动点与定点的关系，建立坐标系，设点，进行代数运算，找方程.通过方程，来研究曲线.

问3：为什么要建立直角坐标系？

生3：建系后，可以用代数形式来研究几何问题.

师：就是“形可以代表曲线，数可以代表方程.”

【问题1】(1) 判断下列方程能否表示如图所示直线？

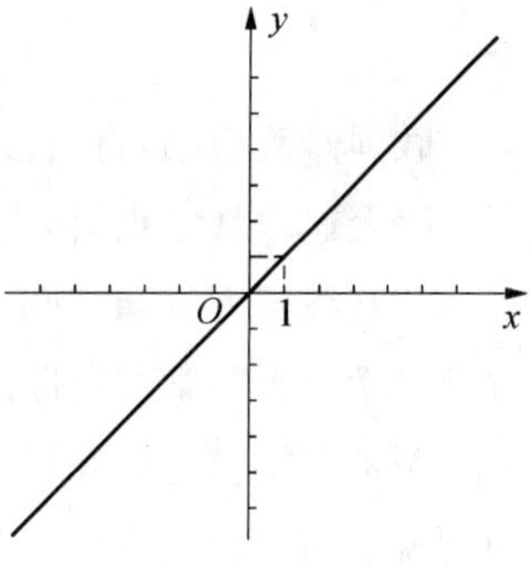

图2

(1) $\dfrac{y}{x}=1$.

生4：不是的，因为将(0，0)点代入方程不满足.

问：还有什么？

生5：该式中$x\neq0$，而图象上有(0，0)点.

问：除了(0，0)点代入不行，其他点都可以吗？

板书：直线上的点的坐标(x,y)都是方程的解，以方程的解(x,y)为坐标的点都在直线上.那么该方程叫作这条直线的方程，直线叫作方程的直线.

(2) $x^2-y^2=0$.

生6：方程的解并不都在直线上，比如(1，−1).

(3) $y=x$.

生7：是的，因为满足直线上的所有点的坐标满足方程的解，同时方程的解对应的点都在直线上.

师：要从两个方面形→数，数→形来分析这类问题，这样才完整.

教师设计的这三个小题，直线是同一条，但方程不同，三个方程对应的点分别“少”了，“多”了和“不多不少”，通过实例让学生体会曲线和方程之间只有一一对应才行.在学生认识、理解新概念时，通过实例、反例，建构起自己的知识体系.

【问题 2】你如何理解“以 $C(a,b)$ 为圆心，r 为半径的圆的方程是 $(x-a)^2+(y-b)^2=r^2$”这样的叙述？

问题 2 是把直线推广到圆，将一次曲线推广到二次曲线.正如《教育研究方法导论》(第 9 版，威廉・维尔斯马、斯蒂芬・G.于尔斯著)中指出，教育研究是系统的和有秩序的，要从相对简单、单一的操作发展到复杂的各种程序的综合运用.因此，接下来的问题 3 是对更一般的曲线进行研究.

【问题 3】对一般的曲线，我们怎样用数学语言描述曲线与方程的关系？生答略.

教师修改板书，将“直线”改为“曲线”.

以上这段教学设计，是让学生不断地构建自己“曲线与方程”的知识体系，由“直线与方程”到“圆与方程”，再到“曲线与方程”，逐步深化，不断推广.教育是学习者与学习课题之间对话式地相互作用的过程.在这种过程中，学习者不断地重构自己的知识(如图 3 所示)，将探讨出的科学方法用于更广域的问题解决，它也是杜威实用主义的核心.这种发展过程或是学习结果的改变是累积式的.

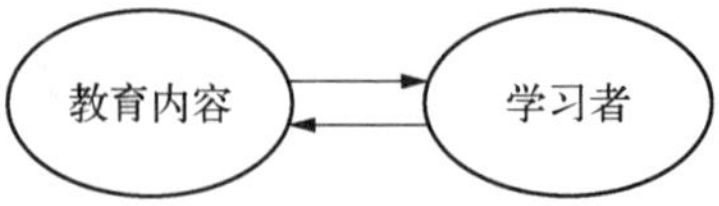

图 3

【问题 4】曲线可以看成是点 (x,y) 组成的集合 A，方程所有的解 (x,y) 组成集合 B，你能用集合的观点来理解曲线与方程的关系吗.

【例 1】观察下列方程和曲线，说明它们有怎样的关系.

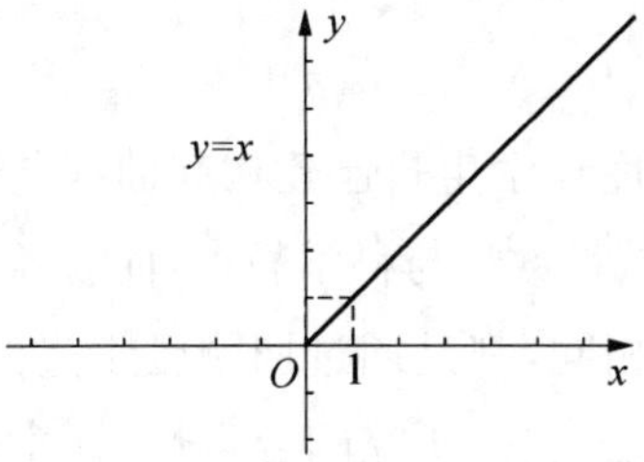

图 4

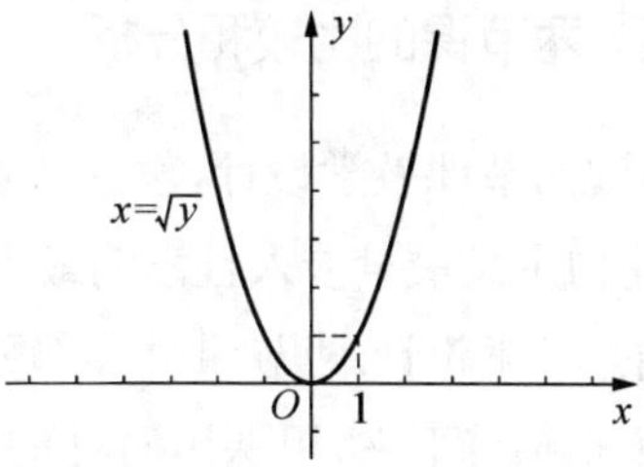

图 5

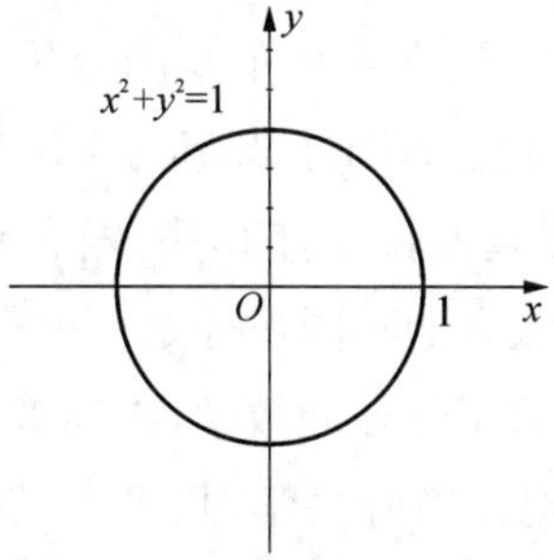

图 6

从形到数，或者数到形，哪个不满足？

问题 4 和配套例 1 的设计，让学生从集合的角度，重新认识“曲线与方程”的概念.这其实是概念重建的过程，从另一个角度再认识曲线与方程的概念.

在小结的环节，教师总结：对于很多数学问题，我们往往从数和形不同的角度来研究，也可以用已有的理论来重新看待它们.最后送给大家一首古诗.

题西林壁

苏轼

横看成岭侧成峰，远近高低各不同.

不识庐山真面目，只缘身在此山中.

最后的课堂小结，除了对这节课内容的总结和方法进行了概括，更跨学科地引用熟知的古诗，道出无论是新知识还是新事物，都可以从不同角度研究和观察，事理都是相通的这一道理.应当说这个小结画龙点睛，让人眼前一亮、耳目一新.

三、两节课的比较和分析

纵观两节课教学设计,教师从不同角度让学生自己建构起曲线与方程的概念.建构主义最早涉入且影响最大的领域是数学与科学教育,而获益最大的领域则是教学设计.两节课引入部分基本相同,都是通过回顾已学过的内容,温故而知新.接下来,甲课用质疑的观点提出这样研究的合理性,让学生通过自己举例,来建构新知.这样的教学高屋建瓴,又旁征博引,从抽象到具体,最后再回到抽象.乙课则相反,从最熟知的直线入手,到刚刚学过的圆,最后到一般曲线,从具体推广到一般,让学生在不断的分析中,构建出自己的新知,让人更易接受.最后引用的古诗也起到了点睛的作用.听完两节课,应当说,笔者对"曲线与方程"这个"庐山真面目",有了不一样的认识.

"同课异构"活动中对教学的不同设计是一种客观存在,"异构"的目的是要求教师根据学生和教师的实际开展教学,提高教学的有效性,而不是为"求异".开展这样的活动可以促使教师去学习、思考、探究,并在这个过程中得到发展,而避免出现教师简单地利用各级教研部门组织的集体备课的成果,或者简单照搬网络中其他教师的教学设计.因此在"异构"中并不排斥教师使用相同的材料,也不排斥教师使用相同的方法,只要是符合教学要求的,才是最有效的.不考虑有效性的一味求异与照搬照抄别人的教学设计的结果是一样的.

44

新手教师提升课堂问答能力三部曲(上)

唐文戬

一、课堂问答的重要性

课堂教学是一种师生双边的交流活动,其中互动性最强的就是课堂问答.课堂问答一般分为课堂提问与课堂理答两个部分,并且整个课堂问答过程贯穿课堂教学的始终,也起到了重要的作用.通过课堂问答,教师可以在上课时更多地和学生进行交流,从而有利于良好的师生关系的建立.数学课堂上教师的有效提问及理答会潜移默化地对学生产生影响,由于数学学科具有强烈的思辨性,师生间的互动交流可以更好地促进学生对知识的理解,从而激发他们的学习积极性.

二、课堂问答的类型

1. 课堂提问的类型

课堂提问是指教师在课堂教学过程中,根据教学目标、学生学情等与学生进行课堂互动的一种教学行为.课堂提问的目的在于引导学生根据教师的设计逐步参与到课堂教学中,与教师进行信息的交流,共同完成教学目标.许高厚等学者将课堂提问的含义表述为:“课堂教学提问,是指在课堂教学中,教师根据一定的教学目标的要求,针对有关教学内容,设置一系列问题情境,要求学生思考回答,以促进学生积极思维,提高教学质量.”在课堂教学设计中，教师一般会先将整个课堂的主线设计好，再在主线中细分为一些小步骤，而课堂提问正是这些主线与主线间、步骤与步骤间连接的桥梁.同时，课堂提问在各种形式的课堂中、课堂的各个环节中都可以使用到，因此，它是课堂教学的一个常规方法与行为.

一般地，我们将提问的类型分为以下五种：

(1) 识记型提问.问题和学生已经学习过的知识有关，提问是让学生回忆这些知识，为讲授新知识做准备.

(2) 应答型提问.问题的答案比较明显，学生不需要太长的思考时间就可以回答.

(3) 推理型提问.问题没有直接的答案，需要学生经过一定推理才能得到答案.推理型提问又可分为收敛性推理的问题和发散性推理两类，收敛性推理的问题指目标是既定的、唯一的收敛性问题.例如：幂函数的指数的取值和函数的奇偶性之间有什么样的关系呢？发散性推理的问题指目标是不明确的、多向的开放性问题.例如，比较一下这5个函数，你发现它们有什么共同点呢？

(4) 启发型提问.教师用一系列启发性语言提出引导学生思维走向的问题，或者从这一步走向下一步提供一种暗示性语言，为学生思考问题指出一个大概的方向.例如：同学们想一想，除了这两种方法，还有没有其他的方法？

(5) 反思型提问.教师针对学生的思考过程或思考结果提出问题，挖掘学生深层次课堂的思维过程.例如：读完题目后，你联想到了哪些知识？

课堂提问的方式主要有以下五种：

(1) 点名回答.教师先点名学生，再提出问题让他回答，或者是教师提问完后无学生举手，教师点名回答.

(2) 提问后让举手者答.教师提问后有学生举手，教师让举手的学生回答.

(3) 提问后让未举手者答.教师提问后有学生举手，但教师故意不让其回答，转而让未举手的学生回答.

(4) 提问后让学生齐答.教师提问后示意让大家一起回答，或者是教师提问完后大部分学生迅速便说出了答案.

(5) 自问自答.教师提问后，自己直接说出答案，或者是提问完长时间无学生作答，教师自己说出答案.

2. 课堂理答的类型

课堂理答是指教师在课堂上对于学生回答的处理方式,即学生回答完问题之后,教师会用何种方式来回应学生的回答.不同的学者对理答的定义有不同的认识,例如国内最早研究理答的学者之一,华东师范大学崔允漷教授认为,理答就是指教师在课堂提问过程中,对学生的回答加以评价反馈.

一般地,我们将课堂理答分为两大类:语言性理答和非语言性理答.

语言性理答指在学生回答后,教师对其答案做出言语性反馈,包括判断对错、表扬批评、追问反问、归纳引答等,故细化为四小类.

(1) 诊断性理答:包括肯定性理答和否定性理答.肯定性理答常表现为简单肯定、重复叙述、同义转述;否定性理答常表现为简单否定、纠正错误、教师代答.

(2) 激励性理答:包括简单表扬、评价式表扬.

(3) 发展性理答:包括追加问题、转问他人、反问学生.

(4) 目标性理答:包括引答、归纳.

非语言性回答指在学生回答后,教师通过面部神情、手势姿势、肢体动作等对其作出回应,以及不予理答的行为.

三、新手教师与专家教师在课堂问答方面的差异

笔者通过对某校 2 位新手教师和 2 位专家教师的听课,综合分析课堂观察记录、师生访谈记录,将该研究的发现总结如下.

新手教师与专家教师在课堂提问方面存在差异,主要表现在课堂提问的类型方面,新手教师推理型提问较多,反思型提问较少;这一方面说明新手教师已经有意识地将启发性教学在课堂上加以实践,但另一方面在提问的深度方面还有所欠缺.此外,在课堂提问的方式上,新手教师大多选择齐答或点名回答,专家教师则方式多样,和举手的学生产生的互动较多.产生这种现象的原因主要是新手教师的课堂活跃度还不高,教师可以采取一些措施鼓励学生主动举手回答问题,从而产生更开放的互动.

新手教师与专家教师在课堂理答环节也有着一些异同点.首先,两类教师激励性理答和非语言性理答所占比例都很小,其余三种所占比例较大.这说明教师们都尽量地对学生回答做出反应,让学生感受到反馈,但在通过理答激

励学生方面还有进步的空间.其次,新手教师与专家教师在诊断性理答方面无明显差异,在发展性理答和目标性理答方面差异显著.这种差异主要表现在学生回答不准确的时候,专家教师会采用多种方式进行启发,新手教师则缺乏经验,方法较为单一.

最终,笔者通过对教师访谈找出了二者存在差异的一些原因,主要原因是新手教师课前准备时对提问准备过于细致,对理答准备较为不足;实际上课时缺乏变通,由于经验和准备不足,使得对意外情况处理不到位;课后对课堂提问及理答反思不够,将更多的精力放在了教法和设计上.对学生进行访谈后发现,学生希望教师减少简单提问的频率,增加开放反思型问题频率;在回答不准确时,希望教师用多种理答方式进行帮助启发;在回答正确时,希望多得到教师的表扬与鼓励.总之,学生也希望能和教师一同构建一个气氛活跃、积极互动的课堂.

45

新手教师提升课堂问答能力三部曲(中)

唐文戬

一、课堂提问数据分析

由统计发现,新手教师平均每节课提问数量为26.4次,而专家教师平均每节课提问40.3次,约是新手教师的1.5倍.所以从总体上看,专家教师的课堂师生互动比新手教师要更多,更加关注师生双边的对话活动.实际课堂上,笔者发现新手教师虽然也有意识地注重与学生进行对话交流,但往往只是为了完成教学目标,一旦学生回答得比较接近标准答案,教师便结束了提问过程,从而导致新手教师提问总数上比专家教师少很多.反观专家教师的提问,往往会抓住细节,对一些模棱两可的细节会再去追问,力求答案的完整性;同时,专家教师临场应变能力也很强,会提出一些非预设的问题,从而充实课堂容量.

二、课堂提问案例简析

课堂实录一

(教师介绍完奇函数的定义,让学生判断了一些函数的奇偶性,接下来想让学生自己举一些奇函数的例子)

师:同学们想一想,除了刚才我举的这些例子外,你们还能不能想到一些奇函数的例子呢?

(此时只有几位经常举手的同学再次举手,记作生A1、生A2、生A3等)

师:好,生A1,你先起个头,说一个奇函数.

生A1:$y=x+\frac{1}{x}$.

师:很好,我们之前在练习题中也见到过这种函数.好,那你接着点一个同学,让他接着举例.

生A1(看着同桌相视一笑):就你了!(指生A1的同桌生B)

生B:$y=x+\frac{2}{x}$.

(全班大笑)

师:这的确是奇函数,但你有点耍赖了,能不能举一个别的例子,不要只改一个系数的.

生B:$y=x^3-2x$.

师:很好,这也是奇函数,那你再点一个同学接下去举例.

……

(接着生C、生D等之前未举手的同学也参与进来,举了一些多项式函数的例子)

师:很好,刚才同学们都是将一些指数为奇数的函数进行了加减混合运算,还有没有跟这些例子类型不一样的函数呢?

(大部分人在思考,只有之前的生A3举手)

师:生A3,你说说看.

生A3:我举的是一个分段函数,当$x>0$时,$y=1$;$x<0$时,$y=-1$;$x=0$时,$y=0$.

师:同学们看看他说得对不对呀?非常好,请坐,分段函数也是可以考虑它们的奇偶性的,他也给我们提供了一个新的思路.

……

通过这个片段,我们发现该教师原先的提问是一个推理型提问,提问完发现仍是那几位同学举手后,转变了提问方式,先由一个举手学生回答,接着以让他点名的方式接着进行.这时候,同学们会更倾向于点一些自己的好朋友回答问题,使得课堂上参与的同学越来越多.而随着例子的变少,举例的难度逐渐加大,这个问题就变成了启发型提问.这时候教师再次提问,让举手的学生回答,既可以推动课堂进程,也能提升该学生的成就感,形成了一个良好的课堂氛围.可见,该专家教师利用其临场反应,盘活了整个课堂氛围,使得举手和未举手学生都有一种课堂参与感.

三、提升课堂提问能力的三条建议

首先,构建提问框架.课堂提问往往可以帮助教师引出接下来的教学内容,促使学生进行思考,所以新手教师与专家教师都能意识到课堂提问的重要性并进行相应的准备.但是,这并不代表教师需要对课堂提问的每一个细节进行详细的准备,这反而会导致课堂提问缺乏多样性和交流性.新手教师在课前准备时,可以先设计好一堂课的问题框架,将知识与知识间衔接的大问题设计好.这些大问题的设计一方面语言要进行斟酌,尽量显得自然,不能让学生感受到太强的目的性,失去了启发的过程;另一方面要能帮助教师引出接下来的教学环节,不能绕圈太大或是太直截了当.在设计完大问题后,可以适当补充一些小的问题,便于学生理解知识和教师讲授,但是小问题的设计不宜过细,需要有一定开放的空间.这样的设计可以使得整个课堂提问过程有张有弛,松紧有度.如果时间允许,还可以根据学生之前的作业情况、课堂表现情况等,思考一下提问哪些学生,从而贯彻因材施教的教育理念.课堂上教师的提问不能仅仅关注当下教学环节的推进,更要关注这些问题对学生思维发展的促进,关注对学生情感、态度、价值观的生成,以及对学生之后学习生活的长远发展的促进,这也是课堂提问的更为上位的目的.

其次,拓展提问深度.由于教师专业化培养的不断推行,现在新手教师的专业素养也有了很大的提高,所以他们在课前准备时设计的问题已经可以达到较高水准,但在实际上课时,我们还希望新手教师能针对学生的情况,再对实际提问加入一些拓展.由数据发现,新手教师与专家教师最大的差异在反思型提问,这也要求新手教师对所授内容会总结、会反思.在一部分内容讨论完毕或是推理证明后,要有意识地向学生提出一些反思型提问,例如"回顾一下刚才的过程,你们能总结出研究新函数一般的步骤吗?"等问题.这些问题可以让学生从更高层次去回顾刚才的讨论与研究,从而将过程内化为一种方法存入记忆.此外,新手教师总体上提问数量还较少,主要原因是提问方式太单一,多是以点名回答为主.改变这一现状一方面需要教师设计良好的教学计划,活跃课堂氛围,使得学生愿意主动参与到课堂讨论中来,而不是坐在下面被动地等待教师点名提问;另一方面也要求教师采用多种提问方式,例如齐答、鼓励学生举手回答等方式,增加整个课堂的对话交流频率.根据美国心理发展学家霍华德·加德纳提出的多元智能理论,学校在发展学生各方面智能的同时,必须留意每一个学生只会在某一、两方面的智能特别突出;而当学生未能在其他方面追上进度时,不要让学生因此而受到责罚.因此,教师在使用课堂提问的时候要注意对不同学生采用不同的提问,因为不同学生所表现出来的智力水平不同,所以提问的标准也就不同.总之,课堂提问是作为课堂上师生对话的开始,牵引着与学生之后的对话活动,所以需要教师反复磨炼提问技巧、拓展提问深度.例如,对于优秀学生,由于他们思维跳跃性较大,容易在回答时跳过一些步骤,所以教师可以在他回答之后,把自己当作基础较差的学生,对他再次提问"你刚才是怎么想到作这条辅助线的?""这边怎么想到要构造基本不等式的呢?"等问题,让他将思维过程与全班同学做分享.

最后,重视提问反思.在教学初期,新手教师的反思更多的是以教学设计和过程为主,对课堂提问及理答的关注度还不够,这也导致新手教师往往会产生一个疑惑:为什么自己的设计已经很好了,但实际上课的效果总是达不到预期? 这很有可能就是提问环节的原因.对于课堂上学生难以作答的问题,课后要再回顾该问题,反思一下回答不出这个问题到底是学生能力原因还是提问设计的问题.对于前者,要多关注该学生课后作业的完成情况,看看他是否对于该知识点真正理解了;而对于后者,需要教师调整提问语言或方式,必要时将其记录在教材相应位置,以便后续教学.同时,对于一些明显未达到提问目的的问题,新手教师可以作为重点,将其与专家教师讨论研究,反思提问的不足之处在哪,并且可以写入自己的教学日记,作为教学经验的积累.美国学者波斯纳认为,只有经过反思,教师的经验才能上升到一定的高度,并对后继行为产生影响,总结为"经验+反思=成长"这一教师成长规律.可见,教师各个环节的成长除了通过时间积累的经验以外,更需要及时地课后反思.在课堂教学过程中,面对教师的提问,学生总会闪烁出一些"创新的火花",尤其到了高中,学生思维的发散性和开阔性更广,更容易产生一些新的视角.教师应当充分肯定学生在课堂上的一些独特的见解,这样不仅可以使学生的新方法、新思路得到承认,而且对学生也是一种赞赏和激励,让更多学生愿意分享自己新的想法.同时,这些难能可贵的见解也是对课堂教学的补充与完善,尤其对新手教师来说,这可以拓宽他们的教学思路,提高教学水平.因此,将其及时记录下来,对教师今后的教学也是一笔重要的财富.

46

新手教师提升课堂问答能力三部曲(下)

唐文戬

一、课堂理答数据分析

通过统计数据分析,新手教师与专家教师在课堂理答环节也有一些异同点.其一,两类教师激励性理答和非语言性理答所占比例都很小,其余三种所占比例较大.这说明教师们都尽量对学生回答做出反应,让学生感受到反馈,但在通过理答激励学生方面还有进步的空间.其二,新手教师与专家教师在诊断性理答方面无明显差异,在发展性理答和目标性理答方面差异显著.这种差异主要表现在学生回答不准确的时候,专家教师会采用多种方式进行启发;新手教师则缺乏经验,方法较为单一.

二、教学案例简析

课堂实录一

(学生已经掌握对数的定义、运算等性质,现在在进行对数运算练习)

师:我看大部分同学都算完这三题了,某某你来说一下结果.

生:第一题是 2.

师:很好,第一题是 2.

生:第二题是 log 、2、7.(顿号表示该学生将$\log_2 7$分成 3 个部分读)

师:第二题是以 2 为底,7 的对数.第三题呢?

生:第三题是以 3 为底,4 的对数.

师:很好,请坐.

……

这个片段中,教师之前已经反复教了学生怎样去读一个对数,在该学生作答时,能听出来学生对对数运算掌握良好,计算结果正确,但是读数时不规范.实际上是因为学生在刚开始学习对数时,写下来的次数多,读出来的次数少,所以常常忘记怎么读数.所以该教师在第二题理答时,采用同义转述,帮学生纠正读法,学生在第三题自然而然就用规范读法读出了答案.整个过程非常自然,耗时也很少,如果此时打断学生,重新再教一遍读数规则就显得有些累赘了.

总之,肯定性理答往往适用于较为简单的问题回答正确后的处理,并且在时间允许时,可以多重复一遍学生答案,将其中不规范的地方用规范语言重复一遍,从而加深学生记忆.

课堂实录二

(教师在教授"幂函数的性质"一节时,让学生从五个常见幂函数出发,通过小组讨论,归纳总结幂函数的一般性质,已有两位同学总结了一部分规律,下面是第三位同学的发言)

师:好,还有没有别的小组有一些新的发现呢?(学生举手,教师点名回答)

生:我们发现幂函数在第一象限的单调性有一些规律.如果 $\alpha>0$,它在第一象限是增函数;如果 $\alpha<0$,它在第一象限是减函数;如果 $\alpha=0$,它是常值函数,既不增也不减.

师:很好,你分了三类讨论,还能分得再细一点吗?

生:(思考了几秒)$\alpha>0$ 的时候可能还能再分.

师:具体怎么分呢?

生:$\alpha>1$ 和 $\alpha<1$ 时好像图象不一样.嗯……(思考)$\alpha>1$ 的时候的图象应该是这样的(用手在比画),然后 $\alpha<1$ 的图象应该是这样(用手在比画).

师:那 $\alpha=1$ 呢?

生:$\alpha=1$,应该就是一条直线.

师:对,那你能用语言将三类总结一下吗,将你手势的意思换成文字表述呢?

生:呃……没想好.

师:好的,你先请坐,再思考一下.其他同学呢,有没有别的想法?

……

在这个教学片段中,教师先点名提问了一位学生,然后对该学生进行了4次追问,最后进行了1次转问.实际上我们发现,该学生一开始的回答是正确的,但教师认为还可以继续深化一点,便进行了前两次追问,这是在挖掘学生的深度理解,是比较好的;学生在尝试分析后,给出了手势的一些比画,说明他在小组讨论时并没有用语言总结到这个深度,所以没法用文字语言叙述.实际上教师应该能明白这位学生是能感受到这块内容的,但再次进行追问就显得有些不合适了,因为学生之前并未准备,而让他在站起来时当场思考总结,既显得有点为难该学生,也让其他总结好这部分性质的学生在做无意义的等待,降低了课堂参与感.笔者认为,在第三次追问"那$\alpha=1$呢"时,就可以改为转问其他学生"好的,你先坐下思考一下,其他小组有没有能帮他一下的",这样既达到启发该学生的目的,也可以让准备好的同学进行发挥.

总之,课堂是要让全体学生都参与进来的对话交流活动,并且教师要有敏锐的观察力,追问时可以"推学生一把",让学生得到启发;也要懂得"放学生一手",让其他同学参与进来.不过新手教师已经有意识地多使用发展性理答,这是值得肯定的,但需要再增加一点多样性,从而营造一种丰富活跃的课堂环境.

三、提升课堂理答能力的三条建议

首先,提高理答意识.提高课堂理答水平,一方面要求新手教师首先从思想上重视课堂理答过程,具备课堂理答意识,转变"重提问、轻理答"的思想.具体来说,新手教师要学习一些理论知识,先对课堂理答的含义、类型、功能和目的等有一个比较全面的认识,再用这些理论知识来指导自己在课堂上理答的实践,在课堂理答时,可以先思考用什么类型的理答方式来达到怎样的目的,再去用良好的理答语言进行课堂理答.另一方面,课前要重视理答预设,这是新手教师在教学初期比较欠缺的一项工作.由于新手教师还处于教师成长的“关注生存”阶段,所以会在备课的时候把大部分的精力放在教学内容、教学活动以及提问问题的设计上,力求课堂的正常进行和师生关系的良好建立,但这样却会忽视对课堂理答的预设,很可能会导致一种结果,即虽然这一堂课的课前设计非常精彩,但实际课堂效果却未能达到预期.因此,教师在备课时,不仅要备教材、备教法,还要备学生.设计时要多从学生的角度去考虑,可以根据之前上课的体验总结班级学生的总体特点和知识水平基础,从而有针对性地设计问题、预设理答.

其次,丰富理答形式.理答类型多种多样,每种理答类型能带来的作用也各不相同,所以新手教师在课堂上要注意理答类型以及时机的选择等.基于班杜拉的观察学习理论,在课堂上,教师应多对学生进行鼓励和表扬,既包括主动举手回答问题的学生,这样其他学生会通过替代性强化,增加其主动举手回答问题这一行为的频率;也包括对回答不完全正确学生进行鼓励,这会让一些不敢举手回答问题的学生消除紧张和畏惧心理,引起他们思考与学习的兴趣,也让他们更有自信地在大众面前去表达.除了语言性理答的使用之外,新手教师也要注意非语言性理答的使用,避免出现无理答反应,教师可以适当地用一些面部表情,比如微笑和眼神交流,或是肢体动作,例如挥手示意学生请坐等.总之,要对每位学生的回答产生回应,哪怕是不经意的表情和动作,都可能会引起学生积极的情绪体验,更愿意参与到课堂中来.另外,在对男生和女生理答时也要注意理答方式的使用,避免一些不恰当的方式,尽量保护他们的自尊心.

最后,形成理答风格.专家教师能在课堂上快速地进行反应,展现精彩的理答,并非一蹴而就.他们也是一步步从新手教师成长起来的,逐渐积累了丰富的教学经验.而这些教学经验的积累,除了上课次数的增多,更重要的是课后的反思过程.在教学初期,新手教师对课堂理答进行及时深入的反思显得尤为重要.由于缺乏教学经验,新手教师在课堂上难免会出现很多低效甚至无效的理答,需在课后及时地反思与总结.叶澜教授说过:“一个教师写一辈子教案不一定成为名师,如果一个教师写三年的反思,有可能成为名师.”由此可见课后及时的反思在教学工作中的重要性.我们可以将目光转向研究自己的理答行为,找出学生更为倾向的理答方式,并作为自己的优点再对其强化,最终形成自己独特的理答风格和教学风格.

47

数学教学为主，信息技术为辅
——从两者关系谈对信息技术的认识

张 玮

一、认识数学教学和教育技术的关系

随着现代科学技术的发展，特别是计算机技术及人工智能技术的飞跃进步，教育技术——尤其是基于互联网的现代信息技术正在不断凸显其在教学中的优势.毋庸置疑，使用现代信息技术，无论是对数学教学的内容还是方式方法都产生了巨大影响.

在使用过程中，如果能正确认识现代信息技术和数学教学之间的关系，利用好现代信息技术，可以起到事半功倍的效果.例如，使用现代信息技术可以将难以理解的抽象内容具体化，提供丰富的教学素材，提高教学效率，及时进行反馈，给学生提供探索和发现的机会等.反之，如果不能认清二者之间的关系，可能会出现主次颠倒的情况，因为无论采用什么设备，都只是实现教学目标的工具和手段而已.如果手段不能为目的服务，就变成了为技术而技术，这就背离了使用技术辅助教学的初衷.

那么，应该如何认识数学教学和教育技术之间的关系呢？《普通高中数学课程标准(2017 年版)》中提到在数学教学中应"以发展学生数学学科核心素养为导向……启发学生思考，引导学生把握数学内容的本质".按照这条原则，一切技术手段都应该是为数学教学本身服务的.只要是有利于学生认识数

学本质的技术手段，就是“好”的技术.

二、利用现代教育技术辅助数学教学的几种类型

如何使用现代教育技术辅助数学教学呢？

以下利用一节课例“函数图象变换”进行具体说明.本节课是一节在信息技术支持下对函数图象变换的一般情况进行自主探究的活动课.使用的硬件器材有 iPad、投影、电脑等；使用的软件为 Good Grapher 应用程序，该应用程序的功能是画出函数图象.

1. 硬件使用型

【例 1】 请在给出的坐标纸上画出函数 $y=\dfrac{x}{x+1}$ 的图象，并利用 iPad 给画好的图象拍照.

因为要求画出的函数图象是学生不熟悉的，但这个问题又是学生能通过思考解决的问题.所以并没有让学生一开始就使用软件直接画出图象.事实上，在教学过程中，学生使用了描点法和变换法两种方式画图，而且采取描点法的同学因为没有注意定义域还出现了错误.这些都是良好的教育契机.如果直接使用软件进行画图，固然又快又好，可以节省教学时间，但却剥夺了学生思考问题、学会解决问题并获得提升的机会.

所以，这里对 iPad 的使用就是拍照，并利用投影和同学们分享画图结果.是纯粹对硬件的使用，而并不涉及软件.

2. 不使用技术型

【例 2】 刚才同学画出函数 $y=\dfrac{x}{x+1}$ 的图象使用了平移变换.能概括出平移变换一般形式吗？能对平移变换的规律进行解释吗？

数学教学是为了提高学生的思维能力，固然可以采取使用 iPad 画出大量函数图象并总结出一般规律的方法让学生迅速掌握相关结论，但数学教学不应只停留在用技术手段从特殊到一般总结规律的层面上，而应当通过信息技术的支持提高学生分析问题、解决问题、提出问题的能力，培养学生的数学思维能力.所以，这里，让学生对规律进行代数解释（或论证），从而实现从具体到

抽象、从归纳到演绎的数学化的过程才是重点.这一点恰恰是信息技术所不能取代的，也是需要学生在头脑中独立思考完成的.所以这里不应使用信息技术进行辅助教学.

3. 软件使用型

【例3】 自选函数 $y=f(x)$，利用 iPad 中的 Good Grapher 软件画出图象，研究函数 $y=|f(x)|$ 的图象如何由函数 $y=f(x)$ 的图象变换得到，并思考选择函数有什么要求，应如何选择.请大家利用 iPad 自己选择函数模型进行研究，并进行小组交流，总结规律.

这个环节对于学生来说是陌生的，而且较困难，所以这里使用技术手段作为支持，学生可以在短时间内画出大量函数图象进行观察和归纳总结，这样可以大大提高探究效率.同时，通过投影可以实时展示学生的画图结果，增强学生之间的自主探究和合作交流.

【例4】 请大家进一步思考：我们还可以研究哪些变换？你打算如何研究？

以往，这样的探究性问题在课堂内很难实现，但信息技术的支持使得研究问题在课堂上成为可能.

三、总结

虽然同为函数图象的变换，但在课例中对不同变换采用了不同的处理方法.平移变换的教学重点不是规律本身，而是对其的代数说明和解释.这样，不仅可以培养学生的数学理性精神，也可以让学生认识到，不完全归纳的结论必须经过严格的推理论证才能保证其正确性，从而逐步形成直观与抽象、归纳与演绎相结合的数学研究方法.这样，也可以避免学生陷入使用信息技术的另一个误区——以为只需要通过实验的手段就可以得到正确结论.翻折变换主要通过技术手段支撑，由学生采取自主学习的方式，通过作图象、总结规律的方式得到正确结论，但在这之前，要求学生对所选函数的要求进行讨论，在此之后，又要求学生根据平移变换对另一种翻折变换的结论进行合情推理.这些都是注重了技术之外的数学本身的体现.

总之，在使用信息技术时，第一，要思考所讲授的内容是否需要信息技术的辅助.如果可用可不用，那么完全没有必要为了迎合“潮流”而使用信息技术.第二，需要确定所授课的教学目标与使用信息技术的目的.这样才能主次分明，使技术为教学服务.第三，在使用信息技术的同时，也要注意挖掘现象背后的数学本质，注意引导学生对发现的结论进行数学解释和证明，这样才能真正提升学生的数学思维能力.

48

“互联网＋课堂” 尝试新技术 变化正当时

周 杰

在教育领域，每一次媒介的技术革命之后，总能够诞生一些伟大的教育家及其在当时甚至现代都具有领先性的教育理念和教育模式，比如：竹简之后的孔子，及其“因材施教”的理念和那个时代的格言教育、教化人品的教育模式；草纸之后的柏拉图及其理想国学说和那个时代的对话教育、探讨社会的教育模式；印刷术之后的朱熹及其课程教育、留存经验的教学模式，以及油墨机和铅字印刷技术后的卢梭和洪堡德等等.

综观历史，是什么在改变教育？教师？教育精神？不，是技术.因为每一次技术的革命，都能够解放一些具有创新精神的教师，使他们抛弃了大量重复的劳动，而将更加重要的精力集中在了教师的核心功能.

十多年前，就有人提出了信息技术与课程整合的“TPCK 框架”.TPCK 的核心是技术、学科知识和教学法三者的动态平衡，其中一种要素发生变化，都会引起其他要素的变化，从而打破三者之间原有的平衡，通过三者之间的相互制约、相互建构，最终达到新的平衡.与 PCK 的独特地位相类似，TPCK 对教师应用技术的有效教学具有支配作用，它包含了具体教学情景中技术与学科知识、教学方法的真实的复杂关系，包括教师对技术的深刻理解，对自己原有的教学观念、教学方法的重新审视与反思，敏锐地在技术、学科知识与教学方法的相互关系中寻求新的可能，如根据具体教学情景的需要设计新技术，或利用新技术开创新的教学空间.

现在,随着5G、人工智能等技术的发展,终端设备的不断轻量化,越来越多的重复劳动、技法训练被人工智能取代,师生从简单的重复操作训练中解放出来的时候,思想才会自由飞翔,创造的灵感才会不断迸发!

技术与内容的相互作用包括两个方面:一是根据内容选择、设计恰当的技术,如我国开发的面向数学教学的"Z+Z"智能教学软件,以及广泛应用于数学、物理和化学教学的几何画板软件,当然现在有更多软件可供选择;二是利用技术所提供的更多的可能性拓展学习内容的来源与类型,如利用网络获取学科最新研究成果,利用动画模拟难得一见的物理现象或过程.

新技术不仅可以用于强化原有的教学方法,也可以产生新的教学方法,反之亦然,教师所采用的教学方法也会影响技术的选择与设计.例如近几年广为流行的Webquest(基于网络的探究式学习)就是充分利用了网络在获取、交流、发布及共享信息方面的优势而发展起来的.又如,白板是一种功能类似于黑板但摆放位置更灵活、更便于书写的设备,如果教师只是把它当作一块便携式黑板,那么它就只能强化传统的以教师为中心的教学,而如果用于"头脑风暴"、协作学习等活动中,将白板置于学生中间、由师生共同控制,白板则能够为学生的合作探究提供支持.

因此,大可不必为日新月异的技术感到困惑或者担心.教师不需要成为技术的开发者和创新者,只需要成为一个技术的整合者,将技术与课程、技术与教学、技术与评价反馈结合起来,做一个TI(Technical Integrate)人.

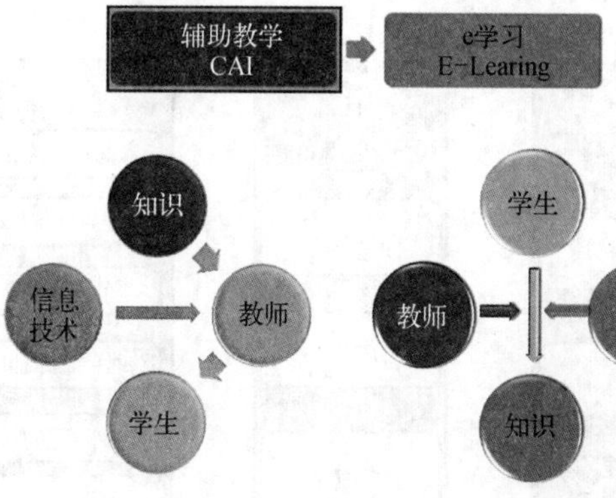

图1

传统的课堂上,老师掌握技术与知识,课堂是讲堂,是老师传经布道的场所,学生需要做的就是吸收,模仿,再现.

随着信息技术的介入,我们的课堂也许会有着颠覆性的改变.

1. 对课堂的认识的改变

过去的课堂是大批量标准化的流水线,以知识为中心,以教师为中心,以课堂为中心.

信息化的课堂将是全球化、信息化、个性化、开放的、多样的.

2. 课堂教学目标的改变

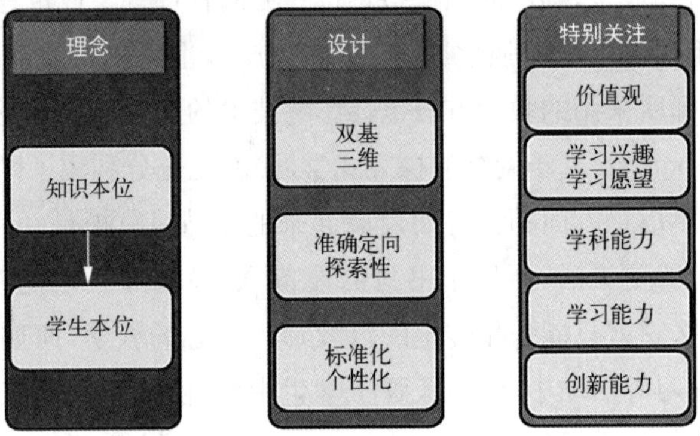

图 2

首先是从知识本位到学生本位的观念的转变,学生的主动学习意识与学习能力才是培养的首要目标.

3. 课堂的时间空间的改变

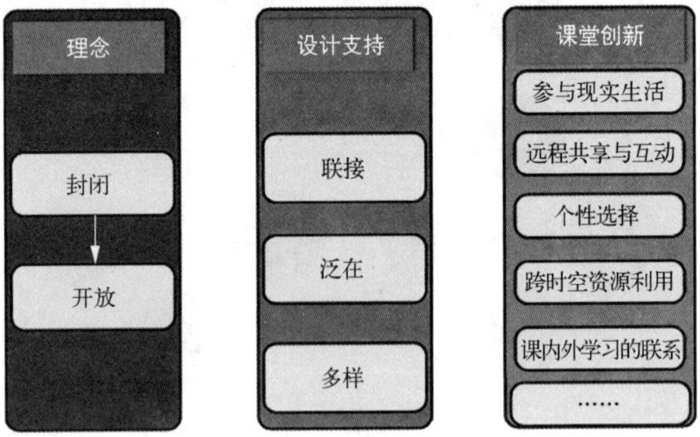

图 3

课堂不再是封闭的了，空间上，课堂可以扩展延伸到地球的另一端；时间上，课堂也不见得就是大家同时学习了，网络也为异步的个性化的学习提供了便利的条件.

4. 教与学的方式的改变

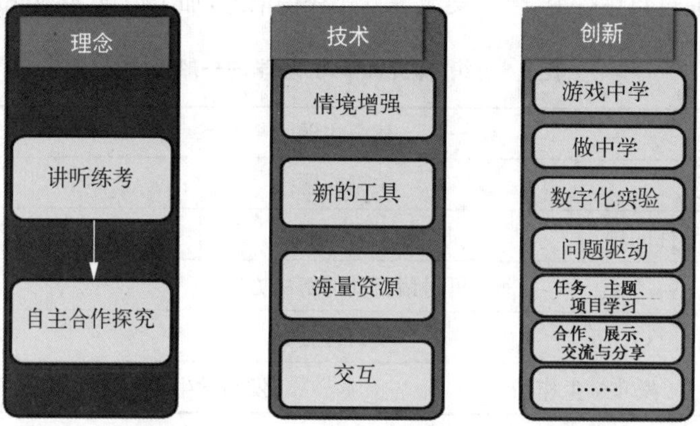

图 4

合作探究将成为课堂上的一种常态.

5. 对教学评价的改变

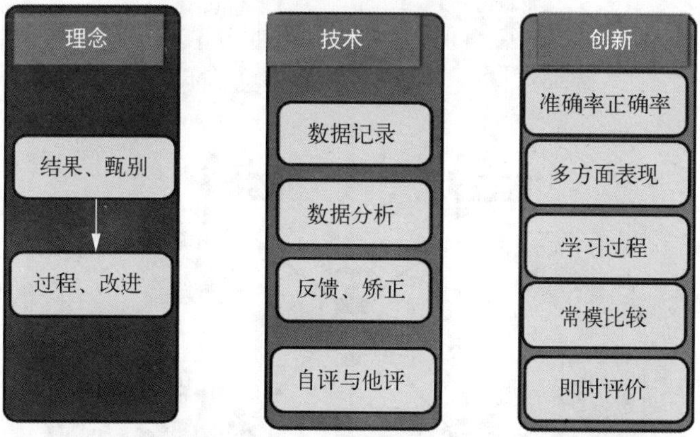

图 5

学生的学习过程也将成为评价的重要组成部分.

6. 课堂结构的改变

新型的课堂应该是一种以"探究式学习"为主的"学堂"模式.信息技术成为学生学习的助力，而教师由知识的唯一掌握者和传播者转变为学生学习的规划者和指引者，帮助学生利用信息技术，在无边的信息海洋中获得他需要的知识；帮助学生通过自主探究、合作交流等方式获得信息，加工信息，建构知识.

表1　组织"探究式学习"教学的一般模式

核心主题		
关键问题		
指导性问题	指导性活动	指导性资源
可付诸行动的解决方案		
项目评估		
发布学生作品	发布学生学习过程回顾及实录	

在整个过程中，技术能在哪几个环节介入？以怎样的方式介入？这需要教师进行安排与整合.

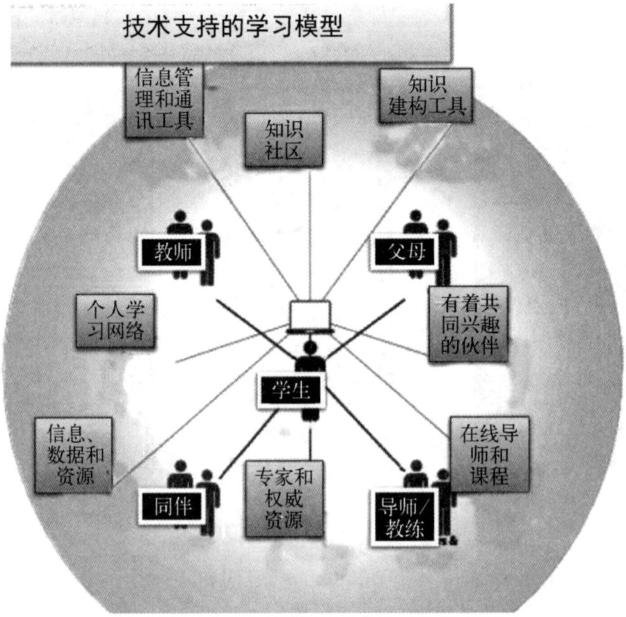

图6

在这样的学习模式下，教师与学生，学生与学生，学生与网络资源，学生与社区资源都能够形成良好的互动，从而促进学生的自主学习.

……

我们的课堂究竟会变成什么样子？现在描述的景象是否就是最终的样子？也许不是.也许随着时代的进步，我们会走得更远，攀得更高.不管怎样，积极面对新技术，变化正当时.

49

新技术下数学课堂教学片段及相应的三条建议

周　杰

一、随堂测试，即时反馈

在高中数学课堂上，在学生完成新知识的学习之后，教师往往通过提问、让学生板演解题、课堂巡视等方式了解学生解题的过程，综合评估学生学习效果.但是这样的方式往往难以全面而又准确地了解学生的学习情况.学生板演习题的答案对错只能代表该学生或部分学生对知识是否掌握，不能代表全班学生对知识是否掌握；老师通过巡视的方式了解学生解题，也会因为课堂时间或空间的制约而无法了解每个学生的学习状况.

在信息技术的辅助下，在网络环境下，学生在课堂上使用平板电脑作为交互工具，教师可以随时发布测试题，进而获得所有学生的答题结果：客观题可以交由系统自动评判，立即获得结果；主观题在目前的技术条件下仍然需要人工批改，可以通过教师批改，或将学生分组后由组长批改，或公布答案随机分配给学生批改等方式快速获得评判结果.通过网络系统还可以获得学生的答题时间、各题得分率、答错的学生名单、典型错误等相关信息，更加全面地了解学生的学习状况，为后续的学习任务安排提供真实可靠的依据.

【案例 1】“函数奇偶性”

在“函数的奇偶性”一课中，教师完成概念教学之后安排了一组练习.

练习：判断下列函数的奇偶性.（以选择题的形式呈现，A. 奇函数，B. 偶函数，C. 既不是奇函数也不是偶函数）

(1) $f(x)=x^2-x^6$； (2) $f(x)=x^3+5x$；

(3) $f(x)=2x, -1<x<2$； (4) $f(x)=2|x|, x>-2$；

(5) $f(x)=x^2+x-4$； (6) $f(x)=(1+x)^3-3(1+x^2)+2$；

(7) $f(x)=\dfrac{x^3-x^2}{x-1}$； (8) $\sqrt{x^2-1}\cdot\sqrt{1-x^2}$.

其中第 1～5 小题都是基本题，考查对概念的基本认识；第 6 题对化简运算要求较高；第 7 题属于对代数变形过程中变量取值范围变化的认识，要求较高；第 8 题是对函数奇偶性概念的深入认识，这个函数同时满足奇函数和偶函数的概念.就本节课教学要求而言，1～5 题正确率应在 90%以上，第 6、7 题的正确率应在 80%以上，第 8 题不能确定.

从实际反馈的情况来看，全班同学都在 5 分钟内完成了判断，第 1～5 题均只有至多 2 人答错，说明基本教学要求已经达成；第 6 题的正确率为 82%，说明部分学生对代数计算缺乏自信，看到复杂的算式没有仔细化简；第 7 题的正确率 92%好于预计，说明学生对定义域的变化有足够的关注；第 8 题完成情况也较好，80%以上的学生同时选择了 A、B.

这说明教学目标基本已经实现，课后作业中可以适当增加对代数化简的要求，以及需要化简才能进行奇偶性判断的练习.对于个别未达到教学要求的学生，还需要通过个别辅导的方式使他们能够达到教学要求.

二、探究实验，拓展提升

高中数学中许多概念是比较抽象的，学生掌握起来比较困难，比如函数的概念、性质.但是函数的图象是直观的，是函数性质的直观体现.借助作图软件，可以帮助学生轻松地获得函数图象，并通过修改参数的方式进行数学实验.如此，学生可以通过观察大量的函数实例，通过特殊到一般的归纳方法得出函数的性质.

在学习函数性质的过程中，观察图象—归纳性质是常见的过程.让学生在课堂上利用 Good Grapher、GeoGebra、几何画板等常见的作图软件在平板电脑上绘制函数图象，可以让学生短时间内获得大量的观察素材，通过无线网络共享、交流,学生的素材可以再次倍增,学生的学习过程也可以交流分享.这极大提高了课堂效率,并使学生获得愉快的学习体验.

分层要求,因材施教.对于基础较好的学生继续提升要求,在"观察—归纳"之后再要求结合函数的代数形式以及以往的数学知识尝试证明,并延伸拓展,完成"归纳—证明—应用"的学习过程.比如指数函数的性质主要通过观察图象得到,对数函数的性质就要求学生利用指数函数的性质完成证明.对于少数抽象思维能力较强的学生可以提出更高的要求——尝试不观察图象,直接从代数形式推导函数性质.比如对数函数的性质就可以对照指数函数的性质直接从代数形式推出.此时绘图的作用就变成了检验结论是否正确.

【案例2】"指数函数"教学片段

在"指数函数"一课的教学过程中,师生讨论完成函数概念的建构之后,教师继续提问,与学生一同探讨研究新函数的基本策略:根据定义作出图象;根据图象归纳性质.

接下来,让学生选取不同的底数,作出若干函数图象,观察它们之间的异同,总结指数函数的图象特征与函数性质.

指数函数 $y=a^x(a>0$ 且 $a\neq 1)$ 具有以下性质.

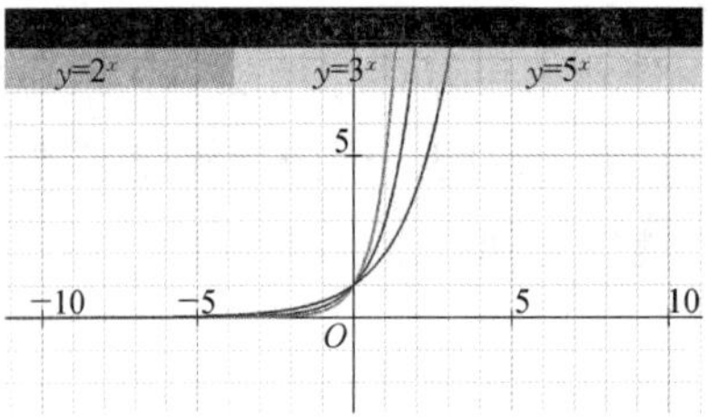

图1

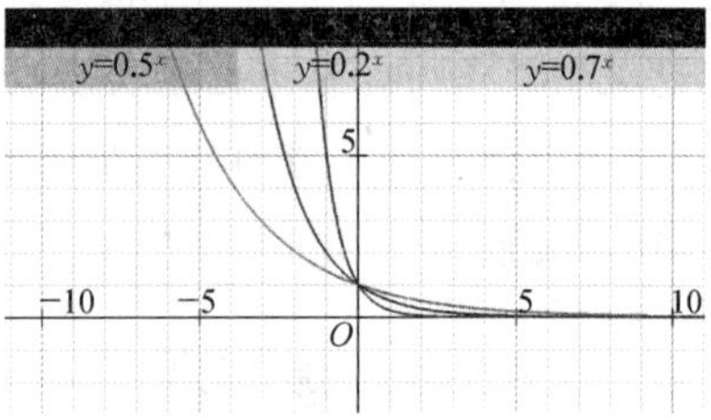

图2

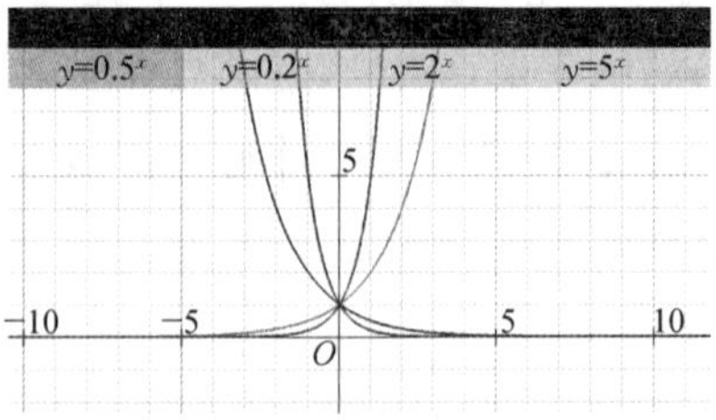

图3

① 定义域为 **R**.　　② 值域为$(0, +\infty)$.

③ 图象过定点(0, 1).　　④ 既不是奇函数也不是偶函数.

⑤ 当 $a>1$ 时,函数 $y=a^x$ 在 $(-\infty, +\infty)$ 上单调递增;

当 $0<a<1$ 时,函数 $y=a^x$ 在 $(-\infty, +\infty)$ 上单调递减.

⑥ 函数 $y=a^x$ 与 $y=\left(\frac{1}{a}\right)^x$ $(a>0$ 且 $a\neq1)$ 图象关于 y 轴对称.

⑦ 指数函数 $y=a^x$ 与 $y=b^x$ $(a>b)$ 的图象有如下关系:

$x\in(-\infty, 0)$ 时,$y=a^x$ 的图象在 $y=b^x$ 的图象下方;

$x=0$ 时,两图象相交;

$x\in(0, +\infty)$ 时,$y=a^x$ 的图象在 $y=b^x$ 的图象上方.

通过观察大量的图象,学生很快归纳出了函数的性质,不但有基本性质,还有拓展性质.

以这样的方式获得函数的性质,比传统课堂上学生手工作图的效率高出许多.而且学生的基本数学思想——数形结合,基本活动体验——如何研究新函数的性质,都得到了强化.

三、交互分享,加速遍历

学生在有网络的课堂中学习,不仅是一个人在学习,他可以通过网络获得其他同层次的学习者的相关学习经验(主要来自同学).老师也可以提供给学生相关的学习资料,供学生自主学习用.

例如在学习"对数"的过程中,学生对自然对数的产生充满了好奇,老师查找资料分享相关书籍资料给学生,供课外阅读.

在"幂函数"一课的教学中需要学生大量举例来归纳幂函数的性质,即使有绘图软件,每个学生所做的实验可能都不够完整.但是通过网络将所有人的实验结果放在一起归纳,那么完整性就要好很多.

在概率统计的教学过程中,通过网络分享实验数据的方式更可以将单个学生进行简单重复试验的次数降低,以提升效率.

最后针对上述三个教学片段,有以下三条建议:

(1) 以学生掌握知识、技能的程度决定课堂任务推进的速度.

(2) 提供足够的观察样本,引导学生发现数学.

(3) 交换分享是经验增长的最有效方式.

50

借助新媒体技术拓展课堂的宽度

付有亮

在《普通高中数学课程标准(2017 年版)》中介绍“课程性质”时有这样一段话:

“随着现代科学技术和计算机科学的迅猛发展,人们获取数据和处理数据的能力都得到大幅度增强,特别是伴随着大数据时代的到来,人们常常需要对网络、文本、声音、图象等反映的信息进行数字化处理,这使数学的研究领域与应用领域得到极大拓展.”

由此可见,新媒体技术与数学学科教育的融合是大势所趋,新媒体是新的技术支撑体系下出现的媒体形态,如数字杂志、数字报纸、数字广播、桌面视窗、数字电视、数字电影、触摸媒体等.在网络时代,学生接受的教育已经不再局限于课堂内,从网络上借助新媒体,学生也能获取知识,那么作为教师的我们,为何不能将新媒体技术引进课堂,丰富我们的教育手段,从而走出课堂呢?借助电脑等硬件设备和网络信息技术,我们的课堂将不再局限于一间教室.但事情总要一步一步完成,教师也需要学习如何借助新媒体技术帮助自己教学,接下来就以笔者曾经开设过的一节公开课为例,说明如何借助新媒体技术展开教学的.

一、借助新媒体技术丰富课堂教学的做法

本节课以三次函数 $f(x)=ax^3+bx^2+cx+d$ 为研究对象,借助导数这

一重要的工具对其单调性进行讨论，进而分析论证出函数的其他一般性质.

对于三次函数分类标准的制订以及论证过程是本节课的重点，分类标准的多样性也体现出学生思维的多样性，但学生也需要了解各种分类方法的联系，根本的不同是由其导函数的不同而引起的.鼓励学生通过不同的角度来研究三次函数，代数的，几何的，从特殊到一般，借助导数都可以，有了结论还要挖掘出理论依据.我们借助网络和多媒体技术，让学生有更开阔的视野去认识三次函数是本节课的亮点，但同时也要注意不能依赖于技术，要有自己独立思考与科学分析的过程.

对于三次函数的一般性质的总结与归纳是本节课的难点，可以通过小组讨论的形式，结合多个学生的想法，不断补充与完善，不需要一步到位，而是在分析过程中适时纠偏和协助，最终达成共识.尝试让学生将结论用表格的形式记录下来，学会总结.

教学过程设计

1. 准备环节

【课前部分】

(1) 收集若干年高考中的三次函数的试题并统计数目，分组阅读讨论三次函数试题，提出目标：研究一般三次函数的性质.

设计意图 让学生体会研究三次函数的必要性.引出本节课的目标——研究三次函数的一般性质.

(2) 制作视频，内容：回顾高一研究过的函数，以及研究函数的一般方法，指出当时不能更全面地了解三次函数的局限性，而如今学习过导数之后再研究三次函数就有了新的角度.同时，高考中三次函数出现的频率也体现了三次函数的重要性，列出相关数据，然后提出要求.

(3) 学生课前要求：观看视频，完成要求.分发各年三次函数试题，整理归纳，简单谈谈感受.

设计意图 回忆并温习研究函数的一般方法，体会应用导数的必要性.

视频内容：

在高一阶段，我们已经较为系统地研究了函数.从研究函数的一般方法，到特殊函数的研究案例，我们总是在不断挖掘函数的本质.对一次函数、二次函数，我们已经非常熟悉，那么更高次的多项式函数可以研究吗？比如，三次函数？也许以前还有些困难，但在学习了导数之后，一切变得可能．三次函数作为重要的特型函数是非常值得研究的，高考当中就多次出现考查三次函数的问题．我也把这些年的试题整理成资料包，分享给大家，请大家利用课余时间，认真阅读资料，看看高考当中对于三次函数主要考查哪些方面的性质，并进一步思考：我们能否把三次函数作为典型函数来研究它的一般性质？如果三次函数的性质不是一成不变的，那么是否可以分类研究，正如指数函数那样？

【课堂引例】

教师：我们先看几个小题，热热身．

课前小题训练

【例1】 函数 $f(x)=x^3-3x^2+1$ 在 $x=x_0$ 处取得极小值，则 x_0 的值是（　　）．

A. 0　　B. 1　　C. 2　　D. 3

解析：$f'(x)=3x^2-6x=3x(x-2)$，$\therefore f(x)$的单调递增区间为：$(-\infty,0)$，$(2,+\infty)$，递减区间为$(0,2)$，$\therefore f(x)$在 $x=2$ 处取得极小值．

【例2】 在平面直角坐标系 xOy 中，点 P 在曲线 C：$y=x^3-10x+3$ 上，且在第二象限内，已知曲线 C 在点 P 处的切线的斜率为 2，则点 P 的坐标是（　　）．

A. $(2,-9)$　　B. $(-2,2)$　　C. $(-2,31)$　　D. $(-2,15)$

设计意图　从资料包中选择三次函数的试题原题，或稍做修改，让学生进行课堂训练，一方面巩固利用导数解决函数问题的方法，另一方面引出本节课的目标——研究一般三次函数的性质．

教师总结：① 导数的功能及优势；② 结合反馈结果再次强调常见错误．

2. 讨论、制作与分享

教师引言：

三次函数经常作为典型函数进行考查，这点在课前分享给大家的微课视频中已经指出，高考当中出现三次函数的频率不小，那么，我们是否可以像高一时研究指数函数那样，研究研究三次函数的一般性质呢？你会如何研究呢？会从哪些方面着手研究呢？

【任务1】你会如何研究三次函数 $f(x)=ax^3+bx^2+cx+d$ 的一般性质？

设计意图 指出本节课的主要任务，由于课前布置了准备工作，学生可以直接谈谈想法.如从几何角度研究，举出几个具体三次函数的例子，借助平板电脑上的软件画图，推测可能的不同类型及其性质；也可以从代数角度，研究三要素和基本性质，或利用导数研究.但无论从哪种角度研究，都会发现三次函数是存在不同类型的，类似指数函数要分底数大于1还是小于1，所以可以引导学生尝试分类，把分类标准讲清楚，不仅有直观图象，也要有理论依据(代数说理证明).

若学生没有提及分类，可以引导：三次函数的性质都是一样的吗？如单调性.

教师总结：学习导数之后，我们可以从新的角度研究三次函数 $f(x)=ax^3+bx^2+cx+d$，探讨其一般性质.下面请学生使用平板电脑分组研究讨论，之后总结分享.

简单的归纳总结，往往也能令人有不少的收获.除了研究函数的一般方法的再现，导数已经成为研究三次函数的利器，而对于同一类性质的研究，如单调性等，同样是三次函数但也能呈现出不同的状态.

【任务2】分组研究三次函数，发现其不同之处，进行分类并说理论证.然后在不同类别下研究三次函数的一般性质.(借助平板电脑上的软件)

为了研究的方便，将六个组分为两部分，分别研究 $a>0$ 和 $a<0$ 的情况.

我们从讨论中发现了不同之处，那么就要更深入地研究一下为何如此.初步的感受是，通过改变系数，三次函数就会发生变化.

学生可能的发现：

① 走势的不同(从左往右，向上或向下)；

② 单调性的不同；

③ 极值点的个数；

④ 零点的个数；

⑤ 导函数的不同；

⑥ 系数 a,b,c,d 各自的影响；

……

之后才能激发学生的兴趣，进一步研究不同的原因.

设计意图 先猜想后证明是研究复杂问题的捷径，让学生多尝试这样的研究方式可以激发学习的兴趣与主动性，有别于以往的给出具体问题然后寻求解决方案的被动方式.

从“看到”“知道”，到理解乃至于掌握，这需要不断地深入研究，而不是简单地画几张图就能了解的.所以细化任务层次，搭建脚手架，可以帮助学生明确目标，集中优势力量攻坚.

在分类的同时，关注分类的标准也是不可忽视的.另外，在研究过程中往往会有意想不到的发现，不要忽视这些意外的收获，也许可以成为重要的结论.

虽然前面我们提出了那么多种不同的分类标准，但它们相互之间并不独立，相反是有内在联系的，而其中又有一个核心标准，就是导函数的不同.

核心的分类标准：按照导函数的不同进行分类.不妨以 $a>0$ 为例：

三次函数的导函数为 $f'(x)=3ax^2+2bx+c$，其中 $\Delta=4b^2-12ac$.

那么，

	$\Delta<0$	$\Delta=0$	$\Delta>0$	
单调性	单调增	单调增	增，减，增	
极值	无	无	极大值(先)和极小值(后)	
零点	1个	1个	极大值<0或极小值>0	1个
			极大值=0或极小值=0	2个
			极大值>0且极小值<0	3个

研究方法：① 制订规则(流程图软件)；② 使用画图软件；③ 总结呈现方式.

汇报总结，呈现的方式：利用学生的草稿，现场制作微课，请学生签名.将学生所绘制的图象直接投影到Apple TV，分享给大家.

3. 研究成果应用

【例3】已知函数 $y=x^3-3x+c$ 的图象与 x 轴恰有两个公共点，则 c 的值为(   ).

A. -2 或 2　　B. -9 或 3　　C. -1 或 1　　D. -3 或 1

解析：A.若函数 $y=x^3-3x+c$ 的图象与 x 轴恰有两个公共点，则说明函数的两个极值中有一个为0，函数的导数为 $y'=3x^2-3$，令 $y'=3x^2-3=0$，

解得 $x=\pm 1$，可知当极大值为 $f(-1)=2+c$，极小值为 $f(1)=c-2$. 由 $f(-1)=2+c=0$，解得 $c=-2$，由 $f(1)=c-2=0$，解得 $c=2$，所以 $c=-2$ 或 $c=2$，选 A.

选择一道高考试题作为思考题.

【例 4】(2013 安徽卷)若函数 $f(x)=x^3+ax^2+bx+c$ 有极值点 x_1, x_2，且 $f(x_1)=x_1$，则关于 x 的方程 $3[f(x)]^2+2af(x)+b=0$ 的不同实根个数是(　　).

A. 3　　B. 4　　C. 5　　D. 6

任务延伸：我们前面研究的都是不同之处，进而进行分类，那是否有相同之处呢？(对称性及对称中心、定义域、值域)

4. 最终任务

结合今天的课，请大家谈一谈，你对研究函数有何心得体会？

5. 课后任务

(1) 研究三次函数的其他性质，如一般的对称性、函数曲线的切线等.

(2) 类比今天研究三次函数的方法，尝试研究其他的函数.

设计意图　回顾今天所学知识，查看相关微课视频，尝试类比本节课的研究方法，选择某个函数类型进行研究.我们的目标不仅仅是研究三次函数，更重要的是掌握研究函数的一般方法，尤其是利用导数，这样，以后面对其他函数都可以手到擒来.例如可以把两种不同的函数类型合在一起研究，如一次函数加对数函数等.

视频的作用不仅仅在于布置作业与任务，还可以反复观看与研究，便于提升学生的审题意识.

黑板的板书设计

导数在研究函数中的应用	
研究三次函数 $f(x)=ax^3+bx^2+cx+d$ 的一般性质	
几何	分类
代数	单调性
从特殊到一般	极值
导数	零点

二、总结反思

新媒体技术的应用是可以增加课堂的长度与宽度的.从时间上来说,传统的课堂教学是从上课铃响开始,下课铃响结束,但引入新媒体技术,教师可以课前制作预备性微课视频,要求学生课前观看并按照要求做课前准备,同时还可以提供相关的背景资料文献打包分享给学生,让其事先阅读,这些都可以大大激发学生的学习热情,开拓他们的眼界.而课后,学生还可以分享到课堂上的精彩片段,这些都可以用新媒体技术记录下来,包括图片、视频、声音等,而不再只有自己的笔记,这为学生课后重温重要的讨论过程提供了丰富的资源,教师制作课后任务视频也会非常及时,可选择的作业范围必将大大扩展.这样就可以将课堂的学习时间延长到课外,增加课堂的长度.而在课堂上,由于新媒体技术的运用,我们,包括学生和教师都不是只局限在几百立方米的空间当中,我们将身处网络的资料库当中,从不同角度了解知识的来龙去脉,也可以看见不同人对同一知识点的不同见解,我们不是只有几十个人在上课,而是和许许多多的人一起在学习交流,从而增加了课堂的宽度.

当然,新媒体技术的使用不能什么都想要,更不能只要花哨,还是要从教学的本质,从数学的本质,从数学教学的本质出发,要讲道理,要训练思维能力,要把道理讲给大家听,让大家能听懂,能赞同,引起共鸣.而新媒体技术如果可以帮助我们提升思维能力,把个人的思考及时有效地分享给大家,并激发更多的思考,那就可以放心大胆地使用,否则还是适可而止为妙.

51

将 GeoGebra 软件与高中数学教学融合

芮 强

一、GeoGebra 简介

GeoGebra 是一套结合几何、代数、数据表、图形、统计和计算的动态数学软件，同时具有处理代数与几何的功能.一方面，GeoGebra 是一个动态的几何软件，可以画点、线段、直线、向量、多边形、圆锥曲线，甚至是函数，并且可以改变它们的属性.另一方面，可以直接输入函数和点坐标，也就是说，GeoGebra 也有处理变量的能力(这些变量可以是一个数字、角度、向量或点坐标)，它也可以对函数作微分与积分，找出方程式的根或计算函数的极大、极小值等.

GeoGebra 是为了从小学到中学再到大学的教学而设计的动态数学软件，是进行数学教学、数学学习和数学研究的有力工具.

二、GeoGebra 的主要特点

GeoGebra 功能强大，绘图工具齐全，支持代码和脚本输入，使用简单.具体来说，它有以下几个主要特点：① 图形、代数和数据表动态结合；② 易用的界面，且功能强大；③ 含有可以创建诸如网页等互动学习材料的编辑工具；④ 多语言跨平台；⑤ 自由的免费的开源软件；⑥ Geogebra 的主页上包含从介绍到使用经验分享的所有内容.

三、GeoGebra与课堂教学

信息技术如何“进入”课堂教学？南京师范大学吴康宁教授认为，技术进入课堂的状况可大致分为“塞入”“加入”“嵌入”“融入”四种类型.做到“塞入”“加入”容易，而要做到“融入”很难. 作为一线教师如何利用信息技术，苏州大学徐稼红教授的观点非常具有启发性:好的课件，现场操作.

【例1】 圆锥曲线的引入

新课程提倡“大主题、大单元设计”，由一个情境引出这一个单元的话题.

问题引入:用一个平面去截一个圆锥面，当平面经过圆锥面的顶点时，可得到两条相交直线；当平面与圆锥面的轴垂直时，截线(平面与圆锥面的交线)是一个圆.当改变截面与圆锥面的轴的相对位置时，观察截线的变化情况，并思考:

用平面截圆锥面还能得到哪些曲线？这些曲线具有哪些几何特征？

软件GeoGebra展示，见图1—图4.

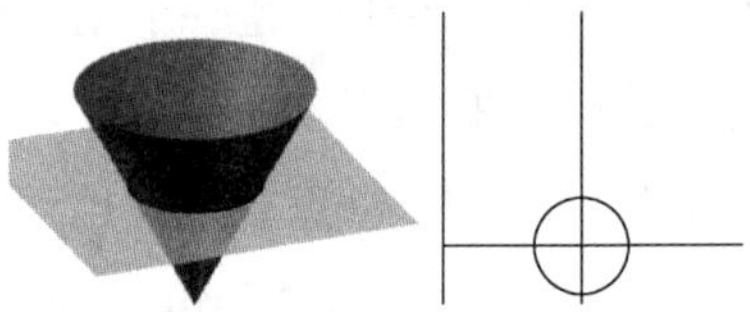

图1　圆

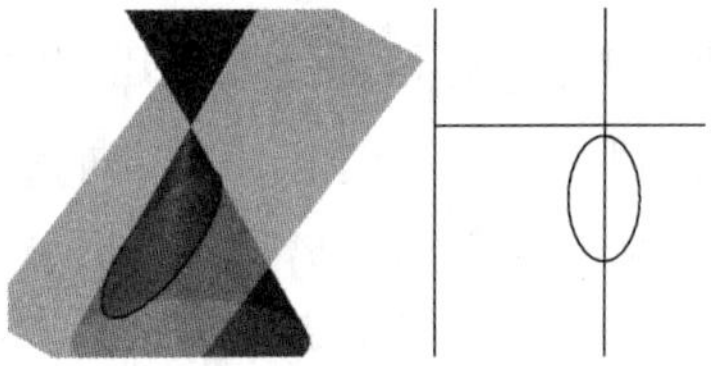

图2　椭圆

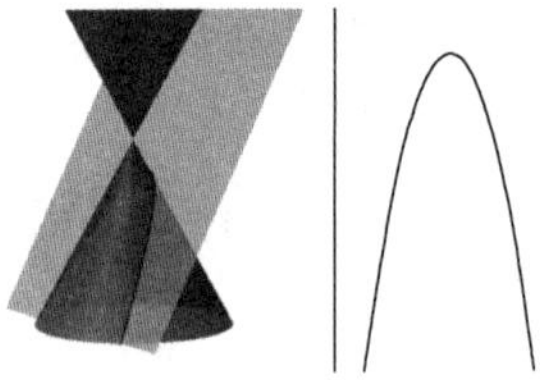

图3　抛物线

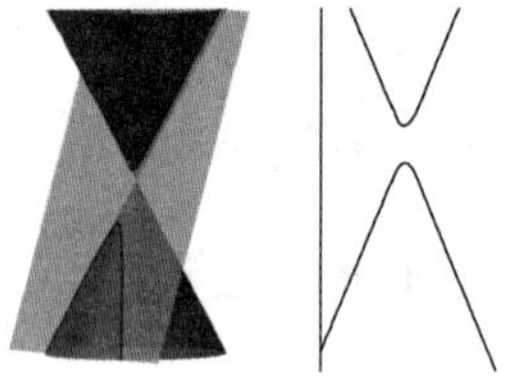

图4　双曲线

这些曲线具有哪些几何特征？

教师可以利用GeoGebra探究圆锥曲线的第一定义、离心率和准线.

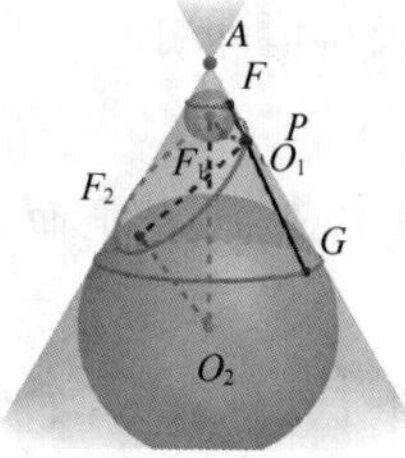

图 5

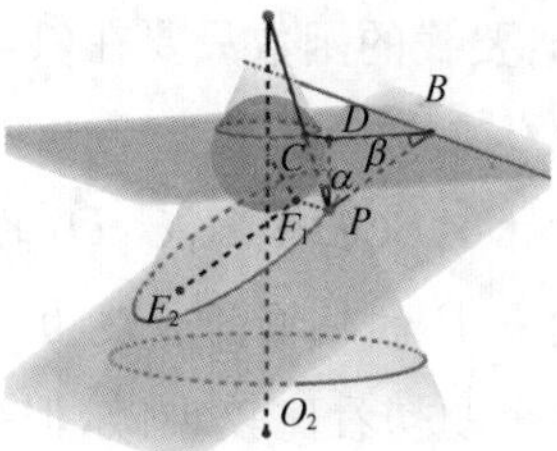

图 6

【例 2】 函数问题的验证

函数 $y=f(x)$，$x\in[1,+\infty)$，数列 $\{a_n\}$ 满足 $a_n=f(n)$，$n\in\mathbf{N}^*$，

① 函数 $f(x)$ 是增函数；

② 数列 $\{a_n\}$ 是递增数列.

写出一个满足②但不满足①的函数 $f(x)$ 的解析式________.

分析 需要找一个数列是递增，而对应的函数不是增函数.标准答案给出的是 $f(x)=\left(x-\dfrac{4}{3}\right)^2$.

这个答案不是很直观，教师可以借助于 GeoGebra 展示，见图 7

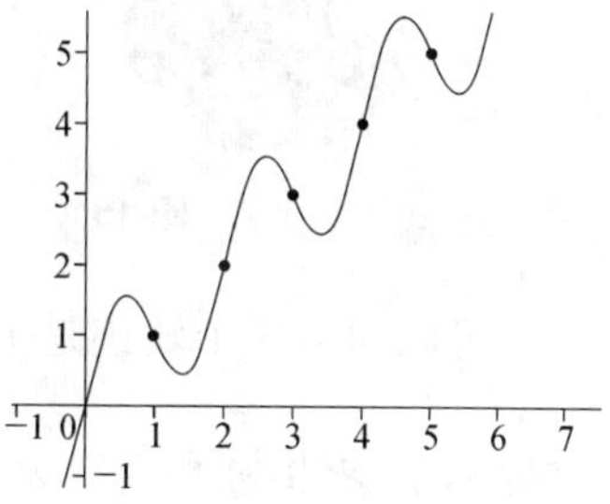

图 7

教师还可以问学生：是否还有别的解？这会激发学生的思考.学生有了答案，可以直接用 GeoGebra 验证. 例如还可以是：$f(x)=\sin\pi x+x$（图 8），或 $f(x)=x+\dfrac{15}{x}$（图 9）.

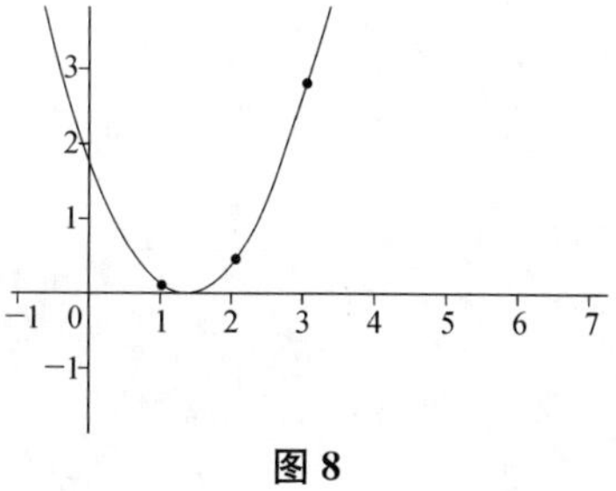

图 8

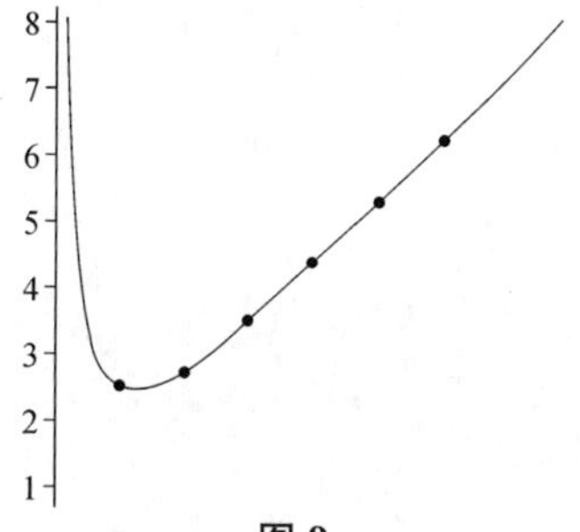

图 9

归纳总结:要找的函数只要在(1,2)上有极小值即可.

【例3】 立体几何的直观呈现

已知正方体$ABCDA_1B_1C_1D_1$的棱长为4,点P在平面A_1BCD_1内,且$PA=3PB$,则点P的轨迹的长度为________.

分析 这个题初看比较难做,但分析条件$PA=3PB$,如果在平面内,则是“阿氏圆”,则在空间呢? 学生比较容易想到是“阿氏球”. “阿氏球”的球心和半径就是“阿氏圆”的圆心和半径.

软件GeoGebra展示如下,见图10.

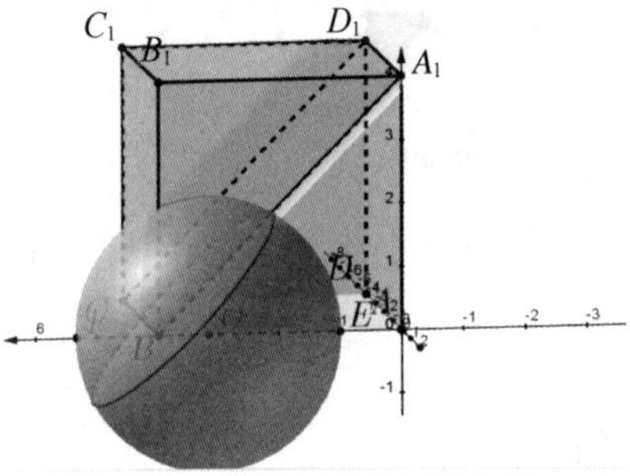

图10

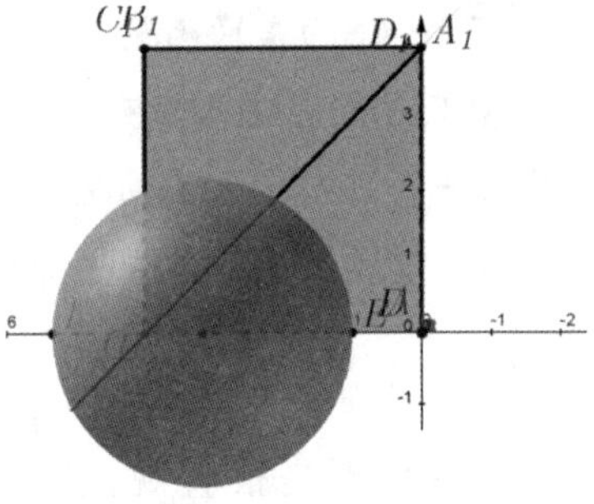

图11

可以知道这个轨迹是平面和球面的交线,即是圆.可以在平面A_1B中,建立坐标系,求出圆和直线A_1B的弦长,即为所求圆的直径为$\frac{\sqrt{34}}{2}\pi$.

以上的例题不难,由于篇幅所限,没有给出详细的制图过程.对GeoGebra感兴趣的读者可以参考王贵军老师的《GeoGebra与数学试验》和张志勇老师的《从入门到精通——十天“玩”转GeoGebra》.

52

用图形计算器"以形助数"

赵娴静

高中数学要求学生能够在若干具体情境中直接抽象出数学概念和规则；能够在特例的基础上归纳出数学规律并形成数学命题；能够在新的情境中模仿学过的数学方法解决问题.多媒体技术可以帮助学生通过具体的实例，不断尝试，理解抽象的数学公式，归纳总结出一般规律.

"教学有法，但无定法"，就数学课堂教学而言，不可能存在一种放之四海而皆准的教学模式.传统的教学模式一般有：组织教学、检查复习、讲授新课、巩固新知识、布置作业五个环节，沿用苏联教育家凯洛夫的五步教学法，虽然不断有所变化，但仍离不开这一框架.这种教学模式，学生处于被动接受的地位，老师讲，学生听；老师提问，学生答，当学生的答案不是教案中预想的，教师就会不厌其烦地提问其他学生，直到满意为止.这种"剧本式"的教学，学生不可能成为学习的主人，也就培养不出有实践能力和创新意识的现代社会所需要的人才.

一、多媒体教学实例

在苏教版必修一"幂函数"新授课上，教师尝试运用图形计算器进行教学.在教师的引导下，学生通过画图、思考、交流、讨论，理解幂函数的定义和性质，体验自主探索、合作交流的学习方式，充分发挥积极性与主动性.

通过具体的引入，归纳出定义，借助图形计算器画函数图象，分组讨论，研究函数图象，归纳性质.

1. 制订策略，以形助数

【问题1】你们打算如何研究幂函数 $y=x^{\alpha}(\alpha\in\mathbf{R})$ 的性质？

师生互动

生：我们可以对幂指数 α 取一些特殊值，画出图象，寻找它们的共性.

师：很好，这是按照从特殊到一般的原则.取哪些特殊值呢？1，2，−1，−2够吗？

生：不够，还有$\frac{1}{2}$，$\frac{1}{3}$.

生：（补充说）还有$-\frac{1}{2}$，$-\frac{1}{3}$，还有$\frac{2}{3}$……

师：看来取哪些特殊值，需要分析.

阶段小结1　师生共同研究将幂指数 α 进行分类：

若 α 为无理数，用逐步逼近的方法，让学生体会.

若 α 为有理数，研究形如 $y=x^{\frac{q}{p}}$（p,q 不可约，$p,q\in\mathbf{Z}$）的函数.

（1）若 p 为偶数，q 只能为奇数，如$\frac{1}{2}$，$\frac{3}{4}$，$-\frac{1}{2}$等等.

这样函数的定义域就是$[0,+\infty)$或$(0,+\infty)$.

（2）若 p 为奇数，① q 为奇数，如$\frac{1}{3}$，$\frac{3}{5}$，$-\frac{1}{3}$等等.

函数的定义域仍然取决于 p 是否大于0.

② q 为偶数，如$\frac{2}{3}$，$\frac{4}{5}$，$-\frac{2}{3}$等等.

以上函数不是奇函数，就是偶函数.这引导我们接下来只要研究第一象限就行了.

设计意图　在用图形计算器操作之前，需要帮助学生对 α 进行分类，而不是随意取几个特殊值就可以了.从而培养学生遇到问题先制订研究策略，再实施操作的习惯.

学生活动

师：根据刚才我们研究的方法，不妨对 α 选取几个有代表性的值，$y=x^2$，

$y=x^3, y=x^{\frac{1}{2}}, y=x^{\frac{1}{3}}, y=x^{-1}, y=x^{-2}, y=x^{-\frac{1}{2}}, y=x^{-\frac{1}{3}}$.

请同学们打开图形计算软件，画函数图象并完成表格.

表 1

	$y=x^2$	$y=x^3$	$y=x^{\frac{1}{2}}$	$y=x^{\frac{1}{3}}$	$y=x^{-1}$	$y=x^{-2}$	$y=x^{-\frac{1}{2}}$	$y=x^{-\frac{1}{3}}$
定义域								
值域								
图象								
奇偶性								
单调性								

学生两人一组，用图形计算软件画出以上八个图象.随后教师请学生上黑板完成表格.

阶段小结 2

表 2

	$y=x^2$	$y=x^3$	$y=x^{\frac{1}{2}}$	$y=x^{\frac{1}{3}}$	$y=x^{-1}$	$y=x^{-2}$	$y=x^{-\frac{1}{2}}$	$y=x^{-\frac{1}{3}}$
定义域	**R**	**R**	$[0,+\infty)$	**R**	$\{x\mid x\neq 0\}$	$\{x\mid x\neq 0\}$	$(0,+\infty)$	**R**
值域	$[0,+\infty)$	**R**	$[0,+\infty)$	**R**	$\{y\mid y\neq 0\}$	$(0,+\infty)$	$(0,+\infty)$	**R**
图象	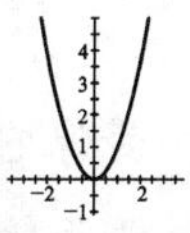	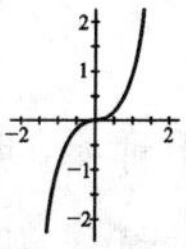	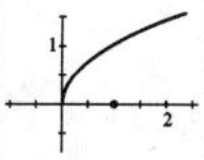	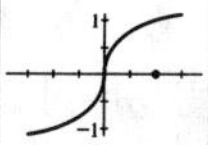	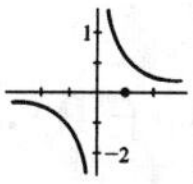	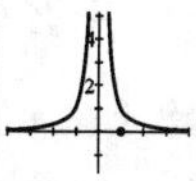	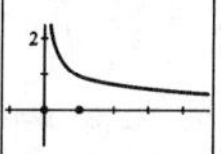	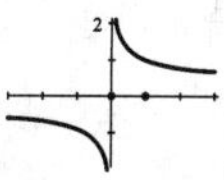
奇偶性	偶函数	奇函数	非奇非偶	奇函数	奇函数	偶函数	非奇非偶	奇函数

续　表

<table>
<tr><th></th><th>$y=x^2$</th><th>$y=x^3$</th><th>$y=x^{\frac{1}{2}}$</th><th>$y=x^{\frac{1}{3}}$</th><th>$y=x^{-1}$</th><th>$y=x^{-2}$</th><th>$y=x^{-\frac{1}{2}}$</th><th>$y=x^{-\frac{1}{3}}$</th></tr>
<tr><td rowspan="2">单调性</td><td>$(-\infty,0)$
减</td><td rowspan="2">递增</td><td rowspan="2">递增</td><td rowspan="2">递增</td><td>$(-\infty,0)$
减</td><td>$(-\infty,0)$
增</td><td rowspan="2">递减</td><td>$(-\infty,0)$
减</td></tr>
<tr><td>$(0,+\infty)$
增</td><td>$(0,+\infty)$
减</td><td>$(0,+\infty)$
减</td><td>$(0,+\infty)$
减</td></tr>
</table>

设计意图　充分利用图形计算器的优势,改变传统的中学数学教学模式,让学生动手操作,增强合作意识,共同完成任务.

【问题2】根据图形计算器作出的图象,以小组为单位,讨论幂函数图象的变化规律,归纳幂函数的性质.

师生互动

学生四人一组,根据八个图象及其归纳出的性质,从定义域、值域、奇偶性、单调性等不同方面研究.

生:定义域不同,但有公共区域$(0,+\infty)$.

师:很好!还有吗?

生:值域也有公共区域$(0,+\infty)$.

师:好像是的.还有吗?单调性、奇偶性有什么共性吗?

(学生思考后没有发现共性,教师进行适当提示)

师:如果没有找到它们的共性,可不可以将八个函数分类,然后找同类之间的共性?(讨论、思考几分钟后,学生发言)

生:前四个幂函数它们的指数均大于0,在$(0,+\infty)$上都是单调递增的,而后四个幂函数指数都小于0,在$(0,+\infty)$上都是单调递减的.

师:哦,你从指数的正负上发现函数的单调性的特点.那么这八个函数的奇偶性上大家还有没有什么发现?

生:我发现幂函数$y=x^{\alpha}(\alpha\in\mathbf{R})$,当$\alpha=1,3,5,\cdots$(正奇数)时,好像它们都是奇函数;反之当$\alpha=2,4,6,\cdots$(正偶数)时,这类幂函数好像都是偶函数.

(学生们一致鼓掌表示赞同)

师:很好!刚才大家以这八个函数为例子,从不同角度得到了一些结论,那么这些结论适用于所有的幂函数吗?大家用手中的机器验证一下.

学生活动

两人一组，将 α 取其他不同的值，或拖动区间滑杆，连续改变 α 的值，验证以上的结论.

师：通过机器的验证，刚才大家的结论基本正确. 那么你们还有什么其他发现呢？

生：上述八个幂函数的图象都过同一个定点(1,1).

师：大家觉得对吗？

齐答：对的.

师：你是怎么发现这个结论的？

生：我们前面学习指数、对数函数时，它们都过定点. 因此，我也想找一找，幂函数是否也有类似的性质.

师：很好！这位同学将前面学习指数、对数函数的方法类比到幂函数上.

生：我还发现当 $\alpha>0$ 时，它们的图象除了过点(1,1)外，还过原点(0,0).

师：为什么？

生：因为当 $\alpha>0$ 时，0 的 α 次方始终是 0.

师：很好！

师：幂函数还有其他很多性质，比如当 $\alpha<0$ 时，在第一象限内，图象都类似于反比例函数 $y=\dfrac{1}{x}$，也就是当 x 从右边趋向于 0 时，图象在 y 轴右方无限地逼近 y 轴；当 x 趋于 $+\infty$ 时，图象在 x 轴上方无限地逼近 x 轴.

(用几何画板演示连续改变 α 的值，图象的变化趋势.)

阶段小结

表 3

<table>
<tr><td>$\alpha>0$</td><td>$\alpha<0$</td></tr>
<tr><td colspan="2">在 $(0,+\infty)$ 有定义，图象过点(1,1)</td></tr>
<tr><td>在 $[0,+\infty)$ 上是增函数</td><td>在 $(0,+\infty)$ 上是减函数</td></tr>
<tr><td>图象过原点</td><td>在第一象限内，当 x 从右边趋向于 0 时，图象在 y 轴右方无限地逼近 y 轴；当 x 趋于 $+\infty$ 时，图象在 x 轴上方无限地逼近 x 轴.</td></tr>
</table>

设计意图　新课程背景下要求课堂上建立新的师生关系，让学生自由大胆地想象.教师的任务是引导学生进入教材中，感悟和品位内容，从而提高学生的综合素质.因此，在幂函数性质的讨论中，学生自己发现、总结，教师适当进行引导.

二、课后反思，深化提升

《普通高中数学课程标准(2017年版)》指出，像函数这样的核心概念需要多次接触、反复体会、螺旋上升，逐步加深理解，才能真正掌握，灵活应用.

教师引导学生动手做出多个幂函数图象，深化学生对图象的直观认识；观察幂函数图象，归纳幂函数的性质，加强学生对幂函数性质的理解和记忆.

为了达到“通过对幂函数的研究，加深学生对函数概念的理解”的目的，笔者让学生借助于图形计算软件，自己动手画图象，归纳八个具体幂函数的性质，通过具体抽象到一般，接着再用图形计算软件进行验证，最后给出一般结论.由于幂函数的这些性质学生目前不能全部证明，因此，这节课对于幂函数的研究基本遵循“制订策略→画图→猜想→归纳→验证→得到结论”这样一个过程.

数学教学是数学活动的教学，是师生之间、学生之间交往互动与共同发展的过程.数学教学，要紧密联系学生的生活实际，从学生的经验和已有知识出发，创设有助于学生自主学习、合作交流的情境，使学生通过观察、操作归纳、模拟、猜测、交流、反思等活动，获得基本的知识和技能，进一步发展思维能力，激发学习兴趣，增强学好数学的信心.

53

易接受+速反馈

——课堂教、练中的多媒体应用

赵娴静

数学学科比较抽象，传统的教学方式容易让学生厌倦，接受效果差.现在越来越多的教师将多媒体教学手段运用到抽象、枯燥的的数学问题，尤其是几何问题中，使学生更易理解和掌握.同时数学学科的特点常常要求学生进行课堂练习，教师及时了解学生的掌握情况.而在传统的课堂上，由于时间的限定，教师往往不能当堂了解所有学生的做题情况.同时课后作业情况也需要及时反馈、订正.因此作业的批改是数学教师的一项重要且艰巨的任务，一些网络数学软件基于强大的题库资源和快速的作业测评功能，可以解决上述问题.

一、教学案例

课题 $y=A\sin(\omega x+\varphi)$的函数图象(2 课时)(苏教版高中数学必修 4)

教学目标 (1) 结合具体实例，了解 $y=A\sin(\omega x+\varphi)(A>0,\omega>0)$的实际意义，借助多媒体画出 $y=A\sin(\omega x+\varphi)$的函数图象.

(2) 能由正弦曲线通过平移、伸缩变换得到 $y=A\sin(\omega x+\varphi)$的图象.

教学重难点 $y=A\sin(\omega x+\varphi)$的函数图象以及参数 A,ω,φ 对函数图象变化的影响.

学情分析 学生已经掌握了用“五点法”作出正弦函数图象，已学会在 iPad 上用几何软件作函数图象.

教学方法　iPad,多媒体展示.

课堂简录

引入　我们已经会用“五点法”画 $y=\sin x$ 的图象,在物理和工程技术的许多实际问题中,我们还会经常遇到形如 $y=A\sin(\omega x+\varphi)$ 的函数.

那 $y=A\sin(\omega x+\varphi)$ 的图象和 $y=\sin x$ 的图象有什么关系呢?

【问题 1】 如何由 $y=\sin x$ 的图象变换得到 $y=2\sin x$ 的图象?(简单,课堂实录略)

(1) $y=A\sin x, x\in\mathbf{R}(A>0$ 且 $A\neq 1)$ 的图象可以看作把正数曲线上的所有点的纵坐标伸长($A>1$)或缩短($0<A<1$)到原来的 A 倍得到的.

(2) 它的值域$[-A, A]$,最大值是 A,最小值是 $-A$.

(3) 若 $A<0$,可先作 $y=-A\sin x$ 的图象,再以 x 轴为对称轴翻折.

A 称为振幅,这一变换称为振幅变换.

【问题 2】 (1) 如何由 $y=\sin x$ 的图象变换得到 $y=\sin 2x$ 的图象?

(2) 如何由 $y=\sin x$ 的图象变换得到 $y=\sin\frac{1}{2}x$ 的图象?

以上两个问题,请大家先独立思考,接着在草稿纸上用“五点法”做出简图,最后用 iPad 作图工具验证.

作图:

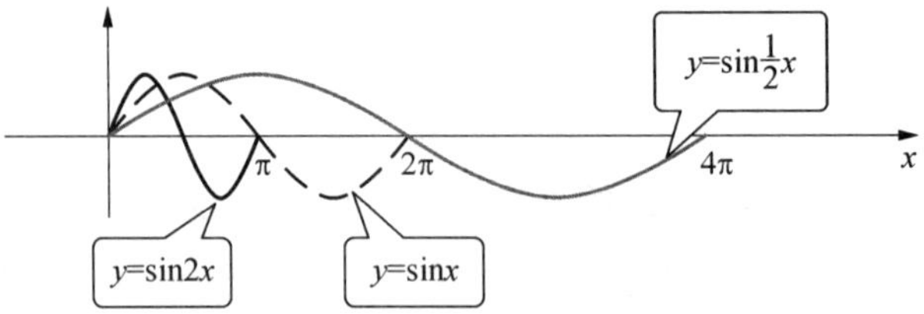

图 1

(1) 函数 $y=\sin 2x, x\in\mathbf{R}$ 的图象,可看作把 $y=\sin x, x\in\mathbf{R}$ 上所有点的横坐标缩短到原来的 $\frac{1}{2}$ 倍(纵坐标不变)而得到.

(2) 函数 $y=\sin\frac{1}{2}x, x\in\mathbf{R}$ 的图象,可看作把 $y=\sin x, x\in\mathbf{R}$ 上所有点

的横坐标伸长到原来的 2 倍(纵坐标不变)而得到.

用 iPad 几何软件，画图验证，如右图.

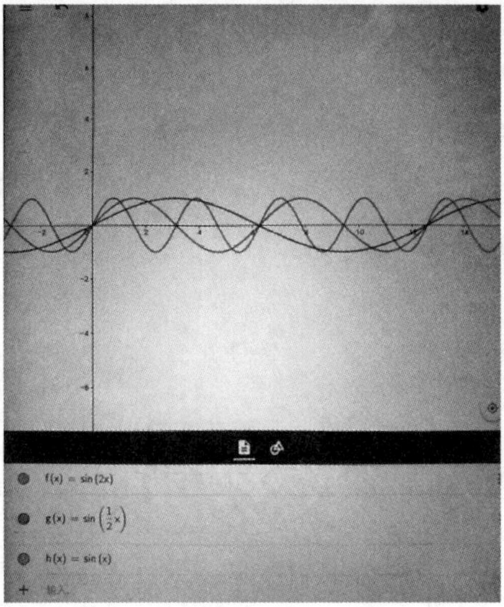

图 2

引导，观察，启发：与 $y=\sin x$ 的图象做比较.

(1) 函数 $y=\sin\omega x$，$x\in\mathbf{R}(\omega>0$ 且 $\omega\neq1)$ 的图象，可看作把正弦曲线上所有点的横坐标缩短($\omega>1$)或伸长($0<\omega<1$)到原来的 $\dfrac{1}{\omega}$ 倍(纵坐标不变).

(2) 若 $\omega<0$ 则可用诱导公式将符号“提出”再作图.

ω 决定了函数的周期，这一变换称为周期变换.

设计意图 理解振幅变换和周期变换的规律，明确 A 与 ω 对函数图象的影响作用.

【问题 3】(1) 如何由 $y=\sin x$ 的图象变换得到 $y=\sin\left(x+\dfrac{\pi}{3}\right)$ 的图象？

(2) 如何由 $y=\sin x$ 的图象变换得到 $y=\sin\left(x-\dfrac{\pi}{4}\right)$ 的图象？

设计意图 以上三个问题是将 $y=\sin x$ 的图象变换成 $y=A\sin(\omega x+\varphi)$ 的图象中，分几个步骤来研究，分别理解参数 A,ω,φ 对函数图象变化的影响.

接着请大家用五点法画出函数(1) $y=\sin\left(x+\dfrac{\pi}{3}\right)$，$x\in\mathbf{R}$；(2) $y=\sin\left(x-\dfrac{\pi}{4}\right)$，$x\in\mathbf{R}$ 的简图.

用 iPad 几何软件画图验证.

通过比较，发现：

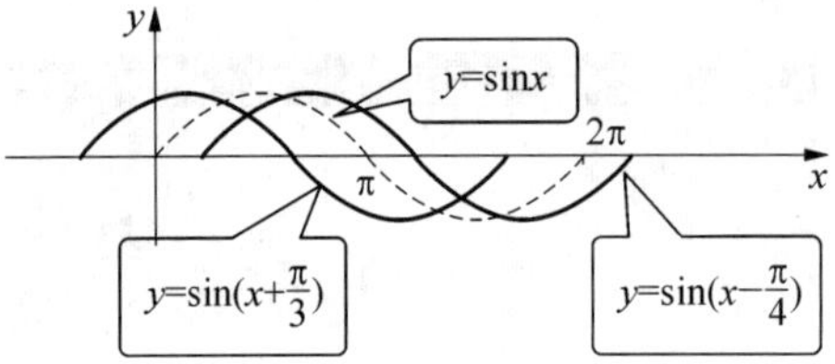

图 3

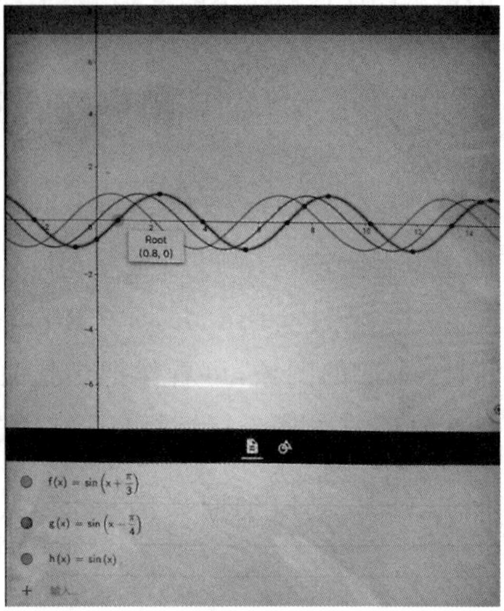

图 4

(1) 函数 $y=\sin\left(x+\frac{\pi}{3}\right)$ 的图象可看作把正弦曲线上所有的点向左平行移动 $\frac{\pi}{3}$ 个单位长度而得到.

(2) 函数 $y=\sin\left(x-\frac{\pi}{4}\right)$ 的图象可看作把正弦曲线上所有点向右平行移动 $\frac{\pi}{4}$ 个单位长度而得到.

一般地,函数 $y=\sin(x+\varphi)$, $x\in\mathbf{R}$(其中 $\varphi\neq0$)的图象,可以看作把正弦曲线上所有点向左(当 $\varphi>0$ 时)或向右(当 $\varphi<0$ 时)平行移动 $|\varphi|$ 个单位长度而得到.(用平移法注意讲清方向:“加左”“减右”)

$y=\sin(x+\varphi)$ 与 $y=\sin x$ 的图象只是在平面直角坐标系中的相对位置不一样,这一变换称为相位变换.

【问题 4】(1) 如何由 $y=3\sin 2x$ 的图象变换得到 $y=3\sin\left(2x+\frac{\pi}{3}\right)$ 的图象?

同样先独立思考,然后五点作图,最后用 iPad 作图验证.

思考 将函数 $y=A\sin\omega x$ 的图象作怎样的变换就可得到函数 $y=A\sin(\omega x+\varphi)$ 的图象？

(2) 如何由 $y=3\sin\left(x+\frac{\pi}{3}\right)$ 的图象变换得到 $y=3\sin\left(2x+\frac{\pi}{3}\right)$ 的图象？

思考 将函数 $y=A\sin(x+\varphi)$ 的图象作怎样的变换就可得到函数 $y=A\sin(\omega x+\varphi)$ 的图象？

设计意图 当参数 ω,φ 同时影响正弦函数时，理解的难度明显加大.这需要用整体代换，五点法，以及多媒体结合来帮助理解和应用.

学生先独立思考，然后自行画出函数 $y=3\sin\left(2x+\frac{\pi}{3}\right)$ 的简图.

描点画图

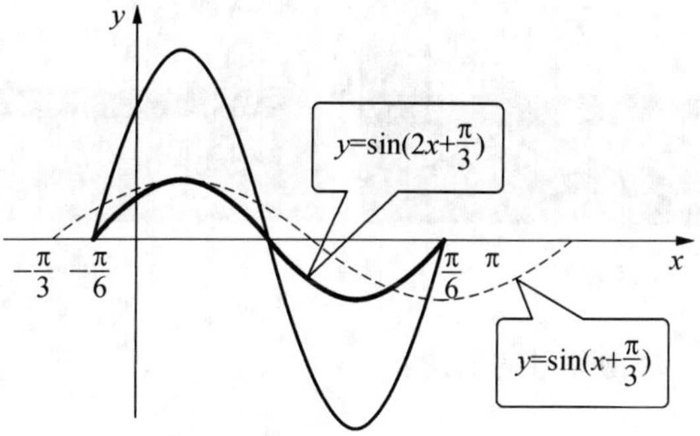

图 5

这种曲线也可由图象变换得到：

即 $y=\sin x \xrightarrow{\text{左移}\frac{\pi}{3}\text{个单位}} y=\sin\left(x+\frac{\pi}{3}\right) \xrightarrow[\text{横坐标变为}\frac{1}{2}\text{倍}]{\text{纵坐标不变}}$

$y=\sin\left(2x+\frac{\pi}{3}\right) \xrightarrow[\text{横坐标不变}]{\text{纵坐标变为 3 倍}} y=3\sin\left(2x+\frac{\pi}{3}\right)$

一般地，函数 $y=A\sin(\omega x+\varphi)$，$x\in\mathbf{R}$(其中 $A>0$，$\omega>0$)的图象，可以看作用下面的方法得到：

先把正弦曲线上所有的点向左(当 $\varphi>0$ 时)或向右(当 $\varphi<0$ 时)平行移动 $|\varphi|$ 个单位长度,再把所得各点的横坐标缩短(当 $\omega>1$ 时)或伸长(当 $0<\omega<1$ 时)到原来的 $\frac{1}{\omega}$ 倍(纵坐标不变),再把所得各点的纵坐标伸长(当 $A>1$ 时)或缩短(当 $0<A<1$ 时)到原来的 A 倍(横坐标不变).

用 iPad 几何软件,用不同的步骤画图验证,如下图.

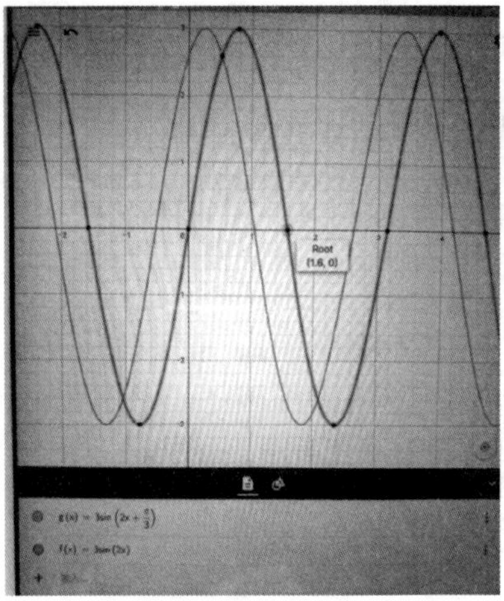

图 6

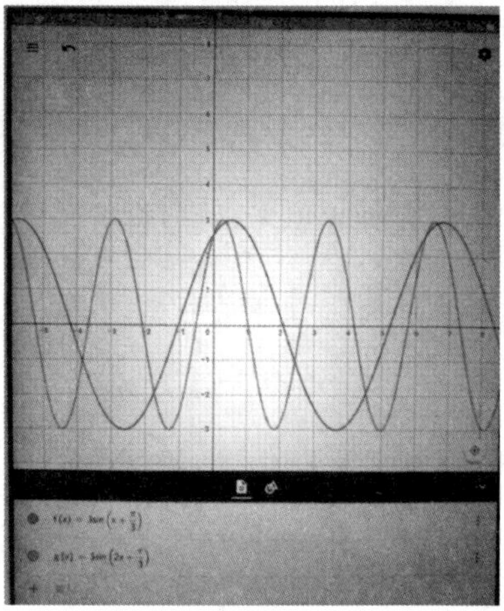

图 7

另外,注意一些物理量的概念:

A,称为振幅;$T=\frac{2\pi}{\omega}$,称为周期;$f=\frac{1}{T}$,称为频率;

$\omega x+\varphi$,称为相位.$x=0$ 时的相位 φ,称为初相.

评述:由 $y=\sin x$ 的图象变换出 $y=\sin(\omega x+\varphi)$ 的图象一般有两个途径,只有区别开这两个途径,才能灵活进行图象变换.

途径一:先平移变换再周期变换(伸缩变换).

先将 $y=\sin x$ 的图象向左($\varphi>0$)或向右($\varphi<0$)平移 $|\varphi|$ 个单位,再将图象上各点的横坐标变为原来的 $\frac{1}{\omega}$ 倍($\omega>0$),便得 $y=\sin(\omega x+\varphi)$ 的图象.

途径二：先周期变换（伸缩变换）再平移变换.

先将 $y=\sin x$ 的图象上各点的横坐标变为原来的 $\frac{1}{\omega}$ 倍（$\omega>0$），再沿 x 轴向左（$\varphi>0$）或向右（$\varphi<0$）平移 $\frac{|\varphi|}{\omega}$ 个单位，便得 $y=\sin(\omega x+\varphi)$ 的图象.

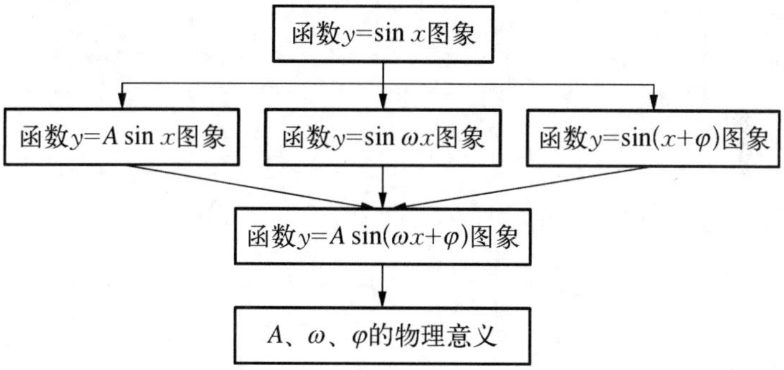

图 8

本节课图象的变换体现了由简单到复杂的转化、由特殊到一般的化归思想.

课堂练习

利用一些网络数学平台软件的作业评测系统，每位学生在 iPad 上完成随堂巩固练习，实时测评，同步批改，教师能获知每位学生的完成情况.

这两节课的亮点在于，一是在新授课环节，采用 iPad 作图软件帮助学生对新知的理解和掌握；二是在课堂练习阶段用网络数学软件，一键下发题目，学生统一完成，自动批改，收到了良好的学习效果.课后作业同样用网络软件布置，学生提交后，自动批改，多维立体地展现学生作业情况.教师有针对性地调整教学内容，教学工作事半功倍.

二、课后反思

这节课的重难点在于当两个参数 ω，φ 同时影响正弦函数时，学生不易理解.变换的顺序不同，可能变换的量不同.尤其在 $y=\sin\omega x$ 变化到 $y=\sin(\omega x+\varphi)$，平移时往往会出错.因此，笔者在这里多引导，多设问，问题与问题之间的跨度小,循序渐进.同时在学生自主推理、手动作图后,利用 iPad 现场画图验证结论.从课堂学生的掌握情况来看还是比较令人满意的.从用网络数学软件课堂练习的及时反馈情况来看,效果也比较好.但这还需要在后面的学习中经常加强、巩固.

第三篇

活动课程篇

54

开设数学竞赛选修课，培养高水平学生

陈兴江

数学竞赛是发现数学人才的有效手段之一.现代意义上的数学竞赛发源于匈牙利.一些重大数学竞赛的优胜者，大多数在他们后来的事业中卓有建树.因此，发达国家都十分重视数学竞赛活动.苏联人首创了“数学奥林匹克”这个名词，在类似的以基础科学为竞赛内容的智力竞赛中，数学竞赛历史悠久，参赛国众多，影响也最大.

“竞赛数学”是随着数学教育课程的发展而产生的一门新课程.该课程涉及数学竞赛的内容、思想和方法，也涉及数学竞赛教育和数学课外教育的本质、方法、规律和途径的问题，课外学习与课堂学习的关系问题，辅导教师的进修和提高的问题.课程以数学竞赛所涉及的主要内容：数论、代数、几何及组合数学为载体，尤其注重数学思想和方法的探究，以提高学生的数学素养为目标.

竞赛数学又不同于上述这些数学领域.通常数学往往追求证明一些概括广泛的定理，而竞赛数学恰恰寻求一些特殊的问题；通常数学追求建立一般的理论和方法，而竞赛数学则追求用特殊方法来解决特殊问题，而且一旦某个问题面世，随即成为陈题，又需继续创造新的问题.竞赛数学属于“硬”数学范畴，它通常与纯粹数学一样，以内在美（包括问题的简练和解法的巧妙）作为衡量其价值的重要标准.

中国数学会普及工作委员会于 1994 年制定了《高中数学竞赛大纲》，这份大纲的制定对高中数学竞赛活动的开展起到了很好的指导性作用，我国高中数学竞赛活动日趋规范化和正规化.《高中数学竞赛大纲》的实施在一定程度上改变了我国中学数学课程的体系、内容和要求.同时，随着国内外数学竞赛活动的发展，对竞赛活动所涉及的知识、思想和方法等方面也有了一些新的要求，我国对《高中数学竞赛大纲》进行了多次修订.

自2010年起，全国高中数学联赛试题新规则如下：联赛分为一试、加试(即俗称的“二试”).一试和加试均在每年9月的某个周日举行.一试的考试时间为上午8:00—9:20，共80分钟.试题分填空题和解答题两部分，满分120分.其中填空题8道，每题8分；解答题3道，分别为16分、20分、20分.加试(二试)的考试时间为9:40—12:10，共150分钟.试题为4道解答题，前2道每题40分，后2道每题50分，满分180分.试题内容涵盖平面几何、代数、数论、组合数学等.依据考试结果评选出各省级赛区级一、二、三等奖.其中一等奖由各省负责阅卷评分，然后将一等奖的考卷寄送给当年的主办方，由主办方复评，最终由主管单位(中国科协)负责最终的评定并公布.二、三等奖由各个省自己决定.各省、市、自治区赛区一等奖排名靠前的同学进入省代表队，可参加中国数学奥林匹克(CMO)竞赛.

结合数学竞赛考试模式和大纲要求，普通高中可以按照一试和加试分别组织教学，全国高中数学联赛一试所涉及的知识范围不超出教育部2000年《全日制普通高级中学数学教学大纲》中所规定的教学要求和内容，但在方法的要求上有所提高.全国高中数学联赛加试(二试)与国际数学奥林匹克竞赛接轨，在知识方面有所扩展；适当增加一些教学大纲之外的内容，所增加的内容如下.

1. 平面几何

几个重要定理：梅涅劳斯定理、塞瓦定理、托勒密定理、西姆松定理.

三角形中的几个特殊点：旁心、费马点，欧拉线.

几何不等式；几何极值问题.

几何中的变换：对称、平移、旋转.

圆的幂和根轴；面积方法，复数方法，向量方法，解析几何方法.

2. 代数

周期函数，带绝对值的函数.

三角公式，三角恒等式，三角方程，三角不等式，反三角函数.

递归,递归数列及其性质,一阶、二阶线性常系数递归数列的通项公式.

第二数学归纳法.

平均值不等式,柯西不等式,排序不等式,切比雪夫不等式,一元凸函数.

复数及其指数形式、三角形式,欧拉公式,棣莫弗定理,单位根.

多项式的除法定理、因式分解定理,多项式的相等,整系数多项式的有理根*,多项式的插值公式*.

n 次多项式根的个数,根与系数的关系,实系数多项式虚根成对定理.

函数迭代,简单的函数方程*.

3. 初等数论

同余定理,欧几里得除法,裴蜀定理,完全剩余类,二次剩余,不定方程和方程组.

高斯函数$[x]$,费马小定理,格点及其性质,无穷递降法,欧拉定理*,孙子定理*.

4. 组合问题

圆排列,有重复元素的排列与组合,组合恒等式.

组合计数,组合几何.

抽屉原理.

容斥原理.

极端原理.

图论问题.

集合的划分.

覆盖.

平面凸集、凸包及应用*.

【注】有*号的内容加试中暂不考,但在冬令营中可能考.

学校可以采用分层竞赛指导,实现整体推进.

(1) 可以采用六年一贯制,有条件的学校可以让优秀学生在初中阶段就开始学习、研究数学竞赛,从而使他们感受到数学文化的博大精深和数学方法的巨大创造力,感受数学的魅力,激发他们学习数学的热情.

(2) 分层辅导，让不同层次的学生都能获得发展.可以根据学生的基础和接受能力，将学生分成A、B两个层次，竞赛教练根据教学进度和学生的知识能力特点，参照全国数学联赛考试大纲，精心选择、合理安排教学内容，循序渐进，逐步提高；以集体讲解与学生自主学习和小组合作学习相结合的学习形式组织学习，充分调动学生学习的积极性.

(3) 实践锻炼，在不断参与数学竞赛的过程中提升能力.学校可以组织各个年级的学生参加各级各类数学竞赛，通过竞赛锤炼队伍，不仅增强学生的数学解题能力，而且还可以帮助学生形成良好的心理素质.

(4) 竞赛辅导工作的过程大致分为如下几个阶段.

第一阶段：初中到高一上学期

此阶段，指导学生尽可能地学完高考要求掌握的数学知识，同时要注意做题训练.在夯实高考知识点的情况下，可以适当接触高中竞赛的内容，教师指导学生首先掌握知识，其次了解各类方法，并指导学生学会总结，整理做题套路.

第二阶段：高一上学期到高一寒假

指导学生在掌握了高考知识点的前提下，集中学习高中数学竞赛一试和二试的部分内容，一试包括集合、函数、复数、不等式、数列、三角函数、向量和立体几何、解析几何、排列组合初步等知识点，二试可以学习平面几何.

第三阶段：高一下学期到高一暑假

从学期开始到高一结束后暑假中期，是进一步提升一试实力的阶段，同时也是开始接触二试部分较难知识(数论、组合)的时期.

二试内容包括四大板块：平面几何、代数、数论和组合，每块出一道大题.在第二阶段学习了平面几何，本阶段就要集中学习剩余的三个板块.

第四阶段：高一暑假到高二参加联赛

经过第二和第三阶段竞赛内容全面铺开和构建知识网络，学生已具备联赛基础.所以，从高一暑假的中后期到高二开学后参加联赛，竞赛学生将全力冲刺数学联赛.

第五阶段：高二联赛后到中国数学奥林匹克竞赛

对于晋级省队的学生，指导他们备战冬令营，针对平面几何、数论、组合、代数等章节重点突破！对于其余学生，高三还有一次冲击联赛的机会，接下来有一年时间继续夯实一试，争取二试有所突破.

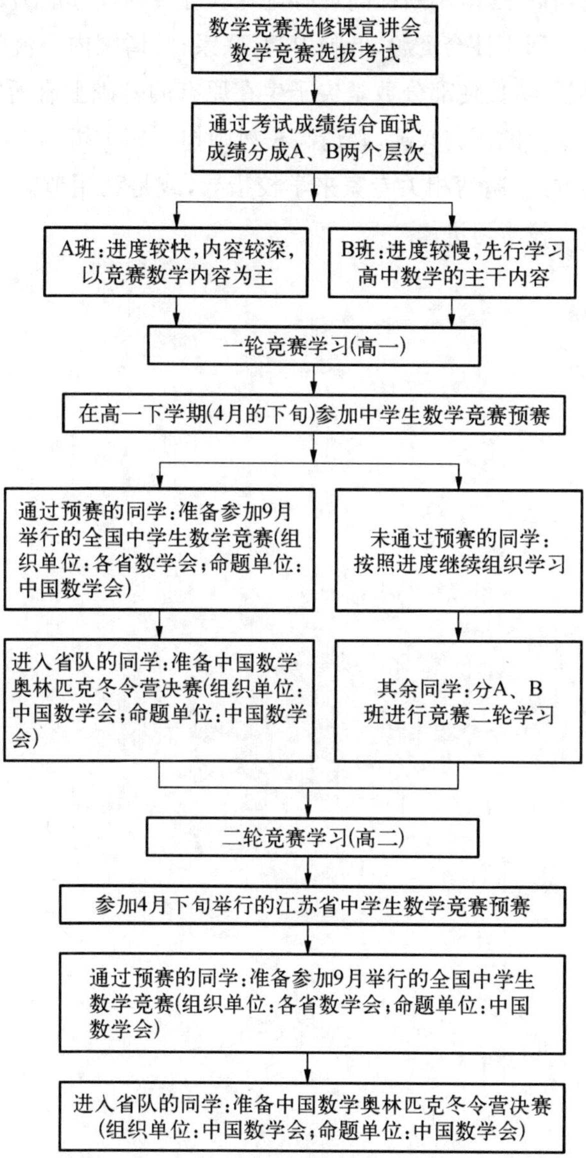

图 1　竞赛辅导工作流程图

在数学竞赛选修课的开设过程中，一方面，学校要依靠校内教练员队伍，做好竞赛的辅导工作，这就首先要求做好教练员的培训工作，可以让相关教师参加国内外的教练员培训，或采取将部分竞赛教练员送至国内知名高校进修的方式开展培训工作,不断提高现有竞赛教练员的业务能力;另一方面,学校也要充分挖掘利用社会资源,借脑引智,联系、聘请国内一流的数学奥赛教练员帮助指导学生,促使部分数学尖子生在原有的基础上有所突破.此外,也可以根据部分学生的研究兴趣,聘请高校教师担任相关指导工作,采取“请进来、送出去”的方式,邀请相关专家来学校指导,或是利用节假日把部分优秀学生送到相关高校学习进修.

55

竞赛中的不等式问题

陈兴江

不等式是中学数学的重要内容，是进一步学习高等数学的基础知识和重要工具，因而也是高中数学竞赛的热点之一.高中数学竞赛中的不等式试题不仅考查有关不等式的基础知识、基本技能、基本方法，而且注重考查逻辑思维能力、运算能力、分析问题和解决问题的能力，其中一些试题的综合性较强，内容涉及函数、方程、数列、三角、解析几何、向量、复数、线性规划等.证明不等式一般没有固定的模式，证法因题而异，灵活多变，技巧性强，但它也有一些基本的常用方法，要熟练掌握不等式的证明技巧，必须从学习这些基本的常用方法开始.

先看一个证明题.

证明：任意 $x,y\in\mathbf{R}$，不等式 $x^2+xy+y^2\geqslant 3(x+y-1)$ 恒成立.

方法一：这是一个含有两个变量的不等式，我们可以把其中的 x 看成主元，把 y 看成是参数，原式可以整理成关于 x 的一元二次不等式

$$x^2+(y-3)x+y^2-3y+3\geqslant 0.\text{只要证 }\Delta\leqslant 0,$$

而 $\Delta=(y-3)^2-4(y^2-3y+3)=-3(y-1)^2\leqslant 0$ 恒成立，故原式得证.

方法二：注意到 $x=y=1$ 时，不等式取等号，所以我们可以试探着配凑 $(x-1)$，$(y-1)$ 为整体因子的形式，原式左边减右边可以整理成

$$(x-1)^2+(x-1)(y-1)+(y-1)^2=\left(x-1+\frac{y-1}{2}\right)^2+\frac{3}{4}(y-1)^2\geqslant 0,$$

于是原命题得证.

方法三：左边减去右边，原式变形得：$x^2+xy+y^2-3x-3y+3\geqslant 0$，

即要证：$(x+y)^2-3(x+y)-xy+3\geqslant 0$，

而左边$\geqslant (x+y)^2-3(x+y)-\left(\dfrac{x+y}{2}\right)^2+3$

$$=\frac{3}{4}(x+y)^2-3(x+y)+3=\frac{3}{4}(x+y-2)^2\geqslant 0$$，故原式得证.

方法四：可以先乘以2，再左边减去右边，原式变形得

$$2x^2+2xy+2y^2-6x-6y+6\geqslant 0,$$

即要证：$(x+y)^2+(3-x)^2+(3-y)^2\geqslant 12$，而由柯西不等式应有

$3[(x+y)^2+(x-3)^2+(y-3)^2]\geqslant[(x+y)+(3-x)+(3-y)]^2=36$，

故原式得证.

一、方法建构

以上方法一用了构造函数法，方法二为配方法，方法三为均值不等式，方法四为柯西不等式.

下面首先介绍均值不等式.

设有 n 个正数 $a_1, a_2, a_3, \cdots a_n$，定义：

算术平均数 $A_n=\dfrac{a_1+a_2+\cdots+a_n}{n}$，几何平均数 $G_n=\sqrt[n]{a_1a_2\cdots a_n}$，

则 $A_n\geqslant G_n$，等号成立当且仅当 $a_1=a_2=a_3=\cdots=a_n$.

证明：首先证明当 $n=2^k(k\geqslant 1, k\in\mathbf{N}^*)$ 时成立.（利用数学归纳法证明）

当 $n=2^1=2$ 时，$a_1+a_2-2\sqrt{a_1a_2}=(\sqrt{a_1}-\sqrt{a_2})^2\geqslant 0$，所以当 $n=2$ 时原不等式成立.

设当 $n=2^k$ 时原不等式成立，即

$$\frac{a_1+a_2+\cdots+a_{2^k}}{2^k}\geqslant\sqrt[2^k]{a_1a_2\cdots a_{2^k}},$$

当 $n=2^{k+1}$ 时，$\dfrac{a_1+a_2+\cdots+a_{2^{k+1}}}{2^{k+1}}$

$$=\frac{\frac{a_1+a_2+\cdots+a_{2^k}}{2^k}+\frac{a_{2^k+1}+a_{2^k+2}+\cdots+a_{2^{k+1}}}{2^k}}{2}$$

$$\geqslant\frac{\sqrt[2^k]{a_1a_2\cdots a_{2^k}}+\sqrt[2^k]{a_{2^k+1}\cdot a_{2^k+2}\cdots a_{2^{k+1}}}}{2}\geqslant\sqrt[2^{k+1}]{a_1a_2\cdots a_{2^{k+1}}}.$$

即 $n=2^{k+1}$ 时,原不等式成立.

综上,当 $n=2^k(k\geqslant1,k\in\mathbf{N}^*)$ 时原不等式成立.

下面再证明对任意 $n\in\mathbf{N}^*$ 原不等式都成立.

设 $2^{k-1}<n\leqslant2^k$,则 $A_n=\frac{a_1+a_2+\cdots+a_n}{n}$

$$=\frac{a_1+a_2+\cdots+a_n+(2^k-n)A_n}{2^k}$$

$$\geqslant\sqrt[2^k]{a_1a_2\cdots a_n(A_n)^{2^k-n}}$$

故 $(A_n)^{2^k}\geqslant a_1a_2\cdots a_n(A_n)^{2^k-n}$,

从而 $A_n\geqslant G_n$ 即均值不等式得证!

下面再介绍柯西不等式.

对任意实数 $a_i,b_i(i=1,2,3,\cdots n),(n>1)$

则 $\left(\sum\limits_{i=1}^n a_i^2\right)\left(\sum\limits_{i=1}^n b_i^2\right)\geqslant\left(\sum\limits_{i=1}^n a_ib_i\right)^2$,

等号成立当且仅当 $\lambda a_i=\mu b_i(\lambda,\mu$ 为常数,$i=1,2,3,\cdots n,)$.

证法一:(1) 若 a_i 全为0,则结论显然成立;

(2) 若 a_i 不全为0,则 $\sum\limits_{i=1}^n a_i^2>0$,

记 $f(x)=\left(\sum\limits_{i=1}^n a_i^2\right)x^2+2\left(\sum\limits_{i=1}^n a_ib_i\right)x+\sum\limits_{i=1}^n b_i^2$,

所以 $f(x)$ 为首项系数大于0的一元二次函数,并且

$f(x)=\sum\limits_{i=1}^n(a_ix-b_i)^2\geqslant0$

故 $f(x)$ 的判别式 $\Delta=(2\sum\limits_{i=1}^n a_ib_i)^2-4\left(\sum\limits_{i=1}^n a_i^2\right)\left(\sum\limits_{i=1}^n b_i^2\right)\leqslant0$,

即:$\left(\sum_{i=1}^{n}a_i^2\right)\left(\sum_{i=1}^{n}b_i^2\right)\geqslant\left(\sum_{i=1}^{n}a_ib_i\right)^2$,

等号成立当且仅当 $\lambda a_i=\mu b_i$(λ,μ 为常数,$i=1,2,3,\cdots n$)时成立.

证法二:由均值不等式得 $\dfrac{|a_i|}{\sqrt{\sum\limits_{i=1}^{n}a_i^2}}\cdot\dfrac{|b_i|}{\sqrt{\sum\limits_{i=1}^{n}b_i^2}}\leqslant\dfrac{1}{2}\left(\dfrac{a_i^2}{\sum\limits_{i=1}^{n}a_i^2}+\dfrac{b_i^2}{\sum\limits_{i=1}^{n}b_i^2}\right)$

从而 $\sum\limits_{i=1}^{n}\dfrac{|a_i|}{\sqrt{\sum\limits_{i=1}^{n}a_i^2}}\cdot\dfrac{|b_i|}{\sqrt{\sum\limits_{i=1}^{n}b_i^2}}\leqslant\dfrac{1}{2}\left(\sum\limits_{i=1}^{n}\dfrac{a_i^2}{\sum\limits_{i=1}^{n}a_i^2}+\sum\limits_{i=1}^{n}\dfrac{b_i^2}{\sum\limits_{i=1}^{n}b_i^2}\right)=1$,

故:$\left(\sum_{i=1}^{n}a_i^2\right)\left(\sum_{i=1}^{n}b_i^2\right)\geqslant\left(\sum_{i=1}^{n}|a_ib_i|\right)^2\geqslant\left(\sum_{i=1}^{n}a_ib_i\right)^2$,

等号成立当且仅当 $\lambda a_i=\mu b_i$(λ,μ 为常数,$i=1,2,3,\cdots n$)时成立.

证法三:$\left(\sum_{i=1}^{n}a_i^2\right)\left(\sum_{i=1}^{n}b_i^2\right)-\left(\sum_{i=1}^{n}a_ib_i\right)^2$

$=(a_1b_2-a_2b_1)^2+(a_1b_3-a_3b_1)^2+\cdots+(a_{n-1}b_n-a_nb_{n-1})^2\geqslant 0$

等号成立当且仅当 $\lambda a_i=\mu b_i$(λ,μ 为常数,$i=1,2,3,\cdots n$)时成立.

二、例题选讲

【例 1】 实数 a,b 满足 $a-3\sqrt{a+1}=3\sqrt{b+2}-b$,求 $a+b$ 的最大值.

分析 要求 $a+b$ 的最大值只需要把 $a+b$ 作为一个整体,然后构建一个关于 $a+b$ 的不等式即可.

解:由原式得

$a+b=3(\sqrt{b+2}+\sqrt{a+1})\leqslant 3\sqrt{2[(b+2)+(a+1)]}=3\sqrt{2(a+b)+6}$

两边平方得:$(a+b)^2\leqslant 18(a+b)+54$,故 $a+b\leqslant 9+3\sqrt{15}$,

从而当 $a=5+\dfrac{3\sqrt{15}}{2}$,$b=4+\dfrac{3\sqrt{15}}{2}$ 时 $a+b$ 取最大值 $9+3\sqrt{15}$.

【例 2】 若实数 x,y,$z>0$,$x+y+z=1$,求证:$\left(x+\dfrac{1}{x}\right)\left(y+\dfrac{1}{y}\right)\left(z+\dfrac{1}{z}\right)\geqslant\dfrac{1\,000}{27}$.

分析 注意到当 $x=y=z=\frac{1}{3}$ 时，不等式取等号，从而可利用此，将 $\frac{1}{x}$ 平均分成 9 份，再利用均值不等式求解.

解：由 $x, y, z>0, x+y+z=1$，易得 $0<xyz\leqslant\frac{1}{27}$，

$$\left(x+\frac{1}{x}\right)\left(y+\frac{1}{y}\right)\left(z+\frac{1}{z}\right)$$

$$=\left(x+\frac{1}{9x}+\frac{1}{9x}+\cdots+\frac{1}{9x}\right)\left(y+\frac{1}{9y}+\cdots+\frac{1}{9y}\right)\left(z+\frac{1}{9z}+\cdots+\frac{1}{9z}\right)$$

$$\geqslant 10\sqrt[10]{x\left(\frac{1}{9x}\right)^9}\cdot 10\sqrt[10]{y\left(\frac{1}{9y}\right)^9}\cdot 10\sqrt[10]{z\left(\frac{1}{9z}\right)^9}$$

$$=1\,000\cdot\frac{1}{\sqrt[10]{9^{27}}}\cdot\left(\frac{1}{xyz}\right)^{\frac{4}{5}}\geqslant\frac{1\,000}{27}.$$

当且仅当 $x=y=z=\frac{1}{3}$ 时取等号.

【例 3】 已知 $a+b+c+d+e=8$，$a^2+b^2+c^2+d^2+e^2=16$，求证：$0\leqslant e\leqslant\frac{16}{5}$.

分析 要求 e 的范围，必须构造一个关于 e 的不等式，而原式可以分别把 e 和 e^2 当成参数，从而利用柯西不等式获证.

证明：原式变成

$a+b+c+d=8-e$，

$a^2+b^2+c^2+d^2=16-e^2$，

而 $4(a^2+b^2+c^2+d^2)\geqslant(a+b+c+d)^2$，

即 $4(16-e^2)\geqslant(8-e)^2$，解这个不等式即得 $0\leqslant e\leqslant\frac{16}{5}$.

【例 4】 若正数 a, b, c 满足 $\frac{a}{b+c}=\frac{b}{a+c}-\frac{c}{b+a}$，求证：$\frac{b}{a+c}\geqslant$

$\dfrac{\sqrt{17}-1}{4}$.

分析 首先可从已知式子中分离出$\dfrac{b}{a+c}$,又注意到各式的分子为单项式,而分母为多项式,故可以换元简化分母.

证法一:设$a+b=x,b+c=y,c+a=z$,则

$$a=\frac{x+z-y}{2},\ b=\frac{x+y-z}{2},\ c=\frac{y+z-x}{2}.$$

从而$\dfrac{b}{a+c}=\dfrac{a}{b+c}+\dfrac{c}{a+b}$转化成

$$\frac{x+y-z}{2z}=\frac{x+z-y}{2y}+\frac{y+z-x}{2x},$$

即$\dfrac{x+y}{z}=\dfrac{x}{y}+\dfrac{z}{y}+\dfrac{y}{x}+\dfrac{z}{x}-1\geqslant 1+\dfrac{z}{y}+\dfrac{z}{x}\geqslant\dfrac{4z}{x+y}+1$,

设$\dfrac{x+y}{z}=t$,则$t\geqslant\dfrac{4}{t}+1$,即$t^2-t-4\geqslant 0$.

注意到$t>0$,解得$t\geqslant 1+\dfrac{\sqrt{17}}{2}$.

故$\dfrac{b}{a+c}=\dfrac{x+y-z}{2z}=\dfrac{t-1}{2}\geqslant\dfrac{\sqrt{17}-1}{4}$.

证法二:

$$\begin{aligned}\frac{b}{a+c}&=\frac{a}{b+c}+\frac{c}{a+b}\\&\geqslant\frac{(a+c)^2}{a(b+c)+c(a+b)}\\&=\frac{(a+c)^2}{b(a+c)+2ac}\\&\geqslant\frac{(a+c)^2}{b(a+c)+\frac{1}{2}(a+c)^2}=\frac{1}{\frac{b}{a+c}+\frac{1}{2}}.\end{aligned}$$

故 $\left(\dfrac{b}{a+c}\right)^2+\dfrac{1}{2}\cdot\dfrac{b}{a+c}-1\geqslant 0$,

解得$\frac{b}{a+c}\geqslant\frac{\sqrt{17}-1}{4}$.

【例 5】 正数 a,b,c 满足 $a+b+c=1$，证明：$\frac{a^2+b}{b+c}+\frac{b^2+c}{c+a}+\frac{c^2+a}{a+b}\geqslant 2$.

证明：$\frac{a^2+b}{b+c}=\frac{a^2-a+(a+b)}{b+c}=-a+\frac{a+b}{b+c}$,

$\frac{b^2+c}{c+a}=\frac{b^2-b+(b+c)}{c+a}=-b+\frac{b+c}{c+a}$,

$\frac{c^2+a}{a+b}=\frac{c^2-c+(c+a)}{a+b}=-c+\frac{c+a}{a+b}$,

三式相加得

$$\begin{aligned}\frac{a^2+b}{b+c}+\frac{b^2+c}{c+a}+\frac{c^2+a}{a+b}&=-a+\frac{a+b}{b+c}-b+\frac{b+c}{c+a}-c+\frac{c+a}{a+b}\\&=-(a+b+c)+\left(\frac{a+b}{b+c}+\frac{b+c}{c+a}+\frac{c+a}{a+b}\right)\\&\geqslant -1+3=2.\end{aligned}$$

【例 6】 设 a,b,c,d 为正实数，且 $a+b+c+d=4$. 证明：

$$\frac{a^2}{b}+\frac{b^2}{c}+\frac{c^2}{d}+\frac{d^2}{a}\geqslant 4+(a-b)^2.$$

证明：因为 $a+b+c+d=4$，要证原不等式成立，等价于证明

$$\frac{a^2}{b}+\frac{b^2}{c}+\frac{c^2}{d}+\frac{d^2}{a}\geqslant a+b+c+d+\frac{4(a-b)^2}{a+b+c+d}.\quad ①$$

事实上，

$$\begin{aligned}&\frac{a^2}{b}+\frac{b^2}{c}+\frac{c^2}{d}+\frac{d^2}{a}-(a+b+c+d)\\&=\left(\frac{a^2}{b}+b-2a\right)+\left(\frac{b^2}{c}+c-2b\right)+\left(\frac{c^2}{d}+d-2c\right)+\left(\frac{d^2}{a}+a-2d\right)\\&=\frac{1}{b}(a-b)^2+\frac{1}{c}(b-c)^2+\frac{1}{d}(c-d)^2+\frac{1}{a}(d-a)^2.\quad ②\end{aligned}$$

由柯西不等式知

$$\left[\frac{(a-b)^2}{b}+\frac{(b-c)^2}{c}+\frac{(c-d)^2}{d}+\frac{(d-a)^2}{a}\right](a+b+c+d)$$

$\geqslant(|a-b|+|b-c|+|c-d|+|d-a|)^2$. ③

又由$|b-c|+|c-d|+|d-a|\geqslant|b-a|$知

$(|a-b|+|b-c|+|c-d|+|d-a|)^2\geqslant4(a-b)^2$. ④

由②③④，可知①式成立，

从而原不等式成立.

56

竞赛中的函数与方程问题

陈兴江

函数是中学数学的重要内容，掌握函数思想，有助于学生快速厘清数学问题中已知量与未知量之间的关系，进而利用函数思维分析得出问题的答案，使解题效率大大提高.多项式函数是其中最重要的一类.函数与方程思想是中学数学四大思想之一，运用函数与方程思想往往可以使复杂的问题简单化.函数与方程是两个不同的概念，但它们之间有着密切的联系，有时需要互相转化，达到解决问题的目的.

先看一问题：

已知 $f(x)$ 是 n 次多项式，并且 $f(k)=\dfrac{k}{k+1}$，$k=0,1,2,3,\cdots,n$.

求 $f(n+1)$.

这是一个多项式类型的题目，$f(x)$ 是 n 次多项式，若设出表达式，则有 $n+1$ 个系数，可以利用题中条件列出 $n+1$ 个方程，解出系数，但太繁琐，理论上可行，但不好实施.考虑到 $f(k)=\dfrac{k}{k+1}$，$k=0,1,2,3,\cdots,n$ 共 $n+1$ 个式子的结构相同，所以可以构造函数，再待定系数法求解.

解：$g(x)=(x+1)f(x)-x$ 是 $n+1$ 次多项式.由题意，

$g(x)$ 在 $x=0,1,2,3,\cdots,n$ 时值为 0，

所以 $g(x)=ax(x-1)(x-2)\cdots(x-n)$，其中 a 为待定的常数.

令 $x=-1$ 得 $1=g(-1)=a\cdot(-1)^{n+1}\cdot(n+1)!$,

即 $a=\dfrac{(-1)^{n+1}}{(n+1)!}$,

所以$(n+2)f(n+1)-(n+1)=g(n+1)=(-1)^{n+1}$,

即 $f(n+1)=\dfrac{n+1+(-1)^{n+1}}{n+2}$.

一、方法建构

定理1:(代数学基本定理)任何 n 次($n\geqslant1$)多项式至少有一个复数根.

推论:任何 n 次复系数多项式方程在复数域内有且只有 n 个根(重根按重数计算).

定理2:实系数多项式 $f(x)$ 的虚根 α 和它的共轭虚根成对出现.

定理3:设 $f(x)=a_nx^n+a_{n-1}x^{n-1}+\cdots+a_1x+a_0$ 是整系数多项式,如果它有有理根$\dfrac{p}{q}$,$(p,q)=1$,那么 $p\mid a_0$, $q\mid a_n$.

证明:$q^nf\left(\dfrac{p}{q}\right)=a_np^n+a_{n-1}p^{n-1}q+\cdots+a_1pq^{n-1}+a_0q^n=0$,

所以 q 整除 $a_np^n+a_{n-1}p^{n-1}q+\cdots+a_1pq^{n-1}+a_0q^n$,从而 $q\mid a_np^n$.

由于$(p,q)=1$,所以 $q\mid a_n$.

同理:$p\mid a_0q^n$, 所以 $p\mid a_0$.

定理4:韦达定理(根与系数关系)

记多项式 $f(x)=a_nx^n+a_{n-1}x^{n-1}+\cdots+a_1x+a_0(a_n\neq0)$的根为 x_1, $x_2,\cdots,x_n$,

我们得到:

$$\sum_{i=1}^{n}x_i=-\frac{a_{n-1}}{a_n},$$

$$\sum_{1\leqslant i<j\leqslant n}^{n}x_ix_j=\frac{a_{n-2}}{a_n},$$

$$\sum_{1\leqslant i<j<k\leqslant n}^{n}x_ix_jx_k=-\frac{a_{n-3}}{a_n},$$

…

$$\prod_{i=1}^{n} x_i = \frac{(-1)^n a_0}{a_n}.$$

【例 1】设 a,b,c 互不相等,证明

$$\frac{a^2(x-b)(x-c)}{(a-b)(a-c)}+\frac{b^2(x-c)(x-a)}{(b-c)(b-a)}+\frac{c^2(x-a)(x-b)}{(c-a)(c-b)}=x^2.$$

证明:由于 n 次多项式恰有 n 个根,所以次数不超过 n 的多项式如果有 $n+1$ 个根,则这个多项式恒为 0.进而有多项式恒等定理:

如果对于 x 的 $n+1$ 个不同的值,两个(关于 x 的)次数不超过 n 的多项式的值均相等,那么这两个多项式恒等.

而要证式的左边的多项式,在 $x=a,b,c$ 时的值分别为 a^2,b^2,c^2,即与右边多项式的值相等,因此两边恒等.

类似的,我们有拉格朗日插值多项式:

复数域上的任何一个次数不超过 n 的多项式 $f(x)$ 都可唯一地表示为

$$f(x)=\frac{(x-x_1)(x-x_2)\cdots(x-x_n)}{(x_0-x_1)(x_0-x_2)\cdots(x_0-x_n)}\cdot f(x_0)+$$

$$\frac{(x-x_0)(x-x_2)\cdots(x-x_n)}{(x_1-x_0)(x_1-x_2)\cdots(x_1-x_n)}\cdot f(x_1)+\cdots+$$

$$\frac{(x-x_0)(x-x_1)\cdots(x-x_{n-1})}{(x_n-x_0)(x_n-x_1)\cdots(x_n-x_{n-1})}\cdot f(x_n).$$

【例 2】证明:$f(x)=x^{100}+2x^{99}+2x^{98}+3x+3$ 没有有理根.

证明:由定理 3 知,$f(x)$ 的有理根只可能是 $\pm1,\pm3$.

分别代入,$f(1)=11,f(-1)=1,f(3)>0,f(-3)=5\cdot3^{98}-6>0$.

所以 $f(x)$ 无有理根.

【例 3】设 a,b,c 为复数,并且方程 $x^3+ax^2+bx+c=0$ 的所有三个复根 z 满足 $|z|=1$.证明:方程 $x^3+|a|x^2+|b|x+|c|=0$ 的所有三个复根 ω,也满足 $|\omega|=1$.

证明:由实系数方程虚根相对原理,可知方程

$$x^3+|a|x^2+|b|x+|c|=0 \qquad (1)$$

有一个实根 α,设另外两个根为 β,γ.

设方程 $\quad x^3+ax^2+bx+c=0 \qquad (2)$

的三个根为 r,s,t.则由条件知 $|r|=|s|=|t|=1$.

$|c|=|rst|=1$,由韦达定理知:

$$|b|=|rs+rt+st|=|rst|\cdot\left|\frac{1}{r}+\frac{1}{s}+\frac{1}{t}\right|$$
$$=|\bar{r}+\bar{s}+\bar{t}|=|r+s+t|=|a|.$$

从而方程(1)变成 $\quad x^3+|a|x^2+|a|x+1=0. \qquad (3)$

显然,$\alpha=-1$,且对任意 $x\geqslant0$,$x^3+|a|x^2+|a|x+1>0$,

所以(3)的实根都小于 0.

如果 β,γ 都是实数,那么,有

$|a|=-(\alpha+\beta+\gamma)\geqslant3\sqrt[3]{(-\alpha)(-\beta)(-\gamma)}=3$,

又 $|a|=|r+s+t|\leqslant|r|+|s|+|t|\leqslant3$,故 $|a|=3$.

此时方程(3)变为 $\quad x^3+3x^2+3x+1=0$,得 $\alpha=\beta=\gamma=-1$.

如果 β,γ 不是实数,那么,有 $\gamma=\bar{\beta}$.

由韦达定理得 $|\beta|^2=\beta\cdot\bar{\beta}=\beta\cdot\gamma=1$,故 $|\beta|=1$, $|\beta|=|\gamma|=1$.

【例 4】 求多项式 $f(x)=x^{2\,012}+x+1$ 分别被 x^2-3x+2 和 $(x-1)^2$ 除的余式.

解:由于 x^2-3x+2 和 $(x-1)^2$ 都为二次多项式,所以它们的余式为至多一次的多项式.

(1) 设 $f(x)=(x^2-3x+2)\cdot g(x)+ax+b$.

则 $f(1)=3=a+b$,$f(2)=2^{2\,012}+3=2a+b$,

联立上面两式解得:$\begin{cases}a=2^{2\,012}\\ b=3-2^{2\,012}\end{cases}$.

从而 $f(x)=x^{2\,012}+x+1$ 被 x^2-3x+2 除的余式为 $2^{2\,012}x+3-2^{2\,012}$.

(2) 设 $f(x)=(x-1)^2\cdot h(x)+cx+d$.

$[f(x)]'=2\,012x^{2\,011}+1=2(x-1)\cdot h(x)+(x-1)^2\cdot[h(x)]'+c$

则 $f(1)=3=c+d$,$[f(1)]'=c=2\,013$.

联立上面两式解得 $\begin{cases}c=2\,013\\ d=-2\,010\end{cases}$,

从而 $f(x)=x^{2\,012}+x+1$ 被 $(x-1)^2$ 除的余式为 $2\,013x-2\,010$.

【例 5】 求一个整系数多项式 $f(x)$，使得 $\sqrt[3]{2}+\sqrt[3]{3}$ 是它的一个根.

解： 令 $x=\sqrt[3]{2}+\sqrt[3]{3}$，则 $x-\sqrt[3]{2}=\sqrt[3]{3}$，两边立方得

$x^3-3\sqrt[3]{2}x^2+3\sqrt[3]{4}x-2=3$,

$x^3-5=3x\sqrt[3]{2}(x-\sqrt[3]{2})=3x\sqrt[3]{6}$,

再立方，得

$x^9-15x^6+75x^3-125=162x^3$.

令 $f(x)=x^9-15x^6-87x^3-125$,

则 $\sqrt[3]{2}+\sqrt[3]{3}$ 是 $f(x)$ 的一个根.

【例 6】 求证：对任意实数 $a_3,a_4,\cdots,a_{85}$，方程

$a_{85}x^{85}+a_{84}x^{84}+\cdots+a_3x^3+3x^2+2x+1=0$ 的根不全为实数.

证明： 令 $p(x)=a_{85}x^{85}+a_{84}x^{84}+\cdots+a_3x^3+3x^2+2x+1$.

因为 $p(0)=1$，所以 0 不是 $p(x)$ 的根.

设 $x_1,x_2,\cdots,x_{85}$ 是 $p(x)$ 的 85 个根. 令 $s_i=\dfrac{1}{x_i}$，$i=1,2,\cdots,85$,

则 $s_1,s_2,\cdots,s_{85}$ 是多项式 $Q(y)=y^{85}+2y^{84}+3y^{83}+a_3y^{82}+\cdots+a_{84}y+a_{85}$ 的根.

由根与系数的关系可知，$\sum\limits_{i=1}^{85}s_i=-2$，$\sum\limits_{1\leqslant i<j\leqslant 85}s_is_j=3$

所以 $\sum\limits_{i=1}^{85}s_i^2=\left(\sum\limits_{i=1}^{85}s_i\right)^2-2\sum\limits_{1\leqslant i<j\leqslant 85}s_is_j=(-2)^2-2\times 3=-2<0$.

所以 $s_1,s_2,\cdots,s_{85}$ 不全为实数，故 $x_1,x_2,\cdots,x_{85}$ 不全为实数.

【例 7】 求多项式 $f(x)$，使 $x^2+1\mid f(x)$，$x^3+x^2+1\mid f(x)+1$.

解： 设 $f(x)=(x^2+1)u(x)$，$f(x)+1=(x^3+x^2+1)v(x)$，则

$(x^3+x^2+1)v(x)-(x^2+1)u(x)=1$.①

为找到满足①的 $u(x)$ 和 $v(x)$，对 x^3+x^2+1 和 x^2+1 作辗转相除得

$x^3+x^2+1=(x^2+1)(x+1)-x$,

$x^2+1=x\cdot x+1$.

于是，有

$$\begin{aligned}1&=(x^2+1)-x\cdot x\\&=(x^2+1)+x[(x^3+x^2+1)-(x^2+1)(x+1)]\\&=x(x^3+x^2+1)-(x^2+x-1)(x^2+1).\end{aligned}$$

因此,令 $v(x)=x$,$u(x)=x^2+x-1$,则①成立所求得的

$f(x)=(x^3+x^2+1)x-1=x^4+x^3+x-1.$

57

竞赛中的数论问题

陈兴江

初等数论以整除和同余理论为基础，主要研究整数性质和不定方程.数论问题在数学竞赛中一直是热点和难点，也是当前数学教育的重要组成部分，对学生的数学思维提高起到了巨大的推动作用.初等数论貌似简单，但真正掌握并非易事，它的内容严谨简洁，方法奇巧多变，蕴含了丰富的数学思想方法，其数学思想方法又往往隐含在数学知识形成和问题解决的过程中.本文将从整除、同余、不定方程等方面举例阐述初等数论在中学解题中的具体应用.

先看一个问题：求方程 $2(x+y)=xy+7$ 的整数解.

这是一个二元一次不定方程，所谓不定方程，是指未知数的个数多于方程个数，且未知数受到某些(如要求是有理数、整数或正整数等等)限制的方程或方程组.

对上式进行变形和分解得：

$(x-2)(y-2)=-3$，由 x，y 都是整数，得 $x-2$ 和 $y-2$ 都是整数，

所以 $x-2$ 是 3 的因数，从而 $x-2$ 为 ±1，±3，

所以方程的整数解为

$$\begin{cases}x=-1,\\y=3.\end{cases}\quad\begin{cases}x=5,\\y=11.\end{cases}\quad\begin{cases}x=1,\\y=5.\end{cases}\quad\begin{cases}x=3,\\y=-1.\end{cases}$$

或者由 $(y-2)x=2y-7$，得 $x=\dfrac{2y-7}{y-2}$，分离整数部分得

$$x=\frac{2y-7}{y-2}=2-\frac{3}{y-2},$$

由 x 为整数知 $y-2$ 是 3 的因数,

从而 $y-2=\pm1,\pm3$,故 $x=3,5,\pm1$.

所以方程的整数解为:

$$\begin{cases}x=-1,\\y=3.\end{cases}\quad\begin{cases}x=5,\\y=11.\end{cases}\quad\begin{cases}x=1,\\y=5.\end{cases}\quad\begin{cases}x=3,\\y=-1.\end{cases}$$

解不定方程问题常用的解法:

(1) 代数恒等变形.如因式分解、分离变量、配方、换元等.

(2) 不等式估算法.利用不等式等方法,确定出方程中某些变量的范围,进而求解.

(3) 同余法.对等式两边取特殊的模(如奇偶分析),缩小变量的范围或性质,得出不定方程的整数解或判定其无解.

(4) 构造法.构造出符合要求的特解,或构造一个求解的递推式,证明方程有无穷多解.

(5) 无穷递推法.

例题选讲

【例1】 求不定方程 $7x+19y=213$ 的所有整数解.

解析1:用方程中的最小系数 7 去除方程的各项,并移项得

$$x=\frac{213-19y}{7}=30-2y+\frac{3-5y}{7}.$$

因为 x,y 是整数,故 $\frac{3-5y}{7}=u$ 也一定是整数,于是有 $5y+7u=3$,再用 5 去除等式的两边,得 $y=\frac{3-7u}{5}=-u+\frac{3-2u}{5}$,令 $v=\frac{3-2u}{5}$ 为整数,由此得 $2u+5v=3$.

经观察得 $u=-1,v=1$ 是最后一个方程的一组解,依次回代,可求得原方程的一组特解:$x_0=25,y_0=2$,所以原方程的一切整数解为:

$$\begin{cases}x=25-19t\\y=2+7t\end{cases}\quad(t\in\mathbf{Z}).$$

解析 2:两边模 7 得

$7x+19y\equiv 213 \pmod 7$,所以 $5y\equiv 3 \pmod 7$.

因为$(3,7)=1$,两边同乘 3,得 $15y\equiv 9 \pmod 7$.

即:$y\equiv 2 \pmod 7$,所以 $y=2+7t\quad(t\in\mathbf{Z})$,

从而原方程的一切整数解为:$\begin{cases}x=25-19t\\y=2+7t\end{cases}\quad(t\in\mathbf{Z})$.

【例 2】 设 $f(x)=a_nx^n+a_{n-1}x^{n-1}+\cdots+a_1x+a_0$ 是整系数多项式,若 $f(0)$,$f(1)$是奇数,求证:$f(x)=0$ 没有整数解.

分析 该问题涉及整系数多项式及方程.对于整系数多项式,有一个明显的结论,即在整数点上取值为整数.而涉及整数问题可以利用奇偶性来分析,关于奇偶数有一些特殊性质,比如,奇数≠偶数,奇数个奇数之和是奇数等.灵活、巧妙、有意识地利用这些性质,加上正确的分析推理,可以解决许多复杂而有趣的问题.用奇偶数性质解题的方法称为奇偶分析,善于运用奇偶分析,往往有意想不到的效果.

解:已知 $f(0)=a_0$ 为奇数,$f(1)=a_n+a_{n-1}+\cdots+a_0$ 为奇数.

反证,若 $f(x)=0$ 有整数解 $x=q$,则

$a_nq^n+a_{n-1}q^{n-1}+\cdots+a_1q+a_0=0\quad(1)$

显然,$q|a_0$,所以 q 为奇数.

又易知,a_iq^i 与 a_i 同奇偶,

所以 $a_nq^n+a_{n-1}q^{n-1}+\cdots+a_1q+a_0$ 与 $a_n+a_{n-1}+\cdots+a_0$ 同奇偶.

所以 $a_nq^n+a_{n-1}q^{n-1}+\cdots+a_1q+a_0$ 为奇数,这与(1)相矛盾.

【例 3】 证明方程 $2x^2-5y^2=7$ 无整数解.

证明 因为 $2x^2=5y^2+7$,显然 y 为奇数.

① 若 x 为偶数,则 $2x^2\equiv 0 \pmod 8$,而 $y^2=(2n+1)^2=4n(n+1)+1$,

所以 $y^2\equiv 1 \pmod 8$,$5y^2+7\equiv 4 \pmod 8$,

因为方程两边对同一整数 8 的余数不等,所以 x 不能为偶数.

② 若 x 为奇数,则 $2x^2\equiv 2 \pmod 4$,但 $5y^2+7\equiv 0 \pmod 4$,

所以 x 不能为奇数.故原方程无整数解.

说明:用整数的整除性来判定方程有无整数解,是我们解答这类问题的

常用方法.

【例4】 设 a,b,c 是直角三角形的三边长.如果 a,b,c 是整数，

求证：abc 可以被30整除.

证明：不妨设 c 是直角三角形的斜边长，则 $c^2=a^2+b^2$.

若 $2\nmid a,2\nmid b,2\nmid c$，则 $c^2=a^2+b^2\equiv 1+1\equiv 0\pmod 2$，

又因为 $c^2\equiv 1\pmod 2$ 矛盾！

所以 $2|abc$.

若 $3\nmid a,3\nmid b,3\nmid c$，因为 $(3k\pm 1)^2\equiv 1\pmod 3$，则 $a^2+b^2\equiv 1+1\equiv 2\pmod 3$，又 $c^2\equiv 1\pmod 3$，矛盾！从而 $3|abc$.

若 $5\nmid a,5\nmid b,5\nmid c$，因为 $(5k\pm 1)^2\equiv 1\pmod 5$，$(5k\pm 2)^2\equiv -1\pmod 5$，

所以 $a^2+b^2\equiv \pm 2,0\equiv 2\pmod 5$ 又 $c^2\equiv \pm 1\pmod 5$ 矛盾！

从而 $5|abc$.

又 $(2,3,5)=1$，所以 $30|abc$.

【例5】 设 M 为一正整数，问方程 $x^2-[x^2]=\{x\}^2$，在 $[1,M]$ 中有多少个解？

解：显然 $x=M$ 是一个解，下面考查在 $[1,M)$ 中有多少个解.

设 x 是方程的解.将 $x^2=[x]^2+2[x]\{x\}+\{x\}^2$ 代入原方程，化简得 $2[x]\{x\}=[2[x]\{x\}+\{x\}^2]$

由于 $0\leqslant\{x\}<1$，所以上式成立的充要条件是 $2[x]\{x\}$ 为一个整数.

设 $[x]=m\in\mathbf{N}$，则必有 $\{x\}=\dfrac{k}{2m}(k=0,1,2,\cdots,2m-1)$，即在 $[m,m+1)$ 中方程有 $2m$ 个解.又由于 $1\leqslant m\leqslant M-1$，可知在 $[1,M)$ 中方程有 $2[1+2+3+\cdots+(M-1)]=M(M-1)$ 个解.

因此，原方程在 $[1,M]$ 中有 $M(M-1)+1$ 个解.

【例6】 用 $[x]$ 表示不超过实数 x 的最大整数，求方程 $\lg^2x-[\lg x]-2=0$ 的解.

解：设 $\lg x=y$，则原方程化为

$y^2-[y]-2=0$. (1)

由 $[y]\leqslant y$，解得 $-1\leqslant y\leqslant 2$，

当$-1\leqslant y<0$时，有$y=-1$；

当$0\leqslant y<1$时，有$y=\pm\sqrt{2}$（舍）；

当$1\leqslant y<2$时，由$[y]=1$，则$y=\sqrt{3}$；

当$y=2$时，易知$y=2$.

综上，原方程有3个实数根，分别是$\frac{1}{10}$，$10^{\sqrt{3}}$，100.

58

竞赛中的三角函数问题

陈兴江

三角函数是普通高中数学教学中的重、难点内容.而竞赛数学对三角函数提出了更高的要求,学生需要掌握更多的三角恒等变形公式,譬如和差化积公式、积化和差公式、三倍角公式等等、三角函数还常常与其他诸如数列、不等式等知识综合考察.

先看一个问题:已知函数 $y=\sin x+a\cos x$ 的图象关于 $x=\frac{5\pi}{3}$ 对称,求函数 $y=a\sin x+\cos x$ 的图象的对称轴方程.

这是一个三角函数有关问题,原函数有一个未知数 a,可以利用辅助角公式再结合图象的对称轴方程求出这个未知数 a.

法一: $y=\sin x+a\cos x=\sqrt{a^2+1}\sin(x+\gamma)$,其中 $\tan\gamma=a$,

又图象关于 $x=\frac{5\pi}{3}$ 对称,所以 $\frac{5\pi}{3}+\gamma=k\pi+\frac{\pi}{2}$,其中 $k\in\mathbf{Z}$,

即 $\gamma=k\pi-\frac{7\pi}{6}$,所以 $a=\tan\gamma=\tan\left(k\pi-\frac{7\pi}{6}\right)=-\frac{\sqrt{3}}{3}$,

从而 $y=a\sin x+\cos x=-\frac{\sqrt{3}}{3}\sin x+\cos x=-\frac{2\sqrt{3}}{3}\sin\left(x-\frac{\pi}{3}\right)$

故它的图象的对称轴方程为 $x-\frac{\pi}{3}=k\pi+\frac{\pi}{2}$,

即 $x=k\pi+\frac{5\pi}{6}$，其中 $k\in\mathbf{Z}$.

法二：容易看出题中两个函数周期都为 2π，由 $y=\sin x+a\cos x$ 的图象关于 $x=\frac{5\pi}{3}$ 对称，所以当 $x=\frac{5\pi}{3}-\frac{\pi}{2}=\frac{7\pi}{6}$ 时，函数值为 0，将其代入，

$\sin\frac{7\pi}{6}+a\cos\frac{7\pi}{6}=-\frac{1}{2}-\frac{\sqrt{3}}{2}a=0$，即 $a=-\frac{\sqrt{3}}{3}$，下同法一.

法三：考查两个函数之间的关系，它们结构比较相似，只是 $\sin x$ 和 $\cos x$ 交换了位置，然而我们可以借助诱导公式让其互化.

$$y=a\sin x+\cos x=a\cos\left(\frac{\pi}{2}-x\right)+\sin\left(\frac{\pi}{2}-x\right)=\sin\left(\frac{\pi}{2}-x\right)+a\cos\left(\frac{\pi}{2}-x\right),$$

由于函数 $y=\sin x+a\cos x$ 的图象关于 $x=\frac{5\pi}{3}$ 对称，

所以 $y=\sin\left(\frac{\pi}{2}-x\right)+a\cos\left(\frac{\pi}{2}-x\right)$ 的图象关于 $\frac{\pi}{2}-x=\frac{5\pi}{3}$ 对称，

即关于 $x=-\frac{7\pi}{6}$ 对称，

故所求函数的对称轴方程为 $x=k\pi+\frac{5\pi}{6}$，其中 $k\in\mathbf{Z}$.

一、方法建构

辅助角公式：

如果 a，b 是实数且 $a^2+b^2\neq 0$，则 $a\sin x+b\cos x=\sqrt{a^2+b^2}\sin(x+\gamma)$.

其中 $\sin\gamma=\frac{b}{\sqrt{a^2+b^2}}$，$\cos\gamma=\frac{a}{\sqrt{a^2+b^2}}$.

二、例题选讲

【例 1】 求证：在区间 $\left(0,\frac{\pi}{2}\right)$ 内存在唯一的两个数 c，d 且 $0<c<d<1$，使

得 $\sin(\cos c)=c$，$\cos(\sin d)=d$.

证明：构造函数 $f(x)=\cos(\sin x)-x$，容易得出函数 $f(x)$ 在区间 $\left(0,\frac{\pi}{2}\right)$ 内是单调递减的，由于

$f(0)=\cos(\sin 0)-0=1>0$，

$f(1)=\cos(\sin 1)-1<0$.

故存在唯一的 $d\in(0,1)$，使 $f(d)=0$，

即 $\cos(\sin d)=d$.

对上述两边取正弦，有 $\sin(\cos(\sin d))=\sin d$，

令 $c=\sin d$ 则 $\sin(\cos c)=c$，

显然 $c\in(0,1)$，由于 $y=\sin x$ 在 $\left(0,\frac{\pi}{2}\right)$ 是单调递增的，且 d 是唯一的，所以 c 也是唯一的，且 $0<c=\sin d<d<1$.

【例2】 是否存在锐角 α 使得 $\sin\alpha$，$\cos\alpha$，$\tan\alpha$，$\cot\alpha$ 为等差数列？

解：假设存在锐角 α，当 $\alpha=\frac{\pi}{4}$ 时，$\sin\alpha$，$\cos\alpha$，$\tan\alpha$，$\cot\alpha$ 分别为 $\frac{\sqrt{2}}{2}$，$\frac{\sqrt{2}}{2}$，1，1 显然不满足题意.故 $\alpha\neq\frac{\pi}{4}$.

不妨假设 $\alpha\in\left(0,\frac{\pi}{4}\right)$，因为若 $\alpha\in\left(\frac{\pi}{4},\frac{\pi}{2}\right)$，可以令 $\beta=\frac{\pi}{2}-\alpha$，则 $\beta\in\left(0,\frac{\pi}{4}\right)$，且 β 也满足题意.

当 $\alpha\in\left(0,\frac{\pi}{4}\right)$ 时，$0<\sin\alpha<\cos\alpha$，$\sin\alpha<\tan\alpha$，$\cot\alpha>1$，即四个数中 $\sin\alpha$ 最小，$\cot\alpha$ 最大.从而若 $\sin\alpha$，$\cos\alpha$，$\tan\alpha$，$\cot\alpha$ 成等差数列，则 $\sin\alpha+\cot\alpha=\cos\alpha+\tan\alpha$，即

$$\sin\alpha-\cos\alpha=\tan\alpha-\cot\alpha=\frac{\sin\alpha}{\cos\alpha}-\frac{\cos\alpha}{\sin\alpha}=\frac{\sin^2\alpha-\cos^2\alpha}{\sin\alpha\cdot\cos\alpha}.$$

由于 $\sin\alpha\neq\cos\alpha$，两边同除 $\sin\alpha-\cos\alpha$，

得 $\sin\alpha+\cos\alpha=\sin\alpha\cdot\cos\alpha$.

而 $\sin\alpha<\sin\alpha+\cos\alpha=\sin\alpha\cdot\cos\alpha<\sin\alpha$.故矛盾.

所以不存在锐角 α 使得 $\sin\alpha,\cos\alpha,\tan\alpha,\cot\alpha$ 为等差数列.

【例 3】 若 $\sin(x+20^\circ)=\cos(x-10^\circ)+\cos(x+10^\circ)$，求 $\tan x$.

分析　要得到 $\tan x$，首先要将角 x 单独分离出来，这只要将两边直接展开即可.得出 $\tan x$ 的表达式后，面临着化简，题中出现两个角 10° 和 20°，这两个角之间有什么特殊关系？一种是二倍角关系，好像对本题没什么帮助，另一种就是它们的和是特殊角 30°，从而得出结论.

解：由原式得 $\sin x\cos 20^\circ+\cos x\sin 20^\circ$

$=\cos x\cos 10^\circ+\sin x\sin 10^\circ+\cos x\cos 10^\circ-\sin x\sin 10^\circ=2\cos x\cos 10^\circ$，

两边同除以 $\cos x$ 得 $\tan x\cos 20^\circ+\sin 20^\circ=2\cos 10^\circ$，

所以 $$\tan x=\frac{2\cos 10^\circ-\sin 20^\circ}{\cos 20^\circ}=\frac{2\cos(30^\circ-20^\circ)-\sin 20^\circ}{\cos 20^\circ}$$

$$=\frac{2(\cos 30^\circ\cos 20^\circ+\sin 30^\circ\sin 20^\circ)-\sin 20^\circ}{\cos 20^\circ}$$

$$=\frac{\sqrt{3}\cos 20^\circ}{\cos 20^\circ}=\sqrt{3}.$$

【例 4】 已知 $\tan 2\beta=\tan\alpha+\tan\beta$，求证：$\tan(\alpha-\beta)=\sin 2\beta$.

分析　已知是正切之间的关系，要证的结论里面含正弦，所以首先想到切化弦.然后要尽可能地用 $\alpha-\beta$ 和 2β 表示式中出现的其他所有角.

证明：由已知得 $\dfrac{\sin 2\beta}{\cos 2\beta}=\dfrac{\sin\alpha}{\cos\alpha}+\dfrac{\sin\beta}{\cos\beta}=\dfrac{\sin(\alpha+\beta)}{\cos\alpha\cdot\cos\beta}$，

即 $\sin 2\beta\cdot\cos\alpha\cdot\cos\beta=\cos 2\beta\cdot\sin(\alpha+\beta)$.

$\sin 2\beta\cdot\dfrac{1}{2}[\cos(\alpha+\beta)+\cos(\alpha-\beta)]=\cos 2\beta\cdot\sin(\alpha+\beta)$.

即 $\sin 2\beta\cdot\{\cos[(\alpha-\beta)+2\beta]+\cos(\alpha-\beta)\}$

$=2\cos 2\beta\cdot\sin[(\alpha-\beta)+2\beta]$.

两边展开化简即得：$\sin 2\beta\cos(\alpha-\beta)=\sin(\alpha-\beta)$，

也即 $\tan(\alpha-\beta)=\sin 2\beta$.

【例5】设 n 是正整数,实数 $x\neq\frac{\lambda\pi}{2^k}$($k=0,1,2,\cdots,n$,$\lambda$ 是整数),证明下面的等式 $\frac{1}{\sin 2x}+\frac{1}{\sin 4x}+\cdots+\frac{1}{\sin 2^n x}=\cot x-\cot 2^n x$.

解:因为 $x\neq\frac{\lambda\pi}{2^k}$,故 $2^k x\neq\lambda\pi$($k=0,1,2,\cdots,n$,λ 是整数),$\sin 2^k x\neq0$,$\cot 2^k x$ 有意义.注意到 $\frac{1}{\sin 2\alpha}=\frac{\cos^2\alpha+\sin^2\alpha}{\sin 2\alpha}=\frac{2\cos^2\alpha-\cos 2\alpha}{\sin 2\alpha}=\frac{\cos\alpha}{\sin\alpha}-\frac{\cos 2\alpha}{\sin 2\alpha}=\cot\alpha-\cot 2\alpha$,

取 $\alpha=x,2x,2^x x,\cdots,2^{n-1}x$,则有

$$\frac{1}{\sin 2x}=\cot x-\cot 2x,$$

$$\frac{1}{\sin 4x}=\cot 2x-\cot 4x,$$

……

$$\frac{1}{\sin 2^{n-1}x}=\cot 2^{n-2}x-\cot 2^{n-1}x,$$

$$\frac{1}{\sin 2^n x}=\cot 2^{n-1}x-\cot 2^n x.$$

将上述 n 个等式左右分别相加得

$$\frac{1}{\sin 2x}+\frac{1}{\sin 4x}+\cdots+\frac{1}{\sin 2^n x}=\cot x-\cot 2^n x.$$

【例6】求 $\cos 4^\circ\cdot\cos 8^\circ\cdot\cos 12^\circ\cdot\cdots\cdot\cos 88^\circ$ 的值.

解析1:$\cos 4^\circ\cdot\cos 8^\circ\cdot\cos 12^\circ\cdot\cdots\cdot\cos 88^\circ$

$=(\cos 4^\circ\cdot\cos 56^\circ\cdot\cos 64^\circ)\cdot(\cos 8^\circ\cdot\cos 52^\circ\cdot\cos 68^\circ)\cdot$
$(\cos 12^\circ\cdot\cos 48^\circ\cdot\cos 72^\circ)\cdot(\cos 16^\circ\cdot\cos 44^\circ\cdot\cos 76^\circ)\cdot$
$(\cos 20^\circ\cdot\cos 40^\circ\cdot\cos 80^\circ)\cdot(\cos 24^\circ\cdot\cos 36^\circ\cdot\cos 84^\circ)\cdot$
$(\cos 28^\circ\cdot\cos 32^\circ\cdot\cos 88^\circ)\cos 60^\circ$

$=\frac{1}{2^{15}}\cos 12^\circ\cdot\cos 24^\circ\cdot\cos 36^\circ\cdot\cos 48^\circ\cdot\cos 60^\circ\cdot\cos 72^\circ\cdot\cos 84^\circ$

$$=\frac{1}{2^{15}}(\cos 12^\circ\cdot\cos 48^\circ\cdot\cos 72^\circ)\cdot(\cos 24^\circ\cdot\cos 36^\circ\cdot\cos 84^\circ)\cos 60^\circ$$

$$=\frac{1}{2^{20}}\cos 36^\circ\cdot\cos 72^\circ$$

$$=\frac{1}{2^{20}}\cos 36^\circ\cdot\cos 18^\circ$$

$$=\frac{1}{2^{20}}\cdot\frac{\cos{}^\circ\cdot\cos 18^\circ\cdot\cos 18^\circ}{\cos 18^\circ}$$

$$=\frac{1}{2^{21}}\cdot\frac{\cos 36^\circ\cdot\cos 36^\circ}{\cos 18^\circ}$$

$$=\frac{1}{2^{22}}\cdot\frac{\sin 72^\circ}{\cos 18^\circ}=\frac{1}{2^{22}}.$$

解析 2:$\cos 4^\circ\cdot\cos 8^\circ\cdot\cos 12^\circ\cdot\cdots\cdot\cos 88^\circ$

$$=\frac{1}{\sin 4^\circ}(\sin 4^\circ\cdot\cos 4^\circ)\cos 8^\circ\cdot\cos 12^\circ\cdot\cdots\cdot\cos 88^\circ$$

$$=\frac{1}{2\sin 4^\circ}(\sin 8^\circ\cdot\cos 8^\circ)\cos 12\cdot\cdots\cdot\cos 88^\circ$$

$$=\frac{1}{2^2\sin 4^\circ}(\sin 16^\circ\cdot\cos 16^\circ)\cdot\cos 12^\circ\cdot\cdots\cdot\cos 20^\circ\cdot\cdots\cdot\cos 88^\circ$$

$$=\frac{1}{2^3\sin 4^\circ}(\sin 32^\circ\cdot\cos 32^\circ)\cdot\cos 12^\circ\cdot\cdots\cdot\cos 88^\circ$$

$$=\frac{1}{2^4\sin 4^\circ}(\sin 64^\circ\cdot\cos 64^\circ)\cdot\cos 12^\circ\cdot\cdots\cdot\cos 88^\circ$$

$$=\frac{1}{2^5\sin 4^\circ}(\sin 52^\circ\cdot\cos 52^\circ)\cdot\cos 12^\circ\cdot\cdots\cdot\cos 88^\circ$$

$$=\frac{1}{2^6\sin 4^\circ}(\sin 76^\circ\cdot\cos 76^\circ)\cdot\cos 12^\circ\cdot\cdots\cdot\cos 88^\circ$$

……

$$=\frac{1}{2^{22}}\cdot\frac{\sin 176^\circ}{\sin 4^\circ}=\frac{1}{2^{22}}.$$

59

竞赛中的常用解题方法

陈兴江

数学竞赛试题涉及面广，要求的技巧较高，解法灵活多样.但是，只要我们仔细研讨数学竞赛试题，还是可以找到一些常用的解题方法，例如构造法、极端法、逐步调整法、奇偶分析法、数形结合法、数学归纳法等等，这些方法的掌握对同学们提高解题能力、提高数学素质是大有裨益的.

先看一个问题：现有三所学校，每所学校都有 n 名学生，已知任意一名学生认识其他两所学校学生的总数都是 $n+1$，证明：每所学校都存在 1 名学生，使得这 3 名学生相互认识(假定认识是相互的).

这是一个组合构造类的题目，由题意，我们可以做如下构造：由于每个人在另两所学校都有认识的人，也即每人对应两个数据，共 $6n$ 个数，假设其中最大的数为 A 校的 a 认识 B 校的人最多，为 k 个，显然 $k\leqslant n$，所以他至少认识 C 中 c，则在 B 中 a 认识的人里面至少有一人认识 c，若不然，则 c 认识 B 中人数至多为 $n-k$ 个，也即 c 认识 A 中人数至少 $n+1-(n-k)=k+1$ 个，而这与 k 为最大数矛盾，从而得证！解决此题我们分别用了构造法和极端法！

【例 1】 25 个人组成若干委员会，每个委员会有 5 个成员，每两个委员会至多有一名公共成员.证明：委员会的个数不大于 30.

分析 可以根据题意，选择一个适当的量，然后分为三步来考虑这个量，即：一方面(利用一部分条件)，另一方面(利用另一部分条件)，然后第三步就是综合比较上面两个方面.这种方法称为算两次或富比尼原理.算两次不仅可以建立等式,也可以建立不等式或其他关系.

解析 1:考虑所有委员会中的 2 人小组的总数 S.一方面,显然有

$$S\leqslant C_{25}^{2}.$$

另一方面,每个委员会中有 C_5^2 个 2 人小组,不同委员会中的 2 人小组均不相同, 所以 $S=a\ C_5^2$,其中 a 为委员会的个数.

从而得 $a\ C_5^2\leqslant C_{25}^2$, 也即 $a\leqslant 30$.

解析 2:设 a 为委员会的个数,参加委员会最多的人 A 参加了 b 个委员会.由于每个委员会 5 个人,总人数为 25 人,所以平均每人参加的委员会的个数$\frac{5a}{25}\leqslant b$.

另一方面, 由于每两个委员会至多有一名公共成员,所以 A 参加的 b 个委员会中,除 A 外,其他的人各不相同,从而,$1+4b\leqslant 25$,

即 $b\leqslant 6$, 从而得$\frac{5a}{25}\leqslant b\leqslant 6$, 也即 $a\leqslant 30$.

【例 2】 将 2012 表示成 5 个正整数 x_1,x_2,x_3,x_4,x_5 之和.记 $S=\sum\limits_{1\leqslant i<j\leqslant 5}^{n} x_i\cdot x_j$.

求 S 的最大值.

分析 首先由 $x_i(i=1,2,3,4,5)$的对称性,

不妨假设 $x_1\leqslant x_2\leqslant x_3\leqslant x_4\leqslant x_5$.

由于
$$\begin{aligned}2\,012^2&=(x_1+x_2+x_3+x_4+x_5)^2\\&=x_1^2+x_2^2+x_3^2+x_4^2+x_5^2+2\sum_{1\leqslant i<j\leqslant 5}^{n}\\&=x_1^2+x_2^2+x_3^2+x_4^2+x_5^2+2S\\&\geqslant\frac{1}{5}(x_1+x_2+x_3+x_4+x_5)^2+2S=\frac{2\,012^2}{5}+2S,\end{aligned}$$

所以 $S\leqslant\frac{2}{5}\cdot 2012^2$.

但由于 $x_i(i=1,2,3,4,5)$都是正整数,所以上式取不到等号!

虽然不是最后结果,但据此可以猜测当 x_i 相互越接近, S 的值越大.

而 2 012=5×402+2，即猜测当 $x_1=x_2=x_3=402$，$x_4=x_5=403$ 时，S 的值最大.下面用逐步调整法给出证明.

解：由 $x_i(i=1,2,3,4,5)$ 的对称性，不妨假设 $x_1\leqslant x_2\leqslant x_3\leqslant x_4\leqslant x_5$.

假设存在 $x_{i+1}-x_i\geqslant 2,(i=1,2,3,4)$，则可令 $x'_{i+1}=x_{i+1}-1$，$x'_i=x_i+1$，而其他三个数保持不变，此时

$S'=x'_i\cdot x'_{i+1}+(x'_i+x'_{i+1})(2012-x'_i-x'_{i+1})+M$，

$S=x_i\cdot x_{i+1}+(x_i+x_{i+1})(2012-x_i-x_{i+1})+M$，

其中 M 是另外三个数两两乘积之和.

从而 $S'-S=x'_i\cdot x'_{i+1}-x_i\cdot x_{i+1}=(x_i+1)(x_{i+1}-1)-x_i\cdot x_{i+1}$

$=x_{i+1}-x_i-1\geqslant 2-1=1$，

也即经此调整，S 的值变大了，故只要存在两两之间差大于等于 2，就可作此调整，而 S 的值也在变大.

综上，当 S 取最大值时，必有两两之间差为 0 或 1，故必有当 $x_1=x_2=x_3=402$，$x_4=x_5=403$ 时，S 取得最大值为 $402^3\cdot 403^2$.

【例 3】 设 $1=d_1<d_2<d_3<\cdots<d_k=n$ 为 n 的全部因数，$k\geqslant 4$ 并且 $d_1^2+d_2^2+d_3^2+d_4^2=n$，求 n.

分析 本题是一道数论题，可以先用奇偶分析法确定数 n 的奇偶性，然后再确定因子 2 的幂次，再利用讨论和枚举就可以得出结论.

解：由 $1+d_2^2+d_3^2+d_4^2=n$，若 n 为奇数，则它的所有因数都为奇数，从而 $1+d_2^2+d_3^2+d_4^2$ 为偶数，故矛盾.所以 n 为偶数.

若 $4|n$，则 $d_2=2$，$4\in\{d_3,d_4\}$，前四个因数的平方中，一个为 1，一个为 2，一个为 4，剩下的一个被 4 除余 0 或余 1，所以它们的和不是 4 的倍数，从而也矛盾.故 $n=2k$，其中 k 为奇数.d_3 是 k 的最小质因数，由于 $1^2+2^2+d_3^2+d_4^2$ 为偶数，所以 d_4 为偶数，从而 $d_4=2d_3$，

故 $n=1^2+2^2+d_3^2+4d_3^2=5+5d_3^2$

所以 $5|n$，若 $d_3=3$，则 $d_4=5$，矛盾.所以 $d_3=5$，$d_4=10$.

从而 $n=1^2+2^2+5^2+10^2=130$.

【例 4】 已知 a,b,c,d 都是正数，试证明存在一个三角形，它的边长分别为 $\sqrt{b^2+c^2}$，$\sqrt{a^2+c^2+d^2+2cd}$，$\sqrt{a^2+b^2+d^2+2ab}$，并计算这个三角形的

面积.

分析 若直接证明两边之和大于第三边,必须证明三个不等式:

$$\sqrt{b^2+c^2}+\sqrt{a^2+c^2+d^2+2cd}>\sqrt{a^2+b^2+d^2+2ab}, \quad (1)$$

$$\sqrt{b^2+c^2}+\sqrt{a^2+b^2+d^2+2ab}>\sqrt{a^2+c^2+d^2+2cd}, \quad (2)$$

$$\sqrt{a^2+c^2+d^2+2cd}+\sqrt{a^2+b^2+d^2+2ab}>\sqrt{b^2+c^2}, \quad (3)$$

对于(1)式,若两边平方,再化简则等价于要证:

$$2c^2+2cd+2\sqrt{b^2+c^2}\cdot\sqrt{a^2+c^2+d^2+2cd}>2ab.$$

而$\sqrt{b^2+c^2}>b$,$\sqrt{a^2+c^2+d^2+2cd}>a$,从而得证!

同理可证(2)式.(3)式两边平方后显然.

下面再来求面积,可用海伦公式,但比较麻烦.若利用余弦定理求出某个角,再利用面积公式来求解,也相当麻烦.

若我们能注意到 $\sqrt{a^2+c^2+d^2+2cd}=\sqrt{a^2+(c+d)^2}$, 和 $\sqrt{a^2+b^2+d^2+2ab}=\sqrt{(a+b)^2+d^2}$,从而联想到勾股定理,则极其简单!

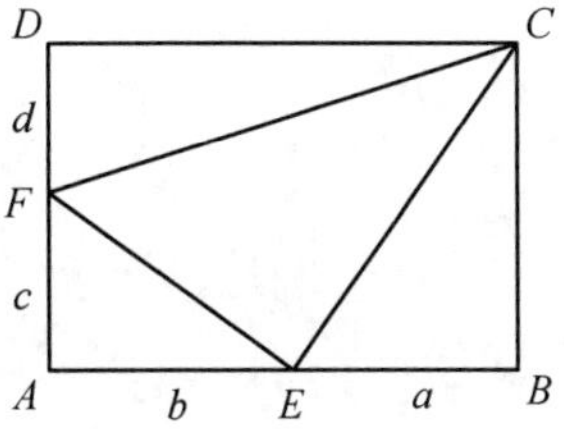

图 1

解:可以构造如图所示的矩形 $ABCD$,边长分别为 $a+b$,$c+d$,在 AB 上取点 E,使 $AE=b$,在 AD 上取点 F,使 $AF=c$.

易知 $EF=\sqrt{b^2+c^2}$,$EC=\sqrt{a^2+c^2+d^2+2cd}$,

$FC=\sqrt{a^2+b^2+d^2+2ab}$,从而$\triangle EFC$ 就是题中要求的三角形,

它的面积为

$$(a+b)(c+d)-\frac{1}{2}bc-\frac{1}{2}a(c+d)-\frac{1}{2}d(a+b)=\frac{1}{2}(ac+bc+bd).$$

【例 5】整数数列$\{a_n\}$定义如下:$a_1=2$, $a_2=7$,

$$-\frac{1}{2}<a_{n+1}-\frac{a_n^2}{a_{n-1}}\leqslant\frac{1}{2}, n=2,3,4,\cdots.$$

证明:对所有的 $n=2,3,4,\cdots$, a_n 为奇数.

分析 由题意直接做比较困难,因为递推关系不好确定,但我们可以

尝试，先算出前几个，通过归纳猜出递推关系，再用数学归纳法或同一法去证明即可！

解： $-\frac{1}{2}<a_3-\frac{49}{2}\leqslant\frac{1}{2}$，所以整数 $a_3=25$.

$-\frac{1}{2}<a_4-\frac{625}{7}\leqslant\frac{1}{2}$，所以整数 $a_4=89$.

由于 $a_3=3a_2+2a_1$，$a_4=3a_3+2a_2$，

我们猜测 $\{a_n\}$ 的各项为正，且 $a_{n+1}=3a_n+2a_{n-1}$.

奠基已经完成.假设上式对 $n\leqslant k$ 成立，而且 $a_1,a_2,\cdots,a_k$ 均为正.

考虑 $n=k+1$ 的情况，

$$\left|(3a_{k+1}+2a_k)-\frac{a_{k+1}^2}{a_k}\right|=\left|2a_k-\frac{a_{k+1}}{a_k}(a_{k+1}-3a_k)\right|$$

$$=\left|2a_k-\frac{2a_{k+1}a_{k-1}}{a_k}\right|$$

$$=\left|\frac{2a_{k+1}}{a_k}\cdot(a_{k+1}-\frac{a_k^2}{a_{k-1}})\right|$$

$$\leqslant\frac{2a_{k-1}}{a_k}\cdot\frac{1}{2}=\frac{a_{k-1}}{a_k}.$$

由于 $a_k=3a_{k-1}+2a_{k-2}>3a_{k-1}$，可得 $\frac{a_{k-1}}{a_k}<\frac{1}{3}$，所以

$$\left|(3a_{k+1}+2a_k)-\frac{a_{k+1}^2}{a_k}\right|<\frac{1}{2}.$$

而 $\left|a_{k+2}-\frac{a_{k+1}^2}{a_k}\right|\leqslant\frac{1}{2}$，所以 $|a_{k+2}-(3a_{k+1}+2a_k)|<\frac{1}{2}+\frac{1}{2}=1$，

从而整数 $a_{k+2}=3a_{k+1}+2a_k$，且 a_{k+2} 也为正数.

于是递推公式成立.

故 $a_n\equiv a_{n-1}\equiv a_{n-2}\equiv\cdots\equiv a_n\equiv 1 \pmod 2$

所以：对所有的 $n=2,3,4,\cdots$，a_n 为奇数.

60

数学归纳法在竞赛中的应用

陈兴红

数学归纳法是中学教学中经常使用的方法,是用来证明与正整数有关的命题的一种常用方法.在竞赛数学中,数学归纳法也经常出现,不过它除了最基本的第一归纳法外,还有了若干的变式.

一、数学归纳法的基本形式

第一数学归纳法:设 $P(n)$是关于正整数 n 的命题,若

1° $P(1)$成立(奠基);

2° 假设 $P(k)$成立,可以推出 $P(k+1)$成立(归纳),

则 $P(n)$对一切正整数 n 都成立.

如果 $P(n)$定义在集合 $N-\{0,1,2,\cdots,r-1\}$,则 1°中"$P(1)$成立"应由"$P(r)$成立"取代.

第二数学归纳法:设 $P(n)$是关于正整数 n 的命题,若

1° $P(1)$成立;

2° 假设 $n\leqslant k$(k 为任意正整数)时 $P(n)(1\leqslant n\leqslant k)$成立,可以推出 $P(k+1)$成立,

则 $P(n)$对一切正整数 n 都成立.

以上两种形式的数学归纳法都由两步组成:"奠基"和"归纳",两步缺一不可.在"归纳"的过程中必须用到"归纳假设"这一不可缺少的前提.

【例 1】 实数数列$\{a_n\}$满足:$a_0 \neq 0,1, a_1=1-a_0, a_{n+1}=1-a_n(1-a_n)$, $n=1,2,3,\cdots$.

证明:对任意正整数n,都有$a_0a_1\cdots a_n\left(\frac{1}{a_0}+\frac{1}{a_1}+\cdots+\frac{1}{a_n}\right)=1$.

证明:由条件可知$1-a_{n+1}=a_n(1-a_n)=a_na_{n-1}(1-a_{n-1})$

$$=\cdots=a_n\cdots a_1(1-a_1)=a_n\cdots a_1a_0,$$

即$a_{n+1}=1-a_0a_1\cdots a_n, n=1,2,\cdots$

下面对n归纳来证明.

1° 当$n=1$时,命题显然成立.

2° 假设$n=k$时,命题成立,当$n=k+1$时,

$$a_0a_1\cdots a_{k+1}\left(\frac{1}{a_0}+\frac{1}{a_1}+\cdots+\frac{1}{a_k}+\frac{1}{a_{k+1}}\right)$$

$$=a_0a_1a_2\cdots a_k\left(\frac{1}{a_0}+\frac{1}{a_1}+\cdots+\frac{1}{a_k}\right)a_{k+1}+a_0a_1a_2\cdots a_k$$

$$=a_{k+1}+a_0a_1a_2\cdots a_k=1,$$

故命题对$n=k+1$成立.

所以,对任意正整数n,命题都成立.

【例 2】 实数数列$\{a_n\}$满足:$a_{i+j}\leqslant a_i+a_j$, $i,j\in\mathbf{N}$,证明:对任意$n\in\mathbf{N}$,都有$a_1+\frac{a_2}{2}+\frac{a_3}{3}+\cdots+\frac{a_n}{n}\geqslant a_n$.

解:1° 当$n=1$时,结论显然成立.

2° 假设$n=1,2,\cdots,k$时,原命题均成立,即有

$$a_1\geqslant a_1,$$

$$a_1+\frac{a_2}{2}\geqslant a_2,$$

……

$$a_1+\frac{a_2}{2}+\cdots+\frac{a_k}{k}\geqslant a_k,$$

将这些不等式相加得

$$ka_1+\frac{k-1}{2}a_2+\frac{k-2}{3}a_3+\cdots+\frac{1}{k}a_k\geqslant a_1+a_2+\cdots+a_k,$$

两边再同加上 $a_1+a_2+\cdots+a_k$ 得

$$\begin{aligned}&(k+1)a_1+\frac{k+1}{2}a_2+\frac{k+1}{3}a_3+\cdots+\frac{k+1}{k}a_k\\&\geqslant(a_1+a_k)+(a_2+a_{k-1})+\cdots(a_k+a_1)\\&\geqslant a_{k+1}+a_{k+1}+\cdots+a_{k+1}=(k+1)a_{k+1}-a_{k+1},\end{aligned}$$

将 $-a_{k+1}$ 移到左边，然后两边同除 $k+1$ 得

$$a_1+\frac{a_2}{2}+\cdots+\frac{a_k}{k}+\frac{a_{k+1}}{k+1}\geqslant a_{k+1},$$

即原命题在 $n=k+1$ 时仍成立.

因此，原命题对一切自然数 n 成立.

二、数学归纳法的变形

数学归纳法还有许多变形，其中著名的有跳跃数学归纳法、加强命题、倒推归纳法、螺旋数学归纳法、双参数(二重)数学归纳法等，下面我们就逐个介绍这些归纳法.

1. 跳跃数学归纳法

设 $P(n)$ 是关于正整数 n 的命题，若

1° $P(1),P(2),\cdots,P(l)$ 成立；

2° 假设 $P(k)$ 成立，可以推出 $P(k+l)$ 成立，

则 $P(n)$ 对一切正整数 n 都成立.

【例 3】 试证用面值为 3 分和 5 分的邮票可支付任何 $n(n>7,n\in\mathbf{N})$ 分的邮资.

证明:(用跳跃数学归纳法)

1° 当 $n=8,9,10$ 时，由 $8=3+5,9=3+3+3,10=5+5$ 知命题成立；

2° 假设当 $n=k(k>7,k\in\mathbf{N})$ 时命题成立. 则当 $n=k+3$ 时，由 1° 及归纳假设显然成立. 证毕.

说明：上述证明实际上采用了加大“跨度”的技巧，因为有3分的邮票，所以令其“跨度”为3.

本题也可用第一数学归纳法，如下：

1° 当$n=8$时，$8=3+5$，结论显然成立；

2° 假设当$n=k(k>7,k\in\mathbf{N})$时命题成立.

若这k分邮资全用3分票支付，则至少有3张，将3张3分票换成2张5分票就可支付$k+1$分邮资；

若这k分邮资中至少有一张5分票，只要将一张5分票换成2张3分票就仍可支付$k+1$分邮资.

故当$n=k+1$时命题也成立.

综上，对$n>7$的任何自然数命题都成立.

上述证明的关键是如何从归纳假设过渡到$P(k+1)$，这里采用了分类讨论的方法.

2. 加强命题

有些命题在用数学归纳法证明时，需要引进一个辅助命题帮助证明，或者需要改变命题，即将命题一般化或加强命题才能满足归纳的需要，才能顺利进行证明.

【例4】证明：存在正整数的无穷数列$\{a_n\}$：$a_1<a_2<a_3<\cdots$，使得对所有自然数n，$a_1^2+a_2^2+\cdots+a_n^2$都是完全平方数.

证明：不论a_1如何选取，$a_1^2=A$总是平方数，并且A是$4m+1$或$4m$的形式.

而$4m+1+(2m)^2=(2m+1)^2$，

即当$a_1^2=4m+1$时，若取$a_2=2m$，则$a_1^2+a_2^2=(2m+1)^2$是平方数，而且是奇数的平方.

于是，我们可用归纳法证明加强了的结论：

存在无穷的自然数数列$\{a_n\}$：$a_1<a_2<a_3<\cdots$，使得$a_1^2+a_2^2+\cdots+a_n^2$（对所有自然数n）都是奇数的平方.

1° 当$n=1$时，取$a_1=3$.

2° 设当$n=k$时结论成立，即存在k个正整数$a_1<a_2<a_3<\cdots<a_k$使得

$a_1^2, a_1^2+a_2^2, \cdots, a_1^2+a_2^2+\cdots+a_k^2$ 都是奇数的平方,即都是 4 的倍数加 1.

特别地,设 $a_1^2+a_2^2+\cdots+a_k^2=4m+1$,取 $a_{k+1}=2m$,则 $a_1^2+a_2^2+\cdots a_k^2+a_{k+1}^2=4m+1+(2m)^2=(2m+1)^2$,也是奇数的平方.

又因为 $a_i \geqslant 3$, $2a_{k+1}=4m=a_1^2+a_2^2+\cdots+a_k^2-1 \geqslant a_k^2-1>2a_k$,即 $a_{k+1}>a_k$,

于是 $n=k+1$ 时结论也成立.

从而对一切自然数 n,结论成立.

说明:本例采用了加强命题的技巧.加强命题,能得到一个较强的归纳假设,有时候便于完成从 $P(k)$ 到 $P(k+1)$ 的过渡.

【例 5】 将自然数 1,2,3,…,2 008 任意排成一列.如果第 1 个数为 k,那么将前 k 项依相反顺序重排,即第 k 项变为第 1 项,第 $k-1$ 项变为第 2 项,…,第 1 项变为第 k 项.这称为一次操作.证明:总可经过有限多次操作,使 1 称为第 1 项.

证明:我们考虑更一般的情况,n 个自然数 $1,2,\cdots,n$ 的相应问题.

1° 当 $n=1$ 时,结论显然成立.

2° 假设对 $1,2,\cdots,n-1$,相应的结论成立,考虑 n 个数 $1,2,\cdots,n$.

如果 n 排在最后,那么由归纳假设,前 $n-1$ 项所成数列,可经有限多次操作,使 1 成为 第 1 项.

如果 n 是第 1 项,那么第一次操作就将 n 变为最后一项,化为上一种情况.

因此,只要若干次操作后,n 成为第 1 项,那么结论成立.

设不论操作多少次,n 都不成为第 1 项,也不成为最后一项,那么由于 n 不出现在第 1 项,每次操作都不涉及第 n 项.设第 n 项为 k,将记号 k 与 n 交换(即 k 改记为 n,n 改记为 k),对操作以及操作的结果均无影响(因为这时 k 不会出现在第 1 项).于是,仍根据归纳假设,前 $n-1$ 项(n 是第 n 项)可经有限多次操作,使 1 成为第 1 项.

3. 倒推归纳法

设 $P(n)$ 是关于正整数 n 的命题,若

1° 存在无穷多个自然数使命题 $P(n)$ 成立;

2° 假设 $P(k+1)$ 成立,可推出 $P(k)$ 成立,

则 $P(n)$ 对一切正整数 n 都成立.

【例 6】 设 n 个正数 $a_1,a_2,a_3,\cdots a_n$,定义:算术平均数 $A_n=\dfrac{a_1+a_2+\cdots+a_n}{n}$,几何平均数 $G_n=\sqrt[n]{a_1a_2\cdots a_n}$,则 $A_n\geqslant G_n$.

证明:首先证明当 $n=2^k(k\geqslant1,k\in\mathbf{N}^*)$ 时成立.(利用数学归纳法证明)

1° 当 $n=2^1=2$ 时,$a_1+a_2-2\sqrt{a_1a_2}=(\sqrt{a_1}-\sqrt{a_2})^2\geqslant0$,所以当 $n=2$ 时,原不等式成立.

2° 设当 $n=2^k$ 时,原不等式成立,即 $\dfrac{a_1+a_2+\cdots+a_{2^k}}{2}\geqslant\sqrt[2^k]{a_1a_2\cdots a_{2^k}}$,

当 $n=2^{k+1}$ 时,$\dfrac{a_1+a_2+\cdots+a_{2^{k+1}}}{2^{k+1}}$

$$=\frac{\dfrac{a_1+a_2+\cdots+a_{2^k}}{2^k}+\dfrac{a_{2^k+1}+a_{2^k+2}+\cdots+a_{2^{k+1}}}{2^k}}{2}$$

$$\geqslant\frac{\sqrt[2^k]{a_1a_2\cdots a_{2^k}}+\sqrt[2^k]{a_{2^k+1}a_{2^k+2}\cdots a_{2^{k+1}}}}{2}\geqslant\sqrt[2^{k+1}]{a_1a_2\cdots a_{2^{k+1}}}.$$

即 $n=2^{k+1}$ 时,原不等式成立.

综上,当 $n=2^k(k\geqslant1,k\in\mathbf{N}^*)$ 时,原不等式成立.

下面证明如果不等式对任意 k 个正数成立,那么对任意 $k-1$ 个正数也成立.

为了利用 $n=k$ 时的不等式,令 $a_k=\dfrac{a_1+a_2+\cdots+a_{k-1}}{k-1}$,于是

$$\frac{a_1+a_2+\cdots+a_{k-1}}{k-1}=\frac{a_1+a_2+\cdots+a_{k-1}+a_k}{k}$$

$$\geqslant\sqrt[k]{a_1a_2\cdots a_k}=\sqrt[k]{a_1a_2\cdots a_{k-1}\cdot\frac{a_1+a_2+\cdots+a_{k-1}}{k-1}}.$$

在上面不等式两边同时乘方 k 次,即得:

$(A_{k-1})^k\geqslant(G_{k-1})^{k-1}\cdot A_{k-1}$,即 $A_{k-1}\geqslant G_{k-1}$.

综合上面两个方面，由倒推归纳法原理，对于任意 $n\in\mathbf{N}$，$A_n\geqslant G_n$，而且从证明过程可以看出，等号成立当且仅当 $a_1=a_2=a_3=\cdots=a_n$.

说明：后半部分也可以如下证明：若 $2^{k-1}<n\leqslant 2^k$，则在 $a_1,a_2,\cdots,a_n$ 后面补上 2^k-n 个 A_n 凑成 2^k 个，再利用 $n=2^k$ 时原不等式成立，从而得证.

4. 螺旋数学归纳法

设命题 $P(n)$，$Q(n)$ 是两个与正整数有关的命题，满足

1° $P(1)$ 真；

2° 对于任何正整数 k，若 $P(k)$ 成立则 $Q(k)$ 成立，若 $Q(k)$ 成立则 $P(k+1)$ 成立.

则对一切正整数 n，$P(n)$，$Q(n)$ 都成立.

另一种形式为

① $P(1)$，$Q(1)$ 真；

② 对于任何正整数 k，若 $P(k)$ 和 $Q(k)$ 成立则 $P(k+1)$ 和 $Q(k+1)$ 成立，则对一切正整数 n，$P(n)$，$Q(n)$ 都成立.

【例 7】 数列 $\{a_n\}$ 满足 $a_n=a_{n-1}+a_{n-3}+a_{n-4}(n>4)$，其前几项为 1，1，2，4，6，…，数列 $\{f_n\}$ 定义为 $f_{n+2}=f_{n+1}+f_n$，且 $f_1=1$，$f_2=2$，求证：$a_{2n}=f_n^2$，$a_{2n+1}=f_nf_{n+1}$.

证明：当 $n=1,2$ 时，由于 $a_2=1^2$，$a_4=2^2$，$a_6=3^2$，$a_8=5^2$，$a_{10}=8^2$，$a_3=1\times 2$，$a_5=2\times 3$，$a_7=3\times 5$，$a_9=5\times 8$，而 1，2，3，5，8 恰好是数列 $\{f_n\}$ 的前 5 项，因此结论成立.

假设当 $n\leqslant k(k\geqslant 2)$ 时，结论成立，则当 $n=k+1$ 时，

$$\begin{aligned}a_{2k+2}&=a_{2k+1}+a_{2k-1}+a_{2k-2}=f_kf_{k+1}+f_{k-1}f_k+f_{k-1}^2\\&=f_kf_{k+1}+f_{k-1}f_{k+1}=f_{k+1}^2,\end{aligned}$$

$a_{2k+3}=a_{2k+2}+a_{2k}+a_{2k-1}=f_{k+1}^2+f_k^2+f_{k-1}f_k=f_{k+1}^2+f_kf_{k+1}=f_{k+1}f_{k+2}$，

即当 $n=k+1$ 时，结论成立.

从而，对一切 $n\in\mathbf{N}$，结论成立.

5. 双参数(二重)数学归纳法

设 $P(n,m)$ 是含有两个独立正整数 n，m 的命题，满足

1° $P(1,m)$对任意正整数 m 成立，$P(n,1)$对任意正整数 n 成立；

2° 假定 $P(k+1,l)$与 $P(k,l+1)$成立时，可以推出 $P(k+1,\ l+1)$成立.

那么，$P(n,m)$对任意正整数 n,m 真.

【例 8】 m,n 是正整数，求证：不定方程 $x_1+x_2+\cdots+x_m=n$ 的非负整数解的组数为 $\dfrac{(n+m-1)!}{n!\ (m-1)!}$.

证明：为了书写方便，将所证命题记为 $P(n,m)$.

1° 当 $n=1$ 时，不定方程 $x_1+x_2+\cdots+x_m=1$ 的非负整数解的组数为 m，而 $\dfrac{m!}{(m-1)!}=m$，即对一切正整数 m，$P(1,m)$成立，同样对一切自然数 n，$P(n,1)$成立；

2° 假设 $P(n+1,m)$与 $P(n,m+1)$成立，考虑方程：

$x_1+x_2+\cdots+x_m+x_{m+1}=n+1$　　$(*)$

当 $x_{m+1}=0$ 时，方程$(*)$的非负整数解得组数为 $\dfrac{(n+m)!}{(n+1)!\ (m-1)!}$；

当 $x_{m+1}>0$ 时，令 $x_{m+1}=x'_{m+1}+1$，则将$(*)$化为 $x_1+x_2+\cdots+x_m+x'_{m+1}=n$，

它的非负整数解的组数为 $\dfrac{(n+m)!}{n!\ m!}$；

故$(*)$的非负整数解的组数为：$\dfrac{(n+m)!}{(n+1)!\ (m-1)!}+\dfrac{(n+m)!}{n!\ m!}=\dfrac{[(n+1)+(m+1)-1]!}{(n+1)!\ [(m+1)-1]!}$，

即 $P(n+1,m+1)$成立.

综合(1)(2)命题对任意 $m,n\in\mathbf{N}$ 均成立.

说明：本题也可用组合数学里知识求解得解的组数为 C_{n+m-1}^{n}.

以上给出了数学归纳法的基本形式及其变形，在应用中要具体问题具体分析，并不具有一个统一的操作模板，大家要在解题中积累经验，丰富感悟.

61

开设数学建模选修课，提升学生数学建模核心素养

芮 强

一、什么是数学建模核心素养

《普通高中数学课程标准(2017年版)》(以下简称《标准》)中指出，学科核心素养是育人价值的集中体现，是学生通过学科学习而逐步形成的正确价值观念、必备品格和关键能力.数学学科核心素养包括:数学抽象、逻辑推理、数学建模、直观想象、数学运算和数据分析.这些数学学科核心素养既相对独立，又相互交融，是一个有机的整体.

《标准》中对数学建模核心素养的定义为:“对现实问题进行数学抽象，用数学语言表达问题、用数学方法构建模型解决问题的素养.”数学建模过程主要包括:在实际情境中从数学的视角发现问题、提出问题，分析问题、建立模型，确定参数、计算求解，检验结果、改进模型，最终解决实际问题.数学模型搭建了数学与外部世界联系的桥梁，是数学应用的重要形式.数学建模是应用数学解决实际问题的基本手段，也是推动数学发展的动力.数学建模主要表现为:发现和提出问题，建立和求解模型，检验和完善模型，分析和解决问题.

由于数学建模不是线性过程，也不是一次就一定能解决的，需要不断地从数学世界返回真实世界中检验结果，完善模型，如此循环，是个迭代的过程.

二、提升学生数学建模素养的途径

数学建模素养作为六大核心素养之一,在中学阶段的落实情况如何?情况很不理想.在高考的指挥棒下,大部分学校为了提高自己的升学率,注重学生基础知识、基本技能的训练,很难顾及学生自身的发展.数学建模正是促进学生发展的途径之一.但由于数学建模的作用不能在短时间内彰显出来,以及数学建模的教学非一时之功,常常在教学活动中被束之高阁.当然数学建模不被老师们重视的原因还有很多,比如教材中缺乏数学建模的教学素材,很多教师就认为数学建模就是应用题,以应用题的训练简单代替数学建模能力的培养.

尽管新课改中要求为高中生至少安排一次数学建模活动,但由于高中生课程安排比较紧,而数学建模的教学并不是一两个课时就能完成的,因此建议在中学开展数学建模选修课程,这样数学建模教学的课时就会大大增加,学生会有更多的机会接触数学建模.选修课可安排一些与数学知识有关的研究性课题,这些研究性课题主要来自生产和生活实际,比如银行存款利息和利率、购房贷款决策、彩票中的数学、网络收费调查、超市购物等问题.另外,选修课还可以让学生自由地选择自己喜欢的问题,这样就为学生构建了开放的学习环境,学生由被动接受变成主动参与.学生主动搜集数据、查阅资料,将学到的知识应用到实践中,从而培养了自主探索精神,提高了综合运用和解决实际问题的能力.

三、开设数学建模选修课

1. 数学建模的课程目标

数学建模是运用数学思想、方法和知识解决实际问题的过程,现已成为不同层次数学教育重要和基本的内容.数学建模可以看成是问题解决的一部分,它的作用对象更侧重于来自非数学领域,但需要数学工具来解决的问题.数学建模的课程目标是为学生创设一个学数学、用数学的环境,为学生提供自主学习、自主探索、自主提出问题、自主解决问题的机会.在教学中提倡采用小组学习、集体讨论、论文报告答辩等学生实践活动为主体的教学模式.

2. 几种模型和方法

(1) 社会经济模型；

(2) 拟合模型(曲线拟合)；

(3) 优化模型(线性规划)；

(4) 概率统计模型；

(5) 几何应用模型；

(6) 层次分析法；

(7) 确定型时间序列预测法.

另外，如何运用几何画板、Excel、GeoGebra 等现代计算工具来求解数学模型也是数学建模课程的重要内容之一.

四、案例分析——市内信号灯时长设置问题及解决方案

1. 问题的提出

立交桥、过江大桥极其容易拥堵，但是这需要考虑到周围很大一部分区域的车辆，且车辆在桥上的行驶也具有其复杂性，所以应该选择一个相对孤立的系统.在我们每天上学放学的路上，我们发现路口处是一个很容易拥堵的地方，常常通过一个路口要耗费超过十分钟.而路口拥堵的原因之一，就是没有根据车流量合理设置红绿灯时间，造成了车辆的积压，所以设置合适的红绿灯时间十分重要.为了避免盲目性，我们要建立合理的数学模型，分析造成拥堵的主要原因，从而提出解决方案.

2. 模型的分析与假设

(1) 模型中的所有汽车(私家车、中巴车、公交车、大巴车)长度均按照平均长度并视为相同.

(2) 不考虑非机动车及行人对道路拥堵的影响.

(3) 汽车等红灯时的两车之间间距均视为相同.

(4) 不考虑交通事故、汽车变道、急刹车等突发情况.

(5) 绿灯亮起时汽车立刻由静止出发加速行驶，直到达到平均速度.

(6) 路口视为十字路口.

3. 模型的建立

问题的解决主要分为四个模型.模型一通过对车道数、车辆长度、车间距，

以及加速度、反应时间等参量进行估计,导出它们之间的关系,最终通过计算机程序求出流量最大时的车辆的平均速度,该速度可以被视为红绿灯处行车最大速度.接着进入模型二,模型二同样对变量进行假设,列车运动学方程,并使用 SPSS 程序模拟,得出车辆数与时间的关系.模型三,也就是主模型,在知道信号灯周期、各个方向的车流量与车道数的前提下得出了拥堵指数,并在信号灯周期可变的情况下利用 LINGO 求出了拥堵指数最小的情况下最优的信号灯时长设置.模型四是针对将停车线后移的特殊解决方案而提出的模型,能针对这种特殊情况来计算出对应的拥堵指数和信号周期.

限于篇幅,我们选取其中一个模型,完整地展现给大家.

模型一:速度与流量的数学模型

表 1 模型一变量

符号	含义	单位
w	车道数	1
v	行车速度	m/s
$t_{反}$	司机反应时间	s
$l_{车}$	车辆平长度	m
a_1	刹车时加速度	m/s^2
q	流量	s^{-1}
s	紧急刹车距离	m

司机驾车时,车间距应当等于在突发情况时紧急刹车所需的最小距离,即

$$s=\frac{v^2}{2a}+t_{反}\cdot v.$$

因此流量 q 可以由此推出:

$$q=\frac{w\cdot v}{\frac{v^2}{2a}+t_{反}\cdot v+l_{车}}.$$

搜索资料得到 $a=5$, $t_{反}=0.3$ s, $l_{车}=4$ m.

利用 LINGO 求解得到,q 最大时,$v=6.32$ m/s$=22.76$ km/h,

所以近似将红绿灯路口车辆行驶的最大速度定为 22.76 km/h.

本次研究的成果体现有如下几个方面：

(1) 根据理论推算，得到了道路最大承载车流量的公式：

$$q=\frac{w \cdot v}{\frac{v^2}{2a}+t_{反} \cdot v+l_{车}},$$

并得到道路拥有最大车流量时的行车速度 v 约为 22.76 km/h；

(2) 根据理论计算，得到路口通行能力与绿灯时间的关系，并通过 SPSS 进行线性回归简化得到：

$$n=f(t)=[0.418*t-0.092],$$

同时使用所选择的路口高峰时段实际情况进行模型验证，结果令人满意；

(3) 在所选路口的实际红绿灯变化情况下，改变绿灯时间，用计算机模拟得到整体堵车程度最小的解：$\eta=0.540\ 2$；

(4) 考虑另一种优化情况，即停车线后延得到的结果：$\eta=0.294\ 6$.

本文通过上述步骤，进行了对当下红绿灯状况的研究.

由此我们得出结论：

交通路口信号灯时间长度分配的不合理情况较为严重.许多路口的信号灯时长因为常年未经调整，越来越难以适应道路格局的变化，对于突发情况的适应能力也很差.人工对其进行调控不仅实施难度很大，而且会消耗大量人力物力.

采取数学模型，配合传感、云计算技术可以实现动态更新红绿灯时长，以达到通行效率的最大化.根据我们对样例的分析，调整时长大约可以将通行效率提高 10%.

4. 问题的解决方案

市区信号灯设置情况报告

首先，分时的信号灯系统需要人工调整时长.在遇到交通事故、极端天气、道路变动、道路施工等情况下，难以动态地调整交通信号灯时长，较为僵硬，容易造成时间分配的不合理.

其次，现有的信号灯系统一般以日为周期，每一个季节变化一次，在平时及周末的信号灯时长相同,导致每周一致的信号灯设置无法满足周末与工作日截然不同的车流量,造成时间分配的不合理.

因此我们团队采取了实地采集数据并建立数学模型的方法来对本市的交通信号灯运行效率进行评估并提出改进方案.

对于信号灯设置方式类似的路口,都可以通过我们的模型进行实时调整.只需通过设置适当的传感器等方式实时监控路口的车流量,便可以据此改变红绿灯时间.尽管有些复杂,但是也仅仅是在高峰期、车流量大的路口需要如此.比起交警的现场指挥,增加了安全性与科学性.

根据我们的计算,当车速大约为 22.6 km/h 的时候,车流量能够达到最大.考虑到司机在看到绿灯亮起时有一个加速的过程,达到合适的速度后才开始匀速,这样浪费了一定的时间,导致路口在几秒钟内几乎没有车辆通过.因此,我们本打算将红灯线移后数米的距离,提前几秒放行,使汽车在到达路口时速度已经达到最优,且绿灯恰好亮起,但是各种汽车性能不同,因此达到路口需要的时间不同,无法确定一个固定的提前时间与后移路程,容易造成交通事故,且需要很大的精力来维护.故暂不考虑.

这个案例是本校学生参加数学建模大赛的获奖论文,部分摘录与读者分享.这是一个真实的建模问题,经历了建模的各个环节,是一次真实的建模的历程.

◆◆ 62 ◆◆

开设数学思想方法选修课，让学生感悟数学的灵魂

芮 强

一、中学数学思想方法概述

《普通高中数学课程标准(2017年版)》的课程目标提出，通过高中数学课程的学习，学生能获得进一步学习以及未来发展所必需的数学基础知识、基本技能、基本思想、基本活动经验(简称“四基”).

在历年的考试说明中，特别提出了中学重要的四种数学思想.

1. 函数方程思想

函数方程思想就是用函数、方程的观点和方法处理变量或未知数之间的关系，从而解决问题的一种思维方式，是很重要的数学思想.

2. 数形结合思想

数形结合是中学数学中四种重要思想方法之一，对于所研究的代数问题，有时可研究其对应的几何性质使问题得以解决(以形助数)；或者对于所研究的几何问题，可借助于对应图形的数量关系使问题得以解决(以数助形)，这种解决问题的方法称为数形结合.

3. 分类讨论思想

分类讨论是一种重要的数学思想方法，当问题的对象不能进行统一研究时，就需要对研究的对象进行分类，然后对每一类分别研究，给出每一类的结

果,最终综合各类结果得到整个问题的解答.

4. 化归与转化思想

所谓化归思想方法,就是在研究和解决有关数学问题时采用某种手段将问题通过变换使之转化,进而达到解决的一种方法.一般总是将复杂的问题通过变化转化为简单的问题,将难解问题通过变换转化为容易求解的问题,将未解决的问题转化为已解决的问题.

在我们的日常教学中,通常所说的换元法、待定系数法、反证法、消元法等侧重于方法层面,不同于数学思想.

东北师范大学原校长史宁中教授在《数学思想18讲》中对数学基本思想做出了精彩的论述,给出了判断数学基本思想的原则:第一原则,数学产生和发展所必须依赖的那些思想;第二原则,学习过数学的人应当具有的基本思维特征.史宁中教授把数学基本思想方法归结为三个核心要素:抽象、推理、模型.抽象是从许多事物中舍弃个别的、非本质属性的,得到共同的、本质属性的思维过程.是形成概念的必要手段.抽象分数量与数量关系的抽象、图形和图形关系的抽象.思维有形象思维、逻辑思维和辩证思维.推理分归纳推理和演绎推理.模型是用数学的语言讲述现实世界中与数量、图形有关的故事.

二、中学数学思想方法选修课的开设

中学数学思想方法选修课的形式是什么?如何能吸引住学生?我们学校做出了以下的尝试:讲授中学数学思想方法的课程,以校内公认最好的教师(特级教师、正高级教师)开设连续讲座的方式授课,年轻教师随堂学习,全程录像,为后面继续开设这门选修课的教师留下宝贵的资料,能够不断迭代.

三、案例

1. 结合数学史——谷神星的发现

1766年,德国数学家、天文学家提丢斯(Titius)提出,取一数列0,3,6,12,24,48,96,192…(从第三项开始,每一项是前一项的两倍),然后将每个数加上4,再除以10,就可以近似地得到以天文单位表示的各个行星同太阳的平均距离.

1772 年，德国天文学家波得(J. E. Bode)进一步研究了这个问题，将这一发现归纳成经验公式，即从离太阳由近到远计算，对应于第 n 个行星，其与太阳的距离：$a_n=0.4+0.3\times 2^{n-2}$，式中 a_n 是以天文单位表示的第n 颗行星离太阳的平均距离，n 是离太阳由近及远的次序.这个定则被命名为提丢斯-波得定则.

1781 年，英国天文学赫歇耳(W. Herschel)发现了天王星.使人惊讶的是，经过计算得知，天王星与太阳的平均距离是 19.2 天文单位，正好在提丢斯-波得定则中 $n=8$ 的位置上.于是，天文学家纷纷猜测，在距离太阳 2.8 天文单位的地方一定存在一颗大的未知行星.

1801 年新年的晚上，意大利天文学家果然在差不多的位置发现了一颗新星，它被命名为“谷神星”(Ceres)，现在我们知道它是在火星和木星之间的几千个小行星组成的小行星带(Asteroid belt)的一颗小行星.可是当时欧洲天文学家之间意见分歧不一，有人说这是行星，有人认为这是彗星，必须继续对这新星观察才能判决，可是当人们想要观察时，它却杳然失去踪影.如果能知道这颗星的轨道就好办了.可是一开始人们就不知道它的轨道是圆，还是椭圆或是抛物线，决定它的实际轨道是个很困难的问题.在这颗星发现后的六个月，天文学家还不能决定它的轨道是什么样子.高斯这时对这个问题产生了兴趣，他决定解决这个捉摸不到的星体轨迹的问题，由于用以前的天文学家的方法来找太麻烦，高斯自己独创了只需要三次观察就可以用来计算星球椭圆轨道的方法.他可以极准确地预测行星的位置.人们利用他的方法去算，果然准确无误地找到谷神星所在的位置！这显示了数学理论的巨大威力和高斯非凡的才能.

2. 数与形

数与形是同一事物的两种不同的表现形式，它们各具特点，又互相支撑.形的特点是直观、生动、形象、整体；数的特点是严谨、精确、抽象、细微.数学结合能够开拓思想，简化运算.正如华罗庚先生讲的“数缺形是少直观，形缺数时难入微，数形结合千般好，数形分离万事休”.

【例 1】已知 $a,b,c,d\in\mathbf{R}$，求证：$\left|\sqrt{a^2+b^2}-\sqrt{c^2+d^2}\right|\leqslant|a-c|+|b-d|$.

证明:如图构造图形,根据三角形不等式 $|OA-OB|\leqslant|AB|\leqslant|AC|+|BC|$,带入坐标即可.

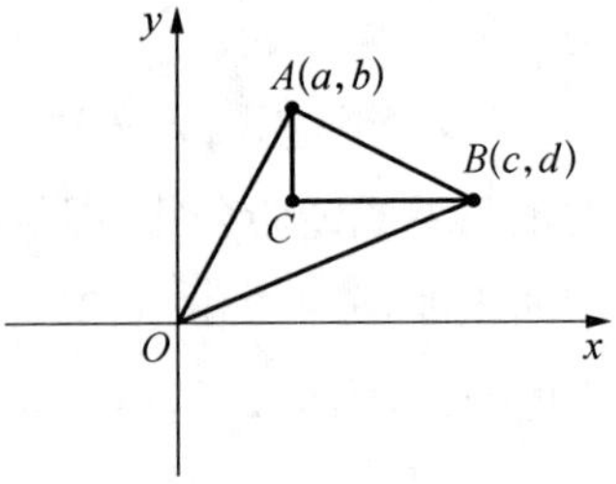

图1

3. 合情推理——归纳与类比

【例2】 平面内,若直角三角形直角边长 a、b,斜边长 c,则 $c^2=a^2+b^2$.类似的,对空间四面体 $P-DEF$,若三个面 $\triangle DEF$,$\triangle FPD$,$\triangle DPE$ 在一个顶点处构成3个直二面角,则它们满足性质:________.

解:$S^2_{\triangle EFP}=S^2_{\triangle EFD}+S^2_{\triangle EDP}+S^2_{\triangle DFP}$

【例3】 已知 $S_1(n)=1+2+3+\cdots+n=\dfrac{1}{2}n(n+1)$,

$S_2(n)=1^2+2^2+3^2+\cdots+n^2=\dfrac{n(n+1)(2n+1)}{6}$,

请猜想:$S_3(n)=1^3+2^3+3^3+\cdots+n^3=?$

解:

n	1	2	3	4	5	6
$S_1(n)$	1	3	6	10	15	21
$S_2(n)$	1	5	14	30	55	91
$S_3(n)$	1	9	36	100	225	441

可以发现 $\dfrac{S_2(n)}{S_1(n)}=\dfrac{2n+1}{3}$,$\dfrac{S_3(n)}{S_2(n)}=\dfrac{3n(n+1)}{2(2n+1)}$,

故猜想:$S_3(n)=\dfrac{3n(n+1)}{2(2n+1)}(1^2+2^2+\cdots+n^2)=\left[\dfrac{n(n+1)}{2}\right]^2$.

◆◆ 63 ◆◆

开设大学先修课程，联结中学与大学的数学课程

芮 强

一、课程总体介绍

中等教育和高等教育能否有效衔接，关系到一个国家教育的质量和长效发展.因而实现二者的有效过渡，推进先修教育，一直是国内外教育者们致力实现的目标.

国际上推进优质先修教育的重要举措是实施先修课程，通常为1—2年的专门课程训练，其中最具影响力的一门课程——美国大学先修课程(Advanced Placement，简称AP)，由于其设计的科学性和在申请大学时的优越性而得到了广泛的关注和认可.

中国大学先修课程(Chinese Advanced Placement，简称CAP)旨在让学有余力的高中生及早接触大学课程内容，接受大学思维方式，为学生在大学学习做好知识储备和能力储备，激发学生的学习兴趣.

目前，教育部积极支持清华大学和北京大学推进中国大学先修课程(CAP).未来的趋势是效仿国外的大学先修课程(AP)的开展和考核，在高校选拔人才的过程中作为高考成绩的补充参考.因此，可以预见，未来会有更多的学生参与到CAP课程的学习和考试中来.

微积分大学先修课程的主要内容是利用极限的思想方法研究函数的性

质,通过此课程的学习,学生对极限思想、导数概念有较深刻的认识与理解,能掌握微积分的基本知识、基本理论和基本技能,培养自主学习的能力,培养数学素养,发展理性思维.就本课程而言,其难度介于高中微积分知识和大学数学分析之间,主要是针对学有余力的学生学习的衔接课程.

目前,中国大学数学先修课程已在原有的"微积分"基础上增加了"线性代数""概率统计"等课程.

二、课程实施建议

(1) 由于考核细则未出,所以建议先以选修课的形式开展 CAP 课程的教与学.

(2) 因为微积分课程对学生数学学习的基础和能力有较高的要求,所以对于报名的学生需要加以选拔.

(3) 建议有更多的教师参与到这门课程中来,形成一个团队.

(4) 希望能整合大学资源,提高教师对大学课程的认识与理解,更好地进行授课.

三、课程实践案例

【例 1】 求 $\lim\limits_{n\to\infty}\left(1+\dfrac{1}{n}\right)^n$.

解:(1) $\left(1+\dfrac{1}{n}\right)^n$ 是有界的:

$$\left(1+\frac{1}{n}\right)^n=1+n\cdot\frac{1}{n}+\frac{1}{2!}\frac{n(n-1)}{n^2}+\frac{1}{3!}\frac{n(n-1)(n-2)}{n^3}+\cdots+\frac{1}{n!}\frac{n!}{n^n}$$

$$<1+1+\frac{1}{2!}+\cdots+\frac{1}{n!}$$

$$<1+1+\frac{1}{1\times 2}+\cdots+\frac{1}{n(n-1)}$$

$$=3-\frac{1}{n}.$$

(2) $\left(1+\frac{1}{n}\right)^{n}$ 是递增的，

$$\left(1+\frac{1}{n}\right)^{n}=1+1+\sum_{k=2}^{n}\frac{1}{k!}\left(1-\frac{1}{n}\right)\cdots\left(1-\frac{k-1}{n}\right),$$

$$\left(1+\frac{1}{n}\right)^{n+1}=1+1+\sum_{k=2}^{n}\frac{1}{k!}\left(1-\frac{1}{n+1}\right)\cdots\left(1-\frac{k-1}{n+1}\right)+\left(\frac{1}{n+1}\right)^{n+1},$$

所以$\left(1+\frac{1}{n}\right)^{n}$ 有极限，$\lim\limits_{n\to\infty}\left(1+\frac{1}{n}\right)^{n}=\mathrm{e}$.

【例 2】 证明：$\mathrm{e}=\lim\limits_{n\to\infty}\left(1+1+\frac{1}{2!}+\cdots+\frac{1}{n!}\right)$.

证明：由例 1 可知，$\left(1+\frac{1}{n}\right)^{n}<1+1+\frac{1}{2!}+\cdots+\frac{1}{n!}$，

由极限不等式得

$$\mathrm{e}=\lim_{n\to\infty}\left(1+\frac{1}{n}\right)^{n}\leqslant\lim_{n\to\infty}\left(1+1+\frac{1}{2!}+\cdots+\frac{1}{n!}\right)$$

$$\left(1+\frac{1}{n}\right)^{n}=1+n\cdot\frac{1}{n}+\frac{1}{2!}\frac{n(n-1)}{n^{2}}+\frac{1}{3!}\frac{n(n-1)(n-2)}{n^{3}}+\cdots+\frac{1}{n!}\frac{n!}{n^{n}}.$$

当 $n>k$ 时，

$$\left(1+\frac{1}{n}\right)^{n}>1+n\cdot\frac{1}{n}+\frac{1}{2!}\frac{n(n-1)}{n^{2}}+\frac{1}{3!}\frac{n(n-1)(n-2)}{n^{3}}+\cdots+\frac{1}{k!}\frac{n(n-1)\cdots(n-k+1)}{n^{k}},$$

$$\left(1+\frac{1}{n}\right)^{n}>1+1+\frac{1}{2!}\left(1-\frac{1}{n}\right)+\cdots+\frac{1}{k!}\left(1-\frac{1}{n}\right)\left(1-\frac{2}{n}\right)\cdots\left(1-\frac{k-1}{n}\right).$$

固定的 k，当 $n\to\infty$，由极限不等式及四则运算得

$$e=\lim_{n\to\infty}\left(1+\frac{1}{n}\right)^n\geqslant\lim_{n\to\infty}\left[1+1+\frac{1}{2!}\left(1-\frac{1}{n}\right)+\cdots+\frac{1}{k!}\left(1-\frac{1}{n}\right)\left(1-\frac{2}{n}\right)\cdots\left(1-\frac{k-1}{n}\right)\right],$$

$$e\geqslant1+1+\frac{1}{2!}+\cdots+\frac{1}{k!}.$$

又 k 为任意的,所以得证.

四、课程评价与反馈分析

通过微积分先修课程的学习,学生普遍反映有以下收获:① 不畏难的钻研劲.有了对数学本身的喜爱和不断加强的独立思考的意识,学生不再像以前一样畏难而浅尝辄止了.② 联想生发,成长不止.因为“a 在路上”,所以问题是永无止境的.③ 思维缜密,严格论证.学生认识到学习数学不能只重视放飞自己的数学思想,还要培养严谨求实的态度.对于定义和定理须理解到位,它们的证明(若有)也是值得赏析的.经过巧妙的变形,回归基本证法(“$\varepsilon-N$”,“$\varepsilon-\delta$”模式),这个过程中的乐趣是难以言表的.

64

开设数学文化与数学史选修课程，培养学生爱国情怀

王子扬

一、数学文化与数学史

数学是研究数量、结构、变化、空间以及信息等概念的一门学科.数学也是一种文化，推动了人类文明的发展.

我国著名数学家陈省身先生曾经说过："一个数学家的目的，是了解数学."数学不光光是那些抽象的定义和一个个复杂的公式，数学经过千百年来的沉淀，向人们展示着它无与伦比的魅力.

数学文化与数学史是数学学科的分支.从数学文化的角度来研究数学的发展过程，也是我们了解数学的有效途径.数学的发展是漫长而坎坷的，并且也是无止境的.数学历史上曾经发生过三次危机.

第一次数学危机是公元前370年无理数的发现.毕达哥拉斯是古希腊的数学家、天文学家和哲学家，其创办的毕达哥拉斯学派引领了一整个时代.最广为流传的莫过于毕达哥拉斯定理，即"任意直角三角形两条直角边的平方和等于斜边的平方".人们被"毕达哥拉斯定理"的发现所深深折服，更加坚信其提出的命题"万物皆数"，认为一切数都可以表示成整数或者整数之比.但是希帕索斯提出了一个问题：边长为1的正方形的对角线长度是多少？希帕索斯的发现在当时引起了极大的恐慌，数学史上第一个无理数$\sqrt{2}$由此诞生.

第二次数学危机是在17—18世纪围绕着微积分诞生初期的基础定义展开的一场争论.17世纪，牛顿和莱布尼兹发现了微积分这一数学工具，许多数学难题得以很便捷地解决.在微积分大范围应用的同时，问题也接踵而至.关于微积分基础的问题被越来越多的人关注——无穷小量究竟是不是零？无论是否为零，貌似都会导致矛盾，导数、微分、积分受到了大量质疑.19世纪20年代开始，数学家们才开始真正地关注微积分的严格基础.19世纪70年代，康托、威尔斯特拉斯、狄德金等人独立地建立了实数理论，并且在实数理论的基础上，建立起了极限论的基本定理，从而使数学分析建立在实数理论的严格基础之上.

第三次数学危机发生在19世纪末，当时正是数学空前兴旺发达的时期.逻辑的数学化，促使了数理逻辑这门学科的诞生.1897年，福尔蒂揭示了集合中的第一个悖论，紧接着康托和罗素也分别提出了悖论.其中最具有代表性的就是罗素悖论.它的内容是，理发师宣布了这样一条原则：他给所有不给自己刮脸的人刮脸，并且，只给村里这样的人刮脸.当人们试图回答下列疑问时，就认识到了这种情况的悖论性质："理发师是否自己给自己刮脸？"如果他不给自己刮脸，那么他按原则就该为自己刮脸；如果他给自己刮脸，那么他就不符合他的原则.用数学的语言来描述就是，设性质$P(x)$表示"x不属于x"，现假设由性质P确定了一个类A——也就是说$A=\{x\mid x\notin A\}$，那么A属于A是否成立？若A属于A，则A是A的元素，那么A具有性质P，由性质P知A不属于A；若A不属于A，也就是说A具有性质P，而A是由所有具有性质P的类组成的，所以A属于A.数学家们通过将集合的构造公理化来排除了这样的集合的存在性.

除此之外，数学的发展历程中，还有着大大小小的矛盾.矛盾的消除，危机的解决，往往给数学带来新的内容，新的进展，甚至引起革命性的变革，这也反映出矛盾斗争是事物发展的历史动力这一基本原理.整个数学的发展史就是矛盾斗争的历史，斗争的结果就是数学领域的发展.

二、增强民族自信心，培养爱国情怀

三次数学危机的产生和解决主要是由西方国家主导的，由此可见西方数学的发展是多么的惊人.其实，我们也不需要妄自菲薄，中国古代数学的成就也是十分可观的.

中国是最早提出负数概念的国家，同时也是世界上第一个应用负数的国家.据世界上第一部完整记录负数的数学书《九章算术》中记载，由于解方程组的时候经常会碰到小数减去大数的情况，为了能使方程组继续解下去，数学家定义了负数.

公元前3世纪，刘徽在注解《九章算术》时率先给出了负数的定义——两算得矢相反，要以正负以名之.并且给出了正负数的加减运算法则："同名相除，异名相益，正如入负之，负无入正之."公元1299年，元代数学家朱世杰在刘徽的基础上进一步总结了正负数的乘除法则："同名相乘为正，异名相乘为负，同名相除为正，异名相除为负."

秦汉时期，中国人就探索出了"牟合方盖"的球体积计算方法，准确地求出了球的体积.《九章算术》的"少广"章中的二十四问曰："有一积一万八千四百四十亿六千六百四十三万七千五百尺.问为立圆直径几何？开立圆术曰：置积尺数，以十六乘之九而一，所得开立方除之，即丸径."球的直径等于球体积乘以16除以9，最后再开立方得出，即 $V_{球}=\frac{9d^3}{16}$.刘徽对于这个公式并不是很满意，他认为虽然结果与实际值相近，但是误差仍然较大.因此他创造了"牟合方盖"的方法.所谓"牟合方盖"就是当一正立方体用圆柱从纵横两侧面作内接圆柱体的时候，两圆柱的公共部分.二百多年以后，祖冲之与祖暅承袭了刘徽"牟合方盖"的思想，运用勾股定理和祖暅原理求出了球体积公式 $V=\frac{4\pi r^3}{3}$.

三、案例

《九章算术》可以说是整个数学发展史中中国相当亮丽的一笔.那么，这本至今都被推崇的，却又只写着只要上过学就人人都能懂得的数学知识的书，究竟好在哪里？快来看看附中学生的读书报告吧.

回望历史深处，每一代学者都会感到有一些书籍具有决定性的影响力，而这些著作成为塑造历史的关键力量，改变了历史的进程，也改变了人类社会的发展道路.正是靠这些经典著作的荣光，才照亮了人类走出野蛮、步入文明的道路.我想《九章算术》便是其中之一.《九章算术》被历代数学家们尊为"算经之首",是中国古代算法的扛鼎之作,当选于此,也丝毫不过分.

当今数学主流主要是欧几里得《几何原本》中所创造的逻辑演绎体系,与中国的《九章算术》中所创立的机械化算法体系.《九章算术》成书于公元1世纪,是古代中国乃至东方的第一部自成体系的数学专著,它系统地总结了战国、秦、汉时期的数学成就,是中国数学体系确立的核心标志.它代表了东方数学的最高成就.它主要涉及的是应用数学.19世纪以后,分析的严格运动演绎倾向使得《九章算术》的机械算法体系,显示出比欧几里得几何学更高的水准,并将其扩展到了其他领域.

九章算术的起源十分古老,相传上古庖牺氏最早画八卦,以了解神妙莫测的变化结果,以类推万物的情状,创作九九之术,以符合六爻的变化法则.而到了周公制礼时才有了九数,九数的流传就形成了今天的《九章算术》.

魏晋时期的数学家刘徽不仅为《九章算术》添加了最权威的注释,还在其中添加了自己的许多创见与发明.例如在数学理论方面,他用数的同类与异类阐述了通分、约分、四则运算,以及繁分数化简的运算法则;他在注释开方术时,从开方不尽的意义出发,论述了无理根的存在,并且引进新数,创造了用十进分数无限逼近无理根的方法.不仅如此,他还论证了勾股定理中的计算原理,建立起相似勾股形理论:在面积与体积方面,他还成功地运用了"出入相补,以盈补虚"的原理.最突出的是他提出了线性解方程组的新方法,并且融合进了比率算法的思想.

读了《九章算术》,我想主要谈一谈卷七——盈不足.这是以盈亏问题为中心的一种双假设算法.

但首先,我们得认识一下古人是怎么计算分数的.

例:又有九十一分之四十九,问约之得几何?答曰:十三分之七.(术曰:可半者半之;不可半者,副置分母、子之数,以少减多,更相减损,求其等也.以等数约之.)这里的意思是:要先求49与91的最大公约数,将两数分列到一处.先由91—49,余42,再由49—42,余7;进一步由42—7五次余7,结果是:左右两边余数相等.这相等的余数7就是49和91的最大公约数.这种求最大公约数的方法就叫作"更相减损",现在求两数最大公约数所用的辗转相除法,也是由"更相减损"法演变而来的.

到盈不足问题了，这个问题用简单的一个二元一次方程组就可以解决，但古人却不是这样做的.来看一个问题："今有共买物，人出八，盈三；人出七，不足四.问人数、物价各几何？答曰：七人.物价五十三."

今解：设人数为 x，物价为 y.$y=8x-3$；$y=7x+4$.解得：$x=7$，$y=53$.

古算法如表 1 所示.

表 1

	置所出率	时如法而一
所出率	8	7
盈，不足	3	4

之后令对角线数相乘：$4\times8=32$，$3\times7=21$.以 $21+32=53$ 作被除数，$3+4=7$ 作除数，53/7 为每人应出钱数.置所出率，以少减多：$8-7=1$.所以 $53/1=53$ 为物价，$7/1=1$ 为人数.

这种方法涉及的其实也是关于二元一次方程的移项法则，但显得更加巧妙，且无须列方程与设未知数.

那么我们遇到以下这种类型使用古算法该如何应对呢？

例：今有大器五，小器一，容三斛；大器一，小器五，容二斛.问大、小器各容几何？答曰：大器容二十四分斛之十三.小器容二十四分斛之七.

古算法：我们先假设大容器可以装 5 斗，小容器也为 5 斗，那么就比三斛多了十斗；那接下来我们假设大容器容积为 5.5 斗，小容器容积为 2.5 斗，这样就比二斛少了 2 斗.于是我们就将这个问题转化成了之前的盈不足问题.大容器容积$=(5\times2+10\times5.5)/(10+2)=13/24$ 斛；小容器容积$=(5\times2+10\times2.5)/(10+2)=7/24$ 斛.

我认为，古算法中的这步其实相当于将二元一次方程中 y 前面的系数化为一，使方程得以简化，这里蕴含了消元的思想.

但盈不足问题不只是简单的二元一次方程问题，它还涉及对等比数列的运用.

例：今有蒲生一日，长三尺；莞生一日，长一尺.蒲生日自半，莞生日自倍.问：几何日而长等？答曰：二日十三分日之六.各长四尺八寸一十三分寸之六.

我们先看一下今解：设 x 日时蒲和莞长度相等，故蒲和莞增长均成等比

数列 $S=a(1-q^n)/(1-q)$.所以蒲 x 日增长的长度为 $6-6\times 2^{-x}$,莞 x 日增长的长度为 2^x-1.所以方程为 $6-6\times 2^{-x}=2^x-1$,解得 $x=1+\lg 3/\lg 2$ 约为 2.585 0 日.

古算法:假令二日,不足一尺五寸;令之三日,有余一尺七寸半.而书中给出的答案是(2+6/13)日,约为 2.461 5 日.

令人惊讶的是,今解与古算法得到的答案并不相同,差了 0.1 天左右.经过思考,我发现,今解是没有问题的,而古算法的问题出在盈不足问题的算法实际上是用到了一种平均的思想,这在求解普通问题的时候是没有问题的,因为普通问题中事物的参量是随设的 x 值平均变化的.但在等比数列问题中,蒲长度的变化是逐渐减慢的,而莞的变化是逐渐加快的,所以平均的思想在这里会产生偏差,不能使用.

因此,对于盈不足问题,《九章算术》所介绍的方法,我们不能盲目地运用,要懂得分析情境,判断其可行性.对于中今解的方法,这更是我们当今学习数学的一部分本职工作,要熟练掌握.

《九章算术》中的不一样的方法远不止于此,这些方法都蕴含了先贤智慧的结晶,等待我们去与之探讨、交流.作为应用数学,它收录的《周髀算经》还含有对于天体模型的测算等物理方面的知识,可见数学的应用之广.读《九章算术》,不要被它看起来无比宽厚的身材所吓倒,尝试着去走近它,看到它所包含的许多知识,去发现先贤们解决问题不一样的方法.

65

开设数学文化与数学史选修课程，更好地理解数学

王子扬

一、数学文化与数学史课程的实施

数学文化与数学史作为一门选修课程，也是大学先修课程，我们尤其注重其教学模式与方法.我们会根据学生所学课本进度，不断调整内容.例如，在学生们学习数域的扩充时，我们可以介绍无理数的发现，并证明$\sqrt{2}$为无理数；在学生们学习导数时，我们可以给学生拓展有关极限的思想和微积分的知识，这对于导数的学习很有帮助；在学生们学习集合时，我们可以普及罗素悖论，让大家初步了解集合公理的构建.学生们简要地了解数学史上的三次危机，有助于加深对数学知识的认识，提高对数学的理解，对日常学习起到强化作用.

二、开设数学文化与数学史课程的意义

1. 思想启蒙

数学文化与数学史这门课程和课内的数学是有着很大的区别的.常规课程强调的是对概念和定理的了解、方法的应用等，其主要目的是让学生获得足够的数学知识，具有一定的应用能力来面对高考.而我们开设数学文化与数学史这门课程的意图是，让学生对数学史有一定的了解，尤其是课本中数学

定义、定理的由来，从而对数学产生浓厚的兴趣和探索的渴望，增强主观能动性.

2. 让学生更好地理解数学概念和思想

学习数学要知其然知其所以然，这里的“知其然”不仅仅是知道一些定理公式的推导，更重要的是，知道一些概念和定理的发现和发展，例如函数的定义、数域的扩充.

初中课本中，函数的定义是在一个变化过程中有两个变量 x，y，对于变量 x 的每一个值，变量 y 有唯一确定的值与它对应，则称 y 是 x 的函数.其中，x 是自变量，y 是因变量.这是函数概念的“变量说”.高中课本让我们再次认识了函数，并给出了新的诠释：一般地，设 A，B 是两个非空的数集，如果按某种对应法则 f，对于集合 A 中的每一个元素 x，在集合 B 中都有唯一的元素 y 和它对应，这样的对应叫作从 A 到 B 的一个函数.通常记为 $y=f(x)$，$x\in A$.其中，所有输入值 x 的集合叫作函数 $y=f(x)$的定义域.这是函数概念的“对应说”.当然随着时代的发展，对于函数的探究还在不断深入，对函数的定义也更加完善.

可能站在高考的角度上，了解函数概念的发展对提高成绩没有直接的帮助，但是，学生只有对函数有着更深的认识，才能真正地去理解函数的意义.

3. 让学生掌握数学中重要的思想方法

3 700 多年前，古巴比伦王颁布了《汉谟拉比法典》，对后世的政治体系、法律制度产生了深刻的影响.而知道这一时期古巴比伦人在数学上的成就的人并不多，古巴比伦不仅在法律上做出了巨大贡献，在数学领域上也有着无与伦比的贡献.

从出土的泥板书中，我们可以看到，早在汉谟拉比时期，古巴比伦人就已经使用了一元二次方程，并且知晓一元二次方程的解法.书上有这么一题：正方形面积与边长之和为[0;45]，求正方形边长.书中给出了如下解法：写下系数 1，将 1 对折一半，将[0;30]自乘得到[0;15].将[0;15]与[0;45]相加，得到 1 的平方，从 1 中减去[0;30]得到[0;30]，即正方形边长.诸如此类的题目，泥板书中还涉及很多，例如：正方形面积减去边长为[14;30]等等.解决这类问题的主要方法就是运用配方法的几何模型.生活在新时代的我们碰到了如上的题目，一般来说都会先设一个未知数 x，即正方形边长.然后根据题意列出方程：$x^2+x=\frac{3}{4}$，接着用求根公式或者是配方法直接计算.配方法不是凭空变来的，它是古巴比伦人运用了几何的思想巧妙地配方得来的，是古人的智慧结晶.

除了在方程上做出了巨大的贡献，古巴比伦泥板书也出现了勾股定理的雏形.有一个长方形，长宽之和等于23，对角线为17，问长宽各为多少.为解决该题，我们首先设长为a，宽为b，对角线为c.由题意知$a+b=23$，$c=17$，$2ab=(a+b)^2-c^2$，$b-a=\sqrt{(a+b)^2-4ab}$，解得$a=15$，$b=8$.

古巴比伦数学家们对于一元二次方程的发现和探究，在世界数学史上具有独特的贡献和地位.尤其是其中体现出来的数形结合的思想方法，更具有科学创新的重大意义.

三、案例

在课程的最后，我们举办了附中数学文化与数学史竞赛，试卷共分为两个，分别考查数学文化和数学史的知识.

2019数学历史与文化素养大赛(文化)

姓名____班级____成绩____复核____

说明：下列4分/题，共100分.

1. 希尔伯特在历史上第一次明确地提出了选择和组织公理系统的原则：________、________、________.

2. 在现存的中国古代数学著作中，________是最早的一部.卷上叙述的关于荣方与陈子的对话，包含了________的一般形式.

3. 二项式展开式的系数图表，在中学课本中称其为________三角，而数学史学者常常称它为________三角.

4. 被称为“现代分析之父”的数学家是________，被称为“数学之王”的数学家是________.

5. 首先将三次方程一般解法公开的是意大利数学家________.

6. 中国历史上最早叙述勾股定理的著作是《九章算术》，中国历史上最早完成勾股定理证明的数学家是三国时期的________.

7. 被誉为“中国人工智能之父”,在几何定理的机器证实取得重大突破并获得首届国家最高科学技术奖的数学家是________.

8. 2006年,在西班牙马德里举行第25届国际数学家大会上,华裔科学家________因为他对偏微分方程、组合数学、谐波分析和堆垒数论方面的贡献,获得被誉为“数学界的诺贝尔奖”的菲尔兹奖.

9. 古希腊著名的三大尺规作图问题分别是:________、________、________.

10. “万物皆数”是________学派的基本信条.

11. 历史上,对于圆周率π的研究是古代数学一个经久不衰的话题.在我国,东汉初年的《周髀算经》里就有“径一周三”的古率.魏晋时期的我国数学家首创“割圆术”,利用圆的内接正多边形来确定圆周率,计算出$\pi\approx\frac{157}{50}\approx 3.14$,并指出在圆的内接正多边形边数加倍的过程中“割之弥细,所失弥少,割之又割,以至于不可割,则与圆周合体,而无所失矣”.首创“割圆术”的我国数学家是________.

12. 圆周率是一个无限不循环小数,当代科学家利用巨型电子计算机已计算到小数点后约100万兆位,而在世界上第一次把圆周率的计算精确到小数点后第7位数字的科学家是________.

13. 数学史上曾发生过三次大的数学危机,第一次数学危机的产生是由于________的发现;第二次数学危机起源于________工具的使用;第三次数学危机的起因是________.

14. 古典几何三大作图问题:________、________、________.

15. 人们最早用的记数方法有________、________、________、________、________.

16. 中国比古希腊第一个女数学家帕蒂娅早300年的女数学家名叫________.

17. 被毕达哥拉斯学派称为“宇宙形”的正多面体,在三维空间中仅有五种,它们是正四面体、正六面体、________、________和正二十面体.

18. 哥德巴赫猜想是德国数学家哥德巴赫于18世纪在给数学家________的一封信中首次提出的.

19. (1) 南宋著名数学家秦九韶发现了由三角形三边长求三角形的面积的“三斜求积”公式：设$\triangle ABC$的三个内角A，B，C所对的边分别为a，b，c，则$\triangle ABC$的面积$S=$________.

(2) 设$\triangle ABC$的半周长为p，古希腊数学家海伦给出的三角形面积公式为$S=$________.(用p，a，b，c表示)

20. 数学是研究________和________的一门科学.

21.《普通高中数学课程标准》(2017年版)提出了数学的六大核心素养为：

________、________、________、________、________、________.

22. 2002年，为中国少年数学论坛活动题词“数学好玩”的是著名数学家________.

23. “哥尼斯堡七桥问题”的解决，与后来数学的哪个分支有关？________(单选)

A. 概率论　　B. 函数论　　C. 拓扑学　　D. 常微分方程

24. 哪位数学家证明了在圆柱内嵌一个球，圆柱的体积和球的体积的比是3∶2？________(单选)

A. 毕达哥拉斯　B. 阿基米德　C. 阿波罗尼奥斯　D. 托勒密

25. 德国数学家________说：“音乐能激发或抚慰情怀，绘画使人赏心悦目，诗歌能动人心弦，哲学使人获得智慧，科学改善物质生活，但数学能给予以上一切.”

2019数学历史与文化素养大赛(历史)

姓名____班级____成绩____复核____

说明：下列4分/题，共100分.

1. 集合论创始人是德国数学家________.

2. 1637年，法国数学家________在《几何学》中第一次提到“未知和未定的量”.

3. 最早将“函数”用于数学的是德国数学家________，他用“函数”表示随着曲线的变化而改变的几何量，如切线和点的纵坐标等.

4. 1755年，瑞士数学家________给出了函数的如下定义：“如果某些变量，以这样一种方式依赖于另一些变量，即当后面这些变量变化时，前面这些变量也随之而改变，那么将前面的变量称为后面变量的函数.”

5. 德国数学家狄利克雷提出了“狄利克雷函数”，请写出狄利克雷函数为________.

6. 1859年，我国清朝数学家________将“function”一词译成“函数”.

7. 对数是由苏格兰数学家________发明的.

8. 我国明代数学家________是世界上最早从理论上研究十二平均律的学者.

9. 我国齐梁时代的数学家、祖冲之的儿子________提出一条原理：“幂势既同，则积不容异.”

10. ________是古希腊数学家欧几里得的一部不朽之作，集整个古希腊数学成果和精神于一书.既是数学巨著，也是哲学巨著，并且第一次完成了人类对空间的认识.该书自问世之日起，在长达2 000多年的时间里历经多次翻译和修订，自1482年第一个印刷本出版后，至今已有1 000多种不同的版本.除了《圣经》之外，没有任何其他著作，其研究、使用和传播之广泛，能够与它相比.

11. 他被誉为“解析几何学”的创立者之一，他的解析几何有两个基本思想：(1) 用有序数对表示点的坐标；(2) 把互相关联的两个未知数的代数方程，看成平面上的一条曲线.他是法国数学家________.

12. 被后人誉为“业余数学之王”的是法国数学家________.

13. 阿尔·花拉子米主要著作有《________》，被西方人称为“代数学之父”.

14. “鸡兔同笼”是我国隋唐时期的数学著作《________》中的一个有趣且具有深远影响的问题.

15. 秦九韶，1247年写成名著《________》，其中最重要的成就之一就是“大衍求一术”.

16. 我国的《九章算术》卷一方田章中的“________”，与辗转相除法非常相似.

17. 二进制记数法的思想源远流长，我国古代很早就有研究，在《________》上就讲到两仪，即一黑一白阴阳互补的两条鱼.

18. 法国著名数学家________编写了《概率的哲学讨论》，他是分析概率论的创始人.

19. 1777 年，法国科学家布丰做了一个________，这个试验被认为是几何概型的第一个试验.

20. 正切和余切的概念是由阿拉伯天文学家、数学家________提出的.

21. 天文学家哥白尼的学生雷蒂库斯重新给出________的定义，即把它定义为直角三角形的边长之比，并首次编制全部六个三角函数表.

22. 1844 年，德国数学家________引入有向线段的记号，称之为向量，并引入向量的一般运算.

23. 斐波那契数列最值得注意的性质是：相邻两数的比交替地大于或小于黄金比，并且该比值无限趋近于黄金比，那么黄金比为________.

24. 正数、负数的乘除法则直到 1299 年元代数学家朱世杰的《________》中才有明确记载："同名相乘为正，异名相乘为负，同名相除所得为正，异名相除所得为负".

25.《________》是中国古代数学著作(约公元 5 世纪)，现传本有 92 问，比较突出的成就有最大公约数与最小公倍数的计算，各种等差数列问题的解决、某些不定方程问题求解等，其中"百鸡问题"就是这本书中著名的不定方程问题.

66

开设数学社团,全面贯彻素质教育

王子扬

一、开设数学社团的意义

1. 全面落实素质教育,丰富学生生活,促进学生全面发展

素质教育,是以全面提高人的基本素质为根本目的,以尊重人的主体性和主动精神,以人为的性格为基础,注重开发人的智慧潜能,注重形成人的健全个性为根本特征的教育.素质教育,是社会发展的实际需要,要达到让人正确面临和处理自身所处社会环境的一切事物和现象的目的.

但是鉴于高中学习的总体目标以及全国高考的要求和压力,素质教育的贯彻和落实显得较为困难.我校为了在素质教育和应试教育中探寻一个平衡点做出了很多思考和努力,最终在葛校长的带领下成立了青年数学家协会这一社团.在社团中,学生不再仅仅是学习枯燥的数学知识、刷数学题.我们应用一切资源和层出不穷的教学方式,让学生在数学的海洋中遨游,更深入地去了解数学,感受数学之美.学生们通过自己的探索,通过老师们的分享,感受到数学世界难以言喻的奇妙,在乐中学,在学中悟.数学社团的成立,不仅丰富了学生生活,也促进了学生的全面发展.

2. 关注学生最近发展区,分层教学

学生的发展有两种水平:一种是学生的现有水平,指独立活动时所能达到的解决问题的水平;另一种是学生可能的发展水平,也就是通过教学所获得

的潜力.两者之间的差异就是最近发展区.教学应着眼于学生的最近发展区，为学生提供带有难度的内容，调动学生的积极性，发挥其潜能，超越其最近发展区而达到下一发展阶段的水平，然后在此基础上进行下一个发展区的发展.

参加数学社团的学生基本上都是学有余力的学生，其中大部分都是竞赛生，他们的水平很高，因此在教学过程中我们对题目通常都是精挑细选，选取那些有一定挑战的题目，学生总会给出一些让人耳目一新的解法，又快又好地解决问题，有时候还会引申出一些有趣的数学问题.

当然为了适合高中阶段的学生，我们挑选的题目其中蕴含的思想方法也都是非常基础的，我们会从题目的根源出发，旨在用最基本的数学思想和方法，解决问题.

二、开设数学社团对学生的影响

1. 可以深入思考，彼此交流

数学社团的社长和副社长是CMO（中国数学奥林匹克）银牌的获得者，核心组的成员基本都是省一等奖获得者.平时他们分散在不同年级的各个班中，交流也基本都是在线上进行.可以说大部分数学问题的讨论都是基于数学符号语言的，因此在网上的交流显得极其不便.数学社团为学生的线下交流提供了环境和氛围.在这里学生可以畅所欲言，他们可以研究不同的问题，可以尝试不同的解法.学生之间思维的碰撞，让他们在数学学习中共同进步.

2. 培养数学核心素养

数学学科核心素养是数学课程目标的集中体现，是具有数学基本特征的思维品质、关键能力以及情感、态度与价值观的综合体现，是在数学学习和应用的过程中逐步发展和形成的.数学社团为学生提供了一个平台，让学生通过学科学习而逐步形成正确价值观念、必备品格和关键能力.通过数学故事的展示与分享，培养学生数学抽象的能力；通过尺规作图，培养学生直观想象的能力；通过公式定理的推广，培养学生逻辑推理的能力等.

3. 可以有更多的机会了解数学，增强了学习的主观能动性

在每学期的数学社团课中，我们会开展很多丰富多彩的活动，让学生们更加全面地认识、了解数学.通过观看数学纪录片、数学教授演讲让学生们更好地了解数学，包括数学的发展以及最新进展；通过空间模型活动课，培养学

生空间想象的能力;通过开放课堂、小组讨论等方式,让学生最大限度地参与课题,增强主观能动性.

三、案例

在高一的一节社团课上,我们对海盗分金币问题进行了探讨.

有 5 个海盗找到了一桶金币,共有 100 个.将 5 名海盗排序,排序在第一位的海盗将有权力将金币分给 5 个人,数量任意.但 5 人中必须有超过半数的人同意第一位海盗的分配方案,否则第一位海盗就会被扔去海里喂鱼.如果第一位海盗被扔去了海里,那么第二位海盗将成为第一位并拥有分配权,第三位成为第二位……依此类推.每一位海盗都绝顶聪明,第一是希望自己活下来,第二是希望自己得到更多的金币.那么,第一名海盗最多能得到多少金币呢?

我们如果从正面考虑这个问题其实是有难度的.但是通过观察,我们可以很轻松地发现这是一个递推问题.因此我们从两名海盗的情况开始考虑.

如果只有两名海盗,那么第一名海盗需要有两个人支持他.他自己肯定支持自己,但第二名海盗知道如果第一名海盗死了,那么他就可以独享 100 个金币,所以他一定会投反对票.所以在两名海盗的情况下,第一名海盗一定会死,而第二名海盗会得到全部金币.

我们记支持票为 1,反对票为 0.

表 1

海盗排名	1	2
金币	0	100
投票情况	1	0
死活	死	活

之后讨论有三名海盗的情况.由于每位海盗都绝顶聪明而且第一目标是保证自己不会死,而一旦第一名海盗被投死,第二名海盗就会面临只有两名海盗的必死情况,所以无论第一名海盗分给他多少钱,他都会投支持票,所以第一名海盗不需要给第二名海盗金币.而第三名海盗一定会投反对票,因为只要第一名海盗死了他就能独吞 100 金币.但对于第一名海盗,他自己和第二名都投了支持票,已经满足了要求.因此我们可以列出情况如表 2 所示.

表 2

海盗排名	1	2	3
金币	100	0	0
投票情况	1	1	0
死活	活	活	活

而在有四名海盗的时候，意外发生了.

由于第二名海盗如果成为第一名海盗，就可以进入三名海盗的情况并独吞 100 金币，所以第二名海盗一定会投反对票.对于一定投反对票的人我们给他 0 个金币.同时，第三名和第四名海盗都面临这种情况：如果第一名海盗死了，那么他们俩都将获得 0 枚金币.所以他们俩都会被 1 枚金币收买投支持票.而 4 人需要有 3 张支持票，所以情况如表 3 所示.

表 3

海盗排名	1	2	3	4
金币	98	0	1	1
投票情况	1	0	1	1
死活	活	活	活	活

好的，那么准备工作全部完成，我们可以开始分析题目了——5 名海盗的情况.

与之前相同，第二名海盗毫无疑问会投反对票.这时我们开始分析.第三名海盗由于如果第一名海盗死了他就一枚金币也得不到，所以只要给他一枚金币就可以保证他投支持票.比较有趣的是第四名和第五名.如果第一名海盗死了，他们会各得到 1 枚金币.由于第一名海盗自己和第三名海盗已经投了支持票，所以只要让这两人中的一人得到两枚金币，另一人不给金币就行.情况如表 4 所示.

表 4

海盗排名	1	2	3	4	5
金币	97	0	1	2/0	0/2
投票情况	1	0	1	1	0
死活	活	活	活	活	活

看起来这道题可以到此为止了,而具有求知精神的学生会刨根问底,思考 n 名海盗的情况.

我们设一共有 n 名海盗,100 个金币,第一名海盗得到的金币为 X_n,其他条件不变.

首先我们将 $n=2,3,4,5$ 的情况列一个表,如表 5 所示.

表 5

n	2	3	4	5
X_n	0	100	98	97

暂时看不出规律,所以我们继续列下去.

$n=6$ 时,这里出现了一个特殊的情况.对于第 5 名和第 6 名海盗,如果第一名海盗死了,他们两人都有 1/2 的概率可以获得 2 枚金币,也有 1/2 的概率获得 0 枚金币.于是我们引入数学期望的概念.数学期望可以表示在概率学的条件下一名海盗获得的等效的金币数.比如这里,第 5 名海盗有 1/2 的概率获得 2,1/2 的概率获得 0,所以他的数学期望就是 1,第六名海盗同样.也就是说他们在概率学的认识中,等效于每人各获得了 1 枚金币.因此我们只要给其中一人两枚金币即可.所以情况如表 6 所示.

表 6

海盗排名	1	2	3	4	5	6
金币	95	0	1	2	2/0	0/2
投票情况	1	0	1	1	1	0

第七名海盗我们也可以用同样的方法.

这里具有随机性的是第六名和第七名海盗,很容易计算出当第一名海盗死掉时,第六名和第七名海盗的数学期望均为 1.但是情况不同的是,买通第六名和第七名海盗只要 2 枚金币,而由于第五名海盗在第一名海盗死掉时可以稳定获得 2 枚金币,想要买通第 5 名海盗就需要 3 枚金币,所以我们只要在 6、7 两名海盗中任选一名给 2 枚金币就可以了.具体情况如表 7 所示.

表 7

海盗排名	1	2	3	4	5	6	7
金币	95	0	1	2	0	2/0	0/2
投票情况	1	0	1	1	0	1	0

经过一通推理，我们可以得到如下数据.

表 8

n 的值	获得的金币	n 的值	获得的金币
2	0	7	95
3	100	8	94
4	98	9	94
5	97	10	95
6	95	11	95

我们注意到一个非常有趣的现象，10 个人时分得的金币竟然比 9 人多. 我也不知道是不是我推错了.

（方框框起来的表示其中的元素可以任意排列）

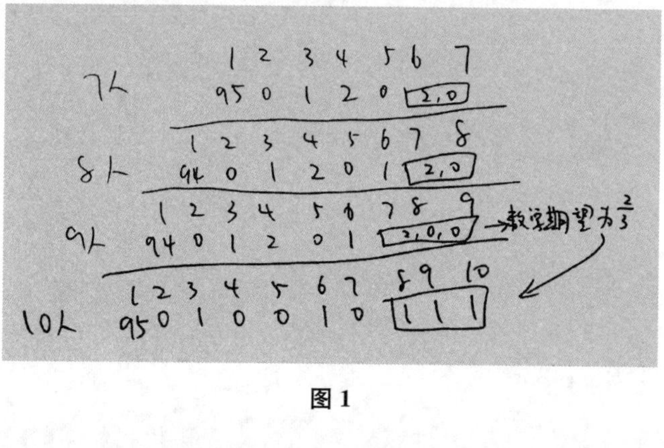

图 1

当然，这是一个递推问题，本质上跟汉诺塔是一个难度.所以我很快地用 Pascal 进行编程，把前 202 位和 202 到 1 000 位都打出来了.202 位后存在第一位海盗必死的情况和第一位海盗能生还的情况，其中能生还时海盗总数是

$202+2^n$，不过这都是后话了，我也难以严谨地证明.不是没法发现这个现象，而是没法在不使用电脑的强大运算能力的前提下完成推导.

因此我们将这个有意思的问题留给了感兴趣的同学们，让他们回去后再进行思考操作.在后续的课程中，陆续有同学和我交流了这个问题，可以看出这么一个小问题深深地吸引了同学们，激发了他们学习的兴趣，调动了他们的主观能动性.

67

开设数学社团，培养学生思考的习惯

王子扬

一、数学思考的意义

在《普通高中数学课程标准(2017年版)》(以下简称《标准》)中明确提出，高中数学教学活动的关键是启发学生学会数学思考.何为思考？苏联著名心理学家维果茨基认为，思考是一种依循个人的内在语言来进行的活动，并通过学生的经验活动而发展.数学思考，就是用数学的思维来思考.《标准》指出，我们要学会用数学的思维来分析世界.美国学者格劳斯(D.A.Grouws)认为：学会数学地思考就是形成数学化和抽象化的数学观点、应用数学进行预测的能力，以及应用数学工具解决现实问题的能力.

数学思考有如下几个特征：首先是个体性，数学思考依赖于数学问题，有具体的数学问题才会有数学思考的存在；其次是潜在性，数学思考通常以隐形的状态存在于个体的心理结构中；再者是先在性，数学思考是存在于具体的数学教学活动之前的；最后是稳定性，数学思考是反复的思维结果，一旦成形，就不容易改变了.

华东师范大学孔企平教授认为：思考是学生学习数学认知过程的本质特征，是数学知识的本质的特征."数学思考"目标的达成和实现，标志着学生受到了良好的高中数学教育.注重数学思考的高中数学教学，有助于提升学生的数学素养，提高其数学地发现问题、提出问题、分析问题以及解决问题的能力，对学生的全面、持续、和谐发展有着重要的意义.

二、通过开设数学社团，培养学生善于思考的习惯

社团是提高学生素养的重要课外载体，成立数学社团对提升学生数学水平具有重要意义.数学社团属于学术性社团，受张景中院士《数学家的眼光》一书的影响，南京师范大学附属中学的数学社取名为“青年数学家协会”，旨在让学生通过数学社的学习活动，培养浓厚的数学兴趣，争当明日的数学家.

加入青年数学家协会的都是基础较好、学有余力的同学，他们对数学有着更高层次的追求.目前，数学社的社长以及副社长都是 CMO(全国中学生数学冬令营)银牌获得者，在他们的引导下，同学们学习的动力十分得足.

数学家喜欢用抽象的眼光来看待世间万物，关心的是数量关系和空间形式.我们觉得不同的东西，在数学家眼里却是相同的.他们通过归纳、推理、总结，总能在我们司空见惯的平凡现象中，发现隐藏其后的深刻道理.数学家们常常盯住变化中不变的东西，认识事物变化过程中的本质.数学家喜欢刨根问底，在旧的问题解决以后，又会提出新的更深层次的问题.变换是数学家手里的一大利器，看清楚哪些东西是变化中不变的，数学家就能得心应手地用变换的方法解决问题.因此数学社主要的学习研究内容就是——在变中寻求不变，以不变应万变.

数学问题成千上万，无穷无尽，但数学家的生命是有限的，以有限的生命面对无穷的问题，必须做出选择.很明显，应当选择好的问题、有价值的问题来做.那什么样的问题才是好问题呢？数学大师陈省身认为，好的问题应该是意义深远、可以不断深入、影响许多学科的课题，而不是仅限于把他人的工作推演一番、缺乏生命力的题目.

当然，对于高中生来说，这样意义深远的题目太过于缥缈，因此，在课上我们会选择一些有趣、有思考、有延伸的题目，进行研究探讨.

三、案例分析

在最近的一节课中，我们探讨了方格问题.在国内外的数学竞赛中，经常出现一些方格(棋盘)问题，它与常规的数学问题的形式不同，属于非标准问题的范畴，因此也就不能用常规方法加以解决.对于这类问题，我们通常可以

用染色的方法来处理，这样显得更加直观形象，简明易懂.

【问题1】(1989年苏联MO)用若干1×1、2×2、3×3的小方格表拼成23×23的大方格表.问至少需要用多少个1×1的方格.

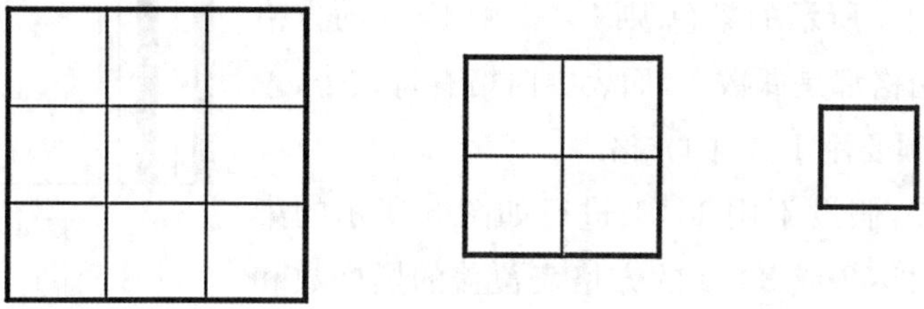

图1

分析 首先，由3个2×2，2个3×3的正方形可以拼成6×5、6×7两种方格表，如图2所示.

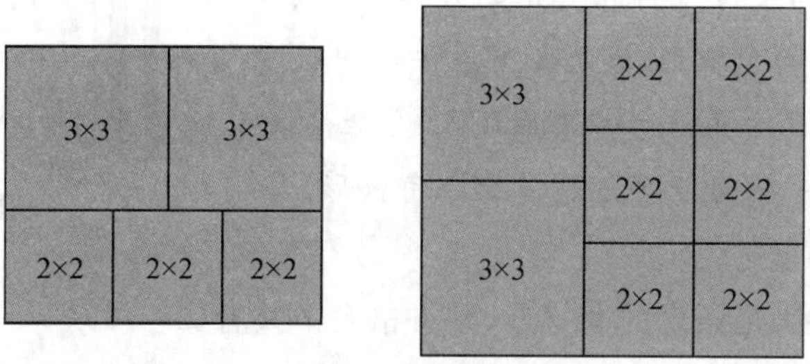

图2

用若干6×5和6×7的矩形可以进行如图3所示的"弦图"拼接，最终23×23的方格表中心的1×1的方格未被覆盖，因此只用1个1×1的方格是可以完成拼接的.

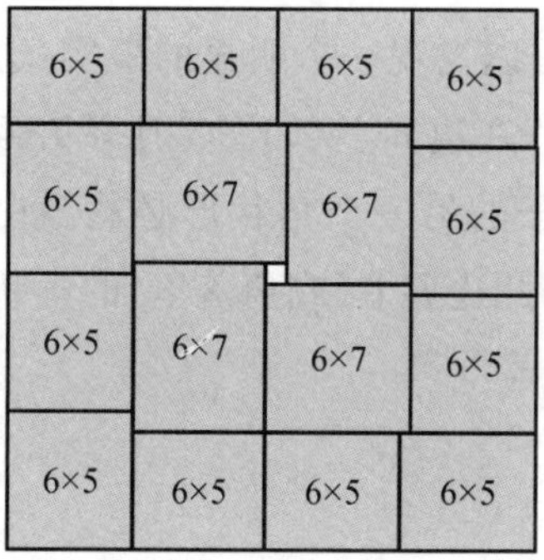

图3

构造完成后，下面将证明：至少要用一个 1×1 的方格.

证法一：假设不用 1×1 的方格.将 23×23 方格表进行如图 4 所示的染色.则 2×2 和 3×3 的方格表覆盖的白格都是偶数个，而表中白格有奇数个，矛盾.因此必须要用 1×1 的方格.

图 4

证法二：假设不用 1×1.进行如图 5 所示的染色.则每个 2×2 或 3×3 的方格表覆盖的黑格数和白格数之差都是 3 的倍数.但黑格比白格多 23 个，23 不是 3 的倍数，矛盾.因此不能不用 1×1 的方格.

图 5

【问题 2】(1992 跨共和国 MO)是否存在这样的正整数 m 与 n，使得可将 $m\times n$ 的方格纸划分为一系列如图所示的角状形，满足如下条件：

(1) 任何两个角状形都不形成 3×2 矩形；

(2) 任何一点处至多汇聚着 3 个角状形？

分析　答案是否定的.

假设存在满足条件的 m 和 n.则方格表中共有 $(m-1)(n-1)$ 个 2×2 的小方格表.我们称一个 2×2 的小方格表被某个角状形占据，当且仅当这个 2×2 的表格中至少有 2 个方格被该角状形覆盖.例如图 6 所示的 2×2 的表格就是被黄色角状形覆盖.

由条件(2)可知每个 2×2 的表都至少被一个角状形所占据.

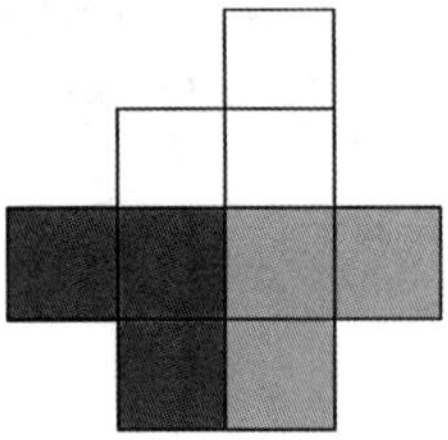

图 6

对于条件(1)，我们可以发现一个明显的事实：边界上的角状形不可能“倒扣”在边界上(如图 7 所示).否则覆盖角状形下面的黑格子的另一个角状形必然与白色角状形构成 2×3 矩形.因此边界上(或角落里)的角状形只能如图 8 所示.

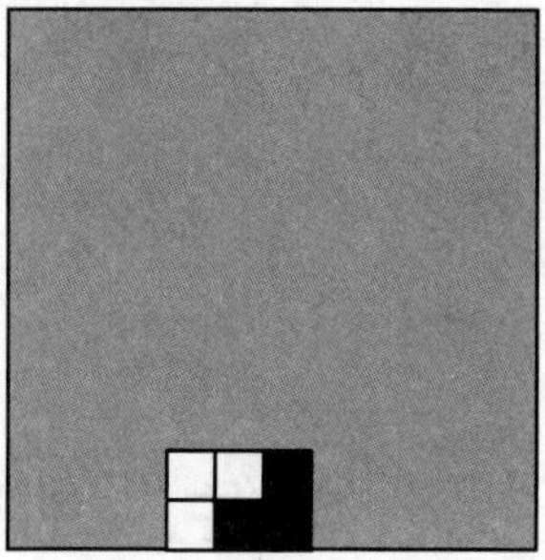

图 7

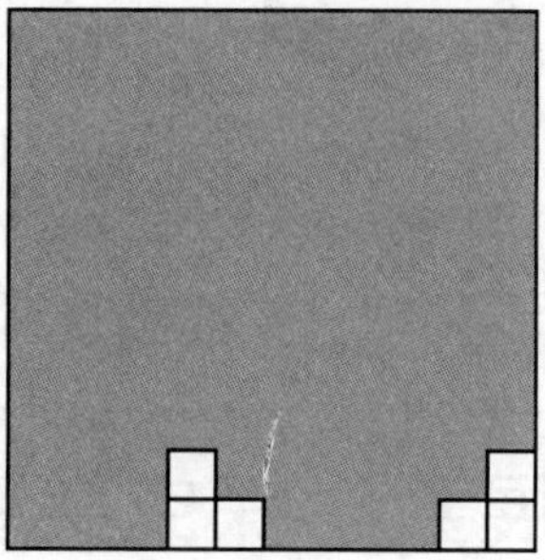

图 8

因此，对于一个不在边界上的角状形，它恰好占据了 3 个 2×2 表格；对于一个在边界上而不在角上的角状形，它恰好占据了 2 个 2×2 表格；对于一个角上的角状形，它恰好占据了 1 个 2×2 表格.

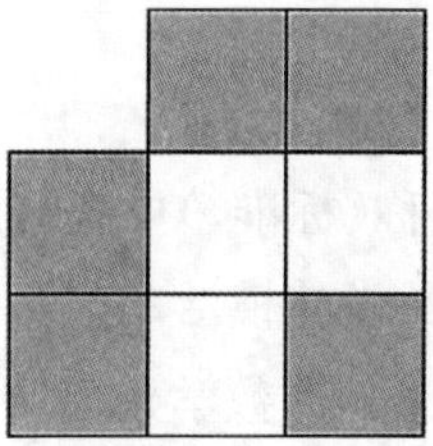

图 9

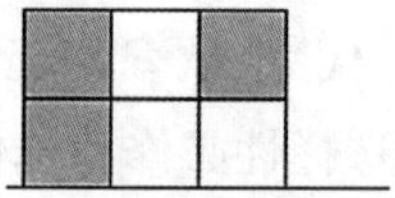

图 10

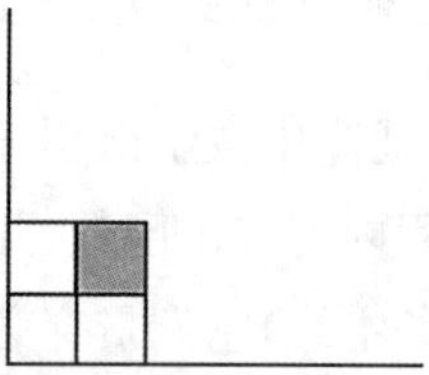

图 11

由于总共有 mn 个小方格，每个角状形覆盖 3 个小方格，因此总共应当用 $\frac{mn}{3}$ 个角状形，其中应当有 $(m+n-8)$ 个角状形在边界上，有 4 个角状形在角上，其余在中间.他们至多能占据 $\frac{\left(\frac{mn}{3}-m-n+4\right)}{3}+2(m+n-8)+4\times1=mn-m-n$ 个 2×2 表格，$mn-m-n<(m-1)(n-1)$ 矛盾.

因此不存在满足条件的 m，n.

68

开展数学探究实验，提升学生“四能”

芮　强

一、数学探究实验的含义

《普通高中数学课程标准(2017 年版)》(以下简称《标准》)中提到:“高中数学课程内容突出函数、几何与代数、概率与统计、数学建模活动与数学探究活动四条主线，它们贯穿必修、选择性必修和选修课程.”即数学建模活动与数学探究活动是高中数学课程的主线之一.

数学探究活动的特点正如《标准》中所强调的，“从数学角度发现和提出问题，分析和解决问题”.探究性活动研究的课题的结论是未知的，结论的获得也不是有老师传授或从书本上能够直接得到的，而是学生通过搜索资料、整理资料、分析问题，解决问题，成果以一篇小论文的方式呈现.

二、数学探究实验的开展

数学探究实验可以采用“选题、开题、做题、解题”的流程，学生在这一过程中积累发现和提出问题、分析和解决问题的经验，养成独立思考与合作交流的习惯.

教师可以推荐课题，也可以让学生自选课题.教师给出的推荐课题要切合学生的水平，能激发学生的兴趣.

1. 教师推荐的课题

(1) 利用图形计算器求解方程 $x^3+2x+1=0$ 的近似解.

提示：0.618 法，二分法，牛顿切线法.

(2) 利用图形计算器研究 $y=a^x$ 与 $y=\log_a x(a>0$ 且 $a\neq 1)$的图象的交点.

(3) 形如 $f(x)=\sqrt{x^2+p}+tx\ (pt\neq 0)$，$t$，$p$ 是参数，图象复杂，最值的求法较特殊，试用图形计算器进行研究，并归纳出一般的结论.

(4) 三角函数迭代的研究：

从研究特殊的三角函数迭代入手：$y=\sin(\sin x)$，$y=\cos(\cos x)$，$y=\sin(\cos x)$，$y=\cos(\sin x)$，$y=\tan(\sin x)$，$y=\tan(\cos x)$，$y=\sin(\tan x)$，$y=\cos(\tan x)$，$y=\tan(\tan x)$，分析以上函数的定义域，周期性，值域，单调性和奇偶性，对其一般规律进行总结.

(5) 数据拟合.

表 1

x	2	4	5	6	8
y	30	40	60	50	70

预测当 $x=10$ 时，$y=$？

(6) 测量校园内的建筑的高度(解三角形的应用).

校园内有很多建筑，比如教学楼，比如实验楼.这些建筑有多高呢？运用所学过的知识设计一个测量的方案，并实施测量，将得到的数据和实际的数据对比一下.

可能要用到的器材：皮尺，测角器.

2. 优秀案例

三种方法测教学楼高度及误差分析

报了测教学楼高的课题是因为它不仅仅是操作计算器和计算公式，可以稍许弥补日常学习中理论学习过多、实际操作性学习过少的不足.但只是测楼高又有些单调，所以我选择了用三种方法测楼高并分析它们的误差.

(1) 计砖法.

公式：教学楼墙壁贴的瓷砖总层数×瓷砖高度=楼高

工具：普通 15 厘米刻度尺、照相机

步骤:① 选定一面墙,用刻度尺测出单块砖块的高度.

表2

	第一次/cm	第二次/cm	第三次/cm	平均值/cm
长砖	9.95	9.86	9.90	9.90
短砖	6.48	6.35	6.44	6.42

实际操作中发现砖块有两种规格,分别测量.

单块砖块的高度中已经包含砖块间的水泥层高度,即测量的单块砖高度实际为上下相邻的两块砖的下底之间的距离.

② 用相机把墙面拍下来,并利用照片数出在一楼到六楼中的两种砖块数量(否则对着墙直接数很容易数错).输出并复查后得到总共有224块长砖,20块短砖.

③ 计算.教学楼的总高度为224×9.90+20×9.42=2 346(cm)=23.46(m).

误差分析:刻度尺的分度值为1毫米,则每块砖高度误差小于0.5毫米,共244块砖,则误差最大为0.5毫米×244=122毫米=0.12米.

误差为0.12米÷23.46米×100%=0.51%.

(2) 垂绳法.

公式:一层楼高×楼层数=楼高

工具:长塑料绳,卷尺

步骤:① 从三楼栏杆的某一处将塑料绳垂下去,并请同学协助将绳子下垂的一端拉紧,使绳端位于二楼的同一处(我们选择的是栏杆上菱形部分的侧顶点处),在绳子上与三楼栏杆菱形侧顶点做上标记,然后将绳子收回.

② 用卷尺量出绳端到记号处的长度是3.66米,即为一层楼的高度.

③ 计算.教学楼高度=3.66×6=21.96(m).

误差分析:虽然卷尺是精确到毫米的,但实际测量中由于不能保证绳子完全被拉直(受风的影响绳子可能会弯成弧形),以及不能做到两层楼取的是完全相同的位置,误差会比第一种方法稍大,但由于楼层数比砖块层数少得多,总误差并不大.

(3) 三角法.

公式:底边长×$\tan\alpha$=楼高

工具：激光笔、量角器、卷尺

步骤：① 选定一个地点，打开激光笔，调整角度，使激光正好照在六楼走廊顶边缘处．用量角器测出此时激光笔与地面的角度为 52.5°.

② 用卷尺量出测量点与一楼走廊边缘相同位置间的距离．实际测量中由于卷尺长度不够，改为测量地面铺的砖的长度并与砖块数量相乘，两点间有 27 块完整的砖块、一块不完整的砖块和两级台阶．总长度为 27×60.10 厘米(完整砖块长度)＋45.30 厘米(不完整砖块长度)＋60.00 厘米(台阶长度)＝1 728厘米＝17.28 米.

③ 计算．教学楼高度＝17.28 米×tan 52.5°＝22.52 米.

误差分析：另外测了一组，用同样的方法在同一地点测两层楼高，激光笔与地面角度为 25.0°，所以两层楼高为 17.28 米×tan 25.0°＝8.06 米.

这么看来，第二次与第一次的误差为(3×8.06 米－22.52 米)÷22.52 米×100％＝7.4％.

容易发现，这种测量方法的误差是大得惊人的．问题出在激光笔与地面的角度的测量上——这个读数非常不精确，由于激光笔是一个圆柱，不能很准确地把它的中轴线与量角器的刻度线相叠．以这个误差为 2.5°计算(因为实际上几乎是把量角器的分度值当作 5°来读数的)，教学楼实际高度在 17.28 米×tan 55.0°＝24.68 米与 17.28×tan 50.0°＝20.59 米之间．误差大约为 1/2[(24.68 米－22.52 米)＋(22.52 米－20.59 米)]÷22.52 米×100％＝9.1％.

三种方法测出来的高度差距很大，一方面可能是由于三次测量的不同位置导致，另一方面可以看出误差很大，测量方法和工具选取上有很大改进的空间．工具上比如塑料绳如果换成容易拉直且较重的棉绳，可能会减小一定误差．方法上第三种方法在测角度时可以改成保持激光笔的角度不变，在地上立一根木棍，使激光正好打在木棍顶端，然后测出木棍长和木棍与激光笔之间距离的比值，即为 $\tan\alpha$ 的值，比用量角器读数更准确．另外在测量时没有考虑一楼、六楼顶部的特殊高度(这两层楼比中间几层的高度略高)也是导致误差的原因.

不过尽管误差较大，在实际操作中也收获了理论学习中没有的体验．也只有在实践中，理论才能得到完善和发展.

评：作者在这篇小论文中从三个角度来测量教学楼高度，并且亲自动手实践，而且又有很好的反思——误差分析.

69

开展数学探究活动，提升学生研究能力

芮　强

《普通高中数学课程标准(2017年版)》(以下简称《标准》)指出，高中阶段至少各应安排一次较为完整的数学探究活动.《标准》所说的"数学探究活动"就是指研究性学习.而研究性学习，通常就是指学生在教师的指导下，从自然、社会和生活中选择和确定研究专题，以类似于科学研究的方式主动地获取知识、应用知识、解决问题的学习活动.

一、在课堂教学中培养研究意识

在课堂教学中，教师可以用类似于研究性学习的方式开展教学，培养学生的问题意识，多给学生"发现问题、提出问题"的机会，并学会分析问题，从而解决问题.

【案例1】"对数的概念"教学过程

某种放射性物质不断变化为其他物质，每经过1年，这种物质剩留的质量是原来的84%.(设该物质最初的质量为1)

问题：你能就此情境提出一个问题吗?

……

在这一节课的开始，教师首先创设了一个开放的问题情境，即："你能就此情境提出一个问题吗?"这样做的目的是通过学生熟悉的问题情境，给学生提出问题的机会，让他们自主提问，并在由学生提出的各种问题的基础上，加以分类，引发学生思考这些问题之间的关联——指数式 $a^b=N$ 中已知两个量求第三个量.这样的教学设计，不仅可以培养学生主动提出问题的意识，还能够促进学生逻辑思维能力这一核心素养的形成.

二、在问题解决中提高研究能力

问题解决的过程，既是形成数学基本方法的过程，也是提高学生研究能力的过程，教师可以通过适当的问题，启发学生探究、发现不同问题之间的联系与区别，在此基础上，开展探究，形成解决问题的策略，并在问题解决中形成能力.

【案例 2】 已知点 $M(x_0,y_0)$ 是椭圆 C：$\frac{x^2}{a^2}+\frac{y^2}{b^2}=1(a>b>0)$ 上一点，求经过点 M 的椭圆 C 的切线方程.

学生们经过自主探究，给出了以下几种解决问题的方法.

解析 1：(由圆中相应的结论，提出猜想，先猜后证) 猜想经过点 M 的椭圆 C 的切线方程为 $\frac{xx_0}{a^2}+\frac{yy_0}{b^2}=1$.①

因为点 $M(x_0,y_0)$ 满足方程①，所以直线 $\frac{xx_0}{a^2}+\frac{yy_0}{b^2}=1$ 过点 M.于是，欲证方程①所表示的直线是椭圆 C 的切线，只要证明方程①与椭圆方程 $\frac{x^2}{a^2}+\frac{y^2}{b^2}=1$(记为方程②)有且仅有一组解.

又因为点 $M(x_0,y_0)$ 是椭圆 C 上一点，所以 $\frac{x_0^2}{a^2}+\frac{y_0^2}{b^2}=1$， ③

由②+③−2×①，得 $\frac{(x-x_0)^2}{a^2}+\frac{(y-y_0)}{b^2}=0$，所以，$x=x_0$，$y=y_0$.

解析 2：(设斜率直接求解)

① 当 $y_0\neq 0$ 时，设切线方程为 $y-y_0=k(x-x_0)$，即 $y=kx+(y_0-kx_0)$.

由$\begin{cases} y=kx+(y_0-kx_0) \\ b^2x^2+a^2y^2=a^2b^2 \end{cases}$，消去 y，

得$(k^2a^2+b^2)x^2+2ka^2(y_0-kx_0)x+a^2[(y_0-kx_0)^2-b^2]=0$.

由 $\Delta=0$，得 $4k^2a^4(y_0-kx_0)^2-4a^2(k^2a^2+b^2)[(y_0-kx_0)^2-b^2]=0$，

约去 $4a^2$，得 $k^2a^2(y_0-kx_0)^2-(k^2a^2+b^2)[(y_0-kx_0)^2-b^2]=0$，

即 $k^2a^2(y_0-kx_0)^2-[k^2a^2(y_0-kx_0)^2+b^2(y_0-kx_0)^2-b^2(k^2a^2+b^2)]=0$，

即 $b^2(k^2a^2+b^2)-b^2(y_0-kx_0)^2=0$，

约去 b^2，得$(a^2-x_0^2)k^2+2x_0y_0k+b^2-y_0^2=0$.

由$\frac{x_0^2}{a^2}+\frac{y_0^2}{b^2}=1$，得 $a^2-x_0^2=\frac{a^2y_0^2}{b^2}$，$b^2-y_0^2=\frac{b^2x_0^2}{a^2}$，代入上式，得 $\left(\frac{ay_0}{b}k+\frac{bx_0}{a}\right)^2=0$，

所以 $k=-\frac{b^2x_0}{a^2y_0}$，所以切线方程为 $y-y_0=-\frac{b^2x_0}{a^2y_0}(x-x_0)$，即 $\frac{xx_0}{a^2}+\frac{yy_0}{b^2}=1$.

② 当 $y_0=0$ 时，$x_0=\pm a$，点 $M(-a,0)$处的切线为直线 $x=-a$；点 $M(a,0)$处的切线为直线 $x=a$.都满足方程$\frac{xx_0}{a^2}+\frac{yy_0}{b^2}=1$.

综上，经过点 M 的椭圆 C 的切线方程为：$\frac{xx_0}{a^2}+\frac{yy_0}{b^2}=1$.

除了上述两种证法之外，有学生利用“射影几何”知识，将椭圆化成圆来研究，并且解决了问题.在学习了导数内容以后，还可让学生利用导数去解决该问题.

数学探究活动通过类似的问题解决的过程，让学生自主探究，获得解决问题的经验，提高了研究能力.

三、在课题研究中形成研究规范

我们按照年级特点，由教师给出或鼓励学生自主设计研究性学习课题，

学生可以独立完成研究性学习课题，也可以是几个人组成小组来完成研究性学习课题.课题的研究过程包括选题、开题、做题、结题四个环节.在开题（或结题）环节组织开题论证会（或结题论证会），评委由3～5名教师组成，学生汇报开题报告（或结题报告），评委对每一个课题的开题报告（或结题报告）进行论证、质疑，学生进行答辩，最终评委会对每一个课题给出评价结果；在选题、做题环节，指导教师（一般为学生的任课教师）对学生的选题、课题研究的过程进行指导.通过这种规范的课题研究，让学生形成研究规范，为他们的终生发展服务.

以下是依托研究性学习的数学探究资源库选材原则.

1. 重视学生的研究成果

关注学生的研究成果，将过去若干年来学生所做的数学研究性学习课题进行分类、汇总，选取其中一些有价值的课题，编入“依托研究性学习的数学探究资源库”.

2. 精选教材的相关资源

在苏教版教材中，给出了一些数学探究和数学建模的课程资源，这些是帮助学生开展微型研究性学习的重要资源，在教学中，可以引导学生运用已有知识开展探究活动.

例如，在苏教版必修5教材学习完“等差数列”后，就给出了“教育储蓄的收益与比较”这一探究资源，具体内容如下.

到附近银行收集本地区有关教育储蓄的信息，并尝试解决下面的问题：

(1) 依教育储蓄的方式，每月存50元，连续存3年，到期时一次可取本息多少元？

(2) 依教育储蓄方式，每月存a元，连续存3年，到期时一次可取本息多少元？

(3) 依教育储蓄的方式，每月存50元，连续存3年，到期时一次可取本息比同档次的“零存整取”多收益多少元？

(4) 欲在3年后一次支取教育储蓄本息a万元，每月应存入多少元？

(5) 依教育储蓄的方式，原打算每月存100元，连续存6年，可是4年后，学生需要提前支取全部本息，一次可支取的本息共多少元？

(6) 不用教育储蓄的方式，而用其他储蓄形式，以每月可存入100元，6年后使用为例,探讨以现行的利率标准可能的最大收益,将得到的结果与教育储蓄比较.

3. 关注社会生活问题

在指导学生进行课题选题时,要求学生多关注一些社会生活问题,这些问题,可以是一些热点问题,比如现在的网络支付、共享单车;也可以是和自身生活息息相关的问题,如教学楼人员快速疏散等等,通过这些生活中相关课题的研究,在培养学生探究意识、探究习惯的同时,让学生真正地“会用数学的眼光观察世界、用数学的思维分析世界、用数学的语言表达世界”,从而在数学探究活动中促进核心素养的养成.

70

开展数学研究性学习，增强学生的应用意识

芮　强

一、研究性学习开展情况介绍

研究性学习是一种学习方式，重在研究和探索的过程.它指的是学生在教师的指导下从学习生活和社会生活中选择和确定研究专题，以类似科学研究的方式进行主动研究，从而获取知识、应用知识和解决问题.

研究性学习课程是普通高中的必修课之一，属于综合实践活动课程，所有学生都需要参与并完成研究论文的撰写或相关作品的制作.

二、研究性学习开展的流程

(1) 指导时长为高一第二学期课题组开题答辩通过至高二第二学期课题组结题，约一年半的时间.

(2) 定期召开课题组集中指导活动.集中指导的内容包括以下方面：对研究内容、质量及成果提出明确要求；引导和鼓励学生自主地发现和提出问题，设计解决问题的方案；指导学生制订科学、合理的研究计划，在课题研究的定位、背景资料的查证、研究方案的确定、课题开展的进度、课题成果的呈现等方面进行指导；帮助学生学会多种途径、多种方式获取信息、整理、归纳信息，培养收集、分析、利用信息的能力；了解课题的研究进展，检查课题的阶段性研究成果并给予评价，确保研究计划的顺利实施；帮助学生解决研究过程中

遇到的问题，组织其进行讨论、实验与调查，及时记录研究数据与过程性材料.

三、优秀案例

学科成绩之间是否有关联性调查报告

1. 研究目的

现在的应试教育以考试为最终的比试形式，并通过成绩的高低来判断出接受教育的优良差劣.由于种种原因，考试被固定地安排在特定的时间内并且同时测验多门学科的成绩，因此学科与学科之间成绩是否有关联性是一个可以讨论和研究的话题，且研究结果有利于同学做出良好的调整来及时面对学科考试.

2. 研究方向

单单从各科成绩来看并不能得出什么具体有效的结论，于是我从以下两个方面来调查和研究.

(1) 九门统考时理科(数学、物理、化学、生物等学科)的成绩是否会有一致性，又是否存在少数学科如数学、物理成绩呈正相关而化学和生物不理想的情况？同样若为文科(语文、英语、历史、政治等学科)的成绩是否也会有同样的线性关系抑或也是某单独两个学科呈正相关？此外地理学科的成绩在一定程度上与哪方面的联系又较为深？

(2) 学科的成绩对学生是否会产生较大的心理影响并对接下来的考试带来一定的压力？(此方向不仅局限于数学方面的知识)

3. 研究方法

(1) 选择身边三种类型的学生的成绩作为样本，并取他们期中期末大型考试的成绩列表汇总.

(2) 筛选数据，将成绩分为两类：

① 按照理科、文科或者2～3门单独的学科列表；

② 根据语文、化学到英语和小四门的考试顺序排列成绩.

(3) 制成图表，分析数据.

(4) 得出结论，分析讨论.

4. 实验误差

(1) 选取的成绩会有极端值，且极端值不属于实验所讨论的范畴之中.

(2) 三种类型学生的划分为成绩拔尖、成绩稳定与成绩不稳定，其中会存在不在预期中的数据的出现.

实验调查一：九门统考时理科(数学、物理、化学、生物等学科)的成绩是否会有一致性，又是否存在少数学科如数学、物理成绩呈正相关而化学和生物不理想的情况？同样若为文科(语文、英语、历史、政治等学科)的成绩是否也会有同样的线性关系抑或也是某单独两个学科呈正相关？此外地理学科的成绩在一定程度上与哪方面的联系又较为深？

某学生成绩一览表

	语文	数学	英语	物理	化学	政治	历史	生物	地理	总分	理科	文科
第一学期期中考试	86	88	89	88	92	80	79	86	59	747	89	84
第一学期期末考试	80	100	79	80	96	74	72	78	76	735	89	76
第二学期期中考试	81	89	84	88	92	80	81	74	74	743	86	82
第二学期期末考试	92	93	85	87	80	81	86	82	89	775	86	86

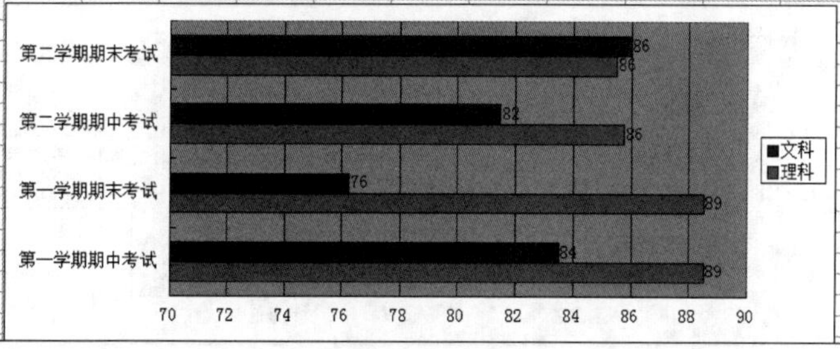

图 1

这是其中一位同学的成绩一览表，从图中可以分析出，该同学的数学成绩较高，而该同学的物理、化学和生物三门学科的成绩也较高，从理科的平均分可以看出，该同学的理科成绩比较稳定且相对文科有部分的差距，因此可以得出其中一个结论即九门统考成绩中同一类型学科的成绩会具有一致性.

某学生成绩一览表

	语文	数学	英语	物理	化学	政治	历史	生物	地理	总分	理科最低	理科最高
第一学期期中考试	86	75	95	92	85	88	85	88	81	775	75	92
第一学期期末考试	92	80	92	88	92	88	86	84	89	791	80	92
第二学期期中考试	93	67	92	90	88	92	83	80	82	767	67	90
第二学期期末考试	96	81	90	99	87	85	87	95	96	816	81	99

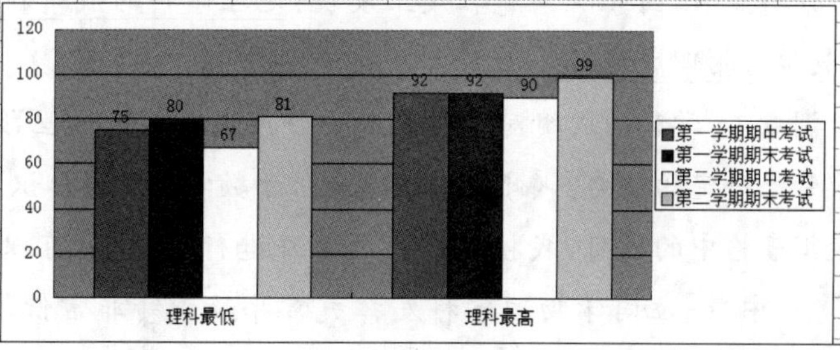

图 2

这是一位成绩优秀的同学的成绩一览表,但是从表中的数据可以看出,这位同学的文理科水平相当,但是理科中存在数学学科成绩与其他比较而言较低,于是就反映了我所提出的设问中的第二点,即并不是所有理科都正相关得好,而是存在某门学科的成绩比其他理科低.在这种情况下可以得出结论:理科的成绩并不是全部呈现正相关的趋势,而是在理科成绩的内部会存在单独几门学科呈正相关而有一门学科与之关联较小.

某学生成绩一览表

	语文	数学	英语	物理	化学	政治	历史	生物	地理	总分	文科最高	文科最低
第一学期期中考试	91	80	93	82	88	91	90	85	84	784	93	90
第一学期期末考试	86	98	84	72	98	92	88	80	87	785	92	84
第二学期期中考试	84	84	84	93	96	88	87	78	89	783	88	84
第二学期期末考试	96	95	84	99	89	90	96	95	95	839	96	84

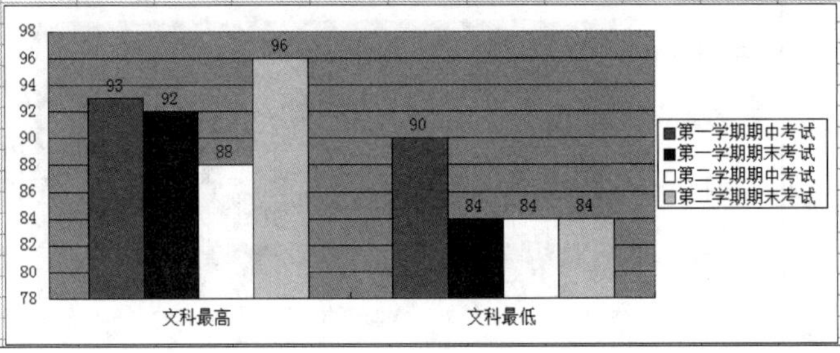

图 3

同样,我取了一位文科生的成绩,她的文科也是总体上呈正相关,也存在有2次考试英语成绩相对较低的情况,但是历史与政治和语文三门学科在总体上是趋于一个等增减的趋势,也适用于之前所发现的规律.

之后是有关于地理学科.地理作为一门文理皆可选择的学科在一定程度上无法判断出其和哪种分科更加有联系,不过根据以上数据来看,文科即使不太强甚至有些偏弱的人地理成绩其实也并不差,更多情况下,地理需要理解能力与分析能力,因此从某种程度上发现:地理学科的成绩在一定程度上与语文、数学与物理成绩有关联.

实验调查二:学科的成绩对于学生是否会产生较大的心理影响并对接下来的考试带来一定的压力?(此方向不仅局限于数学方面的知识)

对数据表格中的科目,我按照考试的顺序进行了调整,可以在表格中读出,某次考试中,一位同学物理学科发挥失常导致成绩非常低,影响到了总分,也因为这次的物理成绩使得下面的几门学科考试发挥都与正常考试中的

某学生单次成绩一览表

	语文	化学	数学	物理	英语	生物	地理	历史	政治	总分
某次考试	92	88	83	66	84	80	76	76	88	733
平常考试	90	92	86	80	88	85	87	87	89	784

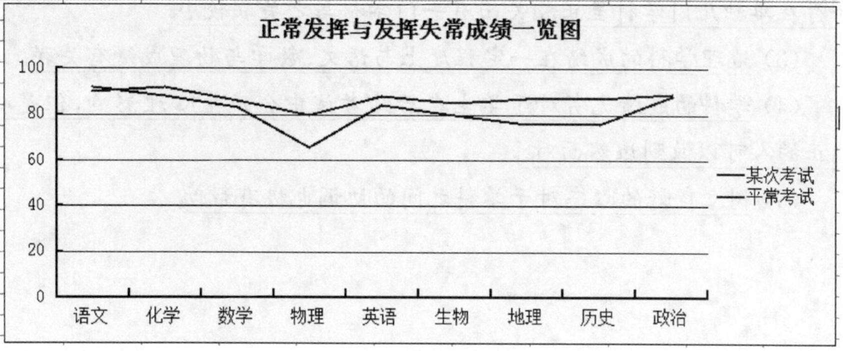

图 4

成绩相差甚远，某次考试中的曲线在物理的极低点后曲线均没有物理之前的学科高，可见物理考试的失利对于该生后面几门学科考试的发挥带来了一定影响.因此：学科的成绩优劣对于学生在后续考试中产生心理影响，但是心态端正的人可以做到坦然面对.

我与同学之间交流了自己心目中的成绩，以附中的成绩为准，得出以下结论：

分数段	学生态度		
	A同学	B同学	C同学
50-60分	不及格，令人失望。	有一次化学这个分数人很多，还好。	根据试卷难度可能不会太令人失望。
60-70分	过线，但相对较低。	60-70分的成绩不算理想，但可以接受。	还是有点难以接受，会有影响。
70-80分	应当是最低的成绩。	物理的分数一般在这个段落徘徊足矣。	数学和物理这个分数可以接受了。
80-90分	平常成绩，相对较好。	大部分学科在这个分数算高分，接受。	估到这个分数下面几轮的考试有信心。
90-100分	优秀。	这个成绩算很好了，有时候难以置信。	对学习充满了希望。

图 5

综上，对于一定的分数段所产生的影响大部分人相当，因此，考生若是考得不好，在相应的分数段估分中要注意提醒自己还有下一门.总之：树立良好的心态对于学科之间的协调也极有帮助.

总结与讨论：以上的数据并不是从茫茫人海中随机抽取的对象，而是随机取了身边同学的成绩作为样本，因此成绩的情况相对于其他学校或地区也是有部分的不同，但是在大体上，关于各科学习成绩之间是存在必然的关联性的.

(1) 九门统考成绩中是同一类型学科的成绩会具有一致性.

(2) 理科的成绩并不是全部呈现正相关的趋势,而是在理科成绩的内部会存在单独几门学科呈正相关而有一门学科与之关联较小.

(3) 地理学科的成绩在一定程度上与语文、数学与物理成绩有关联.

(4) 学科的成绩优劣对于学生在后续考试中会产生心理影响,但是心态端正的人可以做到坦然面对.

(5) 树立良好的心态对于学科之间的协调也极有帮助.

71

开展数学课外阅读，感受数学的魅力

王子扬

一、数学课外阅读的意义

高中阶段对学生的课外阅读有着很高的要求，不过通常要求看的都是文学类的图书.而数学可能过于抽象，高中生的思维水平还没有发展完全，同时高中生所接触的内容也极其有限，因此有很多学校忽略了数学课外读本的阅读.但毋庸置疑的是，在这些数学的课外读本中，有一部分是并不涉及高深的数学知识的，是适合高中阶段学生阅读的.开展数学课外阅读会对学生产生深远的影响.

1. 开阔视野，感受数学之趣

并不是所有有关数学的书籍都那么深奥难懂.例如俄国物理学家 G.伽莫夫的《从一到无穷大：科学中的事实和臆测》，它是当今世界最有影响的科普经典名著之一.作品以生动的语言介绍了 20 世纪以来科学中的一些重大进展.书中先漫谈一些基本的数学知识，然后用一些有趣的比喻，阐述了爱因斯坦的相对论和四维时空结构，并讨论了人类在认识微观世界（如基本粒子、基因）和宏观世界（如太阳系、星系等）方面的成就.书中不再是枯燥的数学知识，而是将数学与生活相结合，与物理学、天文学相结合，由浅入深，让学生感受到了数学的趣味，增强了学生数学学习的兴趣.

2. 感悟数学，发现数学之美

数学美是自然美的客观反映，是科学美的核心.一个简洁、统一的数学概念是数学之美的体现;一个对称的数学图形是数学之美的体现;一个漂亮的轮换对称式也是数学之美的体现.除了内容丰富之外,数学美的表现形式也是多种多样的.从外在形象上看,它有体系之美、概念之美、公式之美;从思维方式上看,它有简约之美、无限之美、抽象之美、类比之美;从美学原理上看,它有对称之美、和谐之美、奇异之美等.此外,数学还有着完美的符号语言、特有的抽象艺术、严密的逻辑体系、永恒的创新动力等特点.

吴军博士的《数学之美》一书中就具体介绍了数学中的美,通过具体的例子来阐述思考问题的方式——如何化繁为简,如何用数学去解决工程问题,如何跳出固有思维不断去思考创新.

3. 思考数学,领略数学之妙

生活中处处有数学,除了菜场里买菜算钱,数学在现代生活的大数据、信息学中起着奠基作用.人们开始越来越重视交叉学科的发展.当今社会,人工智能的发展如火如荼,让机器明白人的语言的应用(自然语言处理)也是广阔的,我们今天之所以能熟练地使用互联网搜索、手机输入法、语音识别等,正是基于这一技术的研究成果.吴军博士的《数学之美》向我们深入浅出地描绘出了数学在自然语言处理当中的作用.数学在自然语言处理中的运用充满了令人惊叹的奇妙,包含着条件概率的运用、余弦定理的应用等等.余弦定理这个词,让人脑海中不自觉地浮现出一个三角形,然而,在自然语言处理当中,余弦定理竟然与信息的分类挂钩,这两样看起来似乎是毫不相关的事物.研究者们将信息的文字转化为向量,通过计算向量夹角的余弦值来比对信息的重合度,夹角的余弦越大,夹角越小,那么信息的相关性就越强.

二、数学课外阅读对学生的影响

1. 培养学生阅读的习惯

要想深入了解数学,光靠教师上课讲的和课本上写的内容肯定是远远不够的,我们需要养成长期阅读的习惯.读书是搜集和汲取数学知识的重要途径,我们可以从书中了解到许多课本上未曾提及的数学发展历程,学习到很多课本中没有出现的概念和结论.同时我们也可以将课内知识和课外知识相互融合,相互转化,形成更加完善的数学体系.

2. 提高学生的数学理解和表达能力

随着江苏新高考改革，我们也进入了全国卷的时代，纵观历年全国卷试题，我们发现试卷信息量大、题干长，部分题目加入了生活背景和文化背景，因此很多同学表示他们连题目都没有读懂.同时我们还发现，学生在解答题中失分过多的原因是，过程不规范，表述不到位.由此可见数学阅读理解和表述的重要性.数学课外阅读可以很好地帮助学生提高数学阅读理解能力，相关的课外书籍中规范、严谨的数学表达会使学生耳濡目染，从而更加规范地去书写.

3. 陶冶学生情操

一本好书，可以影响人的一生.很多学生在读完《美丽心灵·纳什传》后，感悟颇深.通过阅读这些数学人物传记，可以使自己的思想得以升华，境界得以提升，为自己树立远大的理想打下深厚基础.课外阅读不仅对学生的学习有着促进作用，对他们的道德素质和思想意识也有着重要的影响.

三、案例

做一点简单的思考

——《什么是数学》读后感

高一分班考试的时候，国科大班面试有这样一个问题：数学是一门科学，还是一门哲学？其实这个问题并不那么好回答：从定义上说，数学是一门形式科学.但再查一下科学的定义，可能就不知如何是好了：科学是一种已系统化和公式化了的知识.哲学，是系统化的世界观和方法论.那么，科学是如何将零碎的知识系统化的呢？这里肯定有要有一些哲学成分.所以，单说“数学是一门科学”应该是把问题想得过于简单了.

《什么是数学》的副标题是“对思想和方法的基本研究”，在九年义务教育阶段，我们对于很多简单的数学概念，可能是通过实际经验得到的，这就导致数学中的一些哲学成分完全被省略了，如果我们的思路只能顺着教科书编写者的思路，一味地追寻考纲要求，可能会忽视数学上一些有意思的简单的问题.

我们是这么认识自然数的：1 个苹果、2 个苹果、3 个苹果……也是通过计数这种简单的方法，认识到自然数具有无限性.虽然当时我们肯定不会这么表达，但在看到很多苹果的时候，小孩子们可能会发挥自己夸张的天性：“有 1 亿亿亿……个苹果!”或者就是:“有无数个苹果!”这种无限性的思想,可以类比到:存在无数个有理数/无理数/实数/虚数/……;$\frac{1}{7}$、π的小数点后有无限位等等.

通过一个非常简单的事例,我们可以发现的是:数学中存在一些思想,可以类比到数学的不同方面,基本数学概念与推理如此,做题的时候也如此,经常有老师说:“学会一道题就可以学通一类题.”这就是数学思想的重要性,也是数学中为什么需要存在哲学成分的原因.

要想研究数学方法,首先是明确数学的研究范围.在哲学观念上,本书作者的观点分散在各章节中,总结起来应该是:数学不是用来研究实物对象的,数学问题研究的是抽象化的数学性质和各个要素之间的联系.这句话能反过来证明通过“n个苹果”来认识自然数并不是从一个数学眼光来看的,因而我们有必要回去研究最简单的概念.

联系我们的数学学习实际,我们来看一个出现频率很高但又可能在实际生活中有些陌生的词——“共轭”:共轭双曲线、共轭复数、共轭根式……为什么符合定义的这些双曲线、复数、根式被称为共轭呢?其实通过比较我们能发现,所谓共轭就是“一对”的意思,那么其从何而来?这其实来自农耕文化:两头牛背上的架子称为轭,轭使两头牛同步行走.那么从“共轭”类比到“一对”,也就是不无道理的了.概念背后实际上也是有故事的,可能是一个形象的类比,也可能是一种恰当的比喻(例如“对勾函数”).概念背后也有严密的逻辑链,有的甚至还有文化内涵.

在本书中,介绍解析几何的那一节里罕见地被概念填充:引入了圆、椭圆、双曲线、等边双曲线的定义和方程,却几乎没有什么公式推导和理论说明.我想这是作者对概念与定义的眼光:在完全解释清楚概念之前,其他的理论推导都无从建立.

但也有一些的概念还真是一点一点模糊出来的:比如无理数的概念.首先作者提出,在数轴上有理点对应着有理数,那么剩下来的无理点就对应无理数.接着,又给出了另一种定义:那些不能表示有理数的无限小数称为无理数.后来又在实数定义完成后,确定实数中不是有理点能表示的数就是(有理点不能表示的数,即)无理数.在一章之中,随着研究方法和研究思路的改变,得出的无理数的定义也不相同.那么,无理数的性质可能已经被研究得比较全面，但是还是需要有一个唯一的解释作为确定的定义，便于人们判断.

概念的重要性这几年在中学阶段反复提起，但是社会上有些科普读物还是会为了博人眼球写一些以“1+1真的等于2吗?”的文章，通过各种学科手段证明 $1+1\neq 2$.其实这种做法就是典型的偷换概念，因为在化学方程式中的“1+1=1”(如 $C+O_2 \xlongequal{\text{点燃}} CO_2$)已经不再是算术上的“1+1”.因为算术(这一概念也在本书中得到说明)是自然数或正整数的数学理论，而不是关于某种具体过程的理论，它只和数字有关，与数字背后的引申意义无关.因而，科普读物这么去写，实际上是对算术定义持一种玩弄态度，本来就有科学性问题.就算内容有多么严谨可靠，这又哪里配得上“科普”这两个字呢？严肃地讨论概念的适用范围，是应用这种定义以及相关公式的前提.曾有多少人，不是因为概念的主题部分，而是因为概念中的小括号(一般是字母的取值范围)而后悔不已(比如对一个含 $\ln x$ 的函数求导之后变成了 $\frac{1}{x}$，结果在后续解题过程中考虑了 $x<0$ 的情况)？

读《什么是数学》的一个很直观的感受在于，对于简单的、看似理所当然问题，我们也应该反复思考(尤其是在谈论自然数的概念、运算法则、推广与应用这一部分十分突出)背后的数学思维.从概念与一些简单的思考入手，看似与数学给人们造成的传统的“刷出分数”的印象不相吻合，但可能这却能更加接近数学最原始的样貌.

做一点“简单”的思考，可能并不简单，但是必将获得快乐，我们将为数学思维的普适性感到惊奇，也将为数学语言的严谨性称赞不已.

当我们为统计、导数、圆锥曲线、数列大题所困扰的时候，也请不要放弃对数学最后的一丝希望与好奇——还有很多基础的概念和定义，在它们背后写着几百年的数学思想史，等着我们去探寻，去思考，去理解，去感受……

合上《什么是数学》，数学思维这本大书才刚刚展开——一切都只是序言，剩下的内容，由我们每个人自己去撰写.

参考文献

[1] G.伽莫夫.从一到无穷大：科学中的事实和臆测[M].北京：科学出版社，2020.

[2] 吴军.数学之美[M].北京：人民邮电出版社，2012.

72

开展数学课外阅读活动的方案

王子扬

一、数学课外阅读活动的由来

根据《普通高中数学课程标准(2017 版)》要求，高中阶段的数学学习分为必修和选修部分，其中选修系列 3 包括：数学史选讲、信息安全与密码、球面上的集合、对称与群、欧拉公式与比曲面分类、三等分角与属于扩充等 6 个专题.

系列 3 所涉及的内容是基础性的内容，不仅鼓励那些希望在理工、经济等方面发展的学生积极选修，同时也鼓励那些希望在人文、社会科学方面发展的学生选修.系列 3 是为对数学有兴趣和希望进一步提高数学素养的学生而设置的，所涉及的内容都是数学的基础性内容，反映了某些重要的数学思想，有利于拓展学生的数学视野，有利于提高学生对数学的科学价值、应用价值、文化价值的认识，有助于学生进一步打好数学基础，提高应用意识.同时新课标还要求我们提倡多元化的教学方式，提倡多样化的课程，适应个性选择.

但是事与愿违，由于这些内容不在高考要求的范围之内，几乎很少会有学生去选择选修系列 3 和 4，因此编者的初衷无法得以实现，学生只是在不断地死读书，读死书.

针对这一现象，我校启动了数学课外阅读活动，每位同学在校期间至少完成一本数学课外书目的阅读.

二、数学课外阅读的开展

我们数学组首先做了一个初步的评估与筛选，选出一部分我们认为对学生的高中发展或者说是未来发展有所帮助的书目，例如：《九章算术》《几何原本》《从一到无穷大》《数学之美》《数学家的眼光》等.在高一上学期时，我们会将课外阅读书目清单发给学生，供其参考，当然我们也非常支持学生选择自己感兴趣的数学书籍.学生需要在一年半的时间里通读文章，同时与同学和老师交流探讨，将自己的阅读收获、学习感想整理记录下来.除此之外，学生也可以加入自己更进一步的想法与思考，并用书中知识加以验证、解决，将上述内容整理编排成一篇文章后，提交给数学教师.我们也会成立评阅小组对学生的文章进行初审，给出修改意见，并及时反馈给学生，学生们有半学期的修改完善的时间.再次提交后，评阅小组会对文章进行审核、商议、评分，同时选出部分优秀作品进行推荐.各学科的优秀作品将会被挑选出来，整理成册，印刷后分发给下一届学生，作为范例，供大家学习.

以下是一位高二同学关于波利亚《怎样解题：数学思维的新方法》一书所写的读书报告.

《怎样解题：数学思维的新方法》一书，它围绕“探索法”这一主题，采用明晰动人的散文笔法，阐述了求得一个证明或解出一个未知数的数学方法，怎样可以有助于解决任何“推理”性的问题.读过此书，我学会了解决新问题的思考策略，在面对一个新问题时不再是无从下手，而是有了系统的思考策略.下面，我将读过此书的心得体会结合“等式恒成立问题”，谈谈是如何利用数学思维解决此问题的.

1. 等式恒成立问题

问题　设 M 为部分正整数组成的集合，数列 $\{a_n\}$ 的首项 $a_1=1$，前 n 项的和为 S_n.已知对任意的整数 $k\in M$，当整数 $n>k$ 时，$S_{n+k}+S_{n-k}=2(S_n+S_k)$都成立.

(1) 设 $M=\{1\}$，$a_2=2$，求 a_5 的值；

(2) 设 $M=\{3,4\}$，求数列 $\{a_n\}$ 的通项公式.

解法1　(1) 根据题意 $k=1$，则有 $S_{n+1}+S_{n-1}=2(S_n+S_1)$.由于当 $n>1$

时,$S_{n+1}+S_{n-1}=2(S_n+S_1)$恒成立,不妨令$n=3$,则等式变为$S_4+S_1=2(S_3+S_1)$,可解得$a_3=4$.再令$n=4$,解得$a_4=6$;$n=5$,解得$a_5=8$.

解法2 当$n\geqslant 2$时,$S_{n+1}+S_{n-1}=2(S_n+S_1)$,即$(S_{n+1}-S_n)-(S_n-S_{n-1})=2S_1$.从而$a_{n+1}-a_n=2a_1=2$.又$a_2=2$,故当$n\geqslant 2$时,$a_n=a_2+2(n-2)=2n-2$,所以$a_5=8$.

(2) 令$k=3$,则等式变为$S_{n+3}+S_{n-3}=2(S_n+S_3)$成立.

当$n=4$时,$S_7+S_1=2(S_4+S_3)$ ①;

当$n=5$时,$S_8+S_2=2(S_5+S_3)$ ②;

①-②得$a_8+a_2=2a_5$,成等差数列;

当$n=6$时,$S_9+S_3=2(S_6+S_3)$ ③;

③-②得$a_9+a_3=2a_6$,成等差数列;

当$n=7$时,$S_{10}+S_4=2(S_7+S_3)$ ④;

④-③得$a_{10}+a_4=2a_7$,成等差数列.

……

可知$n\geqslant 8$时,a_{n-6},a_{n-3},a_n,a_{n+3},a_{n+6}成等差数列.同理可知$k=4$,$n\geqslant 8$时,a_{n-6},a_{n-2}, a_{n+2},a_{n+6}也成等差数列.综上,当$n\geqslant 8$时,$2a_n=a_{n+3}+a_{n-3}=a_{n-6}+a_{n+6}=a_{n-2}+a_{n+2}$,亦即$2a_n=a_{n-2}+a_{n+2}$.当$n\geqslant 9$时,$a_{n+3}+a_{n-3}=a_{n+1}+a_{n-1}$,又$2a_n=a_{n+3}+a_{n-3}$,所以$a_{n+1}+a_{n-1}=2a_n$,即当$n\geqslant 8$时,$\{a_n\}$为等差数列,设公差为$d$.当$2\leqslant n\leqslant 8$时,令$m=n+6\geqslant 8$,满足$2a_m=a_{m+6}+a_{m-6}$,即$2a_{n+6}=a_{n+12}+a_n$ ⑤,亦有$2a_{n+7}=a_{n+13}+a_{n+1}$ ⑥.⑥-⑤得$a_{n+1}-a_n=d(2\leqslant n\leqslant 8)$,所以$\{a_n\}(n\geqslant 2)$为等差数列.利用①、②可求出$a_2=3$,$d=2$,所以$a_n=2n-1$.

该问题是一个比较典型的等式恒成立问题.第(1)问比较容易,它的两种解法之间的最大差别是,解法1采用了"特殊化"的思想."恒成立"是指在某一范围内对于任意的值都成立,既然任意值都成立,那么特殊值当然也成立.而一旦将问题"特殊化"之后,立即将复杂问题简单化了,很容易看清问题的本质.

类似于问题(1)的问题有很多,比如:函数$f(x)$对任意的$m,n\in\mathbf{R}$,都有$f(m+n)=f(m)+f(n)-1$,并且$x>0$时,恒有$f(x)>1$.求证:$f(x)$在$\mathbf{R}$上是增函数.

由于对任意的 $m,n\in\mathbf{R}$，都有 $f(m+n)=f(m)+f(n)-1$ 成立，我们不妨设 $x_1<x_2$，则 $x_2-x_1>0$，则有 $f(x_2)=f[(x_2-x_1)+x_1]=f(x_2-x_1)+f(x_1)-1$. 当 $x>0$ 时，$f(x)>1$，有 $f(x_2-x_1)>1$. 所以，$f(x_2)-f(x_1)=f(x_2-x_1)-1>0$，$f(x)$ 在 $\mathbf{R}$ 上为增函数.

再如，若函数 $y=ax^2-(3a-1)x+a^2$ 是奇函数，则 a 的值是________.

由于当 $x\in\mathbf{R}$ 时都满足 $f(-x)=-f(x)$，自然会有 $f(-0)=-f(0)$，即 $f(0)=0$，所以 $a=0$.

这就是“恒成立”问题的一类解法，而解决问题的关键就是将“一般”问题转化为“特殊”问题，是化归思想的运用.

第(2)问很难，但是一道大题的两个小题之间常常是彼此相关的，第(2)问的解答往往需要用到第(1)问的结果，有时，第(1)问的解题思路对(2)问具有启发作用. 所以，应该说前一问对后一问起着铺垫的作用.

第(1)问的解法 1，采用了“特殊化”的方法，第(2)问当然可以尝试采用这种方法. 在给出具体的 k 和 n 的值之后，发现了 $\{a_n\}$ 为等差数列，为解决此问题打开了突破口. 当然，在给出 $n=4,5,6,7$ 之后，就得出 $n\geqslant 8$ 时，a_{n-6}，a_{n-3}，a_n，a_{n+3}，a_{n+6} 成等差数列，属于不完全归纳，此处应补加 $k\in M=\{3,4\}$ 且 $n>k$ 时，$S_{n+k}+S_{n-k}=2(S_n+S_k)$，且 $S_{n+k+1}+S_{n+1-k}=2(S_{n+1}+S_k)$，两式相减得 $a_{n+1+k}+a_{n+1-k}=2a_{n+1}$，这样才不失严谨性.

虽然“特殊化”的方法在某些问题的解决上有失严谨性，但它毕竟让我们找到了解决问题的突破口，让难以下手的问题变得容易. 所以，“特殊化”的方法是解决“等式恒成立”问题的比较有效的方法，只是在使用时要注意严谨性.

2. 结论

综合前面问题的解答，今后我们在遇到“等式恒成立”时，可以按照下面的线索进行思考.

(1) 判断所要解决的问题是否为“恒成立”问题.

首先看已知条件中是否有“任意的”“无论取何值”“存在无穷个”等对于某个命题都成立的语句. 若并未明确指出的，我们可以通过探寻题意中是否存在“变中之不变”的含义.

(2) 若属于“等式恒成立”问题，我们可以从两个方面考虑：

其一，能否采用“特殊化”的思想，或许有些问题就解决了，而不能完全解决的也基本打开了问题的突破口,复杂问题简单化,给我们提供一些有益的启示.

其二,寻找"变"的原因(即"动因")和"不变"的量.也就是说,要从问题中挖掘出是哪一个量在不断地变化,而哪一个量又是不变的.

对于"等式恒成立"问题的解决,掌握以上介绍的处理方法,做到心中有底,这样才能以不变应万变.

该学生针对恒成立问题进行简单的剖析.原文共给出两道例题,虽少但精,都是比较经典的问题.此处节选了第1道例题.作者不仅作出详细解答,还在解答后进行一些分析,并给出一些个人的观点与建议.作为一名高二学生,在读过《怎样解题:数学思维的新方法》一书后,能有如此见解,实属不易.

73

开展数学文化节活动，在“玩”中学

王子扬

一、数学文化节活动介绍

南师附中数学文化节是融创新活动、文化活动、学科竞赛展示、科技人文讲座、社团文化、研究性学习等为一体，汇教研组之力，集师生之智，共同打造的一年一度的数学文化盛宴，至今已成功举办十届.数学文化节通过充分调动学生参与竞赛、展示、讲座等活动，全面提升学生科学文化素养与综合实践能力.历经十年，数学文化节已从最初以科技为主发展为具有附中特色、体现高品质素质教育的全学科文化品牌活动.活动项目由最初的一项，发展至今约十项，每名学生都能在数学文化节活动中找到喜爱的项目参与，沉浸在“有品、有趣”的活动氛围中，实现“学中玩、玩中学”的别样体验.

二、开展数学文化节活动，在“玩”中学

根据近年来的数据统计，数学文化节中比较受附中学生喜爱的项目有：“附中数独锦标赛”“我是符号王”“表白附中数学”“数学史与数学文化知识竞赛”以及“魔方速拧竞赛”.

数独是一种逻辑性的数字填充游戏，玩家须以数字填进每一格，而每行、每列和每个宫集齐 1 至 9 所有数字.附中数独锦标赛由每班三人组成一支参赛队伍，需要在 30 分钟内完成三组不同难度的数独题目，共 10 题.数独游戏

跳过繁琐的数学运算,将数字与数学学习紧密结合,通过系统的思维逻辑训练,提升学生的数感、空间想象能力以及逻辑推理能力,对提升数学思维能力起了很大的促进作用.

魔方速拧竞赛也是比较受欢迎的项目,很多同学尤其是男同学平时就喜欢玩魔方,这项比赛正好为他们提供了展示自己的舞台.2010年“上帝之数”研究已经有了新的进展,目前这个数字被定格到20.也就是说,无论什么样组合的三阶魔方,都可以在20步以内进行还原.当然对于高中生来说,这仍是可望而不可即的.魔方速拧主要涉及最少步复原的理论,最少步的核心原理就是“两头凑”和“插入”.先凑好几个小块成复原状态,再通过手法或者插入将其他块归位,最后检查解法和打乱是否相似和优化解法.这对学生的空间想象能力和逻辑推理能力要求非常高,因此魔方速拧也有助于学生思维能力的提升.

三、案例

【案例1】2020附中数独锦标赛

		5					7	
		4		5	6	2	3	
	2	8	3	1			9	5
	4			6			8	
8			4	9				6
9					2	4		
5						7		
		1			5		4	3
	8			7			1	2

					8		4	9
4	9	8	6	1		5		
3	2					7	8	
			1			4	9	
7				5		3		
	3		2	6	4	8	7	1
5								
1			5	8	6			
				3	1	2		7

	2		4		9	1		
		6		5			8	9
	7			8	3		2	4
7	1		5					
				9		2		
				4				7
	6							
		7	3			8		1
3	4				5		6	

		8						
3	1				7	5	8	
	5		9		3		1	
6							5	
5					6			8
			2			4	6	
2			6	9		7		
7				4			3	
		9	3					

8		6				7		2
								3
					5	1		
3	9			7				
		1	3		6	2		
				2			3	1
	8		9					
1								
2		7				8		6

	4			6				
			2					7
				9	3			
		3		2			9	
9		2	6		4	1		8
	5			7		6		
			1	3				
6					5			
				8			2	

【案例 2】2020“我是符号王”

一、用＋、－、×、÷、(　)五种符号使得下面的运算结果为 24.(每个 3 分)

5　5　1　5＝24

2　7　10　10＝24

2　8　9　8＝24

2　9　9　8＝24

2　10　10　8＝24

7　2　9　10＝24

2　8　8　8＝24

8　2　8　10＝24

2　8　9　10＝24

9　10　2　10＝24

3　3　3　3=24	3　3　3　4=24
3　3　3　5=24	3　3　3　6=24
7　3　3　3=24	3　3　3　8=24
9　3　3　3=24	3　10　3　3=24
3　4　3　4=24	3　4　5　3=24
3　3　4　6=24	3　4　7　3=24
3　4　3　8=24	3　3　4　9=24
5　5　3　3=24	3　3　5　6=24
3　3　5　7=24	5　9　3　3=24
3　3　5　10=24	6　6　3　3=24
3　3　7　6=24	3　6　8　3=24

二、用+、-、×、÷、( )填写下列空格.(每个6分)

3_3_3_3_3_3_3_3_3_3_3=64

3_3_3_3_3_3_3_3_3_3_3=39

三、附加题:在12个5之间添上+、-、×、÷,使等式成立(12分)

5　5　5　5　5　5　5　5　5　5　5　5=1 000

备注:5　5之间不填符号则视为55.

第四篇

评价研究篇

74

基于核心素养对江苏高考的多维评价

于 洋

一、研究缘起

《普通高中数学课程标准(2017年版)》(以下简称《标准》)在学业水平考试与高考命题建议中强调"命题应依据学业质量标准和课程内容,注重对学生数学学科核心素养的考查,处理好数学学科核心素养与知识技能的关系".所以,高中数学命题开始由传统的以知识考查为导向转变为现在的以数学素养考查为对象.新一轮课程改革与之前相比在考试评价方面产生了重大的变化,教师没有了考试大纲作为平时教学与命题的依据.那么,除了《标准》之外,已有的数学高考试题成为一线教师展开命题研究的权威依据.

另一方面,江苏高考数学试卷中不少经典的数学题目与当前提出的"数学核心素养"的考查要求是高度契合的,有效反映了学生数学素养的水平与关键能力,发挥了高考的选拔功能.因此,经典的江苏高考数学题目成为我们重点研究的对象,通过深度解剖江苏高考数学的命题立意与目的,分析核心素养的考查情况,可以促进一线中学教师命题的改进,进一步提升教师的数学专业发展能力,推动数学核心素养评价的有效展开.

二、高考数学试题的呈现与分析

【例1】(2008江苏卷第18题)在平面直角坐标系 xOy 中,记二次函数

$f(x)=x^2+2x+b(x\in\mathbf{R})$与两坐标轴有三个交点.经过三个交点的圆记为$C$.

(1) 求实数b的取值范围;

(2) 求圆C的方程;

(3) 问圆C是否经过定点(其坐标与b无关)?请证明你的结论.

解:(1) 略.(2) 由方程$x^2+2x+b=0$得$x=-1\pm\sqrt{1-b}$,所以$f(x)$与坐标轴的交点为$(0,b)$,$(-1-\sqrt{1-b},0)$,$(-1+\sqrt{1-b},0)$,设圆C:$x^2+y^2+Dx+Ey+F=0$,将三个交点坐标代入圆C的方程,求解D,E,F.从而求出圆C的方程为$x^2+y^2+2x-(b+1)y+b=0$.(3) 略.

在考场上,有的学生第(2)问是如下操作的.设圆C:$x^2+y^2+Dx+Ey+F=0$,令$y=0$,得$x^2+Dx+F=0$.这与$x^2+2x+b=0$是同一个方程,所以$D=2$,$F=b$,再令圆C方程中的$x=0$,得$y^2+Ey+b=0$,又因为圆C过点$(0,b)$,所以$b^2+Eb+b=0$,所以$E=-(b+1)$.从而求出圆C的方程为$x^2+y^2+2x-(b+1)y+b=0$.

核心素养的考查

表1 例1核心素养的水平分析

	数学抽象	逻辑推理	直观想象	数学运算
方法一	水平一:能够模仿学过的数学方法解决问题	水平二:能够用已经学过的知识选择合适的方法解决相关联的数学问题	水平一:体会数形结合	水平一:利用运算法则进行正确运算
方法二	水平二:在新的情境中选择数学方法解决问题,能够理解和构建相关数学知识之间的联系	水平二:能够用已经学过的知识选择合适的方法解决相关联的数学问题	水平一:体会数形结合	水平二:针对运算问题,合理选择运算方法解决问题

依据《标准》附录1《数学学科核心素养的水平划分》,笔者对这个题目的两种方法所呈现的共同的核心素养的水平进行了分析,得到表1的结果.方法二通过"令$y=0$,得$x^2+Dx+F=0$.这与$x^2+2x+b=0$是同一个方程"优化了数学运算,提高了运算的正确率,其数学运算水平高于方法一的水平.同时,

运用方法二的学生通过“令 $y=0$，得 $x^2+Dx+F=0$”抽象出这个方程就是由已知条件得到的方程“$x^2+2x+b=0$”，建立了两个方程之间的联系——是同一个方程，体现了较强的抽象概括能力，数学抽象水平优于方法一.从两种方法比较我们得知，运用方法二的学生更能理解数学问题的本质，对数学知识与原理有更深入的思考，其数学素养水平更高，反映在考场上就是用方法二比方法一既正确率高又省时.

【例 2】（2014 江苏卷第 18 题）如图，为保护河上古桥 OA，规划建一座新桥 BC，同时设立一个圆形保护区.规划要求：新桥 BC 与河岸 AB 垂直；保护区的边界为圆心 M 在线段 OA 上并与 BC 相切的圆.且古桥两端 O 和 A 到该圆上任意一点的距离均不少于 80 m.经测量，点 A 位于点 O 正北方向 60 m 处，点 C 位于点 O 正东方向 170 m 处（OC 为河岸），$\tan\angle BCO=\frac{4}{3}$.

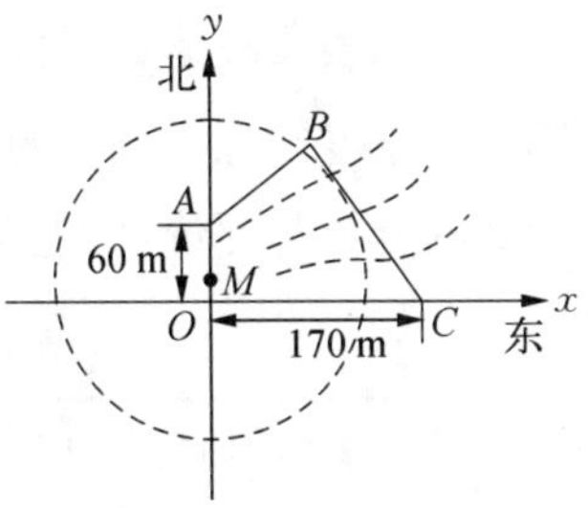

图 1

（1）求新桥 BC 的长；（2）当 OM 多长时，圆形保护区的面积最大？

解：（1）如图，以 O 为坐标原点，OC 所在直线为 x 轴，建立平面直角坐标系 xOy. 由条件知 $A(0,60)$，$C(170,0)$，直线 BC 的斜率 $k_{BC}=-\tan\angle BCO=-\frac{4}{3}$.又因为 $AB\perp BC$，所以直线 AB 的斜率 $k_{AB}=\frac{3}{4}$.设点 B 的坐标为 (a,b)，$k_{BC}=\frac{b-0}{a-170}=-\frac{4}{3}$，$k_{AB}=\frac{b-60}{a-0}=\frac{3}{4}$.解得 $a=80$，$b=120$.所以 $BC=\sqrt{(170-80)^2+(0-120)^2}=150$.

因此新桥 BC 的长是 150 m.

（2）设保护区的边界圆 M 的半径为 r m，$OM=d$ m$(0\leqslant d\leqslant 60)$.

由条件知，直线 BC 的方程为 $y=-\frac{4}{3}(x-170)$，即 $4x+3y-680=0$.

由于圆 M 与直线 BC 相切，故点 $M(0,d)$ 到直线 BC 的距离是 r，即 $r=\frac{|3d-680|}{\sqrt{4^2+3^2}}=\frac{680-3d}{5}$.因为 O 和 A 到圆 M 上任意一点的距离均不少于

80 m,所以$\begin{cases} r-d\geqslant 80, \\ r-(60-d)\geqslant 80, \end{cases}$即$\begin{cases} \dfrac{680-3d}{5}-d\geqslant 80, \\ \dfrac{680-3d}{5}-(60-d)\geqslant 80. \end{cases}$解得 $10\leqslant d\leqslant 35$.

故当 $d=10$ 时,$r=\dfrac{680-3d}{5}$最大,即圆面积最大.

所以当 $OM=10$ m 时,圆形保护区的面积最大.

核心素养的考查 标准关于考试命题的评价提供了三个维度,表 1 是从第三个维度来分析例 1 的评价情况,在这里笔者运用第一、二两个维度开展对例 2 的分析与评价,促进考试命题评价方式的多元化.

表 2 例 2 核心素养的四个方面分析

数学核心素养的四个方面	具体表现
情境与问题	学生熟悉的、与生活实际密切相关的综合情境
知识与技能	考查了直线方程、距离、不等式、一次函数的知识,考查了审题与解决问题的能力
思维与表达	问题的表征与转换,数学知识的迁移与运用
交流与反思	无

表 3 例 2 核心素养的四条内容主线分析

数学核心素养的四条内容主线	具体表现
函数	一次函数(函数解析式、定义域、单调性)
几何与代数	直线与圆相切,直角坐标系的建立,直线方程,两点之间的距离,点到直线的距离
概率与统计	无
数学建模活动与数学探究活动	建立圆半径的一次函数模型

通过表 2 与表 3 的呈现,我们能够清晰地了解例 2 考查了核心素养哪些具体的知识、方法和内容,结合六大核心素养的三个水平细化数学试题的核心素养的分析,明确核心素养"考什么"和"怎么考".例如在"情境与问题"和"几何与代数"中,例 2 通过综合问题情境抽象出数学问题并用点的坐标和直线方程来表示已知条件,实现数学抽象素养水平三的考查要求;在与学过的

知识有关联的数学问题中，通过运用点与点之间的距离公式、点与线之间的距离公式来求解，实现了数学知识的迁移，这是逻辑推理素养水平二的要求；在例2的实际问题中，发现情境中的数学关系，建立圆半径关于 d 的函数模型，体现了数学建模素养水平三的要求；直线与圆相切转化成点到直线的距离等于半径，让学生体会到数形结合，这是直观想象水平一的表现；圆的面积最大转化成半径最大再转化成 d 的范围问题，实现在复杂情境中将问题转化为运算问题，明确运算方向，这是数学运算水平三的体现.

【例3】(2017江苏卷第19题)对于给定的正整数 k，若数列 $\{a_n\}$ 满足：$a_{n-k}+a_{n-k+1}+\cdots+a_{n-1}+a_{n+1}+\cdots+a_{n+k-1}+a_{n+k}=2ka_n$. 对任意正整数 $n(n>k)$ 总成立，则称数列 $\{a_n\}$ 是"$P(k)$数列".

(1) 证明：等差数列 $\{a_n\}$ 是"$P(3)$数列"；

(2) 若数列 $\{a_n\}$ 既是"$P(2)$数列"，又是"$P(3)$数列"，证明：$\{a_n\}$ 是等差数列.

解：(1) 因为 $\{a_n\}$ 是等差数列，设其公差为 d，

则 $a_n=a_1+(n-1)d$，从而，当 $n\geqslant 4$ 时，

$a_{n-k}+a_{n+k}=a_1+(n-k-1)d+a_1+(n+k-1)d=2a_1+2(n-1)d=2a_n$，$k=1,2,3$，

所以 $a_{n-3}+a_{n-2}+a_{n-1}+a_{n+1}+a_{n+2}+a_{n+3}=6a_n$，

因此等差数列 $\{a_n\}$ 是"$P(3)$数列".

(2) 数列 $\{a_n\}$ 既是"$P(2)$数列"，又是"$P(3)$数列"，因此，

当 $n\geqslant 3$ 时，$a_{n-2}+a_{n-1}+a_{n+1}+a_{n+2}=4a_n$，①

当 $n\geqslant 4$ 时，$a_{n-3}+a_{n-2}+a_{n-1}+a_{n+1}+a_{n+2}+a_{n+3}=6a_n$.②

由①知，$a_{n-3}+a_{n-2}=4a_{n-1}-(a_n+a_{n+1})$，③

$a_{n+2}+a_{n+3}=4a_{n+1}-(a_{n-1}+a_n)$.④

将③④代入②，得 $a_{n-1}+a_{n+1}=2a_n$，其中 $n\geqslant 4$，

所以 $a_3,a_4,a_5,\cdots$ 是等差数列，设其公差为 d'.

在①中，取 $n=4$，则 $a_2+a_3+a_5+a_6=4a_4$，所以 $a_2=a_3-d'$，

在①中，取 $n=3$，则 $a_1+a_2+a_4+a_5=4a_3$，

所以 $a_1=a_3-2d'$，所以数列 $\{a_n\}$ 是等差数列.

核心素养的考查　这个题目作为2017年的压轴题目之一，重点考查了学生的数学抽象、逻辑推理和数学运算三大数学素养.在第(1)问中，学生通过分析证明的结论，发现$P(3)$数列等价于“$a_{n-3}+a_{n-2}+a_{n-1}+a_{n+1}+a_{n+2}+a_{n+3}=6a_n$”，而这个等式的成立就是等差数列的推论.体现了学生在面对复杂的数学问题的时候，能够通过过渡性的命题，探索论证的途径从而解决问题.体现了逻辑推理素养水平三的要求，也是逻辑推理素养的高中阶段的最高要求.在第(2)问中，学生需要通过“$P(2)$数列”与“$P(3)$数列”这两个条件进行运算得到“$a_{n-1}+a_{n+1}=2a_n, n\geqslant 4$”，运算的关键点在于消元，消元的关键点在于数列下标的变化.学生必须具备将复杂问题进行代数化表征的能力，同时将最后问题转化为运算问题，确定消元的对象——消谁留谁，选择消元的方法——代入消元法，符合数学运算素养的水平三的表现.而第(2)问问题解决的关键点与难点在于得到消元的对象——通过数列下标的升标与降标.这实际上考查了学生对解决数列问题的一般化方法的认识是否到位，能否理解数学结论的一般性与通性通法中的数学原理.这就是数学抽象素养水平三在问题解决中的表征.综上，这个题目考查了数学的本质，促进学生从一般到特殊和从特殊再到一般两个维度对数列问题进行更深入的思考，数学的三大素养相互融合(数学抽象、逻辑推理与数学运算)，并且每一个素养的考查水平都是最高水平，实现数学核心素养的深入考查，有利于落实高考选拔人才的功能.

相关学者通过对核心素养评价的研究，制订出了有利于中学教师操作的数学核心素养测量工具，通过分析试题中反映的数学关键能力及水平分布，得到题目的核心素养考查情况，促进教师对数学试题的评价与改良.

表4　数学关键能力评价指标量表[1]

	知识理解(一级水平)	知识迁移(二级水平)	知识创新(三级水平)
数学抽象	理解基本概念、命题、规则	在情境中抽象出数学问题	抽象出新概念、命题、方法
逻辑推理	掌握推理的基本形式和规则	验证结论或发现简单结论	发现、验证、解决一些复杂问题
数学建模	掌握常规的数学模型	在情境中建立数学模型	用多种知识和方法建模

续 表

	知识理解(一级水平)	知识迁移(二级水平)	知识创新(三级水平)
数学运算	理解基本的运算规则	多个规则的综合运算	设计运算程序、解决复杂问题
直观想象	理解基本图形的性质	利用图形探索数学问题	构建数学问题的直观模型
数据处理	掌握基本的数据处理工具	常规方法分析情境中的数据	构建模型、方法分析数据

依据喻平老师研制的数学关键能力评价指标量表(表4),我们对例3进行数学关键能力测评,得到表5.

表5 例3的数学关键能力评价

	数学抽象			逻辑推理			数学运算		
	水平1	水平2	水平3	水平1	水平2	水平3	水平1	水平2	水平3
第一问		√			√			√	
第二问			√			√			√
次数		1	1		1	1		1	2
分值		2	3		2	3		2	6

备注:水平一赋值1分/次,水平二赋值2分/次,水平三赋值3分/次.

通过表5发现,数学抽象、逻辑推理和数学运算在这个题目中的分布与水平基本合理,反映了对数学关键能力较高程度的考查.同时,与前面的核心素养考查相对比,可以发现略有不同,例3的第(1)问依据逻辑推理的素养水平划分是水平三,而在数学关键能力中的逻辑推理显示水平二,原因在于第(1)问只是等差数列知识与已知条件的迁移运用,而没有创新思维的产生,所以符合数学关键能力的水平二的表现而不符合水平三.但是,总体上看,数学关键能力的评价与数学核心素养的评价在分类、水平及分析得到的结论方面是基本一致的.例3的数学关键能力的得分为$2+3+2+3+2+6=18$分,其中数学知识迁移6分,数学知识创新12分,体现了对学生的数学关键能力的较高要求,与核心素养的要求是统一的.

三、小结

本文结合《标准》所提供的评价数学问题的三个维度和数学关键能力测评模型,对江苏高考数学有代表性的经典的数学题目进行了分析.这些题目展现了核心素养在解决问题的过程中的考查路径,揭示了命题者的命题智慧,为我们基于核心素养进行数学试题的命制与评价提供了良好的借鉴与思路.只有以核心素养为导向进行高中数学考试命题与评价的改革,才能真正实现数学核心素养的落地生根.

参考文献

[1] 喻平.基于核心素养的高中数学课程目标与学业评价[J].课程·教材·教法,2018(1):80-85.

75

新课程背景下应注重情境化试题的命制

丁　菁

教学成效的测量与评价，一直是教学过程的重要环节.《普通高中数学课程标准(2017 年版)》(以下简称《标准》)指出：命题应依据课程内容，注重对学生数学学科核心素养的考查.这标志着中国高考正在实现从能力立意到素养导向的转变.

一、命制情境化试题的意义

过去，能力立意的考查更多关注知识、智力、能力和技能，要求学生知识掌握全面，有良好的反应速度.当前，素养导向不仅强调知识和技能的习得，更强调学生问题解决的能力和创造性的探究水平，更加注重对数学思维品质的考查.

那么，选择合适的问题情境成为考查数学学科核心素养的重要载体.这里的情境包括：现实情境、数学情境和科学情境.在试题编制时，我们要注意选取与学生生活关系密切的题材，采用源于社会、源于生活的真实的情境.在这类问题的求解中，学生要对生活化的实际场景进行抽象，建立数学模型，进而依靠科学的方法进行推理，从而得到问题的解答.从中将解题转变为解决问题，这有利于考查学生分析和解决具有实际意义的问题的能力.

二、命制情境化试题的原则

1. 避免"无用"情境

命制情境化试题的目的是考查学生问题解决的能力,需要学生将实际问题进行抽象,转化为数学问题进行求解.因此,我们创设的情境应是"有用"的,而不是生搬硬套一个情境.举个例子.

【例1】 2020年初,一场来势凶猛的"新型冠状病毒"给人民的生命财产带来巨大威胁.面对病魔,全国人民万众一心,积极响应国家号召,小明同学每天坚持测量体温.下图是他某天测量体温后体温计的示数,他的体温是________℃.

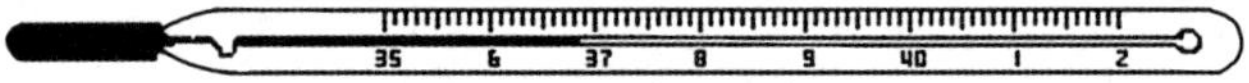

图1

在上述问题中,情境没有意义,仅仅是扣了一个帽子,对于读取温度计的读数没有任何影响.类似的情况我们应在试题编制时避免.

2. 避免"人为"情境

命制情境化的试题时应选择真实情境,避免人为创设的情境.

【例2】 中国古代数学著作《算法统宗》中有这样一个问题:"三百七十八里关,初行健步不为难,次日脚痛减一半,六朝才得到其关,要见次日行里数,请公仔细算相还."其大意为:"有一个人走378里路,第一天健步行走,从第二天起因为脚痛,每天走的路程为前一天的一半,6天后到达目的地",这个人第二天走了(　　).

A. 113里　　B. 107里　　C. 96里　　D. 87里

在上述问题中,出题者的意图是考查等比数列的基本量计算问题.题中先给出一个古文算题,进而又进行了现代文解释,那么这个古算题就没有价值了.进而,古算题中说"初行健步不为难,次日脚痛减一半",这里仅给出第一天和第二天步行数的关系,是否就有公比$\frac{1}{2}$的等比数列?似乎并不准确.因此,本人认为在命制情境化问题时,应该避免人为化的情境,而是选择有意义且准确的情境，才能真正考查学生数学素养的达成情况.

3. 避免"陌生"情境

解决真实化情境的试题的一个难点是理解题意，正确抽象出数学问题.由于我们的学生缺乏生产生活的经验，年龄尚小，因此在试题命制时我们要尽量选取学生熟悉的情境，避免陌生繁难的情境.同时，还要注意避免城乡等差异，注重试题的公平性.我们不妨回顾1999年的高考题.

【例3】下图为一台冷轧机的示意图.冷轧机由若干对轧辊组成，带钢从一端输入，经过各对轧辊逐步减薄后输出.

图2

(1) 输入带钢的厚度为 α，输出带钢的厚度为 β，若每对轧辊的减薄率不超过 r_0，问冷轧机至少需要安装多少对轧辊？

$$\left(\text{一对轧辊减薄率}=\frac{\text{输入该对的带钢厚度}-\text{从该对输出的带钢厚度}}{\text{输入该对的带钢厚度}}\right)$$

(2) 已知一台冷轧机共有4台减薄率为20%的轧辊，所有轧辊周长均为1 600 mm.若第 k 对轧辊有缺陷，每滚动一周在带钢上压出一个疵点，在冷轧机输出的带钢上，疵点的间距为 l_k.为了便于检修，请计算 L_1, L_2, L_3 并填入下表(轧钢过程中，带钢宽度不变，且不考虑损耗)

表1

轧钢序列号 k	1	2	3	4
疵点间距 L_k(单位：mm)				1 600

本题实质上是一个数列背景的应用问题，考查了等比数列的基本概念和运算，但由于学生对题目背景中的轧钢缺乏认识，所以当年的得分率比较低.这也提示我们，在命制情境化试题时，要避免陌生繁难的情境.

总而言之，新课标提出合适的问题情境是考查数学学科核心素养的重要载体，这是正确的，我们应关注并践行.但同时，我们要避免为情境而情境.那么，如何依据新课程评价理念命制有效的试题，从中促进教与学的改进、促进学生思维品质的提升呢？为此，笔者做了一些思考与归纳，供同行交流指正.

三、命制情境化试题的建议

1. 选取与学生生活关系密切的题材

试题编制时，我们要选取与学生生活关系密切的题材，这类情境学生是熟悉的，是能够理解的，同时也保证了公平性.

比如，2019 年南京市发出垃圾分类处理的倡议和要求，获得了市民的积极响应，笔者所在的学校也进行了宣教，全体教职工和学生都参与到垃圾分类的学习与实践中.在一次阶段性测试中，备课组以垃圾分类为背景，编制了一道概率统计的有关问题.

【例 4】今年，某市为了促进生活垃圾的分类处理，将生活垃圾分为厨余垃圾、可回收垃圾和其他垃圾三类，并分别设置了相应的垃圾箱.为调查居民生活垃圾分类投放情况，现随机抽取了该市三类垃圾箱中总计 1 000 吨生活垃圾，数据统计如下(单位：吨).则估计生活垃圾投放错误的概率是________.

表 2

	“厨余垃圾”箱	“可回收垃圾”箱	“其他垃圾”箱
厨余垃圾	400	100	100
可回收垃圾	30	230	30
其他垃圾	20	20	70

本题把“垃圾分类”这个热点情境作为背景，与统计方法、古典概型的概率计算、事件的关系等数学知识结合起来，既考查了概率与统计的数学知识，又考查了学生阅读理解、分析解决问题的能力，也充分体现了数学应用的广泛性.

其次，在本题的求解中，也考查了学生数学建模的素养.首先，收集数据是数学建模的第一步，进而分析出本题是古典概型的问题是数学建模的第二步，最后根据古典概型求出概率是应用数学模型解决实际问题的过程，是数学建模的最后一步，通过这三步完成了对学生数学建模能力的考查.

解：设“生活垃圾投放错误”为事件 A，

由题意，事件 A 的概率约为“厨余垃圾”“可回收物”“其他垃圾”投放错误的总和除以生活垃圾的总量，

即 $P(A)=\dfrac{200+60+40}{1\ 000}=\dfrac{3}{10}$.

2. 基于教材文本进行创新

高考试题大多源于教材，又高于教材，教材是命题取之不尽的源泉.因此，我们可以充分利用教材或课后习题进行创新设计，开发情境化的数学试题.

【例 5】 右图是某隧道的截面设计图，截面的拱线为半个椭圆形状，隧道设计为双向两车道，车辆只能在道路中心线一侧行驶.已知车道总宽 10 米，要求通行车辆限高 4 米，隧道全长 2 500 米.

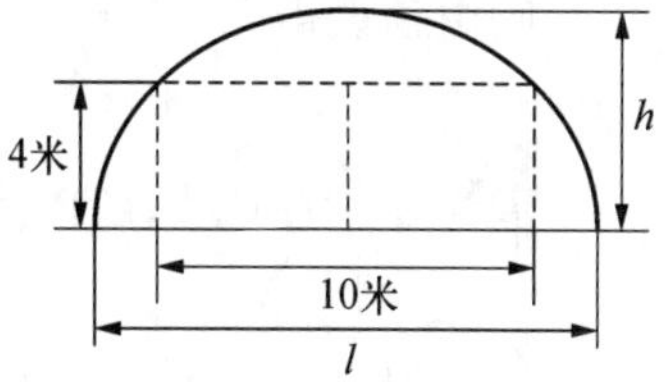

图 3

(1) 若最大拱高 h 设定为 6 米，则隧道设计的拱宽 l 是多少？

(2) 若最大拱高 h 不小于 5.5 米，则应如何设计拱高 h 和拱宽 l，才能使半个椭圆形隧道的土方工程量最小？最小值是多少？(半个椭圆的面积公式为 $S=\dfrac{\pi}{4}lh$，柱体体积为底面积×高)

本题是以隧道为命题背景编制的应用问题，在课本例题(背景是圆)的基础上改编为椭圆模型，要求学生理解试题的情境，找出其中的数量关系，建立数学模型，运用数学知识分析解决问题，得出符合实际的有意义的结论.通过对应用问题的分析和思考反映学生的数学应用意识和实践能力.

解：(1) 分别以半椭圆所在椭圆的对称轴为 x 轴和 y 轴，建立如图所示平面直角坐标系.

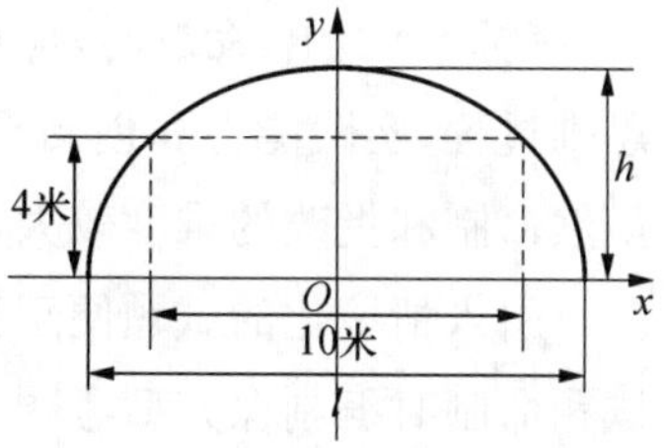

图 4

设拱线所在椭圆的方程为 $\dfrac{x^2}{a^2}+\dfrac{y^2}{b^2}=1$ $(a>b>0)$,

由题意,$b=6$,且点$(5,4)$在椭圆上,

故$\frac{25}{a^2}+\frac{16}{36}=1$,解得$a^2=45$,又$a>0$,所以$a=3\sqrt{5}$,

从而$l=2a=6\sqrt{5}$.

答:若最大拱高h设定为6米,则隧道设计的拱宽l是$6\sqrt{5}$米.

(2) 此时拱线所在椭圆的方程为$\frac{x^2}{a^2}+\frac{y^2}{b^2}=1(a>b,b\geqslant 5.5)$,

则由题设得$\frac{25}{a^2}+\frac{16}{b^2}=1$.

因为$a>0,b>0$,所以$1=\frac{25}{a^2}+\frac{16}{b^2}\geqslant 2\sqrt{\frac{25\times 16}{a^2b^2}}=\frac{40}{ab}$,

从而得$ab\geqslant 40$,当且仅当$\frac{25}{a^2}=\frac{16}{b^2}=\frac{1}{2}$,即$a=5\sqrt{2}$,$b=4\sqrt{2}$时等号成立.

又$b=4\sqrt{2}>5.5$,这表明$ab=40$在实际中可以达到.

设半个椭圆的面积为S平方米,隧道的土方工程量为V立方米,则

$S=\frac{\pi}{4}lh=\frac{\pi}{2}ab\geqslant\frac{\pi}{2}\times 40\geqslant 20\pi$,

$V=Sh=S\times 2\,500\geqslant 20\pi\times 2\,500=50\,000\pi$,

当$l=2a=10\sqrt{2}$,$h=4\sqrt{2}$时等号成立.

答:拱高h为$4\sqrt{2}$米,拱宽l为$10\sqrt{2}$米,才能使半个椭圆形隧道的土方工程量最小,最小值是$50\,000\pi$立方米.

3. 注重在情境化的试题中考查探究性

《标准》指出:命题时,应包含开放性问题和探究性问题,重点考查学生的思维过程、实践能力和创新意识.并且提出评分应遵循满意原则和加分原则.虽然命制和批改的难度较大,但是这是未来试题命制努力的方向.

引入情境化的试题便于我们创设探究型问题,因此我们应尝试在情境化试题命制时编制探究型考题.对此,《标准》也举了有关例子加以说明.这里,笔者再举一个例子.

【例 6】 如图所示，篮球在阳光的照射下会在地面上留下影子.

图 5

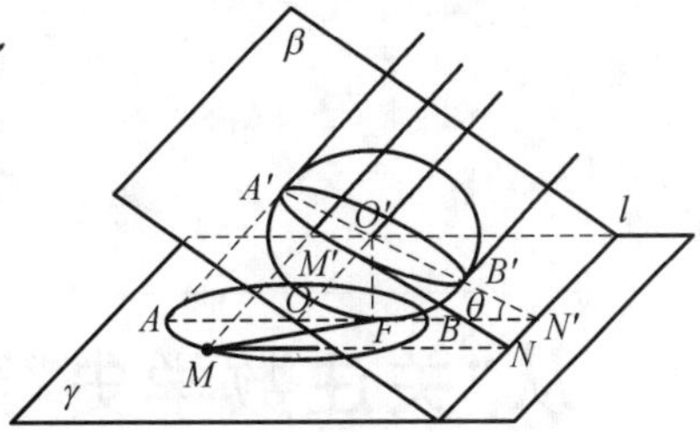

图 6

① 太阳的光线与篮球相切的切点所组成的是什么图形？

② 篮球在地面上所形成的影子什么时候是一个圆面，什么时候是一个椭圆面？

③ 当篮球的影子是一个椭圆面时，篮球与地面的切点位于椭圆的什么位置？

④ 当篮球的影子是一个椭圆面时，证明：太阳光线与篮球相切的切点所在的平面与地面的交线是这个椭圆的一条准线.

上述呈现的问题对于学生来说是一个新的情境，它的背景来自圆柱的截面和 dandelin 双球模型，考查学生的直观想象、数学抽象素养和逻辑推理素养.如果学生能够正确回答出① 太阳的光线与篮球相切的切点所组成的是圆；② 当光线与地面垂直时，篮球在地面上所形成的影子是一个圆面，当光线与地面不垂直时，是一个椭圆面；③当篮球的影子是一个椭圆面时，篮球与地面的切点位于椭圆的一个焦点处，就可以认定达到相应素养水平二的要求，符合满意原则.进一步地，如果学生还能利用椭圆的定义给出清晰的证明，可以适当加分.

总之，当前素养导向下的试题命制不仅要重视知识的考查，更要重视对学科素养的考查，注重真实情境化的试题的考查.要求学生能够利用严谨的科学思维和科学态度去思考问题，合理进行抽象和转化.一言以蔽之，就是将学生解题转变为解决问题.因此，面对新的一轮课程改革，对于试题命制，我们要改变思维惯性努力创新，从中促进教与学的改进、促进学生思维品质的提升.

76

从“关注数学史”到“关注数学文化”

——创设问题情境的建议之一

于 洋

设置问题情境，考查学生的抽象素养，具体指的是学生从问题情境中抽象出数学问题或者数学模型.同时，学生需要将已有的数学知识迁移到新的问题情境中，以考查其数学迁移能力.

“关注数学史”就是在命制数学问题的时候仅仅关注数学学科的历史与发展，以数学史上的资料为情境创设的背景.“关注数学文化”就是在命制数学问题的时候以数学文化为情境创设的背景.

数学史是研究数学概念、数学方法和数学思想的起源与发展[1].数学文化是指数学思想、精神、语言、方法、观点，以及它们的形成和发展；还包括数学在人类生活、科学技术、社会发展中的贡献和意义，以及与数学相关的人文活动[2].从数学史和数学文化的概念比较中，我们能够发现数学文化的内涵更加丰富，范畴更加广阔，包括数学史的相关内容.以往的高考试题中不少问题是以数学史典籍上的问题为背景，包括《九章算术》《算盘书》《数学九章》；还有的高考试题是围绕历史数学名题而展开设计与命制，包括：角谷定理、多边形数、皮克定理、费马点、阿波罗尼斯圆等等[3].这些问题以数学史作为背景，展现了数学的历史与发展.同时，数学的应用具有广泛性，从古至今，人们生活的方方面面都有数学的身影，渗透着数学的文化，所以以数学文化来设置问题情境拓宽了命题来源的空间，丰富了命题的设计思路.

另一方面，国家新一轮的课程改革需要全面贯彻党的教育方针，落实立德树人根本任务，培养学生的社会主义核心价值观.所以，以数学文化作为问题情境符合时代发展的需要，一方面渗透了古代优秀的数学成果与数学史的内容，让学生感受数学的文化价值与魅力，激发学生研究数学的兴趣与热情；另一方面，试题中的传统文化能够提高学生的人文素养，培养学生的民族自信心和自豪感，传承民族精神，在潜移默化中加强了学生的爱国主义情感[4].

【例 1】(2019 全国Ⅰ卷理科第 6 题)我国古代典籍《周易》用“卦”描述万物的变化.每一“重卦”由从下到上排列的 6 个爻组成，爻分为阳爻“——”和阴爻“— —”，图 1 就是一重卦.在所有重卦中随机取一重卦，则该重卦恰有 3 个阳爻的概率是(　　).

图 1

A. $\frac{5}{16}$　　B. $\frac{11}{32}$　　C. $\frac{21}{32}$　　D. $\frac{11}{16}$

《周易》即《易经》，相传系周文王姬昌所作，内容包括《经》和《传》两个部分.《周易》是中国传统思想文化中自然哲学与人文实践的理论根源，是古代汉民族思想、智慧的结晶，被誉为“大道之源”.命题者以其中的“重卦”为背景设计一道概率计算问题，考查了学生的计数原理、古典概型等数学知识，测试了学生的逻辑推理与数学运算的素养水平.同时，《周易》为学生所熟悉的传统文化之一，学生没有陌生感，有利于缓解学生在考场中的紧张与焦虑，促进学生利用数学知识进一步研究祖国的传统历史与文化，培养学生对民族传统文化的认可，彰显文化自信.

【例 2】(2019 全国Ⅱ卷理科第 16 题)中国有悠久的金石文化，印信是金石文化的代表之一.印信的形状多为长方体、正方体或圆柱体，但南北朝时期的官员独孤信的印信形状是“半正多面体”(图 2).半正多面体是由两种或两种以上的正多边形围成的多面体.半正多面体体现了数学的对称美.图 3 是一个棱数为 48 的半正多面体，它的所有顶点都在同一个正方体的表面上，且此正方体的棱长为 1.则该半正多面体共有________个面，其棱长为________.(本题第一空 2 分，第二空 3 分)

图2

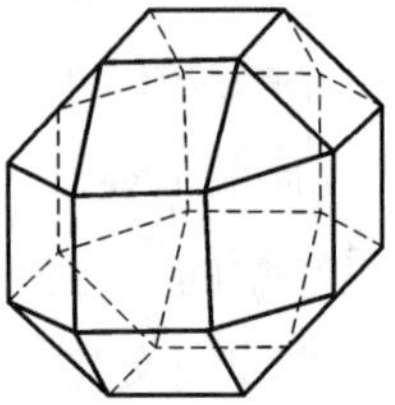

图3

此题以传统的“金石”文化为情境，设计了一道立体几何的题目，一题双空，一易一难，体现了良好的区分度，突破了一题一空僵化的命题模式.学生在解决这个问题的过程中，既发现了“金石”文化中的对称美，感受到了古人的数学智慧，又体验到了利用数学知识解决实际问题的成就感，可谓“一石二鸟”.空间想象能力与运算求解能力在这个题目中得到了充分的考查，同时还检测出了考生的直观想象核心素养的水平.

反思例1与例2，我们发现以数学文化进行问题情境创设不再局限于传统的数学经典书籍与研究对象，而是扩展到悠久的历史与灿烂的文化中，拓宽了数学问题的来源，丰富了数学命题的情境.面对“数学文化”为背景的问题，如果学生没有良好的阅读理解能力，则无法将题目中的文字语言转换成数学语言.例如“每一‘重卦’由从下到上排列的6个爻组成，爻分为阳爻‘——’和阴爻‘— —’，”这句话用数学语言来刻画就是一共有2^6个基本事件，“该重卦恰有3个阳爻”的数学意义是6爻里面有3个阳爻的事件个数为C_6^3.不会用数学的眼光看待问题，那么就无法用数学的思维来思考问题.所以在平时的命题过程中，一线的数学命题老师要加强对学生阅读理解能力的考查，以考促练，提升学生阅读理解的水平.高考对数学阅读理解能力的要求包括读懂、理清、弄通、会做.读懂是指理解题目中的每一句话的意思，内化题目的信息；理清是指找出条件与问题中的重点与难点等关键信息；弄通是指寻找问题与条件、条件与条件之间的联系，整体加工信息，总体把握全题；会做是指运用所要求的基本知识、方法、原理进行逻辑推理与数学运算从而解决问题[5].做到上述4点，以“数学文化”为背景的问题将迎刃而解.

因此，以“关注数学文化”为理念来设计问题情境的时候要注意以下几个原则：第一，不能局限于数学历史书籍、史料和数学家，多关注与生活密切相关的各种文化;第二,问题情境设计把握好对学生的阅读理解能力考查的程度,过难或过易都不利于试题的命制和学生的作答;第三,命题的材料要彰显优秀的传统文化,创新试题的呈现方式(选择、填空、大题)和设问方式(不定项选择题、一题双空、开放性的问答).

参考文献

[1] 李文林.数学史概论(第2版)[M].北京:高等教育出版社,2002.

[2] 中华人民共和国教育部.普通高中数学课程标准(2017年版)[M].北京:人民教育出版社,2018.

[3] 孙庆括.近十年高考数学文化命题的特征分析及启示[J].数学通报,2017(1):49-54.

[4] 李汝雁,郭要红.2018年高考数学文化试题的评析与教学建议[J].数学通报,2018(9):29-59.

[5] 任子朝,陈昂,赵轩.加强数学阅读能力考查 展现逻辑思维功底[J].数学通报,2018(7):8-13.

77

从“生活化”到“真生活化”

——创设问题情境的建议之二

于　洋

“生活化”是指设置与生活相关联的问题情境，不考虑问题背景是否符合实际生活.而“真生活化”是指设置符合生活实际的问题情境，真正体现数学来源于生活.

当前的高中数学命题存在着“生活化”情境的误区，命题者面对任何一个数学问题都想套一个生活情境，但是生活情境常常与问题本身毫无联系，有的情境远离学生的生活甚至背离生活常识，导致假的情境问题不断出现在学生的面前，让学生感觉到数学就是一个得分的利器而不是一个能够解决生活实际问题的学科，造成许多学生误认为学习数学就是解题，没有实际用处.然而数学教育承载着落实立德树人根本任务、发展素质教育的功能.作为文化的数学，其数学问题要全面关注“真”的演绎，高度体现“真”的教育——千教万教，教人求真，千学万学，学做真人[1].

【例 1】(2019 南京、盐城一模 17 题)盐城市政府响应习总书记在十九大报告中提出的“绿水青山就是金山银山”的号召，对环境进行了大力整治，目前盐城市的空气质量位列全国前十，吸引了大量的外地游客.某旅行社组织了一个旅游团于近期来到了盐城市黄海国家森林公园，数据显示，近期公园中每天空气质量指数近似满足函数 $f(x)=m\ln x-x+\dfrac{600x}{x^2+144}-6(4\leqslant x\leqslant$

22,$m\in\mathbf{R}$),其中 x 为每天的时刻,若在凌晨 6 点时,测得空气质量指数为 29.6.

(1) 求实数 m 的值;

(2) 求近期每天在 $[4,22]$ 时段空气质量指数最高的时刻.(参考数值:$\ln 6=1.8$)

例 1 以保护环境为命题背景,考查了每天的空气指数与时刻的关系,贴近学生的生活实际.第二问求出的结果是空气质量指数最高的时刻为 12 时.根据地理学的常识,空气质量指数最高说明空气污染程度最重,在公园里的夜晚树木无法进行光合作用只能进行呼吸作用所以产生大量的二氧化碳从而导致早晨的空气质量指数最高,这与问题的结果是矛盾的.所以,这个问题以学生的生活实际为命题的出发点,但是忽视了生活实际的真实性,所以构建的空气质量指数与时刻的函数模型也是有问题的,这就是所谓的问题情境只追求“生活化”而忽略了“真生活化”.所以,在高中数学命题的时候如果忽视生活情境的真实性,那么假情境、假问题就会产生,从而会对学生学习数学产生消极的影响.反观苏教版高中数学必修 1 第 37 页“函数的单调性”的问题中所呈现的气温与时间变化图符合一天气温的日常变化,与实际相符,经得起学生与老师的推敲,这就是所谓的“真生活化”.

【例 2】(2019 全国Ⅰ卷理科第 4 题)古希腊时期,人们认为最美人体的头顶至肚脐的长度与肚脐至足底的长度之比是 $\frac{\sqrt{5}-1}{2}$($\frac{\sqrt{5}-1}{2}\approx 0.618$,称为黄金分割比例),著名的“断臂维纳斯”便是如此.此外,最美人体的头顶至咽喉的长度与咽喉至肚脐的长度之比也是 $\frac{\sqrt{5}-1}{2}$.若某人满足上述两个黄金分割比例,且腿长为 105 cm,头顶至脖子下端的长度为 26 cm,则其身高可能是(　　).

A. 165 cm　　　　B. 175 cm

C. 185 cm　　　　D. 190 cm

图 1

这个题目考查了学生的比例运算,放在平时的考试命题中,我们老师可能就会在比例的复杂性方面增加难度.在高考中,这个问题设计得非常自然,贴近我们的实际生活.在没有任何测量工具的情况下,我们在实际生活中处理数据往往是采用估算的方式.这个问题既考查了“黄金分割”这个比例关系,又考查了学生的估算意识与能力,体现了高考试题对数学运算与数据分析两个数学素养的要求.同时,这道题目的设计以古希腊著名雕塑“断臂维纳斯”为背景,解决问题的方法多种多样,有利于培养学生的发散思维,并且给广大考生提供了一次很好的几何审美的学习机会,提供了黄金分割比的研究机会,有助于激发学生学习数学的兴趣.同时也能使学生亲身体验到美、感受到美,是对美育引导的一次探索[2].同时,《普通高中数学课程标准(2017 年版)》强调通过高中数学的学习让学生感受到“数学可以刻画现实世界中的和谐美(与黄金分割有关的人体结构、建筑物、绘画等)”,促进学生“体会数学在美术中的作用,更加理性地鉴赏美术作品,提升直观想象和数学抽象素养”,可见这道题目与课程标准的设计理念不谋而合,为我们依据课程标准编制数学题目提供了一个有效范式.

所以,我们设计数学问题的时候需注意创设的情境要符合生活实际,情境的材料要为学生所熟悉,情境反映的内容要与数学内容紧密结合,这是数学命题情境设计“真生活化”的第一个原则.“真生活化”的第二个原则是情境创设的生活实例要体现出对数学本质内容的考查而不是为了“生活化”而生活化,高中数学考试归根结底是数学学科的考试,目的是考查学生的数学基础知识与基本技能是否掌握,考查学生的数学学科的思维品质与能力是否得到提升,考查学生的数学核心素养是否到达了高校选拔人才的标准,而不是考查学生对生活的理解.在命题设计的实践中,把情境创设等同于情境的生活化,一味追求数学与生活的联系,可能会导致学生的生活被人为地拓展和提升,甚至被成人化,从而阻碍情境内在数学信息的功能发挥[3].当然,不是所有的题目都需要设置贴近学生真实生活的情境,从数学内部设置问题情境考查学生用所学知识解决问题的能力也是一种重要的命题路径.

参考文献

[1] 祁平,任子朝,陈昂,等.基于数学文化视角的命题研究[J].数学通报,

2018(9):19-24.

[2] 任子朝,赵轩.创设真实情境　突出学科特点　落实“五育”要求——数学高考加强体美劳考查[J].数学通报,2019(7):25.

[3] 夏小刚.情境创设≠情境的生活化、趣味化[J].人民教育,2006(9):24-26.

78

从“学科化”到“跨学科化”

——创设问题情境的建议之三

于 洋

“学科化”就是在创设问题情境的时候只围绕自己的学科而展开，不涉及其他学科内容.“跨学科化”就是在创设问题情境的时候融合多个学科而展开，涉及多个学科的内容.

《普通高中数学课程标准(2017 年版)》(以下简称《标准》)在数学考试命题原则中要求“考查内容应围绕数学内容主线，聚焦学生对重要数学概念、定理、方法、思想的理解和应用”，突出了数学考试命题的“数学化原则”，所以考试命题的设计一定要围绕数学的四条内容主线(函数、几何与代数、概率与统计、数学建模活动与数学探究活动)而展开，突出数学本质.优良的数学问题必然离不开合适的问题情境，问题情境又能促进对数学基础知识、基本技能和核心素养的进一步的考查.《标准》说明中进一步强调了“现实情境、数学情境、科学情境”为数学核心素养考查的重要载体.众所周知，数学是自然科学的重要基础，具有广泛的应用性，渗透到现代科学的方方面面，与其他学科具有丰富的联系，在高中的物理、化学、生物的学习过程中，如果离开了数学，那么这些学科的学习将会寸步不前，反观如果没有这些学科的存在，数学的应用价值将会大打折扣.之前的命题研究，不少学者[1]是围绕数学学科背景而展开命题分析的，忽视了以其他学科为命题背景进行深入研究.同时，高中物理、化学、生物等理科内容中渗透着数学文化，彰显着数学文化载体的丰富与多样，验证了新课标中所强调的数学文化的内容“还包括数学在人类生活、科学技术、社会发展中的贡献和意义”.另外,我们通过表1中数学、物理、化学、生物与地理五个学科的核心素养的比较发现数学中的逻辑推理、物理和生物中的科学思维、化学中的证据推理以及地理中的综合思维都指向了科学精神,说明数学、物理、化学、生物、地理在育人目标方面确实具有共性的地方.虽然科学的情境在课程标准里面没有解释与说明,但是笔者认为其含义是依托其他理科课程内容创设问题情境考查数学知识与方法,体现数学文化的广度与深度,促进高中生核心素养的系统性提升.

表1　核心素养的学科比较

数学	物理	化学	生物	地理
数学抽象		宏观辨识与微观探析		
逻辑推理	物理观念	证据推理与模型认知	生命观念	区域认知
数学建模	科学思维	变化观念与平衡思想	科学思维	人地协调观
直观想象	科学探究	科学探究与创新意识	科学探究	地理实践力
数学运算	科学态度与责任	科学态度与社会责任	社会责任	综合思维
数据分析				

【例1】(2019全国Ⅱ卷理科第4题)2019年1月3日嫦娥四号探测器成功实现人类历史上首次月球背面软着陆,我国航天事业取得又一重大成就.实现月球背面软着陆需要解决的一个关键技术问题是地面与探测器的通讯联系.为解决这个问题,发射了嫦娥四号中继星“鹊桥”,鹊桥沿着围绕地月拉格朗日L_2点的轨道运行.L_2点是平衡点,位于地月连线的延长线上.设地球质量为M_1,月球质量为M_2,地月距离为R,L_2点到月球的距离为r,根据牛顿运动定律和万有引力定律,r满足方程:$\frac{M_1}{(R+r)^2}+\frac{M_2}{r^2}=(R+r)\frac{M_1}{R^3}$.设$\alpha=\frac{r}{R}$,由于$\alpha$的值很小,因此在近似计算中$\frac{3\alpha^3+3\alpha^4+\alpha^5}{(1+\alpha)^2}\approx 3\alpha^3$,则$r$的近似值为(　　).

A. $\sqrt{\frac{M_2}{M_1}}R$　　B. $\sqrt{\frac{M_2}{2M_1}}R$　　C. $\sqrt[3]{\frac{3M_2}{M_1}}R$　　D. $\sqrt[3]{\frac{M_2}{3M_1}}R$

这个题目的设计以航空事业的“鹊桥”为背景,展现了我们国家取得的巨大成就,同时,条件给出了r满足方程,通过$\alpha=\frac{r}{R}$进行变形,得到关于$\frac{r}{R}$的方程,从而求出r的近似解,最后求出r的近似值.考查了学生的阅读理解能力、问题分析能力、转化与化归的能力、运算求解能力,扩大了学生能力的测试范围,强化了对逻辑推理、数学运算素养的考核,突出了高考的选拔功能,具有良好的区分度.虽然这个题目是一个以物理学为背景的数学题目,涉及物理中的牛顿运动定律和万有引力定律,但是无论你的物理学习水平高低都不会影响到这个问题的作答,为此笔者在班级内进行了测试,发现这个问题的正确率与物理成绩相关程度较低.这体现了考试命题的公平性,学生参加的是数学考试,不能因为其他学科的学习情况影响了数学题目的解答,否则失去了考试的价值,背离了数学命题的初衷.这道题目通过引导学生运用数学知识解决物理问题,凸显了数学与其他学科的紧密联系,激发学生感悟数学的科学价值与应用价值.

高中物理、化学、生物、地理等学科内容丰富,其中有各种各样的实例与模型,一线数学教师可以利用这些资源为高中数学命题进行情境创设,让学生学会用数学眼光观察世界、用数学思维思考世界、用数学语言表达世界.

“跨学科化”创设情境时,我们需要注意以下几个原则.第一,其他学科的学习情况不能影响到这个问题的解决,保障考试的公平性,如例1;第二,设置的问题情境不是学科越多越好,避免盲目地增加学科的素材导致问题人为的复杂,偏离了测试的重点;第三,其他学科背景的材料应该是学生所熟悉的,避免在理解其他学科的概念与内容上浪费时间,促进学生顺利解决问题.其实,除了借助理科课程创设命题情境,还可以考虑其他学科,例如下面例2就是以劳动技术为情境的一道数学应用题.在命题的设计过程中,我们只有通过将其他学科与数学问题深度融合进行情境创新,才能实现命题的“跨学科”发展,促进数学核心素养的多角度考查.

【例2】(2020届南京市高三一模17题)如图,是一块半径为4米的圆形铁皮,现打算利用这块铁皮做一个圆柱形油桶.具体做法是从$\odot O$中裁剪出两块全等的圆形铁皮$\odot P$与$\odot Q$做圆柱的底面,裁剪出一个矩形$ABCD$做圆柱的侧面(接缝忽略不计),AB为圆柱的一条母线,点A、B在$\odot O$上,点P、Q

在⊙O的一条直径上，$AB \parallel PQ$，⊙P、⊙Q分别与直线BC、AD相切，都与⊙O内切.

(1) 求圆形铁皮⊙P半径的取值范围；

(2) 请确定圆形铁皮⊙P与⊙Q半径的值，使得油桶的体积最大.(不取近似值)

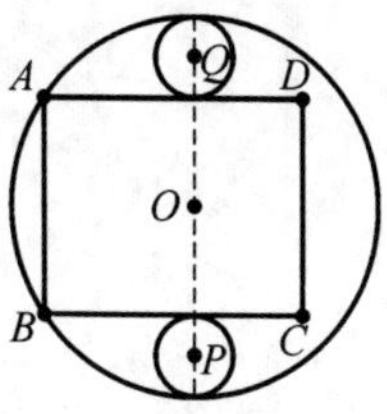

图 1

参考文献

[1] 梅磊，史嘉.例谈数学文化融入高考试题的意义和途径[J].中学数学教学参考(上旬)，2015(1-2)：16-20.

79

试题的命制要从单一因素转变为复合因素

于　洋

高考评价体系从过去的对数学知识与数学能力的考查转变为对学生的数学素养的考查，这说明高考的评价体系在发生根本性的变化，随之而来的就是数学命题所发生的变化——从能力立意到素养导向.正如教育部考试命题中心任子朝[1]所讲:“能力立意强调知识、智力、能力和技能的考查，题目的特点是追求知识覆盖力求全面，题目结构完整，目标指向明确，要求有一定的反应速度.素养导向不但强调知识和智力，更强调知识的迁移和后天的习得.题目的特点是不追求题目结构完整，追求目标指向开放，要求临场思考发挥，目的在于更清晰、准确地考查学生的智力水平、思考深度、思维习惯和科学态度.……试题要素从单一因素到复合因素.”素养导向的命题对学生的数学水平提出了更高的要求，不仅仅是单一的知识点、数学情境和问题，更多的将是知识点的综合、复杂的情境问题与环环相扣的问题串.

同时，以素养为导向的试题命制对高中数学老师提出了更高的要求.众所周知，命题对于一个老师来说是一项非常重要的工作.学校的学习，离不开考试的评价，而考试的评价离不开试题，一份好的试题能够客观地反映学生的学习水平，同时一份好的试题能够促进学生对数学更深层次的理解.现在的数学试题为了更加全面地考查学生的数学素养，要求命制的题目要显现出综合性.那么，如何显现综合性？其中一方面就是从单一因素的命题转变为复合因素命题.

一、单一因素聚合为复合因素

在学生解决问题的过程中，我们发现如果一道题目只有一个知识点或者只涉及一种数学方法，那么学生往往非常容易地就能解决问题.所以在试题命制的过程中，我们先从简单问题入手开始命制.例如以下两个题目.

【例1】 在$\triangle ABC$中，角A,B,C所对的边分别为a,b,c，$\angle ABC=120^\circ$，$\angle ABC$的平分线交AC于点D，且$BD=1$，求a与c之间的关系________.

解析1(解三角形法)：由$S_{\triangle ABC}=S_{\triangle ABD}+S_{\triangle CBD}$，得$\frac{1}{2}ac\sin 120^\circ=\frac{1}{2}c\sin 60^\circ+\frac{1}{2}a\sin 60^\circ$，得$ac=a+c$.

解析2(向量法)：因为BD平分$\angle ABC$，所以$\frac{AD}{DC}=\frac{AB}{BC}=\frac{c}{a}$，即$\overrightarrow{AD}=\frac{c}{a}\overrightarrow{DC}$，从而$\overrightarrow{BD}-\overrightarrow{BA}=\frac{c}{a}(\overrightarrow{BC}-\overrightarrow{BD})$，因此，$\overrightarrow{BD}=\frac{a}{a+c}\overrightarrow{BA}+\frac{c}{a+c}\overrightarrow{BC}$，平方得$1=\frac{a^2c^2}{(a+c)^2}$，即$\frac{1}{a}+\frac{1}{c}=1$.

解析3(解析法)：以B为原点，BD为x轴建系，$D(1,0)$，$C\left(\frac{a}{2},\frac{\sqrt{3}a}{2}\right)$，$A\left(\frac{c}{2},\frac{\sqrt{3}c}{2}\right)$，由$A$，$D$，$C$共线，可得$\frac{\frac{\sqrt{3}a}{2}}{\frac{a}{2}-1}=-\frac{\frac{\sqrt{3}c}{2}}{\frac{c}{2}-1}$，得$\frac{a}{a-2}=-\frac{c}{c-2}$，即$ac=a+c$.

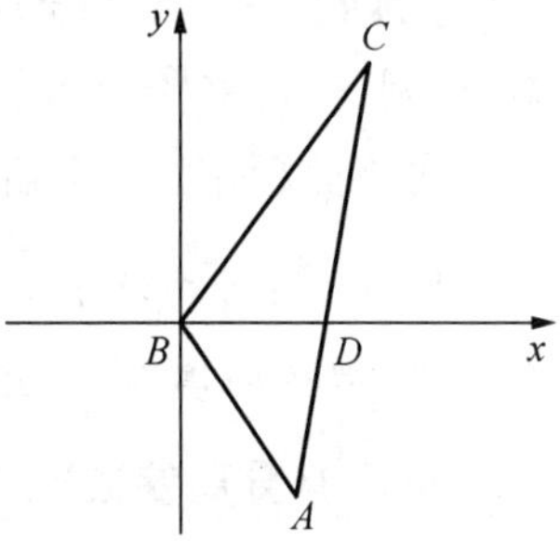

图1

【例2】 已知$ac=a+c$，$a>0$，$c>0$，则$4a+c$的最小值为________.

解：$ac=a+c$，即$\frac{1}{a}+\frac{1}{c}=1$.所以$4a+c=(4a+c)\left(\frac{1}{a}+\frac{1}{c}\right)=5+$

$\frac{4a}{c}+\frac{c}{a}\geqslant 5+4=9$，当且仅当 $c=2a$ 时取等号.

例1与例2的题目相对来说比较基础，每一道题目都有明确的指向，例1寻找 a 与 c 的关系，利用角平分我们可以用正弦定理、向量与建系的方法去解决，例2求不等式的最值就是通过"1"的代换，也是一道不等式的基础题目.

上述试题的命制都是考虑单一的因素，如果将两个单一的因素结合，我们就会发现这两道例题变成了下列问题.

【例3】 在 $\triangle ABC$ 中，角 A,B,C 所对的边分别为 a,b,c，$\angle ABC=120^\circ$，$\angle ABC$ 的平分线交 AC 于点 D，且 $BD=1$，则 $4a+c$ 的最小值为________.

这道题目就是2018年高考数学（江苏卷）的第13题，得到了众多一线数学教师的好评！实际上，这个问题就是由两道简单题目复合而成，却让许多同学措手不及，启发我们一线教师教学的时候多引导学生分析试题中的复合因素，在试题的命制中考虑复合因素.

另外，在高中数学教学的时候，如何帮助学生解决复杂的问题？我们可以引导学生将复杂的问题的复合因素进行拆解，变成单一因素，降低数学问题的抽象程度，降低试题的难度，为学生搭建思考的"脚手架"，促进学生更好地思考.

【例4】 若函数 $f(x)=2x^3-ax^2+1(a\in\mathbf{R})$ 在 $(0,+\infty)$ 内有且只有一个零点，则 $f(x)$ 在 $[-1,1]$ 上的最大值与最小值的和为________.

可将此题作如下分解.

例4(1)：若函数 $f(x)=2x^3-ax^2+1(a\in\mathbf{R})$ 在 $(0,+\infty)$ 内有且只有一个零点，则 a 的值为________.

解析1（分离参数）：

由 $f(x)$ 在 $(0,+\infty)$ 内有且只有一个零点，得 $a=2x+\frac{1}{x^2}$ 在 $(0,+\infty)$ 内有且只有一个解. 设 $g(x)=2x+\frac{1}{x^2}$，$x>0$，则 $g'(x)=2-\frac{2}{x^3}=\frac{2(x^3-1)}{x^3}$，易得 $g(x)$ 在 $(0,1]$ 上递减，在 $[1,+\infty)$ 上递增，所以得 $a=$

$g(1)=3$.

解析 2(求导):

$f'(x)=6x^2-2ax=2x(3x-a)$.

当 $a\leqslant 0$ 时,$f'(x)>0$ 在 $(0,+\infty)$ 上恒成立,此时 $f(x)$ 在 $(0,+\infty)$ 上单调递增,又 $f(0)=1$,故此时 $f(x)$ 在 $(0,+\infty)$ 上无零点,舍去.

当 $a>0$ 时,$x\in\left(0,\dfrac{a}{3}\right)$ 时,$f'(x)<0$,$x\in\left(\dfrac{a}{3},+\infty\right)$ 时,$f'(x)>0$,故函数 $f(x)$ 在 $\left(0,\dfrac{a}{3}\right)$ 上单调递减,在 $\left(\dfrac{a}{3},+\infty\right)$ 上单调递增,由函数 $f(x)$ 在 $(0,+\infty)$ 上有且只有一个零点得 $f\left(\dfrac{a}{3}\right)=-\dfrac{a^3}{27}+1=0$,解得 $a=3$.

例 4(2):函数 $f(x)=2x^3-3x^2+1$ 在 $[-1,1]$ 上的最大值与最小值的和为________.

解:$f'(x)=6x(x-1)$,可得 $f(x)$ 在 $[0,1]$ 上递减,在 $[-1,0]$ 上递增.又 $f(-1)=-4$,$f(0)=1$,$f(1)=0$,所以在 $[-1,1]$ 上,$f(x)_{max}=f(0)=1$,$f(x)_{min}=f(-1)=-4$.得 $f(0)+f(-1)=-3$.

这个问题通过分解就变成了两道基础题目,数学的难题实际上是由多个基础题目组合而成,反复训练基础题目,有利于夯实基础;反复把复杂题目分解,有利于提升学生解决问题的能力.

二、从单一因素迁移到复合因素

在日常的教学中,学生面对一个问题往往根据以往的经验去解决,如果过去的经验无法为解决问题提供帮助,那么学生只能机械地硬套过去的方法进行解决以期获得步骤分或者无奈放弃.那么学生的问题出在哪里呢?是不会吗?笔者通过访谈与调查问卷进行研究,发现学生不是不会,而是对问题承载的知识或方法一知半解而导致自己无从下手.所以,我们在平时的教学中,要引导学生深入挖掘数学概念和方法背后的数学思想,通过不断地改变试题的因素,不断地调整试题的多种因素的复合程度,从而通过恰当的变式训练加深学生对知识本质的理解.只有理解了数学的本质,才能激活数学的思维,用数学灵动的思维去思考问题的解决,而不是囿于思维的僵化.

【案例1】 等差数列前 n 项和性质的教学片段.

【问题1】设 S_n 是等差数列 $\{a_n\}$ 的前 n 项和,若 $\frac{a_5}{a_3}=\frac{5}{9}$,则 $\frac{S_9}{S_5}=$ ________.

这个题目比较经典,利用等差数列的性质可知 $\frac{a_5}{a_3}=\frac{2a_5}{2a_3}=\frac{a_1+a_9}{a_1+a_5}=\frac{5}{9}$,而 $\frac{S_9}{S_5}=\frac{(a_1+a_9)\times9\div2}{(a_1+a_5)\times5\div2}=\frac{5\times9\div2}{9\times5\div2}=1$.

说明:单一因素命题——等差数列的公式的运用.

【问题2】设 S_n 是等差数列 $\{a_n\}$ 的前 n 项和,若 $\frac{S_n}{S_{2n}}=\frac{n+1}{4n+2}$,则 $\frac{a_3}{a_5}=$ ________.

这个问题同学们也按照第一个题目的方法去做,发现解决不了.这个时候笔者引导学生回忆等差数列求和的定义与公式,则 $\frac{S_n}{S_{2n}}=\frac{(a_1+a_n)\times n\div2}{(a_1+a_{2n})\times2n\div2}=\frac{(a_1+a_n)}{2(a_1+a_{2n})}$,我们要注意到这里的 n 对任意的正整数都成立.所以,当 $n=1$ 时,有 $\frac{S_1}{S_2}=\frac{(a_1+a_1)}{2(a_1+a_2)}=\frac{1+1}{4\times1+2}=\frac{1}{3}$,即 $\frac{a_1}{a_1+a_2}=\frac{1}{3}$. $\therefore 3a_1=a_1+a_2=a_1+a_1+d$, $\therefore a_1=d$, $\therefore a_3=3d, a_5=5d$, $\therefore$ 原问题得解.这个问题的解决突出了数列的基本概念和定义,强化了学生对数列求和公式中 n 的理解.

说明:复合因素命题——将等差数列下标和的性质迁移到等差数列前 n 项和公式.

【问题3】在等差数列 $\{a_n\}$ 和 $\{b_n\}$ 中, S_n 为数列 $\{a_n\}$ 的前 n 项和, T_n 为数列 $\{b_n\}$ 的前 n 项和,当 $\frac{S_n}{T_n}=\frac{n+1}{2n+1}$,求 $\frac{a_{15}}{b_{10}}$.

学生从等差数列的求和公式入手或从等差数列前 n 项和的性质入手，都无法解决这个问题，感到一筹莫展.有的学生问道："老师，这个题是不是缺少条件？"难道这个问题真的缺少条件吗？显然不是.因为数列$\{a_n\}$和$\{b_n\}$都是等差数列，所以从函数的角度去理解它们的和是关于 n 的一元二次函数，又因为$\frac{S_n}{T_n}=\frac{n+1}{2n+1}$，则不妨设 $S_n=kn(n+1)$，$T_n=kn(2n+1)(k\neq0)$，所以 $a_{15}=S_{15}-S_{14}=30k$，$b_{10}=T_{10}-T_9=39k$，从而原问题得解.这里学生陷进前两个问题解决的方法之中没有走出来的根本原因是学生知道等差数列的前 n 项和是关于 n 的一元二次函数，但是理解不到位，所以这个问题无法解决.在我们的教学中，除了知识、方法外还要引导学生去体会与领悟一些上位的数学思想，例如在数列的学习中，让学生理解数列本质上是特殊的函数，那么等差数列和等比数列的一些性质就可以从函数的角度去认识和掌握，借助函数来解决数列的问题.

说明：复合因素命题——将等差数列前 n 项和公式本质是一元二次函数迁移到此题目中.

【案例 2】 三角函数多解的教学片段.

【问题 4】$\alpha\in\left(\frac{\pi}{2},\frac{3\pi}{2}\right)$，$\sin\left(\alpha-\frac{\pi}{3}\right)=\frac{5}{13}$，求 $\cos\alpha$.

【问题 5】$\alpha\in\left(\frac{\pi}{2},\frac{3\pi}{2}\right)$，$\sin\left(\alpha-\frac{\pi}{3}\right)=\frac{3}{5}$，求 $\cos\alpha$.

学生非常轻松地在课堂上得到了两个问题的答案分别是$\frac{12-5\sqrt{3}}{26}$和$\frac{4-3\sqrt{3}}{10}$.显然这两个都是错解.笔者拿起学生的课堂笔记本观察其书写过程，发现大部分错解的原因是过程有漏洞，学生在进行数学逻辑推理时不是严格地一环扣一环，而是随心所欲想当然地认为 $\cos\left(\alpha-\frac{\pi}{3}\right)$是正值.$\because$ $\alpha\in\left(\frac{\pi}{2},\frac{3\pi}{2}\right)$，则 $\alpha-\frac{3}{2}\in\left(\frac{\pi}{6},\frac{7\pi}{6}\right)$，$\therefore$ $\sin\left(\alpha-\frac{\pi}{3}\right)=\frac{5}{13}<\frac{1}{2}$，$\therefore$ $\sin\left(\alpha-\right.$

$\frac{\pi}{3}\Big)=-\frac{12}{13}$,$\therefore\ \cos\alpha=\frac{-12-5\sqrt{3}}{26}$.而第二个问题中,$\sin\left(\alpha-\frac{\pi}{3}\right)=\frac{3}{5}>\frac{1}{2}$,$\therefore\ \sin\left(\alpha-\frac{\pi}{3}\right)=\pm\frac{4}{5}$,$\therefore\ \cos\alpha=\frac{\pm4-3\sqrt{3}}{10}$.

说明:此题目将三角函数的周期性迁移到了三角函数求值中.

深入追究这两个问题学生犯错的原因是学生不理解三角函数的本质是周期性,使得一个三角函数值可能对应多个角.但是如果学生的认识还是停留在初中三角函数的层面,局限于锐角的三角函数都是正的则所有的三角函数都是正的思维定式中,那么强化学生对高中阶段所学的三角函数本质的理解将会对打破学生的思维固化大有裨益.所以,在平时的教学中,我们要多设计这样的题目,让学生经历复合因素的数学情境,从而提升学生解决问题的能力.

参考文献

[1] 任子朝.从能力立意到素养导向[J].中学数学教学参考,2018(13):1.

[2] 于洋.基于核心素养,突出数学本质[J].中小学数学(高中版),2018(Z1):21 - 24.

80

试题的条件要从结构良好到结构不良

丁　菁

新一轮高中数学课程改革最显著的特点是提出了数学教学要培养学生的学科核心素养，强调培养学生发现问题和解决问题的能力.那么，如何对数学学科核心素养的发展水平进行评价呢？《普通高中数学课程标准(2017年版)》对此做了全面的阐述.总体来说，评价体系是多元的，不仅包括日常教学活动、学生学习过程中的发展变化等过程性评价，还包括传统的书面测验.

教育部考试中心的任子朝先生在《从能力立意到核心素养导向》一文中提到：新课程下数学学科的考查目的从关注知识到关注人；考核目标从常规性的问题解决技能到创造性的探究能力.其中，他特别提到试题条件要从结构良好到结构不良.

一、"结构不良"问题的特点

结构不良问题并不是问题本身有错误或者不恰当，而是指它没有明确的结构或者解决途径.近年来，结构不良问题引起了研究者的关注，新建构主义的学者认为结构不良问题有助于发展学生的思维、创新和迁移能力.他们强调要将学生从传统知识的接受者转变为主动的问题解决者.首先，我们通过下表对结构良好问题与结构不良问题做一个比较.

表1

比较维度	结构良好问题	结构不良问题
问题条件/数据	全部呈现	部分呈现或冗余
答案	标准的、确定的、唯一的	多样的、开放的或者根本没有
解决方案	唯一的、规定性的	多种方案
目标界定	清晰、确定	模糊不清晰
评价标准	单一	多样化
所涉及的概念、规则与原理及其组织	常规的、经过良好组织的、来自结构良好领域	不明确
学科	单一	跨学科
与真实生活的联系	无	有

从上表中我们可以看到,与结构良好问题相比,结构不良问题具有如下特点:① 给定条件不完全;② 目标不确定;③不明确哪些概念、原理对于解决问题有用;④ 常常没有唯一、标准的答案;⑤ 往往和具体情境相联系或与多个知识领域相联系等.

以下举例说明.

【问题1】 命题 p:已知 $A(1,1)$,$B(-1,1)$,$C(-1,-1)$,$D(1,-1)$,则满足 $\angle AMD=\angle BMC$ 的所有点 M 都在 y 轴上.请你判断这个命题的真假.

【问题2】 命题 p:已知 $A(1,1)$,$B(-1,1)$,$C(-1,-1)$,$D(1,-1)$,则满足 $\angle AMD=\angle BMC$ 的所有点 M 都在 y 轴上.能够说明命题 p 是假命题的一个点 M 的坐标为________.

以上两个题目基于同一个背景命制.问题1属于结构良好的问题,给出一个具体的命题,判断它的真假,问题条件清晰、目标明确、答案唯一.对于问题2,其特点是答案不唯一、解决方案多样化,既可以考虑正方形 $ABCD$ 外接圆上的点(除 A,B,C,D),又可以考虑如曲线 $y=x(x>1)$上的点,还可以建立满足 $\angle AMD=\angle BMC$ 的点 M 的轨迹方程,从中选择不在 y 轴上的一个点 M 的坐标.因此,问题2具备结构不良问题的特征,虽然只是改变了一个问法,但是更有利于考查学生的思维、创新和迁移能力.

根据现代认知心理学的研究，结构不良问题主要有三种形式：一是问题的起点、目标明确，也知道有若干种解决问题的办法，但不知道哪种办法最好；二是问题的起点、目标明确，但是不知道解决问题的办法；三是只有问题的起点明确，问题解决的目标和达到的目标及其途径和方法都不明确.

二、“结构不良”问题的功能

1. 结构不良问题的解决有利于高级知识的获得

从知识观来看，学习可以分为初级和高级学习两个层次.在解决结构良好的问题时，由于问题的设计相对简单化，学生只需要再现其习得的知识和技能，这种简单化使学生获得的是“惰性知识”，阻碍其在具体情境中有效的迁移.新建构主义认为，结构不良领域的问题能够促进高级知识的获得，为更复杂知识的掌握和迁移做准备.通常，这些结构不良的问题需要学生对于问题进行准确的表征、建立问题解决空间，进而促进学生在自主建构中提升问题解决能力和思维能力.

2. 结构不良问题的解决有利于培养学生的能产性思维

德国心理学家韦特海默(M. Wertheimer)提出：能产性思维指面对一个问题时能产生一个新的解决方案.结构良好的问题往往是与学生已经解决了的问题同样或相似的问题，他们只需要调用早已知道的解决路径就可以将问题合理解决.比如求函数 $f(x)=x^3-15x^2-33x+6$ 的单调减区间，学生只要利用导数和单调性的关系，令 $f'(x)=3x^2-30x-33=3(x+1)(x-11)<0$，解得 $-1<x<11$，就可以判断函数 $f(x)=x^3-15x^2-33x+6$ 的单调减区间是 $(-1,11)$.而结构不良的问题往往没有明确的解题路径，需要学生进行合理的猜想、大胆的推测，发现和创造一个全新的问题解决方案.比如，面对问题“命题 p：已知 $A(1,1)$，$B(-1,1)$，$C(-1,-1)$，$D(1,-1)$，则满足 $\angle AMD=\angle BMC$ 的所有点 M 都在 y 轴上.能够说明命题 p 是假命题的一个点 M 的坐标为________.”学生不能明确导致 $\angle AMD$ 与 $\angle BMC$ 相等的原因是什么，这里就出现了不同的可能路径，学生需要充分调用已有的知识和经验，探索满足 $\angle AMD=\angle BMC$ 的点 M 的特征.对此，有的学生会想到四点共圆，同弧所对圆周角相等；有的同学会想到构造角平分线等，从而再从这些角度进一步验证猜想的合理性.显然，这种创造性的学习调动了学生的“能产性思维”，促

进了学生分析问题和解决问题能力的形成.

三、"结构不良"问题的命制建议

1. 基于结构不良问题的特性命制

命制结构不良问题时要根据其特性,对条件、结论、方法等问题结构要素进行合理的设置,比如条件部分呈现,或运用到的概念、原理不明确,抑或结论不唯一,解决方法多样等,设计适度开放的问题.

【例 1】(2020 届山东省新高考模拟题)在① $b_1+b_3=a_2$,② $a_4=b_4$,③ $S_5=-25$这三个条件中任选一个,补充在下面问题中,若问题中的 k 存在,求 k 的值;若 k 不存在,说明理由.设等差数列$\{a_n\}$的前 n 项和为 S_n,$\{b_n\}$是等比数列,________,$b_1=a_5$,$b_2=3$,$b_5=-81$,是否存在 k,使得 $S_k>S_{k+1}$且 $S_{k+1}<S_{k+2}$?

上面这个结构不良问题的特点是条件部分呈现,学生自主选择适当条件填入构成结构完整问题,根据选择的条件不同答案也相异.如果填入条件①,那么$\{a_n\}$是首项为-13,公差为 3 的等差数列,故$\{a_n\}$单调递增,且 $a_5<0$,$a_6>0$,所以存在 k 使得 $S_k>S_{k+1}$且 $S_{k+1}<S_{k+2}$,此时 k 的值 4.如果填入条件②,那么$\{a_n\}$是首项为 111,公差为-28 的等差数列,故$\{a_n\}$单调递减,故不存在符合题意的 k 值.如果填入条件③,那么$\{a_n\}$是首项为-9,公差为 2 的等差数列,故$\{a_n\}$单调递增,且 $a_5<0$,$a_6>0$,所以存在 k 使得 $S_k>S_{k+1}$且 $S_{k+1}<S_{k+2}$,此时 k 的值 4.

这个题目我们曾在高二的新授课上测试学生,结果并不理想,究其原因并非这个问题解题难度大,而是学生对这类"不走寻常路"的结构不良问题甚少接触,因此不适应.要知道,传统的数学题目往往只有一个"标准答案",学生不需要从大量信息中选择所需的信息,而通过这类题海战术练出来的学生,缺乏选择能力和灵活运用知识的能力.要改变这种现状,我们可以从培养学生解决结构不良问题着手,让学生体会丰富性和复杂性,学会对信息进行取舍、评价以及推理和判断.

2. 基于真实的数学情境命制

一方面,现实生活中充斥着大量结构不良问题需要解决者从诸多现象中分析、设计出解决方案，这有助于我们设计结构不良的问题.另一方面，“学科核心素养实际上就是一种把所学的学科知识和技能迁移到真实生活情境的能力和品质.要养成这种素养，学生的学习应该是在一个又一个基于真实情境的问题中通过体验、探究来建构自己的知识，发展自己的能力.”所以，我们可以从真实的生活问题出发命制结构不良问题，让学生运用学科知识和技能分析、解释、解决实际问题.

【例 2】(2015 全国Ⅰ卷 19 题)某公司为确定下一年度投入某种产品的宣传费，需了解年宣传费 x(单位：千元)对年销售量 y(单位：t)和年利润 z(单位：千元)的影响，该公司对近 8 年的年宣传费 x_i 和年销售量 y_i($i=1,2,\cdots,8$)数据作了初步处理，得到散点图及一些统计量的值.

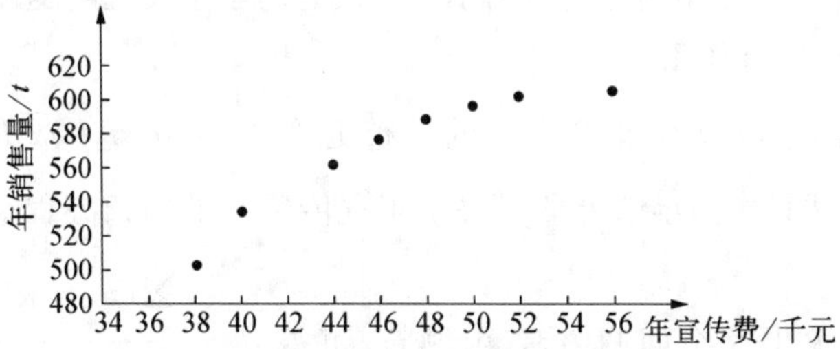

图 1

表 2

$\overline{x}$	$\overline{y}$	$\overline{z}$	$\sum_{i=1}^{8}(x_i-\overline{x})^2$	$\sum_{i=1}^{8}(w_i-\overline{w})^2$	$\sum_{i=1}^{8}(x_i-\overline{w})(y_i-\overline{y})$	$\sum_{i=1}^{8}(w_i-\overline{w})(y_i-\overline{y})$
46.6	56.3	6.8	289.8	1.6	1 469	108.8

表中 $w_i=\sqrt{x_i}$，$\overline{w}=\dfrac{1}{8}\sum_{i=1}^{8}w_i$.

(1) 根据散点图判断，$y=a+bx$ 与 $y=c+d\sqrt{x}$ 哪一个适宜作为年销售量 y 关于年宣传费 x 的回归方程类型？(给出判断即可，不必说明理由)

(2) 已知这种产品的年利率 z 与 x、y 的关系为 $z=0.2y-x$.试回答下列问题：

(i) 年宣传费 $x=49$ 时，年销售量及年利润的预报值是多少？

(ii) 年宣传费 x 为何值时，年利率的预报值最大？

附：对于一组数据 (u_1,v_1)，(u_2,v_2)，……，(u_n,v_n)，其回归线 $v=\alpha+\beta u$ 的斜率和截距的最小二乘估计分别为：$\hat{\beta}=\dfrac{\sum\limits_{i=1}^{n}(u_i-\bar{u})(v_i-\bar{v})}{\sum\limits_{i=1}^{n}(u_i-\bar{u})^2}$，$\hat{\alpha}=\bar{v}-\hat{\beta}\bar{u}$.

上述问题也属于结构不良问题，其特点是源于真实的生活情境，问题的目标不够清晰，很多学生不能从模糊的问题任务中发现和提出问题解决的目标.其实，“发现和提出问题”相比“分析和解决问题”难度更大，因为解决问题中，问题的“已知”和“所求”都是清晰的，学生只需要调用已有的知识和方法就可以得到问题的答案，但对于“发现和提出问题”，问题的“已知”和“未知”往往不清楚，需要学生多角度展开思考，自己确定已知条件和解决目标，这对学生的创造性思维提出了要求.因此，这类问题对学生发现问题和提出问题的能力有很好的锻炼作用.

从散点图中可以看出，8 个点的分布更符合 $y=c+d\sqrt{x}$ 的图象，因此 $y=c+d\sqrt{x}$ 适宜作为年销售量 y 关于年宣传费 x 的回归方程类型.于是，问题就转化为求出这个回归方程.由题意，可得 $\hat{d}=\dfrac{\sum\limits_{i=1}^{n}(w_i-\bar{w})(y_i-\bar{y})}{\sum\limits_{i=1}^{n}(w_i-\bar{w})^2}=\dfrac{108.8}{1.6}=68$，$\hat{c}=\bar{y}-\hat{d}\bar{w}=563-68\times6.8=100.6$，因此 $\hat{y}=100.6+68\sqrt{x}$.此时，当 $x=49$ 时，年销售量 y 的预报值 $\hat{y}=100.6+68\sqrt{49}=576.6$，年利润 z 的预报值 $\hat{z}=576.6\times0.2-49=66.32$.又 $\hat{z}=-x+13.6\sqrt{x}+20.12$，所以当 $\sqrt{x}=6.8$，即 $x=46.24$ 时，$\hat{z}$ 取到最大值.

这个问题受到考试题的限制，提供了两种模型选择.其实，如果是课堂教学，可以仅提供学生收集的数据信息，请学生尝试估计年利率预报值何时最大.这样的结构不良问题更有价值，更有助于培养学生发现问题和提出问题的能力.在国际上，对“问题解决”的评价方面，比较有影响力的是国际经合组织(OECD)构建的 PISA 数学测试，这个测试的目的是考查学生是否掌握参与社会生活所需要的问题解决能力和终身学习能力，而 PISA 试题几乎全部来自真实生活的结构不良问题.

不过，依据上述原则命制试题时，我们要根据考查意图进行适当的处理：剔除偏离目标、无关的细枝末节，保留关键性的事实.选题时，要贴近学生的知识水平、生活经验，使学生能充分地理解情境；在知识点上，要与课程标准和教材内容紧密联系，便于学生找到解决问题的基本依据.

3. 基于数学学科的逻辑命制

数学要解决的问题不仅仅“是什么”，更侧重“为什么”，同时还要回答在什么条件下形成这个结论等.因此，基于数学学科逻辑，教师在设计结构不良问题时，要深入研究教材，以教材中的问题为依托，开发好的情境并科学地设问，将教学内容转化为符合学科逻辑、结构不良的问题，形成“像科学家一样思考问题的问题链”.

比如，学习“导数”这一章时，我们多次以三次函数为模型，学习导数的知识并感受导数在研究函数性质中的工具作用.那么，我们可以从同学们熟悉的三次函数出发，命制以三次函数性质的探究为主体的结构不良问题.

【例 3】已知三次函数 $f(x)=ax^3+bx^2+cx+d$，其中 $a,b,c,d\in\mathbf{R}$，且$a\neq 0$.记函数 $f(x)$的图象为曲线C，已知C的对称中心为$O'\left(-\dfrac{b}{3a},f\left(-\dfrac{b}{3a}\right)\right)$.

(1) 已知点S是C上的动点，证明：当且仅当点S在C的对称中心O'时，过点S且与C相切的直线有且仅有1条；

(2) 如图，记过点$O'\left(-\dfrac{b}{3a},f\left(-\dfrac{b}{3a}\right)\right)$且与$C$相切的直线方程为$y=h(x)$，过坐标平面内任意一点$M(m,n)$作$C$的切线$l$.判断直线$l$的条数，并确定此时点$M$的位置.

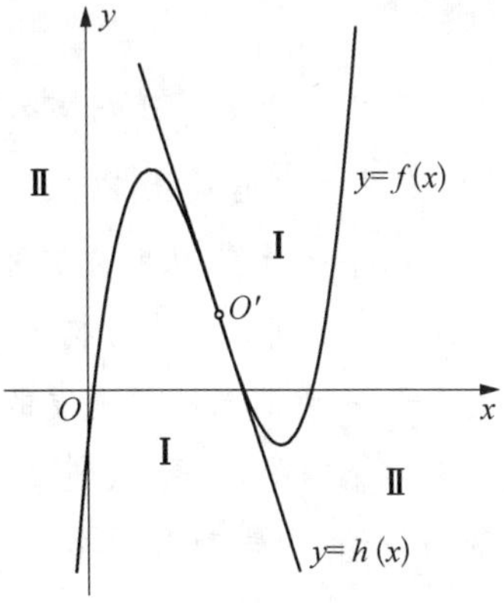

图 2

高中阶段经常会遇到各种不同的三次函数问题，因此引发学生探究三次函数的一般性质是有意义的.上述问题的解决过程，有利于促使学生逐渐形成主动探究的习惯，培养创新精神和实践能力.如果利用这个问题开展研究性学习，学生可以借助于信息技术手段猜测合理的数学结论，明确解决问题的思路和方案,再通过自主探究、合作交流等方式严格地论证数学结论:当点 M 在 C 的中心点 O' 处或点 M 的坐标满足 $\begin{cases}n>f(m),\\n>h(m)\end{cases}$ 或 $\begin{cases}n<f(m),\\n<h(m)\end{cases}$ (即点 M 在图2中的区域Ⅰ)时,直线 l 恰有1条;当点 M 在 C 上或在直线 $y=h(x)$ 上(均不含点 O')时,直线 l 有2条;当点 M 的坐标满足 $\begin{cases}n>f(m),\\n<h(m)\end{cases}$ 或 $\begin{cases}n<f(m),\\n>h(m)\end{cases}$ (即点 M 在图2中的区域Ⅱ)时,直线 l 恰有3条. 如果作为测试题(如多项选择题),我们可以给出一个具体的三次函数,进而给出不同的点 M(恰好位于 O'、曲线上不同于 O' 的点、位于区域Ⅰ和区域Ⅱ的点)考查切线的条数,从中反映学生的数学直觉、实践能力和创新品质.

试题命制从结构良好到结构不良是新课程、新高考的一个亮点,由于结构不良问题本身的特点,给学生解决问题提供了更为广阔的空间,有利于学生发现并提出问题、分析并解决问题能力的培养,以及学科核心素养的形成. 希望同仁们能重视结构不良问题的命制,从解决这些问题的过程中体现其教育价值,更好地培养学生的数学思维品质.

参考文献

[1] 中华人民共和国教育部.普通高中数学课程标准(2017年版)[M].北京:人民教育出版社,2018.

[2] 任子朝.从能力立意到素养导向[J].中学数学教学参考,2018(13).

[3] 张东.加强结构不良问题的教学,提高学生发现和提出问题的能力——一道期末试题引发的思考[J].中学数学杂志,2016(2).

[4] 刘明,丁菁.促进高中生数学探究的课程资源库建设概述[J].教育研究与评论(中学教育教学),2017(8).

81

对多项选择题命制的认识

丁 菁

《普通高中数学课程标准(2017 年版)》的颁布实施,明确了新一轮高中数学课程的内容、要求及考查目标.其中,更明确提出了发展学生的学科核心素养,它们不仅被纳入数学课程目标,也成为新高考的考查目标之一.

围绕数学学科素养的考查目标,新高考更加注重对学科思维(以概念、判断、推理的方式进行逻辑的思考)的考查,更加注重对学生实际的解决问题能力的考查,同时也更加关注数学与文化的融入与交互.

当前,为更好地达成上述考查目标,新高考的试题命制也尝试研发新题型,数学多项选择题的出现就基于此背景.接下来,谈谈对数学学科新高考多项选择题命制的认识.

一、对多项选择题的认识

顾名思义,多项选择题与单项选择题的区别在于,有多个正确选项,目前采用的判分原则通常是考生全部选对得满分,部分选对但无错选可得到 2 分,有一个错误选项不得分.由于有不止一个正确选项,因此相较单选题,多项选择题难度更大,容易丢分.

一道多项选择题通常由题干和四个选择项组成,一种类型是选择项中给出若干相关命题,包括若干个正确项及若干个干扰项(也可能全部正确),命制此类试题有助于测试考生对基本概念、基础知识的掌握情况.如例 1.

【例 1】对于定义在 **R** 上的函数 $f(x)$,下列判断错误的有(　　).

A. 若 $f(-2)>f(2)$,则函数 $f(x)$ 是 **R** 上的单调增函数

B. 若 $f(-2)\neq f(2)$,则函数 $f(x)$ 不是偶函数

C. 若 $f(0)=0$,则函数 $f(x)$ 是奇函数

D. 函数 $f(x)$ 在区间 $(-\infty,0]$ 上是单调增函数,在区间 $(0,+\infty)$ 上也是单调增函数,则 $f(x)$ 是 **R** 上的单调增函数

另一种类型是根据题干条件,问题的答案不唯一,请考生选择可能的正确答案对应的选项,这类试题有助于测试考生的基本方法、基本直觉,以及分析和解决问题的能力.如例 2.

【例 2】设 a 为实数,则直线 $y=a$ 和函数 $y=x^4+1$ 的图象的公共点个数可以是(　　).

A. 0　　B. 1　　C. 2　　D. 3

二、命制多项选择题的意义

虽然在数学考试中多项选择题的出现是令人耳目一新的创新之举,但实际上它由来已久.早在 19 世纪 20 年代初,多项选择题就被美国教育界用于语言学科的测试中,并逐渐受到广大教师和专业命题者的认可.此外,由于物理学科涉及的概念丰富且多项选择题可以包含更多信息,因此在物理学科的高考中一直包含多项选择题型.那么,为什么要在数学学科的新高考中纳入多项选择题呢?

笔者认为最主要的原因是多项选择题更有利于对数学基本概念、易错点的全面考查.如上面的例 1 中对函数单调性的考查,命题者从几个不同的角度设计选择项,考生只有对概念全面理解和掌握,才能辨析出所有的正确选项,获得满分.而采用单项选择题考查相应问题时,容易出现考生概念没有理解透彻,但因为知道只有一个选项正确,从而获得正确答案的情况.此外,在数学学科中采用多项选择题型进行测试,其信度较高.由于多项选择题答案客观,避免了人为因素的干扰,同时受试对象和环境是可控的,因此只要试题本身精选,评分结果就具有较高的信度.当然,多项选择题还有易于评阅的优点.

综上,多项选择题的出现不仅丰富了考题类型,而且因为多项选择题的

特点，有利于对学科基本知识、易错点等的考查.

三、命制多项选择题的标准

命制多项选择题的标准是什么，我们是如何尝试的呢？对此，笔者谈谈思考与实践.

1. 多项选择题适合考什么

前面说过，命制多项选择题的目的应着眼于考查基本概念、基本方法以及易错点，因此一般意义上，一切高中阶段所学概念、方法等皆可入题.但是，值得注意的是，选择支的设定要紧密围绕所考查的概念、方法.

【例 3】 已知函数 $f(x)=\sqrt{3}\sin x\cos x+\cos^2 x(x\in\mathbf{R})$，则下列选项正确的有(　　).

A. $f(x)$的最小值为$-\dfrac{1}{2}$

B. $f(x)$的周期为 π

C. $f(x)$的图象关于直线 $x=\dfrac{\pi}{3}$对称

D. $f(x)$的图象关于点$\left(-\dfrac{\pi}{12},0\right)$对称

首先，这个问题考查了三角恒等变换，$f(x)$可化为 $\sin\left(2x+\dfrac{\pi}{6}\right)+\dfrac{1}{2}$.进而，这个问题考查的是 $y=A\sin(\omega x+\varphi)+k(A>0,\omega>0)$的图象与性质，选择支覆盖了周期性、值域(最值)、图象的对称性.其中，D 选项设置了一个易错点，学生在回答对称中心时，常常忽略 k 对图象的影响.通过这个多项选择题，不仅将三角函数的图象与性质、三角恒等变换两部分的知识综合在一起，而且覆盖了重要知识点和常见错误，能有效考查学生对三角知识的掌握程度.

【例 4】 若函数 $f(x)$的定义域为 D，对任意 $x_1,x_2\in D$，都有 $f(\dfrac{x_1+x_2}{2})\leqslant\dfrac{1}{2}[f(x_1)+f(x_2)]$，则称此函数是“下凸函数”.下列函数是“下凸函数”的有(　　).

A. $f(x)=2^x$　　　　B. $f(x)=\log_2 x$

C. $f(x)=\sqrt{x}$　　　　D. $f(x)=x^2+\dfrac{1}{x}(x>0)$

这个题目适合放在必修第一册学完后的测试中.这个题目的命制以“下凸函数”为背景,不仅考查了不等式的有关知识,也考查了基本初等函数,同时也有意考查数形结合的思想方法.选择支的设置意图有两点:一是考查学生的基本直觉,能从形的角度转化条件,这样对于基本初等函数(选项 A,B,C 中的函数)可以直接进行判断;二是由于学生还没有学习导数的有关知识,无法直接判断 D 选项中的函数是否满足题意,此时需要积极从代数方向建立大小关系的比较,比如可借助基本不等式链$\left(x_1,x_2>0,\sqrt{\dfrac{x_1^2+x_2^2}{2}}\geqslant\dfrac{x_1+x_2}{2}\geqslant\sqrt{x_1x_2}\geqslant\dfrac{2}{\dfrac{1}{x_1}+\dfrac{1}{x_2}}\right)$获得 $f\left(\dfrac{x_1+x_2}{2}\right)\leqslant\dfrac{1}{2}[f(x_1)+f(x_2)]$.此外,A,B,C 选项中分别选择了指数函数、对数函数和幂函数,有助于考查学生对不同对象的认识,同时在 D 选项中又有小结合,从而提升了题目的难度.

可见,高中阶段所学概念、方法等都可以作为素材来命制多项选择题,进而围绕其涉及概念与方法的重点和易错点设置选择支,有效考查学生对基本概念、基本方法、基本直觉的掌握水平与应用能力.

2. 选择支需合理编排

多项选择题的命制不仅需要教师根据考查内容选择合适的问题情境,而且要合理编排选择支,这往往是命制多项选择题的难点.首先,考虑到类似多项选择题在解题时需要学生逐个判断,所用时间往往较单选题多,因此在编排选择支时切忌过难.其次笔者认为,选择支的编制最好是在同一大背景下对多个结论的判断,而不是简单地把一些知识点拼凑在一起,选项与选项之间应具有知识的内在联系.

【例 5】 设函数 $f(x)$ 的定义域为 D,若对于任意 $x\in D$,存在 $y\in D$ 使 $\dfrac{f(x)-f(y)}{2}=C$(C 为常数)成立,则称函数 $f(x)$ 在 D 上的“半差值”为 C.

下列四个函数中,满足所在定义域上“半差值”为1的函数有(　　).

A. $y=x^3+1, x\in\mathbf{R}$　　　　B. $y=2^x, x\in\mathbf{R}$

C. $y=\ln x, x\in(0,+\infty)$　　　　D. $y=2\sin x+1, x\in\mathbf{R}$

这是我校2022届高一年级期末考试的一道多项选择题,本题给出了“半差值”这个新概念,要求考生基于阅读理解新概念,对于高一学生来说,正确理解题中的“任意、存在”是有一定难度的.命题者围绕这个数学背景,在选择支中构建了指数函数、对数函数、幂函数(多项式函数)、三角函数等基本初等函数.这样编排的意图是,一方面覆盖了高一所学的基本初等函数类型,有利于全面考查学生是否熟悉和掌握它们的函数的图象与性质;另一方面,虽然构建的函数类型不同,但是解决问题的方法是相通的,本质上与值域密切相关,选项A和C中的函数值域为$\mathbf{R}$,此时满足对任意$x\in D$,总存在$y\in D$,使得$\dfrac{f(x)-f(y)}{2}=1$,而对于选项B和D中的函数,因为函数存在下确界或最小值,从而可以举出反例.例5的作答情况见表1.

表1

选择AC(5分)	选择一个正确选项(2分)	其他选项(0分)	平均得分
41.9%	9.4%	48.7%	2.283分

从考试结果看,这个题目的区分度是0.61,是比较好的,得满分的学生占41.9%,得2分的学生不足10%,而得0分的同学中错选B或D的占48.7%,说明绝大多数考生会采取积极的得分策略,选择多个选项争取得满分.

【例6】我们知道:把一条线段分割为两部分,使其中一部分与全长之比等于另一部分与这部分之比.其比值是一个无理数$\dfrac{\sqrt{5}-1}{2}$,其近似值为0.618.由于按此比例设计的造型美丽,因此人们将这个分割称为黄金分割,数$\dfrac{\sqrt{5}-1}{2}$称为黄金分割数.若把离心率为黄金分割数$\dfrac{\sqrt{5}-1}{2}$的椭圆叫作“黄金椭圆”,则下列选项正确的有(　　).

A. 黄金椭圆的长轴长、短轴长和焦距依次构成等比数列

B. 黄金椭圆的焦点到相应准线的距离等于长轴长

C. 以黄金椭圆长轴的一个端点及离它较远的焦点为直径的圆过该椭圆短轴的端点

D. 椭圆$\frac{x^2}{a^2}+\frac{y^2}{b^2}=1\left(a>b>0,c=\sqrt{a^2-b^2}\right)$是黄金椭圆的一个充要条件是$\frac{1}{a^2}+\frac{1}{b^2}=\frac{1}{c^2}$

这是我校2021届高二年级期末考试的一道多项选择题,命题者围绕"黄金椭圆"这个数学背景,在选择支中由易到难编排了与黄金椭圆的基本量有关的命题,显然这四个选项具有密切的知识内在联系性.通过这个问题,一方面考查椭圆的基本量运算(比如选项A和选项B),其中,选项B是干扰项,黄金椭圆的焦点到相应准线的距离等于长半轴长a,而长轴长是$2a$,这也是学生的易错点之一;另一方面,选择支中综合了数列、圆、逻辑的有关知识,对学生综合运用所学知识解决问题提出了较高的要求,增加了区分度.同时,命制者认为这个问题计算量适当,学生在解题时既可以选择从基本量a,b,c的关系式入手化简变形,也可以选择代入特殊值验算.

综上,笔者以为选择支的编制要基于易错点少量小综合,同时将同类知识和方法加以汇聚,注重考查学生的掌握程度.

参考文献

[1] 中华人民共和国教育部.普通高中数学课程标准(2017年版)[M].北京:人民教育出版社,2018.

[2] 任子朝.从能力立意到素养导向[J].中学数学教学参考,2018(13).

[3] 任子朝,陈昂,黄熙彤,等.新高考数学多选题考查功能研究[J].中国数学教育,2019(Z2):3-5.

82

对多项选择题命制的建议

丁 菁

当前,面对新一轮高中数学课程的内容、要求及目标,新高考从考查内容、考查目标、考题题型、评价维度等方面都将发生变化.其中,多项选择题的出现就是题型方面的一个创新之举.在上文中,笔者从命制多项选择题意义、命题内容的选择、多项选择支的编排等角度谈了对多项选择题命制的认识.接下来,笔者将结合教学及命题的实践与反思,提出命制多项选择题的建议.

一、命制多项选择题的原则

在新高考中引入多项选择题是有意义的创新之举,但是我们需要注意,由于多项选择题有多个选项正确,学生需要逐一辨析,往往思维量大,用时较多.因此,在命制多项选择题时,笔者认为应遵循以下原则.

1. 多项选择题不能是多题的叠加

命制多项选择题时,笔者认为不能随意地将几个命题简单凑在一起,不要将解答题直接改为多项选择题的某个选择支,否则容易导致做一道多选题就像做 4 道解答题,不仅考查目标不明确,而且给考生解题带来繁难,降低了试题的效度与区分度.

【例 1】 如图,在正方体 $ABCD-A_1B_1C_1D_1$ 中,点 F 是线段 BC_1 上的动点,则下列说法正确的有(　　).

A. 无论点 F 在 BC_1 上怎么移动,都有 $A_1F\perp B_1D$

B. 当点 F 移动至 BC_1 中点时，才有 A_1F 与 B_1D 相交于一点，记为点 E，且 $\frac{A_1E}{EF}=2$

C. 无论点 F 在 BC_1 上怎么移动，异面直线 A_1F 与 CD 所成角都不可能是 $30°$

D. 当点 F 移动至 BC_1 中点时，直线 A_1F 与平面 BDC_1 所成角最大且为 $60°$

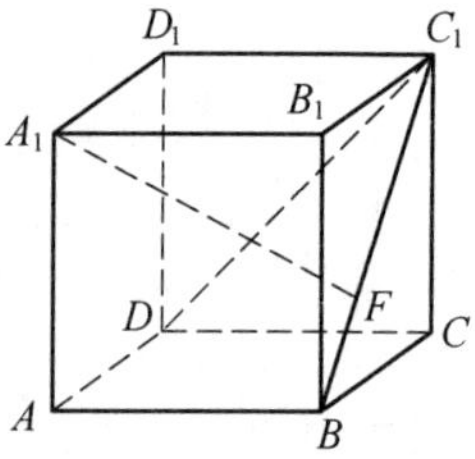

图 1

虽然在上述问题中，都是从点 F 是线段 BC_1 上的点出发设计选择支，但是选择支之间缺少知识点上的联系，方法上也不相通，考生求解这个问题时感觉做了四道解答题，十分费劲，虽然少数考生能得到满分，但是花去较长的时间，这是我们在编制多项选择题的选择支时要特别注意避免的问题.如果在设计选择支时，能联系到动点在变化过程中的不变关系，并结合不变性设置选项，那么将更加有效地考查学生的空间想象能力与逻辑推理素养.

【例 2】 如图，已知正方体 $ABCD-A_1B_1C_1D_1$ 的棱长为 1，E 是棱 CD 上的动点.下列说法正确的有(　　).

A. $EB_1 \perp AD_1$

B. 二面角 $E-A_1B_1-A$ 为 $\frac{\pi}{4}$

C. 三棱锥 $A-B_1D_1E$ 的体积的最大值为 $\frac{1}{3}$

D. $D_1E /\!/$ 面 A_1B_1BA

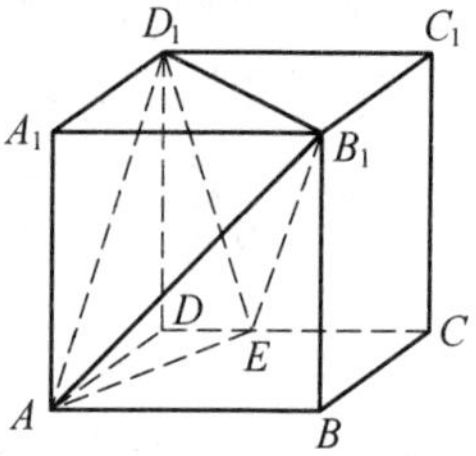

图 2

例 2 中由于 EB_1 在平面 A_1B_1CD 中，ED_1 在平面 D_1DCC_1 中，抓住动点在变化过程中的不变信息，问题的解决就简单很多，也没有繁杂的运算，学生的入手角度也多，相比上面的例题就显得理想多了.

2. 关注对易错的概念、方法的考查

通过新课程三年来的实践，笔者认为多项选择题更有利于命题者围绕考点从不同的角度设计选择支，使之包含更为丰富的信息，从中考查学生基本概念、基本方法、基本经验的掌握程度和应用水平.因此，在试卷命制时，对于基本概念、易错点的考查建议以多项选择题的形式呈现.

【例 3】 对于定义在 **R** 上的函数 $f(x)$，下列判断错误的有(　　).

A. 若 $f(-2)>f(2)$，则函数 $f(x)$ 是 **R** 上的单调增函数

B. 若 $f(-2)\neq f(2)$，则函数 $f(x)$ 不是偶函数

C. 若 $f(0)=0$，则函数 $f(x)$ 是奇函数

D. 函数 $f(x)$ 在区间 $(-\infty,0]$ 上是单调增函数，在区间 $(0,+\infty)$ 上也是单调增函数，则 $f(x)$ 是 **R** 上的单调增函数

例 3 在上文中也曾作为例子呈现过，这个问题的设计意图是考查函数“单调性”和“奇偶性”的概念，命题者从不同角度呈现与单调性和奇偶性有关的命题，特别是 D 选项，涉及了单调性理解中的易错点，能有效考查出学生对单调性的掌握是否到位.

【例 4】 已知平面内两个定点 $M(1,0)$ 和 $N(-1,0)$，P 是动点，且直线 PM，PN 的斜率乘积为常数 $a(a\neq 0)$，设点 P 的轨迹为 C. 则下列选项正确的有(　　).

A. 存在常数 $a(a\neq 0)$，使 C 上所有点到两点 $(-2,0)$，$(2,0)$ 距离之和为定值

B. 存在常数 $a(a\neq 0)$，使 C 上所有点到两点 $(0,-2)$，$(0,2)$ 距离之和为定值

C. 不存在常数 $a(a\neq 0)$，使 C 上所有点到两点 $(-2,0)$，$(2,0)$ 距离差的绝对值为定值

D. 不存在常数 $a(a\neq 0)$，使 C 上所有点到两点 $(0,-2)$，$(0,2)$ 距离差的绝对值为定值

这个考题首先涉及一般的轨迹方程的求解，进而考查了椭圆和双曲线的概念和标准方程，选项与选项之间存在知识的内在联系和方法的相通性，能达到较好的考查目标，是个理想的多选题.

综上，笔者认为在命制多项选择题时，我们要特别关注对基本概念、基本方法、易错点等的考查，要关注试题的思维量和学生的答题时间，切忌过难.

二、命制多项选择题的实践

进入新课程的三年来，我校也在平时的练习和考试中积极尝试命制多项

选择题，下面笔者谈谈我们是如何尝试的.

首先，在试题命制时，我们不仅结合多项选择题命制的原则，而且考虑整份试卷的总体题量，避免过难和计算量过大.其次，多项选择题适合考查学生对概念的掌握程度，因此在编排选择支时要合理体现概念理解和应用的易错点.最后，在编排选择支的时候，要考虑知识点的覆盖，以及方法的不同角度，增加问题的区分度.

【例 5】下列计算结果为有理数的有（　　）.

A. $\log_2 3 \cdot \log_3 32$　　　　B. $\lg 2+\lg 5$

C. $2^{\frac{1}{\ln 2}}-e$　　　　D. $\sin\frac{5\pi}{6}$

例 5 是我校 2022 届高一年级期末考试中的一道多项选择题，重点考查学生指数、对数及三角运算.在本题中，借助多项选择题，我们将不同章节涉及的运算融合在一起查考，而且，在编排选择支时，A 和 B 是直接考查对数的运算性质，而选项 C 则要求学生善于观察，灵活运用所学知识进行化简和运算，首先要发现底数和对数的真数都是 2，进而运用换底公式将 $2^{\frac{1}{\ln 2}}$ 化简为 e，从而得到 C 选项中的算式结果 0 是符合题意的.考完后的统计数据也显示本题失分的主要原因是漏选 C 选项.

【例 6】汽车的"燃烧效率"是指汽车每消耗 1 升汽油行驶的里程.下图描述了甲、乙、丙三辆汽车在不同速度下的燃油效率情况.则下列选项正确的有（　　）.

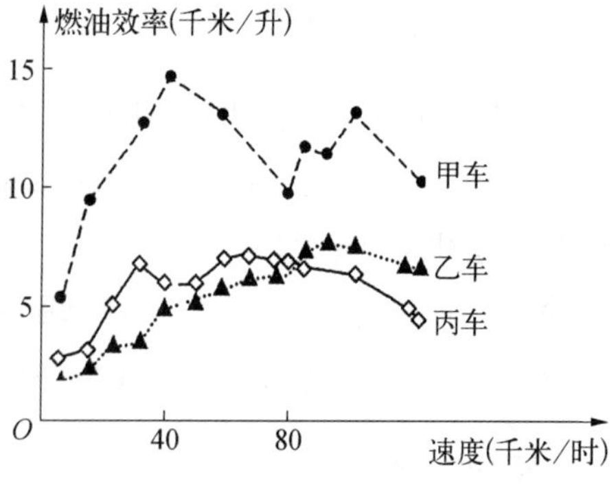

图 3

A. 消耗 1 升汽油，乙车最多可行驶 5 千米

B. 以相同速度行驶相同路程，三辆车中，甲车消耗汽油量最少

C. 甲车以 80 千米/时的速度行驶 1 小时，消耗 10 升汽油

D. 某城市机动车最高限速 80 千米/时，相同条件下，在该市用丙车比用乙车更省油

例 6 是我校 2021 届高二年级期末考试中的一道多项选择题，考查意图是学生的统计识图能力.笔者认为这个试题是比较好的.首先，这个试题的情境简洁且是同学们熟悉的，不会产生因为情境的陌生导致失分的情况；其次，这个试题能考查学生观察能力和解决问题的能力，注意到折线图中乙车和丙车交汇在 80 千米/时处，同时横轴表示速度，纵轴表示燃油效率(即汽车每消耗 1 升汽油行驶的里程)，因此可知 D 选项是正确的.

以上只是笔者在三年的实践中积累的粗浅认识及思考，有很多不成熟之处.随着我国高中数学考试评价改革的深入，多项选择题的研究也将继续进行，也希望得到更多同行的批评和指正.

参考文献

[1] 中华人民共和国教育部.普通高中数学课程标准(2017 年版)[M].北京：人民教育出版社，2018.

[2] 安学保，王介花.高中数学多选题的命制实践与研究[J].中学数学杂志，2019(9)：32 - 33.

83

对多空题命制的认识

于 洋

多空题是填空题的一种呈现形式,指的是一题多空让学生填写答案,与传统的一题一空相比则是一题两空甚至两空以上.本文主要研究一题两空的多空题.

一、命制多空题的意义

新一轮课程改革强调培养学生的核心素养,从而导致对学生的考试评价也发生了变化——从能力立意转变为素养导向[1].与过去强调知识、智力、能力和技能的考查相比,以素养为导向的高考数学命题更加强调学生的知识迁移和后天习得,实现更清晰、准确地考查学生的智力水平、思考深度、思维习惯和科学态度.

命题指导思想的改变引发了题目呈现形式的改变,除了传统的选择题、填空题(单空)和解答题,教育部考试中心的命题专家还在研究多选题、多空题和开放性解答题等试题形式.

其中,多空题是一种重要的命题形式,在国内的语文考试、国外的 GRE 考试中,多空题就经常出现,具有非常重要的价值.

第一,多空题有利于增加学生的得分.目前多空题的位置位于填空题的最后一道,在高考中,填空题的最后一道是填空题里面难度最大的题目,有许多同学会自动放弃,而现在变成了两个空,那么学生就有机会得到一个空的分数.第二,多空题有利于更好地选拔人才.过去,由于填空题的最后一道题目难度过大,所以基础薄弱的同学和数学能力一般的同学都放弃了,只有数学能力强的同学得分,从而导致区分度过大,基础薄弱和数学能力一般的同学无法区分,然而多空题的出现给了数学能力中等水平的同学得分机会,从而通过一题多空实现了数学能力弱、中、强三者的精准划分.第三,多空题有利于丰富试题命制的形式.目前,高中数学试题多年来围绕单选题、单空题和解答题三种形式命题,导致数学试题呈现形式固化,命题者受困于试题形式的僵化而难以进行数学试题的创新.多空题的出现让命题者能够拥有更大的试题设计发挥的空间,使数学试题能更好地考查学生的数学能力和素养.

二、命制多空题的原则

1. 避免知识点重复

如果两个空都考查同一个知识点,那么这个题目的两个空的价值将大打折扣,所以两个空至少考查不同的知识点,最好是不同的知识点的组合.

【例 1】 函数 $f(x)=x^3-3x^2+2$ 在区间 $[-1,1]$ 上的最大值是________,最小值是________.

评析 这个题目考查了导函数的最值的知识点,但是最大值和最小值的研究方法是一致的,两个空重复考查了同一个知识点,一般情况下学生能做对第一个空自然也能做对第二个空,所以这样命题无论考查学生掌握的数学知识点还是考查学生的能力都没有区分度,因此这两个空的设置不如合为一个空来考查导函数的最值.

【例 2】 设 $\triangle ABC$ 的三边 a,b,c 所对的角分别为 A,B,C.若 $b^2+3a^2=c^2$,则 $\dfrac{\tan C}{\tan B}=$________,$\tan A$ 的最大值是________.

解:(1)
$$\frac{\tan C}{\tan B}=\frac{\sin C\cos B}{\sin B\cos C}=\frac{c\cdot\dfrac{a^2+c^2-b^2}{2ac}}{b\cdot\dfrac{a^2+b^2-c^2}{2ab}}=\frac{a^2+c^2-b^2}{a^2+b^2-c^2}=$$
$$\frac{a^2+b^2+3a^2-b^2}{a^2+b^2-(b^2+3a^2)}=\frac{4a^2}{-2a^2}=-2.$$

(2) 由(1) $\tan C=-2\tan B$,故 $\tan A=\tan[\pi-(B+C)]=-\tan(B+C)=\dfrac{\tan B+\tan C}{\tan B\cdot\tan C-1}=\dfrac{\tan B-2\tan B}{\tan B\cdot(-2\tan B)-1}=\dfrac{\tan B}{2\tan^2 B+1}=\dfrac{1}{2\tan B+\dfrac{1}{\tan B}}$,因为 $b^2+3a^2=c^2$,故 B 为锐角.

故 $\dfrac{1}{2\tan B+\dfrac{1}{\tan B}}\leqslant\dfrac{1}{2\sqrt{2\tan B\cdot\dfrac{1}{\tan B}}}=\dfrac{\sqrt{2}}{4}$.

评析 这道题目的第一个空考查了正弦定理与余弦定理,属于中档题;第二个空考查了两角和与差的三角函数、基本不等式,属于难题.这道题目考查的知识点全面,包括:三角函数、正余弦定理、基本不等式,有效体现了一道题目考查多个数学知识点并且涉及了不同的模块.同时,这道题目体现了非常好的区分度,第一个空属于中档题的范畴,第二个空属于难题范畴.这道题目体现了"避免知识点重复"的原则.

2. 避免没有区分度

两个空应该围绕数学的知识点,一步步深入考查数学的相关知识,第一个空与第二个空的难度应该不一样,第二个空比第一个空难度上有所提升.

【例3】 设等比数列$\{a_n\}$的前 n 项和为 S_n,若 $S_1+2S_2=0$,且 $8(a_2-a_4)=15$,则 $a_1a_5=$________,$S_n=$________.

评析 这两个空围绕着等比数列的基本量、等比中项的性质和等比数列的和三个知识点来考查,但是这三个知识点都属于等比数列的基本知识点,要求每一个同学必须掌握,这个题目按照课本的基本方法操作就能够顺利解决问题,无法有效区分出学生的数学能力,从而无法鉴别学生的数学素养的发展水平达到了怎样的程度.

【例4】 设直线 $y=kx$ 与圆 $C:(x-2)^2+y^2=1$ 相交于 A,B 两点,若 $|AB|=\sqrt{3}$,则 $k=$________,当 k 变化时,弦 AB 中点轨迹的长度是________.

解:由垂径定理可得$\left(\dfrac{|2k|}{\sqrt{k^2+1}}\right)^2+\left(\dfrac{\sqrt{3}}{2}\right)=1$,解得 $k=\pm\dfrac{\sqrt{15}}{15}$;

设$A(x_1,y_1)$,$B(x_2,y_2)$,弦AB中点$M(x_0,y_0)$,则$x_1+x_2=2x_0$,$y_1+y_2=2y_0$,

联立$\begin{cases}y=kx\\(x-2)^2+y^2=1\end{cases}$,消去$y$得$(1+k^2)x^2-4x+3=0$,

$\therefore \Delta=16-12(1+k^2)>0$,解得$k^2<\dfrac{1}{3}$,$\therefore x_1+x_2=\dfrac{4}{1+k^2}$,$y_1+y_2=k(x_1+x_2)=\dfrac{4k}{1+k^2}$,

即$\begin{cases}x_0=\dfrac{2}{1+k^2}\\y_0=\dfrac{2k}{1+k^2}\end{cases}$,消去$k$得$(x_0-1)^2+y_0^2=1$,又由$k^2<\dfrac{1}{3}$,得$x_0>\dfrac{3}{2}$,

故弦AB中点轨迹长度为半径为1的圆的周长的$\dfrac{1}{3}$,如图1.

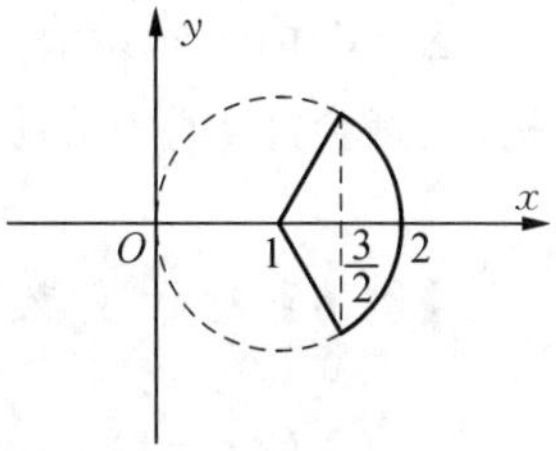

图1

所以弦AB中点轨迹长度为$2\pi\times\dfrac{1}{3}=\dfrac{2\pi}{3}$.

评析 这道题目第一空只需要一步学生就能算出答案,学生的得分率比较高,属于基础题;而第二空对学生要求较高,考查了学生的数学抽象、逻辑推理、直观想象的数学素养,对学生解决数学问题的综合能力要求比较高,具有非常好的区分度.并且,这个数学题目两个空的难度区分比较明显,学生易于做出判断,在考场根据自己的学习情况有选择地进行问题解决.这道题目体现了"避免没有区分度"的原则.

3. 避免变成"小解答题"

之前的高考数学试题和模拟题的解答题中有许多题目都是两问甚至三问,但是解答题和填空题的要求是不一样的,应避免盲目地将解答题改造成填空题,否则会给人"不伦不类"的感觉,从而导致数学命题质量的下滑.

【例5】 已知椭圆C:$\dfrac{x^2}{a^2}+\dfrac{y^2}{b^2}=1(a>b>0)$的左、右焦点分别为$F_1$,$F_2$,

焦距为4,且椭圆过点$\left(2,\frac{5}{3}\right)$,过点$F_2$且不平行于坐标轴的直线$l$交椭圆与$P,Q$两点,点$Q$关于$x$轴的对称点为$R$,直线$PR$交$x$轴于点$M$.则$\triangle PF_1Q$的周长为________,$\triangle PF_1M$面积的最大值为________.

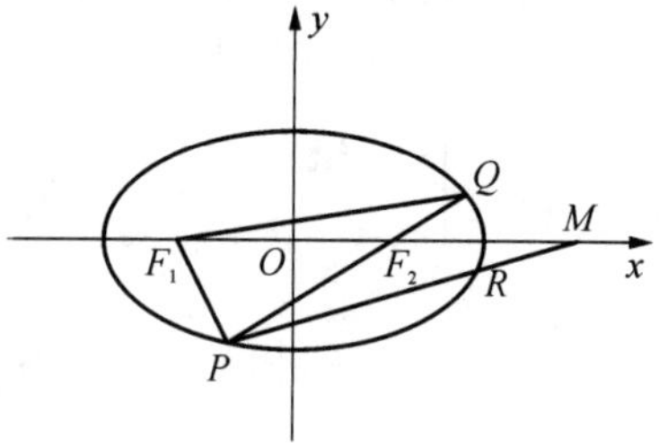

图2

评析　熟悉高考试题的学生一眼看出这是一个解答题改编而来的,但是解决这个问题还是必须按照解答题的解法进行,耗时比较长,失去了填空题的意义.在命题的时候我们常常告诫自己"小题小做,大题大做",就是一道有难度的选择题和填空题有快速解决问题的巧法,但是这道题目显然没有迅速解决问题的好的方法,只能按照大题一样操作,这样的话一张试卷就相当于多了一个解答题从而改变了整个试卷的结构,无疑会加重学生的负担.

【例6】对于实数a和b,定义运算"$*$":$a*b=\begin{cases}a(a-b)^3, & a\leqslant b\\ b(b-a)^3, & a>b\end{cases}$设$f(x)=(2x-1)*(x-1)$,若函数$g(x)=f(x)-mx^2(m\in\mathbf{R})$恰有三个零点$x_1,x_2,x_3$,则$m$的取值范围是________;$x_1x_2x_3$的取值范围是________.

解:当$2x-1\leqslant x-1$时,即$x\leqslant 0$,$f(x)=(2x-1)x^3$,当$2x-1>x-1$时,即$x>0$,$f(x)=-(x-1)x^3$,所以$f(x)=\begin{cases}(2x-1)x^3, & x\leqslant 0\\ -(x-1)x^3, & x>0\end{cases}$,因为$g(x)$有三个零点,所以$f(x)$与$y=mx^2$的图象有三个交点,即$k(x)=\begin{cases}(2x-1)x, & x\leqslant 0\\ -(x-1)x & x>0\end{cases}$与函数$y=m$有三个交点,作出$k(x)$的图象,如图,其中$x>0$时,函数$k(x)$最大值为$-\left(\frac{1}{2}-1\right)\times\frac{1}{2}=\frac{1}{4}$.

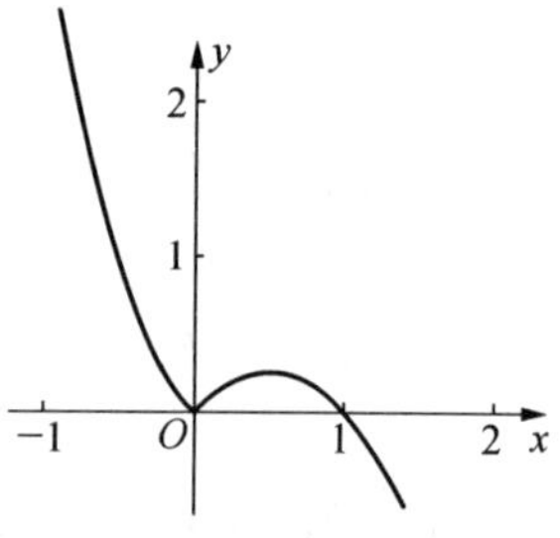

图3

所以 $0<m<\frac{1}{4}$，不妨设 $x_1<x_2<x_3$，易知 $x_2>0$，且 $x_2+x_3=1$，所以 $0<x_2x_3<\left(\frac{x_2+x_3}{2}\right)^2=\frac{1}{4}$. 由 $\begin{cases}(2x-1)x=\frac{1}{4}\\ x<0\end{cases}$ 解得 $x=\frac{1-\sqrt{3}}{4}$，所以 $\frac{1-\sqrt{3}}{4}<x_1<0$，所以 $\frac{1-\sqrt{3}}{16}<x_1x_2x_3<0$. 且当 m 无限接近 $\frac{1}{4}$ 时 $x_1x_2x_3$ 趋近于 $\frac{1-\sqrt{3}}{16}$，当 m 无限接近 0 时 $x_1x_2x_3$ 趋近于 0.

故答案为：$\left(0,\frac{1}{4}\right)$；$\left(\frac{1-\sqrt{3}}{16},0\right)$.

评析 这道题目的第二问如果是大题，是不好解决的，这里利用极限和数形结合的思想解决问题，是一道典型的“小题小做”的题目，考查了学生对新定义和函数的理解，体现了“避免变成‘小解答题’”的原则.

参考文献

[1] 任子朝. 从能力立意到素养导向[J]. 中学数学教学参考，2018(13)：1.

84

对多空题命制的建议

于　洋

多空题是填空题的一种呈现形式，指的是一题多空让学生填写答案，与传统的一题一空相比则是一题两空甚至两空以上.本文主要研究一题两空的多空题.之前我们研究了多空题的命制原则：① 避免知识点重复；② 避免没有区分度；③ 避免变成“小解答题”.本文将结合多空题的命题原则提出多空题的命制建议.

一、增强双空的密切联系

填空题一题两空可以采取平行设计，也可以采取递进设计.平行设计的试题，两空的关联性较弱，解答互不影响，一个空受阻还可以解答另外一个空，例如例 1.递进设计使问题层层深入，对知识的考查更加深入，对考生能力的考查体现出层次性[1].

笔者认为一个好的多空题应该是递进设计的试题，第一个空和第二个空不是孤立的，而是相互之间具有紧密的联系，第一个空的结果为第二个空的解决做了铺垫，第二个空的问题是第一个空的知识点的延续和深入，促进学生保持研究问题的一贯性和增加研究问题的深度，更利于学生循序渐进地解决问题，例如例 2.

【例 1】李明自主创业，在网上经营一家水果店，销售的水果中有草莓、京白梨、西瓜、桃，价格依次为 60 元/盒、65 元/盒、80 元/盒、90 元/盒.为增加销量，李明对这四种水果进行促销：一次购买水果的总价达到 120 元，顾客就少付 x 元.每笔订单顾客网上支付成功后，李明会得到支付款的 80%.

① 当 $x=10$ 时，顾客一次购买草莓和西瓜各 1 盒，需要支付________元；

② 在促销活动中，为保证李明每笔订单得到的金额均不低于促销前总价的七折，则 x 的最大值为________.

解：(1) $x=10$，顾客一次购买草莓和西瓜各一盒，需要支付 $(60+80)-10=130$ 元.

(2)设顾客一次购买水果的促销前总价为 y 元，$y<120$ 元时，李明得到的金额为 $y\times 80\%$，符合要求.$y\geqslant 120$ 元时，有 $(y-x)\times 80\%\geqslant y\times 70\%$ 恒成立，即 $8(y-x)\geqslant 7y$，$x\leqslant \frac{y}{8}$，即 $x\leqslant \left(\frac{y}{8}\right)_{\min}=15$ 元.所以 x 的最大值为 15.

这道题目两个空是否解决互不影响，相对独立，所以一个空解决不了影响不到第二个空是否解决，这样设置有利于学生多得分.

【例 2】 在 $\triangle ABC$ 中，$BC=2\sqrt{3}$，$AC=3$，$\angle BAC=2\angle B$，D 是 BC 上一点且 $AD\perp AC$，则 $\sin\angle BAC=$________，$\triangle ABD$ 的面积为________.

解：$\because BC=2\sqrt{3}$，$AC=3$，$\angle BAC=2\angle B$，

$\therefore$ 在 $\triangle ABC$ 中，由正弦定理得 $\frac{BC}{\sin\angle BAC}=\frac{AC}{\sin\angle B}$，

即 $\frac{2\sqrt{3}}{\sin\angle BAC}=\frac{3}{\sin\angle B}=\frac{2\sqrt{3}}{2\sin\angle B\cos\angle B}$，解得 $\cos\angle B=\frac{\sqrt{3}}{3}$，可得 $\sin\angle B=\frac{\sqrt{6}}{3}$，

$\therefore \cos\angle BAC=\cos 2\angle B=2\cos^2\angle B-1=-\frac{1}{3}$，$\sin\angle BAC=\sqrt{1-\left(-\frac{1}{3}\right)^2}=\frac{2\sqrt{2}}{3}$.

$\because AD\perp AC$，$\therefore \sin\angle BAD=\sin\left(\angle BAC-\frac{\pi}{2}\right)=-\cos\angle BAC=\frac{1}{3}$，可得 $\cos\angle BAD=\frac{2\sqrt{2}}{3}$，

$\therefore \sin\angle ADB=\sin(\angle BAD+\angle B)=\frac{1}{3}\times\frac{\sqrt{3}}{3}+\frac{2\sqrt{2}}{3}\times\frac{\sqrt{6}}{3}=\frac{5\sqrt{3}}{9}$.

在$\triangle ABC$中,由余弦定理可得$AC^2=AB^2+BC^2-2AB\cdot BC\cdot\cos\angle B$,

$\therefore 3^2=AB^2+(2\sqrt{3})^2-2AB\cdot 2\sqrt{3}\times\frac{\sqrt{3}}{3}$,解得$AB=1$或3.

当$AB=AC=3$时,由$\angle BAC=2\angle B$,可得$\angle B=\angle C=\frac{1}{2}\angle BAC=\frac{\pi}{4}$,

$\therefore BC=\sqrt{3^2+3^2}=3\sqrt{2}$,与$BC=2\sqrt{3}$矛盾,$\therefore AB=1$.

在$\triangle ABD$中,由正弦定理得$\frac{AB}{\sin\angle ADB}=\frac{AD}{\sin\angle B}$,

$\therefore AD=\frac{AB\cdot\sin\angle B}{\sin\angle ADB}=\frac{3\sqrt{2}}{5}$,

$\therefore S_{\triangle ABD}=\frac{1}{2}AB\cdot AD\cdot\sin\angle BAD=\frac{1}{2}\times1\times\frac{3\sqrt{2}}{5}\times\frac{1}{3}=\frac{\sqrt{2}}{10}$.

这个题目考查了正弦定理、二倍角公式、余弦定理等相关内容,第一个空的结果作为第二问解决的条件,层层深入,考查了学生对三角函数的相关内容掌握是否到位.

二、加大试题的区分度

无论是教师还是学生,新课程改革下的高中数学试题的要求明显比过去提高了,国家加大了考试选拔人才的力度.加大试题的区分度更加有利于选拔人才,促进高考的高质量发展.双空题一题两空,一空易一空难,有利于对相关知识点进行全面的考查,既考查学生对基础知识的掌握又考查学生的数学综合能力和素质,可谓“一石二鸟”.

【例3】用0,1,2,3,4,5这六个数字,可以组成________个无重复数字的三位数,也可以组成________个能被5整除且无重复数字的五位数.

解:第一步,先确定三位数的最高数位上的数,有$C_5^1=5$种方法;第二步,确定另外两个数位上的数,有$A_5^2=5\times4=20$种方法,所以可以组成$5\times20=100$个无重复数字的三位数.

被 5 整除且无重复数字的五位数的个位上的数有 2 种情况：当个位上的数字是 0 时，其他数位上的数有 $A_5^4=5\times4\times3\times2=120$ 种方法；当个位上的数字是 5 时，先确定最高数位上的数，有 $C_4^1=4$ 种方法，而后确定其他三个数位上的数有 $A_4^3=4\times3\times2=24$ 种方法，所以共有 $24\times4=96$ 个数.根据分类加法计数原理，可得共有 $120+96=216$ 个数.

第一个空只考虑两个条件——无重复数字和三位数（首位不能为 0），第二个空与第一个空相比增加了一个条件，即能被 5 整除，并且修改了一个条件变成了五位数，从而导致第二个空的问题比第一个空的问题更加复杂，体现了一题双空不同的难度，为不同能力的学生搭建了一个公平展示自我的舞台，有利于优秀学生脱颖而出.

三、重视数学素养的考查

《普通高中数学课程标准（2017 年版）》提出了数学抽象、逻辑推理、数学运算、直观想象、数据分析和数学建模六大核心素养，课堂教学和考试评价将围绕这六大核心素养而展开，所以在试题的命制过程中，我们必须考虑试题对学生数学素养的考查，不考查数学素养的题目在当下难以成为一个好的题目.

【例 4】 为了解高三复习备考情况，某校组织了一次阶段考试.若高三全体考生的数学成绩近似服从正态分布 $N(100,17.5^2)$.已知成绩在 117.5 分以上（含 117.5 分）的学生有 80 人，则此次参加考试的学生成绩不超过 82.5 分的概率为________；如果成绩大于 135 分的为特别优秀，那么本次数学考试成绩特别优秀的大约有________人.[若 $X\sim N(\mu,\sigma^2)$，则 $P(\mu-\sigma<X<\mu+\sigma)\approx0.68$，$P(\mu-2\sigma<X<\mu+2\sigma)\approx0.96$]

解：由已知可得，

$P(100-17.5<X<100+17.5)=P(82.5<X<117.5)\approx0.68$，

故成绩不超过 82.5 分的概率 $P(X\leqslant82.5)=\dfrac{1-P(82.5<X<117.5)}{2}=\dfrac{1-0.68}{2}=0.16$.

又 $P(100-17.5\times2<X<100+17.5\times2)=P(65<X<135)\approx0.96$,

所以数学成绩特别优秀的概率 $P(X>135)=\dfrac{1-P(65<X<135)}{2}=\dfrac{1-0.96}{2}=0.02$.

又 $P(X\leqslant82.5)=P(X\geqslant117.5)=0.16$,

则本次考试数学成绩特别优秀的人数大约是 $\dfrac{80}{0.16}\times0.02=10$.

这个题目考查了统计的相关知识,在新一轮数学课程改革中,数据分析的能力被提到了新的高度.通过一题双空,除了能考查核心素养指向下的数学内容,例如这个题目考查了数据分析素养指向下的正态分布相关的知识点,同时还考查了数据分析素养的不同水平,第一个空是第一水平,第二个空是第二水平.

总之,多空题在高中数学的出现拉开了我国高中数学考试评价深化改革的序幕,接下来将会有更多的学者进行研究,期待多空题进一步促进我国高中数学试题的命制水平,促进考试形式的创新和发展.

85

从全国卷看“立体几何”的教学与命题

丁　菁

《普通高中数学课程标准(2017年版)》(以下简称《标准》)指出:“在数学学习和应用的过程中要逐步形成和发展学生的数学核心素养.”其中,作为研究空间形式的立体几何课程,一直是高中数学课程的主线之一.立体几何部分的学习,有助于培养学生数学抽象、直观想象、逻辑推理、数学运算等核心素养.

立体几何问题是历年全国高考的热点之一(多数年份分值22分,约占总分值的15%),并且常常以难题出现.从认识多面体与旋转体的结构特征出发,聚焦点、线、面的位置关系,不仅考查点、线、面位置关系的判定,而且也考查空间角与距离、表面积和体积等几何量的计算.试题题型包含选择题、填空题和解答题,内容源于教材但又与实际生活和数学文化相结合,既注重基础又突出能力.

一、全国卷“立体几何”的命题特点

纵观近年全国高考卷立体几何试题,选择题和填空题常以柱、锥、球等几何体为载体,以几何主干知识为考查重点,意在考查学生空间想象、逻辑推理、阅读表达的能力,并注重渗透数学文化和与实际应用.解答题重点考查空间中线线、线面、面面平行和垂直的位置关系的判定,以及结合空间向量考查线面角、二面角、距离等的计算,全面检测学生的立体几何基础知识、基本技能和数学素养水平.

1. 突出几何本质

如果细心观察不难发现,《标准》颁布后的2019年全国高考数学试卷,除浙江卷和北京卷仍有三视图的考题外,其他试卷的选择题和填空题均以点、线、面的位置关系判断和计算为主,命题的重心回归到关注立体几何基本定义、公理、定理、性质的考查上,这种突出几何本质的做法,有利于考查学生的空间想象能力和逻辑思维能力.

【例1】(2020山东卷·16)已知直四棱柱$ABCD-A_1B_1C_1D_1$的棱长均为2,$\angle BAD=60°$.以D_1为球心,$\sqrt{5}$为半径的球面与侧面BCC_1B_1的交线长为________.

这个考题背后的数学实质其实很简单.如图1.

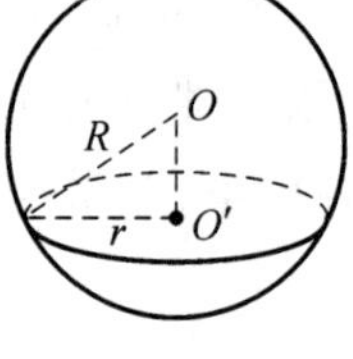

图1

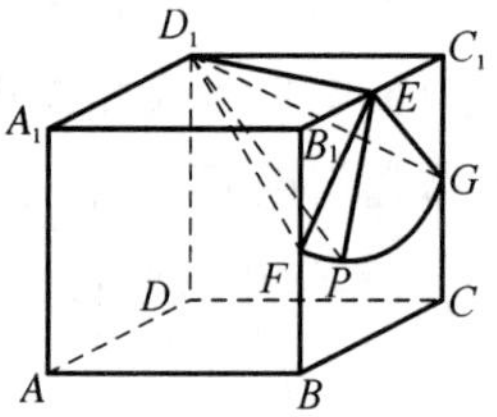

图2

O是球的球心,O'是截面圆的圆心,球的半径为R,截面圆的半径为r,则$OO'\perp$截面所在平面,且$|OO'|^2+r^2=R^2$.

抓住这一几何实质,易知$D_1E\perp$平面BCC_1B_1,故E为截面圆的圆心,F,G分别是B_1B,C_1C的中点,由题意$D_1F=D_1G=\sqrt{5}$,从而便可知所求交线为$\overset{\frown}{FG}$,此时问题就可迎刃而解了.

2. 立足教材素材

教材是重要的教与学的资源,教材中涉及的基本概念、基本原理、基本方法应该得到充分的重视,教材中出现的例题和习题在平时的教学中应该得到重视和挖掘.

【例2】(2019全国Ⅱ卷·理7)设α,β为两个平面,则$\alpha/\!/\beta$的充要条件是(　　).

A. α 内有无数条直线与 β 平行

B. α 内有两条相交直线与 β 平行

C. α,β 平行于同一条直线

D. α,β 垂直于同一个平面

这个考题紧扣空间两个平面平行的判定和性质的本质，借助面面平行的判定定理和性质定理可判断B是正确选项.

【例3】(2019全国Ⅰ卷·理18)如图3,直四棱柱 $ABCD-A_1B_1C_1D_1$ 的底面是菱形,$AA_1=4$,$AB=2$,$\angle BAD=60°$,E,M,N 分别是 BC,BB_1,A_1D 的中点.

(1) 证明:$MN/\!/$平面 C_1DE;

(2) 求二面角 $A-MA_1-N$ 的正弦值.

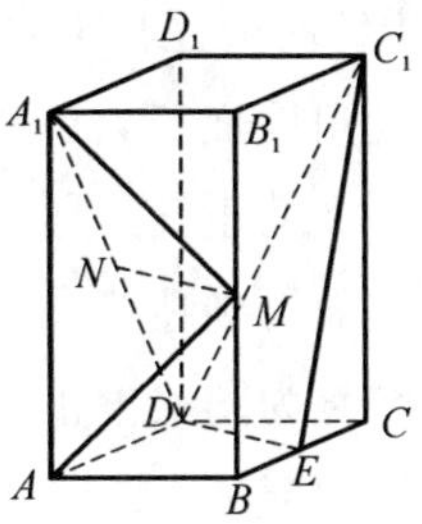

图3

此考题的出处是人教A版《普通高中课程标准实验教科书·数学(选修2-1)》第三章的复习参考题B组第2题.第一问判定线面垂直，主要考查学生的逻辑推理素养;第二问多数考生会利用长方体模型建立空间直角坐标系，进而利用空间向量的方法求解，综合考查了几何直观和数学运算素养.同时，我们还应看到，虽然多数考生会选择建系解决第(2)问二面角的计算，但是此题也可以借助几何法找到二面角的平面角，从而通过锐角三角函数求解.高考题往往一题多个求解角度，既能展现学生的综合解题能力，又需要学生遵循“择优”的原则，根据问题情境及个人习惯，选择合理的方法正确解决问题.

3. 关注基本模型

《标准》指出:“以长方体为载体，认识和理解空间点、直线、平面的位置关系.”因此，在学习立体几何知识时，要充分利用长方体等基本几何模型建立空间观念，同时在解题过程中，逐步形成将某一图形嵌入到基本几何体中的观念.高考试题中不少考题就是长方体等载体的加工与改编，分析其结构特征，还原成基本模型常常可将复杂问题简单化.

【例4】(2019全国Ⅰ卷·理12)已知三棱锥 $P-ABC$ 的四个顶点在球 O 的球面上,$PA=PB=PC$,$\triangle ABC$ 是边长为2的正三角形,E,F 分别是 PA,AB 的中点,$\angle CEF=90°$,则球 O 的体积为(　　).

A. $8\sqrt{6}\pi$　　B. $4\sqrt{6}\pi$　　C. $2\sqrt{6}\pi$　　D. $\sqrt{6}\pi$

本题是常见的几何体外接球问题，这类题的求解通常有两条思路：一是找到外接球的球心和半径，进而通过构造直角三角形等寻求等量关系，求解外接球的半径；二是将几何体还原到长方体中，从而将几何体外接球的问题转化为长方体的外接球问题.

本题以学生熟悉的三棱锥为依托，通过$\angle CEF=90^\circ$，隐含了PA，PB，PC两两互相垂直这一重要条件，不过从正面去论证还是有一定繁难的.从解题角度而言，注意到"$PA=PB=PC$且$\triangle ABC$是边长为2的正三角形"，将三棱锥$P-ABC$放置到正方体中，进而可判断符合$\angle CEF=90^\circ$，就可以将三棱锥的外接球转化为图4中正方体的外接球，这样整个解题过程就更加快捷了.

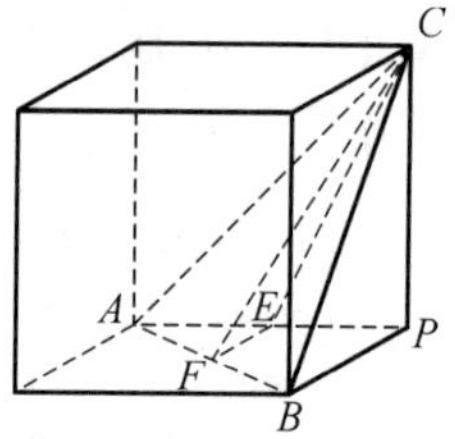

图4

二、对当前教学与命题的启发

1. 研究标准的变化

课程标准是教与学的参考依据，无论是课堂教学还是考试命题，我们都要以课标为标准才能确保方向不偏.将新旧课程标准进行比较，我们发现：①《标准》将"三视图"删去，并加强了空间向量在求距离方面的应用；② 将老课标中的"说明与建议"改为《标准》中的"教学提示"，并从内容与学科核心素养角度细化"学业要求"，突出以学生为本，更加注重问题的发现、提出、分析和解决；③ 在"空间向量与立体几何"部分，鼓励学生灵活选择运用向量方法与综合几何方法，从不同角度解决立体几何问题(如距离问题)，通过对比体会向量方法的优势；④ 将老课标中的"线""面"分别改为"直线""平面"，用"如果……，那么……"的形式表述定理，语言更加精确、表述更加规范.总体而言，《标准》中的内容结构更加严谨、要求更加具体.

因此，面对新课程、新高考下的立体几何部分的教学，首先要准确把握基本几何体的特征，结合基本几何体对核心概念、基本事实和定理进行理解学习，帮助学生形成基本的空间想象能力.其次，通过对教材上例题和习题的变式、拓展，把握几何问题的实质，提炼形成通法通解.在此基础上构建核心概念、基本事实和定理间的网络结构，形成清晰的研究空间位置关系的思路与观念.在“空间向量与立体几何”部分，借助向量工具对几何对象及其关系进行度量，降低传统几何推理论证的难度，使几何法与向量法互为补充.引导学生在经历知识发生与发展的过程中理解问题的本质并准确建构知识网络，提升综合运用知识解决问题的能力.

我们应该注意到，虽然高考考查的知识点覆盖面广，但是均以主干知识为命题主线.因此在试题命制时，我们要重视基础、突出主干知识、体现基本思想方法.

2. 关注热点的问题

客观地说，走进新课程和新高考后，江苏省高中数学立体几何部分的教学与考查都发生了不小的变化，总体而言，对学生的空间想象能力提出了更高的要求.笔者认为在教学与命题中要关注以下两点：① 掌握重要几何体（长方体、正方体、正三棱锥、正四面体等）的几何性质，并在此基础上研究内切、外接等关联的空间几何体的表面积和体积，如例 4.② 空间角和距离的计算问题.角度和距离定量刻画了空间对象间的关系，角度和距离的寻找、证明、平面化求解也是立体几何考查的热点之一.一般而言，既可以直接用几何法进行证明并计算，也可以借助空间直角坐标系通过向量的坐标运算进行求解.笔者认为，教学中不要过度依赖空间向量法，首先应该弄清楚角与距离的几何定义，并能在基本几何模型中利用几何方法求解简单的角和距离.在此基础上，面对复杂的角与距离的计算，能运用空间向量或体积法等方法灵活解决.

【例 5】（2018 年浙江卷·8）已知四棱锥 $S-ABCD$ 的底面是正方形，侧棱长均相等，E 是线段 AB 上的点（不含端点），设 SE 与 BC 所成的角为 θ_1，SE 与平面 $ABCD$ 所成的角为 θ_2，二面角 $S-AB-C$ 的平面角为 θ_3，则（　　）.

A. $\theta_1\leqslant\theta_2\leqslant\theta_3$

B. $\theta_3\leqslant\theta_2\leqslant\theta_3$

C. $\theta_1\leqslant\theta_3\leqslant\theta_2$

D. $\theta_2\leqslant\theta_3\leqslant\theta_1$

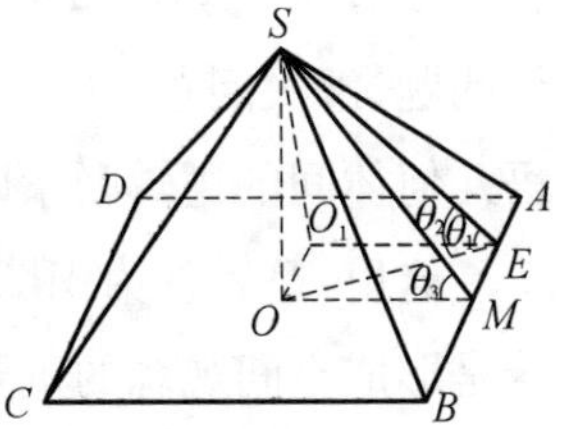

图 5

本题中四棱锥是正四棱锥，如果我们关注重要几何模型及其相关性质，那么就可以避免运算量较大的向量法.如图5，设正四棱锥 $S-ABCD$ 的底面中心为 O，AB 的中点为 M，过点 E 作 $EO_1 /\!/ MO$ 且 $EO_1=MO$，则 $\theta_1=\angle SEO_1$，$\theta_2=\angle SEO$，$\theta_3=\angle SMO$，因为无法直接度量角度的大小，因此利用三角函数进行表示，由三个角的正弦值推出 $\theta_2\leqslant\theta_3$ 且 $\theta_2\leqslant\theta_1$，由余弦值推出 $\theta_3\leqslant\theta_1$，故选D.

【例6】（2019年全国Ⅰ卷文·19）如图6，直四棱柱 $ABCD-A_1B_1C_1D_1$ 的底面是菱形，$AA_1=4$，$AB=2$，$\angle BAD=60°$，E，M，N 分别是 BC，BB_1，A_1D 的中点.

(1) 证明：$MN /\!/$ 平面 C_1DE；

(2) 求点 C 到平面 C_1DE 的距离.

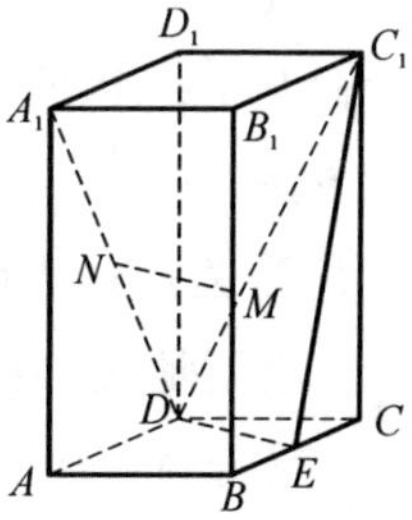

图6

这个考题与2019年全国Ⅰ卷（理）第18题的题面相同，不同在于第(2)问考查了点到平面距离的计算.这个问题的解法有3个：① 在平面 B_1BCC_1 中，过 C 作 C_1E 的垂线，垂足为 H，可以证明 $CH\perp$ 平面 C_1DE，从而 CH 记为点 C 到平面 C_1DE 的距离；② 因为 $\frac{1}{3}\times S_{\triangle DEC}\times CC_1=\frac{1}{3}\times S_{\triangle C_1DE}\times d$，利用等体积法求距离；③ 连接 AC，BD，A_1C_1，B_1D_1，设它们的交点分别为 O 和 O_1，以 $\{\overrightarrow{OA},\overrightarrow{OB},\overrightarrow{OO_1}\}$ 为正交基底建立空间直角坐标系，求出平面 C_1DE 的法向量 $\boldsymbol{n}$，则点 C 到平面 C_1DE 的距离 $d=\left|\frac{\boldsymbol{n}\cdot\overrightarrow{CC_1}}{|\boldsymbol{n}|}\right|$.

3. 渗透核心素养观

数学核心素养是通过长期的数学学习逐步形成的具有数学特征的关键能力.立体几何部分的学习有助于培养数学抽象、直观想象、逻辑推理、数学运算等核心素养.这需要教师在深刻理解数学的基础上，引导学生提出问题、分析问题、解决问题，从中帮助学生感悟问题的本质和知识发展的一般规律，体悟几何体间的逻辑联系以及基本思想方法.

这里，笔者认为识图和作图是立体几何的基本素养.识图和作图能力的培养是形成空间观念的重要环节.在立体几何的教学中，要引导学生认识空间基本几何体的结构特征，舍得花时间让学生反复尝试在平面上表示空间图形，体会并逐步掌握基本作法，进而能根据已知条件准确、迅速地构建空间几何体.

【例 7】三棱锥 $P-ABC$ 的底面△ABC 是边长为 3 的正三角形，已知 $PA=3$，$PB=4$，$PC=5$，则三棱锥 $P-ABC$ 的体积为(　　).

A. 3　　　B. $\sqrt{10}$　　　C. $\sqrt{11}$　　　D. $2\sqrt{3}$

本题就很好地考查了学生的识图能力，相信根据题意绝大多数的考生会画出图 7 所示的图形，但是如果以 ABC 为底，不便于直接求得点 P 到平面 ABC 的距离.此时根据题目条件，若以直角三角形 BPC 为底，则 $AP=AB=AC=3$，则点 A 在平面 ABC 上的射影是直角三角形 BPC 外接圆的圆心，即斜边 CP 的中点 M，如图 8，那么问题就不难了.

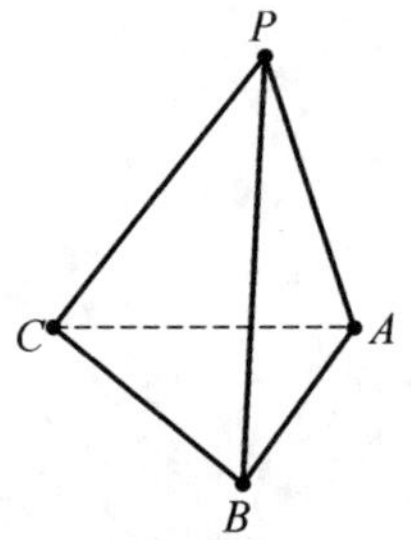

图 7

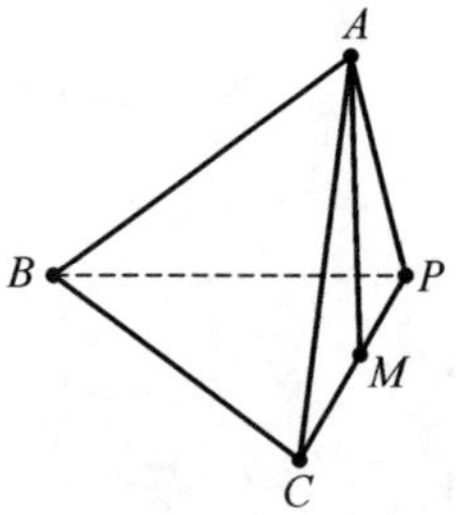

图 8

4. 加强规范的表达

立体几何的解答题，不论是证明还是求值，都需要一定的逻辑推理和准确的数学表达.在平时的教学中，教师应重视引导学生进行有条理的推理以及准确的数学表达.因为从应试的角度看，逻辑正确且完整、书写规范决定着考分，所以笔者认为立体几何部分的教学要重视板演与示范，同时在阅卷中要加强对规范表达的评分力度，进一步促进学生养成规范表达的好习惯.

以上是笔者在分析近年全国高考立体几何试题特点的基础上，对当前教学和命题的思考与建议，希望能给同仁些许启发，也期待同仁的批评指正.

参考文献

[1] 中华人民共和国教育部.普通高中数学课程标准(2017年版)[M].北京:人民教育出版社,2018.

[2] 周奇.2019年高考全国Ⅰ卷立体几何试题解析与备考建议[J].中学数学研究(华南师范大学版),2019(17).

86

从全国卷看“函数与导数”的教学与命题

丁　菁

《普通高中数学课程标准(2017年版)》(以下简称《标准》)指出,函数是现代数学最基本的概念,是描述客观世界中变量关系和规律的最基本的数学语言和工具,在解决实际问题中发挥着重要作用.借助函数不仅可以解决与方程和不等式有关的问题,同时,也为数列、向量、曲线与方程的综合研究提供了知识和方法上的工具.因此,函数是贯穿高中数学课程的主线与核心内容,也是历年数学高考考查的热点与难点所在.

一、全国卷“函数与导数”的命题特点

从近年全国高考数学试卷看,函数部分的考查内容包括:函数的概念与表示方法、函数的基本性质(单调性、奇偶性、最值等)、基本初等函数(指数函数、对数函数、幂函数)的图象和性质、函数与方程的思想及应用.导数部分通常考查三个方面:导数的几何意义、利用导数研究函数的性质(如单调性、极值、最值)、导数的综合运用(如与方程和不等式有关的问题等).在问题的求解过程中,渗透“转化与化归”“数形结合”等思想,同时对考生的代数运算能力、逻辑推理能力以及抽象概括能力也提出了较高的要求.当前新课程重视培养学生用数学的眼光观察问题、用数学的思维分析世界、用数学的语言表达世界的数学素养,因此,笔者认为新高考“函数与导数”部分的考题将进一步体现考生理性思维的广度和深度,突出导数的工具价值.

1. 重视“四基”的考查

纵观近年的全国高考“函数与导数”试题,选择和填空题以考查函数基本知识、基本方法、基本技能和基本活动经验为主,形式灵活多样.

(1) 函数的概念和基本性质.

函数的概念和性质部分主要考查函数的定义域、值域、解析式、图象、单调性、奇偶性、周期性以及综合应用.

【例1】(2018全国Ⅱ卷·理11)已知$f(x)$是定义域为$(-\infty,+\infty)$的奇函数,满足$f(1-x)=f(1+x)$.若$f(1)=2$,则$f(1)+f(2)+f(3)+\cdots+f(50)$的值为(　　).

A. -50　　B. 0　　C. 2　　D. 50

解:因为$f(x)$是定义域为$(-\infty,+\infty)$的奇函数,

且$f(1-x)=f(1+x)$,

所以$f(x)=-f(-x)$,$f(x)=f(2-x)$.得到$f(x)=-f(2+x)$,即$f(x)=f(4+x)$.

所以$f(x)$是一个周期为4的函数.

所以$f(4)=f(0)=0$,$f(2)=f(1+1)=f(1-1)=f(0)=0$,

$f(3)=f(1+2)=f(1-2)=-f(1)=-2$,

所以$f(1)+f(2)+f(3)+\cdots+f(50)=12\times 0+f(49)+f(50)=f(1)+f(2)=2$.

故选C.

这个考题是以抽象函数为背景,考查函数的基本性质,同时也考查了学生逻辑推理和数学运算等素养.

【例2】(2018全国Ⅲ卷·理7)函数$y=-x^4+x^2+2$的图象大致为(　　).

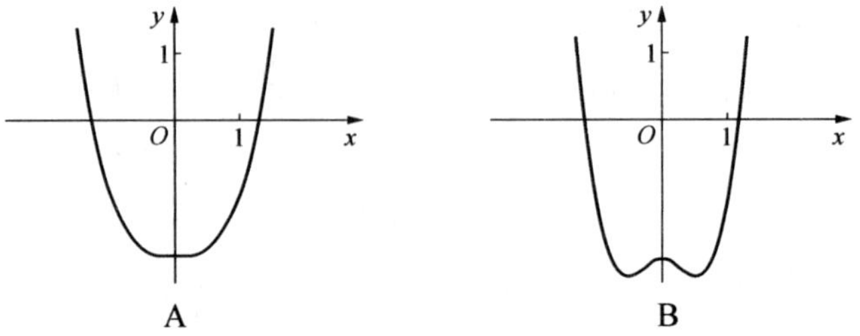

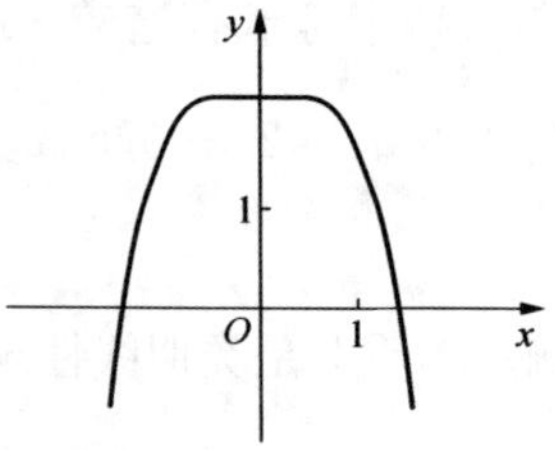

C

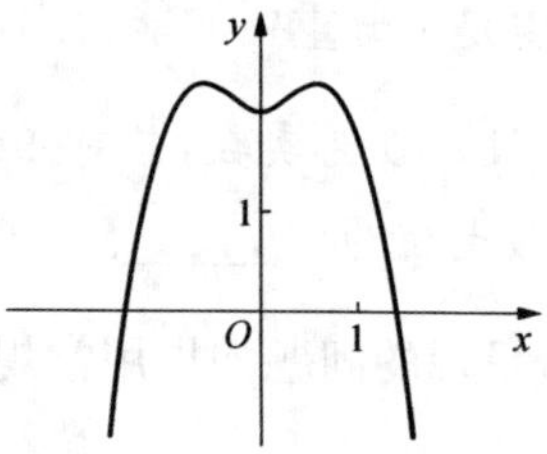

D

解:函数的研究有两条线,一条是由形到数,一个是由数到形,强调数与形的结合,需要学生在研究函数性质的基础上确定图象的特征,在不同年份的试卷中常有这一类型问题呈现.结合我们研究函数的经验,首先可以判断函数 $y=-x^4+x^2+2$ 是一个偶函数,其图象关于直线 $x=0$ 对称;其次关注其特殊点(比如和坐标轴的交点),当 $x=0$ 时,$y=2$,可以排除选项A和选项B;再次,当 $x=1$ 时,$y=2$,大致D符合题意.也可以令 $y'=-4x^3+2x=0$,得 $x=0$ 或 $x=\pm\frac{\sqrt{2}}{2}$,结合三次函数图象的特征,知原函数在$(-1,1)$上有三个极值点,所以选D.

(2) 导数工具的应用.

利用导数可以研究曲线的切线、判断函数的性质(单调性、极值、最值),导数是解决与方程和不等式有关的综合问题的有力工具,近年全国高考也常在这些角度命制试题.

【例3】(2017全国Ⅱ卷·理11)若 $x=-2$ 是函数 $f(x)=(x^2+ax-1)e^{x-1}$ 的极值点,则 $f(x)=(x^2+ax-1)e^{x-1}$ 的极小值为(　　).

A. -1　　B. $-2e^{-3}$　　C. $5e^{-3}$　　D. 1

解:因为 $f'(x)=[x^2+(a+2)x+a-1]e^{x-1}$,且 $f'(-2)=0$,所以 $a=-1$,故 $f(x)=(x^2-x-1)e^{x-1}$,$f'(x)=(x^2+x-2)e^{x-1}$,令 $f'(x)=0$,解得 $x=-2$ 或 $x=1$,所以当 $x\in(-\infty,-2)$,$f'(x)>0$,$f(x)$单调递增;当 $x\in(-2,1)$时,$f'(x)<0$,$f(x)$单调递减;当 $x\in(1,+\infty)$,$f'(x)>0$,$f(x)$单调递增,所以 $f(x)$的极小值为 $f(1)=(1-1-1)e^{1-1}=-1$,故选A.

(3) 基本活动经验.

学生习得数学知识和技能的同时,还会形成一定的数学直觉,学会“看”

出结果，这也是十分重要的能力.比如我校高二期末考试有这样一道试题.

【例4】 设a,b为实数，若对任意$x\in\mathbf{R}$，都有$a\cos 2x+b\cos x\geqslant -1$成立，则$a+b$的最大值为________.

例4所呈现的问题如果用常规方法求解，本质上是类似线性规划的问题，分类繁杂，颇为繁琐.但是如果给x赋特殊值尝试，我们发现当$x=\dfrac{2\pi}{3}$时，有$a+b\leqslant 2$，说明$a+b$的最大值不超过2，又等号在$x=\dfrac{2\pi}{3}$时可以取到，所以本题答案即为2.我们一定要引导学生多角度思考问题，这样有助于培养学生思维的灵活性.

(4) 基本思想方法.

函数是研究方程和不等式的有力工具，这里"函数$f(x)$的零点、函数$f(x)$的图象与x轴的交点的横坐标、方程$f(x)=0$的根"三者间相互转化，在客观题中主要依据形的直观性，而解答题中常要结合导数和零点存在性定理说理论证，这也是近些年的热点所在.

【例5】(2018全国Ⅰ卷·理9) 已知函数$f(x)=\begin{cases}e^x, & x\leqslant 0,\\ \ln x, & x>0,\end{cases}$ $g(x)=f(x)+x+a$.若$g(x)$存在2个零点，则a的取值范围是( )

A. $[-1,0)$

B. $[0,+\infty)$

C. $[-1,+\infty)$

D. $[1,+\infty)$

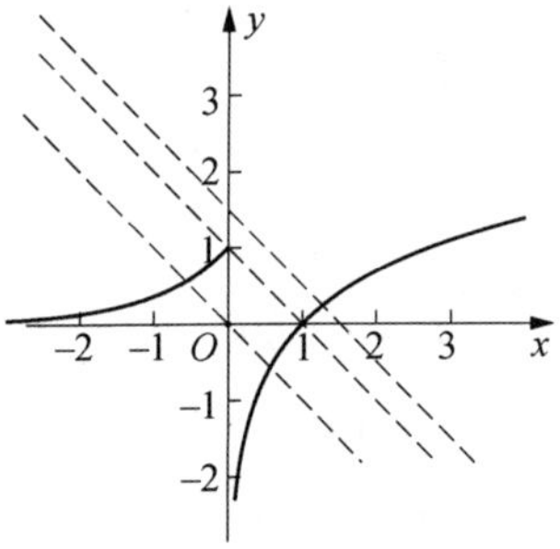

图1

解：函数$g(x)=f(x)+x+a$存在2个零点，即关于x的方程$f(x)=-x-a$有2个不同的实根，即函数$f(x)$的图象与直线$y=-x-a$有2个交点，作出直线$y=-x-a$与函数$f(x)$的图象，如图.由图可知，$-a\leqslant 1$，即$a\geqslant -1$，故选C.

2. 重视能力的考查

笔者在教学过程中认识到，在解决方程和不等式的有关问题时，我们可以构造函数，通过研究相应函数的性质达成对方程解的情况的判断或证明不等式，那么此时构造一个恰当的函数对于是否顺利求解往往就显得格外重要.因此，在这类题的求解中，需要我们结合具体问题，巧妙转化恰当构造函数.以2018年全国Ⅱ卷理第21题第(2)问为例.

【例6】 已知函数 $f(x)=e^{x}-ax^{2}$，若 $f(x)$ 在 $(0,+\infty)$ 上只有一个零点，求实数 a 的值.

通常这类问题可以选择含参函数或进行参变量分离.若选择原函数 $f(x)$，一来参数影响函数性质较为复杂，二来一次求导不足以确定原函数的性质，因此我们有必要做一些转化.笔者的想法有两个，一是分离参变量，其好处是导函数易于分析；二是考虑到 $a>0$ 且定义域是 $(0,+\infty)$，所以考虑对方程 $e^{x}=ax^{2}$ 两边开平方根降幂，转化为更为熟悉的函数，此时再结合 $y=e^{x}$ 的图象有一条重要的切线 $y=ex$，那么就能“看”出答案了.

解析1：(分离参变量)

由题意，关于 x 的方程 $e^{x}-ax^{2}=0$ 在 $(0,+\infty)$ 上只有一个解，显然 $a>0$，所以可化为关于 x 的方程 $\frac{1}{a}=\frac{x^{2}}{e^{x}}$.

设 $n(x)=\frac{1}{a}-\frac{x^{2}}{e^{x}}$，$x>0$，$n'(x)=-\frac{2x-x^{2}}{e^{x}}=-\frac{x(2-x)}{e^{x}}=\frac{x(x-2)}{e^{x}}$，$x>0$，

表1

x	$(0,2)$	2	$(2,+\infty)$
$n'(x)$	$-$	0	$+$
$n(x)$	↘	$\frac{1}{a}-\frac{4}{e^{2}}$	↗

(1) $\frac{1}{a}-\frac{4}{e^{2}}>0$ 时，$n(x)$ 在 $(0,+\infty)$ 上没有零点，舍；

(2) $\frac{1}{a}-\frac{4}{e^2}=0$ 时,即 $a=\frac{e^2}{4}$ 时,$n(x)$ 在 $(0,+\infty)$ 上有且只有一个零点,符合题意;

(3) $\frac{1}{a}-\frac{4}{e^2}<0$ 时,即 $a>\frac{e^2}{4}$ 时,验证 $n(x)$ 在 $(0,+\infty)$ 上有两个不同的零点.

因为 $0<\frac{1}{a}<\frac{4}{e^2}<1<2$, $n(x)=\frac{1}{a}-\frac{x^2}{e^x}>\frac{1}{a}-x$,所以 $n\left(\frac{1}{a}\right)>\frac{1}{a}-\frac{1}{a}=0$,又 $n(x)$ 在 $\left[\frac{1}{a},2\right]$ 上单调减且图象连续不断,故 $n(x)$ 在 $\left(\frac{1}{a},2\right)$ 上存在唯一零点.因为 $4a>e^2>2$, $n(4a)=\frac{1}{a}-\frac{16a^2}{e^{4a}}=\frac{1}{a}-\frac{16a^2}{(e^{2a})^2}>\frac{1}{a}-\frac{16a^2}{(2a)^4}=\frac{1}{a}-\frac{1}{a^2}=\frac{1}{a}\left(1-\frac{1}{a}\right)>0$,又 $n(x)$ 在 $[2,4a]$ 上单调增且图象连续不断,故 $n(x)$ 在 $(2,4a)$ 上存在唯一零点.所以 $n(x)$ 在 $(0,+\infty)$ 上有两个不同的零点,不合题意.综上,实数 a 的值为 $\frac{e^2}{4}$.

解析2:由题意,关于 x 的方程 $e^x-ax^2=0$ 在 $(0,+\infty)$ 上只有一个解,显然 $a>0$,根据函数 $y=e^x$ 与 $y=ax^2$ 在 $(0,+\infty)$ 上单调增,所以 $e^{\frac{x}{2}}=\sqrt{a}x$ 在 $(0,+\infty)$ 上只有一个解.

令 $\sqrt{a}=b>0$,则关于 x 的方程 $e^{\frac{x}{2}}=bx$ 在 $(0,+\infty)$ 上只有一个解.

这里笔者想说,令 $\frac{x}{2}=t$,则问题转化为 $e^t=2bt$ 在 $(0,+\infty)$ 上只有一个解,注意到 $y=e^x$ 有一条重要的切线 $y=ex$,则必有 $2b=e$,所以 $b=\frac{e}{2}$,那么 $a=\frac{e^2}{4}$.如果是客观题,这个选择显然是最简捷的,虽然在解答题中不能依据形的直观直接下结论,但是有了这个预判,对于后续我们的解题也是有意义的.

回到本题，这样转化的另一个好处是，一阶导数就可以判断原函数的性质，从而解决零点的个数判断，见下面的分析.

设 $h(x)=e^{\frac{x}{2}}-bx$，$x>0$，则 $h'(x)=\frac{1}{2}e^{\frac{x}{2}}-b$，$x>0$，

① 当 $b\leqslant\frac{1}{2}$ 时，$h(x)$ 在 $(0,+\infty)$ 上单调增，此时 $h(x)>h(0)=1$，此时 $h(x)$ 无零点，不合题意；

② 当 $b>\frac{1}{2}$ 时，

x	$(0,2\ln(2b))$	$2\ln(2b)$	$(2\ln(2b),+\infty)$
$h'(x)$	$-$	0	$+$
$h(x)$	↘		↗

(i) $h[2\ln(2b)]=e^{\ln 2b}-2b\ln(2b)=2b-2b\ln(2b)=0$，即 $\ln(2b)=1$，解得 $b=\frac{e}{2}$，此时 $a=\frac{e^2}{4}$，符合题意；(ii) $h[2\ln(2b)]=e^{\ln 2b}-2b\ln(2b)=2b-2b\ln(2b)<0$，即 $\ln(2b)>1$，即 $b>\frac{e}{2}$，验证 $h(x)$ 在 $(0,+\infty)$ 上有两个不同的零点.因为 $b>\frac{e}{2}$，所以 $0<\frac{1}{b}<1$，$h\left(\frac{1}{b}\right)=e^{\frac{1}{2b}}-1>0$，又 $h(x)$ 在 $\left[\frac{1}{b},2\ln(2b)\right]$ 上单调减且图象连续不断，所以 $h(x)$ 在 $\left(\frac{1}{b},2\ln(2b)\right)$ 上存在唯一零点.取 $x=4b$，由 $2b>\ln(2b)$，所以 $4b>2\ln(2b)$，此时 $h(4b)=e^{2b}-4b^2>(2b)^2-4b^2=0$，又 $h(x)$ 在 $[2\ln(2b),4b]$ 上单调增且图象连续不断，所以 $h(x)$ 在 $(2\ln(2b),4b)$ 上存在唯一零点.所以 $h(x)$ 在 $(0,+\infty)$ 上有两个不同的零点，不合题意.综上，实数 a 的值为 $\frac{e^2}{4}$.

近年全国卷此类问题的共同特点是避免整体对待，强调分解函数，转化为一个相对简单的函数或两个函数来突破.这对学生的灵活转化、恰当构造的能力提出了很高的要求.

二、对当前教学和命题的启发

1. 关注热点难点

当前，函数与导数部分的热点有：① 函数的图象和性质，主要包括确定函数的单调性、奇偶性、对称性，考查函数的图象，或者应用函数的性质求解与方程、不等式有关的问题；② 通过导数研究函数图象的切线，函数的单调性、极值和最值，以及函数的零点等，其中有关函数零点的试题出现的频率较大；③ "隐零点"问题，有时在利用导数研究函数时，当导函数的零点存在且不易求出时，可采用导函数零点的"设而不求"技巧来研究问题；④ 在高考试题中，常常出现"不等式证明问题""不等式恒(能)成立问题"等，这些问题有时可通过等价转换将问题转化为函数问题.

在日常教学和试题命制时，教师要结合以上热点问题，引导学生明确高考在函数与导数部分考查的侧重点，让学生知道着力点.具体来讲：① 重视基本概念和基础知识的理解与掌握，能够结合各类型函数的典型情形分析函数的基本特征；② 重视函数、方程、不等式等内容相互整合的综合性问题的教学和试题研究，引导学生通过化归思想、数形结合思想、分类讨论思想等展开分析和处理，同时也要指导学生将导数作为基本工具，借此来研究复杂函数的基本性质，以及相关问题的证明；③ 新高考重视情境化试题，从实际问题情境中提炼出数学模型，并充分应用函数与导数的基本理论和方法，完成问题的分析和研究.

2. 多角度地思考

本质上讲，数学教学应为"思维"而教.而培养学生良好的思维品质的有效方法，是教学生多角度思考问题，寻求一题多解，探寻问题背后的数学本质.我想，如果教师在教学和试题命制时关注并引导学生多角度思考，必然有助于提升学生的思维水平，从而实现高效学习."函数与导数"是高中数学的重要组成部分，也是高考的热点难点所在.在教学中，建议选择典型问题，引导学生多角度思考，透过现象看本质，从而达成触类旁通，举一反三.

【例 7】已知函数 $f(x)=\dfrac{x}{e^x}$，若 $x_1 \neq x_2$，且 $f(x_1)=f(x_2)$，证明：x_1+

$x_2>2$.

证法一：令 $f(x)=\frac{x}{e^x}$，由 $f'(x)=\frac{1-x}{e^x}=0$ 得 $x=1$.

当 $x\in(1,+\infty)$ 时，$f'(x)<0$，$f(x)$ 单调递减，$f(x)\in\left(0,\frac{1}{e}\right)$；

当 $x\in(-\infty,1)$ 时，$f'(x)>0$，$f(x)$ 单调递增，且 $f(x)\in\left(-\infty,\frac{1}{e}\right)$.

不妨设 $x_1<x_2$，则 $0<x_1<1<x_2$.

由 $f(x_1)=f(x_2)$ 有 $\frac{x_1}{e^{x_1}}=\frac{x_2}{e^{x_2}}$，两边同取对数得 $\ln x_1-x_1=\ln x_2-x_2$，

即 $\ln x_1-\ln x_2=x_1-x_2$，又 $x_1<x_2$，所以 $\frac{x_1-x_2}{\ln x_1-\ln x_2}=1$.

要证：$x_1+x_2>2$，

只要证：$x_1+x_2>2\cdot\frac{x_1-x_2}{\ln x_1-\ln x_2}$，

又 $0<x_1<x_2$，

只要证：$\ln x_1-\ln x_2<2\cdot\frac{x_1-x_2}{x_1+x_2}$，

只要证：$\ln\frac{x_1}{x_2}<2\cdot\frac{\frac{x_1}{x_2}-1}{\frac{x_1}{x_2}+1}$.

令 $\frac{x_1}{x_2}=t$，则 $0<t<1$，设 $F(t)=\ln t-2\cdot\frac{t-1}{t+1}$，$0<t<1$，

则 $F'(t)=\frac{1}{t}-2\cdot\frac{2}{(t+1)^2}=\frac{(t+1)^2-4t}{t(t+1)^2}=\frac{(t-1)^2}{t(t+1)^2}>0$，

所以 $F(t)$ 在 $(0,1)$ 上单调增，所以 $F(t)<F(1)=0$，得证.

证法二：令 $f(x)=\frac{x}{e^x}$，由 $f'(x)=\frac{1-x}{e^x}=0$ 得 $x=1$.

当 $x\in(1,+\infty)$ 时，$f'(x)<0$，$f(x)$ 单调递减，$f(x)\in\left(0,\frac{1}{e}\right)$；

当 $x\in(-\infty,1)$ 时,$f'(x)>0$,$f(x)$ 单调递增,且 $f(x)\in\left(-\infty,\frac{1}{e}\right)$.

不妨设 $x_1<x_2$,则 $0<x_1<1<x_2$.

要证:$x_1+x_2>2$,

只要证:$x_1>2-x_2$,

因为 $x_2>1$,所以 $2-x_2<1$,

又 $f(x)$ 在 $(-\infty,1)$ 上单调递增,

所以只要证:$f(x_2)=f(x_1)>f(2-x_2)$,

令 $n(x)=f(x)-f(2-x)$,$x>1$,

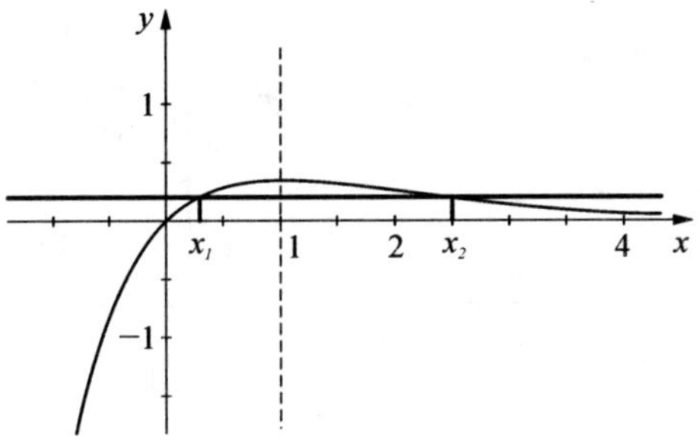

图 2

$$n'(x)=f'(x)+f'(2-x)=\frac{1-x}{e^x}+\frac{x-1}{e^{2-x}}$$
$$=(x-1)(e^{x-2}-e^{-x})$$
$$=e^{-x}(x-1)(e^{2x-2}-1)>0,$$

所以 $n(x)$ 在 $(1,+\infty)$ 上单调增,

故 $n(x)>n(1)=0$,所以 $f(x)>f(2-x)$ 在 $(1,+\infty)$ 上恒成立,故得证.

关注上面两个不同的证法,显然方法二更加简捷.如何想到这个证法呢?其实问题的产生还是依托函数 $f(x)=\frac{x}{e^x}$ 的性质,通俗地说在直线 $x=1$ 的左边函数增得快,在直线 $x=1$ 的右边函数减得慢,所以才会 $x_1+x_2>2$.x 与 $2-x$ 关于(1,0)对称,因此就不难想到判断 $f(x)$ 与 $f(2-x)(x>1)$ 的大小关系了.

如果不引导学生深入思考，只是刻板地讲解方法一，那么换一个类似的问题，学生很可能就不知如何处理，笔者发现，学生一旦体悟了这个问题的实质，即使变换函数载体，然万变不离其宗，学生仍然能够较好地分析并解决问题.

3. 灵活运用工具

函数的概念性非常强，它的性质是处理数学问题的重要工具，定义域、值域、单调性、奇偶性等历来都是高考命题的重点，学生必须要灵活而深刻地掌握.高二导数学完后，学生从高一借助图象归纳函数的代数性质，走进了通过代数运算分析函数性质，进而描绘函数图象，再结合图象直观感受函数的变化特征的研究路径，可以说对于高中生这是思维的一次飞跃.因此，对于函数部分的教学，我们要充分将数和形结合起来，指导学生以数形结合思想为基础，深刻把握函数及图象的关系，并在命题中渗透数形结合的思想方法.

众所周知，在研究函数的单调区间及极值问题时，导数是非常重要的一个工具，教学中要帮助学生形成使用导数巧妙分析问题的相关意识和思维习惯.引导学生从函数性质，以及图象的变化特点出发，对导数和函数的知识进行整合.此外，要关注导数的几何意义和内涵，并由此引导学生探索相关内容与几何的关系，从中加深理解.

4. 渗透核心素养

通过函数与导数部分的学习有助于培养学生数学抽象、直观想象、逻辑推理、数学运算等核心素养.我们需要注意到新高考已经从能力立意走向了素养导向，当前很多问题也关注将数学理论和实际情境联系起来，引导学生建立数学模型.因此，在教学和试题命制时要注意渗透上述素养，设置合适的情境.

87

从全国卷看“概率与统计”的教学与命题

于　洋

《普通高中数学课程标准(2017 年版)》(以下简称《标准》)要求高中数学课程内容突出函数、几何与代数、概率与统计、数学建模活动与数学探究活动四条主线,它们贯穿必修、选择性必修和选修课程[1],与《普通高中数学课程标准(实验)》相比重点突出了概率与统计在普通高中数学课程中的地位,同时数学核心素养之一的数据分析素养也渗透在概率与统计的课程中.所以,概率与统计内容是新课程下学生必须掌握的重要内容,同时也成为高考的重点与难点.通过梳理十年的全国Ⅰ卷的数学高考试题(见表 1),我们发现:无论数学课程标准发生变化之前还是之后,概率与统计的考题在分值上至少为 17 分,在 150 分的试卷中占据了重要的地位,与圆锥曲线、导数、数列等传统的重点数学知识的分值相比不分伯仲.因此,概率与统计的内容是高考的重点,需要教师与学生认真研究概率与统计历年高考题目的规律与变化,促进我们更好地命制概率与统计的数学题目和平时的教学.

表 1　十年全国Ⅰ卷概率与统计考题梳理与分析

时间与卷型	题型	分值	命题情境	考查的知识点
2021 全国Ⅰ卷	选择题 2; 选择题 10; 解答题 17.	5+5+12	农户家庭年收入调查; 排一行数; 机床产品质量.	频率分布直方图; 古典概型求概率; 卡方检验.

续 表

时间与卷型	题型	分值	命题情境	考查的知识点
2020 全国Ⅰ卷	选择题 5； 解答题 19.	5+12	种子发芽实验； 羽毛球比赛.	利用散点图判断回归方程、求回归方程； 独立事件的概率乘法公式； 对立事件的概率公式.
2019 全国Ⅰ卷	填空题 15； 解答题 21.	5+12	篮球比赛； 新药的动物实验.	独立事件、对立事件的概率； 离散型随机变量的分布列、等比数列的通项公式.
2018 全国Ⅰ卷	填空题 15； 解答题 20.	5+12	选人参加比赛； 对产品进行检验.	二项分布； 导数的应用.
2017 全国Ⅰ卷	选择题 2； 解答题 19.	5+12	太极图； 抽检零件.	几何概型； 正态分布；二项分布.
2016 全国Ⅰ卷	选择题 4； 解答题 19.	5+12	等班车； 机器更换零件.	几何概型； 互斥事件、独立重复事件的概率、离散型随机变量的分布列与数学期望.
2015 全国Ⅰ卷	选择题 4； 解答题 19.	5+12	投篮测试； 宣传费与销售量、利润的影响.	独立重复试验的概率； 利用散点图判断回归方程、求回归方程.
2014 全国Ⅰ卷	选择题 5； 解答题 18.	5+12	参加公益活动； 测量产品的质量指标值.	古典概型； 平均数、方差，正态分布.
2013 全国Ⅰ卷	选择题 3； 解答题 19.	5+12	视力检查； 产品质量检验.	抽样方法； 独立重复事件的概率、互斥事件的概率、离散型随机变量的分布列和数学期望.
2012 全国Ⅰ卷	填空题 15； 解答题 19.	5+12	电子元件工作； 花店销售玫瑰.	独立事件的概率和正态分布； 离散型随机变量的概率、分布列和方差； 分段函数解析式.

一、全国卷“概率与统计”的命题评价

1. 问题情境联系生活实际

正如教育部考试中心的命题研究员所说“在考查过程要理论结合实践，

特别是结合生产、生活实际设计试题,采用源于社会、源于生活的真实的情境,考查学生分析和解决具有实际意义的问题的能力"[2].而概率与统计内容的产生就来源于劳动人民的生活实际问题,所研究的问题都是与生活息息相关的,根据呈现的问题不同选择不同的解决方法,加深学生从不确定性角度认识客观世界,体会统计思维与确定性思维的差异.

【例1】(2016全国Ⅰ卷第4题)某公司的班车在7:30,8:00,8:30发车,小明在7:50至8:30之间到达发车站乘坐班车,且到达发车站的时刻是随机的,则他等车时间不超过10分钟的概率是

A. $\frac{1}{3}$　　B. $\frac{1}{2}$　　C. $\frac{2}{3}$　　D. $\frac{3}{4}$

解:由题意,这是几何概型问题,班车每30分钟发出一辆,到达发车站的时间总长度为40,等车不超过10分钟的时间长度为20,故所求概率为$\frac{20}{40}=\frac{1}{2}$,选B.

评析　在我们的日常生活中,每一个人都会遇到等车的问题.所以,这道高考数学题目非常贴合学生平时的生活,同时引发学生用数学的眼光看待生活中的问题,激发学生利用数学知识解决生活实际问题的能力.除此之外,这个题目还考查了"几何概型",求解"几何概型"的关键是确定"测度",常见的测度有长度、面积、体积等."测度"是高等数学的重要知识点,这个题目还从学生的升学角度出发,为学生进一步学习高等数学做了铺垫.

2. *考查内容综合并且灵活*

地方上的自主命制的高考数学试题,概率与统计的考题就是围绕概率与统计的相关知识进行考查.例如下面的例3围绕离散型随机变量的概率、分布列与数学期望展开考查.然而反观全国卷,2018年全国Ⅰ卷的解答题20将二项分布的内容与导数结合在一起进行考查,有效测试了学生对数学综合知识的掌握与灵活应用,命题形式推陈出新,令人眼前一亮.2019年全国Ⅰ卷的概率与统计内容的考查继续创新,将概率与统计的相关内容与数列结合在一起作为2019年高考数学的压轴大题进行考查,考查内容的组合方式新颖,充分考查了学生的数学综合素养与数学知识迁移的能力.命题内容的设计多样导

致学生不能机械地复习概率与统计的内容，促进学生对概率与统计内容深度的复习，进一步研究概率与统计的内容与高中数学的其他内容的联系，从而深化对概率与统计内容的理解.

同时我们发现全国卷的概率与统计的题目设置的位置不固定，可能在前面作为基础题目出现，也有可能作为中档题在中间出现，甚至作为压轴大题在最后出现.题目位置的灵活设置导致学生对概率与统计的复习不敢大意，强化了学生对概率与统计的复习深度，从而有效促进学生数据分析素养的形成.

【例 2】(2012 江苏卷第 22 题)　设 ξ 为随机变量，从棱长为 1 的正方体的 12 条棱中任取两条，当两条棱相交时，$\xi=0$；当两条棱平行时，ξ 的值为两条棱之间的距离；当两条棱异面时，$\xi=1$.

(1) 求概率 $P(\xi=0)$；

(2) 求 ξ 的分布列，并求其数学期望 $E(\xi)$.

二、对当前教学的启发

1. 重视统计内容，加强课时占比

过去的江苏高考数学试卷，概率与统计多以填空题考查为主，在 160 分(1 卷)的数学试卷中分值仅为 5 分，在附加题的 40 分中偶尔会考到一道概率的题目，分值为 10 分.由于概率与统计(尤其是统计)在江苏高考数学分值的占比较低，导致教师和学生轻视概率与统计内容，压缩了学习概率与统计相关内容的时间，有的教师甚至对正态分布、独立性检验、回归分析等江苏不常考的内容简单讲解而不进行练习，导致学生对这部分内容似懂非懂，影响了数据分析素养的形成和提升，与《标准》中的要求和新高考的考查内容背道而驰.所以，面对新课程与新高考，我们要引导学生重视概率与统计的内容，增加课时，让老师有充足的课堂时间引导学生全面深入地学习概率与统计，尤其是正态分布、独立性检验、回归分析等与生产生活联系紧密的内容.

2. 借力高等数学，实现融通培养

众所周知，高中概率与统计的内容与高等概率与统计的内容紧密相关，但是由于高中生缺乏相关的高等数学知识作为背景，所以高中数学概率与统计在教材中的概念模糊不清，不利于学生的理解.

例如在苏教版高中数学选修2－3中对随机变量是这样定义的："如果随机试验的结果可以用一个变量来表示，那么这样的变量叫作随机变量."之后的第68页写道"前面所讨论的随机变量的取值都是离散的，我们把这样的随机变量称为离散型随机变量".面对教材所写，学生常常百思不得其解，产生如下的疑问："所有的随机变量都是离散型随机变量吗？离散型随机变量的概念到底是什么？还有其他类型的随机变量吗？"借助高等数学及高等概率与统计的内容，我们可以帮助学生构建严格准确的相关概念.例如我们可以在课堂上这样讲授："定义在样本空间 Ω 上的实值函数 $X=X(\omega)$ 称为随机变量，常用大写字母 X,Y,Z 等表示随机变量，其取值用小写字母 x,y,z 等表示.假如一个随机变量仅可能取有限个或可列个值，则称其为离散型随机变量.假如一个随机变量的可能取值充满数轴上的一个区间 (a,b)，则称其为连续型随机变量，其中 a 可以是 $-\infty$，b 可以是 ∞."[3] 通过这样的讲解，学生既明白了随机变量的概念，又掌握了随机变量的分类：离散型和连续型.这一过程有效衔接了高中与大学的概率与统计的内容，促进学生更深入地理解概率与统计的相关知识，实现高中与大学的融通培养.

3. 用活动与探究，塑素养与技能

邀请统计学家、数据分析师、统计调查员等为学生们做关于"统计学"方面的报告，让更多的学生了解统计学的知识与应用而不是仅限于教材上的知识与题目.我校曾经邀请我国著名的统计学家史宁中先生做过报告，引起了数学组教师与全体学生的好评.史先生的讲座通俗易懂，深入浅出，加深了大家对统计学相关概念的理解.数据分析师和统计调查员的报告能让学生了解统计学的应用价值，体会统计的思想和方法在解决问题中的作用.

开设"统计案例比赛"，在新版课程标准的指引下，我们指导学生研究了《吸烟与患支气管炎的关系》《身高与臂展的关系》《数学成绩与数学兴趣的关系》《南京二手房房价与交易量的关系》，通过数据分析，建立统计模型，研究两者的关系，有个别同学利用现代统计软件 SPSS 对问题进行了更深入的研究.通过案例的评比和交流反思，有效提升了同学们的数据分析的素养和技能，学生普遍感觉这样的活动比做题更有意思和价值.

除了"统计学报告""统计案例比赛"这两项活动外，我们还积极开展中国大学先修课程《概率论与数理统计》，学校先后派出10余人赴清华大学附属中学参加大学先修课程培训，提升教师的数据分析素养和教学能力.通过大学先修课程让更多有兴趣且学有余力的同学在“概率论与数理统计”方面得到长足的发展，为将来进高校做深入的研究打下坚实的基础.

三、对当前命题的建议

1. 丰富题型种类，关注社会发展

“概率与统计”的题目既可以命制成选择题或者填空题，也可以命制成解答题.随着新高考的到来，试卷结构进一步优化，“概率与统计”还可以命制成多项选择题或者多空题，进一步丰富“概率与统计”题型的种类.例 3 是多项选择题，例 4 是多空题.

【例 3】下表是某电器销售公司 2019 年度各类电器营业收入占比和净利润占比统计表.

表 2

	空调类	冰箱类	小家电类	其他类
营业收入占比	90.10%	4.98%	3.82%	1.10%
净利润占比	95.80%	−0.48%	3.82%	0.86%

则下列判断中正确的是(　　).

A. 该公司 2019 年度冰箱类电器销售亏损

B. 该公司 2019 年度小家电类电器营业收入和净利润相同

C. 该公司 2019 年度净利润主要由空调类电器销售提供

D. 剔除冰箱类电器销售数据后，该公司 2019 年度空调类电器销售净利润占比将会降低

【例 4】五个自然数 1、2、3、4、5 按照一定的顺序排成一列.则 2 和 4 不相邻的概率为________；定义：若两个数的和为 6 且相邻，称这两个数为一组“友好数”.随机变量 ξ 表示上述五个自然数组成的一个排列中“友好数”的组数，则数学期望 $E(\xi)$ 为________.

2. 重点内容交汇，多种素养融合

概率与统计的内容离不开函数、几何与代数知识的支撑，多种内容交汇

考核有利于考查学生对数学知识的综合掌握情况，其他核心数学知识在概率与统计中的应用有利于加强重点内容之间的联系.所以在概率与统计的命题设置中，可以通过考虑与其他数学内容相结合来提升概率与统计问题的难度和区分度.同时，一个好的命题不仅仅考查一个核心素养，而是对多个核心素养进行整体考查，所以在命题设置的时候要考虑问题能否有效考查多种素养的不同水平.例5就是导数与概率统计相互结合的经典题目，考查了学生的数据分析、数学抽象、逻辑推理、数学建模和数学运算五种数学核心素养.

【例5】（2018全国Ⅰ卷第20题） 某工厂的某种产品成箱包装，每箱200件，每一箱产品在交付用户之前要对产品作检验，如检验出不合格品，则更换为合格品.检验时，先从这箱产品中任取20件作检验，再根据检验结果决定是否对余下的所有产品作检验，设每件产品为不合格品的概率都为$p(0<p<1)$，且各件产品是否为不合格品相互独立.

（1）记20件产品中恰有2件不合格品的概率为$f(p)$，求$f(p)$的最大值点p_0.

（2）现对一箱产品检验了20件，结果恰有2件不合格品，以（1）中确定的p_0作为p的值.已知每件产品的检验费用为2元，若有不合格品进入用户手中，则工厂要对每件不合格品支付25元的赔偿费用.

（i）若不对该箱余下的产品作检验，这一箱产品的检验费用与赔偿费用的和记为X，求$E(X)$；

（ii）以检验费用与赔偿费用和的期望值为决策依据，是否该对这箱余下的所有产品作检验？

3. 聚焦核心素养，创新命题设置

首先，概率与统计的命题要以“数据分析”素养为核心，能够有效考查学生的数据分析的核心素养.命题情境的设置要紧密联系生产与生活，让学生感受到概率与统计来源于生活而作用于生活，培养学生用数学的眼光观察世界、用数学的思维思考世界、用数学的语言表达世界.

其次，概率与统计的考查内容不能固化，要灵活设计问题所涉及的数学知识点.高中概率与统计学习内容丰富，包括：随机变量及其概率分布、超几何分布、独立性、二项分布、随机变量的均值和方差、正态分布、独立性检验、回归分析等.设计的数学问题要能够考查概率与统计的多方面内容,更好地体现数学问题考查的综合性.

最后,概率与统计试题的设计要积极创新,大胆探索新的命题设置方式.例如可以命制概率与统计的开放题、概率与统计的小论文或者提供给学生数据素材让学生自拟数学问题.

参考文献

[1] 任子朝.从能力立意到素养导向[J].中学数学教学参考,2018(13):1.

[2] 茆诗松,程依明,濮晓龙.概率论与数理统计教程(第二版)[M].北京:高等教育出版社,2011.

88

从全国卷看“解析几何”的命题特色

于　洋

《普通高中数学课程标准(2017 年版)》(以下简称《标准》)要求高中数学课程内容突出函数、几何与代数、概率与统计、数学建模活动与数学探究活动四条主线,它们贯穿必修、选择性必修和选修课程[1],《标准》突出了圆锥曲线的重要地位与价值,要求学生经历“圆锥曲线”的学习过程之后,能够掌握平面解析几何解决问题的基本过程:根据具体问题情境的特点,建立平面直角坐标系;根据几何问题和图形的特点,用代数语言把几何问题转化成为代数问题;根据对几何问题(图形)的分析,探索解决问题的思路;运用代数方法得到结论;给出代数结论合理的几何解释,解决几何问题.

通过梳理十年的全国Ⅰ卷的数学高考试题(见表 1),我们发现:无论数学课程标准发生变化之前还是之后,“圆锥曲线”的考题在分值上变化不大,十年所占分数的均值为 19.5 分,几乎是整个考卷分值的五分之一,在 150 分的试卷中占据了重要的地位,与导数、数列等高中重要的数学知识的分值相比不分伯仲.因此,“圆锥曲线”的内容是高考的重点,同时,“圆锥曲线”的解答题往往安排在最后三道题目之一,可见“圆锥曲线”也是高考试卷的难点,非常容易增加学生的区分度,需要教师与学生认真研究“圆锥曲线”历年高考题目的规律与变化,促进我们更好地命制“圆锥曲线”的数学题目,提升平时的教学层次.

表1 十年全国Ⅰ卷"圆锥曲线"考题梳理与分析

时间	题型	分值	考查的知识点
2021全国Ⅰ卷	选择题5； 填空题15； 解答题20.	5+5+12	对曲线离心率； 椭圆与直线的位置关系； 抛物线与圆的位置关系.
2020全国Ⅰ卷	选择题4； 选择题11； 填空题5； 解答题20.	5+5+5+12	抛物线方程； 圆与直线的位置关系； 双曲线离心率； 直线与椭圆的位置关系.
2019全国Ⅰ卷	选择题10； 填空题16； 解答题19.	5+5+12	椭圆方程； 双曲线的离心率； 抛物线与直线的位置关系.
2018全国Ⅰ卷	选择题11； 解答题19.	5+12	双曲线的渐近线； 椭圆与直线的位置关系.
2017全国Ⅰ卷	选择题10； 填空题15； 解答题20.	5+5+12	抛物线与直线的位置关系； 双曲线的离心率； 椭圆与直线的位置关系.
2016全国Ⅰ卷	选择题10； 解答题20.	5+12	抛物线的焦点与准线； 椭圆与直线的位置关系.
2015全国Ⅰ卷	填空题14； 解答题20.	5+12	椭圆方程； 抛物线与直线的位置关系.
2014全国Ⅰ卷	选择题10； 解答题20.	5+12	抛物线与直线的位置关系； 椭圆与直线的位置关系.
2013全国Ⅰ卷	选择题4； 选择题10； 解答题20.	5+5+12	双曲线的渐近线方程； 椭圆与直线的位置关系； 椭圆方程、圆与直线的位置关系.
2012全国Ⅰ卷	选择题4； 解答题20.	5+12	椭圆的离心率； 抛物线方程、圆的方程、抛物线与直线的位置关系.

为了更好地研究全国卷"圆锥曲线"的命题特点，笔者梳理了最近十年江苏高考数学试卷的"圆锥曲线"的题目，详情见表2.以江苏高考数学试卷为参照，比较"圆锥曲线"考试试题的相同点与不同点，我们能够更好地梳理出全国高考数学的命题的重点与难点，分析其命题风格，更好地把握新高考的试

题命制的方向.

表2　十年江苏卷"圆锥曲线"考题梳理与分析

时间	题型	分值	考查的知识点
2019	填空题7; 解答题17.	5+14	双曲线的渐近线; 椭圆方程,椭圆与直线的位置关系、圆与直线的位置关系.
2018	填空题8; 填空题12; 解答题18.	5+5+16	双曲线的离心率; 圆与直线的位置关系; 椭圆与圆的方程,直线与椭圆的位置关系.
2017	填空题8; 填空题13; 解答题17.	5+5+14	双曲线的准线与渐近线; 圆与直线的位置关系; 椭圆方程、椭圆与直线的位置关系.
2016	填空题10; 解答题18.	5+16	椭圆的离心率; 圆与直线的位置关系、圆与圆的位置关系.
2015	填空题10; 填空题12; 解答题18.	5+5+16	直线与圆的位置关系; 直线与双曲线的位置关系; 椭圆方程,椭圆与直线的位置关系.
2014	填空题9; 填空题11; 解答题17.	5+5+14	直线与圆的位置关系; 直线与曲线的位置关系; 椭圆方程、椭圆的离心率.
2013	填空题3; 填空题9; 填空题12; 解答题17.	5+5+5+14	双曲线的渐近线方程; 抛物线与直线的位置关系; 椭圆与直线的位置关系; 圆的切线方程、圆与圆的位置关系.
2012	填空题8; 填空题12; 解答题19.	5+5+16	双曲线的离心率; 圆与直线的位置关系; 椭圆方程,椭圆与直线的位置关系.
2011	解答题18.	16	椭圆与直线的位置关系.
2010	填空题6; 填空题9; 解答题18.	5+5+16	双曲线的性质; 圆与直线的位置关系; 椭圆与直线的位置关系.

一、问题设置灵活

江苏高考数学试卷“解析几何”解答题主要考查椭圆与圆这两大知识点，纵观十年江苏高考数学试卷，“解析几何”大题没有考查过其他知识点，而全国卷“解析几何”解答题既考查椭圆与圆这两个知识点，还经常考查抛物线的相关知识点和性质.《标准》在“圆锥曲线”部分要求“了解椭圆、抛物线的简单应用”，突出了椭圆与抛物线的地位，反观江苏高考数学试卷，在解答题部分忽视了抛物线的考查，与《标准》的要求不一致.同时，江苏卷在椭圆和圆这两部分内容中反复考查，容易形成命题内容的固化，导致老师和学生过度复习椭圆与圆，轻视了双曲线与抛物线的内容，甚至有的个别学校高三学习不复习双曲线与抛物线，造成学生所学的“圆锥曲线”的知识结构不完整，不利于全面考查学生的数学素养与综合能力.

【例 1】(2016 全国Ⅰ卷第 19 题)已知抛物线 $C:y^2=3x$ 的焦点为 F，斜率为 $\frac{3}{2}$ 的直线 l 与 C 的交点为 A,B，与 x 轴的交点为 P.

(1) 若 $|AF|+|BF|=4$，求 l 的方程；(2) 若 $\overrightarrow{AP}=3\overrightarrow{PB}$，求 $|AB|$.

解：设直线 $l:y=\frac{3}{2}x+t$，$A(x_1,y_1)$，$B(x_2,y_2)$.

(1) 由题设得 $F\left(\frac{3}{4},0\right)$，故 $|AF|+|BF|=x_1+x_2+\frac{3}{2}$，由题设可得 $x_1+x_2=\frac{5}{2}$.

由 $\begin{cases} y=\frac{3}{2}x+t \\ y^2=3x \end{cases}$，可得 $9x^2+12(t-1)x+4t^2=0$，则 $x_1+x_2=\frac{12(t-1)}{9}$.

从而 $-\frac{12(t-1)}{9}=\frac{5}{2}$，得 $t=-\frac{7}{8}$.所以 l 的方程为 $y=\frac{3}{2}x-\frac{7}{8}$.

(2) 由 $\overrightarrow{AP}=3\overrightarrow{PB}$ 可得 $y_1=-3y_2$.由 $\begin{cases} y=\frac{3}{2}x+t \\ y^2=3x \end{cases}$，可得 $y^2-2y+2t=0$.

所以 $y_1+y_2=2$.从而 $-3y_2+y_2=2$,故 $y_2=-1,y_1=3$.

代入 C 的方程得 $x_1=3,x_2=\frac{1}{3}$.故 $|AB|=\frac{4\sqrt{13}}{3}$.

评析 第一问考查了抛物线的定义,问题从浅入深,易于学生着手解决问题.第二问向量的比例关系考查了直线与抛物线的位置关系,问题难度适中,易于学生成功解决问题.考查知识点基础并且全面,不偏不怪,在考场上有利于学生拿分.

二、解决问题方法多样

一道好的数学题目能够让学生从不同的角度去思考问题从而顺利解决数学问题,即培养了学生解决数学问题的能力.传统的数学问题能够训练学生解决数学问题的技能技巧,却也造成了解题技能虽强,但创造力却不足的状况.而好的数学问题能够激发学生思考,对问题进一步分析,从不同的角度对问题进行研究,选择最优化的解决问题的策略与方法,最终解决问题.

【例2】(2016全国Ⅰ卷第10题) 已知椭圆 C 的焦点为 $F_1(-1,0)$,$F_2(1,0)$,过 F_2 的直线与 C 交于 A,B 两点.若 $|AF_2|=2|F_2B|$,$|AB|=|BF_1|$,则 C 的方程为( ).

A. $\frac{x^2}{2}+y^2=1$ B. $\frac{x^2}{3}+\frac{y^2}{2}=1$

C. $\frac{x^2}{4}+\frac{y^2}{3}=1$ D. $\frac{x^2}{5}+\frac{y^2}{4}=1$

解析1:如图,由已知可设 $|F_2B|=n$,则 $|AF_2|=2n$,$|BF_1|=|AB|=3n$,由椭圆的定义有 $2a=|BF_1|+|BF_2|=4n$,∴ $|AF_1|=2a-|AF_2|=2n$.在 $\triangle AF_1B$ 中,由余弦定理推论得 $\cos\angle F_1AB=\frac{4n^2+9n^2-9n^2}{2\cdot 2n\cdot 3n}=\frac{1}{3}$.在 $\triangle AF_1F_2$ 中,由余弦定理得 $4n^2+4n^2-2\cdot 2n\cdot 2n\cdot\frac{1}{3}=$

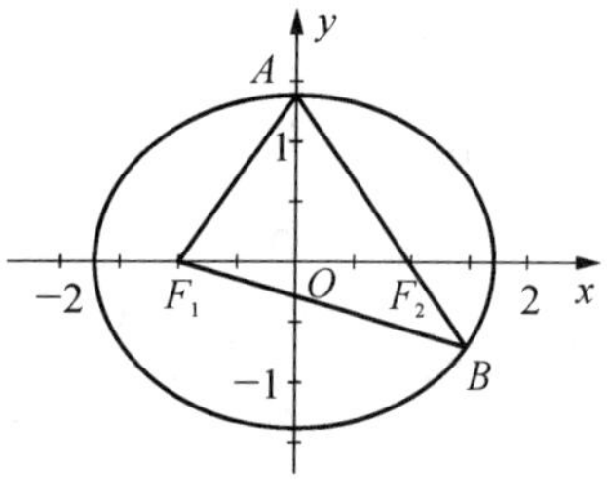

图1

4,解得$n=\frac{\sqrt{3}}{2}$.$\therefore 2a=4n=2\sqrt{3}$,$\therefore a=\sqrt{3}$,$\therefore b^2=a^2-c^2=3-1=2$,$\therefore$ 所求椭圆方程为$\frac{x^2}{3}+\frac{y^2}{2}=1$,故选 B.

解析 2:设A点为上顶点,则$A(0,b)$.作$BB_1\perp y$轴于点B_1,由$\triangle AOF_2\backsim\triangle BB_1F_2$,可得$B\left(\frac{3}{2},-\frac{b}{2}\right)$.代入椭圆方程得$\frac{\frac{9}{4}}{a^2}+\frac{\frac{b^2}{4}}{b^2}=1$,解得$a^2=3$,$b^2=2$.所以椭圆的方程为$\frac{x^2}{3}+\frac{y^2}{2}=1$.

解析 3:设直线AB的方程为$y=-b(x-1)$.设$A(x_1,y_1)$,$B(x_1,y_1)$.与椭圆$\frac{x^2}{a^2}+\frac{y^2}{b^2}=1$联立可得$b(a^2+1)\ y^2+2y+b^3(1-a^2)=0$.$y_1+y_2=-\frac{2}{b(a^2+1)}$,$y_1y_2=\frac{b^2(1-a^2)}{a^2+1}$.又$\because |AF_2|=2|F_2B|$,$\therefore(1-x_1,-y_1)=2(x_2-1,\ y_2)$,可得$-y_1=2\ y_2$.可得$a^2=3$,$b^2=2$.所以椭圆的方程为$\frac{x^2}{3}+\frac{y^2}{2}=1$.

评析　方法一是结合三角形的余弦定理,方法二是利用平面几何相似三角形的性质,方法三是利用解析法建立直角坐标系去解决问题.这个题目还有其他解法,笔者限于篇幅就不再一一作答了.像这样的问题就是好问题,拓展学生思路,帮助学生打通各个知识点之间的联系.

89

有效利用评价手段提升教学效能

周 杰　丁 菁

教学测试与评价是教师了解学生学习效果、分析学习质量的重要手段，对教师的整体教学设计有着重要的指导意义，在教学中有着非常重要的作用.在高中数学课堂上，在完成新知识的学习之后，往往通过提问、让学生板演解题、课堂巡视等方式了解学生解题的过程，综合评估学生学习效果；或者通过课内外作业、阶段检测等纸笔测试的方式对学生学习情况进行检测，也有越来越多的教师开始通过学生的个人成长记录、课堂综合评价等方式对学生进行过程性的评价.

2013年数学课标研制组分别从教师和学生的视角，对全国13个省(直辖市、自治区)的446名教师和5685名学生进行调查研究.

调查问卷表明：教师习惯用纸笔测验和课内外作业评价的方式，而学生较适应课内外作业和课堂综合评价的方式.同时，对于个人成长记录和同伴评价，师生的适应程度差异不大.对于纸笔测验、课内外作业、课堂综合评价，教师的适应程度均高于学生.

如何有效利用各种评价手段提升教学效能？几种教学评价在日常的教学过程中如何运用？怎样高效地利用评价结果指导和优化后续的教学工作？能否利用好评价结论对不同层次的学生进行差异化、个性化的教学和辅导？

基于这些问题，我们开展了如下的实践与探索.

一、学业评价实践与探索

1. 随堂测试，即时反馈，关注四基达成

如前所述，传统的课堂反馈难以全面而又准确地了解学生的学习情况.学生板演习题的答案对错只能代表该学生或部分学生对知识是否掌握，不能代表全班学生对知识是否掌握；老师通过巡视的方式了解学生解题，也会因为课堂时间或空间的制约而无法了解每个学生的学习状况.

在信息技术的辅助下，在网络环境下，学生在课堂上使用平板电脑作为交互工具，教师可以随时发布测试题，进而获知所有学生的答题结果：客观题可以交由系统自动评判，立即获得结果；主观题在目前的技术条件下仍然需要人工批改，可以通过教师批改，或将学生分组后由组长批改，或公布答案随机分配给学生批改等方式快速获得评判结果.通过网络系统还可以获得学生的答题时间、各题得分率、答错的学生名单、典型错误等相关信息，更加全面地了解学生的学习状况，为后续的学习任务安排提供真实可靠的依据.

【案例 1】 “函数奇偶性”

在“函数的奇偶性”一课中，教师完成概念教学之后安排了一组练习：

练习　判断下列函数的奇偶性.（以选择题的形式呈现：A. 奇函数，B. 偶函数，C. 既不是奇函数也不是偶函数）

(1) $f(x)=x^2-x^6$；

(2) $f(x)=x^3+5x$；

(3) $f(x)=2x, -1<x<2$；

(4) $f(x)=2|x|, x>-2$；

(5) $f(x)=x^2+x-4$；

(6) $f(x)=(1+x)^3-3(1+x^2)+2$；

(7) $f(x)=\dfrac{x^3-x^2}{x-1}$；

(8) $f(x)=\sqrt{x^2-1}\cdot\sqrt{1-x^2}$.

其中 1～5 小题都是基本题，考查对概念的基本认识，第 6 题对化简运算要求较高，第 7 题属于对代数变形过程中变量取值范围变化的认识，要求较高，第 8 题是对函数奇偶性概念的深入认识，这个函数同时满足奇函数和偶函数的概念.就本节课教学要求而言，1～5 题正确率应在 90%以上，6、7 题的正确率应在 80%以上，第 8 题不能确定.

从实际反馈的情况来看，全班同学都在 5 分钟内完成了判断，1～5 题均只有至多2人答错,说明基本教学要求已经达成,第6题的正确率82%,说明部分学生对代数计算缺乏自信,看到复杂的算式没有仔细化简,第7题的正确率92%好于预计的结果,说明学生对定义域的变化有足够的关注,第8题完成情况也较好,80%以上的学生同时选择的A、B.

这说明教学目标基本已经实现,课后作业中可以适当增加对代数化简的要求,以及需要化简才能进行奇偶性判断的练习.对于个别未达到教学要求的学生还需要通过个别辅导的方式使他们能够达到教学要求.

【案例2】 "三角函数"小练习

在完成了三角函数的诱导公式的教学之后,学生做了一份课堂训练.题目涉及诱导公式之前的三角知识.因为班级整体水平较高,所以试题难度略大.从答题结果分析来看,除最后一题正确率为79%,其余各题正确率均在85%以上.但是学生完成时间普遍较长.所以,除了对个别学生的强化辅导之外,面对全班的计算的训练仍需要加强.

试卷分析(总分: 35.0分)

总体分布分析

题型	题量	分值	分值占比
选择题	7题	35.0分	100.0%

难度分析

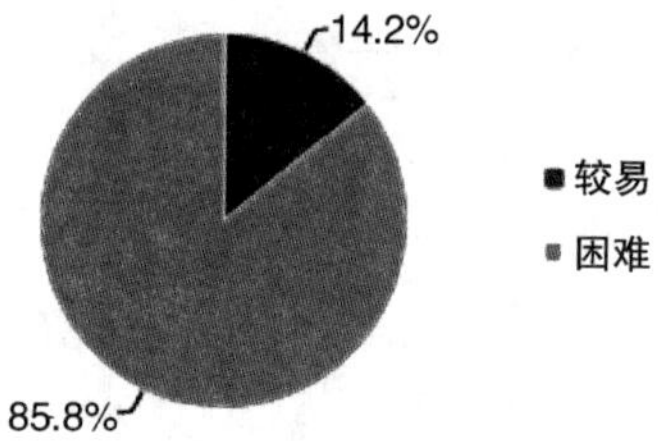

知识点分析

序号	知识点	分值	分值占比	对应题号
1	诱导公式	2.5分	7.1%	1
2	三角函数线	7.5分	21.6%	1,2
3	同角三角函数的基本关系	12.5分	35.7%	3,4,5
4	正弦、余弦函数的图象与性质	2.5分	7.1%	4
5	三角函数的化简求值	10.0分	28.5%	6,7

2. 阶段测试，数据分析，提升学科素养

《普通高中数学课程标准(2017年版)》(以下简称《标准》)指出："学科核心素养是育人价值的集中体现，是学生通过学科学习而逐步形成的正确价值观念、必备品格和关键能力.数学学科核心素养是在数学学习和应用的过程中逐步形成和发展的."这体现了数学核心素养的培养具有阶段性、养成性和发展性.在日常教学中，我们结合每个具体的知识点培养学生的各方面素养，进而在阶段性测试中，我们可以通过测试问题分析学生核心素养的达成情况，从而为后续的教学改进指明方向.

比如，在我校高一年级上学期的期中考试中，命制了这样一个题目.

设 M 为满足下列条件的函数 $f(x)$ 构成的集合：存在实数 x_0，使得 $f(x_0+1)=f(x_0)+f(1)$.

(1) 判断 $g(x)=x^2$ 是否为 M 中的元素，并说明理由；

(2) 设 $h(x)=\lg\dfrac{a}{x^2+1}\in M$，求实数 a 的取值范围；

(3) 已知 $y=2e^x\left(x>\dfrac{2}{3}\right)$ 的图象与 $y=\dfrac{3x+4}{3x-2}$ 的图象交于点 $(t,2e^t)$.

证明：$m(x)=\ln(3x-1)-x^2$ 是 M 中的元素，并求出此时 x_0 的值(用 t 表示).

本题的考查重点包括：① 数学抽象、逻辑推理和数学运算的核心素养；② 运用函数思想解决问题.其中，第一问考查学生对于用抽象数学符号表示的问题背景的理解程度；第二问考查学生的数学运算；第三问主要考查学生的逻辑推理能力，以及通过分析构建模型，并建立与条件的联系，从而解决问题的水平.通过网络平台的统一阅卷，我们获得不同层次班级的数据如表1所示.

表1

题号	普通班得分率	菁英班得分率
第①问	67.41%	72.34%
第②问	38.52%	44.68%
第③问	24.44%	39.72%

由上述数据可见，无论是菁英班还是普通班，绝大多数的学生都能理解表达抽象的条件，但是在综合运用知识解决问题时困难较多，从第③问的得分率可见，学生的逻辑推理能力有待提高；同时，不同层次的学生在面对复杂问题（如第③问）时，处理能力差异较为明显.

对此，在日常教学中，我们应从如下角度改进教学，提升核心素养水平：

其一，在课堂提问、自我练习、测验考试等环节，有针对性地开展一些数学学习活动，如问题讨论、错误分析等，在这些学习活动中，注重要求学生的言语和思维做到"重论据、有条理、合逻辑".

其二，培养学生善于从形式、结构上整体把握知识的能力.比如，函数和方程是密切相关的，对于方程的问题，我们可以构建适当的函数，转化为函数的问题求解，在教学中引导学生感悟不同数学对象的内在一致性.

其三，重视培养学生一般思考问题的习惯.需要指出的是，这种思考习惯需要教师的引导，是在教学中潜移默化的培养的.比如，从运算角度"和"对应"乘"、能否将结论加以推广等.

其四，对于不同层次的学生，教学中要注意因材施教.创设合适的问题情境，提出适合学生水平的探究问题，启发学生思考，使学生学会有逻辑的表述、交流，达成不同水平的核心素养的提升.

3. 自我评价，重视过程，促进主动发展

在学习评价的具体操作层面，《标准》指出："评价既要关注学生学习的结果，更要重视学生学习的过程.建立目标多元、方式多样、重视过程的评价体系."这里的"目标多元"是希望改变过去过于关注数学"四基"及应考技能的狭隘的评价观，形成多角度、多层次、多维度的评价点，通过评价全面反映学生的学习情况，并产生有利于学生全面而有个性发展的积极导向作用.这里的"方式多样"也是希望改变过去仅凭试卷考试的单一评价方式，针对多样化的学习方式和学习需求而形成多种多样的评价类型和方式.

这里，我们也尝试了学生自我评价的形式.

(1) 设计"阶段学习自我评价单"

① 过去几周，我学了（概念、公理、定理、法则、方法等）：

Ⅰ）____

Ⅱ）______________________________

Ⅲ）______________________________

② 我感觉自己在以下几方面获得了进步：

Ⅰ）______________________________

Ⅱ）______________________________

Ⅲ）______________________________

③ 在学习中，我遇到了如下问题：

Ⅰ）______________________________

Ⅱ）______________________________

Ⅲ）______________________________

④ 总的看来，我的弱点在于：

____

⑤ 回头看来，我意识到应该采取下列方式来改变学习方法(习惯)：

____

⑥ 希望老师今后的上课集中在下列几点(方面、技巧)：

____

⑦ 和几个同学、老师讨论自己的评价，看他人是否高估、低估你的能力，并考虑是否需要以及应当如何调整自己的学习计划和学习策略.

____

指导学生在完成一单元的学习任务之后自我总结，自我评价.

学生自我评价能力的形成离不开教师的引导，但教师评价只是手段，落脚点是促成学生的自我评价.这要求教师在学生对学习进行自我评价时，要指导他们逐步学会对自己学习的方法、策略、过程和结果进行评价和反馈，做到由“扶”到“放”，实现由“学会”向“会学”的转变.

(2) 撰写“数学学习日记”

教师引导学生建立自己的“数学学习日记”.未必是每日一记，但必须是有感而发，记录下当时的真实情感、想法.记录内容包括：

① 学生个人的阶段、学期目标与计划；

② 学生对某一知识点的思考，疑问和梳理；

③ 学生对某一典型方法的辨析、应用、发现；

④ 学生学习一天后的总结与反思.如：今天学了什么数学概念、定理、法则、内容表述；今天作业中习题主要运用什么方法解决，其依据是什么；哪些题不会做，解题思路在哪里受阻，原因是什么，经过思考解决了没有；对教师教学方式的评价及建议；下节主要内容是什么；

⑤ 某一阶段的学习情感、学习态度等变化及分析；

⑥ 学生自己收集的有价值的信息；

⑦ 学生获得的各种奖励记录及成功体验，如：奖状、荣誉证书、喜报、心得体会等；

⑧ 其他.

比如学习了必修1“子集、全集、补集”一节后，学生在作业上写下了这样一段日记：

今天所学的东西中有一样比较特别，就是将集合作为另一个集合中的一个元素，在理解的时候，会联系到文件夹中可以放文件，也可以再放文件夹.在看书、作业和考试中要特别注意符号“$\in$”与“$\subseteq$”.

再比如学习了必修1“函数的单调性”一节后，学生在作业上写下了这样一段日记：

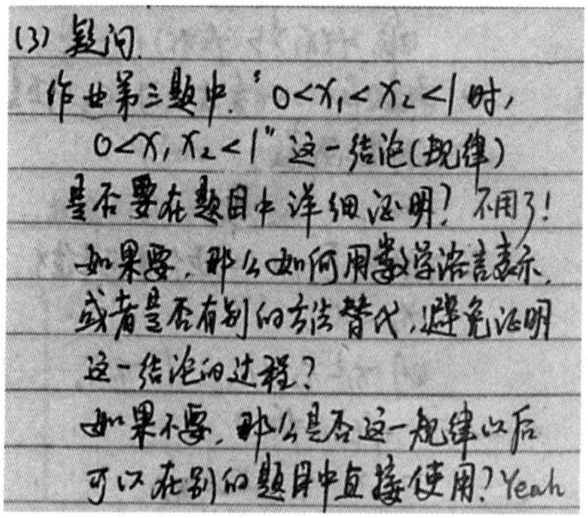
(3) 疑问
作业第三题中，“$0<x_1<x_2<1$ 时，$0<x_1x_2<1$”这一结论(规律)是否要在题目中详细证明？不用了！
如果要，那么如何用数学语言表示，或者是否有别的方法替代，避免证明这一结论的过程？
如果不要，那么是否这一规律以后可以在别的题目中直接使用？Yeah

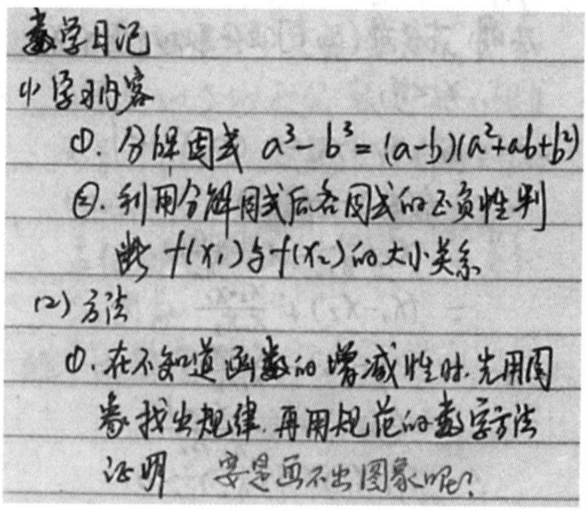
数学日记
(1) 学习内容
①. 分解因式 $a^3-b^3=(a-b)(a^2+ab+b^2)$
②. 利用分解因式后各因式的正负性判断 $f(x_1)$ 与 $f(x_2)$ 的大小关系
(2) 方法
①. 在不知道函数的增减性时，先用图象找出规律，再用规范的数学方法证明
要是画不出图象呢？

让学生在数学学习的过程中经常进行反思和总结，并通过翻阅和补充这些档案资料，可以让他们学会自我分析和评价，监督和控制，养成自主学习的习惯，从而提高自学的能力水平，促进主动发展.

二、反思

从学生学习的角度看，学习不是由教师把知识简单地传递给学生，而是由学生自己主动建构知识的过程．我们认为，学生通过各种学习平台进行学习，获得自我诊断和评价，不仅有利于学生对自己的情况有更为清晰的认识，而且有助于学生根据自身情况选择学习内容和安排进程，从而实现高效率的学习．

从教师教学的角度看，首先，通过各种学习平台数据的分析，便于教师更准确地把握学生的个性需求，从而为学生设立合理的学习任务，有助于教师因材施教；其次，通过这些数据的分析，也有利于教师及时了解学生的掌握情况，从而优化教学内容，提高教学效率．

总而言之，学业评价驱动高中数学教学不是一蹴而就的事情，需要以大量数据的统计分析为基础，同时还需要我们长期的实践与探索．其效果的体现也不应着眼于学生短时间内某项能力的提升，而应着眼于长期学生数学学科核心素养的整体发展．

参考文献

[1] 史宁中，王尚志．普通高中数学课程标准（2017 版）解读[M]．北京：高等教育出版社，2018．

[2] 涂荣豹，杨骞，王光明．中国数学教学研究 30 年[M]．北京：科学出版社，2011．

[3] 王瑞霞．浅谈高中数学课堂中教师对学生的评价策略[J]．科学中国人，2017(20)．

[4] 戴日．面向智慧教室的教学模式及应用[J]．科技教育，2016(11)．

[5] 林新燕．浅议撰写数学日记的策略[J]．新课程（中旬），2018(6)．

90

日常教学中应充分运用丰富多彩的口头评价

童正卿

教师设置教学目标、组织教学过程和选择教学策略，是课堂的组织者、管理者.日常教学中，教师需要通过开展丰富多彩的点评，不断协调课堂内的人际关系——师生关系、生生关系，从而不断推动预定教学目标的达成.下文列举了几种常用的点评方式.

一、梳理脉络型点评

课堂上，由于学生对新的数学对象不够熟悉，表达上常常不够规范，又或者学生上黑板板演，碰到一些复杂问题，书写会很冗长，导致其他同学看起来比较费劲、容易抓不住重点.这时，教师为了挖掘出同学书写的思维过程，就可以组织一些生生点评、师生对话等，帮助同学们理清脉络、规范表达.

比如同学在黑板上证明了平面向量的共线定理之后，老师可以请其他同学从如下几个方面来点评黑板上的证明.

"你觉得这个证明是怎么想到的?"

"这个证明究竟有几个任务? 黑板上的证明有没有完成这几个任务?"

"从哪行到哪行证明的是存在性? 哪到哪证明的是唯一性? 你能否上来框一下?"

"这个证明对不对? 好不好? 有没有表述不规范或者其他需要改进的地方?"

“谁来说说看，这个定理的用处是什么？”

最后，老师把所有学生的观点，综述点评小结.

二、诊断问题型点评

每个人学数学的过程中，都会犯错误，对于解答中的错误，学生不仅需要知道哪里错了，更迫切需要知道错误的根源，这正是数学客观的确定性.

例如由 $2\leqslant a+b\leqslant 4$，$6\leqslant a-b\leqslant 8$，可以得到 $4\leqslant a\leqslant 6$，$-3\leqslant b\leqslant -1$，但由此推出 $6\leqslant 3a+2b\leqslant 16$ 就不够精确，因为 $3a+2b=\frac{5}{2}(a+b)+\frac{1}{2}(a-b)\in[8,14]$.教师必须引导学生，让学生认识到错在哪里，错的根源是什么.

三、主观开放型点评

数学课堂上，除了确定性的问题，也会碰到一些具有开放性、模糊性的问题，而这些问题未必有标准答案，对于这些主观的、没有标准答案的问题，也不意味着老师就可以一概肯定学生的答案.相反，正是因为学生不能借助课本或教辅材料获取明确的标准，老师的点评就变得尤为重要.

比如当我们点评“参变分离”和“含参讨论”这两种方法的优劣时，不能像学生一样局限在一个具体的题目中谈，作为见多识广的老师，应该指出它们的重要差别在于“一个是化成固定的函数，一个是化成动函数”，我们至少可以点评到如下几个层面：① 多数情况下，研究“定函数”比处理“动函数”要方便，也就是分离法比较好；② 但也有不少例外的情况：比如动函数只是上下平移、比如分离后的函数特别复杂导致很难处理、比如参数含有二次和一次本来就无法分离等等；③ 要充分地理解这两种办法各自的特点，最终达到具体场景具体分析.

四、民主启发型点评

勒温曾在 1939 年把教师的领导方式分为：集权型、民主型和放任型，并证明三种不同的领导方式会使学生产生不同的行为反应，从而形成不同的课堂气氛，其中以民主型的课堂气氛最佳.

在民主型的课堂上，教师充分理解了学生的最近发展区，就能根据学生和学习内容的特点，设计出需要学生“跳一跳才能够得着”的问题，通过不断的“教师启发—产生疑问—学生回答—教师点评—继续追问”，激励学生开动脑筋、激发兴趣、提高素养.

五、总结反思型点评

完整的一节课，通常可以分成几个阶段.例如在讲“直线的平行和垂直”时，笔者就把课堂就分成了五个阶段：① 两直线平行与斜率关系探究；② 平行的应用和例题；③ 两直线垂直与斜率关系探究；④ 垂直的应用和例题；⑤ 全课总结与再探究.在每个阶段结束时，对上一阶段进行提炼和小结，会让学生感觉到一节课的清晰结构，便于学生对新知识的理解和掌握.

一节课上完，免不了要总结一下.既可以回顾全篇，有时通过反思，还能为下一节课提出新的研究课题.例如在“直线的平行和垂直”(第1课时)教学的最后，不仅可以总结本节课的知识点，还可以从如下两个方面启发学生反思.

“我们已经知道 $Ax+By+C=0$ 的一个法向量是 (A, B)，同学们能不能从法向量的角度反思一下两直线平行与垂直，在直线的一般方程上有没有表现?”

“这节课学习完，我们是不是该想一想，两直线的位置关系难道只有平行和垂直吗？其他情况会怎么样呢?”

六、鲜明个性型点评

点评个性化，更能激励学生不断前进.学生个体千差万别，因此个性化教育理念倡导以人为本，因材施教.同样，老师在对不同学生的发言进行点评时，也应该考虑到学生的个体差异，针对不同的学生进行个性化点评.其实这也是教学策略的一种灵活运用，教师了解了学生和学习内容，就能根据学生各自的特点，帮助学生探求适合自己学习的方法，老师激励性的个性化点评，能让学生发现自身的优势，扬长避短，树立信心，从而激发学生学习兴趣和提高热情.例如：“你的表达逻辑性很强”“在这个问题的理解上，我发现你比我还适合当老师”“你的超强的记忆力真是让人叹为观止”等，这样的针对学生个性化的点评显然要比“说得很好”“嗯，好，请坐下”“回答正确”等这类评语对学生更有激励性.

91

例谈对数学教学情境的评价

童正卿

一、在教学中创设情境的意义

1. 创设情境是让学生自己提出问题的特别有效的办法

布鲁巴克曾指出:“教学艺术遵循的最高准则是学生自己提出问题!”一旦学生提出问题,他就会想要知道问题的答案,这就增加了探究的主观能动性.而我国各级学校的教学在对提出问题上普遍忽视,而是把主要精力投入到了“讲、听、练、考”上,长期下去,将不利于学生的终身发展.为了培养学生自主提出问题的能力,就需要在教学中采取“创设情境—提出问题”的方法来引导学生提出问题.

2. 案例“对数的概念”(第1课时)

已知某种放射性物质不断变化为其他物质,每经过1年,这种物质剩留的质量是原来的84%.(设该物质最初的质量为1)

【问题】请你从上面的问题背景出发提出相关的数学问题,并加以解决.

学生经过自己的独立思考,分别提出了下列问题,并给出了解答:

(1) 求出这种物质剩留的质量(y)随时间(x)变化的函数关系式;

(2) 两年后,这种物质的剩留量是原来的多少?

(3) 多少年后,这种物质的剩留量是原来的一半?

二、重视教材创设的情境

1. 一味地追求"吸引眼球"是对创设情境的理解误区

很多老师在公开课时,总希望能够创设一个"吸引眼球"的情境,通过让评委"眼前一亮"获得好评.但如果一味地追求"时髦热点",只是雷声大、雨点小地打个擦边球,不仅不会对学生的理解产生正向作用,反而在一定程度上,干扰分散了学生的注意力.

2. 要重视教材情境的科学性、典型性——以"函数的概念"为例

事实上,在大多数数学概念的学习中,第一个情境的例子特别重要,一般比其余的例子具有更重要的意义,因为先入为主,往往起到对该概念的意象表征作用.所以,如果没有特别恰当的例子或者情境,不妨就考虑用教材的情境和例子,毕竟教材是由很多专家学者仔细推敲、并且已经经过大量一线教学实践检验过,其情境的科学性、典型性还是相当可靠的.

比如高中教材关于"函数"的概念,课本在一开始就列举了三个例子:人口数据表、自由落体解析式、气温变化图.这三个问题都来源于现实生活,容易唤醒学生的亲切感;表达方式丰富,有表格、有解析式、有图象,有连续的情形、有离散的情形,有确定的、也有随机的;最后从学生初中对函数"变量说"的理解出发,追问学生"如何用集合语言来阐述上述三个问题的共同特点?"通过这一具体问题,把学生带入到问题中,引导学生用数学的眼光观察、用数学的语言概括出高中的"对应说",这就真正使得相关材料成为学生的思考对象,使概念学习成为学生的内在需求.

三、创设情境——提出问题的几个基本原则

1. 源于生活、贴近学生——案例"函数的应用"

这里的"生活"是广义的,不仅是指实际生活,也可以是学生已有的知识或者是能引起学生质疑、产生认知冲突的任何素材.但要考虑到学生的年龄特点、认知层次、城乡地区差异等.

某种储蓄按复利计算利息,若本金为 a 元,每期利率为 r.

【问题】请你从上面的问题背景出发提出相关的数学问题,并加以解决.

学生经过自己的独立思考，分别提出了下列问题，并给出了解答：

(1) 求出本利和随期数变化的函数关系式；

(2) 若 $a=1\ 000$，$r=2.25\%$，求 5 期后的本利和；

(3) 若 $r=2.25\%$，几期后本利和超过本金的 1.5 倍；

(4) 经过 10 期后本利和翻了一番，利率应为多少？

2. 直观明了、简单易懂——案例“平面向量的概念”

课堂上创设情境要节省时间，语言简练、图形清晰，情境的抽象层次应在学生的抽象思维能力范围之内. 忌讳语言啰唆、场景无序、横生枝节、产生歧义.

师：上一章，我们从成语“周而复始”谈起，讨论了周期. 今天，我们仍然从一个成语谈起.

(展示动画：一个写有“此”的圆向着“彼”圆沿着有向线段移动，学生立刻反应出：由此及彼.)

【问题】 能否从数学角度谈谈如何从“此”位置确定“彼”位置？

设计意图 体会概念产生的必要性，引出概念原型——位移，适当兼顾趣味性、适切性、探究性，有利于创造性思维的发展，锻炼学生的口头表达能力.

师生活动：绝大多数学生都能把实际问题抽象成具体数学问题，即“在平面上，如何从一个点 A 确定另一个点 B？”

生 1：可建立直角坐标系，用两点坐标刻画；

生 2：以点 A 为坐标原点建立直角坐标系，用点 B 相对于原点的距离、方向刻画；

生 3：以点 A 为圆心，线段 AB 的长为半径作圆，利用半径和角度刻画.

学生圆满完成了教师的预期，且谈到了向量与坐标的关系.

3. 开放有趣、设疑于内——案例“函数的图象与性质”

具有一定的开放性，可以发展学生的创造性思维；而趣味性，可以增加学生参与的积极性；内含问题，便于学生发现和提出，这正是创设情境的根本目的.

师：童老师画了一幅画，你能看出这幅画中蕴藏的数学吗？

(画中分别用了分段函数、对数函数、二次函数、指数函数作图)

注重引入材料的直观性、趣味性,一上课就抓住学生的眼球,可以激发学生一探究竟的欲望,把学生的注意力吸引到课堂讨论中来.

92

评价概念教学是否揭示研究问题的一般方法

童正卿

数学概念的学习是数学学习的核心内容之一，因此数学概念的教学也是数学教学的核心之一.数学概念具有抽象性、概括性、精确性，无论是概念形成还是概念同化，都需要激活学生头脑中的已有经验，在学生感性认识的基础上，分析、比较、综合、抽象、概括，以达到理性认识的飞跃.

中学数学中的概念往往与实际生活联系紧密，抽象程度有限，所以不少老师认为比较简单，就是一种规定而已.为了应付考试中可能遇到的问题，经常采用“一个概念两项注意三组辨析”的教学讲授法.这种做法，从短期来看，老师教学效率高，学生做题效果好.但长期被牵着鼻子走，学生丧失了自己研究新问题、认识新概念的能力，不利于长远发展.好的概念教学应该揭示研究问题、认识新概念的一般方法.本文提供几个角度，抛砖引玉.

一、抓句子的主干

抓句子的主干，就是去掉定义中的修饰部分——定语、状语、补语等，只留下句子的主谓宾.例如谈到函数的概念，主干就是函数是对应；谈到函数的定义域(值域)，主干就是定义域(值域)是集合；谈到函数的零点，零点是实数(不是点).

二、举例

教师经常有种错觉，尤其是当学生能基本复述一个概念时，就以为学生掌握了这个概念.比如经过学习，高一上的学生几乎都能大致复述出函数的概念，但如果让孩子们举例，举出各种函数，他们中的绝大多数人依然只会举出解析表达式的函数，因为在他们的头脑中存在着一种非本质属性泛化的错误观念：函数应该有完整表达式.表面看，学生能够背诵函数的概念，实际上他们未必真正理解了“对应”究竟是什么东西.再比如，无数的高一学生在学习完函数概念，甚至是在学习了映射概念之后，仍然无法分辨 $f(x)=x, x\in\{0,1\}$ 和 $g(x)=x^2, x\in\{0,1\}$ 究竟算不算同一个函数，这两个函数的对应究竟同不同.

三、概念既是判定，也是性质

一个概念既是判断一个数学对象的办法，也是该对象必须满足的一个性质.所以学了一个概念，不仅要能够判断是，还要能判断不是.

举个例子，学过了函数的单调递增这个概念，我们不仅要能判断函数 $f(x)=x$ 在 $\mathbf{R}$ 上是单调递增的，还要掌握证明一个函数在区间上不是单调递增的方法，而这往往是学生的弱点.证明一个函数在区间上单调递增，就是要证明，对区间中任意两个实数 $x_1<x_2$，都有 $f(x_1)<f(x_2)$；而要从正面证明一个函数在区间上不是单调递增的，就是在区间中存在 $x_1<x_2$，有 $f(x_1)\geqslant f(x_2)$，从逻辑上，就是对含有一个量词的命题的否定.

四、特殊化的研究方法

要想学生学会琢磨一个概念，就要在平时递给他一些研究的方法和工具，这样才不会“巧妇难为无米之炊”，比如特殊化就是一个常见的研究方法.

例如讲平面向量的数量积的定义，我们可以让模为 1 的两个向量相乘；也可以特殊化夹角让学生开展计算；或者干脆问学生，什么情况下，数量积为零.

再比如学两角差的余弦公式 $C_{\alpha-\beta}$ 时，可以让 $\alpha=\dfrac{\pi}{2}$，得到诱导公式；可以让 $\alpha=\dfrac{\pi}{4}, \beta=\dfrac{\pi}{6}$，则得到 $\cos\dfrac{\pi}{12}$ 的值；让 $\beta=-\alpha$，可以得到二倍角公式；把 α

换成$\frac{\pi}{2}-\alpha$，β换成$-\beta$，则可以得到公式$S_{\alpha-\beta}$，等等.通过特殊化的方法，我们可以不断扩张已经获得的成果.

五、放在一个概念体系中，通过对比认识一个概念

很多概念都处于一个三度联系状态，有与之同位的概念，也有上位的概念和下位的概念.而数学概念教学的目标之一，就是希望学生能掌握整个概念体系，掌握联系，才能准确地推理、解决问题.例如讲解一元二次方程的概念，就应该去联系一元一次方程、分式方程、二元一次方程的概念；讲解菱形的概念，就应该把类似的相关概念一并弄清楚，包括正方形、平行四边形等；讲解平行六面体，就应该联系棱柱、直棱柱、正棱柱等进行对比，寻找共同点和差异.

六、掌握研究问题的一般方法

我们要教会学生研究问题的一般方法——形成问题、构建概念、寻找方法、提出假设、验证猜想、语言表达、构建理论的过程.

例如“平面向量概念”的教学实践，本课位于一章开端，倘若引入得当，可起到先行组织者的作用，进而引领全章，达到事半功倍的效果.如：类比数、集合、函数的教学，促使学生掌握教材书写的一条明线：定义→表示→关注特殊元→两元关系及分类（尤其是相等）→构造运算及性质→应用，这是教学的重点.

从课型种类看，本课是概念课，对以后教学中的概念课具有一定的借鉴和指导意义.如：本课涉及多个概念的形成、同化、命名；概念定义之前应鼓励学生充分地参与概念的形成过程以增加对概念的认同感，而非直接抛出结论；鼓励学生在定义概念以后，自觉地通过类比、特殊化等方法去赏玩新概念等，这些都带有元认知的特点，具有普适性，是教学的又一重点.

再例如“复数的概念”，教材的内容很简单，它的重要性并非在知识方面，而在于复数产生的数学思想和数学方法方面.本课的概念教学可以分成如下几个主要步骤：① 教学生提出问题：例如卡当问题，$\sqrt{-15}$不能开平方怎么办？② 寻找解决问题的办法——扩充数系：以前碰到过类似的问题吗？问题

是什么？怎么解决的？这些问题的解决有什么共同的特点和规律？这些规律对我们解决这些问题有什么借鉴作用？③ 共同探究数集扩充的规则；④ 如何建构复数的概念：类似$\sqrt{-15}$这样的怪物很多，最简单的是哪个？$\sqrt{-1}$.新数$\sqrt{-1}$能否与其他的实数参与运算？怪物之间能不能进行运算？以上所有的数构成一个新的数集，这个数集中的数有没有统一的表达形式？⑤ 新的数集明确了，能不能表示？能不能分类？二元相等怎么定义？如何定义运算？运算有什么性质？

93

评价什么样的数学证明更令人满意

童正卿

数学离不开证明.常常会遇到这样的情况:结论证明出来了,但是看着却不够令人满意;或者证明一个结论常常会遇到不同的证明方法和技巧,我们很想知道哪个证明方法更好一些.这些“好与坏”“满意与否”带有一定的主观性,需要有一些评价的方法和角度.本文提供两个角度,抛砖引玉.

一、评价数学证明是否揭示出了问题的本质

一个“好”的证明,不仅要重视逻辑严谨,让读者信服结论的正确性;更希望能揭示出问题的本质,让读者通过阅读这个证明,弄明白问题的来龙去脉.所谓“来龙”,就是指这个问题是如何发现和提出的;所谓“去脉”,就是从证明中学会几招,巩固和加深对原有知识点的理解.我们一起来看个例子.

【例 1】 已知 AD 是 $\triangle ABC$ 的角平分线(图 1),$\odot O$ 经过点 A,分别与线段 AB、AD、AC 交于 M、N、P.求证:$(AB+AC)\ AN\cdot AD=(AM+AP)\ AB\cdot AC$.

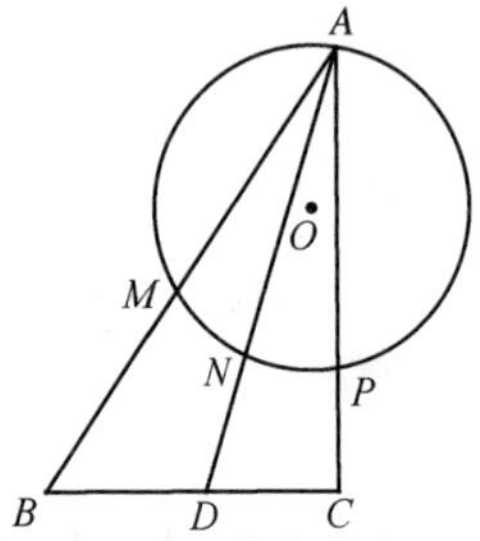

图1

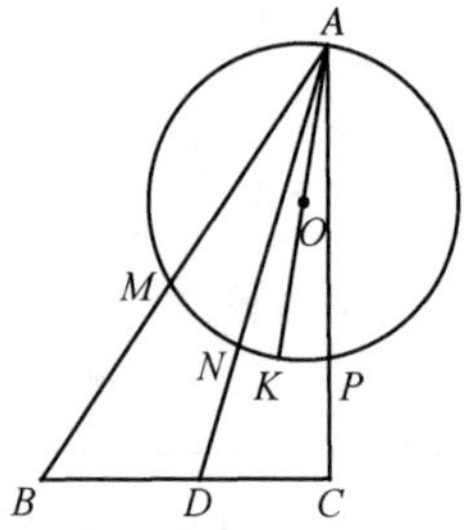

图2

这是一道发表在某杂志封底公开征解的平面几何题目，结论看上去比较复杂.下面仅给出两种用高中知识证明的方法来分析和比较.

证法1的思路(杂志刊登的方法)：设$\angle BAD=\alpha$，$\angle C=\theta$，

在$\triangle AMN$和$\triangle ANP$中，利用余弦定理，经过计算、化简得到：$\dfrac{AM+AP}{AN}=2\cos\alpha$，

再在$\triangle ABC$和$\triangle ADC$中，利用正弦定理得$\dfrac{1}{AB}=\dfrac{\sin(\theta+2\alpha)}{AC\sin\theta}$，$\dfrac{1}{AD}=\dfrac{\sin(\theta+\alpha)}{AC\sin\theta}$，

把上述三个式子代入要证明的结论，最后发现是个三角恒等式，从而得证.

证法1的核心思想是“以算验证”，用AB、AC、θ和α(相当于基本量)把题目中别的量表示出来，用分析法得到最终结果.证法1，作为解题的一种思路，充分反映了解答者的数学思想和扎实算功，但如果思考得再稍微深入一些，就会提出这样的疑问：这个复杂古怪的结论是如何提出和发现的？倘若这题不是证明题呢？似乎离该问题的本质还差一步.

让我们再来看看这题的图形，不妨让图中的元素动一动，立刻能发现，题目的核心条件只有两个：① 角平分线；② 四点共圆.而结论中涉及$AN\cdot AD$，$AM\cdot AB$，$AP\cdot AC$，$AB\cdot AC$，这些都会启发我们思考能否从向量的角度加以刻画.

证法2的思路(向量方法)：

因为AD是$\angle BAC$的平分线，利用角平分线的性质和向量的定比分点公式，不难得到$(b+c)\overrightarrow{AD}=b\overrightarrow{AB}+c\overrightarrow{AC}$

作圆的直径AK，上式两边同时点乘，

左边$=(b+c)\overrightarrow{AD}\cdot\overrightarrow{AK}=(AB+AC)\ AD\cdot AN$，

右边$=b\,\overrightarrow{AB}\cdot\overrightarrow{AK}+c\,\overrightarrow{AC}\cdot\overrightarrow{AK}=AC\cdot AB\cdot AM+AB\cdot AC\cdot AP=(AM+AP)AB\cdot AC$.

证法 2 用向量刻画了角平分线，得到$(b+c)\overrightarrow{AD}=b\,\overrightarrow{AB}+c\,\overrightarrow{AC}$.而圆上的弦长，让人想到向量的投影，这是因为直径所对的圆周角是直角，而垂直正是向量所擅长的.证法 2 不仅获得了证明，而且从向量投影的角度，揭示出问题的本质，解释了问题的“来龙”；而针对两个关键条件(角平分线、共圆)的向量刻画又可以迁移到新场合，提供了“去脉”，加深了我们对问题和向量应用的理解.

二、评价数学证明是否具有美感

欧拉定理 1：设$\triangle ABC$ 的外心 O、垂心 H、重心 G 三点共线，且满足 $HG=2GO$.证明：H 是垂心.

此欧拉定理是平面几何中的著名定理，自有平面几何的证明方法.这里我们来欣赏一下解析几何的证明思路，体会一下这个证明的曼妙.

首先将其改造成定理 2：已知$\triangle ABC$ 外接圆半径为 1，$\triangle ABC$ 的外心 O、重心 G，$\overrightarrow{OH}=3\,\overrightarrow{OG}$，证明：$H$ 是垂心.

证明思路：以外心 O 为坐标原点建立平面直角坐标系(图 3)，设 $A(\cos\alpha,\sin\alpha)$，$B(\cos\beta,\sin\beta)$，$C(\cos\gamma,\sin\gamma)$

则重心 $G\left(\dfrac{\cos\alpha+\cos\beta+\cos\gamma}{3},\dfrac{\sin\alpha+\sin\beta+\sin\gamma}{3}\right)$，

则 $H(\cos\alpha+\cos\beta+\cos\gamma,\sin\alpha+\sin\beta+\sin\gamma)$

下只需证：$\overrightarrow{AH}\cdot\overrightarrow{BC}=0$，(同理，根据平等性，立得$\overrightarrow{BH}\cdot\overrightarrow{AC}=0$)

而$\overrightarrow{AH}\cdot\overrightarrow{BC}=1-1=0$，结论成立.

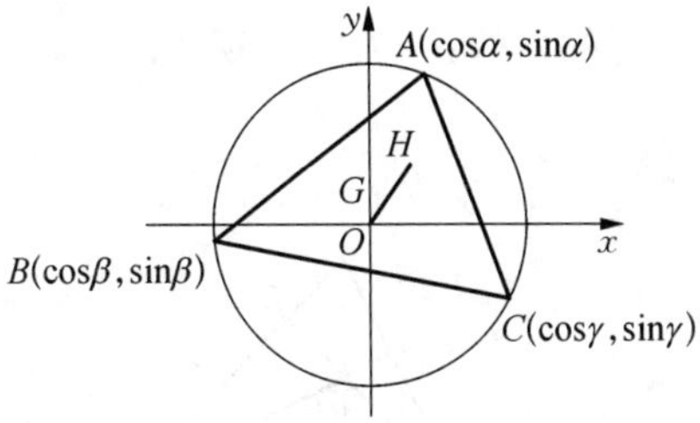

图 3

上述证明有如下三处特别让人赏心悦目：

(1) 利用同一法，把定理 1 改造成定理 2，大大降低了计算复杂度.

同一法是间接证法的一种，当要证明某种图形具有某种特性而不易直接证明时，使用此法往往可以克服这个困难.用同一法证明的一般步骤是：不从

已知条件入手,而是作出符合结论特性的图形,然后利用存在唯一性,说明所作出来的图形和原来的图形是同一个东西.

欧拉定理 1 中,如果不改造,需要根据△ABC 三个顶点的坐标,O、H、G 的坐标,然后判断这些坐标是否共线及存在比例关系.这种做法中,垂心 H 的坐标比较难算.而经过改造成定理 2 后,只要根据$\overrightarrow{OH}=3\overrightarrow{OH}$计算出 H 的坐标,再验证 H 为垂心,这样计算复杂度就大大降低了.

(2) 巧妙选取了坐标原点,更方便计算.

单墫在《解析几何的技巧》的结束语中总结了十大解析几何计算的技巧,其中的第一条就是:选择合适的原点和坐标轴,尽量使问题简化.根据习惯,很多人会像图 4 或者图 5 这样建立坐标系,让尽可能多的点位于坐标轴.这是有道理的,因为点在坐标轴上,坐标就含有 0,计算起来就会简单.但就本题而言,因为要根据$\overrightarrow{OH}=3\overrightarrow{OH}$计算出 H 的坐标,已知重心 G 的坐标,如果能让外心 O 点为坐标原点,计算垂心 H 就会更为简单.

(3) 利用"同理",体现了数学的对称美.

法国著名的大数学家庞加莱,曾概括数学之美,其中就包括:统一性、对称性.所谓的统一性,是指部分和部分之间的和谐一致,对称是统一性的一个基本形式.

把三角形三个顶点放到彼此平等的一个位置上,目的就是能够寻找到它们的共同规律,从而统一地加以处理.这与我们通常的做法是背道而驰的,因为绝大多数情况下,我们都把坐标系建成图 4 和图 5 的模样.但这里偏偏让每个点都处于一个一般化的位置(图 3),恰恰是以牺牲点的特殊坐标,达到统一处理的目的,令人叹为观止.

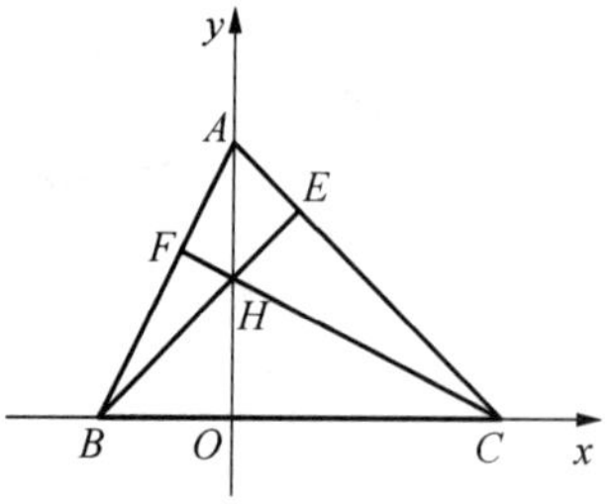

图 4

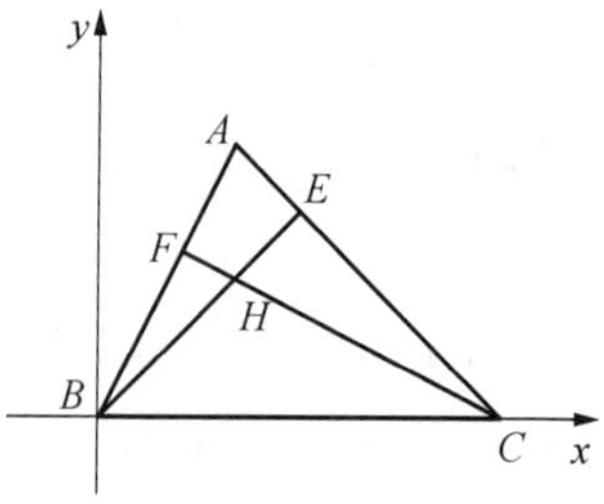

图 5

94

章首课教学中系统思考框架问题引领的设计与评价

孙风建

章节起始课在每个章节之首，具有特殊的引领作用.但在实际教学中，其作用往往被忽视，有的老师会以章头图简单展示或为了节省时间选择直接跳过.事实上，章节起始课如果设计合理，既能让学生有机会在接触细碎的知识点前建立宏观视角，了解知识间的关联和具体知识的来龙去脉，又是锻炼培养学生的数学思想方法的绝佳机会.因而开展探究式章节起始课教学就显示出了独特价值.

概念为本的教学一般来说是引导式的[1]——它会利用事实性的、概念性的和激发性的问题来使学生协作(有时候是独立地)去探究有趣的、相关的或要求的问题，发展学生的思维.

“概念为本”教学观认为：传统教学聚焦于事实和技能，只能是假定学生产生深刻的理解，属于为记忆事实性知识而教；而概念为本的教学是三维模式，主题、事实和技能仍然是重要元素，但第三个维度——概念、原理、概括，则保证了概念性思考和理解的发生.深度理解及知识和技能的可迁移性需要教师理解事实、技能层面和概念性层面的关系，并将其有效运用于教学，属于为深度理解而教.

笔者认为，系统思考、引导性问题这两个元素在章节课探究式教学中至关重要.以下笔者将就这两个维度结合“概念为本”的教学观进行分析和评价.

维度一　构建概念为本的系统思考框架

清晰的概念为本框架能够协助教师宏观掌握过去和未来的学习，帮学生建构起更广阔的视野，引导学生达成超越具体知识点的认知，体会和运用数学思想方法，逐步培养系统思考的能力和数学核心素养.同时，作为章节起始课，让学生探究知识脉络间的联系，能够让学生搭建起整个章节的知识框架，甚至能像数学家那样对未来学习进行预测，能充分调动起学生的学习主动性和探索热情.此外，有了整体认知，在后续具体知识点的学习中也不会迷失，更不会只见树木，不见森林.以下分别以何睦老师的“函数”章节起始课[2]和刘明老师的“数列”起始课教学设计[3]为例，梳理章节起始课中常见的系统思考框架.

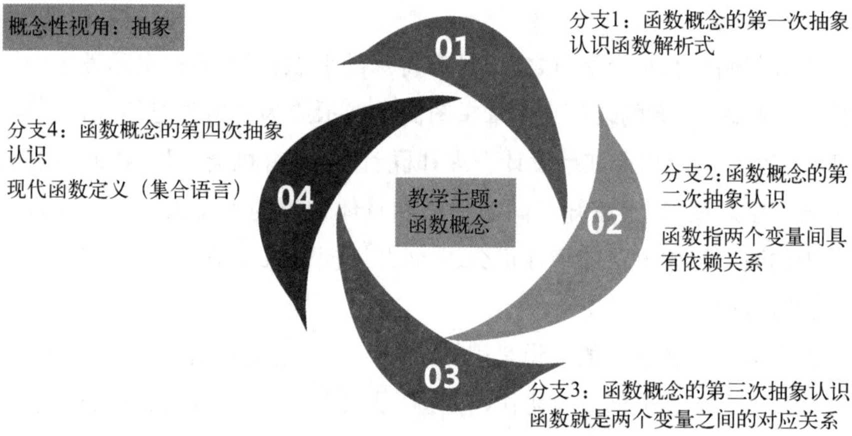

图 1　“函数”章节起始课的系统思考框架

本节“函数”章节起始课通过“抽象”这一概念性视角，搭建起探究框架，配以丰富的数学史资料，在带领学生学习和探讨的过程中逐步形成、完善和提升“函数”概念的认知，并清晰而真切地感受到每次抽象背后的历史发展背景和数学家的探索路径，对最终形成的(也是课本上呈现的)现代函数方法有了更加丰富而生动的认知.相信经过这样一节探究课，学生对“函数”概念绝不会是生硬的背诵，而是会讲出各种定义方式的优缺点，怎样完善，对以后探索其他概念有什么样的启发.

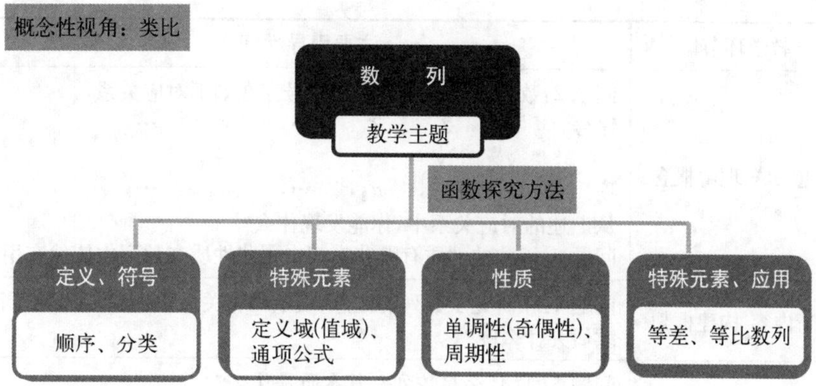

图 2 “数列”章节起始课的系统思考框架

本节“数列”章节起始课始终鼓励学生从函数思想方法的高度整体把握探究方向，之后在师生问答推动下逐渐推进探究的进一步展开，让学生既品到了数学研究的“味道”，又经历了数学研究的实在“过程”.后面的探究建立在已有经验或者前一环节生成的基础上，环环相扣，欲罢不能.末尾处教师还带领学生再次回顾“数列”的本质，并对后续研究方向做了大胆预测，真正实现了系统思考探究框架的引领作用.

维度二　贯穿探究过程的引导性问题和教师应答

引导性问题在探究式教学中可以巧妙地起到穿针引线的作用.章节探究课主体始终为学生，教师更多的是发挥引领者作用，通过搭建思维的脚手架，让学生主动地建构知识体系，章节课其实也不例外.因为处于一章之首，学生对本章内容尚不了解，需要教师巧妙设计问题，有效激发学生已有经验与新探究问题间的关联，才能点燃学生的探究热情.问题串和具体而充满鼓励性的回应往往可以有力推进思维的进行和探究层次的深入.

表 1 为“数列”起始课主要引导性问题分类情况.

表 1 “数列”起始课的教学设计中的主要引导性问题及分类

教学环节	主要引导性问题
突出认知 建构概念	问题 1：如何研究“数列”这一新的概念？

续 表

教学环节	主要引导性问题
注重关联 理解概念	问题2:数列中的各项与各项序号存在如下对应关系， 序号 $1,\quad 2,\quad 3,\quad \cdots,\quad n,\quad \cdots,$ $\quad\ \downarrow\quad \downarrow\quad \downarrow\qquad\qquad \downarrow$ 项 $a_1,\quad a_2,\quad a_3,\quad \cdots,\quad a_n,\quad \cdots,$ 从上述的对应关系中,你能发现什么? 问题3:函数的性质有哪些?其中哪些性质在数列中依然有用?
明晰内容 构建框架	问题4:在研究了数列的概念、表示与相关性质之后,我们应当继续研究什么呢?
课堂小结 课后练习	问题5:① 什么是数列?其本质是什么? ② 如何来研究数列?对于数列,我们将研究哪些内容?

教师每个教学环节的主要引导性问题都体现了思维的激发性,让学生对新主题“数列”的研究方法有了宏观的认识和预判.通过迁移性类比概括,学生逐步对“数列”定义、表示、分类、特殊元素等具体的研究对象有了深入的思考和理解.

另外一个可圈可点之处是教师对学生回答的回应方式.如:“生:三项.师:那么,对于不同的数列,它们的项数有何特点呢?生:项数会不同.比如……师:这样,我们就可以根据数列中项数的有限和无限……”对于学生的回答,教师先默认然后基于学生的认识追问,“那么”“这样”这种师生默契配合一气呵成的连贯感,自然也会感染在场的其他同学,使他们的思维始终被环环相扣的讨论点吸引着,推动着.

“你总结得非常好!”“回答得很好!”“你是怎样想到研究这些内容的呢?”“其他同学认同这个结论吗?”无论对于回答问题的同学个体还是尚未发言的在场同学们,教师都能及时给予鼓励性的反馈,同时补充一些细节性肯定或描述性追问,极大鼓舞了学生的探究热情.

本教学设计很好体现了概念为本学习的智力和情感激发性[1],教师重视和鼓励学生思考,平等而充满鼓励性的课堂氛围使学生很容易投入到思考中去,并在老师和同伴的反馈中感受到自己的努力和协作被认可.

结语

章节起始课设计系统思考型的探究框架有助于呈现知识间的关联和生

长节点.好的探究教学会无形间体现概念为本、学生主体的方向,体现出引导式教学风格;教师会自然地将相关数学思想方法渗透于教学设计中,注重选取与教学环节契合的素材,并在多种教学方式间灵活变换.学生参与整个知识发生发展的自然过程,过程性学习成果丰富,学生思维呈动态发展,并在交流中互相激发,容易达到协调思考的状态.

参考文献

[1] [美] 林恩·埃里克森,洛伊斯·兰宁.以概念为本的课程与教学:培养核心素养的绝佳实践[M].上海:华东师范大学出版社,2018:127-128.

[2] 何睦.高中数学章节起始内容的价值及其实现[J].数学通报,2018(8).

[3] 刘明."数列"起始课的教学设计[J].数学通报,2015(1):17-21.

95

探究性教学中探究框架和问题引领的设计与评价

孙风建

“数学教学是数学活动的教学”,数学活动离不开学生的探究,因此数学教学无论是概念教学、建模教学、研究性学习等,都或多或少含有探究的元素.怎样的探究教学才是比较理想的呢?

探究式教学的核心是活动,数学活动主要是思维活动,因此数学探究活动中,学生的思维活动是主要的,外部活动最终应该内化为思维活动;要素是问题,问题是探究活动的起点,探究活动始终围绕问题展开;关键是让学生有“疑”,有“疑”才会激起探究的欲望,才会引发思考,才可能提出自己的问题[1].

以下结合具体案例[2]分别从探究框架、问题引领两个角度做分析评价.

一、教学设计是否体现探究

教学设计反映了教师的教学理念,良好的理念指导下的探究式教学设计会呈现出这样的特点:教师会通过启发引领学生主动学习,通过问题或情境创设让学生产生认知需求,让学生带着“疑”去自己设计方案,自己提出问题,自己寻找解法,自己探究符号表示,自己发现公式变形,自己发现知识间的关联等等,让学生在主动的思维活动中学习怎么思考,从而培养学生的直观想象、逻辑推理、数学抽象等核心素养.

【案例 1】《函数 $y=A\sin(\omega x+\varphi)$ 的图象》探究框架

探究框架 1:创设情境,启动探究

教师创设情境,学生按照以往经验,提出用图象研究此函数的性质,之后根据函数表达式,学生认为从函数 $y=\sin x$ 开始探究比较合适.

探究框架 2:组织讨论,设计方案

【问题 1】如何由 $y=\sin x$ 的图象得到 $y=A\sin(\omega x+\varphi)(A>0,\omega>0)$ 的图象?

师生活动:引导学生制订研究方案,教师板书方案.

① 用五点法画几个特殊函数图象验证猜想;

② $y=\sin x$ ┌ $y=\sin(x+\varphi)$
├ $y=A\sin x$ $\longrightarrow y=A\sin(\omega x+\varphi)$;
└ $y=\sin\omega x$

③ $y=\sin x\longrightarrow y=\sin(x+\varphi)\longrightarrow y=\sin(\omega x+\varphi)\longrightarrow y=A\sin(\omega x+\varphi)$.

选择大家认为最合理的一个方案(本案例选择方案 2)开展后续探究.

探究框架 3:引导探究,解决问题

【问题 2】如何由 $y=\sin x$ 的图象得到 $y=\sin(x+1)$的图象?

师生活动:① 让学生们说一说,几何画板作图验证,追问学生"为什么";② 再举几个例子,如:$y=\sin(x-1)$,$y=\sin\left(x+\frac{\pi}{3}\right)$;③ 抽象到一般,探讨清楚 φ 对函数 $y=\sin(x+\varphi)$的图象的影响.

【问题 3】(1) 如何由 $y=\sin x$ 的图象得到 $y=A\sin x(A>0)$的图象?

(2) 如何由 $y=\sin x$ 的图象得到 $y=\sin\omega x(\omega>0)$的图象?

师生活动:让学生类比之前的方法自主探讨,然后交流.

设问(3):刚才我们分别探讨了 φ、A、ω 对函数图象的影响,我们是怎样研究的呢?

结论:(1) 从特殊到一般;(2) 作图比较;(3) 理性分析.

探究框架 4:启发反思,感悟方法

探究:如何由 $y=\sin 2x$ 的图象得到 $y=\sin(2x+1)$的图象呢?

师生活动:学生讨论后交流.这里是向左平移 1 个单位还是向左平移 $\frac{1}{2}$ 个

单位？① 利用几何画板画图观察；② 从坐标关系理性分析.

评析 这是一个体验性、建构性很强的探究设计，整个教学是在师生平等、民主的环境下开展的.从探究问题、探究起点到探究方案、探究路径都由学生自主生成，学生拥有充分的自主权，同时教师的引领作用又贯穿始终，对学生的研究方法及时梳理、总结和优化.如学生设计了3个研究方案，最终选择哪个是在和学生一起比较讨论的基础上确定的.对于探究路径，也和学生一起讨论后生成：相对固定其中2个，仅1个变动，先分别探讨φ、A、ω对函数$y=\sin(x+\varphi)$、$y=A\sin x(A>0)$、$y=\sin\omega x(\omega>0)$的图象的影响，再综合.

通过本节课教学，学生体验了“自主规划、理性分析、类比推理、抽象概括、研究反思”的探究路径，不但经历了思考解决问题方法的整个过程，对数学思想方法也有了深刻认识.比如，面对多变量问题，学会通过控制变量的个数将复杂问题简单化，体会从简单到复杂的研究问题的一般方法.教师在探究中鼓励学生独立思考，积极面对思维的挑战，不断获得积极的情感体验，这样的探究教学为学生提升逻辑思维能力、推理能力、抽象能力等数学素养提供了条件.

二、启发性问题能否推进探究

美国著名数学家哈尔莫斯(P.R.Halmos) 说：问题是数学的心脏，是数学的灵魂，是思维的助力器.好问题可以激发学生探究知识本质的兴趣，引发深入思考，为深度学习提供引领.教学中，一些教师常常“启”而不“发”，主要原因还是引导策略不当.所谓“不愤不启，不悱不发”，启发的基本要求就是教师要站在学生的角度，从学生的知识、思维、经验水平出发，设置适当的问题情境，提出恰当的问题，引导学生思考，使学生思维向新知识或新问题的目标靠拢，最终达成探究目标.是不是有了问题引领就是探究呢，什么样的问题才是好问题呢？以下我们结合案例来看.

【案例2】“对数的概念”

【问题】$2^b=3$，这样的指数b有没有呢？

[教学过程]

生：$2^b=3$ 这个问题和指数函数 $y=2^x$ 有关，我们可以作出它的图象来观察.

师：作出 $y=2^x$ 与 $y=3$ 的图象，发现它们有交点，而且只有一个，那么指数 b 在哪里呢？

生：交点的横坐标就是指数 b.

师：看来满足 $2^b=3$ 的指数 b 可由“2 和 3”唯一确定，但它究竟是个什么数呢？现在用我们学过的数又不能把它写出来，怎么办呢？

生：用一个新的符号来表示它.

师：是的，数学家也是这么想的，他们解决这种问题的办法就是引进一个新的符号，比如这里的 $a^3=5$，a 等于什么呢？数学家就用 $a=\sqrt[3]{5}$ 来表示，a 是由 3 和 5 确定的，将 3 和 5 写在相应的位置.

师：现在如何表示这里的指数 b 呢？指数 b 由 2 和 3 确定，数学家用 $\log_2 3$ 来表示，读作以 2 为底 3 的对数，其中 2 为底数，写在下方，3 叫真数.

师：有了这个符号，就可以解决我们刚才的问题了，$0.84^x=\frac{1}{2}\Leftrightarrow x=\log_{0.84}\frac{1}{2}$.

师：你能再举一些这样的对数吗？

生：$3^b=10\Leftrightarrow b=\log_3 10$；

$4^b=5\Leftrightarrow b=\log_4 5$；

$2^b=7\Leftrightarrow b=\log_2 7$；

……

师：这里的 1 能用对数表示吗？

生：$1=\log_2 2$.

师：同样这里的 2 也可以表示为 $\log_2 4$.对数 b 其实就是一个数.

思考　根据这些具体的例子，你能得到一般情况下，对数是怎么表示的吗？

对数的概念：如果 a 的 b 次幂等于 N（其中 $a>0, a\neq 1$），即 $a^b=N$，那么就称 b 是以 a 为底 N 的对数，记作 $\log_a N=b$.其中，a 叫作对数的底数，N 叫

作真数.

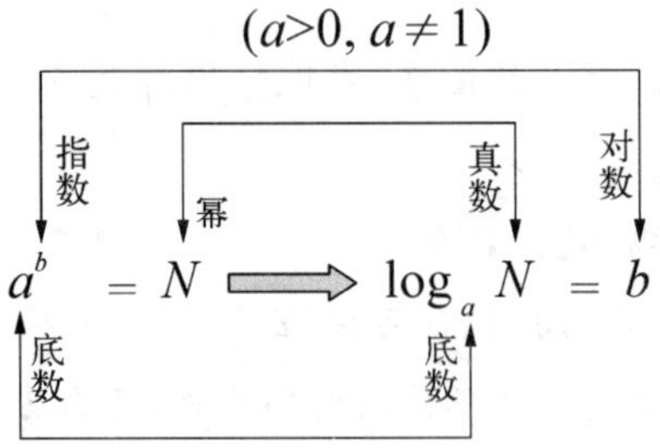

图1

评价 案例属于概念教学,概念教学中的探究核心在“概念的获得”,获得的过程应符合学生认知规律,教师不能直接抛出定义.教材所呈现的,是经过数学家整理过的数学知识,不一定完全符合学生的认知习惯,不可照本宣科.利用情境问题,教师引导学生提出问题,使学生产生认知冲突,从而认识到引进新概念是有必要且重要的.

本教学设计建立在合理的学情分析的基础上,整节课通过环环相扣的问题推进教学,呈现了良好的探究理念,在学生的独立思考中实现探究目标.对于高一的同学来讲,对数概念是一个全新概念.此前,学生已学习了指数及指数函数,明白了指数运算是已知底数和指数求幂值,而对数则是已知底数和幂值求指数,二者是互逆的关系.对数概念的学习,既加深了学生对指数的理解,又为后面对数的运算性质及对数函数的学习做了充分准备,起到了承上启下的重要作用.

教师首先用“作出 $2^x=3$ 与 $y=3$ 的图象,发现它们有交点,而且只有一个,那么指数 b 在哪里呢?”引导学生发现“指数 b 可由‘2 和 3’唯一确定”这一事实,接着,“现在用我们学过的数又不能把它写出来,怎么办呢?”将难题抛给学生,让学生自己提出“用一个新的符号来表示它”.通过问“这里的 1 能用对数表示吗?”引导学生发现“对数 b 其实就是一个数”,有了对具体例子的认知,再问,“你能得到一般情况下,对数是怎么表示的吗?”引出学生对对数定义的需求.利用具体的问题引发学生的认知冲突,引导学生运用数形结合的方法探索指数 b 是存在的,并且只有一个,进而想办法用数学符号表示指数 b.在“问题—解决—问题—解决……”的过程中,学生一直在思考,发展探究能力和抽象思维的目标也得以实现.

三、结语

数学探究教学有着优于传统讲授式教学的诸多优势,但在日常教学中实施效果并不理想,主要困难还在探究素材的开发、探究活动过程的把握、学时的限制等等方面.但从我校教师的实施体验来看,探究式教学并不是高不可攀,也不是华而不实的花架子,如果能有效开展,对发展学生的核心素养有着切实的帮助.如何在常态教学中自然开展探究,值得我们一线教师不断探索和总结.开展数学探究教学时,如果能时时反思教学设计是否体现探究理念,探究活动能否突显学生的主体性,问题引领是否契合学生认知水平,“不愤不启,不悱不发”,不断提升学生观、教师观和教育观,一定会探索出更丰硕的成果.

参考文献

[1] 涂荣豹.数学教学设计原理的构建——教学生学会思考[M].北京:科学出版社,2018:51—52.

[2] 丁菁.促进高中生数学探究的课程资源库建设研究[Z].江苏省教育科学“十二五”规划专项课题.编号:C—c/2015/025.

96

开发合适的探究材料是探究教学的基础

孙风建

《普通高中数学课程标准(2017 年版)》提出将数学探究引入数学课程，旨在为学生提供自主学习的空间，使学生经历数学概念、结论产生的过程，体验数学在解决实际问题中的价值和作用，形成积极向上的情感、态度和价值观.但教师与学生在实践中往往会产生一些对探究学习活动的困惑，首先表现在"学习对象方面，探究学习活动内容难以组织，不好设计适合大多数学生学习的探究性学习材料".因此，能否设计合适的探究材料就成为数学探究教学和评价的一个研究重点.笔者认为，能否捕捉课堂生成的灵感，能否有效延伸教材，能否结合学生自主探究兴趣，开发探索材料，是数学探究教学能否成功开展的重要指标.

一、能否捕捉课堂生成的灵感，形成探索主题

如果能抓住学生深入思考时课堂生成的契机，趁着学生思考的活跃度因势利导，往往能取得事半功倍的效果.例如，笔者曾在对一道教科开放题的探讨时适时抓住学生的思维灵感，充分调动起学生这个探究主体的主动性，发挥他们的聪明才智，适时引领，在不断的课堂生成中成功地完成了一次主题探究.

原始问题 已知一个函数的解析式为 $y=x^2$，它的值域为$[1,4]$，这样的函数有多少个？试写出其中两个函数.

点评 这是个开放性问题.学生通过之前的知识——函数的三要素决定一个函数,很快发现本题对应法则和值域已限定,要确定函数,关键在定义域.如果定义域稍加变化,就可以得到一系列答案,如 $x\in[1,2]$,$x\in[-2,-1]$,$x\in[1,2]\cup[-2,-1]$等等,所以答案是"无数个".

表面来看,学生对函数概念的关键已掌握.如果仅止于此,可能就错过了一个知识整体关联的好机会.所以,笔者随即追问:如果对应法则不变,值域变化了,这样的函数有多少呢?学生们脱口而出:那要看怎么变化了.

笔者抓住这个课堂生成契机,追问:你能给出多少种值域并确定函数个数呢?

所以就诞生了一个以"**这样的函数有多少个**"为专题的深度探究.从确定对应法则出发,学生分成小组,探索如果改变值域,结果会发生怎样的变化,其中有什么一般特征.

表1 "这样的函数有多少个"探究框架

探究角度	函数对应法则	值域	定义域	函数个数	核心概念及数学方法	数学素养培养
原题	已知一个函数的解析式为 $y=x^2$	$[1,4]$	不限	无数个	函数概念	数学运算
角度2		$\{1,4\}$	不限	9	集合	逻辑推理
角度3		$\{1,4,9,\cdots n^2\}$	不限	3^n	分类计数原理	数学抽象
角度4		$\{1,4,9,\cdots n^2\}$的非空子集	不限	4^n	分类计数原理	逻辑推理、数据分析
角度4		$[a,b]$	$[a,b]$	1	归纳演绎	数学抽象
角度5	$h(x)=x^3-3x$(补充封闭函数定义)	$[a,b]$	$[a,b]$且a,b都是整数		高度抽象定义 1. 概括出一般特征,定义"封闭函数"; 2. 函数由三要素确定	逻辑推理、数学抽象

二、能否延伸教材,挖掘探究素材

教材选题经过众多专家的审核推敲,具有很强的代表性和自我生长力,我校数学组教师对教材进行了一次探究性课题开发，详细内容请参见江苏省教育科学“十二五”规划专项课题“促进高中生数学探究的课程资源库建设研究”（编号：C－c/2015/025）的结题成果. 下表选取了其中部分探究主题以示例.

表2　基于教材的探究素材开发

教材	探究方向	探究角度选例
必修1	数据拟合	(1) 中小学学生身高与课桌椅高度的关系； (2) 家庭贷款买房的较优计划.
必修2	类比	平面几何与立体几何的类比.
	坡度问题	“坡度”与直线斜率有何关系？坡度为4%的道路很陡吗？调查一些山路或桥面的坡度进行研究.
必修3	抽象调查，数据分析	(1) 在本校范围内就学生的视力情况进行抽样调查，对数据进行统计分析，写出实习报告，并就提高学生视力提出建设性的意见； (2) 在柯南道尔的侦探小说《跳舞的小人》中，福尔摩斯根据英语中字母e的使用频率最高，破译了用跳舞人形所写的密码，在美国作家爱伦·坡的小说《金甲虫》中也有类似的情节. 从网上找若干篇英文文章，用计算机统计字母a,b,c,…,z出现的频率，由此估计这26个字母在英文文章中各自出现的概率.
必修4	现实问题	烟筒弯头是由两个圆柱形的烟筒焊在一起做成的，现在要用矩形铁皮做成一个直角烟筒弯头，不考虑焊接处的需要，选用的矩形铁皮至少应满足怎样的尺寸？请设计一个最合理的剪裁方案.
必修5	教育储蓄的收益与比较	(1) 依教育储蓄的方式，每月存50元，连续存3年，到期时一次可取本息比同档次的“零存整取”多收益多少元？ (2) 欲在3年后一次支取教育储蓄本息a万元，每月应存入多少元？ (3) 不用教育储蓄的方式，而用其他储蓄形式，以每月可存入100元，6年后使用为例，探讨以现行的利率标准可能的最大收益，将得到的结果与教育储蓄比较.
选修2－1	“达·芬奇椭圆仪”工作原理探究.	
选修2－2	通过阅读或查找资料，寻找合情推理和演绎推理在数学发现活动中的作用的案例.	

续 表

教材	探究方向	探究角度选例
选修 2-3	DNA 是形成所有生物体中染色体的一种双股螺旋线状分子，由称为碱基的化学成分组成.它看上去就像是两条长长的平行螺旋状链，两条链上的碱基之间由氢键相结合.在 DNA 中只有 4 种类型的碱基，分别用 A,C,G 和 T 表示，DNA 中的碱基能够以任意顺序出现.两条链之间能形成氢键的碱基或者是 A－T，或者是 C－G，不会出现其他的联系.因此，如果我们知道了两条链中一条链上碱基的顺序，那么我们也就知道了另一条链上碱基的顺序.由氢键联系着的两个碱基称为碱基对.一个典型的细菌基因是一段有着 1 500 个碱基对的 DNA，试计算可能的细菌基因数目.	

点评 一般教材都会设计“探究与发现”这样的开放性问题，教师在开展探究材料开发时可以以这些问题作为入手点，考虑学生在不同年级的知识构成和认知特点，做合理延伸和整合.表中所列只是就单一教材层次的开发，事实上，随着学生知识水平和学习能力的提升，可以将年级甚至学科的界限模糊化，开发出综合性更强的探究素材.此外，开发的探究主题如果能将学生的生活体验和实际问题情境包容其中，常常会有更强的张力，学生的学习兴趣和探究欲也更容易得到激发.无论开发探究素材还是实施探究教学活动，都需要教师能站在数学知识整体架构的高度，着眼知识点的本质，引导学生透过表象，从多个角度系统思考，能为学生经历“事实到概念”的数学化过程提供条件，核心素养就会得到真正的发展.

三、能否发挥学生兴趣，丰富探究素材

善于发现知识间联系并用于解决新问题，是数学创造性思维活动的重要特征.这就需要教师有意识地选择一些具有挑战性的探究课题，为学生创造自主探究与发现的机会，使学生在“有指导的再创造”过程中更好地理解教材内容，并培养创新意识与创造性思维能力.但有时囿于课时因素，或者有些探究活动需要的环节较多，比如需要基于数据收集、调查问卷等，在课堂时空内开展这类周期较长的探究活动较难实现.这时，我们可以充分结合学生的学习兴趣，将探究延伸到课外，进行研究性课题探究或项目式探究.这种形式的探究活动中，学生可以有充分的自由度和设备条件，可以发挥主动性，自由设计探究方案，自由组织材料，自由选择小组合作或个人探究式完成学习，有更充分

的时间完成实验、验证假设，分析数据，反思和调整探究环节，实现“做中学”．因此，学生开展校本数学课题探究可以作为数学探究教学的一个重要形式，发挥学生的聪明才智，可以让探究素材更丰富．

以下是我校学生开展校本数学探究的部分课题．

(1) 通信网络收费调查统计；

(2) 等积变换在立体几何中的应用探索；

(3) 有关课前预习方法和技巧的统计学研究；

(4) 数学中的最优化问题研究；

(5) 寻找人的情绪变化规律与数学学习的关系的研究；

(6) 路口信号灯配时与交通流量关系的研究；

(7) 测量紫峰大厦高度的几种方法比较的研究；

(8)教室空调温度的设定与学生学习舒适度关系的研究；

(9)出租车计费的方法研究；

(10)人体中的数学；

(11)物价上涨和工资上涨之间关系的研究；

(12)函数系数次数项数变化对其图象的影响；

(13)综合评价住房及室温对人体舒适度的影响；

(14)对基本不等式的认识．

点评　学生研究性学习的经验比较有限，光凭兴趣和热情依然难保证探究性学习的实质性进行，甚至变成无目的的瞎倒腾．因此，学生课后自主课题研究也需要教师的指导，主要体现在总体把控或方向性指导，例如通过“选题、开题、做题、结题”的过程把控探究目标是否明确，探究方案是否有序等等．这种形式的探究活动如果成功开展，学生可以更充分地体验到科学探究的全过程，培养百折不挠的勇气、严谨的研究态度和团队协作的力量，同时感受到发明发现的乐趣，享受到科学成果的喜悦，增强学习数学的信心．

97

探究性教学中的课堂分析与评价

孙风建

教学设计的水平和课堂实施效果直接决定了探究教学的质量.那么,到底怎样的高中数学课堂教学才具有较高探究水准呢?本文将结合南京师范大学附属中学两位优秀教师的教学设计做简要分析和评价:丁菁老师"函数 $y=A\sin(\omega x+\varphi)$的图象探究";刘明老师"'数列'起始课的教学设计".

一、评价量表

对教学的有效评价离不开科学的评价指标.在综合比较现有评价量表的基础上,笔者选取了美国马歇尔(Marshall)教授及其团队开发的"探究式教学质量评价框架"的课堂分析部分.该框架是马歇尔教授(2009)为测量美国科学和数学课堂的探究教学质量,历时2年建立的,并通过大规模测试检验了该框架的信度和结构效度.该框架将探究水平分为四个等级,分别是前探究水平、发展探究水平、熟练探究水平、示范探究水平,见表1.

表1 马歇尔教授探究式教学质量评价框架之"课堂分析"维度

测量结构	前探究水平	发展探究水平	熟练探究水平	示范探究水平
教学策略	完全由教师将教学内容教授给学生	教师频繁采用讲授式并/或利用活动来解释教学内容	教师偶尔采用讲授式,但学生会参与活动来帮助自己发展概念理解	教师偶尔采用讲授式,学生会参与到探究活动中以促进更深层次概念理解

续 表

测量结构	前探究水平	发展探究水平	熟练探究水平	示范探究水平
教学顺序	教师对概念进行解释,但学生在教师解释之后,没有仔细分析概念	教师先让学生对概念进行分析,然后教师再进行解释	教师先让学生对概念进行分析,再和学生一起对其进行分析	教师先让学生对概念进行分析,然后再由学生对其进行解释,尽管可能是由教师引导的
教师角色	教师是课堂中心,很少作为引导者	教师是课堂中心,偶尔作为引导者	教师频繁作为引导者	教师持续有效地作为学生学习的引导者
学生角色	学生始终是被动的接受者(自己做笔记、练习)	学生较小程度作为学习者积极学习(在短暂的时刻或在整个课程中的一个小范围内高度投入)	学生是主动的学习者(参与讨论、研究或者活动,但不能持续明确地关注课堂活动)	学生持续有效地作为主动学习者(高度参与并且关注课堂活动)
知识获取	学生的学习只专注于掌握事实、信息和/或死记硬背的过程	学生学习的重点是掌握事实和过程技能,而不是把重点放在对内容的理解上	要求学生学习概念的应用和新情境中的过程技能	要求学生能深度理解有关知识与技能

二、课例的课堂探究结构梳理

【课例1】"函数 $y=A\sin(\omega x+\varphi)$ 的图象"探究式教学框架

探究框架1:创设情境,启动探究

教师角色:创设情境(摩天轮).

学生角色:按照以往经验,提出用图象研究此函数的性质,之后根据函数表达式,自主选择探究入口(学生认为从函数 $y=\sin x$ 开始探究比较合适).

探究框架2:组织讨论,设计方案

教师设问1:如何由 $y=\sin x$ 的图象得到 $y=A\sin(\omega x+\varphi)(A>0,\omega>0)$ 的图象?

学生角色:制订研究方案(教师板书方案).

① 用五点法画几个特殊函数图象验证猜想;

② $y=\sin x$ ——
- $y=\sin(x+\varphi)$
- $y=A\sin x$
- $y=\sin\omega x$

$\longrightarrow y=A\sin(\omega x+\varphi)$;

③ $y=\sin x \longrightarrow y=\sin(x+\varphi) \longrightarrow y=\sin(\omega x+\varphi) \longrightarrow y=A\sin(\omega x+\varphi)$.

师生活动：选择学生们认为最合理的一个方案（本案例选择方案 2）开展后续探究.

探究框架 3：引导探究，解决问题

教师设问 2：如何由 $y=\sin x$ 的图象得到 $y=\sin(x+1)$ 的图象？

师生活动：① 让学生们说一说，几何画板作图验证，追问学生"为什么"；② 再举几个例子如：$y=\sin(x-1)$，$y=\sin\left(x+\frac{\pi}{3}\right)$；③ 抽象到一般，探讨清楚 φ 对函数 $y=\sin(x+\varphi)$ 的图象的影响.

教师设问 3：(1) 如何由 $y=\sin x$ 的图象得到 $y=A\sin x\,(A>0)$ 的图象？

(2) 如何由 $y=\sin x$ 的图象得到 $y=\sin\omega x\,(\omega>0)$ 的图象？

学生角色：类比之前的方法自主探讨，然后交流.

教师设问 4：刚才我们分别探讨了 φ、A、ω 对函数图象的影响，我们是怎样研究的呢？

探究框架 4：启发反思，感悟方法

教师设问 5：如何由 $y=\sin 2x$ 的图象得到 $y=\sin(2x+1)$ 的图象呢？

师生活动：学生讨论后交流，① 利用几何画板画图观察；② 从坐标关系理性分析.

【课例 2】"数列"起始课的探究式教学框架

教学环节	教师角色	学生角色
突出认知建构概念	问题 1：如何研究"数列"这一新的概念？ 子问题 1：我们怎样对新概念下定义呢？ 子问题 2：（出示生活实例），数字间能否调换顺序？ 得出结论 1：数列的概念. 子问题 3：得到一个新概念后往往要做一件什么事？ 子问题 4：在数列中，符号 $\{a_n\}$ 与 a_n 所表示的意义是否相同？为什么？ 子问题 5：那么，至少要多少项呢？ 子问题 6：对于不同的数列，项数有何特点呢？ 得出结论 2：根据项数的有限与无限，数列分为有限数列与无限数列.	回答与发现 1：从特殊到一般，从具体问题抽象出概念. 回答与发现 2：不能调换（并给出原因）. 回答与发现 3：类比以往经验，总结探究方案：下定义→符号表示→特殊元素研究性质→运算→运用. 回答与发现 4：不同，前者表示一个数列，后者表示数列的第 n 项. 回答与发现 5：3 项. 回答与发现 6：举出具体例子，如剧场座位与排数的数列为有限；细胞分裂为无限.

续 表

教学环节	教师角色	学生角色
注重关联理解概念	问题2:数列中的各项与各项序号存在如下对应关系, 序号 1, 2, 3, …, n, …, ↓ ↓ ↓ ↓ 项 a_1, a_2, a_3, …, a_n, …, 从上述的对应关系中,你能发现什么? 子问题1:为什么"数列是函数"? 子问题2:既然数列是函数,那么应该继续研究哪些问题呢? 师生活动:共同探究数列的定义域(值域)、表示法和性质. 问题3:函数的性质有哪些?其中哪些性质在数列中依然有用? 师生活动:共同探索单调性的运用.	回答与发现7:数列是函数. 回答:映射. 回答与发现8:定义域、值域、表示法图象和性质. 回答与发现9:单调性和周期性依然有用,但奇偶性不再有用.(给出理由)
明晰内容构建框架	问题4:在研究了数列的概念、表示与相关性质之后,我们应当继续研究什么呢? 追问:数列中有哪些特殊元素呢?	回答与发现10:特殊元素. 回答:等差数列、等比数列.
课堂小结课后练习	问题5: 1. 什么是数列?其本质是什么? 2. 如何来研究数列?对于数列,将研究哪些内容?	完成课后作业.

三、对探究课例的分析与评价

1. 教师的"导"有度、有效

两个课例中,教师均注重引导学生自己提出问题、自己解决问题.课例1从实际问题出发,基于待研究的模型——摩天轮,学生思考并自己提出用三角函数表达,对于如何研究一般三角函数 $y=A\sin(\omega x+\varphi)(A>0,\omega>0)$ 的图象,学生讨论后给出了自己的方案,后续讨论均是建立在学生所给方案的基础上.课例2为典型的概念课,通过初始问题"如何研究'数列'这一新的概念?"激活学生对于过去研究经验的链接,将前面形成的建立概念的基本策略类比迁移到新概念"数列"的概念建构中.在后续环节中,通过追问"函数的性质有哪些?其中哪些性质在数列中依然有用?"帮助学生完善函数思想方法的细节,从而建立更加严谨的概念体系.对于“数列”这一概念和表示方法,教师完全可以直接告知学生,但教师却舍得花时间让学生先提出自己的探究路径并阐释,结果学生自己按所提路径探索出了数列的概念、三种表示方法、分类,甚至是数列的深层次理解:数列是特殊的函数.教师的顺势追问“为什么数列是函数”,让学生反刍初步结论,挖掘出数列与函数间的本质联系,为后续自主生成“数列具有函数所具有的单调性和周期性但不再具备奇偶性”做好认知铺垫.

由此可见,两个课例中教师准确地预估了学生“发现、创造”的能力,给予学生充足的探究机会,并将教师的引导与学生的发现紧密联系起来,很好地把握了教师“导”与学生“究”的关系.看起来“浪费”了一点时间,实则培养了学生严谨全面的数学思维习惯.结合马歇尔教授探究式教学质量评价框架,“教师偶尔采用讲授式,学生会参与到探究活动中以促进更深层次概念理解;教师持续有效地作为学生学习的引导者;教师先让学生对概念进行分析,然后再由学生对其进行解释,尽管可能是由教师引导的”,两个课例在教学策略、教学顺序、教师角色层面均达到了示范探究水平.

2. 学生的“究”主动、持续

学生对探究新概念所用的一般数学思想方法有较好的领悟.学生能自发地想到研究一个新概念的方法:从特殊到一般,从具体问题抽象出概念,概念间的类比迁移等.学生能够认识到:数学概念和知识不是孤立的,从新概念所处的系统出发,找到本质关联,就能挖掘出新旧概念间的关系,从而建构起更丰富完善的知识网络.在探究中养成的思考、总结和梳理的习惯,可以进一步强化新概念的建构路径.学生能深度理解“三角函数”“数列”相关知识与技能,思考的主动性和创新性得到了肯定和加强.两个课例在“学生角色”和“知识获取”层面也达到了示范探究水平.

3. 探究性教学可能存在的困难及应对建议

对于主动回答和参与探究活动的同学而言,他们的思考和回答可以及时变为课堂的显性信息,得到教师和同伴的直接回应.当自己的探究成果和课堂探究方向形成合力,比如:教师对问题的追问或后续问题的提出紧紧围绕某些同学的回答,或者小组探究的方案基于自己的贡献时,学生体会到的成就感会极大激励其更加积极地思考,从而实现深层探究.探究教学对这些同学思维的助力是“无痕”却巨大的.但在课堂探究教学时,无论是班级讨论、个别问答还是小组合作探究活动,因为个体认知策略存在差异等原因,依然很难保证每位同学全情投入,在每个环节都能自主而积极地思考,个别学生甚至会表现出“假参与”.作为教师,需要整体把控课堂节奏,对学生的应答做出适时又富教学智慧的引导,不可否认,老师很难在课堂上对这些学生的“学困点”一一关注到,有时需要借助课后作业补充检测学习效果.且即使发现了有学习困难点,往往也难以追踪到探究课堂的具体环节.

因此,笔者认为,如果适当结合其他方式,如课堂观察、学生探究记录袋,或许可以让探究式教学发挥更佳效果.课堂观察指教学团队老师在教师执教时靠近观察一两位同学的学习过程,重点关注学习困难的产生和克服方式,及时记录,对探究活动中学生的重大偏差可简要纠正等.学生探究记录袋由学生自主选择放入哪些材料,反映自己或所在小组在探究活动中的思考、困惑及克服方法,充分尊重学生个体的多样性,同时也便于教师追踪“学困点”及更大范围地了解班级所有学生的思考状态,并做出回应和指导.

98

例谈概念为本的章节起始课中的探究性教学评价

孙风建

引言

概念为本的教学由美国教育家埃里克森倡导，该教学观认为[1]：传统教学聚焦于事实和技能，只能是假定学生产生深刻的理解，属于为记忆事实性知识而教；而概念为本的教学是三维模式，主题、事实和技能仍然是重要元素，但第三个维度——概念、原理、概括——则保证了概念性思考和理解的发生.

概念为本的教学有四个核心方面，分别是概念性视角、引导式教学、引导性问题和协同思考.笔者认为概念为本的教学能有效指导章节起始课中的探究性设计，南师附中的特级教师刘明老师曾开设了一节精彩的"数列"起始课探究性教学[2]，充分体现了概念为本的教学理念，以下笔者将结合概念为本的四个核心方面对本次教学案例进行剖析，以期对今后章节课教学提供参考.

一、整体教学设计是否体现概念性视角

概念性视角[1]是个宽泛的概念，学生通过关注概念来处理事实性知识时，能确保发挥协同思考.

从宏观角度而言，本教学案例主要涉及了"建构"和"关联".通过"建构"，学生将以前学习到的研究概念的方法进行迁移，搭建起"数列"这一新概念的

研究框架："下定义—符号表示—特殊元素和性质—运算—应用"；"从特殊到一般"；"数列是一种特殊函数"等，生成系统化的知识体系，同时体会到"类比""逻辑推理"等数学思想方法的精妙运用.之后在聚焦于这几个层面如何实现时，又多次运用了"关联"，让学生从微观层面加深对"数列"概念的深层次理解，如"如何用研究函数的方法研究数列""如何给数列下定义""数列的表示法有哪些""数列有值域吗""（在研究数列时）函数的性质中哪些依然有用".

通过宏观和微观概念性视角，促进了学生跨时间、跨情境迁移知识及对数列认知的深化.

二、教师可否通过引导性问题体现引导式教学

引导式教学[1]是相对于演绎式教学而言的，在演绎式教学中，教师会告诉学生概念性理解，然后让学生们通过学习过程来巩固对概念含义的理解；概念为本的教学更多地依赖于引导式教学，鼓励学生独立地探索并构建意义.在本教学案例中，教师通过引导性问题启发学生探究"数列"知识的多个层面，表 1 为本节课主要引导性问题分类情况，对学生的探究性引导作用可见一斑.

表 1 "数列"起始课的教学设计中的引导式教学及分类

概括	引导性问题（F＝事实性；C＝概念性；A＝激发性）
突出认知建构概念	如何研究"数列"这一新的概念？（A） 这些问题中数字之间能否调换顺序？为什么？（F） 在得到了一个新概念之后，我们往往首先要做一件什么事？比如，学习了对数概念后，我们干了一件什么事？（F） 前面我们研究了几个具体的、各不相同的数列，那么，能否用一般的符号来表示呢？（C） 对于不同的数列，它们的项数有何特点呢？
注重关联理解概念	从上述的对应关系中，你能发现什么？（F） 我们知道了数列是一个函数，那么，我们应当继续研究数列的哪些问题呢？（A） 你是怎样想到研究这些内容的呢？（A） 数列的表示法有哪些呢？（F） 函数的性质有哪些？其中哪些性质在数列中依然"有用"？（F） 大家认同这一方案，那么怎样确定数列的单调性呢？（C） 难在何处？函数的单调性中，我们需要在所研究的单调区间内取任意的 x 值，而对于数列能不能这么做？如果不能，又该怎么做呢？（C）

续　表

概括	引导性问题(F=事实性；C=概念性；A=激发性)
明晰内容 构建框架	在研究了数列的概念、表示与相关性质之后，我们应当继续研究什么呢？(A) 已知数列的前 n 项和 S_n，你能求出数列的通项公式吗？(F)
课堂小结 课后练习	什么是数列？其本质是什么？(C) 如何来研究数列？对于数列，我们将研究哪些内容？(A)

教师在每个教学环节用一个激发性问题激发学生“最近发展区”里的相关知识体系，使学生对新主题“数列”的研究方法有了宏观的认识和预判.随后的概念性和事实性问题让学生逐步发现了研究的切入点和新旧知识间细节上的异同，从而丰富了研究的层次.随着交互式的问答，引导学生思考的脚手架就搭建起来了.通过迁移性类比概括，学生对“数列”定义、表示、分类、特殊元素等具体的研究对象有了逐步深入的思考.

三、学生是否实现了协同思考

协同[1]是指两个或多个部分相互作用会产生比单个部分更强大的作用，协同思考意味着将事实层面的思考与概念层面的思考结合起来，促进学生获得深层次理解，从而将思考迁移到其他时间、地点和情境.

以学习过程1为例，学生在思考教师所提问题“经过我们前面的学习，我们知道，研究一个新的数学概念，往往需要经历这样的一个研究过程.那么，我们怎样对新概念下定义呢?”时，需要利用事实性知识——以前定义一个数学概念的方法(即从特殊到一般)，来支持新概念“数列”的定义，实现概念性层面的思考.着眼其他环节，不难找到更多激发协同思考的要素，具体以表2呈现.

表2　“数列”起始课的教学设计中的协同思考和分类

事实层面思考	理解迁移	概念层面思考
首先下定义，然后用符号来表示新的数学概念，再就是通过一些特殊元素来研究新的数学概念所具有的性质，然后是运算，最后往往还要研究数列的运用.	不能调换顺序，调换了顺序后，表示的意义就不一样了.	从特殊到一般，先由若干个具体的问题抽象出数列概念.

续 表

事实层面思考	理解迁移	概念层面思考
用符号表示.	$\{a_n\}$表示一个数列，不只是一项，a_n仅表示数列中的第n项.	数列是函数.
项数会不同，比如剧场从第一排起各排都有的座位数就是一个含有有限项的数列；而细胞分裂个数这一数列，如果让细胞无限地分裂下去，它就无穷多个项.	因为对数列中的每一个项数，都有唯一的项，与它对应. 所以，数列是一个函数.	数列的值域难以确定，因为有些数列是一些随机数构成的.
由于函数的表示法有列表法、解析法、图象法，而数列是一种特殊的函数，那么它也应当有这三种方法.	如果是能够由数列的通项公式的解析式判定数列的单调性，可以直接判定. 如果不能直接由通项公式的解析式判定出数列的单调性，似乎有点困难.	（怎么确定数列单调性）我们觉得取相邻两项a_{n+1}与a_n比较大小就行了，因为……
在函数中，欲求最值或值域通常需要研究函数的单调性. 因此，首先应当确定数列的单调性. 只要知道了数列的单调性，也就能够求出数列的最大项.	我们觉得数列的定义域是正整数，因此应当在通项公式中取一些正整数进行比较就行了！	难在何处？ 怎样解决？
数列的特殊元素有等差数列和等比数列.	我们觉得应当研究数列当中的特殊元素，以及这些元素所具有的性质. 此外，还应当研究数列的运算.	我们研究了函数的单调性、奇偶性和周期性. 我觉得，单调性和周期性依然有用！而奇偶性对数列而言，不再有用！因为……

结语

数学章节起始课的探究还有很多值得研究的方面，而概念为本的教学理念及其中的四个核心方面对于培养学生学科核心素养有着十分积极的指导作用. 希望我们一线的教师能在学习理论之余积极在教学实践中运用智慧，开发更多更精彩的设计.

参考文献

[1] [美] 林恩·埃里克森，洛伊斯·兰宁. 以概念为本的课程与教学：培养核心素养的绝佳实践[M]. 上海：华东师范大学出版社，2018：92－100，128.

[2] 刘明. “数列”起始课的教学设计[J]. 数学通报，2015(1)：17－21.

99

例谈探究性教学中现代技术的使用和评价

孙风建

数学探究即数学探究性课题学习，是指学生围绕某个数学问题探究、学习的过程.以计算机和网络为核心的现代信息技术对数学探究性教学和学习的影响也越来越大.一切数学探究活动都要从学生出发，探究教学设计需要了解学生的学习动机，能激发学生的好奇心和探究欲望，使其以积极的态度参与到问题解决过程之中.所以，将研究对象或探究问题纳入真实情境中，不但能降低探究的入手点，让学生容易上手，还可以让学生感受到数学问题是来源于生活的.

本部分将结合具体案例分析和评价现代信息技术在高中数学课堂探究教学中的作用，其中案例1来自丁菁老师主持的江苏省教育科学“十二五”规划专项课题“促进高中生数学探究的课程资源库建设研究”(编号:C-c/2015/025)，在此表示感谢!

一、怎样有效使用现代信息技术辅助新课探究

【案例1】“函数 $y=A\sin(\omega x+\varphi)$ 的图象”片段

课堂上，学生给出了下列三个研究方案:

① 用五点法画几个特殊函数图象验证猜想;

② $y=\sin x$ $\begin{cases} y=\sin(x+\varphi) \\ y=A\sin x \\ y=\sin\omega x \end{cases}$ $\longrightarrow y=A\sin(\omega x+\varphi)$;

③ $y=\sin x \longrightarrow y=\sin(x+\varphi) \longrightarrow y=\sin(\omega x+\varphi) \longrightarrow y=A\sin(\omega x+\varphi)$.

【问题 1】如何由 $y=\sin x$ 的图象得到 $y=\sin(x+1)$的图象?

师生活动:① 让学生们说一说,几何画板作图验证,追问学生“为什么”;② 再举几个例子如:$y=\sin(x-1)$,$y=\sin\left(x+\frac{\pi}{3}\right)$;③ 抽象到一般.

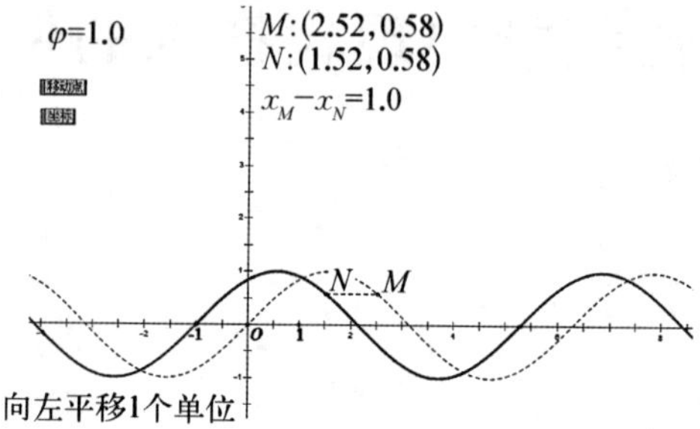

图 1

板书:$y=\sin x \longrightarrow y=\sin(x+1)$,

点 $M(x_0,y_0) \longrightarrow$ 点 $N(x_0-1,y_0)$,

$y=\sin x \xrightarrow[\text{平移}|\varphi|\text{个单位}]{\text{向左}(\varphi>0)\text{或向右}(\varphi<0)} y=\sin(x+\varphi)$,

点 $M(x_0,y_0) \longrightarrow$ 点 $N(x_0-\varphi,y_0)$.

【问题 2】(1) 如何由 $y=\sin x$ 的图象得到 $y=A\sin x(A>0)$的图象?

(2) 如何由 $y=\sin x$ 的图象得到 $y=\sin \omega x(\omega>0)$的图象?

师生活动:让学生类比之前的方法自主探讨,然后交流.

① $y=A\sin x(A>0)$的图象可以看作是把 $y=\sin x$ 图象上所有点在横坐标不变的情况下纵坐标变为原来的 A 倍得到的.

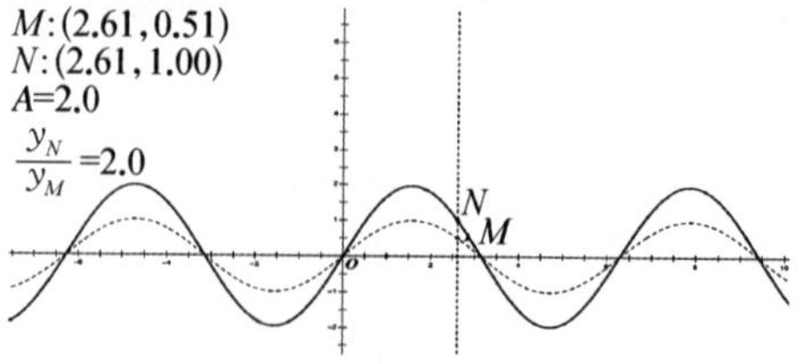

图 2

板书：　$y=\sin x \xrightarrow[\text{纵坐标变为原来的 } A \text{ 倍}]{\text{横坐标不变}} y=A\sin x(A>0)$，

点 $M(x_0, y_0) \longrightarrow$ 点 $N(x_0, Ay_0)$，

② $y=\sin\omega x(\omega>0)$的图象可以看作是把 $y=\sin x$ 图象上所有点在纵坐标不变的情况下横坐标变为原来的$\dfrac{1}{\omega}$倍得到的.

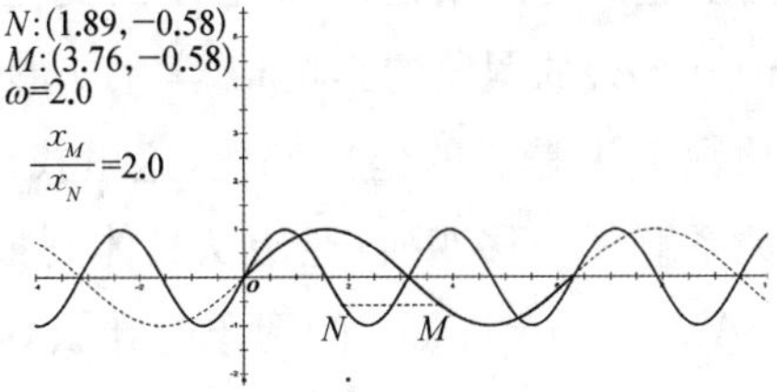

图 3

板书：　$y=\sin x \xrightarrow[\text{横坐标变为原来的} \frac{1}{\omega} \text{倍}]{\text{纵坐标不变}} y=\sin\omega x(\omega>0)$，

点 $M(x_0, y_0) \longrightarrow$ 点 $N\left(\dfrac{x_0}{\omega}, y_0.\right)$

【问题 3】 刚才我们分别探讨了 φ、A、ω 对函数图象的影响，我们是怎样研究的呢？

结论：(1) 从特殊到一般；(2) 作图比较；(3) 理性分析.

小结：φ 引起的是图象的平移变换，A、ω 引起的是图象的伸缩变换.图象变换的本质就是图象上每个点的位置变化，而点的位置变化对应了点的坐标的变化.因此，欲研究函数图象的变换规律，只需研究图象上每个点坐标的变化规律.

评价　有些主题的探究教学如果充分发挥现代信息技术的优势，可以有效缩短探究时长，同时获得超越传统探究方式的一些效果.以本节课为例，本节课探究的函数 $y=A\sin(\omega x+\varphi)$的图象，要求从图形特征上概括出一般正弦函数的特征，它既是 $y=\sin x$ 的一般形式，又是函数变换的特殊表现形式，同时也是后续学习其他三角函数一般表达式的基础，因此对发展学生直观形象、数形结合和逻辑推理等思维能力有着重要作用.

授课教师充分尊重学生的探究思路，鼓励学生自主选定三个参数的研究

次序，对三个参数都进行研究，并给予了学生充分的探究时间.各组汇报时教师结合几何画板，让学生从细节层面中跳出来，清晰把握宏观规律.相比之下，方案一中的五点作图法，对课堂时间要求较高，函数的整体特征不一定能清晰显现，方案三的三个参数顺次研究，对学生的综合能力要求较高.而方案二，通过几何画板学生可以高效地绘制多个函数图象，观察对应点的数值关系，将静态图象实现动态化，进而猜测结论，归纳总结出变化中的不变特征.例如，探究φ对函数$y=\sin(x+\varphi)$的图象的影响时，学生从形上说图象变换是图象上每点的位置变化，从数上讲是点的坐标变化，这里找出是纵坐标相同的两点，从横坐标的变化关系解释平移变换，经历从具体到抽象的探究过程.学生独立探究A、ω对$y=A\sin x$、$y=\sin\omega x$的图象有什么影响时，再次经历由数释形的过程，通过亲手操作几何画板切实体会到各参数的不同值对函数图象的影响，从而抽象概括出$y=A\sin(\omega x+\varphi)$的图象的一般性结论.

二、怎样使用现代信息技术辅助深度探究

探究教学并非仅针对新课开展，有时也需要基于一道熟悉的教材题、一道模考试题，甚至一道错题，激发学生进行抽丝剥茧式的深入思考，从而达成对问题本质的深层认知，在感悟知识间内在逻辑的同时，实现数学核心素养的发展. 在此类探究教学的过程中，如果能恰当运用现代信息技术开展实验验证，不但能及时释学生的“疑”，更能凭借生动有力的“数”与“形”的双重实验结果，让学生自发将思考推向深入，为更高层次的思维发展创造条件. 以下结合笔者的一次探究教学体验示例说明.

案例2　对一道含参不等式错题的探究（节选）

在备考南京市期初调研考试的过程中，笔者选择了一道试题，和学生一起经历探究、实验验证后，意外发现该题及其解答均存在逻辑漏洞，于是尝试在分析的基础上给出代数论证并对问题进行修正. 正是基于对此错题错解的研究，激发了学生对含参不等式问题的深入思考，使学生更加透彻地理解了此类问题求解方法的本质.

原题　已知函数$f(x)=a\ln x$，$g(x)=\frac{1}{2}x^2+bx+b$，a，$b\in\mathbf{R}$.

（Ⅰ）略；

（Ⅱ）设 $G(x)=f(x)+g(x)$，若 $G(x)$ 的极大值恒小于 0，求证：$a+b\leqslant\frac{e^4}{2}$.

当笔者和学生重新梳理这道题的解答过程时，发现解答中有几个绕不过去的问题，引发了如下质疑.

质疑点 1：利用 $bx_1=-x_1^2-a$ 代入，前提条件应为 $\begin{cases}x_1+x_2=-b>0,\\ \Delta=b^2-4a>0\end{cases}$ 参考答案却没有这一点说明，只考虑了 $a>0$.同时利用 $bx_1=-x_1^2-a$ 代入，一般情况下应该是达到消元的目的，而本题却用来构造更便于研究的新函数.

质疑点 2：对于当 $0<x_1<\sqrt{a}$ 时，$G(x_1)=a\ln x_1+\frac{1}{2}x_1^2-a+b<0$ 恒成立，构造新函数 $v(x)=a\ln x-\frac{1}{2}x^2-a+b$，$x\in(0,\sqrt{a})$. 其中 a，b 与 x 是否独立？而本题很明显 x 是由 a，b 决定的，因此求导需要利用隐函数求导法则，但是参考答案是将 a，b 作为参数处理的.

质疑点 3：关于构造函数 $v(x)=a\ln x-\frac{1}{2}x^2-a+b$，其中定义域为 $(0,\sqrt{a})$，可否利用 $x_1+x_2=-b$，得 $2x_1<x_1+x_2=-b$，即定义域为 $\left(0,-\frac{b}{2}\right)$？

笔者和学生决定借助几何画板来验证心中的疑惑. 在绘制 $y=G(x)$ 图象时，由于 a，b 较大时，$y=G(x)$ 的函数值有时也很大，这样在屏幕中很难显示全 $y=G(x)$ 的图象，因此，做了一个简单的变换，即 $y=\frac{G(x)}{10}$. 因为我们只关注 $y=G(x)$ 的正负，因此对结论没有影响. 对应的数据如表 1.

表 1　对原题结论的数值验证

组号	a 值(>0)	b 值(<0)	Δ	极大值点 x_1	极大值 $G(x_1)$	$a+b$ 值
1 组	71.32	−35.03	942.213	2.17	−53.35	36.29
2 组	91.76	−34.62	831.34	2.89	−33.10	57.14
3 组	109.07	−35.65	834.45	3.38	−17.59	73.42
4 组	138.86	−41.50	1166.77	3.67	−6.52	97.36

（数据：$\frac{e^4}{2}\approx 27.30$）

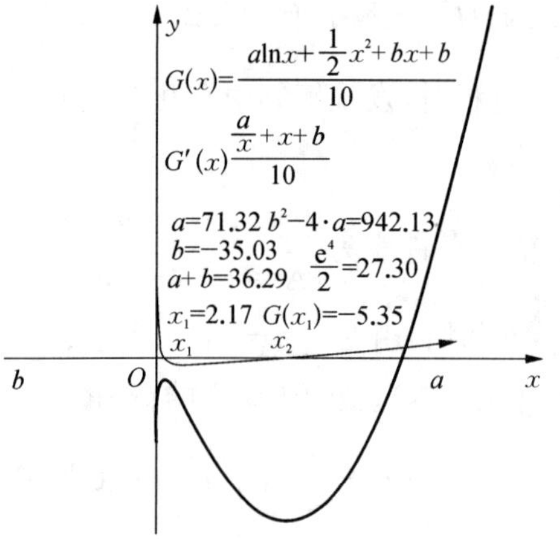

图 4

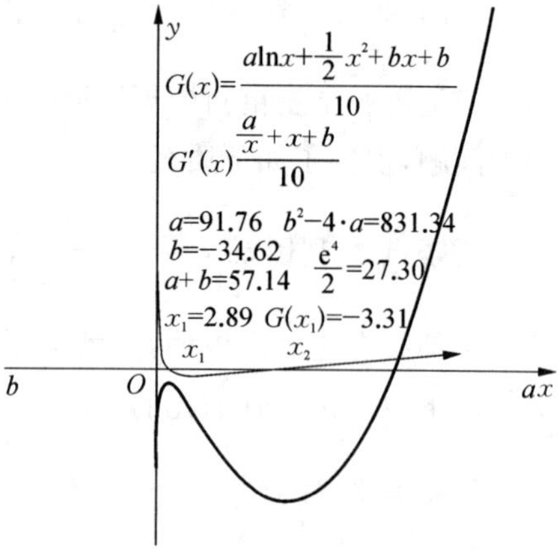

图 5

从上面的表格以及图4、图5，可以得出结论，存在满足条件的 a，b，使得 $a+b>\frac{e^4}{2}$，因此题目结论错误.

于是，按照常规的消元思路，稍做调整，便有了代数论证（本文从略），从而证明了原命题错误. 最终，在以上探究的基础上，师生一起对原题达成了如下修正.

问题的修正：已知函数 $f(x)=a\ln x$，$g(x)=\frac{1}{2}x^2+bx+a$，$a,b\in\mathbf{R}$.

（Ⅰ）（略）

（Ⅱ）设 $G(x)=f(x)+g(x)$，若 $\begin{cases}a+b+1>0,\\ a+2b+4<0,\\ b>-\frac{e}{2}-2,\end{cases}$

求证：$G(x)$ 的极大值恒小于0.

评价　学生通过自主数学实验，基于实验数据和绘图分析、论证，对原题和解答的错误之处及产生原因进行探索，逐步看清了产生问题的本质是“如何消元，构建好的函数”这一核心思想，实现了对一道“含参不等式问题”的探究与修正，从而促进了逻辑推理素养的发展.在“见树木更见森林、见森林才见树木”[1]的理念下，学生体会了放缩法、化归思想和函数思想等数学思想在解决含参不等式问题中的应用，实现了从更高的视角深入理解放缩的精髓和函数思想，促进了深度学习的发生.

结语

现在信息技术手段多样，除了几何画板，还有许多可以充分运用于课堂探究活动的软件或平台值得进一步开发和实践. 例如，图形计算器被喻为“移动的数学实验室”，其方便携带，功能强大，可以为教师和学生提供一个在课堂上探究数学问题的平台. 本文中所探讨的两个案例主题均可以借助图形计算器得以有效实现，其自带的一些内置程序也可以进一步丰富情境创设的选择面. 但是，现代信息技术的使用对授课教师的要求更高，除了熟悉丰富的功能外，还需要对课堂的节奏和生成有良好的把控，学生有时会偏离预设方向或遇到技术困难，这就需要教师及时引导.

参考文献

[1] 章建跃. 基于数学整体性的“四边形”课程、教材及单元教学设计[J]. 数学通报，2020，59(6)：4－9，36.

100

研究性学习如何开题和评价

童正卿

开展研究性的课题，是新时代的新要求.修订后的高中数学课程标准，进一步重视和强化了数学探究活动，数学探究活动将成为高中学生一项重要的数学学习活动.我校各学科每年都要开展各类研究性的学习，本文简要介绍一下高一数学组如何开题和如何评价学生的选题.

一、精心开展动员，让学生提前对开题过程了然于胸

我校开展研究性学习多年，教师们不断总结，发现了在开题环节学生犯得最频繁的两大毛病，一是课题过大，二是缺乏可行性.通过不断反思，教师们改进了开题流程：① 开题动员讲座，讲座主要内容有三：展示往届学生的优秀研究成果（正面示范）；指出开题的常见问题（反面提醒）；给学生介绍整个开题流程（提前告知）；② 学生自由组队，备课组给每队确定指导教师，每队形成初步研究方案；③ 每队撰写开题报告，论证可行性，确定主答辩人；④ 召开开题答辩会，专家型教师审核，给出评审意见或修改建议.

通过这样的过程，促使学生熟悉了研究性学习，便于他们“提好——问题”和“提——好问题”，帮助学生在开展研究性学习的初期，不断认识自我，建立信心.

二、评价的目的，是为了反馈和调控，是为了激励与促进

评价的好坏，直接影响研究性课题的后续开展能否顺利进行，研究方向

是否合理.反馈和调控，就是让学生根据教师评价反馈的信息调节和控制自己的策略与方法.

激励与促进，是希望能通过评价让学生得到肯定与赞扬，促使他们更加坚定地朝着自己所期望的目标迈进.事实上，每个人都有自我实现的需要，青少年尤其如此，他们特别渴望得到来自师长的鼓励.一旦得到优良的评价，他们就会自觉调控自身行为.

下图就是一位盛姓学生对一般的三棱柱的侧面展开图的研究，他探究了三个平行四边形能否拼成一个三棱柱的充分必要条件.虽然中间不乏一些笔误，语言也不够精练，但是瑕不掩瑜，他充分地认识到了几个关键：① 三棱柱的底面是三角形，边长必须能够成三角形；② 三棱柱的三个侧面都是平行四

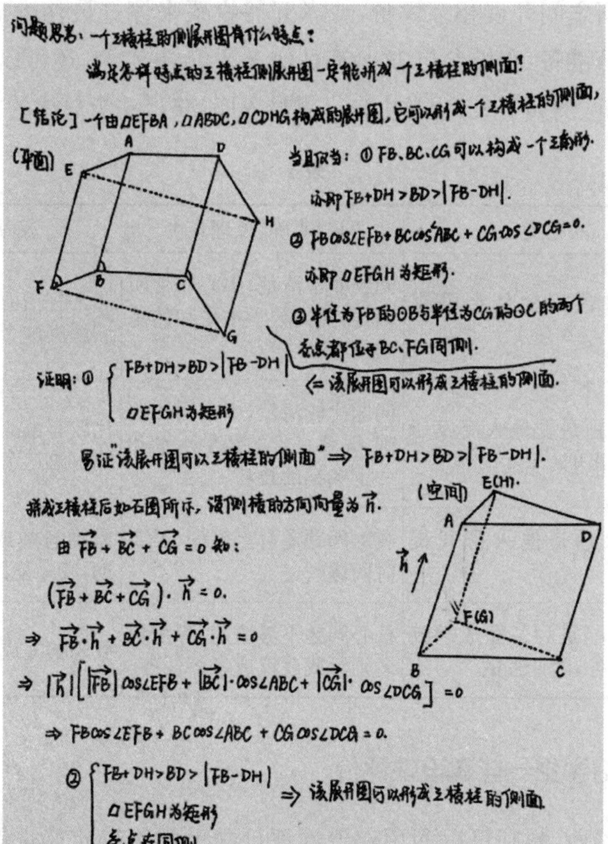

图 1

边形,这些平行四边形并不一定能拼成一个大的四边形(很多学生对此有误解,有兴趣的老师可以在班上做个试验,让学生们画出三棱柱的侧面展开图);③ 因为旋转和重合的要求,最左边的侧棱与最右边的侧棱不仅平行且相等,还要能构成矩形.对于这位学生的探究,我表示了惊叹,然后给予了充分的肯定,那些赞誉激励着该学生积极进取、奋发向上,后来这位学生就经常会把一些他思考的小成果发给我看,他还说将来一定要读数学系,争取成为数学家.

三、把自我评价与他人评价相结合

在开题答辩会上,不仅评审的老师可以发言评价,书写最后的评语,也可以在不同队伍之间开展相互评价,或者开展投票来评选最佳表现队伍,用以激励学生充分准备,积极参与.这些都是他人评价.事实上,还可以引入学生的自我总体评价,例如下表,让学生自己对号入座,获得一个总体的自我评价.

表 1

等级	课题提出	问题明确,处理难度	解决信心
A	我的课题完全是自己提出的	问题非常清楚,中心非常明确,需要高数学水平和熟练的技巧	非常有信心,我肯定能圆满解决这个问题
B	我的课题是受他人启发后自己提出的	问题比较清楚,中心比较明确,需要一定的数学水平和一定熟练的技巧	比较有信心,有较大把握能解决这个问题
C	我的课题是他人帮我提出的	我对问题还有点模糊,需要时间琢磨	需要老师或者别人的帮助,我才能解决这个问题
D	我的课题是为了完成学校探究任务,随便提的	核心问题不够清楚,等指导老师给我建议或者下任务	我恐怕完成不了

四、多给学生一些建设性评价

在选题阶段,教师可以利用建设性评价帮助学生确定好选题的数学性、类型、可行性.

表 2

选题的数学性	A 确定研究的核心是个数学问题
	B 数学化的表达与抽象
选题的类型	A 数学理论研究或证明
	B 应用高中数学解决实际问题
	C 调查问卷
	D 数学名著的读书报告
	E 应用数学工具或者方法的项目设计与优化
	F 其他
选题的可行性	A 课题与高中生的年龄是否相符
	B 课题与中学生的认知层次是否相符
	C 高中生具备研究课题用的数学知识和工具
	D 其他

101

研究性学习要重视过程性评价和多角度评价

童正卿

一、研究性学习要重视过程性评价

研究性学习的过程性评价，是指关注、了解学生的研究过程，收集学生研究过程中的有用信息，分析所收集的信息，评估研究性学习活动的效果，且根据评估结果来影响、调节学生的行为，为促进学生发展而进行的评价.

研究性学习的完整过程，大致可以分成开题——确定研究课题；过程——展开具体研究、撰写研究报告；结题——汇报研究成果.对应不同的阶段，老师们要关注时间节点，在对应时间节点给予学生恰当的评价，以便调节学生的研究行为.

例如开题时，面对高中生的研究选题，老师们往往觉得很稚嫩，不自觉地会挑出相当多的毛病.可是在高中阶段开展研究性学习的目的，不是得到一个惊世骇俗的完美结果，而是让学生初步体验一次完整的科研过程，这有助于学生了解数学概念和结论产生的过程，理解直观和严谨的关系，体验创造的激情，培养严谨的科学态度和不怕困难的科学精神；有助于培养学生勇于质疑和善于反思的习惯，培养学生发现问题、提出问题、解决问题的能力；有助于提高学生的创新意识和实践能力.所以我们不妨把重点放在对学生的指导和激励上来，通过过程中的评价，调控学生的行为，激发学生进一步研究数学的兴趣.

在开题时,教师可以把注意力更多放在课题的形成过程,从课题的来源、开题报告、开题汇报的表现等方面进行观察,如表 1 所示.

表 1

课题的来源	A 社会发展需要
	B 日常生活观察
	C 不同学科交叉
	D 对已有材料的收集和分析
	E 其他
开题报告	A 报告是否完整
	B 是否配有表格和图片
	C 是否使用统计工具、统计思想
	D 是否体现了数学思想和方法
	E 其他
开题汇报的表现	A 事前准备是否充分
	B 答辩态度是否严肃端正
	C 是否精心准备了 PPT 或者具体例子说明
	D 口头表达是否流利,逻辑是否清晰
	E 其他

例如结题时,教师要关注研究性学习的本质,就是要解放学生,解放学生的创造力——去质疑、去辨别、去选择、去探究、去建构;解放学生的手脚——走出校园、观察社会、关注身边、学以致用.在学生结题时,可以但不限于从以下角度去评价,如表 2 所示.

表 2

立论要科学	论文的基本观点和内容能够反映事物发展的客观规律,是通过对具体材料的分析研究得来,而不是主观臆想出来的;观点要科学,材料要科学,分析要科学,结论要科学.
观点有创新	创新就是要求不能简单地重复前人观点,必须有独立见解,能研究对自己或他人来说尚未被认识的"新"领域.可以是在前人未涉及的新领域做出成果;或是在前人成果的基础上作进一步研究,有自己独特的新发现或提出了新观点与看法;可以表现为从一个新角度,把已有材料或观点创造性地重新加以概括、表述或展示.

续　表

内容要充实	要有充分、翔实的论据材料作为支持.可以是旁征博引、多方佐证,也可以是学生调查或实验分析所得出的结论;论文中引用的材料和数据,必须正确可靠,经得起推敲和验证.
论证要严密	论证要严密、富有逻辑性.提出问题、分析问题和解决问题,要遵循事物发展的客观规律,符合人们对客观事物认识的程序,使人们的逻辑程序和认识程序统一起来,全篇形成一个逻辑整体.对于某一具体问题的分析、某一现象的解释,要体现出较为完整的概念、判断、推理的过程.概念判断要准确;要有层次、有条理地阐明对客观事物的认识过程;要以论为纲,虚实结合,反映出从"实"到"虚"、从"事"到"理",即由感性认识上升到理性认识的飞跃过程.
题材要真实	课题应源于中学生生活,符合中学生身份,又能从超越中学生的观察视野与分析问题的高度着笔研究,有所收获,能启发别人;整篇论文及所提供的材料没有抄袭嫌疑.

二、研究性学习要重视多角度评价

传统的评价方式比较单一,在对高中学生的研究性学习进行评价时,评价方式必须要变单一为多元,且进行多次评价,这样才能将评价贯穿于整个研究的过程,才能更好地发挥评价的激励促进作用.研究性的评价可以从以下几个方面展开,如表 3 所示.

表 3

数学能力方面	能否数学化地准确表达
	数学知识技能的理解和运用
	是否使用了相关的数学工具,熟练程度如何
	发现问题、提出问题的能力
	解决问题的策略和方法
思维与方法方面	思维的创造性
	思维的独立性
	思维的多角度
	思维的条理性
	思维的深入性

续 表

交流与合作能力方面	是否积极大胆发言,参与答辩讨论
	是否大胆质疑并提出与别人不同的想法
	能否听取别人意见并询问
	能否完成小组分配的任务
	是否认识到自己在小组中的作用
情感和态度方面	答辩时是否严肃认真、态度端正
	研究中遇到挑战时是否能坚持不懈
	是否欣赏数学在促进社会、文化发展中的作用